천재의 탄생

Sudden Genius?

SUDDEN GENIUS?

세상을 놀라게 한 창조적 도약의 비밀

천재의 탄생

앤드루 로빈슨 지음 박종성 옮김

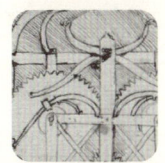

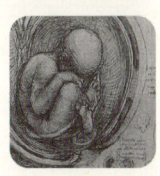

학고재

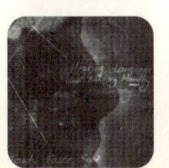

비범한 창조자들

20세기 내내 가장 존경받은 과학자 중 하나였던 라이너스 폴링Linus Pauling이 어느 날 한 학생에게서 이런 질문을 받았다. "폴링 박사님, 박사님께선 어떻게 그처럼 아이디어가 많으십니까?" 이때는 1930년대로 폴링이 노벨상을 받기 20~30년 전쯤이었다. 그는 나중에 화학상과 평화상으로 두 개의 노벨상을 받았다. 폴링은 잠시 생각에 잠겼다가 대답했다. "음, 데이비드 군, 나는 아이디어가 무척 많긴 하지. 그래서 나쁜 것만 골라 버리면 된다네."

폴링의 김빠지는 대답이 자신에게는 진실이었는지 모르지만 사람들에겐 더 많은 의문을 자아낸다. 그 아이디어들은 대체 어디서 생기는가? 왜 어떤 이들은 다른 사람들보다 더 많은 아이디어를 생각해낼 수 있는가? 어떻게 좋은 아이디어와 나쁜 아이디어를 구분할 수 있는가? 이 모든 의문 중에서도 가장 흥미로운 것은 '왜 최고의 아이디어는 종종 섬광처럼 돌연히 누군가의 머릿속에 떠오르는가'다. 이런 의문들이 바로 이 책의 주제다. 여기서 우리는 열 명의 과학자와 예술가의 삶을, 유년기에서부터 창조적이고 대표적인 '도약breakthrough'을 이뤄낸 성년기까지 추적함으로써 천재 혹은 '천재성'이라 불리는 비범한 창조성에 대해 이해하고자 한다. 그들은 고고학, 건축, 미술, 생물학, 화학, 영화, 음악, 문학, 사진, 물리학 등의 천재들이었다. 〈최후의 만찬〉(1498)을 그린 레오나르도 다빈치Leonardo da Vinci, 세인트폴 대성당(1711)을 지은 크리스토퍼 렌Christopher Wren, 〈피가로의 결혼〉(1786)을 작곡한 볼프강 아마데우스 모차르트Wolfgang Amadeus Mozart, 이집트 상형문자를 해독한(1822) 장 프랑수아 샹폴리옹Jean François Champollion, 자연선택적 진화론(1859)의 주창자인 찰스 다윈Charles Darwin, 라듐을 발견(1898)한 마리 퀴리Marie Curie, 특수상대성이론(1905)을 발표한 알베르트 아인슈타인Albert Einstein, 『댈러웨이 부인』(1925)의 작가 버지니아 울프Virginia Woolf, 『결정적 순간』(1952)의 작가이자 사진가인 앙리 카르티에 브레송Henry Cartier Bresson, 영화 〈파테르 판찰리*Pather Panchali*〉(1955)의 감독 사티야지트 레이Satyajit Ray가 바로 그들이다.

창조성은 다방면에서 나타나며 여러 형태를 띠고 있다. 또한 무정형으로 그 형식을 쉽게 규정할 수 없다. 이런 이유로 오늘날 '창조적creative'이라는 형용사는 아주 흔한 말이 되었다. 예술가와 과학자는 물론이고, 무대예술가, 운동선수, 정치가, 사업가, 광고 기획자, 심지어 변호사와 회계사들에게도 창조적이라는 수식어가 따라다닌다. 또한 의심스럽기는 마찬가지인 '창조적 산업creative industries'이라는 신조어도 유행하고 있다. 이 말이 남용됨에 따라 자연히 이에 대한 회의론도 일고 있다. 이런 이유로 간략하게나마 그동안 내가 관여했던 창조성 연구를 정리할 필요가 있다.

내가 과학과 예술 분야에서 일어나는 여러 창조 과정에 대해 오랫동안 집중적인 관심을 기울이게 된 까닭은 이렇다. 나는 20년 동안 런던을 근거지로, 『타임스 하이어 에듀케이션 서플리먼트*Times Higher Education Supplement*』(런던에서 발행되는 고등교육 관련 이슈와 뉴스 전문 주간지. 세계 대학 순위 평가로 유명함—옮긴이)에서 저자, 전기 작가, 학자, 저널리스트, 문학 편집자로서 연구와 저술 활동을 해왔다. 그러다 보니 여러 분야에서 빼어나게 창조적인 사람들을 개인적으로 알게 됐다. 그 면면을 보면 물리학자 필립 앤더슨Philip W. Anderson과 수브라마니안 찬드라세카르Subrahmanyan Chandrasekhar 같은 노벨상 수상 과학자들을 위시해서 카르티에 브레송, 영화감독 린지 앤더슨Lindsay Anderson, 작가 아서 클라크Arthur C. Clarke와 나이폴V. S. Naipaul 등이 있었다.

이들은 물리학, 사진, 영화, 문학 등 각자의 분야에서 스타 대접을 받는 사람들이다. '영역 전문화'는 지난 수 세기 동안 고도의 창조성을 발휘하는 일에 필수적인 불변의 원칙으로 통용됐다. 퀴리와 다윈이 그렇고, 모차르트와 버지니아 울프도 여기에 해당된다. 그럼에도 몇몇 소수의 비범하고 중요한 창조자들은 한 가지 분야 이상에서 활약했다. 레오나르도 다빈치가 그렇고, 좀 더 최근의 사례로는 『이상한 나라의 앨리스』를 쓴 작가 루이스 캐럴Lewis Carroll을 들 수 있다. 그는 사진가였고 전문 수학자였다. 그런가 하면 클라크 또한 『2001: 스페이스 오디세이』를 쓴 작가이자 주목할 만한 과학적 사고의 소유자였다(클라크는 1945년에 이미 통신위성을 생각해냈다). 린지 앤더슨은 영화 〈이프*If*〉를 감독했으며, 거장 연극 연출가이자 문학평론가이기도 했다. 브레송 역시 『결정적 순간』의 작가이자 사진가였지만, 한편으로 상당한 양의 드로잉과 채색화를 제작 발표하기도 했다. 이런 '다중 재능'의 존재 때문에 우리는 비범한 창조성의 표면 아래에 뭔가가 있을지도 모른다고 생각하게 된다.

지금껏 내가 본 사람 중에 가장 재주 많은 창조자는 레이였다. 인도 출신의 이 영화감독은 내가 쓴 첫 번째 전기인 『사티야지트 레이: 내면의 눈 *Satyajit Ray : The Inner Eye*』의 주인공이기도 하다. 레이는 화가와 그래픽 디자이너 수업을 한 후에 1950년대 '아푸 3부작Apu Trilogy'을 시작으로 30여 편 이상의 영화를 감독했는데, 그중 최소한 열 편은 고전의 반열에 올랐다. 그 작품들로 인해 그는 1992년 사망 직전 아카데미 평생공로상을 수상했다. 레이는 자신의 영화 시나리오를 혼자 집필했고, 모든 배우를 직접 캐스팅했으며, 영화 세트와 의상 디자인, 촬영, 편집, 영화음악 작곡(개중에는 대중적 인기를 모은 노래들도 있었다), 심지어 영화 포스터 그리는 일까지 직접 해냈다. 그뿐만이 아니다. 그는 책, 잡지 삽화가로도 성공했으며 벵골어로 베스트셀러 소설을 쓴 작가였다. 나이폴은 레이의 예술적 재능 수준을 셰익스피어와 비교했다. 그런가 하면 제라르드파르디외(Gérard Depardieu, 그는 레이가 감독한 영화 한 편의 제작자이기도 했다)는 모차르트에 비견할 만하다고 했다. 영화에 관한 한 매우 재능 있는 예술가 중 한 사람인 일본의 구로사와 아키라黒澤明 감독은 이렇게 말할 정도였다. "레이의 영화를 보지 않았다는 것은 해나 달이 없는 세상에 있는 것과 같다."

레이는 내게 창조성에 대한 자신의 생각을 간결하게 피력한 적이 있다. "섬광처럼 다가오는 아이디어, 그리고 창조라는 세계는 과학으론 설명될 수 없습니다. 절대 그럴 수 없습니다. 무엇으로 설명할 수 있을지는 모르겠습니다. 단지 내가 아는 바로는 어떤 아이디어에 대해 생각조차 하지 않을 때 최고의 아이디어가 찾아온다는 겁니다. 이는 정말로 매우 개인적인 경험입니다."

레이의 이 말은 내가 재능 있는 다른 네 명의 전기를 쓰는 동안에도 계속 귓가에 맴돌았다. 그중 한 권이 아시아 최초의 노벨상 수상자가 된 예술인을 다룬 『라빈드라나트 타고르: 무수한 영혼의 인간*Rabindranāth Tagore: The Myriad Minded Man*』이었다. 이 책은 시인이자 소설가였으며 숭앙받는 작곡자이자 뛰어난 화가에 관한 것이다. 다른 한 권은 과학 분야의 인물 전기로 『아인슈타인: 상대성이론의 100년*Einstein: A Hundred Years of Relativity*』은 2005년에 출간됐는데 아인슈타인이 이뤄낸 '기적의' 과학적 도약 100주년에 맞춘 책이었다.

최근에 쓴 두 권의 전기는 앞의 책들보다 덜 알려져 있지만, 예술과 과학의 경계를 가로지르며 스스로의 도약을 성공시켰던 명민한 영국인들에 관한 책들이다. 『선線문자 B를 해독한 사람*The Man Who Deciphered Linear B*』은 유럽 최초의 기록 방식이었던 선문자 B, 즉 고대 크레타 미노아 문명의 문자를 20세기 중반에 해독한 마이클 벤트리스*Michael Ventris*의 이야기다. 그는 총명한 다언어 구사자였고, 고고학자이자 암호해독가로서 존경을 받았다. 하지만 정작 그의 본령은 언어학이나 고고학이 아닌 건축학에 있었다. BBC에서 이 책을 바탕으로 〈영국인 천재*A Very English Genius*〉라는 프로그램을 제작하기도 했다.

『최후의 만물박사*The Last Man Who Knew Everything*』는 어려서는 언어 신동이었고 커서는 박식가로 이름을 떨친 18세기 인물 토머스 영*Thomas Young*을 다룬 책이다. 그를 유명하게 만든 가장 큰 요인은 1801년 빛의 파장 이론을 실험적으로 증명한 '물리학자로서의' 재능이었다. 이 일을 두고 아인슈타인은 아이작 뉴턴*Isaac Newton*의 광학 실험에 맞먹을 만큼 중요했다고 말한 바 있다. 또한 영은 로제타석*Rosetta Stone*을 해독하기도 했다. 그는 런던 병원에서 내과 전문의 수련과 임상 실습을 했지만 물리학이나 이집트학은 근처에도 가본 적이 없었다. "영은 역사상 그 어떤 영국인보다 광범위하고 창의적인 학습을 했을 것이다." 1973년 그의 탄생 200주년에 맞춰 열린 한 과학박물관 전시회에서 나온 말이다.

벤트리스나 영 모두 문자 해독 작업에 성공한 이유는 그들이 이종 분야의 지식을 갖추고 있었기 때문이다. 이는 그들의 학문적 라이벌들이 전혀 갖지 못한 것이었다. 최고의 아이디어가 박학다식과 다재다능에서 나왔다. 건축가로서 벤트리스는 대량의 정보와 시각적 데이터를 정리하고 분석하는 일에 적합하도록 스스로를 훈련시켰다. 그는 크레타 섬에서 출토된 3500년 된 선문자 B의 점토판도 같은 자세로 접근했다. 장시간 집중적으로 자세히 조사하고, 폐기시켰어야 할 오류에 기인한 몇 차례의 실수를 겪은 후, 1952년 벤트리스는 마침내 고대 기호들의 무질서 속에서 질서를 찾아내는 데 성공했다. 그때 그는 호메로스 이전의 그리스어인 미노아인의 언어가 이 기호들에 나타나는 패턴과 분명한 상관관계가 있음을 영감으로 알아챘던 것이다.

물리학자이자 내과 의사로서 영은 자신의 분석 능력을 로제타석과 여러 이집트 상형문자 비문을 해독하는 일에도 적용했는데, 1815년경 집중적인 연구와 몇 번의 실수를 거친 후, 결국 난관을 돌파했다. 영은 로제타석에 새겨진 타원형 장식 문양 안의 상형문자들이 알파벳 같은 음성기호라는 것, 그리고 이것들이 어떻게 이집트 왕 프톨레마이오스의 이름을 철자화하고 있는지 추정해냈다. 돌연 특정한 소리와 특정한 상형문자 간의 연관성이 파악되었고 파라오의 언어를 읽을 수 있게 됐다. 영의 선구자적인 작업에 힘입어 1822~1824년에 샹폴리옹이 이집트 상형문자 체계 전체를 해독하게 된다.

내가 쓴 전기의 주인공들인 레이, 타고르, 아인슈타인, 벤트리스, 영을 접하면서 나는 그들 창조성의 밑거름이 된 폭넓고 깊이 있는 지식에 매료됐다. 영화, 언어, 문학, 건축, 물리학, 의학 등 그들의 직업적 배경은 다양했지만, 나는 그들이 일궈낸 도약에서 공통된 요소들을 찾아낼 수 있었다. 가장 창조적인 아이디어는 어디에선가 부지불식간에 출현한다는 레이의 말에 일면 동의하면서도 나는 그게 반드시 예측 불가능한 것만은 아니라는 확신을 갖게 되었고, 창조적 행위를 과학적으로 조명하는 것도 가능하다는 생각을 하게 됐다. '도약'과 그것을 실현시킨 인물들의 삶을 아무리 정밀하게 연구한다 한들 레이가 말한 비범한 창조성의 '매우 개인적인' 미스터리를 완전히 풀 수는 없을 것이다. 만일 그게 가능하다면 우리는 오히려 실망할지 모르겠다. 그럼에도 불구하고 최소한 창조성의 원천과 요소, 천재성에 나타나는 패턴 등에 관해서라면, 이 책이 상당 부분을 밝혀줄 수 있으리라.

차

례

머리말 비범한 창조자들   005
서론 과학과 예술, 창조적 도약   015

제1부 창조성의 요소들

01 천재성과 재능: 실재냐 신화냐   049
02 지능만으론 충분치 않다   071
03 낯선 것들   093
04 수요일은 파란색   115
05 광인, 연인, 그리고 시인   137

제2부 예술과 과학의 10가지 도약

06 레오나르도 다빈치: 〈최후의 만찬〉   161
07 크리스토퍼 렌: 세인트폴 대성당   189
08 볼프강 아마데우스 모차르트: 〈피가로의 결혼〉   221
09 장 프랑수아 샹폴리옹: 이집트 상형문자 해독   253
10 찰스 다윈: 자연선택적 진화론   285
11 마리 퀴리: 라듐의 발견   315
12 알베르트 아인슈타인: 특수상대성이론   343
13 버지니아 울프: 『댈러웨이 부인』   383
14 앙리 카르티에 브레송: 『결정적 순간』   413
15 사티야지트 레이: 〈파테르 판찰리〉   443

제3부 천재의 패턴

16 가족력 475

17 천재와 학교 495

18 창조적 과학과 예술적 창조 515

19 창조적인 성격은 따로 있을까? 537

20 평판, 명성, 그리고 천재성 557

21 10년 법칙 579

후기 천재와 우리 599

옮긴이의 말 602

참고문헌 606

찾아보기 619

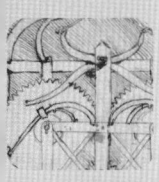

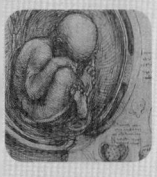

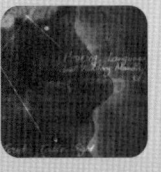

서론

과학과 예술,
창조적 도약

점심때 맥주 한 파인트(0.5리터가량의 분량—옮긴이)를 마시고…… 나는 두세 시간 산책을 한다.
걷는 내내 별 생각 없이 주변을 둘러보며 계절의 변화를 음미할 뿐이다.
그때 돌연 설명 불가능한 감정이 내 마음속으로 흘러들어온다.
한두 줄의 운문, 때론 한 연聯 전체가, 훗날 이것들이 한 부분이 될,
어떤 시의 모호한 생각 덩어리와 동시에 떠오른다.
어느 쪽이 늦거나 빠르거나 그러지 않다. 그러고 나서 한 시간여 잠잠해졌다가
다시 부글부글 분출이 시작된다.
—하우스먼A. E. Housman, 『시의 이름과 본질The Name and Nature of Poetry』, 1933

세상의 위대한 창조적 도약은 돌연한 통찰이라는 유레카Eureka 체험과
더불어 시작된다는 것이 통설이다. 그 고전적인 기원이 된 사람이 2000
여 년 전 목욕탕에서 배수량과 부력의 원리를 깨치고 욕조에서 뛰쳐나
가 벌거숭이로 대로를 활보하며 '유레카'(거칠게 옮기자면 그리스어로 '해
냈다!')를 외쳤다는 아르키메데스다. 15세기의 요하네스 구텐베르크
Johannes Gutenberg는 포도 수확 철에 포도즙 짜는 압착기를 아무 생각 없
이 보다가 인쇄술의 아이디어를 얻었다고도 하고, 17세기의 뉴턴은 사과
가 땅에 떨어지는 것을 보고 만유인력의 법칙을 생각해냈다고 한다.

　그런가 하면 18세기의 새뮤얼 테일러 콜리지Samuel Taylor Coleridge는
'칸 쿠블라'(Khan Kubla, 원나라 황제 쿠빌라이 칸을 말함—옮긴이)에 관한
책을 읽던 중 아편에 취해 잠이 들었는데, 깨어나자마자 「쿠블라 칸: 혹
은 꿈에서 본 것Kubla Khan : Or, A Vision in a Dream」이라는 시를 썼다고

하지 않는가? 19세기의 드미트리 멘델레예프Dmitry Mendeleev도 화학에 관한 생각을 하다 잠이 들었고 꿈에서 본 원소주기율표를 써 내려갔다고 한다. 20세기 초엽에 알렉산더 플레밍Alexander Fleming은 페트리 접시에 포도상구균 박테리아를 배양하다가 정말 '우연히' 박테리아를 죽이는 곰 팡이인 푸른곰팡이의 존재를 발견했는데, 그것이 최초의 항생제인 페니 실린이 되었다.

좀 더 최근에는 앙리 카르티에 브레송이 있다. 그는 스포츠 사진작가 마틴 문카치(Martin Munkácsi, 1896~1963. 헝가리 출신의 사진가로 독일과 미국에서 활동했으며 스포츠, 패션, 생활 사진으로 유명함—옮긴이)가 찍은, 달리는 아프리카 소년 사진을 우연히 파리에서 보고 1932년 사진가가 되기로 진지하게 결심한다. 그는 "나는 사진이 순간 속에 영원을 고정시킬 수 있는 것임을 갑자기 이해했다. 그건 나를 움직인 유일한 사진이었다"라고 쓰고 있다. "내 등을 누군가 발로 차는 것 같았다. 계속 가봐, 한번 해보라고!" 1950년 당시 이탈리아 신작 영화 〈자전거 도둑Bicycle Thieves〉을 런던에서 본 레이는 자신이 훗날 인도에서 만든 최초의 영화 〈파테르 판찰리〉를 어떻게 찍어야 할지 바로 감을 잡았다고 한다. 그는 "그 영화가 나를 찔렀다"고 말했다. 1953년 제임스 왓슨James Watson은 판지로 생체분자biomolecule 모형을 만들어 놀던 중 갑자기 DNA 구조를 이루는 두 개의 반쪽들이 어떻게 들어맞는지를 이해하게 됐고, 유전에서 생체분자의 메커니즘이라는 문제를 해결했다. "의욕이 충천하게 됐다"고 왓슨은 자신이 쓴 책 『이중나선The Double Helix』에서 털어놓았다.

그런데 역사를 거슬러 올라갈수록 이런 유레카 체험에 대한 사실상의 증거를 찾기가 힘들다. 아르키메데스의 경우는 그렇더라는 말 외에 어떤 증거도 없다. 구텐베르크로 말하자면 다소 의심스러운 편지 한 통밖에는 없다. '뉴턴의 사과'는 그 어떤 문헌으로도 뒷받침되지 않고 있다. 세월이 흘러 그가 나이 들었을 때 다른 사람에게 그렇게 말했을 뿐이다. 하지만 이 모든 이야기들을 마냥 허구라고 치부해버릴 순 없다. 이런 식으로 영감의 섬광이 번뜩였던, 믿을 만한 사례를 여러 과학자들과 예술가들에게서 찾을 수 있기 때문이다. 고전학자이자 시인인 하우스먼이 말한 '돌연하고도 설명 불가능한 감정' 같은 것 말이다. 게다가 이런 것은 일반 사람들도 개인적으로 종종 체험하는 일이다. 잡담, 우연한 연상, 되는 대로의 상상, 꿈처럼 말도 안 되는 것 등에서 좋은 아이디어가 솟구친다는 걸 우리는 알고 있다.

다른 한편으로, 창조적 도약에 관한 한 유레카 체험이 전부가 아니다. 위대한 생각이 '청천벽력'처럼 출현했다 하더라도, 알고 보면 관련 주제를 오랫동안 마음속에 품고 있었기에 가능한 일이었다. 그들은 자신들이 궁극적으로 풀어내야 할 문제 속에 매우 깊이 침잠해 있었다. 예를 들면, 플레밍은 1928년 푸른곰팡이의 발견이라는 도약을 이뤄내기 전 이미 20년 넘게 런던 병원 세균학부에서 연구를 하고 있었다. 제1차 세계대전 내내 그는 부상을 입은 참전 군인의 패혈증을 치료할 항생제를 찾는 일에 열중했다. 전후 플레밍은 이와 관련한 적극적인 연구 프로그램에 착수했고, 1922년에 콧물, 눈물, 타액에서 라이소자임lysozyme이라는 항균 효소를 찾아낸다. 플레밍의 페니실린 발견은 루이 파스퇴르Louis Pasteur의 언명, 즉 '관찰에 관한 한 기회는 오직 준비된 정신에만 찾아온다'는 말을 그대로 증명한 사건이다.

이제 잘 알려지고 많이 거론된 또 다른 과학적 유레카 체험을 집중 조명해보자. 1860년대 독일 화학자 아우구스트 케쿨레August Kekule가 이뤄낸 벤젠 분자 내 여섯 개 탄소 원자의 육각 고리 구조 발견이 그것이다. 이는 유기화학의 기초 형성에 대단히 중요한 발단이 된 사건이었다. 케쿨레의 발견은 1930년대에 폴링이 양자 이론의 관점에서 그 고리 구조의 안정성을 설명함으로써 더욱 발전하게 된다. 이는 도약이라는 것이 진실로 복잡한 것임을 생생하게 보여주는 사례가 됐다.

그 발견이 있은 후 사반세기가 지난 1890년에 케쿨레는 한 공개 강연에서 당시 자신에게 일어났던 일들을 회고했다. 1855년의 어느 날 최초의 영감이 번뜩였을 때, 그는 친구와 화학에 관한 대화를 나눈 후 런던의 승합마차를 타고 가면서 여름 저녁의 '몽상'에 잠겨 있었다. 차장이 "클래펌 거리입니다"라고 외치기 전까지 케쿨레는 원자들이 추는 춤을 상상하고 있었다. 크고 작은 놈이 두 개 1조, 세 개 1조, 네 개 1조로 원자들의 고리를 만들고 있는 춤이었다. 그런데 정작 도약이 이루어진 것은 그로부터 7년 후 난롯가에서 졸고 있을 때였다. 그의 말이다.

벨기에의 겐트에 거주할 때, 나는 중심가의 우아한 독신자 아파트에 살았습니다. 하지만 내 서재는 좁은 골목길과 붙어 있어서 낮에도 빛이 들지 않았지요. 실험실에서 하루를 다 보내는 화학자에게 이건 크게 불편한 점이 아니었습니다. 어느 저녁 나는 그 방에 앉아서 교과서 집필 작업을 하는 중이었습니다. 그런데 진도가 잘 나가지 않았습니다. 내가 다른 무엇에 정신이 팔려 있던 까닭이었지요. 나는 의자를 난로 쪽으로 돌려놓고 살짝 잠에 빠져들었습니다. 원자들이 내 눈앞에서 퍼덕거렸습니다. 이번에는 개중 좀 더 작은 무리들이 저 뒤쪽에 비교적 얌전히 머물러 있더군요. 이 작은 놈들을 계속 보느라 내 마음의 눈이 예리해졌는지 다양한 모습으로 결합되어 있는 좀 더 큰 무리들이 잘 구별됐습니다. 긴 고리들이 빈번하게 더욱 조밀한 형태로 엮여 있었습니다. 모든 것들이 뱀처럼 움직이고 휘어지고 회전했습니다. 그런데 말이죠, 아니! 저게 뭐지? 그 뱀들 중 하나가 자기 꼬리를 물고 있는 것 아니겠습니까? 그 형상은 마치 나를 놀리는 것처럼 내 눈앞에서 뱅뱅 돌았습니다. 나는 이번에도 번쩍 잠이 깨고 말았습니다. 나는 내가 본 그 가설을 완성하기 위해 남은 밤을 새웠습니다.

케쿨레는 이렇게 결론짓는다. "여러분, 꿈꾸는 걸 배워야 합니다. 그러면 아마도 우린 진실을 볼 수 있을 것입니다. 그러나 깨어 있을 때의 정신이 검증하기 전까지는 결코 꿈에서 본 것들을 공개 발표하지 말아야 합니다."

이건 참으로 엄청난 상상이다. 엄격한 과학적 진실이 되기엔 너무나 매혹적이고 대단하다. 실제로 일부 화학사가들은 케쿨레가 정말 그런 꿈을 꿨는지 의심한다. 그러나 1890년 그의 이론이 발표되기 전에 케쿨레가 자기 가족이나 친구들에게 수차례 꿈 이야기를 했다는 증거가 있다. 그의 아들이 증언했다. 1886년에는 뱀이 제 꼬리를 물고 있는 눈속임 그림이 출판됐다. 이는 당시에 이미 케쿨레의 꿈 이야기에 대해 알 만한 사람은 다 알고 있었다는 사실을 강하게 시사한다. 더군다나 케쿨레는 일부 동시대인들과는 달리 신중한 화학자로 이름이 높았다. 기본적으로 진실이 아니라면 그 기이한 꿈을 대중 앞에서 말했을 리가 없다. 그런데 꿈 이야기가 사실이라면, 유레카 체험을 설명할 때 그것에 얼마나 큰 비중을 두어야 할까?

1858년 도약이 있기 오래전에 케쿨레는 논문 하나를 발표했는데, 거기서 그는 4가價 탄소 원자들이 어떻게 연결되어 열린-사슬(open-chain, 지방족) 분자를 형성하는지에 대한 구조 이론을 주장했다. 그 후

1859~1861년에 그의 화학 교과서 첫째 권이 출간됐다. 그런데 이 기간 중 그는 벤젠 같은 닫힌-사슬(closed-chain, 방향족) 분자 구조에 대해서는 공개적으로 아무런 언급도 하지 않았다. 또한 그가 그 문제에 대한 생각에 빠져 있음을 눈치채게 할 만한 극히 사적인 말조차 아꼈다. 그 꿈은 1862년 초반이나 최소한 그해 6월 결혼하기 전에 꾸었던 것으로 보인다(강연에서 자신이 독신자 아파트에 있었다고 말했으니). 케쿨레는 꿈을 꾼 지 3년여가 지난 1865~1866년까지 벤젠의 닫힌-사슬 구조에 대해 입을 열지 않았다.

이 기간, 즉 1850년대 후반에서 1860년대 초반은 석탄-타르 염료와 석유 산업이 눈부신 성장을 보이던 때였다. 유기화학 지식이 화학 실험실에서 빠르게 확장되고 있었다. 그리고 새로 발견된 일부 방향족 화합물들은 벤젠과 확실히 비슷했다(벤젠은 1825년에 마이클 패러데이Michael Faraday가 압축 석유 가스에서 발견했다). 하지만 새롭게 확보된 지식을 제대로 설명해줄 수 있는 화학 구조 이론은 아직 충분히 갖추어지지 않고 있었다. 케쿨레 외에도 몇몇 화학자들이 벤젠의 분자 구조에 매달렸다. 한 예로 요제프 로슈미트Joseph Loschmidt는 1861년 세 가지 대안적 벤젠 공식을 내놓았다. 그중 어떤 것도 고리 구조와는 연관성이 없었다. 그럼에도 불구하고 로슈미트가 벤젠을 커다란 원의 모습으로 제시하지 않을 수 없었던 것은 그 구조에 대해선 확정적으로 말할 수 없었기 때문이다. 아치볼드 쿠퍼Archibald Couper는 1858년 고리 구조를 가지고 두 개의 서로 다른 유기 화합물을 설명하려고 했다. 그러나 둘 다 벤젠은 아니었다.

케쿨레는 그들의 연구 결과를 전혀 신뢰하지 않았지만 왜 그런지는 문서나 편지 어디에서도 밝히지 않았다. 그는 매우 주의 깊게 그 주제에 대한 생각을 자신의 내부에만 한정시키고 있는 듯 보였다. 벤젠 구조에 대한 여러 생각과 학설들이 분분해도 그는 관여하지 않았다. 그렇다 해도 로슈미트나 쿠퍼 그리고 다른 화학자들의 생각이 케쿨레를 자극했을 수도 있다. 이 때문에 그는 자신의 유기화학 교과서를 한 권 더 집필하려 했을지도 모른다. 그러던 중 1862년 어느 저녁에 난롯가에서 깜빡 졸게 되었다.

케쿨레가 자신의 이론 발표를 늦춘 배경에는 부분적으로 개인적 이유가 작용하고 있었다. 그의 아내가 1863년 아이를 낳다가 사망했다. 케쿨레에겐 젖먹이 아들만 남겨졌다. 그는 우울증과 목표 상실감에 시달렸다. 한편, 그는 새로운 화합물들이 존재한다는 실험적 증거가 나오길 기다리고 있었다. 벤젠과 마찬가지로 신물질도 고리 구조를 가지고 있다는 전제하에 그 존재가 증명되길 바랐다. 증명은 1864년에 이루어졌다. 두 명의 화학자가 에틸 페닐ethyl-phenyl과 아밀 페닐amyl-phenyl을 합성해 냈다. 그 구조와 특성이 벤젠과 관련 있는 물질들이었다. 케쿨레는 아직 발표하지 않은 자신의 이론을 근거로 이런 사실을 이미 예측하고 있었다. 이 새로운 실험 결과는 그를 행동하게 만들었고, 1865년 1월에 서둘러 이론을 발표한다.

그런데 뜻밖에도 이 '도약적인' 논문에서 케쿨레는 자신의 이론이 1858년에 '완성'됐다고 주장한다. 이는 그가 겐트의 아파트에서 꿈을 꾸기 한참 전의 일이었다. 게다가 그 논문은 벤젠 고리 구조, 혹은 그것으로부터 가능한 파생 구조 어느 쪽도 아직 확실하게 설명하지 못하고 있었다. 그럼에도 불구하고 벤젠 고리 구조 자체에 대해선 분명하게 언급했다. 이제는 그것에 관해 생각하면 할수록 자신의 방향족 이론은 더욱 명쾌해 보였다. 즉 그것은 1865년 4월에 그가 한 화학자 친구에게 말했듯이 무진장한 보물과도 같은 것이었다. 몇 달 후, 케쿨레와 실험실의 공동 연구 제자들은 벤젠핵의 고리 구조를 근거로 좀 더 새로운 화합물(폴리브로모 벤젠polybromobenzenes과 폴리요오드 벤젠polyiodobenzenes)의 합성을 설명할 수 있게 됐다. 1866년 그는 벤젠의 3차원 원근 드로잉을 선보인다. 거의 모든 유기화학자들이 이 고리 구조를 원칙적으로 수용하게 된다. 왜냐하면 이론적인 예측과 방대한 실험 결과들이 일치했기 때문이다.

따라서 케쿨레가 꾼 행운의 꿈은 그저 한 차례의 신비로운 계시가 아니라, 1865년까지 5년 이상 지속된 벤젠 구조 연구 작업의 일부분이었다. 그 꿈은 진정 유레카 체험이라고 할 수 없다(그 자신도 이 단어를 쓴 적이 없다). 케쿨레 자신이 그걸 대단히 중요한 정서적 경험으로 생각했음에도 불구하고 말이다.

가장 신빙성 있는 주장은 그 꿈을 꾸기 한참 전인 1850년대 후반에 케쿨레가 이미 고리 구조에 천착해 있었고, 1862년부터는 그의 '깨어 있는 정신'이 그것의 존재를 확신하게 되었다는 것이다. 그러나 1864년 다른 학자들의 실험 결과가 나올 때까지 그는 이를 발표할 자신이 없었다. 꿈이야기나 소문과 달리, 벤젠 이론이 케쿨레의 졸음 속에서 완성된 것은 아니라는 말이다. 심지어 그 꿈은 이론 형성에 부분적으로 기여하지도 않았다. 과학사가인 앨런 로크Alan J. Rocke는 역사적인 증거를 끈질기게 추적한 끝에 다음과 같이 주장했다. "반半의식 혹은 무의식 상태에서 얻어낸 것은 기껏해야 고리라는 '개념'에 불과했다. 이 개념은 전례가 없는 것도 아니었다. 이론 자체는 몇 년 동안에 걸쳐 아주 고통스럽게 서서히 발전했으며, 그 첫 번째 집대성이 1866년에야 이루어진 것이다."

이런 점진적인 발전 사례는 대부분 창조적인 도약에서 흔히 나타나고 있다. 창조적인 도약에서 유레카 체험은 있을 수도 없을 수도 있다. 그러나 분명한 것은 장시간의 사유와 노력이 반드시 선행하며, 그 뒤에는 면밀한 검증과 발전적 사고 전개가 이어진다는 점이다. 여기 세 가지 사례가 더 있다. 그중 첫 번째 것은 고대의 일이고, 나머지 두 개는 20세기 후반의 일이다.

내가 몇 권의 책을 통해 말한 바 있지만, 쓰기의 발명은 일종의 원형 도약ur-breakthrough에 해당하는데, 그게 없었다면 구전 말고는 역사도 과학도 문학도 존재하지 않았을 것이기 때문이다. 어떻게 그토록 중대한 발명이 가능했을까? 이른바 '원표기Proto-writing' 형태, 즉 구어의 모든 범위를 포괄할 수 있는 문장은 아니지만 제한된 범위의 의미를 표현하는 기호들이 이미 마지막 빙하기 동안 존재했던 것으로 보인다. 뜻을 알 수 없는 동굴 그림, 바위 조각, 뼈에 새긴 금들이 그런 것들인데 약 2만 년 전의 것들로 추정된다(원표기 형태의 현대적인 예를 들면, 공항의 국제 수송 기호, 수학기호, 오선 악보 등이다). '완전 표기Full-writing' 형태는 기호들의 체계인데, 특정한 생각은 물론 모든 생각을 표현할 수 있으며 메소포타미아의 도시들에서 약 5000년 전에 출현했다는 게 유력한 설이다. 그림이나 다른 기호의 형태로 나타난 완전 표기 형태는 점토판에 새긴 쐐기 모양의 설형문자로 빠르게 진화한다. 이집트 상형문자는 최초의 설형문자가 나온 직후인 기원전 3000년쯤에 나타났으며, 이웃 메소포타미아와 직접 관련되었다는 증거는 없지만 크게 영향 받았을 것으로 짐작된다.

원표기를 완전 표기로 변형시킨 도약은 리버스(rebus, 같은 발음의 문자, 숫자, 그림 등을 이용해 만든 수수께끼 문장—옮긴이)다. 이 말은 라틴어로 '사물을 이용해서by things'라는 의미를 가리키는 단어에서 나왔다. 리버스는 그림문자로 표현할 수 없는 구어를 모음, 자음, 음절 같은 구성 요소를 이용해서 글로 옮길 수 있다. 리버스 원리에 따라 말소리를 규칙적인 방식에 맞춰 눈에 보이는 형태로 만들 수 있으며 추상적인 개념도 기호화할 수 있게 됐다. 리버스 쓰기는 오늘날 퍼즐 그림을 이용한 글쓰기와 유사하며 어느 정도는 전자 문자메시지와도 닮았다. 루이스 캐럴은 어린이 친구들에게 퍼즐 그림으로 쓴 편지를 즐겨 보냈다. 작은 사슴deer 그림이 그려져 있으면 그것은 편지 서두의 '친애하는Dear'을 뜻하는 것이었고, '나I'를 표시할 때는 눈eye을 그려 넣었으며 손hand을 그린 그림은 그와 발음이 비슷한 '앤드and'를 가리킨다. 영어 리버스의 또 다른 예를 들자면, 벌bee과 쟁반tray를 그려서 '배신하다betray'라는 말을 나타내는 것이다. 혹은 벌 그림과 숫자 4four를 같이 쓰는 경우도 있는데, 이때는 '전에before'라는 뜻이다. 이집트 상형문자는 온통 리버스 천지다. 태양을 나타내는 상형문자는 ◉인데 이는 라r(a) 혹은 레r(e)로 발음하며 태양신 라Ra를 나타낸다. 이는 우리가 람세스Ramses 대제로 알고 있는 이집트의 유명한 파라오 이름의 첫 번째 철자를 나타내는 기호다.

그럼 어떻게 이런 리버스가 고안됐을까? 몇몇 학자들은 이 표기 방식이 기원전 3300년경 우루크(Uruk, 성서에서는 에렉Erech)에 살던 한 무명의 수메르인이 의식적으로 연구한 데에서 비롯됐다고 보고 있다. 그 당시 우루크는 완전 표기 형태를 담고 있는 최초의 점토판이 나온 지역이었다. 또 어떤 학자들은 이것을 집단적 발명의 결과라고 추정한다. 당시의 현명한 관리들이나 상인들의 작품이라는 것이다. 하지만 발명이 아닌 우연한 '발견'이었다고 보는 학자들도 있다. 순간적인 영감의 소산이 아니라 원표기 상태로부터 오랜 진화를 거친 결과라고 생각하는 사람들도 많다. 증거가 아주 불충분한 상황에서 이 모든 가정은 일리가 있다. 우리는 어쩌면 어떤 주장이 옳은지 끝내 알 수 없을지도 모른다. 심지어 현대에서도 어떤 특정한 기술적 도약에 공헌한 것이 발명가 개인인지 기업의 연구 개발인지, 아니면 시대정신Zeitgeist인지를 놓고 불분명한 논란에 휩싸일 때가 많다.

다만 확실한 것은, 고고학적 증거로 볼 때 원표기 형태는 완전 표기 형태가 출현하기 전까지 아주 오랫동안 존속했다는 사실이다. 그렇게 나타난 설형문자는 수백 년이 흐른 뒤에 시詩와 같은 고도의 사유 결과를 기록할 수 있게 됐다. 현존하는 세계 최고最古의 문학작품은 수메르 설형문자로 쓰인 것으로 기원전 2600년까지 거슬러 올라간다. 번역가인 앤드루 조지Andrew George는 "물론 언어적 표현이 완벽하지 않기 때문에 이 초기 점토판들은 해독이 지극히 어렵다"고 쓰고 있다. 어쨌든 기원전 4000년에서 3000년 사이에 분명히 리버스 표기라는 도약이 일어났다. 그러나 오늘날 우리 현대인의 입장에서 보면, 그 표기 형태는 다음 1000년 동안에도 점진적으로 발달해온 것처럼 보이며 그 과정에 어떤 유레카 순간도 없었던 듯하다.

기원후 2000년을 눈앞에 두고 1990~1991년에 월드와이드웹이 출현했다. 월드와이드웹의 발명은 10년이 걸렸는데 처음에는 실험적인 웹과 흡사한, 인콰이어Enquire라는 컴퓨터 프로그램으로 출발했다. 이 프로그램은 1980년 세른(CERN: Conseil Européen pour la Recherche Nucléaire, 유럽입자물리연구소)에서 일하는 물리학자들을 위해 팀 버너스리Tim Berners-Lee가 일종의 '내부 통신망intranet'으로 만든 것이다. 1999년 버너스리는 "웹은 내 마음에 영향을 미친 것들, 즉 아직 완벽하게 정리되지 않은 생각, 이질적인 대화, 겉보기엔 아무 연관 없는 실험에서 나온 것"이었다고 회고했다. 프랙털 기하학의 발견도 그 정도의 시간이 걸렸는데, 1963~1964년 당시의 원시적인 컴퓨터와 더불어 연구가 시작되었다. 1975년에 프랙털이라는 용어를 만들어낸 IBM 수학자 브누아 망델브로Benoit Mandelbrot는 2001년에 "자연에 프랙털 개념을 적용하는 일은 매우 점진적으로 느리게 진행됐습니다. 나는 풍경 이미지가 지닌 완전한 의미를 즉각 알아차리질 못했어요. 나중에야 겨우 이해할 수 있었습니다"라고 말했다.

버너스리나 망델브로 둘 다 유레카라는 단어의 사용을 조심스럽게 피하고 있다. 버너스리는 "기자들은 항상 내게 묻죠. 대체 결정적인 아이디어가 뭐였느냐. 어떤 일이 있었느냐. 마치 웹이 그 전날까지 없다가 그날 바로 생겨난 것처럼 말이죠. '유레카' 순간 같은 건 없었다고 말해주면 그들은 당황해합니다"라고 말했다. 망델브로도 "우리가 최초의 풍경 상을 만들어낸 순간은 저 대단한 유레카 순간도 아니고, 내가 '우주를 여는 열쇠를 찾아냈도다'라고 외치게 한 극적인 계시의 순간도 아니었다"고 말한다.

그럼에도 대부분의 도약에는 분명하고도 결정적인 계시의 일화가 따라다닌다. 그걸 유레카라 할 수도 있고 아니라고 할 수도 있다(다른 용어로는 '현현顯現'이 있다. 노벨상을 수상한 물리학자 리언 레더먼Leon Lederman이 이 말을 즐겨 쓴다). 우리가 앞으로 고찰하겠지만 이 책의 제2부에서 살펴볼 다섯 사례, 즉 샹폴리옹, 퀴리, 다윈, 아인슈타인, 레이의 도약에는 유레카 체험이 뒤따르고 있다. 브레송과 모차르트, 울프에게도 그렇다고 할 만한 것이 있다. 다빈치와 렌에게서는 그 증거가 뚜렷하게 드러나지 않는다. 수백 년 전에 살았던 사람들이어서 그 삶에 대한 정보가 없을 수도 있다. 특히 다빈치의 삶이 그렇다. 심지어는 〈최후의 만찬〉을 언제 그리기 시작해서 언제 끝냈는지도 분명히 알려진 게 없다. 다만 확실한 것은 열 개의 사례 모두 도약에 이르기까지 오랜 '도움닫기' 과정과 노력이 있었고 그 뒤에 계시가 왔으며, 이어 심도 깊은 연구와 그 성과를 구체화하는 과정이 있었다는 사실이다.

이 책의 제1부 '창조성의 요소'에서는 창조성에 대한 과학적인 연구들을 소개한다. 여기에는 재능, 천재성, 지능, 기억, 꿈, 무의식, 서번트 증후군(자폐증 등 뇌 기능 장애를 가진 사람이 특정 분야에서 천재성을 보이는 현상을 말함—옮긴이), 공감각, 정신 질환 등이 포함된다. 이 연구는 1860년대에 심리학자인 프랜시스 골턴Francis Galton이 문을 열었고, 현대에는 심리학뿐만 아니라 정신병학, 신경과학, 사회학 분야에서도 일군의 학자들이 이론과 실험 결과를 내놓고 있다. 제2부는 '열 개의 도약'을 다룬다. 각각 다섯 명의 예술가와 과학자들이 이룬 도약에 대해 알아본다. 이들이 선택된 이유는 그 업적의 중요성과 활동 분야의 다양성에 있다. 제3부에서는 '천재성의 패턴'에 대해 생각해볼 것이다. 세 가지의 기본 화두가 있다. 도약을 이룬 비범하게 창조적인 사람들의 공통점은 무엇인가? 과학과 예술의 도약들은 일정한 패턴을 따르고 있는가? 그 도약들에는 언제나 상상력의 비상과 '천재성'이 따르고 있는가?

1869년 다윈의 사촌인 골턴은 『유전적 천재성: 그 법칙과 귀결에 관한 탐구Hereditary Genius: An Inquiry into its Laws and Consequences』를 펴냈다. 이는 탁월한 인물들에 대한 맹아적인 조사 연구서였다. 그는 어떤 사람의 탁월함을, 주요 참고 문헌에 그의 전기가 얼마나 밀도 있고 상세하게 기재되어 있느냐를 기준으로 평가했다. 골턴은 천재성이 가족력임을 보여주려고 노력했다. 그러나 결국 그가 제시한 것은 유전에 종속된 것은 재능이지(특히 영국 판사) 천재성이 아니라는 사실이었다. 천재가 반드시 천재를 낳지 않는다.

천재성, 창조성 그리고 재능은 서로 겹치는 부분이 있다(제1장 참조). 만일 우리가 재능을 '어떤 특별하고도 타고난 자질의 소유'로 정의한다면, 이를테면 바이올린을 능숙하게 연주하거나 수학을 잘하는 것으로 간주한다면, 이는 대단히 높은 수준의 숙련도에 도달하기 위해서는 반드시 훈련이 필요한 덕목이 될 터이다. 천재성은 분명 창조성과 재능 둘 다를 요구한다. 창조적이지 않은, 혹은 재능 없는 천재란 표현은 어불성설이다. 그러나 창조성과 재능의 관련성은 그리 명확하지 않다. 재능이 없는데도 창조적이 되는 게 가능한가? 어쩌면 서문에서 언급했던 박식가 영의 경우가 그렇다고 할 수 있다. 일반의 기준으로 볼 때는 특출했을지 모르지만, 영이 공부한 여러 분야, 즉 물리학, 생리학, 의학, 이집트학, 언어학, 그 밖에 생명보험업 등에서 최고 수준에 올라 있었다고 주장하긴 어렵다. 하지만 그는 이들 분야에 중요한 기여를 했다. 그의 정신이 창조적이었기 때문이다.

어떤 사람이 창조적이진 않지만 재능은 있을 수 있는가? 이런 거라면 성인이 되기 전에 재능이 소진된 어린 신동들에게 확실히 들어맞는다. 또 확실한 재능으로 기술적으로는 놀라운 기량을 보여주지만 청중을 감동시키는 상상력이 부족한 많은 성인 연주가들도 이에 해당된다. 광고 전문가인 윈스턴 플레처Winston Fletcher는 『울화와 재능: 창조적인 사람들에게서 어떻게 최고를 뽑아낼 것인가Tantrum and Talent: How to Get the Best from Creative People』에서 이렇게 말했다. "창조의 세계에는 재능은 없지만 아이디어를 가진 사람들이 붐비는 것만큼이나 재능은 있으되 아이디어가 없는 사람들도 많다."

20세기 전반기에 심리학자들은 창조성보다는 지능(제2장 참조)에 매달렸다. 지능검사법을 개발하고 논란을 일으킨 지능지수IQ 개념을 수립했다. 1920~1930년대에 재능 있는 아이들을 대상으로 스탠퍼드 대학의 심리학자인 루이스 터먼Lewis Terman이 유명한 검사법들을 시행했다. 터먼은 지금도 미국에서 널리 이용되는 스탠퍼드-비네Stanford-Binet 지능지수 검사법의 창시자다. 애초에 터먼은 지능지수가 지능과 창조성을 모두 나타낸다고 가정했다. 그러나 검사 결과를 본 후 자신의 가정을 변경하지 않을 수 없었다. 지능지수가 매우 높은 사람들은 일반적으로 창조성이 높지 않았다. 반면에 창조성이 높은 사람들은 반드시 지능지수가 높았다. 그러나 대체로 '매우' 높지는 않았다. 지능지수가 120을 넘어가면 지능지수와 비범한 창조성 간에는 아무런 상관관계가 없었다. 터먼이 지능지수 검사를 한 어린이들(흔히 '터마이트Termites'라고 부르는) 중에서 훗날 노벨상이나 퓰리처상을 받은 영재는 아무도 없었다. 오히려 이 그룹에 들지 못한 아이 둘이 나중에 노벨 물리학상을 받았다.

1950년대, 냉전이 본격화되면서 미국은 소련보다 과학 창조성이 뒤처져 있다는 위기감을 느끼게 됐다. 전미심리학회장 조이 길퍼드Joy Guilford는 미국의 연구자들에게 창조성 분야에 연구력을 좀 더 집중할 것을 촉구했다. 그러면서 이 분야가 극적으로 성장했다. 창조성이나 통찰력 검사가 우후죽순 이루어졌다. 이것들은 '확산적divergent' 혹은 '수평적lateral' 사고력을 측정하기 위해 설계된 것들로서 지능지수 검사가 측정하는 '수렴적convergent'(논리적) 사고력과 정반대되는 개념이었다. 그 결과 에드워드 보노Edward de Bono의 『수평적 사고: 창조성 교과서 *Lateral thinking: A Textbook of Creativity*』같은 책들이 베스트셀러가 됐다. 이 책은 1970년에 초판이 출간됐다. 이런 검사법들 중에서 '9점 문제nine-dots problem' 검사법은 통제된 환경에서 제대로만 하면 누구도 부인 못할 매력적인 결과를 내놓았다.

그러나 창조성 검사법은 심리학자들로부터 지능지수 검사법보다 더 심한 비판을 받았다. 이 검사법이 실험실에서 계량화될 수 없는 숱한 요인들을 무시했다는 것이다. 이를테면 종종 창조적 아이디어는 시간제한이 있는 검사실에서 문제를 풀려고 집중할 때보다 아무것도 하지 않는 이완된 상태에서 기대하지 않았던 순간에 나온다는 사실 말이다. 오늘날에는 창조성 검사가 이런저런 능력을 측정할 수 있다는 게 어느 정도 사실이다. 그러나 이 능력들은 실생활의 창조성, 즉 우리가 말하고자 하는 도약과는 별 관계가 없다.

무의식 과정이 창조에서 맡고 있는 역할(제3장 참조)에 대해서는 프로이트의 연구가 있기 한참 전, 추측건대 18세기가 시작되는 시점에 이미 알려져 있다. 이 시기에 철학자 라이프니츠는 "우리들의 명징한 생각이란 마치 흐릿한 대양 위에 모습을 내밀고 있는 섬들과 같다"라고 말했다. "(그러나) 생각할 수 있으면서도 생각한다는 사실을 의식하지 못한다는 걸 깨닫기란 쉽지 않다." 무의식을 명기함으로써 기억의 존재나 설단현상(tip-of the-tongue phenomenon, 알고 있긴 하지만 말이 혀끝에 걸려 입 밖으로 나오지 못하는 현상—옮긴이), 최면의 힘, 그리고 우리가 어떤 의식적인 근거도 갖지 않은 상태에서 '본능적으로' 호불호의 감정을 실어 타인을 대한다는 사실(비록 나중에 이러저러한 이유가 있었다고 사후적으로 이유를 대긴 하지만) 등도 명시됐다. 무의식 과정이 사고와 창조에서 일정한 역할을 하고 있음이 분명해졌다. 그러나 무의식 과정이 어떻게 의식적 과정과 협력하는지는 전혀 밝혀지지 않았다. 예를 들자면 아인슈타인은 어떤 경험에 대해 우리가 가지는 '경이감sense of wonder'의 근원이, 그 경험 자체와 이전 경험들의 결과로서 우리 내부에 무의식적 개념으로 정착된 것들이 서로 갈등과 충돌을 빚는 지점에 있다고 생각했다. 그는 사고를 "어떤 의미에선 '경이'로부터 끊임없이 날아오르는 존재 같은 것"이라고 생각했다. 가장 강렬해지는 순간에 경이는 통찰의 섬광을 낳는다는 것이다.

꿈은 무의식 과정의 접근을 허용하지만 창조적 도약의 좋은 보기가 될 때도 있고 그렇지 않을 때도 있다. 콜리지는 폴록Porlock에서 온 사람이 일 이야기를 하려고 자신을 깨울 때까지 꿈속에서 「쿠블라 칸」의 대부분을 보았다고 주장했다. 그러나 콜리지의 시와 원고를 학문적으로 검토해본 결과, 그의 말은 유쾌한 거짓말임이 드러났다. 「쿠블라 칸」의 초고가 여러 종류 있었던 것이다. 그리고 거기엔 꿈이 아닌 전혀 다른 방식으로 그가 통찰을 얻게 된 사연들이 적혀 있었다. 그리고 시 자체만 놓고 보아도 다른 작가들의 영향, 심지어는 문장을 모방한 흔적까지 역력했다. 과학 분야에서는, 케쿨레가 벤젠 고리를 발견하는 데 꿈이 중심 역할을 했다는 이야기는 신빙성이 없음을 우리는 이미 알고 있다. 그러나 1920년 노벨상을 수상한 신경과학자 오토 뢰비Otto Loewi가 꾼 꿈은 곧바로 실험으로 이어졌다. 그 결과 신경 충격의 전달 작용에 화학적인 특성이 있음이 증명됐다.

1990년 이후 기능적 자기공명영상fMRI: functional Magnetic Resonance Imaging 시대가 도래하면서 뇌 활동에 대한 신경과학자들의 이해가 한층 진전되었다. 물론 fMRI가 창조적 사고력을 직접 측정할 순 없었다. 그러나 이 장치로 인해 서번트 증후군이나 자폐증, 공감각(제4장 참조) 등의 현상을 들여다보는 일이 가능해졌다. 이는 수학과 언어 서번트인 대니얼 타멧Daniel Tammet이 경험한 일이고 『본 온 어 블루 데이Born on a blue day』(한국어판 제목은 '브레인맨, 천국을 만나다'임—옮긴이)에서도 기술하고 있다. 이 책의 제목은 타멧이 태어난 요일에서 따온 것이다. 타멧은 수요일에 태어났는데 타멧의 마음속에서 수요일은 파란색이었다. 왜냐하면 "수요일은 언제나 파랗습니다. 숫자 9나 논쟁하는 사람들의 큰 소리처럼요"라고 그가 말하기 때문이다.

아주 창조적인 사람들 중에는 작가 블라디미르 나보코프Vladimir Nabokov와 물리학자 리처드 파인먼Richard Feynman 같은 사람이 있다. 이들은 둘 다 공감각 능력이 있었다. 파인먼의 경우에는 어린 시절부터 수학 방정식이나 글자를 색채로 봤다. 이 작가와 물리학자는 자신들의 창조적 작업에서 공감각이 중요했다는 주장을 한 번도 한 적이 없다. 하지만 그들의 언행을 통해 그전까지 그리 심각하지 않은 정신 질환 정도로 치부됐던 공감각 능력이 실제 학문 연구에서 중요한 역할을 하는 것으로 밝혀졌다. 작곡가 올리비에 메시앙Olivier Messiaen이나 화가 고흐 같은 걸출한 공감각 능력 보유자들도 좋은 사례다.

뇌 스캔 결과, 안대를 한 공감각 능력자는 단어를 들을 때마다 뇌의 색채 시각 중추가 활성화되는 것으로 나타났다. 같은 조건에서 공감각 능력이 없는 피실험자는 아무 반응을 보이지 않았다. 그러나 아직도 공감각 현상의 원인이나 그것이 어떤 목적을 가지고 있는지에 대해선 알려진 바가 별로 없다. 그게 정상적인 뇌 기능이냐 비정상적인 것이냐에 대한 합의조차 이루어지지 않고 있다. 심지어는 발생률도 정확하지 않다. 많게는 스무 명당 한 명꼴에서 적게는 2만 명당 한 명꼴로 나타나는 것으로 추정하고 있을 뿐이다. 그러나 공감각의 존재가 우리의 가시권에 들어와 있는 것은 분명하다. 한 미술학교 학생들을 대상으로 검사한 결과, 그들의 공감각 수치는 0에서 100까지 골고루 분포되어 있었다. 공감각의 이해는 아마도 도약을 가능케 하는 창조적 과정의 비밀을 밝히는 필수적인 요소 중 하나가 될 것이다.

정신병psychosis을 이해하는 일은 별개의 문제다(제5장 참조). 시인 바이런 경으로 대표되는 19세기 낭만주의 운동 이후, 일반인들은 창조성과 정신이상 사이에 연관성이 있다고 생각했다. 프로이트는 이런 연관성이나 정신병 자체에는 큰 관심이 없었다. 그러나 20세기 들어서는 많은 심리학자들과 정신과 의사들, 가장 최근에는 낸시 앤드리슨Nancy Andreasen, 케이 레드필드 재미슨Kay Redfield Jamison, 대니얼 네틀Daniel Nettle 같은 학자들이 정신병적 경향성psychoticism의 연구와 측정에 매달리고 있다. 네틀의 『강력한 상상력: 광기, 창조성 그리고 인간의 특성 Strong Imagination: Madness, Creativity and Human Nature』이라는 책의 제목은 셰익스피어의 희곡 『한여름 밤의 꿈』에서 정신병적 경향을 묘사한 대목을 따온 것인데, 여기서 셰익스피어는 "광인, 연인, 시인/이 모두는 상상력 속에 뭉뚱그려지나니"라고 쓰고 있다. 네틀은 정신병력이 있던 예술 창조자들의 목록을 만들었는데, 놀랄 정도로 길었다. 거기엔 헨델, 고흐, 앨프리드 테니슨Alfred Tennyson 등이 포함되었으며 당연히 버지니아 울프가 끼여 있다. 과학자들 가운데에는 정신이상을 겪은 이가 상대적으로 적었다. 물론 가장 위대한 과학자 중 하나인 뉴턴은 정신병을 가지고 있었다. 네틀은 이렇게 결론짓고 있다. "서구 문화의 전형은 대부분 광기가 있던 인물들이 만들어낸 것이다."

정신 질환이 어느 정도 창조성에 도움이 되는가? 아니면 그것은 그저 창조적으로 되는 과정에서 생겨난 원치 않은 부산물인가? 20세기 초반의 시인 릴케는 다음과 같은 유명한 말을 했다. "내 안에서 악마가 떠난다면 내 안의 천사도 같이 이별을 고하리라." 시인 토니 해리슨Tony Harrison은 평생을 우울증 속에 살아왔음을 고백했다. "이제, 어둠은 친숙한 친구다…… 나는 그게 내 창조의 공동 작업자가 아닐까 생각한다.”
하지만 정신 질환 병력이 있는 이들을 포함한 많은 창조적인 사람들이
그런 ‘공동 작업’ 같은 게 있다는 걸 아예 부인한다. 이에 대한 과학적인
판단은 아직 내려지지 않았다. 한 예로, 조울증에 빠졌던 시인 디킨슨에
대한 연구 결과를 보면 그녀가 조증일 때 더 좋은 시가 나왔다고 한다.
그러나 19세기 독일 음악가 슈만의 작품과 심리적 상태를 연도별로 분석
한 연구 결과를 보면, 그는 조증일 때 확실히 더 많은 곡을 쓰긴 했지만
작품성에서는 울증일 때 쓴 곡들보다 뛰어나지 않았다.

이 책의 제3부에선 여러 도약들 간의 중요한 유사점과 상이점에 대해
알아볼 터인데, 제2부에서 기술된 열 가지 사례들을 더 자세하게 살펴볼
것이다. 또한 마이클 벤트리스의 선문자 B 해독과 앨프리드 러셀 월리스
Alfred Russel Wallace의 자연선택적 진화론 발견 같은 도약들을 비교해볼
것이다.

도약을 이루는 데 있어 유전자, 가정교육, 공교육 등은 어떤 역할을 할
까? 과학적인 도약과 예술적인 도약은 어떤 관계가 있나? 창조적 성격은
따로 있을까? 천재라는 평판은 왜 시간이 흐르면서 오르락내리락할까?
끝으로 모든 도약을 관통하는, 비범한 창조성의 일반 이론화에 기여하는
공통 요인이 과연 존재하는 것일까?

모든 문화권에는 재능이 핏줄을 타고 흐르는 듯한 가계들이 있다. 독
일의 바흐 가문, 영국의 다윈 가문, 인도의 타고르 가문 등이 그 예다. 그
러나 빼어난 창조성, 즉 ‘천재성’은 집안 내력이 될 수 없다(제16장 참조).
조르조 바사리Giorgio Vasari는 16세기 르네상스 시대 주요 예술가의 삶

을 다룬 『예술가 열전Lives』에서 이를 생생하게 보여준다. 그에 따르면, 다빈치나 미켈란젤로를 위시한 대부분의 위대한 르네상스 예술가들은 평범한 가문 출신이었다. 골턴은 비록 그럴 의도는 아니었지만, 『유전적 천재성』에서 이를 입증했다.

홍미를 끄는 현대의 사례로는 브레송과 레이를 들 수 있다(이들은 서로 상대방의 작품을 열렬히 숭배했다). 이들의 가계에는 천재가 없었다. 그러나 둘 다 여러 재능을 가졌다. 브레송은 화가이기도 했으며 레이는 삽화가로서도 특출한 능력을 발휘했다. 이 두 번째 재능들은 부분적으로 조상으로부터 물려받은 것이었다. 브레송의 삼촌은 화가로서 로마상Prix de Rome을 받았고, 레이의 아버지와 할아버지는 크게 존경받던 삽화가였지만, 이들은 브레송이나 레이가 감화를 받을 정도로 성장하기 전에 이미 사망했다. 물론 정신과 의사인 앤드리슨도 토로했듯이 가계의 재능에서 환경적 요인을 분리해내는 일은 쉽지 않다. 비록 소규모 사례이긴 해도 아이오와 작가 워크숍Iowa Writer's Workshop에 모인 작가들을 대상으로 한 연구에서 앤드리슨은 창조성이 유전적으로 전달된다는 증거를 발견했다. 작가들의 가까운 친척이 문학뿐 아니라 미술, 음악, 무용, 수학과 과학 등에서도 창조적인 것으로 드러났다.

사람들은 부모의 지원이 자식들의 창조적 잠재력을 발달시킬 수 있음을 당연한 사실로 받아들인다. 그러나 그 증거들은 일관성이 없다. 다윈은 의사나 성직자가 되길 바랐던 의사 아버지의 말을 거역해야 했다. 하지만 아버지의 재정적 후원이 없었더라면 그의 비글호 항해는 불가능했을 것이다. 그런가 하면 소년 모차르트의 성공 뒤에는 바이올린 연주자였던 아버지의 엄청난 훈육이 있었다. 그러나 모차르트는 20대 중반, 위대한 곡들을 쓰기 전에 아버지와 결별하지 않을 수 없었다.

20세기 400명의 저명인사를 대상으로 한 어떤 연구에 따르면, 이들 중 85퍼센트가 심각한 문제 가정 출신이었다. 소설가와 극작가의 85퍼센트, 시인의 83퍼센트, 화가의 70퍼센트, 과학자의 56퍼센트가 그랬다. 또한 창조적 업적을 남긴 상당수 인물들은 한쪽 부모 혹은 양쪽 모두를 유년기에 잃었다. 콜리지, 뉴턴, 미국의 영화감독 오선 웰스Orson Wells 같은 사람들이 그 예다. 제2부에서 다룰 열 명 가운데 샹폴리옹, 퀴리, 다윈, 레이, 울프 그리고 추측건대 렌까지 여섯 명의 인물은 열여덟 살이 되기 전에 한쪽 부모를 여의었다. 다빈치는 생모와 떨어져 자랐다.

　과학자들은 학교와 대학의 공식 교육을 잘 수행한 편이지만, 꽤 많은 예술가들은 이에 저항했고 심지어는 퇴출되기도 했다(제17장 참조). 이런 차이는 제2부의 인물들에서도 대체로 사실로 드러난다. 과학자들 중에서 샹폴리옹은 파리 대학의 우등생이었고 약관 18세에 대학교수가 되었다. 퀴리는 폴란드 학교의 스타 학생으로, 나중에 파리 대학에 진학해서도 마찬가지였다. 렌은 옥스퍼드의 우등생이었고 곧바로 올 솔즈 칼리지(All Souls College, 옥스퍼드 대학을 구성하는 칼리지의 하나로 학부생은 입학할 수 없음—옮긴이)의 연구원이 됐다. 다윈은 학교 수업을 싫어했고, 에든버러 대학 의학부 하급생 시절에도 학교를 별로 마음에 들어 하지 않았으나 케임브리지 대학에서는 상당히 뛰어난 성적을 보였다. 심지어 아인슈타인도 독일 정규 학교 과정은 확실히 좋아하지 않았지만, 좀 더 진보적인 스위스 학교에선 좋은 학생이었고 본인도 거기서 공부하는 것을 기쁘게 생각했다. 하지만 이후 취리히 연방공과대학에서 대학 과정을 밟을 땐 다시 별 볼 일 없는 학생이 됐다. 이들과 대조적으로 예술가들 중에서 다빈치와 모차르트는 학교에 가본 적이 없었고 오로지 전적으로 '현장' 학습만을 했다. 버지니아 울프도 아버지의 방대한 서재에서 독학을 했다. 브레송은 파리에서는 평범한 학생에 불과했다. 그는 바칼로레아(프랑스의 대학 입학 자격시험―옮긴이)에 세 번 낙방했고, 결국은 대학 진학을 하지 못했다. 레이는 캘커타(지금의 콜카타―옮긴이)에서 학교와 대학을 다녔지만 성적은 신통치 않았다. 그가 거기서 배운 것이라곤 자신의 예술 작업에 쓸모가 없다는 사실뿐이었다. 졸업 후에 다니던 미술학교도 중퇴하고 상업미술가 일자리를 얻었다. 청소년기의 정규교육과 훗날의 예술적 창조 사이엔 아무 관련성이 없다는 많은 증거가 있다.

과학이 예술과 달리 협력적이고 합의적인 학문 수행 구조를 가지고 있다는 점을 생각하면 과학자와 예술가의 이런 차이는 크게 놀랄 일이 아닐지도 모른다. 상이한 이 두 그룹을 한데 묶어주는 것이 있다면 생애 초기에 열정을 불어넣고 모범이 되어 창조적인 인재가 특정한 진로를 택하도록 방향을 잡아준 스승이 있었다는 사실이다. 그런데 이런 스승이 반드시 정규교육 시스템 안의 인물일 필요는 없었다. 다윈에게 그런 역할을 해준 사람은 케임브리지의 식물학자이자 지질학자이며 성직자였던 존 스티븐스 헨슬로John Stevens Henslow였다. 그는 자신의 피후견인에게 비글호 항해를 권유했다. 레이에게는 영화감독 장 르누아르Jean Renoir였다. 장은 레이가 꼭 필요한 순간에 벵골을 방문했다. 샹폴리옹에게는 듬직한 형이 그 역할을 맡았다. 그는 동생의 학비를 대주었을 뿐만 아니라 인생의 중요한 고비마다 샹폴리옹을 격려했다. 제2부에서 거론된 인물들 중엔 오직 아인슈타인만이 1905년 도약을 이룰 때까지 그런 멘토가 없었다. 실로 젊은 아인슈타인은 당대의 저명한 물리학자들과 어떤 개인적인 접촉도 없었다(비록 자신보다 젊은 학자들과는 상당한 교류를 하고 있었다지만).

음악적인 감각이 있던 아인슈타인은 자신이 제일 좋아하는 작곡가로 바흐와 함께 모차르트를 언급한 것으로 알려졌다. "모차르트의 음악은 진정 순수하고 아름다워서 나는 그 속에 반영된 우주의 내적 아름다움을 보게 된다." 흥미로운 것은 많은 과학자들이 과학적 창조성과 예술적인 창조성을(제18장 참조) 유사한 것으로 느꼈다는 점이다. 찬드라세카르와 피터 메더워(Peter Medawar, 1915~1987. 영국의 생물학자, 면역학자, 1960년 노벨 생리의학상 수상—옮긴이)가 대표적인 예다. 한편, 다윈은 자서전을 통해 나이가 들면서 한때 시와 연극과 음악에서 느꼈던 모든 희열을 더 이상 느낄 수 없음을 슬퍼했다. 문학 애호가였던 퀴리도 이와 비슷한 한탄을 하고 있다. 물론 퀴리의 슬픔은 서른아홉의 젊은 나이에 남편과 사별한 비극적 사건이 커다란 원인이 되었다. 아인슈타인은 미적 감수성이 부족하다는 이유로 퀴리에게 매우 비판적이었다. 제2부의 다섯 예술가 중에서 과학적인 사고를 갖추었던 다빈치는 아주 예외적인 경우였고, 브레송·모차르트·울프 등 셋은 과학에 무관심했을뿐더러 이따금 적대적이기까지 했다. 레이만이 코넌 도일 스타일의 공상 과학 소설을 쓰고 삽화까지 그렸던 터라 과학에 흥미를 보였다. 그는 자신의 영화에서 과학적인 언급을 자주 했다. 예술가들을 대상으로 한 대부분의 인터뷰를 보면 그들 중 극히 일부만 과학에 흥미를 보인다. 물론 이런 태도는 이제 점차 변하고 있다. 하지만 나이폴처럼 이런 말을 한 예술가는 드물다. "정말 크게 후회되는 일은 대학에서 과학을 공부하지 않은 거다. 과학을 깊이 공부했더라면 나는 아마 더 좋은 인간이 됐을 것이다."

여러 심리학자들이 과학적인 통찰력과 예술적인 통찰력을 비교하려고 했다. 예를 들어, 아서 케스틀러Arthur Koestler의 『창조 행위The Act of Creation』(이 책에 대해 메더워는 진정한 과학적 연구가 부족했다고 신랄하게 비판했다)와 데이비드 퍼킨스David Perkins의 『유레카 효과Eureka Effect』가 그런 시도의 결과물이다. 좀 더 깊이 들어간 연구로는 로버트 와이즈버그Robert Weisberg가 왓슨의 DNA 구조 발견(1953)과 피카소의 〈게르니카〉(1937) 창작을 비교한 것이 있다. 와이즈버그는 여러 증거들을 활용해 이 창조적 행위들을 어떤 설명 불가능한 창조적 도약에서 비롯된 것이 아니라 단계별로 문제를 해결해가는 과정으로 재구축했다. 그 증거로 든 것이 노트, 스케치북, 편지, 회고록, 인터뷰 등에 담긴 왓슨과 피카소의 기록들이다. 피카소가 〈게르니카〉 제작을 위해 꼼꼼히 날짜를 적어가며 스케치한 일련의 구성 그림과 인물화들은 물론, 왓슨의 회고록인 『이중나선』이 중요한 자료가 됐다.

제2부에 나오는 열 명의 인사는 말할 필요도 없이 성격 면에서 모두 판이하게 다르다(제19장 참조). 아인슈타인은 주목받을 때 신이 났다. 퀴리는 그런 상황에서 위축되는 경향을 보였다. 레이가 성을 거의 내지 않았던 반면, 브레송은 약 올리기가 아주 쉬운 사람이었다. 다빈치는 사방팔방으로 호기심이 뻗쳤지만 렌은 한 가지에만 집중했다. 여기에선 이정도만 말하겠다. 사실 매우 창조적인 사람들의 공통된 성격 특성을 찾는 것 자체가 쓸데없는 일 아닐까? 그러나 성격을 연구하는 심리학자들은 성격이 어느 정도 고정되어 있고 일생 동안 거의 변하지 않으며 어떤 환경에서도 일반화가 가능한 실체라는 전제에서 측정 가능하고 상호 관련성을 갖춘 요인이 될 만한 기질들을 찾으려고 한다. 요즘 인기를 끄는 창조적 인재의 성격 유형 분류법엔 외향성, 신경성, 의식성, 동의성 그리고 개방성 같은 다섯 가지 요인이 동원된다. 하지만 이런 접근법을 비범하게 창조적인 사람에게 적용하는 데는 어려움이 있다. 특히 개방성은 비범한 창조성과 가장 밀접하게 연관된 기질이지만 다섯 요인 중에서 가장 모호하게 규정된 것이기도 하다.

비범하게 창조적인 사람들은 상황에 따라 종종 성격이 돌변하는 카멜레온적인 성향을 보인다. 아인슈타인은 1905년의 도약이 있기 전, 몇 년 동안 소수의 친구들로 이루어진 한 모임의 멤버였다. 아이러니하게도 이 모임의 별칭은 올림피아 아카데미Olympia Academy였다. 책을 읽고 토론하고 생각을 나누는가 하면 한껏 먹고, 마시고, 흡연하고, 음악 듣고, 저질 유머와 멍청이 짓을 하며 시간을 보내는 모임이기도 했다. 이처럼 사람 좋아하고 감각적인 것을 추구하는 성격은 밤새워 고도의 추상적인 논문에 매달리는 외로운 이론물리학자의 기질과는 전적으로 상충된다. 버지니아 울프도 일기를 통해 보면, 리턴 스트레이치(Lytton Strachy, 1880~1932. 영국 작가이자 비평가—옮긴이) 같은 비슷한 부류의 사람들과 교유할 때나 블룸즈버리 그룹(20세기 초 런던과 케임브리지를 중심으로 활동한 영국의 작가, 철학가, 예술가, 지식인 들의 모임—옮긴이) 파티 석상에서 문학적·사회적·성적, 때론 속물적인 잡담을 즐겼고 사람들에게 그런 걸 들려달라고 요구하기도 했다. 그런가 하면 그녀는 몇 달 몇 년씩 걸려 고통스럽게 소설을 써나갔고, 정신 붕괴의 초기 증세를 보이는 와중에도 평형 상태를 유지하기 위해 혼신의 노력을 기울였다. 레이는 영화 연출 현장에서는 힘차고 외향적이고 열정적인 기질을 보였지만, 집에서는 조용하고 평온한 모습으로 장시간 홀로 작업하곤 했다. 다윈은 30대 중반 이후 다운하우스(다윈의 집)에 은거하며 광적으로 일에 매달렸지만, 청년기엔 모험심 강하고 거들먹거리기 좋아하는 탐험가였으며 사격과 말, 그리고 개에 심취한 사람이었다.

아주 빼어나게 창조적인 이 인물들의 성격에서 유일하게 공통적인 것이라곤 강한 자기 규율self-discipline밖에 없다. 만일 창조성을 연구하는 이들이 창조성 기질에 관한 어떤 보편적인 요소를 찾았다면, 그것은 필시 창조적인 인물들이 보여주는 다양하고 때론 인습 파괴적인 외적 행동 이면에 강철처럼 단단하고 자율적인 결의가 있다는 사실이다.

비범하게 창조적인 사람들은 종종 그들이 생전에 했던 기이한 행동으로 사후에 천재라는 평판을 얻는 데 덕을 보기도 한다(제20장 참조). 목욕탕에서 뛰쳐나간 아르키메데스의 믿거나 말거나 한 에피소드를 필두로 뉴턴이 보여준 고독에 대한 광적인 집착, 음담패설을 좋아한 모차르트의 성향과 어처구니없는 요절, 다윈의 지렁이 애호증, 고흐가 자신의 귀를 자른 일, 아인슈타인의 마구 헝클어진 머리와 양말 신지 않은 맨발, 울프가 겪었던 정신 질환과 자살 등이 그들의 과학적, 예술적 평판을 왜곡시킬 수 있는 유명한 사례들이다. 비록 이런 것들이 중대한 창조적 도약과는 상관없는 일이라는 게 분명하지만, 그래도 이런 소소한 이야기들은 우리가 어떤 사람을 천재 혹은 범재로 인식하느냐에 미묘한 영향을 끼친다. 여기서 싱어송라이터이자 수학자인 톰 레러Tom Lehrer의 놀라울정도로 무심한 한마디가 떠오른다. "모차르트가 내 나이였을 때는 이미 죽은지 2년이나 지났다는 걸 생각하면 정신이 번쩍 든다."

이러한 혼동은 천재가 타고나는 존재인지 다른 누군가 부여한 지위인지 확신하지 못하는 우리의 의심 때문이다. 심리학자 미하이 칙센트미하이Mihaly Csikszentmihalyi의 유력한, 영역·분야·인물 모형에 따르면 특정 영역, 이를테면 수학이나 문학 같은 영역에서 발휘되는 어떤 인물의 특정한 창조성은 공동체나 그 분야의 전문가가 내리는 정의에 좌우된다. 요컨대 다른 사람들이 천재라고 하면 천재가 된다. 이는 어떤 '천재'가 실은 그 평판에 한참 못 미치는 인물일 수도 있음을 암시한다. 그 혹은 그녀는 진짜 천재가 아닌 것이다. 물론 그 반대의 경우도 성립된다.

지미 헨드릭스(Jimi Hendrix, 1942~1970. 미국의 기타리스트, 록 가수, 작곡가—옮긴이)는 "일단 죽어봐야 삶이 어땠는지 밝혀질 것"이라고 재치 있게 말했다. 그러나 평판이란 그처럼 간단한 것이 아니다. 바흐의 음악은 1750년 그의 사후 반세기 이상 무시됐다. 그러나 오늘날 바흐는 음악 천재 순위에서 상위에 올라 있다. 20세기에 전문 음악가와 음악학자들을 대상으로 실시한 조사들을 보면, 고전음악 작곡가들에 대해 다양한 순위가 매겨졌지만 극적으로 상이한 결과는 없었다. 즉, 평판에 관한 한 돌연한 비약이나 추락은 없었다. 재능 있는 작곡가와 '천재'는 분명히 구분되고 있다. 과학 분야에서 다윈, 아인슈타인, 퀴리는 일반인들이 보기에 모두 유명한 천재들이다. 그러나 다윈과 아인슈타인의 사고는 아직까지도 과학계의 중심에 있는 데 비해 퀴리의 방사능 이론은 그보다 한참 뒤떨어져 있다. 비록 퀴리가 한 세기 전에 노벨상을 두 개나 받았지만 그녀를 다윈이나 아인슈타인과 동일 선상의 천재 위치에 올려놓을 수 있을까? 과학이나 예술에서 천재는 끊임없이 유동하는 개념이다.

비범한 창조성에서 관찰되는 모든 패턴 중에서 아마도 가장 흥미로운 것은 이른바 '도약의 10년 법칙'일 것이다(제21장 참조). 1989년 존 헤이스John Hayes가 처음 밝혀냈고 다른 여러 심리학자들이 인정한 이 법칙에 따르면, 누구든 도약을 이루기 전에 약 10년 동안 관련 기술이나 학문을 부단히 배우고 연습해야만 한다. 그리고 분명한 점은 이보다 짧은 시간에 도약을 이룬 경우는 거의 없었다는 사실이다.

10년 법칙의 과학적 증거는 1960년대와 1970년대 체스 선수들에 관한 연구를 통해 나타났다. 이 게임의 고수가 되려면 10년 이상의 시간이 필요했다. 이는 올림픽 경기의 수영 선수나 피아노 연주자 같은 예술가에게도 모두 적용된다. 생존해 있거나 사망한 과학자와 수학자, 작곡가, 화가, 시인 등을 대상으로 한 연구가 이루어졌고 그 결과는 이 법칙을 더욱 확고한 것으로 만들었다. 인간 심리의 법칙은 그 어떤 것도 물리학이나 화학 법칙만큼 보편적 타당성이나 정밀성을 갖출 수 없다. 그러나 이 법칙만은 아주 특별한 예외가 됐다. 10년 법칙을 적용할 수 있는 과학자들과 예술가들의 도약 사례는 매우 많으므로 진지하게 탐구해볼 가치가 있다.

과학 분야에선 아인슈타인이 좋은 예다. 특수상대성이론의 기초에 대한 생각을 최초로 떠올린 것은 1895년이다. 하지만 이론이 만들어지고 발표된 것은 1905년이었다. 다윈도 마찬가지다. 자연선택 이론은 1859년에 공표됐지만 그가 처음 그 생각을 품은 때는 1838년이고, 이는 다윈이 케임브리지에서 과학에 빠져든 1828년에서 10년이 지나서였다. 렌의 세인트폴 성당 설계, 소위 '위대한 모형Great Model'(1673~1674)이라는 것도 1663년 렌이 처음 건축 위탁을 받았던 해로부터 10년이 지난 뒤에 완성된 것이다. 패러데이는 1821년 모터와 발전기의 전자기 원리를 내놓았다. 이는 패러데이가 과학 공부를 시작한 1810년에서 10년 후가 되는 때였다. 케쿨레의 벤젠 고리 이론은 1865년에 발표됐다. 케쿨레가 승합마차 위에서 그 이론에 대한 최초의 꿈을 꾼 지 약 10년이 흐른 후의 일이었다. 폴링은 화학 결합의 양자역학 이론을 1931년에 발표했다. 폴링이 대학에서 이 문제를 파고들기 시작한 때는 1920~1921년이었다. 버너스리는 1990년에 월드와이드웹을 발명했다. 자신의 웹 유사 컴퓨터 프로그램을 만든 지 10년 뒤의 일이었다.

예술 분야라고 해서 크게 다르지 않다. 영국의 대표적 낭만파 시인인 퍼시 비시 셸리(Percy Bysshe Shelley, 1792~1822)의 창조성이 폭발한 때는 1819년에서 1820년(「무질서의 가면The Mask of Anarchy」, 「사슬 풀린 프로메테우스Prometheus unbound」 등 창작)으로 셸리가 처음 시와 소설을 썼던 1809~1810년에서 꼭 10년째 되는 해였다. 헤밍웨이는 1925~1926년에

『태양은 또다시 떠오른다*The Sun Also Rises*』를 썼다. 교지에 처음으로 소설과 기사를 실은 때로부터 10년 후였다. 피카소는 〈아비뇽의 처녀들〉을 1907년에 그렸다. 1896년 바르셀로나에서 화가 수업을 시작한 지 10년이 흘렀을 때였다. 툴루즈 로트레크*Toulouse Lautrec*의 〈물랭루주〉는 1892년 작품이다. 10년 전인 1882년에 로트레크는 처음으로 미술 선생의 아틀리에를 찾았다. 레이의 '아푸 3부작' 가운데 첫 번째 영화인 〈파테르 판찰리〉는 1955년에 완성됐다. 1944년 레이가 원작 소설의 삽화를 위해 목판을 제작하고 시나리오를 쓰기 시작한 지 11년 후의 일이었다. 이고르 스트라빈스키*Igor Stravinsky*의 〈봄의 제전〉은 1912년에 작곡됐다. 이 또한 스트라빈스키가 1902년 림스키코르사코프에게서 사사한 지 10년이 되는 때였다. 심지어는 비틀스도 이에 해당된다. 비틀스는 1967년에 〈서전트 페퍼스 론리 하츠 클럽 밴드*Sergeant Pepper's Lonely Hearts Club Band*〉를 작곡했다. 1957년 존 레넌이 폴 매카트니와 연주를 시작한 지 10년째 되는 해였다.

마지막 장은 제2부에서 거론된 10년 법칙의 좀 더 상세한 사례들을 알아본다. 그중에는 일부 반대 사례들도 포함된다. 이를테면 연구를 시작한 지 4~5년 만에 중력의 법칙을 발견한 뉴턴이 여기에 해당되고, 더 분명한 경우로는 고흐가 〈해바라기〉라는 작품을 통해 이뤄낸 도약이 그가 그림을 시작한 지 8년이 될까 말까 한 때였다는 사실도 있다. 만일 이 법칙이 보편타당하다면 왜 그럴까? 언뜻 그런 창조적인 도약들이 어떤 법칙에 종속된다는 것이 썩 납득이 가지 않을 수도 있다. 창조적 도약은 그보다 뭔가 커다란 우연이나 운과 더 강한 관련이 있는 것으로 느껴지기 때문이다. 그러나 분명한 것은 이 도약들이 지식, 수업, 연습 등과도 관련이 있다는 사실이다. 그게 바로 10대에 도약을 이룬 사람들이 없는 이

유다. 뉴턴이나 모차르트도 마찬가지였다. 어쩌면 10년 법칙이야말로 우리에게 비범한 창조성의 근저에 있는 모종의 과정을 알려주는 단서를 제공할지도 모른다.

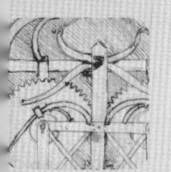

제1부

창조성의 요소들

INGREDIENTS OF CREATIVITY

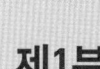

천재성과 재능

실재냐 신화냐

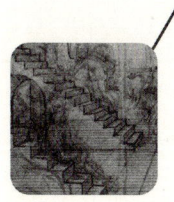

천재라는 단어는 자주 오용되고 있다.
이 말은 너무나 빈번하게 어떤 확고하고 절대적인 호칭처럼 쓰인다.
이런 식의 용법은 어떤 사람이 천재이든가,
아니면 아무것도 아니든가라는 식의 생각을 전제로 구사되는 것이다.
천재와 비非천재 사이에는 어떤 중간 단계도 허용되지 않는다.
이런 시각에서 보면 아인슈타인은 천재다.
반면에 한때 그의 급우였던 마르셀 그로스만Marcel Grossmann은
일반상대성이론 연구의 협력자였지만 천재는 아니다.
이런 이분법은 아인슈타인과 그로스만을 잇고 있는 어떤 연속적인 차원을 간과하는 것이다.
—딘 키스 사이먼턴Dean Keith Simonton, 『과학과 창조성Creativity in Science』, 2004

물리학 분야에서 노벨상을 두 번 받은 사람은 존 바딘John Bardeen이 유일하다. 처음에는 1947년 트랜지스터의 공동 발명자로 받았고, 그다음엔 1957년 다른 두 명의 물리학자와 함께 발표한 초전도superconductivity 이론으로 받았다. 첫 번째 도약은 반도체 산업과 컴퓨터 칩을 태동시킴으로써 20세기의 진로를 바꿔놓았다. 두 번째 도약은 21세기의 진로를 바꿨는데, 그것은 낮은 전력을 소모하면서도 고속으로 작동하는 극도로 민감한 초전도성 장치, 이를테면 자기부상열차 같은 것들을 가능케 했기 때문이다. 릴리언 호드슨Lillian Hoddeson과 비키 다이치Vicki Daitch가 쓴 바딘의 전기에는 '진정한 천재'라는 제목이 붙었다.

그러나 바딘은 아인슈타인도 리처드 파인먼도 아니었다. 카리스마 넘치는 이 두 물리학자는 사람들의 관심에서 벗어나는 일이 거의 없었다. 제임스 글레이크James Gleick가 집필한 파인먼의 평전 제목은 그냥 '천

재'다. 파인먼 역시 초전도 분야를 연구한 적이 있었음에도, 이 책은 바딘을 쓱 지나가는 한 문장으로만 언급할 뿐이다. 바딘은 아인슈타인이나 파인먼이 표상하는 천재의 전형, 그 반대 극점에서 활동했다. 바딘은 학생 시절에 수학 영재였지만 독창적이지는 않았다. 그에게선 비정상은 고사하고 최소한의 기이함도 보이지 않았다. 그는 독학 대신 폭넓은 공식 교육을 받았고, 혼자 연구하는 대신 폭넓은 협력을 얻었다. 그는 유레카 비슷한 체험을 말한 적도 없었다. 또 언어적인 표현 기술이 부족해서 언론에 드러나는 일도 별로 없었다. 연구실에서 조용히 물리학 연구를 하는 것 외에 그가 가장 좋아한 일은 가족들과 일요일 소풍을 가거나 골프를 치는 것이었다. "바딘은 사생활에서 어떤 젠체하는 모습도 보이지 않았으며 자신을 비범하게 보이려 하는 일에 전혀 흥미가 없었다"라고 바딘의 전기 작가들은 쓰고 있다. 그래서 고체물리학계 주변에 있는 사람들도 그를 몰랐다. 트랜지스터 발명 당시 바딘의 동료이자 노벨상 공동 수상자였으며 바딘과는 정반대의 인물이었던 윌리엄 쇼클리William Shockley 정도가 그를 잘 알았다. 쇼클리는 공격적이고 편집증을 가진 인물로, 실리콘밸리를 맨 처음 구축한 사람들 중 하나이자 우생학 지지자로서 노벨상 수상자 정자은행에 자신의 정자를 기증했다. 쇼클리는 인종과 지능 사이에 관계가 있다는 신념을 대대적으로 떠벌린 것으로 악명 높았는데, 결국 과학계에서 추방된 채 생을 마쳤다. 조엘 서킨Joel Shurkin이 쓴 그의 전기에는 딱 맞는 제목이 붙었다. '망가진 천재: 전자 시대를 창조한 윌리엄 쇼클리의 성공과 몰락.'

아인슈타인, 파인먼, 바딘 그리고 쇼클리를 모두 물리학의 천재들이라고 부르는 것이 어떤 의미를 갖는가? 별로 큰 의미는 없다고 일부 심리학자들은 말한다. 그들은 자신들의 연구에서 이 단어가 사용되는 것을 좋아하지 않는다. 대신에 '비범하게 창조적인exceptionally creative'이란 표현을 즐겨 사용한다. 그러나 고대 그리스와 로마 시대 이래로 우리와 함께한 '천재'라는 말은 그렇듯 쉽게 과학자들이 병 속에 넣고 봉할 수 있는 단어가 아니다. 골턴은 자신의 가장 유명한 연구서에서 이 용어의 사용을 삼가고 있지만 책 제목은 '유전적 천재성: 그 법칙과 귀결에 관한 탐구'라고 붙이고 있다. 창조적인 도약을 이해하기 위해선 천재(성)를 어떻게 규정하고 가늠할 것인지 반드시 생각해봐야 한다. 비록 우리가 그 단어 사용에 신중해야 함에도 말이다.

골턴은 '본성 대 양육'이란 말을 최초로 만들어낸 사람으로서 인간의 신체와 행동을 측정하는 일에 광적으로 매달렸다. 그 대표적인 예가 자신이 고안한 개인 지문 감식법이다. 또 그가 왕성하게 발표한 여러 과학 논문들 중 하나인 「조바심 측정The measurement of fidget」이 1885년 『네이처』에 게재됐는데, 그는 강연장의 청중들이 평균 1분에 한 번씩 조바심을 낸다는 것을 알아냈다. 연사의 말에 집중할 때는 그 빈도가 반으로 줄었으며, 강연에 몰입한 청중은 지루해하는 청중보다 조바심을 내는 시간이 더 짧았다.

덧붙이자면 골턴은 매우 지능이 뛰어난 다윈 가계의 일원이었다. 골턴의 외조부는 이래즈머스 다윈Erasmus Darwin으로 찰스 다윈의 친조부였다. 자연선택 이론에 관해 사촌이 쓴 『종의 기원On the Origin of Species』이 1859년에 출간되면서 높은 지능은 반드시 유전에 의한 것이라는 골턴의 확신이 더욱 굳어졌다. 주로 영국인이었지만 비영국인이라고 해서 의도적으로 배제하지 않은 채 과거와 현재의 '걸출한 인물들'의 능력 순위를 매기고, 여러 가계의 뛰어난 인물들을 탐구하면서 골턴은 자신의 논제를 증명하려 했다. 그의 책 서문은 다음과 같은 문장으로 시작한다.

나는 이 책에서 인간의 타고난 능력이 유전에서 비롯되는 것임을 보여주고자 한다. 이는 모든 유기체의 형태와 신체적 특징이 늘 그러한 것과 같다. 결국 한계는 있겠지만 주의 깊게 선별함으로써 특별히 뛰어난 주력을 갖춘 말이나 영리한 개의 종자를 얻는 것처럼, 몇 세대에 걸친 신중한 결혼을 통해 매우 재능 있는 인종을 만들어내는 일이 불가능한 것만은 아니다.

놀랄 것도 없다. 골턴은 의심할 여지가 없는 우생학 지지자였다.

걸출함에 관한 자료 수집을 시작하면서 골턴은 합리적이긴 하지만 문제의 소지가 있는 가정을 내세웠는데, 그것은 '높은 평판이야말로 높은 능력의 정확한 지표'라는 것이다. 그런 다음 그는 세 가지 인쇄물에 게재된 업적과 영예의 기록을 분석해나갔다. 당시의 유력한 인물 전기 편람인 『당대 인물Men of the Time』, 1868년 『타임스』의 부고란, 과거로 거슬러 올라가는 영국 내 인물 사망 기록들이 그것이었다. 만일 그가 현대에 이 작업을 했다면 두말할 나위 없이 노벨상 수상자들을 대상으로 삼았을 것이다. 어쨌든 이것들을 기초로 골턴은 '걸출한eminent' 사람이란 100만 명당 단 250명만이 성취한 지위에 오른 사람이라고 자의적인 정의를 내렸다. 말하자면 4000명당 한 명이라는 이야기다(그는 이 숫자를 시적으로 해석했는데 육안으로 볼 수 있는 별, 즉 밤에 가장 빛나는 별이 4000개가량이어서 그 숫자가 의미 있다고 했다. 그의 말에 따르면 "하늘에서 가장 밝은 빛을 내는 별이 갖고 있는 독보적인 지위를 우리는 눈으로 느낀다"는 것이다). 그는 '빛나는illustrious' 사람은 걸출한 사람보다 더 희귀한 존재로서 100만 명당 한 명, 심지어는 수백만 명당 한 명꼴로 나온다고 주장한다. 그 사람들은 "그들이 죽었을 때 모국의 가장 지적인 사람들이 애도를 표하는 사람들이고 사회장을 치르거나 그럴 만한 자격이 있는 사람들이며 미래에도 역사적인 인물로 남게 될 사람들"이라고 한다. 그런데 골턴은 정작 중요한, 천재에 대한 정의는 내리지 않았다.

『유전적 천재성』의 전권은 골턴이 '빛나는' 그리고 '걸출한' 사람이라고 본 사람들을 그들 가계 속에서 짜 맞추는 작업들로 이루어져 있다. '1660년과 1865년 사이의 영국 판사들'에 관한 장을 시작으로 문학인, 과학계 인물, 음악가, 성직자, 케임브리지 대학의 원로 고전학자들 순으로 전개된다. 마지막 장은 '영국 북부의 노 젓기 선수와 레슬링 선수'에 관한 것이다. 분명한 것은 골턴에게(그 후의 연구자들에게도 마찬가지지만) 천재라는 개념은 특정 영역에 한해서만 의미 있는 것이었다. 이를테면 음악의 천재 혹은 노 젓기의 천재, 이런 식으로 말이다.

골턴은 서로 다른 영역에서 나온 결과들을 비교하며 이 결과들이 자신의 재능 유전설을 뒷받침해준다고 주장했지만, 그것을 증명하고 있다고는 말하지 않았다. "일반적으로 '빛나는' 인물들 중 절반은 한 명 혹은 그 이상의 '걸출한' 친척을 가지고 있다." 한 걸출한 가문에서 빛나는 인물이 나온 비율 중 가장 높은 것은 0.8이었다. 고위 판사들(30명의 대법관 중 24명이 빛나는 인물)과 과학계 인사들(83명 중 65명)은 이 비율이 높았고, 성직자(196명 중 33명)와 음악가들(100명 중 26명)은 낮았는데 0.2~0.3이었다. 그래도 전체를 평균하면 0.5가 됐다. 골턴은 걸출한 인물과 빛나는 인물을 선택하는 데에 자신의 주관적 편향이 작용했음을 인정했다. 과학계 인물을 다루면서 그는 뉴턴의 부계에 뛰어난 인물이 없는 사실에 당황했던 것 같다. 뉴턴 가계에서 걸출함의 표지를 찾으려고 애쓴, 장황하지만 설득력 없는 서술을 하고 있기 때문이다. 걸출한 인물이 별로 없어서 관심을 끄는 또 다른 예가 토머스 영의 가계인데(물리학자였던 그의 종조부는 별도로 하고), 골턴은 영을 빛나는 인물 후보군에 넣고 조사했으면서도 그의 집안이 평범했다는 사실은 아예 빼버렸다. 가장 놀라운 것은 수학자 조지 불George Boole, 화학자 존 돌턴John Dalton, 물리학자 패러데이, 천문학자 에드먼드 핼리Edmund Halley, 박물학자 존 레이John Ray, 건축가 렌 같은 영국의 일부 명성 있는 과학자들은 언급조차 되지 않았다는 사실이다. 특히 빅토리아 왕조에서 가장 추앙받는 과학자였던 패러데이의 경우는 고의성이 짙다. 왜냐하면 패러데이는 보잘것없는 대장장이의 아들이었고, 그와 그의 가족들은 골턴이 쓰고자 하는 책의 주제에 전혀 도움이 되지 않았기 때문이다.

골턴은 과학자들에게서 재능의 유전성을 찾아냈다고 주장하지만, 1937년 수학자 에릭 템플 벨Eric Temple Bell이 펴낸, 위대한 수학자들의 생애를 연구한 『수학의 인물들Men of Mathematics』을 보면 최고의 성취 수준을 보이는 수학적 능력은 결코 유전에 의한 것이 아님을 알 수 있다. 몇몇 위대한 수학자들의 출신 배경은 별 볼 일 없다. 뉴턴은 자영농의 아들이었고, 가우스는 정원사의 아들로 골턴이 다루지도 않았으며, 라플라스 역시 골턴의 책에서 빠졌는데 그는 교구 사무원이자 사과 주스 장수의 아들이었다. 전문 직업인 집안 출신의 수학자들도 있었다. 골턴이 다루긴 했지만 오일러는 목사의 아들이었고, 골턴이 무시한 파스칼의 아버지는 관리로서 자식이 수학책 보는 것을 금했을 정도였다. 뉴턴과 무관하게 독자적으로 미적분을 고안한 라이프니츠는 철학 교수의 아들이었으며, 골턴이 기록한 바에 따르면 그의 조부는 법리학 교수였고 조부의 동생은 저명한 국제법 학자였다. 이들 여섯 가계를 훑어보면 어떤 수학적 재능의 흔적도 보이지 않는다. 오일러의 아버지 정도가 미심쩍긴 하지만 예외라고 볼 수 있다. 실제로 벨이 기술한 고금의 수학자들, 기록이 남아 있는 기원전 5세기의 수학자 제논에서 시작되는 28명을 보면 아버지나 가까운 친척 중에서 어떤 수학적 성취를 이룬 예를 찾아볼 수 없다.

골턴이 제시하고 있는 걸출한 집안들이 흥미를 끌긴 해도 그것이 천재성은 유전된다는 결정적인 증거가 되지는 못한다. 골턴의 분석에는 근본적인 결함이 있기 때문인데, 골턴이 천재의 척도로 삼은 것(물론 그는 그걸 규정하지 않았다)은 충분한 엄밀성을 갖춘 것이라고 할 수 없다. 그결과 높은 성취를 이루고 명성을 얻었지만 시대를 초월한 독창성을 소유했다고 볼 수 없는 인물들이 (천재군에) 포함되었다. 골턴이 열거하는 '유전적 천재'들은 노벨상 수상자보다는 여왕 훈장 수훈자에 가깝다고 할 수 있다. 심리학자 한스 아이젱크Hans Eysenck가 『천재: 창조성의 자연사Genius: The Natural History of Creativity』에서 약간 과장스럽게 설파하고 있는 바에 따르면, "골턴은 자신의 저서에서 그런대로 뛰어나다고 하는 사람들을 다루고는 있다. 그러나 아무리 책 제목이 그렇다고 하지만 그들 중엔 천재라 부를 만한 사람이 거의 없다." 골턴이 책에서 '인간의 타고난 능력'은 유전된다고 말할 때, 그는 아마도 천재성이 아닌 재능의 유전을 말했던 것으로 보인다. 이제는 대부분의 심리학자들도 동의하지만, 가계 안에 특정한 재능이 대물림된다는 증거가 비록 논란이 있긴 해도 상당히 있다. 반면에 천재성이 유전된다는 증거는 아주 미약하거나 없다.

천재성과 재능을 구분하는 일은 매우 어려운 일이다. 이 두 용어에는 다수가 동의하는 정의나 그것들을 측정할 방법이 없기 때문이다. 유전이냐 아니냐에 관한 논의는 잠시 옆으로 밀어두고 가장 명백한 의문 하나를 제시해보자. 재능과 천재성은 연속선상에 있는가? 아니면 불연속적으로 떨어져 있는가? 달리 묻는다면, 우리는 누군가에 대해 그저 천재라고 말하는 대신 '좀 더 천재' 혹은 '좀 덜 천재'라고 부를 수 있을 것인가? 물리학자라면 대체로 아인슈타인이 파인먼이나 바딘, 쇼클리보다 더 위대한 천재였다고 생각할 것이다. 음악가들은 모차르트를 그의 동시대인(이자 그가 열렬히 숭배했던) 하이든과 비교할 때 이와 비슷한 느낌을 받을 것이다.

'작곡가 순위'를 살펴보면 이 문제에 대해 어느 정도의 해답을 얻을 수 있다. 20세기에 심리학자들은 몇 차례에 걸쳐 고전음악 작곡가들의 순위를 매겼다. 오케스트라 연주자들과 음악학자들에게 작곡가들을 그 중요도에 따라 순서를 정해달라고 요청했다. 그리고 각 작곡가들의 작품 연주 빈도를 조사해서 도표로 만들었다. 1933년 미국의 4대 오케스트라(뉴욕 필하모닉, 보스턴, 미니애폴리스, 필라델피아) 단원들에게 가장 유명한 고전음악 작곡가 17명의 명단이 제시됐다. 참고 기준을 만들기 위해 여기에 현대 대중음악 작곡가 두 명의 이름이 더해졌다. 네 개 오케스트라의 모든 단원들이 베토벤을 1위로 꼽았고, 두 명의 대중 작곡가(에드워드 맥도웰Edward MacDowell과 빅터 허버트Victor Herbert)를 맨 하위인 18위와 19위에 놓았다. 그들은 바흐, 브람스, 모차르트, 바그너, 슈베르트를 상위 순위에 놓았고, 그리그, 프랑크César Franck, 베르디, 스트라빈스키 등을 하위 순위에 놓았다. 평균을 낸 결과를 보면 브람스가 2위, 모차르트가 3위, 바그너가 4위, 바흐가 5위 그리고 슈베르트가 6위를 차지했다(놀랍게도 헨델의 이름은 없었다). 1969년에 이와 비슷한 조사가 전미음악학협회 회원들을 대상으로 이루어졌다. 여기서는 100명의 음악가 명단이 제시되었는데, 결과는 1933년 조사와 큰 차이가 없었다. 이번에는 바흐가 1위였고 그다음이 베토벤, 3위는 여전히 모차르트가 차지했다(헨델이 6위였다). 비슷한 시기인 1968년에 또 다른 조사가 실시됐다. 음악가들의 작품 연주 빈도에 관한 것이었다. 모차르트의 작품이 가장 많이 연주되었고 베토벤, 바흐, 바그너, 브람스, 슈베르트가 그 뒤를 이었다. 이에 따라 1969년의 조사 결과를 도출시킨 '심미안은 적법했다'는 근거를 마련할 수 있었다.

그런데 더 흥미로운 것은 1933년 조사 결과의 확장판에 있다. 각각의 연주가들에게 19명의 작곡가 개개인을 나머지 18명과 한 사람씩 돌아가면서 비교한 다음 선호하는 작곡가를 지목하라고 주문했다. 이 경우에도 작곡가들의 순위는 처음 순위에서 크게 달라지지 않았고 순위가 1위에서 19위로 갈수록 선호도 그래프가 하강 곡선을 그렸다. 베토벤에서 그리그까지는 그래프의 선이 완만하게 떨어지다가 맥도웰과 허버트에 이르러서는 급강하했다. 1968년에 조사한 100명의 음악가 작품 연주 빈도 그래프는 1위 모차르트에서 100위 주세페 타르티니Giuseppe Tartini에 이르기까지 완만하게 내려가는 모양을 보였고, 갑자기 뚝 꺾인 경우는 없었다. 연주 빈도 그래프에서 돌연한 하강이 발생하면 바로 이 지점이 천재와 보통 재능인의 경계가 되는 셈이다. 하지만 그런 일은 눈에 띄지 않았다. 아이젱크는 "우리로서는 천재가 꼭대기에 있고 그보다 재능이 조금 떨어지긴 하지만 그렇다고 질적으로 크게 다르지 않은 인재들이 연속적으로 이어지며 아래에 포진한 빙산의 모습을 떠올리지 않을 수 없었다. 이럴 경우에도 만일 우리가 중간 부분을 무시하고 최고점의 인물과 최저점의 인물만을 비교한다면 양자 사이엔 어떤 불연속선이 존재하는 것처럼 느끼게 될 터였다"라고 쓰고 있다.

만일 재능이 천재성에 필수 요소이고 충분조건은 아니지만 필요조건이라면 그것은 무엇으로 이루어져 있을까? 유전된 능력? 열정? 결단력? 끊임없는 연습? 지도를 잘 받아들이는 태도? 이 모든 것들의 종합? 이 문제에 뛰어들기 전에 각기 다른 재능을 가진 네 사람의 입장을 들어보자.

테니스 코치인 로버트 랜스도르프Robert Lansdorp는 세계 랭킹 1위 선수 세 명을 가르쳤다. 피트 샘프라스Pete Sampras, 트레이시 오스틴Tracy Austin, 린지 데이븐포트Lindsay Davenport가 그들이다. 그런데 랜스도르프는 자신은 결코 '재능 (있는 선수) 스카우트'를 한 적이 없다고 말한다. "그건 재능을 알아보느냐의 문제가 아니다. 그게 무엇이든 간에 말이다. 나는 한 번도 밖에 나가서 재능 있는 누군가를 찾아보려 하지 않았다. 가장 우선적으로 기본만 본다. 그러면 곧 누가 물건이 될 선수인지 알게 된다."

화가이자 미술 교사였던 프랑수아 질로Françoise Gilot는 피카소의 동거녀로 잘 알려진 사람이다. 질로는 한 제자가 던진 질문을 기억하고 있다. "어떤 사람이 독창적인 화가 재목감인지 아닌지 어떻게 알 수 있나요?" 질로는 이렇게 대답했다. "그건 아주 간단해. 누군가 하루, 일주일, 한 달 그리고 일생 동안 얼마나 많은 시간을 혼자 지낼 수 있느냐에 달려 있지. 만일 네가 대부분의 시간을 혼자 지낼 수 있다면 넌 화가가 될 수 있어." 피아노의 거장 블라디미르 호로비츠Vladimir Horowitz는 80대인 지금도 연주를 하는데 이런 말을 했다. "내가 만일 연습을 하루 거른다면 나 자신이 알게 된다. 이틀 연습을 거르면 아내가 안다. 사흘을 연습 안 하면 온 세상이 알게 된다." 끝으로 심리학자 오크스R. Ochse는 『탁월함의 문 앞에서: 창조적 천재를 결정하는 것들Before the Gates of Excellence: The Determinants of Creative Genius』에서 우리에게 다음과 같은 사실을 상기시킨다. "그 어떤 재능도 포장이 풀리기만을 기다리는 공짜 선물이 아니다."

유전된 능력과 오랜 연습 간의 관계는 재능 연구에서 가장 쟁점이 되어왔던 부분이다. 환경적 영향과 유전적 영향을 분리하는 일은 매우 어렵다. 과학 분야의 노벨상 수상자 중에는 부모와 자식이 모두 수상한 경우가 일곱 차례 있다. 그중 넷은 물리학 분야인데, J. J. 톰슨(1906)과 조지 톰슨(1937), 윌리엄 헨리 브래그와 윌리엄 로런스 브래그(1915), 닐스 보어(1912)와 오게 보어(1975), 만네 시그반(1924)과 카이 시그반(1981)이 그들이다. 나머지 셋은 화학과 생리학, 의학 분야로 마리 퀴리(1911)와 이렌 졸리오퀴리(1935), 아서 콘버그(1959)와 로저 콘버그(2006), 한스 폰 오일러켈핀(1929)과 울프 폰 오일러(1970) 등이다. 그러나 어떤 어린아이가 뛰어나다고 할 때 유전자가 결정하는 부분이 얼마나 되는지 단정하기란 불가능하다. 유전자를 공유한 것 외에도 브래그 부자는 문자 그대로 함께 연구했다(그래서 공동 수상했다). 오게 보어는 수십 년 동안 아버지의 이론물리학 연구소에서 일했으며, 졸리오퀴리는 처음부터 모친의 연구실에서 집중적으로 수업을 받았다. 노벨 문학상 분야에서는 2대에 걸친 수상 사례가 없다는 사실이(과학 분야보다 수상자 수가 절대적으로 적다는 이유도 있겠지만), 문학 수업과 작업은 대개 홀로 이뤄진다는 사실과 더불어 훈련이 물려받은 재능보다 더 중요하다는 것을 미약하게나마 시사한다.

모차르트는 잘 알려져 있듯이 상당히 난해한 경우다. 그는 당대의 비중 있는 음악가로 바이올리니스트이자 음악 교사이며 작곡가인 레오폴트 모차르트의 아들이었다. 모계 쪽으로도 음악가 친척들이 있었다. 모차르트는 확실히 음악적 능력을 타고났지만, 한편으로는 아버지 밑에서 독특한 훈련 과정을 거쳤다. 레오폴트는 아들을 엄격하게 몰아붙이는 동시에 영감을 준 스승이었고, 20년 넘게 그의 삶을 좌지우지했다. 그러나 모차르트의 경우, 가족 유전자와 가족 훈련의 효과를 분리하는 방법이 있다. 이런 점에서도 그는 예외적인 사례라고 할 수 있다. 볼프강보다 네 살 반 손위 누이로 나네를Nannerl이라는 이름으로 더 알려진 마리아 안나는 당연히 모차르트와 유전자를 공유했으며 어릴 적부터 재능을 보인 피아니스트였다. 나네를도 남동생과 같이 아버지의 집중 교육을 받았다. 자식들의 연주 기량이 완성 단계에 이르렀다고 생각한 레오폴트는 1763년에서 1766년 사이에 그들을 데리고 유럽의 왕궁과 주요 도시들로 공연 여행을 떠났고 이들 가족은 명사가 됐다. 하지만 나네를은 남동생과 달리 작곡 쪽으로 나아가지는 않았다. 왜 그랬을까?

명백하게 설명되지는 않는다. 18세기의 여성들은 음악에서 탁월해지는 게 용납되지 않았다. 다른 분야에서도 마찬가지였다. 그토록 야심만만했던 레오폴트가 나네를의 10대 시절인 1760년대 내내 그녀를 단속했던 이유도 분명치 않다. 그때는 나네를의 어머니가 젊은 나이로 사망하기 한참 전이었다(그 후 나네를은 이것저것 요구 사항이 많은 아버지의 동반자 역할을 했다). 그 당시 다른 젊은 여성 연주자들의 사례를 살펴보자. 오스트리아 출신의 마리아 테레지아 파라디스Maria Theresia von Paradis는 시각장애인 피아노 연주의 대가다. 폰 파라디스는 독일, 프랑스, 영국 등지를 여행하면서 연주 활동을 했고, 협주곡들과 성공리에 상연된 오페라를 작곡했다. 바이올리니스트인 레지나 스트리나사치Regina Strinasacchi도 10대 시절에 여러 곳으로 연주 여행을 다녔다. 낸시 스토레이스Nancy Storace는 소프라노 가수로 열여섯에 이미 이탈리아 오페라에서 주연을 맡았다. 모차르트는 파라디스와 스트리나사치를 위해 작곡을 했다. 스토레이스는 모차르트의 오페라 〈피가로의 결혼〉 초연에서 수산나 역을 맡았다.

심리학자 앤드루 스텝토Andrew Steptoe는 "나네를 모차르트가 연주 활동 이상을 넘어서지 못한 이유로 나는 독창적인 음악을 만들어내는 능력이 나네를에겐 부족했음을 말하고 싶다"라고 했다. 모차르트 오페라에 관한 중요한 연구서를 낸 스텝토의 말을 들어보자.

볼프강 모차르트의 천재성이 모차르트가 받은 훈육의 산물이었다 고는 생각하지 않는다. 창조적인 개인과 그 개인의 가까운 혈육이 함께 살면서 특정한 영역에서 동시에 지극정성으로 훈육받은 경우를 거의 찾아볼 수 없다. 이는 그들이 보여준 능력치의 차이가 생물학적으로 물려받은 그들의 유전적 능력 차이에 기인한다는 것을 강력히 시사한다. 그러나 한편으로 레오폴트의 집중적인 양육이 없었다면 볼프강의 창조성도 발화되지 않았으리라는 점은 명약관화하다.

어린 시절 모차르트의 음악적 능력은 아버지에게(그리고 누나에게) 너무도 분명히 보였다. 이는 다른 성공한 음악가와 작곡가들에게서도 숱하게 나타나고 있다. 이런 사실은 음악 교육자들의 생각, 즉 재능은 기본적으로 타고난다는 생각을 정당화시켜준다. 재능은 더불어 태어나는 것이지 습득할 수 있는 게 아니다. 그걸로 직업을 삼고자 한다면 연마할 수만(반드시 그래야 하고) 있을 뿐이다. 그래서 사람들은 자신이 알고 있는 누가 악기 연주를 잘한다면 이는 천부적인 재능 덕분이라고 말한다. 그런데 그가 재능을 타고났는지 어떻게 알 수 있을까? 그야 당연히 연주를 잘하니까!

그럼에도 수십 년간 심리학자들이 작업해온 수백 건의 연구 결과를 보면, 타고난 재능이 과연 있느냐 하는 문제에 대해 누구도 부인 못할 증거를 제시하는 데는 실패하고 있다. 다음 장에서 지능지수에 대해 알아보겠지만, 분명히 유전자가 지능에 기여하는 부분이 있다. 그러나 일반적인 지능과 어떤 분야의 특정한 능력, 이를테면 악기를 잘 다루는 능력 사이의 상관관계는 크지 않다. 개별 영역에 특화된 재능을 뒷받침하는 유전자는 아직 발견된 바 없다. 물론 연구는 계속되고 있다. 하지만 어느 정도 답을 얻기 위해서는 수많은 유전자와 환경 간의 상호작용을 검토해야 하는데, 이는 상당한 시간이 소요된다. 게다가 지난 세기 동안 스포츠, 체스, 음악 등의 기타 분야에서 전반적인 실기 수준이 논쟁의 여지가 없을 정도로 깜짝 놀랄 만큼 향상됐는데, 그 속도도 빨라서 수천 년에 걸쳐 일어나는 유전적 변화로는 도저히 설명되지 않을 정도다. 심리학자들의 재능 연구 결과는 유전자보다는 오히려 앞에서 거론한 다른 요인들이 더 중요하다는 걸 보여준다. 요컨대 열정, 결단력, 연습, 지도 같은 것들 말이다.

한 연구에서, 음악학교에 다니는 어린 학생들을 교사들이 내린 능력 평가치에 근거해 두 그룹으로 나누었다. 말하자면 학생들의 재능에 대한 교사들의 인식에 의존한 것이다. 이 분류 작업은 비밀리에 진행됐는데, 그래야만 학생들의 미래 활동이나 성취도에 악영향을 주지 않기 때문이었다. 몇 년 후, 가장 높은 성취도를 보인 학생들은 그때까지 연습을 가장 많이 한 학생들이었다. 교사들이 그들을 분류할 때 적용한 '재능'의 차이와는 아무 관련이 없었다. 이에 대해 음악가이자 신경과학자인 대니얼 레비틴Daniel Levitin은 『이것이 음악적 뇌다This is Your Brain on Music』에서 "이 같은 사실이 시사하는 바는 연습이야말로 성취의 요인이며 그것도 막연히 관련 있는 게 아니다"라고 쓰고 있다.

음악 심리학자인 게리 맥퍼슨Gary McPherson이 수행한 다른 연구에서는, 레슨을 처음 시작하기 전에 아이들에게 다음과 같은 질문을 던졌다. '여러분은 새 악기를 얼마나 오래 연주할 거라고 생각합니까?' 선택지는 다음과 같았다. '올해 동안만, 초등학교 마칠 때까지, 고등학교 마칠 때까지, 평생 동안.' 이에 대한 답변을 기초로 맥퍼슨은 아이들을 (역시 몰래) 세 그룹으로 나누었다. 단기간만 하겠다고 답변한 그룹, 중기적으로 하겠다고 답변한 그룹, 장기간 하겠다고 답변한 그룹. 그런 다음 각각 아이들의 주당 연습량을 측정했고 이에 따라 세 부류로 또 다시 나누었다. 적은 그룹(주당 20분), 중간 그룹(주당 45분), 많은 그룹(주당 90분). 그는 아이들의 연주 능력을 도표화하고 나서 이 세 그룹 간의 차이에 깜짝 놀랐다. 장기간 연주할 거라고 말한 아이들의 연습 수준이 낮았음에도, 연습 수준은 높지만 (아마도 부모들의 강요에 의해) 단기간만 연주할 거라고 말한 아이들보다 기량이 좋았다. 만일 연습량이나 수준이 동일한 경우, 장기적인 결의를 가지고 있는 아이들이 단기간만 악기를 다루겠다고 한 아이들보다 무려 네 배나 우수한 연주 실력을 보였다. "우린 직관적으로 모든 신입생들이 깨끗한 칠판 같다고 알고 있다. 그러나 첫 수업을 들으면서 그들이 갖게 된 생각은 교사의 가르침이나 많은 연습보다 훨씬 더 중요할 것이다." 맥퍼슨의 관점에서 보면 "아주 이른 어떤 시점에 아이들은 자신이 음악가라는 생각을 내면화하는 결정적인 경험"을 하고 있는 것이다.

최근의 신경과학 연구는 '결의를 가지고 하는 연습'이 생리적인 효과가 있음을 보여주었다. 뇌는 유연하다. 그것은 연습으로 바뀐다. 2000년, 엘리너 맥과이어Eleanor Maguire와 동료 연구자들은 fMRI를 이용해 런던 택시 운전사들의 해마를 조사한 연구 결과를 발표했다. 뇌 내부에 있는 해마는 기억들이 결합되는 곳이다. 런던 택시 운전사들은 여느 도시의 택시 운전사들과 달리 런던의 지도(이걸 '지식'이라고 할 수 있겠다)를 외우는 데 2년이 걸렸다. 그래야 시험에 합격해서 면허증을 손에 넣을 수 있었다. 그들의 뇌를 fMRI로 스캔한 결과, 택시 운전사들의 해마는 특정 목적지로 가는 노선을 떠올려보라고 할 때 활성화됐다. 공간 기억을 연마함으로써 운전사들의 해마는 다른 실험 대조 그룹의 해마보다 상대적으로 커졌다. 또한 해마 크기의 증가는 영업 운전사로서 일을 한 햇수와 상관관계가 있었다.

음악가들을 대상으로 한 연구들도 있었다. 연주를 하면서 음표를 읽고 동시에 제각각의 위치에서 다종다양한 악기를 연주하는 동료들이나 지휘자와 호흡을 맞춰야 하는 연주자들에게는 확실히 특별한 청각적·시각적·공간적 재능이 요구된다. 수년간 이를 연습하면 음악가들의 뇌에 반드시 영향을 준다. 버네사 슬러밍Vanessa Sluming과 동료 연구진은 형태 계측적 자기공명영상mMRI이라는, fMRI처럼 혈류 변화가 아니라 뇌의 해부적 구조를 잴 수 있는 기술을 이용해 26명의 교향악단 남성 연주자들과 대조 그룹의 뇌를 조사했다. 2002년에 그 결과가 발표됐는데, 이를 보면 음악가들이 대조 그룹보다 대뇌피질의 브로카 영역에서 회질을 더 많이 가지고 있음이 나타났다. 브로카 영역이 언어 처리 및 언어 재능을 요하는 악보 읽기와 관련 있음을 생각한다면 충분히 이해할 수 있는 일이다. 그런데 음악가들의 우측 두정엽이 확대되어 있을 거라던 추측은 이 스캔에서 증명되지 않았다. 이 영역은 오케스트라에서 필요하리라 생각되는 시각적·공간적 재능과 관련이 있다. 비록 별도로 진행된 비mMRI 검사인 선 지향 판정법Judgement of Line Orientation에서는 대조 그룹에 비해 음악가들에게서 이 재능이 매우 높게 발달한 것으로 나타났지만 말이다.

2005년 음악가를 대상으로 두 번째 연구가 이루어졌고, 여기서는 확산 텐서 영상법DTI: diffusion tensor imaging이라는 제3의 MRI 기술이 사용됐다. 이 기술은 회질보다는 백질의 변화를 민감하게 잡아낼 수 있는 것으로, 전문 피아니스트의 뇌를 조사하는 데 쓰였다. 이 연구를 주도했던 프레드릭 울렌Fredrik Ullén은 신경과학자이자 피아노의 대가였다. 울렌은 백질에 나타나는 음악 연습의 효과를 알고 싶어 했다. 미엘린 myelin은 백색의 지방질로서 성인의 뇌에 있는 전도성 축삭돌기(실 비슷한 신경섬유)를 마치 플라스틱 절연체가 전선을 싼 것처럼 감싸고 있다. 울렌은 연습을 하면 이 물질이 두꺼워지고 DTI 신호 강도가 증가한다는 것을 알아냈다. 피아니스트가 연습을 하면 할수록 미엘린이 두꺼워졌고, 절연 능력도 커졌으며, 축삭돌기의 기능은 더 효율적이 됐다. 뇌의 시냅스(뉴런 상호 간 혹은 뉴런과 다른 세포 간의 접합 부위—옮긴이)와 뉴런(신경계의 단위로, 자극과 흥분을 전달하는 신경세포—옮긴이) 간의 소통 시스템이 더욱 개선됐다. "백질은 오랜 연습과 반복을 요하는 모든 형태의 학습에 대단히 중요한 것이었다. 대뇌피질 안에 분리 편재해 있는 여러 영역을 두루 통합하는 일은 물론이고 말이다. 뇌 안에서 미엘린이 계속 생성 중인 어린아이는 그의 할아버지보다 새로운 기능을 습득하는 일이 훨씬 용이하다"는 것이 미국 국립건강연구소에서 발달 신경생물학 연구 실장을 맡고 있는 더글러스 필즈R. Douglas Fields의 생각이다. "우리는 성장하는 동안 신경 연결 시스템에 미엘린이 계속 쌓이면서 환경과의 상호작용을 통해 현재 우리가 갖고 있는 뇌를 구축할 수 있다. 우리는 여러 가지 능력을 다양한 방식으로 응용할 수 있다. 하지만 어린 시절부터 연마하지 않는다면 세계적인 수준의 피아니스트나 체스의 대가, 프로 테니스 선수가 될 수는 없다."

따라서 연습은 어떤 특정한 과업을 수행하는, 이를테면 피아노를 치거나 체스 혹은 테니스 시합에 임하는 뇌를 더욱더 완성된 상태로 만들어준다. 적어도 그렇게 보인다. 물론 뇌는 처음엔 각 개인이 갖고 태어나는 유전체genome의 지시에 따라 형성되고 발달한다. 우리 몸의 다른 부위의 초기 형성과 발달이 그렇듯, 이는 의식적인 결정을 전혀 따르지 않는다. 우리는 여기서 재능의 유전적 혹은 천부적 요소라는 골치 아픈 문제로 다시 돌아가지 않을 수 없다.

아직껏 이 부분에 대한 해답이 없으므로 최선의 분석 결과에 대해서는 두 명의 심리학자와 한 명의 음악학자에게 물을 수밖에 없다. 그들은 바로 마이클 하우Michael Howe와 존 슬로보다John Sloboda 그리고 제인 데이비드슨Jane Davidson인데, 공동으로 재능에 관한 모든 과학적 문헌을 조사했다. 1998년, 그들은 숱한 논의 대상이 된 한 편의 논문을 '천부적 재능, 실재냐 신화냐?'라는 제목으로 『행동과 뇌 과학*Behavioral and Brain Sciences*』지에서 펴냈다. 논문 서두에서부터 도발적인 의도를 읽을 수 있다. 그들은 재능에 관해 통념상 진실로 받아들여지는, 우리가 이 장에서 지금까지 살펴본 다섯 가지 특질을 내세운다.

1) 재능은 유전적으로 전달된 구조 안에서 발생하므로 최소한 부분적으로는 타고나는 것이다. 2) 생애 초기 단계에서 재능의 완전한 효과는 분명하게 드러나지 않는다. 그러나 어떤 징표는 있기 때문에 훈련받은 사람이라면 완전한 기량을 통해 재능이 발현되기 전에라도 알아챌 수 있다. 3) 초기 단계 재능의 징표는 어떤 사람이 탁월하게 될 가능성을 점칠 수 있는 근거가 된다. 4) 오직 소수만이 재능을 가지고 태어난다. 만일 모든 아이가 그렇다면 누군가의 특별한 성공을 점치거나 설명할 방법이 없기 때문이다. 5) 끝으로 재능은 상대적으로 영역 특수적domain-specific이다.

구할 수 있는 모든 증거 자료를 훑어본 뒤에 하우, 슬로보다, 데이비드슨은 위의 가정 중에서 2, 3, 5번은 입증된 바 없다고 결론 내렸다. 그들은 1번에 관해서는 조심스럽게 동의하면서 "어떤 특별한 능력에서 개인들 간에 보이는 차이는 부분적으로 유전적 요인에서 비롯된다"고 말하고 있다. 4번 가정에 대해선 "오직 소수의 사람들만이 가지고 있는 특성은 분명 존재한다. 아주 제한적인 의미에서 이런 (태생적) 재능이 존재한다고 말할 수 있다"고 한다. 그러나 전체적으로는 "천부적인 재능을 갖고 태어난다는 주장의 근거는 아주 미약하거나 없다"고 주장하고 있으며, 교육과정 안에 이런 생각들이 만연함에 따라 '재능 있는' 성인이 될 수도 있었을 유능한 아이들이 피해를 입는 바람직하지 않은 결과가 생긴다고 말한다. 일부 동료 심리학자들이 이 견해에 동의하는 가운데, 다섯 가지 가정을 모두 수용하는 입장을 보이는 학자들도 많다.

천재성은 그것의 정의나 측정에서 재능보다 더 많은 문제가 걸린 주제이며, 골턴이 한 세기도 넘는 과거에 펴낸 『유전적 천재성』의 그림자가 아직도 길게 드리워진 가운데(물론 이제 우리는 그처럼 우생학이나 인종적 강박에 시달리지 않지만) 이를 둘러싼 논쟁이 계속되고 있는 용어다. 다윈이나 다빈치, 아인슈타인, 모차르트가 한 일이 뻔히 보이는 마당에 천재성의 존재 자체를 부인하는 것은 말이 안 된다. 그러나 천재성이 '단순재능mere talent'과는 아무 관계가 없다고 주장하는 것 역시 말이 안 된다. 자기 자신을 천재라고 생각하지 않지만 노벨 물리학상을 두 번이나 받은 바딘 같은 인물이 있기 때문이다. 비록 천재성이 유전되거나 대물림하진 않더라도 부분적으로는 유전에 기인한 것처럼 보이는 경우도 있다. 이를테면 레오폴트 모차르트와 볼프강 모차르트, 이래즈머스 다윈과 찰스 다윈이 그렇다. 그러나 재능과 달리 천재성은 부모의 유전자와 개인이 처한 환경이 독특하게 결합하면서 만들어낸 결과다. 천재는 자신의 유전자를 자식에게 온전히 전달할 수 없다. 그저 절반의 도움을 주는 정도에 그칠 것이다. 자식이 처해 있는 환경은 천재 부모의 환경과는 다르다. 부모 대에 일어났던 유전자와 환경의 결합이 자식 대에서는 절대로 반복되지 않는다. 따라서 천재성이 가계를 타고 흐르지 않는다는 것은 놀랄 일이 아니다. 하지만 재능이라면 이따금 가족력이 있을 수 있다.

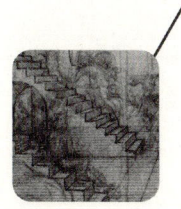

02

지능만으론
충분치 않다

루이스 터먼은 언어적, 수학적, 논리적 능력을 계량화하고 측정하는 방법을 고안했다.
하지만 그의 검사법으로는 재능이나 상상력 같은 좀 더 까다로운 자질을 잴 수 없었다.
지능과 예술적 창조성이 상호 배타적이지 않음은 확실하다.
그러나 어느 한쪽이 다른 한쪽과 반드시 동반해야 하는 것은 아니다.
고갱은 남태평양에서 원주민 여인과 동거하며 그림을 팔아 연명하는 비참한 가난에 시달렸다.
그러는 동안 유럽에선 그의 부인과 딸이 근근이 삶을 이어가고 있었다.
고갱의 지능을 터먼 식으로 쟀다면 아마 바닥권에 놓였을 것이다.
터먼은 이런 문제와 관련해서는 전혀 환상을 갖지 않았다.
그는 자신의 방식이 가진 결점을 인정했다.
—조엘 서킨Joel N. Shurkin, 『터먼의 영재들Terman's Kids』, 1992

과거와 현재의 많은 천재들이 무명의 10대였을 때 지능지수가 어땠는지
를 알아보면 무척 흥미로운 결과가 나올 것이다. 명석한 학생이었던 퀴
리의 지능지수가 그렇지 못한 학생이었던 다윈보다 높았을까? 사색적이
었던 아인슈타인은 지능지수에서 퀴리를 앞질렀을까? 다재다능한 다빈
치의 지능지수는 높았을까, 낮았을까? 신동이었지만 재능의 폭이 넓지
않았던 모차르트는 어땠을까? 매우 명징한 사고력을 가졌지만 과학에는
영 소질이 없었던 버지니아 울프는?

불행한 것은 비범하게 창조적인 인물들의 지능에 관해서는 계량화된
정보가 그다지 많이 남아 있지 않다는 점이다. 거기엔 꽤 분명한 이유가
있다. 우선 지능검사는 20세기 초반에 들어와서야 처음 시작됐다. 심리
학자인 알프레드 비네가 프랑스 초등학교에서 지적 장애 학생들을 대상
으로 실시한 게 처음이었다. 1920년대까지는 북미에 널리 보급되지 않

왔다. 따라서 20세기 이전에 태어난 사람들의 지능에 관한 유용한 계수적 자료는 없다. 둘째, 이 검사법은 모든 문화권에서 논쟁을 몰고 왔다. 심지어 가장 많은 검사가 시행된 미국에서조차 그 보편성을 완전히 인정받지 못했다. 게다가 서로 다른 기간에 실시된 다른 내용의 지능검사 결과들을 비교하는 일은 무척 까다로웠다. 특히 그 검사법들이 서로 다른 문화권에서 제각각 개발된 경우에는 더욱 그랬다. 셋째, 이런 종류의 검사들이 대부분 누군가의 비상한 창조성이 모습을 드러내기 이전인 어린 시절에 실시되다 보니 미래에 천재가 될 수도 있는 아이의 잠재력을 언제나 포착할 수 있는 게 아니었고, 매번 정확한 검사를 시행할 수도 없었다. 끝으로, 천재라고 생각되는 극소수의 아이들이 얌전히 앉아서 지능검사를 받으리라고 생각하기도 어려웠다. 비록 교육 현장과 기업, 정부, 군대 등에서 지능검사법이 널리 쓰였지만 높은 신뢰를 얻지는 못했다. 최소한 다수의 심리학자들 사이에선 그랬다. 누구도 자신의 지능지수를 이력서에 명기하지 않으며 인명록에도 등재하지 않는다. 설령 믿을 만한 지능지수가 나와 있어도 그렇다.

그럼에도 산발적인 정보들이 지능지수와 천재성에 관해 뭔가를 보여주는 듯싶다. 물리학 분야에서 노벨상을 수상한 세 미국인들의 지능지수를 예로 들어보자. 파인먼은 전에 다녔던 뉴욕의 고등학교에서 강연을 할 때 학생들에게 자신이 학창 시절에 지능검사를 받았는데 당시 지능지수가 125였다고 말했다. 이는 '그저 괜찮은' 정도의 수치로(그의 전기에 이렇게 기술되어 있다), 소위 '영재giftedness' 지수라는 130선에는 다소 못 미친다. 윌리엄 쇼클리는 1920년대에 두 차례 검사를 받았는데 두 번 모두 1921년 스탠퍼드 대학에서 시작된 루이스 터먼의 연구 대상 영재 그룹 가입 요건이었던 135에는 도달하지 못했다(쇼클리의 아내는 딸에게는 지능검사를 받게 하자는 남편의 제안을 거절했다). 루이스 앨버레즈(Luis Alvarez, 1911~1988. 미국의 물리학자로 1968년에 노벨 물리학상 수상—옮긴이)도 터먼 그룹에서 퇴출당한 바 있다. 이는 터먼의 프로그램이 미래의 노벨상 수상자를 '알아볼' 기회를 놓쳤음을 의미한다.

이들보다 윗세대인 아인슈타인은 당연히 어린 시절에 이런 검사를 받은 적이 없었다. 그러나 1921년 아인슈타인이 미국을 방문했을 때, 발명가 토머스 에디슨Thomas Edison이 낸 문제 하나를 비공식적으로 질문받았다. 에디슨은 사람들을 고용할 때 지능검사를 해야 한다고 주장한 사람이었다. 한 무리의 기자들이 에디슨이 낸 문제를 아인슈타인에게 물었다. "빛의 속도가 어떻게 됩니까?" 그는 모르겠다고 실토했다. 아울러 자신은 그런 정보를 머리에 담고 다닐 필요가 없으며 모르는 것은 책을 찾아보면 된다고 친절하게 답변했다. 다음 날 신문 기사 제목이 어떻게 났을지는 불을 보듯 뻔했다. '보스턴에 온 아인슈타인, 에디슨이 낸 문제를 풀지 못하다.'

비범하게 창조적인 사람들의 지능에 관한 자료는 이런 이유로 역사적인 정보에서 추론할 수밖에 없다. 전기나 당시의 문헌 같은 인쇄물에서 찾아낼 수밖에 없는 것이다. 이에 관한 가장 실질적인 연구를 터먼의 지도 아래 박사과정을 밟고 있던 캐서린 콕스Catherine Cox가 수행했으며, 그 결과는 1926년 『천재 300명의 유소년기 정신적 특질The Early Mental Traits of Three Hundred Geniuses』이라는 850쪽짜리 책으로 스탠퍼드 대학 출판부에서 발간됐다. 이 책은 유명 과학자들과 예술가들 외에 뭔가 주목할 만한 지적 요소를 보였던 사람들을 모두 다루고 있다

오늘날 콕스가 행한 연구의 가치에 대해서는 의견이 분분하다. 일부 심리학자들, 특히 터먼과 함께 연구를 시작한 이들은 강력한 지지를 표

명했다. 『아메리칸 저널 오브 사이콜로지*American Journal of Psychology*』는 1986년 콕스의 부음을 실으며 "콕스 박사의 치밀함으로 측정이 신뢰를 얻고 증거가 타당성을 갖게 됐으며, 이로 인해 그 연구는 역사학적이고 전기학적인 연구의 전범이 될 수 있었다"라며 칭송하고 있다. 1983년에 로버트 앨버트Robert Albert는 비록 이 연구가 "반세기 전의 것이지만 여전히 천재성을 주제로 한 것 중 가장 풍부한 연구 성과를 자랑하고 있다"고 썼다. 분석의 깊이나 폭에서 후대의 연구 작업들에 비할 수는 없지만 콕스의 연구가 그 작업들에 많은 영향을 끼친 것은 분명하다. 아이젠크는 1995년에 그 책을 "이 분야에선 유일하게 적합한 연구물이며, 고전적인 작업으로…… 천재성을 다룬 그 어느 책보다 빈번하게 인용된다"고 높이 평가하고 있다.

그러나 하버드 대학의 생물학자이자 고생물학자인 스티븐 제이 굴드 Stephen Jay Gould는 지능검사를 논박한 1996년의 『인간에 대한 오해*The Mismeasurement of Man*』에서 이에 대해 경멸을 표하고 있다. 굴드는 콕스의 연구가 "불합리한 요소 때문에 이미 믿을 수 없게 된 문헌만을 가지고 일차적인 호기심을 충족시킨 것"에 불과하다고 말했다. 그리고 퓰리처상을 받은 과학 저술가 서킨도 1992년에 펴낸 『터먼의 영재들: 영재들의 성장에 관한 연구*Terman's Kids: The Groundbreaking Study of How the Gifted Grow Up*』에서 콕스의 연구를 "사회과학의 다채로운 역사에서 가장 멍청한 실험 중 하나"로 폄하하고 있다. 어떤 특정 계열의 심리학자를 제외하면 대체로 이 두 가지 평가에 동의한다. 하지만 이런 약점에도 불구하고 콕스의 연구를 받아들인다면 거기서 우리는 지능과 천재성에 관해 여전히 가치 있는 주장을 펴는 목소리를 들을 수 있다.

콕스에게 최초의 영감을 준 것은 골턴의 작업이다. 골턴의 1869

년 저서인 『유전적 천재성』과, 1880년대에 이른바 '인간 측정 연구실 Anthropometric Laboratory'에서 자원자를 대상으로 시도한 지능검사가 바로 그 작업들이다. 실제로 터먼과 콕스는 골턴이 뛰어난 인물을 고르기 위해 사용한 분류법(제1장에서 논의)을 가져다가 한 단계 발전시켰으며, 골턴이 분류한 '걸출한eminent' 그리고 '빛나는illustrious' 인물들에 순위까지 매기고 있다. 그렇게 해서 그들은 굴드 식의 용어로 표현한다면 '화석 지능지수들fossil IQs'을 만들어냈다. 다양한 연령대 과거 천재들의 행적들, 이를테면 처음 글을 읽었다든지 처음 계산을 했다든지 하는 행적과 현재 발달 과정에 있는 보통 아이들의 정상적인 기록을 비교함으로써 콕스와 동료 연구자들은 역사적인 천재들이 특정 행동을 했을 때의 정신 연령을 계산하고 여기서 천재들의 지능지수를 산출했다.

터먼은 1917년의 한 논문에서 이 과정을 시작했는데, 거기서 바로 골턴의 지능지수를 계산했다. 칼 피어슨Karl Pearson이 쓴 네 권짜리 골턴 전기 중에서 첫째 권이 1911년 89세를 일기로 골턴이 사망한 지 얼마 후인 1914년에 나왔다. 이 전기는 터먼에게 골턴의 유소년기부터 1853년 결혼할 때까지의 행적에 관한 풍부한 정보를 제공했다. 특별히 터먼의 주목을 끈 것은 1827년 2월 15일에 어린 골턴이 쓴 한 장의 편지였다. 이날은 골턴의 다섯 번째 생일 하루 전날이었다. 수신자는 골턴의 누나인 아델Adéle이었다. 아델은 당시 열일곱 살로 골턴이 아주 어렸을 때부터 열심히 가르쳤다고 한다.

사랑하는 아델 누나
난 네 살이지만 어떤 영어책이든 읽을 수 있어. 나는 라틴어 시구 52행 말고도 모든 라틴어 명사, 형용사, 동사를 말할 수 있어. 나는 덧셈 할 수 있고 곱셈은 어떤 숫자에든지 2, 3, 4, 5, 6, 7, 8, [9], 10, [11]을 곱하기를 할 수 있어. 나는 또 펜스테이블(pence table, 어린아이들에게 재미있게 산수를 익힐 수 있도록 작은 화폐 단위인 펜스와 큰 화폐 단위인 실링을 엮어서 노래처럼 만든 것—옮긴이) 말할 수 있어. 나는 프랑스어를 조금 읽고 시계를 볼 줄 알아(네 살짜리가 쓴 문장이라서 완벽하지는 않다. 그 서투름을 표현하기 위해 번역 시 일부러 몇 군데 목적격 조사를 뺐음—옮긴이).

프랜시스 골턴
1827년 2월 15일

"유일하게 철자법이 틀린 부분은 날짜를 적은 곳뿐이었다"라고 터먼은 쓰고 있다. "어린 프랜시스는 자기가 너무 자랑한다 싶었던지 한 숫자는 칼로 긁어내고 또 다른 숫자 위에는 종이를 붙여 가렸는데 그게 괄호 친 9와 11이다."

피어슨의 책에 소개된 다른 정보들 중엔 다음과 같은 것이 있다. 골턴이 생후 12개월이 됐을 때 대문자를 알았고, 다시 6개월이 지나자 알파벳을 전부 깨쳤으며, 두 살 반에는 『파리 잡는 거미줄Cobwebs to Catch Flies』이라는 간단한 책을 읽었다. 세 살이 되기 전에 자신의 이름으로 서명할 줄 알았고, 골턴의 어머니 말에 따르면 네 살이 되자 누구의 도움도 없이 글을 쓰고 철자법을 정확히 지켰다고 한다. 그리고 숙부에게 편지를 썼다(피어슨이 이를 옮겨 적었다). 다섯 살이 됐을 때 골턴의 읽기는 그저 기계적으로 글자를 읊는 것 이상이라는 게 사람들 눈에 띄었다. 그 무렵 학교 친구 하나가 아버지에 관해 어머니에게 편지를 쓸 때 어떻게 써야 하는지 조언을 구했다. 그 친구의 아버지는 정치적인 사건에 휘말려 총에 맞을지도 모르는 위험에 처해 있었다. 그러자 골턴은 즉각 월터 스콧 경(Walter Scott, 1771~1832. 영국의 역사소설가, 시인, 역사가―옮긴이)의 시구를 인용했다. "내가 사나이가 될 때까지 산다면, 내 아버지를 죽게 한 자에 대한 원수 갚음이 있으리라." 여섯 살에 골턴은 호메로스의 『일리아드 Iliad』와 『오디세이 Odyssey』에 통달했고, 셰익스피어의 작품들을 재미로 읽는 정도가 됐으며, 무슨 책이든 한 페이지를 두 번만 읽으면 암송할 수 있었다. 일곱 살 때에는 곤충과 조개껍데기, 광물을 채집해서 보통 아이들이 하는 것보다 수준 높은 방식으로 그것들을 분류하고 연구했다. 골턴이 성인이 되어 한 일을 미리 엿볼 수 있는 대목이다. 그 후 열세 살이 됐을 때, 골턴은 승객을 실어 나르는 비행체의 그림 연작을 그렸다. 모종의 증기 엔진 추진체가 달려 있고 커다란 날개가 펄럭이는 모양이었다. 골턴은 여기에 '프랜시스 골턴의 기체 정역학 계획'이라는 제목을 붙였다.

보통 아이들이 여섯 살에 읽기를 하는 데 비해 골턴은 세 살에 읽기를 시작했으므로 6을 3으로 나누고 여기에 100(평균 혹은 기본 지능지수)을 곱하면 200이 되는데 이게 골턴의 지능지수라는 이야기다. 일반적으로 수집물에 대한 분류와 분석이 가능한 나이는 열두 살에서 열세 살 정도인데, 골턴은 일곱 살에 곤충과 광물을 분류하고 분석했다고 하니 이 경우엔 골턴의 지능지수를 180으로 추정할 수 있다. 조숙했던 골턴의 모든 행동들을 일반적으로 그런 행동이 가능한 정상 정신연령대와 맞춰본 후, 터먼은 피어슨이 쓴 전기에 기술된 내용이 사실이라는 전제하에 '상당히 정확한' 골턴의 최소 지능지수를 산정하는 일이 가능하다고 결론지었다. "이 정도면 의심할 나위 없이 200 전후라 할 수 있다. 이는 어린아이 5만 명당 한 명꼴로 나타나는 수치다."

콕스의 방법론은 기본적으로 터먼과 비슷했지만 스승의 품 안에 있었던 만큼 더 많은 제약이 따랐다. 콕스가 고른 인물들에게는 골턴의 인물들만큼 완벽한 문헌 자료가 없었다(이상한 점은 콕스가 연구 대상에서 골턴을 제외했다는 사실이다. 아마도 골턴이 진정한 천재가 아니라는 생각에서 그랬을 것이다). 또한 콕스는 셰익스피어의 삶에 대해서도 잘 알 수 없었기 때문에 이 대문호도 빠졌다. 게다가 생존 인물들은 의도적으로 다루지 않았다. 그래서 퀴리나 아인슈타인, 조지 버나드 쇼George Bernard Shaw, 윌리엄 버틀러 예이츠William Butler Yeats 같은 인물들은 연구 대상이 될 수 없었다. 여기에 콕스는 1450년 이전에 출생한 인물들과 귀족 출신들, 즉 누가 봐도 자신의 능력만으로 업적을 쌓은 인물이 아니면 전부 뺐다. 이 모든 게 이해할 수 있는 배제였지만 예외도 있었다. 과학자 중에선 샹폴리옹, 가우스, 로버트 훅(Robert Hooke, 1635~1703. 영국의 물리학자, 화학자, 천문학자, 최초의 현미경 제작자로서 빛의 파동설을 주창했으며 세포가 생물의 기본 단위임을 발견했다—옮긴이), 케쿨레, 찰스 라이엘(Charles Lyell, 1797~1875. 영국의 지질학자로 근대 지질학의 기초를 세웠다—옮긴이), 제임스 클라크 맥스웰(James Clarke Maxwell, 1831~1879. 영국의 물리학자로 전자기장의 기초 방정식인 맥스웰 방정식을 만들었다—옮긴이), 멘델레예프, 파스퇴르, 렌 등이 빠졌다. 예술가들 중에서는 조반니 로렌초 베르니니(Giovanni Lorenzo Bernini, 1598~1680. 이탈리아의 조각가, 건축가. 산피에트로 대성당 건축에 참여했으며 〈아폴론과 다프네〉 등의 작품이 있다—옮긴이), 브람스, 세잔, 체호프, 고야, 슈베르트, 셸리, 톨스토이, 오스카 와일드 등의 이름이 없다. 천재들에 대한 평가가 1920년대와 지금이 다르고 기준이 많이 변했다고 해도 콕스/터먼 리스트는 기괴한 천재 목록이다(사실, 제외된 인물들은 1920년대 중반에 이미 천재로 인정받고 있었다).

300명 가까운 대상자들은 다음과 같이 분류됐다. 39명의 과학자(뉴턴 포함), 13명의 시각예술가(다빈치 포함), 11명의 작곡가(모차르트 포함), 22 명의 철학자(칸트 포함), 95명의 문인(바이런 포함), 22명의 군인들(크롬웰 포함), 41명의 정치가(링컨 포함), 9명의 혁명 정치가(로베스피에르 포함), 그리고 23명의 종교 지도자(루터 포함).

콕스는 전기와 기타 문헌 자료들을 합쳐 총 6000여 페이지에 달하는 인쇄 기록물을 통독했다. 콕스와 공동 연구자들은 지능과 성격을 측정 평가하고 이질 그룹 간의 비교에 매우 익숙한 사람들이었다. 대상자 개 인당 두 가지의 지능 평가가 이루어졌다. 17세 이전까지의 지능을 잰 A1 지능지수와 17세부터 26세 사이의 지능을 잰 A2지능지수를 도출했다. A1지능지수는 대상자의 일반 능력에 근거해 산출했다. 이를테면 말하 기, 읽기, 쓰기, 학교 성적과 피어슨의 골턴 전기에서처럼 어린 시절의 뛰어난 행적 등이 기초 참고 자료가 됐다. A2지능지수 측정은 주로 대상 자의 학문적 업적이나 젊은 시기의 직업적 경력에 기초해 이루어졌다. 성 격 평가는 7점 척도를 이용해서 67개 기질 특성에 대상자를 맞추는 식으 로 이루어졌다.

터먼을 포함한 다섯 명의 공동 연구자들은 독자적으로 문헌들을 검토 해서 개인별 지능지수를 매겼다. 콕스는 이들 다섯 명이 매긴 지수를 비 교했다. 그런데 세 명의 점수만 실제로 비슷했고 나머지 두 명이 산출한 지능지수는 이들에 비해 너무 높거나 낮았다. 이 높고 낮은 지능지수들 이 서로 상쇄되고 있다고 주장한 콕스는 후자의 두 명이 낸 점수를 모두 배제했다. 그리고 다섯 명이 아닌 세 명이 평가한 지능지수에 의지했다. 각 그룹별로 그녀가 낸 평균 지능지수를 보면 군인들이 제일 낮았고(A1

지능지수 115/A2지능지수 125), 철학자들의 지능이 가장 높았다(147/156). 시각예술가들(122/135)과 과학자들(135/152)의 지능은 중간이었으나 과학자들이 좀 더 높았다. 이 채점표에 의하면 군인을 제외한 모든 그룹의 인물들이 다 '영재'에 속했다(A2지능지수가 130을 넘었다). 다윈은 135/140이었고 레오나르도 다빈치는 135/150, 미켈란젤로는 145/160, 모차르트 150/155, 뉴턴은 130/170으로 나왔다. 지능지수가 가장 높게 나타난 사람은 존 스튜어트 밀John Stuart Mill로 190/170이었다.

오늘날 지능검사법에 우호적인 사람도 개인 지능지수와 그룹 평균 지능지수에 너무 큰 비중을 두어선 안 된다고 말한다. "콕스의 연구가 신중하고 양심적으로 이루어졌다는 점엔 의심의 여지가 없을뿐더러 이 주제를 공부하는 학생들에겐 커다란 중요성을 지닌 것"이었다고 아이젱크는 말한다. "그러나 이 수치들을 그대로 적용하고픈 유혹을 이겨낼 절대적인 필요성이 있다." 그가 중립적인 어투로 말하고 있다시피 "이용할 자료가 많으면 많을수록 지능지수는 높게 측정된다". 그것이 바로 모든 그룹, 거의 모든 개인들에게서 A2지능지수가 A1지능지수보다 높게 나타나는 이유다. 뉴턴의 경우는 무려 40이나 높았다. 뉴턴의 어린 시절이 잘 알려지지 않았기 때문이다. 어떤 천재의 삶에서 전반부보다 후반부의 정보가 더 많아지는 것은 어쩔 수 없는 일이다.

굴드(아이젱크는 굴드의 책을 조용히 무시하고 있지만)는 정확히 이런 약점을 들어 콕스의 연구를 혹평했다.

콕스 연구가 도출해낸 두 개의 기본적 결과에 대해 우리는 강한 의심을 갖지 않을 수 없다. 콕스가 산출한 지능지수는 그저 그때까지 남아 있던 역사적 사실 기록만을 반영해 이루어진 것일 뿐 그 천재들을 제대로 평가해서 나온 것이라고 볼 수 없다. 첫째, 지능지수란 한 사람이 살아가는 동안 그처럼 확연하게 변할 수 있는 게 아니다. 그런데 콕스의 연구를 보면 A1지능지수 평균이 135인 데 비해 A2지능지수 평균은 145나 된다. 우리는 콕스의 자료 문헌들을 샅샅이 검토했는데…… 그 이유가 분명해졌다. 콕스의 방법론에 문제가 있었다. 대상 인물들의 어린 시절 자료보다 성인이 된 뒤의 정보를 훨씬 많이 접했던 것이다. 둘째, 콕스의 발표에 의하면 일부 위대한 인물들, 예를 들면 세르반테스나 코페르니쿠스 같은 사람들의 A1지능지수는 턱없이 낮았다. 이 두 사람 모두 지능지수가 105로 나왔다. 그녀가 활용한 문헌들에 그 이유가 있다. 이 인물들의 어린 시절을 알려줄 만한 정보가 아예 없었다. 100이라는 바닥 점수에 더 보탤 만한 근거 자료가 없었던 것이다. 콕스는 이 지능지수의 신뢰도를 7단계로 나누었다. 거기서 일곱 번째는 '추측, 자료에 근거하지 않음'의 단계로 명명되어 있다. 기가 막힌다.

패러데이도 A1지능지수에서 105를 받았다(두 명은 110, 한 명은 100을 주었기 때문에 이를 평균해서). 그것은 어린 시절의 패러데이가 심부름을 제대로 했다거나 질문을 잘했다는 기록이 부족했기 때문이고, 이런 것들이 패러데이의 초라한 가계 및 공식 교육의 부족이라는 배경과 더불어 좋은 평가를 받지 못하게 한 요인이 됐다고 본다. 그러나 어린 패러데이가 받은 낮은 점수는 청년기로 들어서면서 150으로 껑충 뛰어올랐다. 21세의 나이에 험프리 데이비(Humphrey Davy, 1778~1829. 영국의 화학자)에 의해 발탁되어 왕립 연구소에 일자리를 얻은 후의 정보가 그 이전과 비교할 수 없을 정도로 많아졌기 때문이다. 콕스는 패러데이를 비롯한 많은 인물들에 관한 자료가 미비했음을 공개적으로 인정하고 있다. 거기에는 나폴레옹 휘하의 위대한 장군이었던 장앙드레 마세나Jean-André Masséna 같은 사람이 포함되어 있다(나폴레옹의 A1지능지수가 135인 데 비해 그는 100으로 측정됐다). 하지만 이렇게 시인했다고 해서 콕스가 행한 지능지수 측정 작업 전체의 타당성과 신뢰도가 높아지는 것은 아니다. 콕스가 셰익스피어를 누락시킨 이유는 자신의 방법론대로 했을 때 이 위대한 작가에게 100이 안 되는 평균 이하의 지능지수를 부여할 수밖에 없었기 때문이라고 추측하는 사람도 있다. 이것이야말로 콕스 연구의 전반적인 취약성을 분명하게 드러낸 사례라고 할 수 있다.

콕스는 자신의 연구를 놓고 제기된 근본적인 문제점에 대해 어떤 답변도 하지 않았지만 문제가 무엇인지는 잘 인식하고 있었다. "전체적으로 지능지수가 너무 낮게 나왔다. 이 그룹의 '진짜' 지능지수는 본 연구에서 매긴 것보다 분명히 높았을 것이다. 왜냐하면 현재 산정된 지능지수는 근거 자료의 신뢰성 부족으로 인물들이 원래 보유했을 지능지수보다 낮아졌기 때문이다." 콕스는 대상 인물들의 정보 유실을 감안해 세 명의 공동 연구자가 매긴 점수를 상향 조정함으로써 그 편차를 보정하려고 했다. 보정 작업을 통해 전체 평균 A1지능지수가 135에서 152로, A2지능지수는 145에서 166으로 올라갔다. 그러나 이러한 수치의 상승 폭에 대해 콕스는 어떤 설득력 있는 근거도 제시하지 않았다. 이 보정 지능지수들은 '임시변통'의 결과처럼 보인다. 과학적인 논증이라기보다는 그냥 높은 지능지수와 비범한 창조성을 어떻게든 연결시키려는 필사의 궁여지책 말이다.

진실은 역사적인 천재들에게 합당한 지능지수를 부여할 수 있을 만큼의 정보가 없었다는 것이다. 『미국심리학회』지의 말을 빌리면, 콕스가 자신의 연구를 통해 펼친 주장은 정교하지 못한 점이 확실히 있었다. 그러나 "어쨌든 결과는 분명했을 것이며, 이 뛰어난 인물들의 업적에 어떤 다른 요인을 대입시키더라도 높은 지능지수가 나왔을 것이다. 비록 군사 분야는 제외하더라도 정치, 문학, 철학, 미술, 과학 분야에서 그 정도의 성취를 이룬 인물들에게는 당연한 것이었을 테니까". 논의를 위해 우리가 소위 '높은 지능지수'의 최소 기준을 135(터먼이 스탠퍼드 대학 연구에서 대상 자격 요건으로 삼았던 수치)로 삼는다면, 콕스 연구에 등장하는 많은 천재들의 지능지수는 (자라면서 135를 넘긴 했지만) 대체적으로 17세 전까지는 이에 미달하고 있다. 콕스가 보정하기 전의 A1지능지수 평균이 135이기 때문이다. 그나마도 콕스의 지능지수 평가가 신뢰할 만하고 선택된 대상들이 적절했다는 전제하에 말이다. 하지만 그 전제엔 아무런 근거도 없다.

콕스의 엄청난 자료 집적과 분석 결과에 대해 내릴 수 있는 좀 더 정확한 결론은 "군사 분야의 인물을 제외한 거의 모든 천재들의 지능지수가 평균치(100)를 너끈히 상회하고 있지만, 이 같은 지능지수가 천재성을 보증하는 것은 아니다." 이런 결론이 전혀 놀라운 것은 아니지만 천재에 관한 일반의 생각, 즉 그들은 지능지수가 매우 높을 것이라는 상식화된 통념을 정면으로 거스르고 있다. 예컨대 리처드 파인먼은 현대 과학계에서 거의 천재의 표상처럼 받들어지는 인물이다. 비단 미국뿐만 아니라 물리학 연구가 이루어지는 곳이면 세계 어디서나 인정받고 있다. 그러나 앞서 말했다시피 파인먼은 쇼클리나 앨버레즈와 마찬가지로 평균 이상의 지능지수를 보였지만 특별히 높은 것은 아니었다(콕스의 A1지능지수 평균인 135에서 무려 10점이나 모자람). 이와 대조적으로 골턴은 어떤가. 골턴을 좋아했던 터먼이 계산한 그의 지능지수는 놀랍게도 200이었다. 그러나 콕스도, 터먼도, 빅토리아 왕조를 살았던 골턴의 동시대인들도, 20세기 후반의 심리학자들도 골턴을 천재의 반열에 올려놓지 않았다.

만일 지능검사의 높은 점수가 불충분한 천재성의 지표라면 창조성 검사의 높은 점수는 더더욱 믿을 수 없는 '비범한 창조성'의 지표일 것이다.

1950년대 이래 미국의 심리학자들이 고안한 종류의 창조성 검사는 주로 확산적 사고나 수평적 사고를 측정하는 데 초점을 맞추고 있다. 이는 지능검사가 수렴적 사고convergent thinking나 논리적 사고를 재는 것과 정반대다. 확산적 사고력 검사에서는 한 문항에 항상 여러 개의 '정답'이 존재한다. 수렴적 사고력 검사에서는 논리적 방법으로 추론해낸 하나의 정답만 존재한다. 문제에 대해 피검사자가 하나의 답만 향해 사고를 수렴시키지 않도록 하고, 일단의 다중 선택지를 준 뒤 거기서 옳은 단어, 숫자 혹은 그림 따위를 고르도록 하는 것이 확산적 사고력 검사의 전형이다. 종이 클립의 용도를 가능한 한 많이 찾아보게 한다거나, 하나의 이야기를 놓고 여러 제목을 달게 하거나, 추상적인 선 그림을 놓고 가능한 해석을 제한 없이 하도록 하는 검사법이다. 바꿔 말하면, 이 검사는 독창성과 상상력의 발휘 능력을 측정하기 위한 것이다. 물론 검사자가 판정을 내린다. 다소 심령술적인 느낌이 들지만 누가 '창조적'이라고 판정받았다면, 그것은 그 사람이 지속적으로 어떤 질문에 대해 '확산적divergent'인 응답을 할 수 있는 능력을 갖췄음을 의미한다. 응답의 내용은 다른 사람들의 응답과 뚜렷한 차이를 보여야 한다. 하지만 그 차이가 너무 커서 그 질문에 대한 대답으로 간주할 수 없을 정도가 되면 안 된다. 창조성 검사는 1960년대 신수학New Math적(소련의 스푸트니크 인공위성 발사 성공에 위기의식을 느낀 미국이 도입한 혁신적인 수학 교육법—옮긴이)

교수법과 학습법에 대한 톰 레러의 빈정거림을 떠올리게 한다. "중요한 것은 정답을 구하는 게 아니라 내가 뭘 하는지를 이해하는 거라네."

창조성 검사가 시행된 후 30~40년 동안 대학에서는 학생들이 자원해서 적극적으로 검사를 받으면서 몇 가지 주목할 만한 결론들이 도출됐다. 고무적인 점은 이 검사가 신뢰할 만하다는 것이었다. 그 말은 누가 동일한 확산적 사고력 검사를 두 번 받으면 대개 두 차례의 점수가 비슷했다는 뜻이다. 아울러 이 점수는 피검사자가 다른 확산적 사고력 검사에서 얻은 점수와도 긴밀한 상관관계를 보였다. 그리고 수렴적 사고력 검사도 마찬가지였다. 하지만 그리 고무적이지 않은 것은, 수렴적 사고 측정과 확산적 사고 측정 사이에는 별 다른 상관관계가 나타나지 않았다는 점이다. 창조성 검사자들에게는 최소한 그렇게 보였다. 좀 더 정확히 말하자면, 지능지수 120대 이하에서는 두 개의 검사가 어느 정도 상관성을 보였다. 그러나 120을 넘어서면 전혀, 혹은 거의 상관성이 없었다. 지능지수가 높은 사람 중엔 창조성 점수가 높은 사람도 있고 낮은 사람도 있었다. 가장 실망스러운 것은 확산적 사고력 검사의 높은 점수와 실생활에서 창조성 발휘 능력은 아무런 상관관계가 없었다는 점이다. 이는 수렴적 사고력 검사가 학교와 대학에서의 학문적 성과와 정부, 정계, 군대 등과 같은 전문 직종에서의 성취를 어느 정도 알려주는 지표 역할을 하는 것과 비교된다.

이 마지막 결론 때문에 저명한 교육심리학자로서 오랫동안 창조성 연구를 해온 하워드 가드너Howard Gardner가 창조성 검사법을 버리게 됐다. 가드너가 보기엔 타당성이 부족한 검사법이었다. "지필紙筆 검사법을 이용해 창조성을 재려는 의도에 치명적"인 결함이 있기 때문이다. 1990년대에 그는 이렇게 쓰고 있다. "창조성 검사에서 높은 점수를 받았다고 해서 그 사람이 반드시 해당 직업이나 기타 활동에서 창조적인 것은 아니다. 더구나 어떤 특정 분야나 문화권에서 창조적인 것으로 알려진 인물들이 확산적 사고력을 지녔다는 확실한 증거도 없다. 그런데 확산적 사고력의 유무를 재는 것이야말로 창조성 검사의 핵심이 아니던가?" 창조성이 진짜로 발흥되어야 하는 현실 세계는 대단히 복잡하다. 따라서 인공적으로 통제된 검사 공간 자체가 오류의 근원이었던 것이다.

그런데 지능을 창조성 및 천재성과 연관 짓는 것은 실행보다는 이론(화)에 더 큰 어려움이 있다. 심리학자들이 지능을 측정할 수는 있다. 그러나 그들이 골턴 시대 이후 지능의 정의에 대해 합의를 이룬 적은 거의 없다.

1921년, 터먼이 영재 연구 계획을 가동하고 콕스가 역사적인 천재들의 조사를 시작할 즈음, 미국의 학교에는 지능지수 검사 바람이 불어 『교육심리학 저널Journal of Educational Psychology』 주최로 '지능과 측정'이라는 주제의 심포지엄이 열렸다. 열네 명의 전문가들을 초빙해서 자신이 생각하는 지능의 개념을 정의하도록 요청했다. 초청된 전문가들 중 다섯 명은 즉답을 피했고 아홉 명이 대답했는데, 그중 터먼의 대답이 단연 발군이었다. 터먼은 지능이 '추상적인 사고를 실행할 수 있는 능력'이라고 정의했는데, 지능과 천재성의 연관성 여부에 흥미를 가진 사람들이 보기엔 놀랄 정도로 좁은 의미의 정의였다. 그다음으로 주목을 받았던 정의는 '지식을 담고 소유할 수 있는 능력'이었다. 에디슨이라면 이 정의에 기분이 좋았을 것이다(아인슈타인은 그렇지 않았겠지만). 나머지 일곱 명의 정의에는 공통점이 많았다. 그것들은 대략 다음과 같다. 1) 진실이나 사실의 관점에서 좋은 응답을 할 수 있는 능력, 2) 환경에 스스로 적응하는 법을 배웠거나 배울 수 있는 능력, 3) 상대적으로 새로운 삶의 상황에 자기 자신을 적절하게 적응시키는 능력, 4) 경험에서 배우거나 이익을 취하는 능력, 5) 능력을 습득하는 능력, 6) 가상의 시행착오만 해본 결과를 가지고 본능적으로 적응하는 일을 하지 못하게 하는 능력, 그리고 본능적 적응을 변형시켜 사회적 동물로서 자신에게 유리한 행동을 하도록 하는 자유의지적 능력, 7) 복잡한 자극들을 한데 모으고 행동을 통해 거기에 어느 정도의 통일성을 부여하는 생물학적 메커니즘. 아홉 명이 내린 정의가 모두 달랐다 해도 지능을 경험에서 배우는 능력, 스스로 환경에 적응하는 능력이라고 봤다는 측면에서는 모든 정의들이 서로 연결되어 있었다. 물론 어느 누구도 지능과 창조성의 연관 문제에 대해서는 언급하지 않았다. 지능이 추상적 사고 능력이라는 터먼의 입장을 예외로 한다면, 나머지 전문가들은 모두 지능이 창조적인 것이라기보다 반응적 reactive인 것이라는 데 방점을 찍었다.

거의 한 세기가 지났지만 지능을 보는 입장은 여전히 다양하다. 이 분야의 주도적 연구자인 로버트 스턴버그Robert Sternberg는 1987년에 "지능을 잴 수 있는 방법은 수없이 많지만, 과연 지능이 무엇이냐에 대해서는 누구도 확신하지 못한다. 심지어 그 많은 지능검사법들이 측정하는 게 무엇이냐에 대해서도 확신하지 못하고 있다"라고 주장했다. 또 다른 저명한 연구자인 제임스 플린James Flynn도 이런 사실을 인정하고 있다. 그러나 2007년에 펴낸 거짓말처럼 재미있는 책 『지능이란 무엇인가What is Intelligence』에서 플린은 이런 혼란을 명쾌하게 정리하고 있지 않다. 플린은 지능의 본질에 대한 논쟁을 빛의 본질을 둘러싸고 벌어졌던 물리학계의 옛 논쟁과 비교했다. 이 물리학 논쟁은 양자 이론과 파장-입자 이원 개념이 등장하면서 정리됐다. "빛이 어떤 면에선 파장처럼 행동하기도 하고, 또 다른 면에선 입자들의 연속체일 수도 있다는 사실이 알려지기까지는 많은 시간이 걸렸다. 이처럼 지능도 어떤 수준에서는 상호 연관성이 아주 높은 능력들의 집합체처럼 작동하지만, 또 다른 수준에서는 기능적으로 독립된 능력들처럼 작동한다"고 플린은 말한다. 여기서 또 다른 수준이란 뇌의 신경 집속 다발, 행동에서 개인차, 그리고 사회다. 플린의 말은 고무적으로 들리지만 실속은 그리 없는 듯하다. 플린은 다시 "하나의 이론으로 엮어내기엔 우리가 이 세 가지 수준에 대해 아는 게 많지 않다"고 덧붙였다.

플린의 연구는 뭔가 단서를 제공하지만 비범한 창조성에 대해 직접 말하고 있지 않다. 그럼에도 잘 잡히지 않는 지능지수라는 개념을 새롭게 조명하고, 콕스가 지능지수 때문에 왜 그리 애를 먹었는지 잘 보여주고 있다. 어쩌면 1930년경에 측정된 파인먼의 지능지수가 총명한 인물이라면 당연히 갖고 있음 직한 지수보다 왜 낮게 나왔는지도 설명해줄 수 있을 것이다.

1980년대 중반에 플린은 평균 지능지수에 관한 놀랍고도 획기적인 사실을 발견한다. 그것은 곧 널리 인정받았고, 다른 심리학자들은 이를 '플린 효과Flynn effect'라고 명명했다. 전후 수십 년간 평균 지능지수는 꾸준히 상승했다. 한두 국가가 아니라 충분한 지능지수 자료를 낸 미국, 영국, 벨기에, 네덜란드, 노르웨이, 이스라엘, 아르헨티나 등 모든 선진국에서 그런 추세를 보였다. 20세기 후반, 즉 대략 두 세대에 걸쳐 미국과 유럽에서는 평균 지능지수가 거의 20점이나 올랐다. 신뢰도는 조금 약하지만 또 다른 자료에 의하면, 이런 성장세는 1900년부터 이미 시작되었다고 한다. 1900년의 평균 지능지수를 현재의 방식으로 측정하면 50에서 70 사이쯤 됐을 것으로 추정한다. 한마디로 정신지체 수준이었다.

그런데 이런 상승세가 하나의 지능지수를 구성하는 지능의 다양한 요소들에서 골고루 나타나는 게 아니라는 사실 때문에 이야기는 좀 더 복잡해진다. 서로 다른 능력들에서 일어난 변화들이 별 상호 관련성을 갖고 있지 않다는 말이다. 세세하게 들어가지 않고 크게 봐서 젊은 세대는 언어로든 그림으로든 개념을 비교하고 분류하는 능력을 측정하는 검사에서 점수가 (그전 세대보다) 크게 높아졌다. 그러나 어휘, 지식 일반, 산수 능력에서는 거의 향상이 없었다. 1947년과 2002년의 검사를 놓고 볼 때, 미국인들은 전자의 검사에서는 24점이 늘어났지만, 어휘에서는 4점, 지식 일반과 산술 능력 검사에서는 겨우 2점을 더 얻는 데 그쳤다.

이 모든 결과들은 전혀 예상치 못한 것들이었다. 지능지수 검사라는 것이 일정한 간격을 두고 특정 연령집단을 검사해서 표준화하는 것이고, 그렇게 하면 세대가 변해도 평균 지능지수는 변함이 없을 것이기 때문이다. 플린의 주장에 따르면, 평균 지능지수의 상승에서 생긴 수수께끼는 다음과 같은 점을 시사한다. "오늘날의 아이들이 그 부모들보다 훨씬 똑똑하거나, 아니면 최소한 어떤 환경에선 지능지수 검사라는 것이 지능을 재는 좋은 측정 방법이 되지 않는다는 것이다."

플린의 이 같은 알쏭달쏭한 연구 결과는 숱한 논의를 불러일으켰다. 그러나 아직까지 평균 지능지수가 상승한 이유에 대해서는 의견이 일치하지 않고 있다. 분명한 것은 20세기에는 점점 더 많은 아이들이 대학에 진학했고, 이게 틀림없이 지능지수와 모종의 관계가 있을 것이라는 점이다. 또 하나 분명한 것은, 새로운 세대는 컴퓨터 조작 기술을 습득했고, 이로 인해 부모 세대의 지능을 압도했을 것이라는 점이다. 확실히 일반인들이 접할 수 있는 정보의 양이 지속적으로 증가해왔고, 이것이 지능의 요소가 되는 여러 능력에 영향을 주었을 것이다. 신경과학자인 토르켈 클링베르그Torkel Klingberg는 『뇌는 넘치고 있다The Overflowing Brain』

에서 "훈련을 통해 작업 기억력이 향상된다는 사실이 아마 플린 효과를 이해하는 주요 단서가 될 것이다"라고 말하고 있다. 플린 자신은 평균 지능지수의 상승이 이른바 '과학적 스펙터클scientific spectacles'의 수용 증가에 원인이 있다고 생각했다. 그로 인해 우리가 개념들을 쉽게 비교하고 분류하게 됐다는 것이다. "20세기에 사람들은 새롭게 대두되는 인지적 문제들을 해결하는 일에 자신들의 지능을 쏟아부었다. 공식 교육의 확대가 어느 정도는 지능 향상에 기여했지만, 그 원인을 완전히 알려면 산업혁명이 초래한 모든 결과를 파악하는 것이 필요하다."

플린이 제기한 문제를 달리 표현하면 이런 것이다. 예컨대, 1930년경 학교에서 측정한 파인먼의 지능지수는 파인먼이 오늘날 검사를 받는다면 125가 아니라 150~155가 나왔을 것이다. 그렇다면 콕스의 연구에 등장하는 천재들, 예를 들어 셰익스피어나 패러데이와 같이 1900년대 이전 사람들의 '화석 지능지수'도 단지 그들의 어린 시절 정보가 부족하다는 이유로 깎여나간 점수보다는 훨씬 높게 매겨야 할지 모른다. 높은 지능과 비범한 창조성의 관련 여부는 여전히 논쟁거리로 남아 있다.

03

낮선 것들

성 토마스 아퀴나스 같은 신학자들, 야코프 뵈메Jacob Böhme 같은 신비주의자들, 파라셀수스 같은 의학자들, 케플러 같은 천문학자들, 단테, 세르반테스, 셰익스피어, 몽테뉴 같은 작가와 시인들, 이 모든 이들은 무의식의 중요성을 당연시했던 사람들이다.
—한스 아이젱크, 『천재: 창조성의 자연사』, 1995

무의식적인 마음이 없다면, 우리의 의식 모르게 진행되는 이 복잡한 정신 행위가 없다면 생존 또한 어렵다. 걷기, 자전거 타기, 운전 등의 물리적 현실에서 이루어지는 자율 행동들은 무의식적 결정을 요구한다. 예컨대 왼발을 먼저 뗄 것이냐, 오른발을 먼저 뗄 것이냐를 놓고 선택해야 한다. 음식을 삼키는 행위 또한 그로 인해 목이 막히지 않으려면 무의식적인 통제를 받아야 한다. 이는 질식하지 않기 위해 숨을 쉬는 행위와 똑같으며, 잠을 잘 때나 깨어 있을 때나 항상 그런 상태가 유지되어야 한다. 자율적인 호흡 통제 기능 결핍으로 선천적인 중추성 호흡 저하 증후군central hypoventilation syndrome 같은 희귀 질환을 앓는 불운한 사람들은 수면 중에 호흡이 멈추는 위험을 겪을 수도 있다. 이 증후군은 일명 '운디네의 저주Undine's curse'라고 불린다. 운디네는 물의 요정으로, 자신이 사랑하는 인간이었던 기사가 부정을 저지르는 것을 목격한다. 결혼할 때, 기사는 깨어 숨 쉬고 있는 동안 요정에 대한 신의를 지키겠노라고 서약한 바 있다. 그래서 운디네는 기사가 자는 동안 숨 쉬는 것을 잊도록 저주를 내린다. 기사는 계속 깨어 있으려다가 탈진한 끝에 졸았고 결국 숨을 쉬지 못해 질식사한다.

우리는 무의식적인 마음 없이는 거의 아무런 기억도 할 수 없을 것이다. 기억은 무의식 속에 상존해 있기 때문이다. 현재 우리가 떠올리는 기억은 우리가 알고 있는 것 중 극히 일부에 지나지 않으며, 우리는 의식적인 회상 행위를 통해 무의식적인 지식의 저장고에 접근한다. 무의식이 없다면 우리는 꿈조차 꿀 수 없다. 꿈꾸기는 기억과 긴밀하게 연결되어 있기 때문이다. 그리고 널리 알려진 대로, 새로운 아이디어는 무의식과 의식적 생각이 결합해서 나타난다는 이론이 사실이라면, 우리는 무의식 없이는 창조성을 발휘할 수 없을 것이다. 그 낌새를 알 수도 없고 예상조차 하지 못하는 무의식 과정의 틈입이야말로 '창조라는 전체 공사'의 책임을 지고 있으며, 서문에서 언급한 사티야지트 레이가 겪은 친숙하되 뜻 모를 느낌이다. "어떤 아이디어에 대해 생각조차 하지 않을 때 최고의 아이디어는 찾아온다." 그러나 무의식적 마음은 우리에게 끊임없이 영향을 주고 있음에도, 우리 자신을 스스로에게 낯선 사물로 만들어버린다. 왜냐하면 우리는 이 포착하기 어려운 세부 과정을 들여다볼 방법이 없고 기껏해야 추측이나 할 수 있기 때문이다. 즉, 꿈 혹은 저 유명한 프로이트 식의 '은연중' 말을 통해서만 관찰이 가능하다.

프로이트는 1899년의 『꿈의 해석』 출간을 전후해 무의식적 마음을 발견한 인물로 통했다. 하지만 무의식 개념은 프로이트 이전부터 존재했다. 그것은 다윈이 『종의 기원』에서 진화론을 펼치기 이전에 진화의 개념이 존재했던 것과 같다. 1868년 프로이트가 어린아이였을 무렵, 에두

아르트 폰 하르트만Eduard von Hartmann은 독일에서 세 권짜리 책『무의식의 철학: 귀납적 물리 과학 방법론에 따른 순이론적 결과Philosophy of the Unconscious: Speculative Results according to the Inductive Method of Physical Science』를 펴낸다. 이 책은 과학책이나 철학책으로서 뛰어나진 않았지만, 9판을 찍고 프랑스어와 영어로도 즉각 번역 출간되어 폭넓은 반응을 얻었다. 이는 마치 19세기 중반에 무의식 개념이 크게 유행한 것과 비슷한 현상이었다. 하르트만은 무의식적인 인간 정신 행위의 26가지 측면을 논하고, 무의식을 주제로 이루어진 사고의 기원에 대해서도 탐구했다. 그에 따르면, 이는 17세기 르네 데카르트의 시대까지 거슬러 올라간다. 실제로, 랜슬롯 로 화이트Lancelot Law Whyte는『프로이트 이전의 무의식The Unconsciousness before Freud』에서 "무의식적 정신 과정이라는 개념이 1700년 전후에 배태되었고, 1800년 전후에는 진지한 논의 대상이 되고 있음을 여러 정황으로 미루어 알 수 있다. 이는 여러 나라에서 관심을 보인 많은 인물들 때문에 가능했다"라고 쓰고 있다.

1637년, 데카르트가『방법 서설』에서 물심 이원론을 주장하고 마음을 '자각awareness'으로 정의한 일은 유럽에서 무의식적 마음을 발견하려는 노력에 불을 지폈다. 만약 데카르트의 이원론을 수용한다면 정작 마음이 자각 이상의 것과 연결되어 있음을 알 수 있기 때문이다. 자각 자체는 앞서 말한 정신 활동의 여러 측면, 즉 자각하지 못하는 가운데 분명히 이루어지는 것들을 설명하지 못했다.

그래서 17세기 후반, 뉴턴은 자신의 어떤 주장에 대해 수학적인 증명을 하기 싫을 때는 이렇게 말하곤 했다. "그건 내 심연에서부터 자명한 것으로 솟구친 것일세." 3대 섀프츠베리 백작 쿠퍼A. A. Cooper는 "누군가가 우리 자신의 마음보다 알기 쉬운 것은 없다고 말하겠지만…… 우리의 생각이란 대체로 아주 모호하고 암시적이어서 그것을 분명한 말로 드러내는 것처럼 어려운 일은 없다"라고 말했다. 라이프니츠에 따르면, 일상적인 지각은 양적 역quantitative threshold 아래에 있으므로 우리가 느낄 수 없는 무수한 소지각들로부터 나온다(우리의 일상적인 지각을 자연적 물체의 거시적 구조에 대한 지각으로 보고 이 구조가 육안으로는 보이지 않는 원자들로 이루어져 있음을 떠올린다면 쉽게 이해할 수 있다). 라이프니츠는 이 작고 '무의식적'인 지각으로 커다란 장場이 형성되는데, 그것은 너무 넓기 때문에 우리가 느낄 수 없다고 했다.

1700년경, 화이트는 무의식적 마음의 가설적 개념이 모습을 드러냈다고 생각했다. 그것은 습관적 행동, 기억, 지각, 관념, 수면, 꿈, 통찰, 의식의 역, 신화의 탄생을 끌고 왔다. 또한 "본능, 의지, 감정을 서로 연결했으며, 해리解離와 갈등과 왜곡 현상에 대해 생각하게 했으며, 병리 현상과 검사 기술 그리고 치료 적용을 한데 엮어내도록 했다". 이것들은 1700년에서 프로이트 시대 사이에 도입되었다. 바이런이나 콜리지로 대표되는 낭만주의자들은 우주적 힘에 닿을 수 있는 끈을 무의식에서 찾고자 했다. 쇼펜하우어 같은 철학자나 작가들은 물심일체라는 동양의 일원론적 전통에 영향을 받았으며, 다윈 같은 생물학자는 무의식적인 동기를 진화론으로 설명하고자 했다. 윌리엄 제임스 같은 심리학자는 '의식의 흐름' 이론을 통해 일시적인 자각의 순간들 아래에 깔려 있는 연속성을 희구했다.

이 시기에 무의식 개념의 영향을 강하게 받은 이들 중 하나가 수학자 앙리 푸앵카레Henri Poincaré다. 푸앵카레는 1880년경부터 1912년 이른 나이에 사망할 때까지 그가 이룩한 업적으로 전 시대를 통틀어 가장 위대한 수학자 중 한 사람이 됐다. 광산 기사였던 푸앵카레는 수학 외에 다른 과학 분야에서도 두각을 나타냈다. 푸앵카레는 다섯 개의 각기 다른 과학 분야에서 프랑스 과학 아카데미 회원으로 선발되는 보기 드문 영예를 누렸다. 또한 과학과 철학 저술가로서 보여준 문학적 재능으로 예술 아카데미 회원에 뽑히기도 했다. 푸앵카레의 『과학과 가설 *Science and Hypothesis*』은 젊은 아인슈타인이 1905년 특수상대성이론을 연구할 당시 자극제가 되기도 했다. 훗날 푸앵카레는 아인슈타인을 교수직에 추천하며 "내가 알고 있는 가장 독창적인 정신체精神體 중 하나"라는 추천의 이유를 밝혔다. 하지만 그는 또한 아인슈타인이 "모든 방향에서 연구를 했지만, 그가 택한 대부분의 경로는 막다른 길로 끝났다"라고 덧붙이고 있다. 사실 이 말은 자기 자신이 행하는 창조적 연구를 향해 던진 것이기도 했다. 푸앵카레의 작업은 1908년에 『과학의 기초 *The Foundations of Science*』라는 저작 모음집 형식으로 프랑스어판이 나왔으며, 사후에는 영어판으로 출간됐다. 이 책을 통해 푸앵카레는 창조성을 연구하는 심리학자들에게 중요한 전거 하나를 제공한다.

정신과 의사인 마이클 피츠제럴드Michael Fitzgerald와 수학자인 이오안 제임스Ioan James는 『수학자의 마음 *The Mind of the Mathematician*』이라는 연구서에서 "많은 수학자들이 창조적인 작업에서 무의식의 역할을 말하고 있다. 하지만 푸앵카레는 자신이 가진 무의식의 힘을 완전히 신뢰했으며, 이 점에선 그 누구도 따라올 수가 없었다"라고 쓰고 있다. 피츠제럴드와 제임스는 푸앵카레의 철학자 조카가 삼촌인 푸앵카레의 사고방식에 대해 쓴 아주 놀라운 글을 인용하고 있다.

삼촌이 자신의 사고를 내면으로 한정시키는 것이 자주 눈에 띄었다. 이는 여느 과학자들과는 다른 태도였다. 그는 구두로 하는 의사 전달이나 말을 통해 사고를 교환하는 것이 과학적 발견에 도움이 된다고 생각지 않았다. …… 삼촌은 수학적 발견이란 공동 작업으로는 이루어질 수 없는 것이라고 생각했다. 발견을 위한 직관은 어떤 매개체를 통하지 않고도 영혼 및 진실과 직접 교통한다고 생각했다. 그는 소르본 대학으로 걸어가는 길에서, 과학 회의 참석 중에, 점심 식사 후 습관적으로 하던 산책길에서 사유를 펼쳤다. 또한 연구소 대기실에서, 회의실에서, 열쇠 꾸러미를 들고 굳은 인상으로 작은 계단을 올라가는 중에도 사고했다. 가족들이 다 모인 저녁 식사 자리에서, 심지어는 거실에서 대화를 나누는 중에도 삼촌의 사고는 번뜩였다.

1880년대 초, 푸앵카레의 빛나는 수학적 사고를 이해하기 위해서는 푸앵카레가 했던 말들을 되짚어볼 필요가 있다. 비록 이따금 전문적인 표현을 쓰긴 했지만, 이는 수학을 공부하지 않은 독자들에게도 별문제가 없으리라 생각해서 그랬던 듯싶다. 그리고 수학 원리에 대한 이해가 없는 독자도 자신이 어떤 상황에서 발견하게 됐는지 이해할 수 있을 거라고 과장됨 없이 덧붙였다. 푸앵카레는 이렇게 쓰고 있다.

15일간 애쓴 끝에, 내가 한때 푸크스 함수Fuchsian functions라고 불렀던 것과 같은 함수는 존재할 수 없음을 증명했다. 그 당시 나는 아무것도 알아낼 수가 없었다. 매일 책상 앞에 앉아 한두 시간 동안 자리를 지켰다. 무수한 조합을 시도했지만 아무런 결론도 얻지 못했다. 어느 날 밤, 평소엔 안 하던 블랙커피를 마신 나는 잠을 못 이루고 있었다. 그때 아이디어들이 떼로 몰려왔다. 나는 그것들이 서로 부딪치며 착착 맞아떨어지는 것을 느꼈다. 말하자면, 하나의 안정된 조합이 이루

어진 것이다. 다음 날 아침 나는 초기하급수hyper-geometric series에서
도출되는 어떤 한 종류의 푸크스 함수만 존재 가능하다는 것을 알아
냈다. 나는 그저 결론만 쓰면 됐다. 그것은 몇 시간도 걸리지 않는 일
이었다.

다음으로 푸앵카레는 세 가지 수학적 도약에 대해 기술하고 있다.

그때 나는 살고 있던 캉(Caen, 프랑스 북서부 도시—옮긴이)을 떠나 광
산 학교의 도움으로 지질조사 여행을 떠나게 됐다. 여행하면서 기분
을 전환한 나는 수학 연구 작업을 잊었다. 쿠탕스Coutances에 도착해
우린 여기저기를 둘러보려고 승합마차에 탔다. 발판에 발을 얹는 순
간, 아이디어가 떠올랐다. 그전에 했던 다른 어떤 생각과도 연관되지
않은 생각이었다. 그것은 푸크스 함수가 비유클리드기하학 함수와 같
다는 것을 증명했을 때에도 경험한 일이었다. 나는 그 아이디어를 즉
각 증명하려고 하지 않았다. 마차에 자리를 잡고 나니 그럴 시간도 없
었다. 나누던 대화를 마저 이어나갔다. 하지만 나는 어떤 완전한 확실
성을 느꼈다. 내 양심을 걸고 말하건대, 캉으로 오는 길에 나는 심심풀
이 삼아 그것을 증명했다.

그러고 나서 내 관심은 다른 산술적인 문제를 푸는 데로 옮겨갔다.
결과는 그리 신통치 않았고 이전 연구와도 별 관련이 없는 것처럼 보
였다. 문제를 해결하지 못해 속이 상한 나는 바닷가에서 며칠을 보내
며 또 다른 걸 생각했다. 어느 날 아침, 해안 절벽 위를 걷고 있는데 아
이디어가 떠올랐다. 전과 똑같이 순간적이고 돌발적이며 더 볼 것도
없는 확실한 아이디어였다. 부정 삼원 2차 형식의 산술적 변환은 비유

클리드기하학의 그것과 동일하다는 것이었다.

  캉으로 돌아온 나는 이 결과를 놓고 곰곰 생각에 잠겼다. 여기서 다음과 같은 것을 연역해냈다…… 초기하급수에서 도출되는 것과는 다른 푸크스 함수가 존재한다. 초기하급수에서 나오는 푸크스 함수는 당시 내가 이미 알고 있는 것이었고…… 나로서는 당연히 이 새로운 푸크스 함수의 형식을 만들어내지 않을 수 없게 됐다. 나는 체계적으로 이 문제를 공략해 하나씩 하나씩 처리해나갔다. 하지만 하나가 계속 미해결로 남아 있었다. 이게 안 풀리면 전체가 헝클어질 것이었다. 내 모든 노력은 초반부에만 힘을 썼지 마지막 난관을 뚫기가 어려웠다. 정말 문제였다. 그런데 이 모든 작업은 완벽하게 의식적인 것이었다.

  그러다가 나는 몽 발레리앙Mont Valérien으로 가게 됐다. 거기서 나는 병역 의무를 수행해야 했다. 전혀 다른 이유로 바빠졌다. 하루는 길을 걷는데, 나를 좌절시켰던 난제의 해법이 별안간 떠올랐다. 하지만 그 자리에서는 그걸 어떻게 해볼 생각을 하지 않았다. 병역 의무를 끝낸 뒤 그 문제에 다시 매달렸다. 나는 이미 그 문제의 해법에 필요한 모든 요소들을 알고 있는 상태였다. 그것을 잘 정렬해서 제대로 맞추기만 하면 됐다. 나는 단숨에 최종 연구 보고서를 써내려갔다. 조금도 어렵지 않았다.

위에서 기술된 세 차례의 번뜩이는 통찰의 순간을 회고하면서 푸앵카레는 무의식적 과정의 역할을 분명하게 진술한다.

  맨 처음 가장 놀라웠던 것은 이게 돌연한 계시의 모습으로 나타났다는 점이다. 물론 이는 길고도 무의식적인 사전 작업이 명시화된 것이었지만 말이다. 수학적인 발견에서 무의식이 수행한 이런 역할이 나에게는 절대적인 것이었다. …… 누가 어려운 문제와 씨름할 때, 첫 번째 공략에서는 아무것도 못 얻는 경우가 허다하다. 그러면 나는 잠깐이든 오래든 휴식을 취하고 나서 새로운 각오로 그 문제에 다시 매달린다. 지난번처럼 처음 30분 동안은 아무것도 떠오르지 않는다. 그러다 갑자기 결정적인 아이디어가 머릿속에 떠오른다. 이런 경우 의식적인 작업을 중단하고 취한 휴식이 마음에 힘과 생기를 다시 불어넣었기 때문에 오히려 (의식적인 작업이) 효과를 보게 된 것이라고 말할 수도 있으리라. 그러나 그보다는 휴식 시간 동안에 무의식이 계속 작업한 결과, 내가 앞서 말했던 것과 같은 해결이 이루어졌다고 보는 게 더 타당할 듯싶다.

푸앵카레는 왜 의식적인 노력보다 무의식적인 과정이 이 문제들을 푸는 데 더 중요했다고 확신하는 것일까? 첫째, '돌연함suddeness'이 그에게 잊지 못할 인상을 주었기 때문이다. 해법이 '느닷없이' 정신 속으로 뛰어들었던 것이다. 이는 의식적 작업의 단계적이고 점진적인 과정과는 정반대의 경험이다. 이런 주장을 뒷받침이라도 하듯, 그는 세 번의 도약이 발생할 때마다 수학에 관해서는 '의식적'인 사고를 하고 있지 않았다고 말했다. 그리고 자신과 관련한 어떤 물리적 상황, 즉 승합마차에 탑승했던 일, 해안 절벽 위를 거닐었던 일, 군복을 입고 행군하는 등의 일이 아무런 자극도 주지 못했음을 내비치고 있다. 둘째, 거기엔 '더 볼 것도 없는 확실성immediate certainty'이 있었다. 이는 입증할 필요도 없이 그 해법이 정확한 것이라는 확신이었다. 물론 푸앵카레가 틀렸을 가능성도 있었다. 그리고 확신이 강하다고 해서 그것이 과학자의 정확성을 보장하지는 않기 때문에 반드시 증명해야 했다. 그러나 푸앵카레는 굳게 확신했기 때문에 서둘러 증명을 시도할 필요가 없었을 뿐이다. 셋째, 의식적인 '체계적 공략'이 실패한 직후에 해법이 나타났다는 사실에 주목해야 한다. 그 어떤 경우에도 해법이 저절로 나타난 적은 없다. 그보다는 푸앵카레가 아이디어를 많이 떠올리면 떠올릴수록 해법을 찾아낼 가능성이 높아졌다. 이것이야말로 푸앵카레에게 의미 있는 일인데, 블랙커피를 마신 후에 아이디어들이 쇄도했다는 정신적 경험이 그 증거가 된다(물론 이때도 푸앵카레는 무의식적 과정이 어떤 역할을 했다고 주장하지 않았다).

푸앵카레도 인정한 것을 왜 우리라고 못하겠는가? 상호 충돌하는 생각들이 맞물리며 어떤 안정된 조합을 형성한다는 푸앵카레의 상상은 서론에서 말한 케쿨레의 몽상, 즉 원자들이 군무하며 고리를 만드는 꿈을 상기시킨다. 우리는 케쿨레가 말하는 벤젠 고리의 발견 경위가 '정직성' 면에서는 상당히 불완전하다고 생각한다. 왜냐하면 고리 구조의 개념은 케쿨레가 졸음에 빠지기 한참 전에 케쿨레의 마음에 이미 나타났기 때문이다. 1890년의 케쿨레가 그랬던 것처럼 1908년의 푸앵카레도 이미 발생한 지 사반세기나 지난 일을 회고하던 중이었다. 그래서 어쩌면 푸앵카레 역시 자신의 사고에 존재했던 어떤 준비 단계들을 잊었을 수도, 정확한 정황을 제대로 기억하지 못하고 있었는지도 모른다.

그런 추측은 이 이야기들이 푸앵카레의 조카 진술에서 나왔다는 점에 근거한다. 조카의 말대로라면 푸앵카레는 어디에 있든, 즉 회의장에서, 산책 중에, 길을 건너면서, 저녁 식사 중에 항상 사고하고 있었다. 그런데 이는 자기 집안의 한 '연장자'에 관한 이야기다. 푸앵카레보다 한참 어린 조카가 삼촌의 20대에 일어난 일을 말하고 있다는 점에서 신빙성이 떨어진다. 한 수학자 친구가 푸앵카레를 초대해 저녁 식사를 하면서 새로운 수학 원리에 대해 열변을 토하고 있다. 젊은 푸앵카레는 마치 자동인형처럼 묵묵히 음식만 먹다가 식사 후에 그 원리가 오류임을 현장에서 증명한다. 매우 가능성 높은 이야기다. 푸앵카레는 시간과 장소를 막론하고 언제나 수학에 대해서만 생각하고 있었을 테니까. 지질조사 여행길에서든, 바닷가에서 휴일을 즐기던 중이든, 병역 임무 수행 중이든 간에 말이다. 그런 일들에는 수학 작업을 할 때보다 훨씬 덜 집중하고 있었을 터였다. 푸앵카레의 정신은 계속 개념과 방정식에 붙들려 있었던 것이다. 하지만 그로부터 20여 년이 지나 그 일을 회고한다면 어떨까? 아마도 '돌연한 계시'를 받았을 즈음에 자신의 정신을 끊임없이 혹사시켰던 그 모든 아이디어들과 정황들을 전부 떠올리지는 못했을 것이다.

두 번째 단서는 푸앵카레 자신의 궁금증에서 찾을 수 있다. 즉 잠시 쉬면서 정신을 재충전하는 것과, 휴식 중에 무의식이 제멋대로 방출되도록 하는 것 중에서 과연 어떤 것이 문제 해결에 더 큰 도움을 주었을까 하는 궁금증 말이다. 푸앵카레는 무의식적인 과정이 더 컸다고 하면서 후자의 손을 들어주었지만, 자신이 내린 단정의 근거는 제시하지 않았다.

그러나 푸앵카레가 수학계와 과학계에서 차지하고 있는 확고부동한 위상 때문에 많은 심리학자들이 푸앵카레의 발언을 액면 그대로 받아들였다. 또한 수학 분야 외의 창조성 연구에서도 푸앵카레의 언급에 커다란 영향을 받고 있다. 예를 들면, 『사고의 기술The Art of Thought』을 쓴 그레이엄 월러스Graham Wallas, 『창조 행위』의 케스틀러, 『천재성의 기원』을 펴낸 사이먼턴 같은 사람들은 창조성이 무의식과 의식적인 사고의 결합에서 나온다는 푸앵카레의 직관적 깨달음을 그대로 수용하고 있다.

월러스는 푸앵카레, 헤르만 폰 헬름홀츠(Hermann von Helmholtz, 1821~1894. 독일의 생리학자이자 물리학자—옮긴이)를 비롯해 창조적인 인물들의 저작을 연구한 끝에 4단계의 창조 과정을 공식화했다. 월러스가 만든 모델은 준비preparation, 배양incubation, 계시illumination, 증명verification으로 이루어져 있다. 준비는 의식적인 행위이며 사고하는 사람으로 하여금 문제에 몰두하고 해법을 모색하게 한다. 해법을 찾는 시도가 실패하면 문제는 일단 옆으로 밀려난다. 그리고 배양 단계로 넘어간다. 그 와중에도 무의식적인 정신은 계속 문제를 붙잡는다. 그렇게 하지 않으면 의식적 정신이 거기에 계속 붙들려 있을 테니까. 무의식적 아이디어와 의식적 아이디어가 적절한 과정에서 결합하면 돌연한 계시illumination가 터져 나온다. 다른 말로 하면 달걀이 부화하듯, 새로운 아이디어가 탄생하는 것이다. 마지막으로, 이 아이디어는 증명을 통해 정당성을 인정받아야 한다.

산뜻해 보이지만, 월러스 모델은 실험실의 검증을 통과할 수 없다. 이 모델은 설계조차 어렵다. 이를테면 실험자는 실험 대상자를 문제와 직접 맞닥뜨리게 해서는 안 된다. 대상자가 문제의 해법을 놓고 의식적으로 생각하도록 해선 안 되고, 단지 무의식적으로만 붙잡고 있도록 만들어야 한다. 게다가 이 무의식적인 과정의 존재 여부는 의식적인 방법으로만 알 수 있다. 이 모델에서 가장 많이 쓰인 접근법은 예술가들과 비예술가 대조 그룹에 시 한 편을 읽어준 다음 거기서 느끼는 감흥을 그림으로 표현해보라고 주문하는 방법이다. 그런데 두 그룹의 스케치, 메모, 관찰 태도 등을 보면, 이들이 앞의 모형에서 말하는 4단계를 그대로 밟아가며 문제 해결을 시도하지는 않았음을 알 수 있다. 또한 이 네 개의 가설적인 단계들은 서로 뒤섞여 구분되지 않았다. 예를 들어 계시는 일어나지 않았고, 단지 아이디어가 의식 속에 점진적으로 들어왔을 뿐이다.

배양은 어떤가. 예술가 그룹에는 잠시 쉬라고 하고 대조 그룹에는 중

단 없이 문제 해결을 계속 모색하라고 요구했다. 그런 다음 비교해봤으나 별다른 소득이 없었다. 휴식이 문제 해결 능력을 높인다고 가정한다면, 배양 과정은 휴식 시간에 반드시 일어났어야 한다. "배양에 관한 실험 연구 결과가 가장 뒤죽박죽이었다"라고 쓰고 있는 와이즈버그는 무의식 과정의 실체에 대해 회의적인 사람이다. 2006년에 출간된 창조성 연구에 관한 광범위한 조사에서 와이즈버그는 "휴식이 문제 해결을 촉진한다는 주장조차 단일 연구를 통해서는 증명하기가 매우 어렵다. 사정이 이럴진대, 무의식적 과정이 문제 해결 능력을 높인다는 주장은 연구거리도 안 된다"고 말하고 있다.

무의식 과정을 과학적으로 파고들기 어렵다면, 그보다 한층 더 어려운 것은 창조에서 꿈의 역할을 조사하는 일이다. 개인적인 경험을 통해 누구나 알고 있듯이, 꿈은 정의하기가 힘들다. 『옥스퍼드 꿈의 책The Oxford Book of Dreams』 편집자인 스티븐 브룩Stephen Brook은 흥미로운 꿈을 찾아 세계의 문헌들을 뒤져 그것을 정의와 기준에 따라 분류하려고 했다. 그러나 곧 그런 분류를 포기하고, 대신 내용에 따라 범주를 나누었음을 털어놓았다. "예를 들면, 심지어 문학에서조차 꿈dream, 백일몽daydream, 환몽hallucination, 몽상reverie은 쉽게 구분되지 않는다." 케쿨레의 뱀 꿈은 이 네 가지 범주 가운데 어디에 속할 뿐이다.

눈의 움직임을 보거나 뇌의 대사 행위를 측정하고, 나아가 엘도파L-Dopa 같은 약물이 꿈에 미치는 효과와 뇌의 부위별 손상을 조사하는 등 다양한 기법을 이용해 꿈의 생리를 연구하는 일은 어렵지 않다. 1953년, 렘수면REM: Rapid Eye Movement과 꿈이 확실한 관계가 있다는 사실이 알려진 지 수십여 년이 지날 때까지도 꿈은 그저 뇌 화학물질이 요동친 결과이고, 마음 내부의 사고와는 전혀 관련이 없는 것처럼 취급받고 있었다. "꿈의 내용에는 전적으로 '의미'가 결핍되어 있다…… 그저 소란에 불과하다"고 (노벨상 수상자인) 면역학자 피터 메더워가 1964년에 말한 바 있다. 그러나 최근에는 비렘수면 상태에서도 꿈이 발생한다는 게 사실로 밝혀지고 있다. 그래서 렘수면을 꿈꾸는 상태의 생리적인 등가물로 볼 수 없게 됐다. 엘도파는 렘수면에 어떤 영향도 끼치지 않고도 꿈의 빈도와 생생함을 크게 증가시킬 수 있다. 현재 드러나고 있는 신경과학적 증거들 덕분에 우리는 대단히 급진적인 가설을 채택할 수 있게 됐다. 신경과학자이자 정신분석학자인 마크 솜즈Mark Solms에 따르면, 그것은 1899년 프로이트가 맨 처음 제시한 것으로서 "꿈은 우리의 바람에 추동되고 동기화된 현상"이라는 가설이다.

실험 대상자들은 최소한 어느 정도 다시 의식을 차려야만 자신의 꿈에 대해 말할 수 있다. 진짜 문제는 꿈꾸기가 창조 행위를 지향하도록 실험실에서 통제·조작할 수 없다는 사실이다. 지금 꿈을 꾸고 있는 주체는 '의식적'으로 실험에 참여할 수 없기 때문이다. 그래서 꿈과 창조성을 연구하기 위해 심리학자들은 비범하게 창조적인 인물들의 고백에 의존할 수밖에 없었다. 꿈에 관해 우리는 두 개의 중요한 사례를 주목해야 한다. 그중 하나는 시인 콜리지의 꿈인데 이것은 가짜로 판명됐고, 다른 하나는 과학자 뢰비의 꿈으로 케쿨레의 꿈보다 무의식 과정에 대해 더욱 견고한 증거가 되고 있다.

1797년, 콜리지는 「쿠블라 칸: 혹은 꿈에서 본 것」을 썼다. 시는 다음과 같은 유명한 구절로 시작한다.

상도上都에서 쿠블라 칸이
웅장한 환락궁을 지으라 하고 칙령을 내리니

그곳은 신성한 강 알프가 흘러

무한의 동굴들을 지나 인간에게로

햇빛 들지 않는 바다로 가는 곳

이 시는 그저 하나의 편린, 즉 콜리지에 따르면 '심리적 호기심'이었기 때문에 콜리지는 그것이 탄생하게 된 경위를 설명하고 1816년의 초판 서문으로 삼았다. 그것은 친구 바이런이 강권한 탓도 있었다.

1797년 여름, 건강이 좋지 않았던 저자는 폴록Porlock과 린턴Linton 사이의 외딴 농장에서 휴양을 하게 됐다. 그곳은 서머싯Somerset과 데번셔Devonshire의 경계인 익스무어Exmoor에 있었다. 가벼운 두통이 있어 아노다인을 처방받았다. 그 약효 때문에 저자는 의자에서 잠에 빠져들었다. 그때 저자는 『퍼처스 순례기Purchas's Pilgrimage』에서 다음과 같은 문장을 읽고 있던 중이었다. "여기에 쿠블라 칸이 궁전을 지으라고 명했다. 그 위에는 장중한 정원을 꾸미고, 16킬로미터의 기름진 땅을 성으로 두르라고 명했다." 저자는 약 세 시간 동안 내리 깊은 잠을 잤다. 적어도 외부의 오감은 그렇게 잠들어 있었고 그 시간 동안 저자의 내면은 가장 생생한 비밀을 목격하게 됐다. 이 시간에 본 것으로 저자는 적어도 200~300행의 시구를 만들어낼 만했다. 진실로 이것, 즉 모든 이미지가 형상을 갖춘 채 저자 앞에 떠오르고 이에 조응하는 표현이 이루어지지만, 그것을 자신이 주재하고 있다는 의식을 느낄 수는 없는 상황을 시작詩作이라 부를 수 있다면 말이다. 깨어나면서 저자는 꿈 전부를 또렷이 떠올릴 수 있었다. 펜을 잡고 잉크와 종이를 끌어당긴 다음 즉각적이고 열렬하게 내면에 저장되어 있던 시행들을 풀어

써나갔다. 바로 그때 운 나쁘게도 폴록에서 사업차 온 이가 저자를 불렀고 한 시간 넘도록 그에게 붙들려 있어야 했다. 그 후 다시 방으로 돌아왔을 때는 아쉬움과 억울함이 컸지만, 그래도 모호하고 흐릿하게나마 저자가 본 것의 개요를 떠올릴 수는 있었다. 겨우 여덟에서 열 행 정도의 시행과 이미지가 두서없이 남아 있었고 나머지는 던져진 돌이 냇물 표면에 순간적으로 남긴 흔적처럼 깡그리 사라져버렸다. 뒤에 이것을 되살릴 수 없다니, 아! 애통할 따름이다.

콜리지는 정말 잠을 잤을까 아니면 그저 몽상에 빠진 것일까, 평소처럼 아편을 했을까 아니면 다른 약을 먹었을까, 정말 폴록에서 사람이 왔을까 아니면 실패한 상상에 대한 변명일까, 콜리지의 말이 절대적으로 진실일까 아니면 매우 낭만적으로 꾸며낸 얘기일까 하는 문제는 오랫동안 의문으로 남아 있다. 시의 창작에서 출간까지 거의 20년이나 걸린 것도 의심을 부추기는 요인이 됐다. 1953년에 콜리지 연구가인 엘리자베스 슈나이더Elisabeth Schneider가 콜리지의 원고와 편지에서 증거가 될 만한 것은 무엇이든 조사한 뒤 결론을 내렸다. 「쿠블라 칸」은 아주 통상적인 방식으로 창작되었는데, 앞서 서론에서 언급한 대로 꿈속이 아니라 콜리지 자신이 매우 의식적으로 만든 다양한 초고들을 바탕으로 썼다는 것이다. 또 다른 콜리지 연구가인 리처드 홀름스Richard Holms는 꿈 자체가 있었다는 사실을 완전히 부정하지는 않지만, "「쿠블라 칸」이 간직한 영창 조의, 최면성의 완성도 높은 언어 구사가 콜리지가 꾼 꿈을 '글자 그대로' 고스란히 옮겨놓은 것이라고 보기는 어렵다"고 말한다.

우리는 백일몽이 시를 쓰는 데 얼마나 중요한 역할을 했는지 확실히 알지 못한다. 최고의 증거는 콜리지 본인의 진술이나 원고가 아니라,

1819년 존 키츠John Keats가 콜리지를 처음 만난 뒤 동생에게 쓴 편지에서 찾을 수 있을 듯싶다.

나는 저녁 식사를 마친 시의원이나 낼 법한 속도로 그와 함께 걸었다. 내 짐작으론 약 3킬로미터 가까이 걸었던 것 같다. 그 거리를 걷는 동안 그는 내게 수없이 많은 화제를 던졌단다. 그게 뭐였는지 목록을 작성할 테니 보아라. 나이팅게일, 시—시적 감흥에 관하여—형이상학—서로 다른 종種과 유類의 꿈들—악몽—촉감에 동반하는 꿈—한 번과 두 번의 감촉—관련된 어떤 꿈—첫 번째와 두 번째 의식—⋯⋯괴물들—크라켄(심해 괴물)—인어—사우디(Robert Southey, 1774~1843. 영국의 낭만파 계관시인—옮긴이)가 그것들의 존재를 믿고 있다는 이야기—사우디의 믿음이 많이 약화됐다는 이야기—귀신 이야기⋯⋯.

키츠의 편지를 포함해 다방면을 넘나드는 콜리지의 폭넓은 대화 스타일을 전하는 여러 자료로 판단해보건대, 콜리지의 정신은 매우 활발했고 꿈과 환상에 사로잡혀 있었음을 알 수 있다. 그는 아마도 깨어 있는 상태와 꿈꾸는 상태를 크게 구분하지 않고 살았던 듯싶다. 현대 시인 토니 해리슨의 표현을 빌리자면 "나(그)는 꿈꾸지 않는다. 나(그)는 하루 종일 꿈꾼다. 나(그)는 그게 (꿈꾸지 않는) 이유라고 생각한다."

약리학자이자 생리학자인 오토 뢰비는 오늘날 신경 충격이 화학적으로 전달된다는 사실을 발견한 공로자로 기억되고 있다. 1920년, 뢰비는 한 쌍의 분리된 개구리 심장을 가지고 행한 실험에서 어떤 화학적 신경 전달 물질, 훗날 자신이 아세틸콜린acetylcholine이라고 밝힌 물질이 신경 충격의 전달과 관련 있음을 보여줬다. 당시는 전기적 신경 충격에 대해

학자들도 이미 다 알고 있던 때였다. 1936년에 뢰비와 헨리 데일Henry Dale은 노벨 생리의학상을 공동 수상했다. 에릭 캔들Eric Kandel은 "자율 신경계 안의 한 뉴런에서 다른 뉴런으로 시냅스를 거쳐 보내는 신호는 특정한 화학적 신경 전달 물질에 의해 운반된다는 최초의 증거를 제시한 공로"였다고 쓰고 있다. 캔들 또한 기억의 생화학적 특성에 관한 연구로 최근에 노벨상을 받았다.

뢰비의 말에 따르면, 자신이 처음으로 화학적 신경 전달 물질에 대해 생각하게 된 것은 1903년 한 친구와 토론을 하면서였다. 하지만 그 아이디어를 검증할 어떤 실험 방법도 생각해낼 수 없었고, 곧 잊어버리게 됐다. 그러다 1918년에 뢰비는 아주 다른 목표를 가진 실험을 하나 설계했다. 두 개의 개구리 심장을 가지고 하는 실험이었다. 그것을 소금물에 집어넣고 계속 박동하도록 자극을 줬다. 개구리 심장들이 화학물질을 방출하는지 여부를 살펴보기 위해서였다. 뢰비는 그 결과를 과학 학술지에 실었다.

2년 후에 뢰비는 꿈을 꾸게 되었는데, 이에 대해 뢰비는 1960년에 다음과 같은 내용으로 신중하게 기술하고 있다.

그해〔1920년〕나는 부활절 일요일 전날 밤에 깨어나 불을 켠 뒤 얇고 작은 종잇조각 위에 몇 자 끼적였다. 그러고 나서 다시 잠이 들었다. 아침 6시경에 불현듯, 내가 간밤에 뭔가 대단히 중요한 것을 썼다는 기억이 떠올랐다. 하지만 도대체 뭐라고 휘갈긴 건지 알아볼 수가 없었다. 다음 날 밤, 새벽 3시가 되자 그 아이디어가 다시 떠올랐다. 그건 내가 17년 전에 언급한 화학적 신경 충격 전달 가설이 맞는지 안 맞는지를 결정할 실험 설계에 관한 것이었다. 나는 그 자리에서 일어나 실험실로 갔다. 거기서 그날 밤에 떠오른 방식대로 개구리 심장을 가지고 간단한 실험을 했다.

간단히 정리하자면, 뢰비는 신경이 있는 개구리 심장과 신경이 없는 개구리 심장을 하나씩 가져와서 신경이 있는 개구리 심장의 미주신경을 몇 분간 자극해서 박동을 느리게 했다. 이 심장들을 소금물로 연결하자 미주신경이 없는 다른 심장도 느리게 뛰었다. 첫 번째 심장의 신경에 의해 소금물로 방출된 물질이 두 번째 심장을 작동시켰던 것이다. 뢰비는 실험을 반복했고 결과는 동일했다. 이번에는 첫 번째 심장을 빠르게 뛰도록 했다. 그랬더니 다른 심장의 박동 속도도 빨라졌다.

뢰비는 이렇게 결론지었다.

이 발견의 일화가 드러내는 것은 어떤 아이디어가 무의식 속에서 장기간 잠들어 있다가 갑자기 출현할 수 있다는 사실이다. 더 나아가, 우리가 돌연히 찾아오는 직관을 신뢰하는 일을 지나치게 회의적으로 받아들일 필요가 없다는 것도 알려준다. 낮 시간의 신중한 사고 속에서는 내가 수행했던 이런 종류의 실험은 아예 배제됐을 것이다. 어떤 신경 충격에 의해 방출되는 전달 물질의 양이 실행 기관에 영향을 줄 정도는 될 수 있어도, 이게 흘러넘쳐 개구리 심장을 채우고 있던 소금물에까지 들어갈 정도로 충분히 많아질 가능성은 없기 때문이다. 하지만 나는 운 좋게도 직관이 엄습한 순간에 따지지 않고 곧바로 실험을 했다.

이처럼 뢰비의 경우를 보면 꿈속에서 무의식적 생각(뢰비의 1903년 이론)과 의식적 생각(1918년 실험에서 도출된)이 결합해서 새롭고도 대단히 중요한 생각을 창조해냈음을 분명히 알 수 있다. 꿈꾼 일에 관한 한 우리는 그저 뢰비의 말에 기대고 있지만, 뢰비가 펼친 사고의 흐름은 출판된 기록물들이 뒷받침하고 있다. 케쿨레의 꿈(혹은 콜리지의 꿈)과는 달리 뢰비의 꿈이 그 자신의 발견에 지대한 기여를 했다는 점에 대해선 의심할 이유가 없다. 과학 연감에서도 이는 매우 드문 사례로 남아 있다. 푸앵카레 시대 이후 한 세기가 흐른 지금도 비범한 창조성 안에서 무의식적 과정이 차지하고 있는 자리는 유효하다. 이는 그야말로 속 시원한 설명을 기다리는 수수께끼와 같다고 할 수 있다.

04

수요일은
파란색

'서번트' 재능을 갖춘 사람들은 과학자들에게 다음과 같은 도전적인 질문을 던지고 있다. 일반적인 정신 기능 손상을 크게 입은, 그래서 다른 누가 보살펴줘야 할 사람들이 어떤 한 영역에서 어떻게 그런 대단한 능력, 지능이 높은 일반인들보다 훨씬 뛰어난 능력을 보이는가? 이 질문에 대한 답은 정신적 기능 일반에 관해 우리에게 무엇을 말해주며, 서번트 천재들과 짝을 이루는 정신장애, 자폐증에 관해 어떤 설명을 할 수 있을 것인가? ……서번트 천재들을 목격한 이 분야의 전문가들은 이들의 특출한 능력에 대해 근본적인 의문을 제기한다. 음악 서번트 재능은 모차르트가 보여준 조기 창조성과 겹치는 어떤 것을 가지고 있는가? 미술 서번트 천재가 놀라운 그림 실력을 보인다고 할 때, 이는 창조적 회화와 어떤 관련성이 있는가? 달력 날짜 계산 서번트 재능은 '진짜' 수학과 무슨 관계가 있는가?
—마이클 러터Michael Rutter, 「서문」, 비트 허멀린Beate Hermelin, 『정신의 빛나는 파편들: 자폐 서번트와 함께한 개인적 연구 기록Bright Splinters of the Mind: A Personal Story of Research with Autistic Savants』

'서번트'란 단어는 원래 학식이 있는 사람, 일반적으로는 저명한 과학자를 일컫는 말로 폭넓은 분야에서 뛰어난 프랑스 학자들을 가리키기도 했다. 예를 들면 200여 년 전 나폴레옹의 이집트 원정에 동행했던 수학자 조제프 푸리에Joseph Fourier 같은 사람들을 말한다. 그러나 오늘날 이 단어는 아주 다른 의미로 쓰이는데, 평균 이하의 지능을 가진 사람들(전에는 '바보 석학idiot savant'이라 불렸다) 중에서 놀라운 선천적 재능을 보이는 사람을 뜻한다. 예를 들면 달력 날짜 계산이나 산술 계산, 외국어 학습, 음악·미술 같은 한정된 영역에서 불가해한 능력을 보이는 사람들이다. 언뜻 보기에 서번트란 말의 예전 의미와 지금의 의미는 별 관련이 없어 보이지만, 실제로는 훨씬 밀접한 관계가 있음이 드러나고 있다. 지금까지 알려진 바에 의하면, 서번트 증후군은 정신병리학이나 무의식 과정은 물론이고 재능, 지능, 창조성, 천재성과 모두 관련되어 있으며, 인간 정신에 관한 의문을 불러일으키고 있다. 그러나 이에 대한 답은 아직까지도 찾지 못하고 있다.

실험심리학자인 비트 허멀린과 동료들이 『정신의 빛나는 파편들』에서 밝히고 있는 서번트들 중엔 언어 서번트인 크리스토퍼, 음악 서번트인 노엘, 미술 서번트인 리처드가 있는데(풀 네임은 허멀린이 밝히기를 꺼림), 이들에 대해 간단히 설명하는 것만으로도 서번트 증후군이 얼마나 흥미로운 것인지 알 수 있다.

크리스토퍼가 열네 살 때 잰 지능검사 결과를 보면, 지각 공간 문제 해결 능력은 여덟 살 먹은 아이와 비슷했는데, 지능지수로는 57이었다. 언어 지능지수는 그 나이에선 평균이라고 할 만한 100이 약간 못 되는 정도였다. 크리스토퍼는 일반 학교에 잠시 다녔지만 학교 수업을 감당하지 못했고, 결국 보호 공동체에 살면서 정원사 일을 했다. 그는 공식적으로 자폐증 진단을 받진 않았지만 자폐 행동을 보였다. 예를 들면 다른 사람과 눈 맞추기를 피했고, 언어를 배우는 일 외에는 그 어떤 것에도 강한 감정을 드러내지 않았다. 그러나 특이하게도 언어를 학습할 때는 열정으로 가득했다. 크리스토퍼는 덴마크어, 핀란드어, 프랑스어, 독일어, 그리스어, 힌디어, 이탈리아어, 노르웨이어, 폴란드어, 포르투갈어, 러시아어, 스페인어, 스웨덴어, 터키어, 웨일스어를 알아듣고 말하고 읽고 쓰고 번역할 수 있었다. 그 밖의 다른 언어를 배우는 일에도 열의를 보였다.

열아홉 살에 측정한 노엘의 지능지수는 57이었고 자발적인 말하기 능력이 거의 없었다. 학교에서 극심한 학습 장애를 겪으며 다른 아이들과 전혀 접촉하지 않았고, 학교를 그만둔 뒤에는 자폐증이 있는 사람들과 같이 거주했다. 노엘은 정식 음악교육을 받은 적이 없었고, 집에는 단 하나의 악기도 없었다. 오로지 학교의 피아노가 노엘이 접한 악기의 전부였다. 노엘은 집에서 라디오로 들은 음악을 모두 외운 뒤 학교에 가서 피아노로 연주했다. 또한 복잡한 화성으로 이뤄진 그리그의 64소절 피아노곡 〈멜로디Melody〉(작품 번호 47의 3번)를 거의 완벽하게 연주해서 측정자에게 들려줬다. 이는 노엘이 그 곡을 난생처음 들은 지 12분 후에 일어났다. 심지어 노엘은 이 작품을 또다시 듣지 않고도 24시간이 지난 후에 거의 완벽하게 연주해냈다. 노엘은 그 곡을 처음 듣고 연주한 전문 피아니스트보다 더 정확하게 연주했다. 노엘은 798개의 음표를 쳤는데, 그중 8퍼센트만 틀렸다. 반면에 비교가 된 피아니스트는 겨우 354개의 음표를 쳤으면서도 무려 80퍼센트를 잘못 연주했다.

리처드의 경우, 일곱 살에 보여준 추론 능력은 세 살 반짜리 정상아와 비슷했다. 그 뒤의 검사에서 리처드의 언어 지능지수는 47이었고 비언어 지능지수는 55였다. 어렸을 때부터 심한 신체장애에 지독한 근시였던 리처드는 장난감을 가지고 놀거나 다른 아이들과 어울릴 수가 없었다. 그에게 헌신적인 부모와 집 안에만 있었다. 그런데 네 살 때 미술에 재능을 보였다. 종이에 유성 크레용으로 그림을 그렸는데 주로 사진이나 기억에서 끌어낸 풍경이었다. 수년간 리처드는 여러 나라에서 전시회를 가졌으며 아버지와 함께 자주 그 자리에 참석했다. 그의 작품은 다양한 관람객들에게 팔렸다. 허멀린은 "어떻게 극심한 시력 손상이 있으며 정신적으로 불완전한 자폐아가 그림을 그리는 일에 그토록 열정적으로 매달릴 수 있었느냐 하는 것이 의문이다. 물론 이에 대해서는 어떤 명쾌한 답변도 없다"고 말한다.

이들 세 명의 서번트가 두드러진 사람들임은 분명하다. 평균 이하의 지능을 가졌지만 어떤 면에서 그들에게는 '재능인talented' 혹은 '영재gifted'라는 호칭이 붙어야 마땅하다. 1920년대 스탠퍼드 대학에서 고지능지수 어린아이를 연구할 때 루이스 터먼이 선발했던 대상자들처럼 말이다. 예를 들어, 이들은 심리학자인 엘렌 위너Ellen Winner가 자신의 연구서 『영재 아이들Gifted children』에서 제시하는 영재 기준에 잘 들어맞는다. 우선, 영재 아이들은 자신의 선택 영역(언어, 음악, 미술)에서 '조기 재능'을 보였고, 그 영역에서 같은 또래의 일반인들보다 훨씬 뛰어난 성취를 보였다. 둘째, 그들은 고집스럽게 자신의 길을 갔다. 어른들의 도움을 받지 않고 스스로의 방식대로 학습했다. 셋째, 그들은 '완전해지고픈 열정a rage to master'을 가졌다. 특정한 재능의 습득에 대해 격렬하고도 강박적인 동기를 갖고 있었다. 위너가 관찰한 바에 따르면 "영재, 특히 모차르트(제2부에서 다룰 아인슈타인이나 다른 여덟 명의 천재들은 여기에 해당되지 않는다. 어쩌면 샹폴리옹은 예외가 될 수도 있겠다)처럼 우리가 신동이라 부르는 극단적인 천재들은 노력형이면서도, 정상적인 아이들보다는 서번트 쪽에 훨씬 더 가깝다."

그러나 동시에 이 세 명은 인지심리학자인 우타 프리스Uta Frith가 『자폐증: 수수께끼의 설명Autism: Explaining the Enigma』에서 소개하고 있는, 미국정신병학회가 발간한 권위 있는 『진단 및 통계 매뉴얼Diagnostic and Statistical Manual』의 권고에 따라 정신장애로 규정한 자폐증의 진단 기준에도 부합한다. 나이에 따른 발달 단계 측면에서 크리스토퍼, 노엘, 리처드는 모두 다음과 같은 특이 행동을 보였다. 주고받는 사회적 상호작용의 질적인 손상, 예를 들자면 사적인 관계의 부족. 언어적·비언어적 의사소통의 양적인 손상, 예를 들자면 언어 습득의 지체나 다양하고 자발적인 흉내make-believe 놀이 경험의 결핍. 그리고 오로지 특정 재능만을 발달시키는 쪽으로만 집중된 대단히 제한된 수의 행동과 관심사.

심리학에서 자폐증(autism, 이 단어는 'self'를 뜻하는 그리스어 autos에서 왔다)은 재능이나 영재성과 마찬가지로 제대로 정의되고 있지 않다. 실제로 어떤 심리학자들은 자폐증이 다양한 양태로 표출되기 때문에 적절히 규정하기 어렵다고 한다. 서번트나 일부 노벨상 수상자들에게서도 이러한 현상이 나타나고 있다. 아인슈타인도 사적인 친교 맺기에 흥미가 없었고, 가공인물이긴 하지만 명탐정 셜록 홈스나 괴물 프랑켄슈타인 그리고 영화 〈스타 트렉〉에 나오는 우주인 미스터 스폭Spock도 이에 속한다. 따라서 지금은 단순히 '자폐증'이라 하지 않고 '자폐 스펙트럼 상태 Autism Spectrum Condition(이하 ASC)'라고 부른다. 여기에는 1943년 미국에서 리오 카너Leo Kanner가 맨 처음 정의한 '고전적' 자폐증, 독일에서 한스 아스퍼거Hans Asperger가 1944년에 명명한 아스퍼거 증후군, 아스퍼거 증후군과 유사한 고도high-functioning 자폐증, 따로 분류되지 않는 이른바 전반적 발달 장애PDD-NOS와 같은 좀 더 포괄적인 범주의 장애 등이 모두 포함된다.

　자폐증 환자 중에서 서번트가 차지하는 비율이 얼마나 되는지는 불확실하다. 믿을 만한 역학적 자료가 부재하기 때문이다. 프리스는 자폐증을 가진 사람 중에서 약 10퍼센트가 "특출한 재능을 보이고 있으며……여기에 기계적인 암기 재능이 뛰어난 경우는 포함되지 않는다"고 주장한다. 프리스와 가까운 공동 연구자 프란체스카 하페Francesca Happé는 '부모들과 보호자들을 대상으로 한 조사 결과'도 이와 일치한다고 말한다. 그러나 허멀린은 열 명 중 한 명꼴은 너무 후하게 본 것이며 1퍼센트 미만일 거라고 주장한다. "자폐 스펙트럼 장애 안에 들어 있는 200명당 한두 명 정도가 진짜 재능을 가졌다고 볼 수 있다." 확실한 건 재능을 가진 사람의 비율은 여타 발달 장애나 지적 장애(예를 들어, 주의력 결핍 과잉 행동 장애)보다 ASC 환자들 중에서 월등히 높게 나타났다는 점이다.

다이아몬드 에이스 카드를 가진 사기꾼

그 이유를 알아내기 위해 일부 학자들이 집중적인 연구와 이론화 작업에 착수했다. 평균 이하의 지능과 극히 제한된 집중 행동이 결합할 때 가장 자폐적인 사람들에게서 그런 놀라운 재능이 나타나는 이유는 무엇인가?

자폐증 환자에게 1635년경 프랑스의 조르주 드 라투르Georges de la Tour가 그린 〈다이아몬드 에이스 카드를 가진 사기꾼The Cheat with the Ace of Diamonds〉을 보여주고 그에 대한 반응을 관찰하면서 몇 가지 단서를 찾아낼 수 있었다(위의 그림). 이 그림은 프리스의 책 표지에도 나와 있고 본문에도 언급되어 있다. 정상인들은 이 작품에서 그림 안에 있는 네 사람의 심리를 읽으려 하며 그들이 처한 상황을 놓고 어떤 극적인 구성을 하려 한다. 왼쪽에 있는 남성의 등 뒤에 감춰진 카드들(다이아몬드 에이스를 포함하여)은 이 남자가 사기도박을 하고 있음을 보여준다. 중간에 앉아 있는 부인과 서 있는 하녀는 둘 다 그 남자를 곁눈질하고 있다. 관람객은 그림을 보며 이 여자들이 남자의 속임수를 눈치채고 있다고 추론하게 된다.

여기에 더해 부인은 남자에게 손짓하고 있다. 그러나 눈길을 피하고 있는 남자의 동작에서는, 자신이 사기 치는 것을 여자들이 눈치챘다는 걸 아는지 모르는지 분명하게 드러나지 않는다. 오른편의 젊은 남자는 제 앞에 돈을 놓고 앉아서 자기 카드를 조용히 들여다보고 있다. 표정으로 보건대, 젊은 남자는 속임수를 알지 못하는 것 같다. 그래서 관람객들은 카드 게임을 하고 있는 사람들의 다음 행동이 궁금해진다. 그 부인이 속임수를 들춰낼까? 아니면 사기 치는 사람과 손잡고 젊은 남성의 돈을 갈취할까? 아니면 젊은이가 제때에 속임수를 알아챌까? 프리스는 "화가는 그림을 보는 우리로 하여금 그저 몇 가지를 추정하게 할 뿐이지만, 한편으로는 모든 결과가 일어날 가능성을 열어두고 있다"고 말한다.

그다음에 프리스는 고도 자폐증을 가진 젊은 여성이 보여준 깜짝 놀랄 정도의 상반된 반응에 대해 언급한다. A. C.라는 이니셜을 쓰는 이 여성은 프리스의 책에서 그림과 이에 관한 내용을 읽고 이메일로 다음과 같은 편지를 보내왔다고 한다.

당신 책의 표지를 보면 몇 사람이 카드를 치는 그림이 있네요. 난 한 시간 정도 이 그림을 보았습니다. 화가가 사용한 물감, 매끄러운 붓의 재질 정도, 그리고 그림 수준이나 인물들이 입고 있는 의복과 섬유 재질의 재현 상태를 보면 필시 당시 경제가 대단히 발달했겠구나 하고 생각하면서 말이죠. 당연히 이 그림에서 제일 중요한 건 이런 거죠, 고도의 리얼리즘과 화가의 기술, 그다음엔 책 안의 내용을 읽었어요,

나는 뭐랄까, 대체 이게 뭐죠? '정상인'이라면 맨 처음 떠올린다는 '삼류 드라마'가 있네요, 이 사람은 속이고 저 사람은 알고 다른 사람은 모르고, 기타 등등. 돌았군요!

프리스는 이러한 아주 새로운 분석에서, 자폐 스펙트럼 장애를 가진 사람들은 정상인들이라면 자동적으로 떠올리는 타인의 정신 상태에 관한 생각을 하지 않는다는 결론을 도출한다. 프리스의 말을 빌리자면 '정신화mentalize'를 하지 않는 것이다. 실제로 자폐 스펙트럼 장애를 가진 사람들은 정상인들의 세계관을 비정상이라고 생각한다. 마치 보통 사람들이 색채로 느끼는 세상을 색맹인 사람들은 전혀 상상할 수 없는 것과 같다. 프리스는 "이런 점에서 그들은 '정신맹mind-blind'이라고 할 수 있다. 물론 우리는 정신맹이 어떤 것인지 상상하기 어렵다. 마치 자폐증을 가진 사람들이 '마음을 읽는다는 것'이 어떤 것인지 상상하기 어려운 것처럼 말이다"라고 쓰고 있다. "A. C.가 제공한 사례는 우리에게 정신맹을 완전히 부정적으로 보지 말아야 한다는 사실을 알려주고 있다. 그림을 볼 때 무엇이 더 적절한 태도인지는 아직 논쟁의 여지가 남아 있다. 삼류 드라마를 구성할 것인가, 아니면 그림의 물리적 특성에서 객관적 분석을 이끌어낼 것인가 하는." 추상미술이라면 당연히 우리 모두(자폐를 가진 사람이든 안 가진 사람이든 모두)에게 오직 두 번째 태도만을 요구할 것이다.

정신맹이 ASC의 핵심이라는 사실에 대해선 자폐증 연구가들의 합의가 이루어진 상태다. 왜냐하면 이것이야말로 자폐증 환자가 보이는 손상된, 그리고 손상되지 않은 사회적, 의사소통적 행동을 잘 설명해주기 때문이다. "그들은 사람을 마치 물건 대하듯 한다." 카너는 처음에 자폐 스펙트럼 상태를 진단하면서 이 같은 사실을 발견했다. 예를 들어, 자폐아는 바닥에 누워 있는 다른 아이를 밟는다. 누워 있는 아이를 무생물로 대하는 것이다. 자폐아에겐 '정신화'의 능력이 없기 때문이다. 그러니까 다른 아이가 자신과 같은 마음을 가지고 있다고 상상하지 못하는 것이다. 누가 "소금 좀 건네줄래?" 하면 자폐아는 글자 그대로 말로만 "예"라고 대답할 뿐, 그 질문에 내포된 의미를 이해하지 못한다.

왜 정신맹 상태가 자폐증 환자들에게 재능을 부여하는지에 대해서는 아직까지 확실하게 밝혀진 바가 없다. 다만, 2009년에 나온 조사 보고서를 통해 하페와 그 동료는 세 가지 가능성을 제기하고 있다.

"첫째, ASC를 가진 사람들은 이른바 '신경 전형성neurotypicals'의 사용, 즉 사회 안에서 일어나는 일들을 따라가고 기억하는 데 필요한 정신적 · 시간적 부담에서 자유롭다. 그만큼의 자원을 재능 개발에 돌릴 수가 있다. 만일 신경적 · 인지적 자원을 사회적 과정에서 (서번트 재능과 관계된) 다른 과정으로 돌려 사용할 수 있다면, ASC와 재능의 연관성도 설명될 것이다. 우리는 자폐 스펙트럼 장애인들에게서 사회적 관심도와 서번트 재능 사이의 역상관관계가 있음을 발견한다. 일반인들에게서도 그런 현상이 나타날 수 있다." 간단히 말해, 어떤 자폐증 환자가 외향적이지 않을수록 서번트일 가능성이 높다. 이는 주변 상황에 전혀 신경 쓰지 않는 괴짜 천재들이나 예술가들의 정형화된 사례에서도 찾아볼 수 있다. 그러나 이런 식의 상관관계를 뒷받침하는 증거는 아주 미약하고 인과관계의 증거는 아예 없다고 봐도 무방하다. 보고서의 저자들은 "비범한 재능을 가진 사람들은 친밀한 우정을 나눌 수 있는 동류들을 찾기가 더 어렵거나 재능 연마에 시간을 할애하기 위해 사교의 시간을 제한하고 있는지도 모른다"고 조심스레 말하고 있다.

"둘째, 타인의 정신 상태를 추적하는 것이 ASC 환자들에겐 어려운 일이지만, 이는 오히려 재능 개발 시에 독창성originality을 길러주는 약이된다." 확실히 아이들에게 또래로부터의 압력은 독창적 사고를 짓누르는 작용을 한다. 관습화, 정형화된 사고방식, 틀에 박힌 태도, 광고 영상 등을 통해 아이들의 창의성은 짓밟힌다. 이는 성인 및 지적 세계에서도 마찬가지다. "ASC를 가진 사람들은 다른 사람들이 무엇을 생각하느냐, 어떤 사고가 옳거나 유행한다고 여기느냐, 다른 사람들이 자신이나 자신의 작품을 어떻게 보느냐에 대해서는 아예 담을 쌓고 있다." 그러나 독창성을 보일 때조차 그들은 현존하는 사고 체계 '안에서' 앞서가는 방식으로 재능을 선보이지 않는다. 카너나 아스퍼거 둘 다 ASC에 대한 최초의 보고에서 ASC를 가진 이들의 독창성은 그저 이상하거나 뭔가 부적합한 것처럼 보일 수 있다고 말하고 있다. 카너가 진단한 자폐아 중엔 10에서 4를 빼면 얼마냐고 물었을 때, "난 육각형을 그릴 거예요"라고 말한 아이도 있었다. 또 어떤 아이는 연구를 위한 병력 기록지에 왜 모두 '존스 홉킨스 병원'이라는 단어가 쓰여 있는지 혼란스러워했다고 한다. 그 아이의 의문은 '모든 역사가 이 병원에서 다 취합되는데, 뭐 하러 종이 낱장마다 병원 이름을 박아 넣었나?' 하는 것이었다.

"셋째, 자기 자신의 정신을 의식하지 않는 정신맹은 재능 발달과 관련이 있다." 자신의 작업 방식을 지나치게 의식하는 자의식은 창조적인 작업을 방해할 수 있다. 이는 많은 예술가들이 자신들의 '창조성'에 대해 이러쿵저러쿵 이야기하지 않는 이유 중 하나다. 그렇게 하면 창조성이 자신을 버릴지도 모른다고 생각하는 것이다. 이름난 배우나 운동선수를 인터뷰하다 보면 그들 중 많은 수가 놀라울 정도로 자신에 대해 밝히지 않고 있다. 단지, 비밀을 털어놓고 싶지 않아서가 아니다. 그들은 자신들의 재능에 대해 반성적으로 생각하기를 거부하는 것이다. "자폐증을 가진 사람들이 어떤 면에서 덜 자의식적이라면, 이는 암묵적 학습implicit learning을 통해 최고에 달할 수 있는 재능의 소유자에겐 분명 유리한 점이 될 것이다. 흥미로운 것은, 암묵적 학습 성취도는 명시적 학습explicit learning과 달리 지능지수와 무관하며 지적 장애가 있는 사람들에게서도 전혀 손상되지 않은 모습으로 나타난다는 점이다."

정신맹 외에 자폐증이 재능의 성향을 만들어내는 이유를 놓고 널리 거론되는 두 가지 다른 이론이 있다. 그중 하나가 자폐증이 있는 사람들의 실행 기능 장애executive dysfunction다. 이는 전체를 통제하는 능력의 부재를 말하는데, 이로 인해 그들에게는 상식적 감각의 결핍이 일어나고, 역설적으로 서번트에게 전형적으로 나타나는 제한된 영역의 재능 발현이 가능해진다. 또 다른 이론은, 자폐증 환자들은 그림 전체, 즉 형태 gestalt를 보기보다 세부적인 것에 집중해서 정보를 처리하는 방식을 선호한다는 것이다. 숲이 아닌 나무에서 시작해 그들은 더 큰 그림을 그려나간다. 이는 마치 바탕 그림을 보지 않고 조각 그림 맞추기를 해나가는 격이다. "일반 사회에서 디테일을 잘 들여다보는 정밀한 눈은 크게 유리한 점이 없다." 자폐증 연구가인 사이먼 배런코언Simon Baron-Cohen의 말이다. "그러나 수학, 컴퓨터, 분류 작업, 음악, 언어학, 공학, 과학 등의 세계에서는 디테일에 강한 눈이 실패보다는 성공을 가져다줄 가능성이 높다." 실리콘밸리의 성공은 '괴짜geekish' 소프트웨어 개발자들의 디테일 선호 성격에 힘입은 바 크다.

실행 장애는 치매에서 그 극단적인 모습을 찾아볼 수 있다. 사람들은 집중력을 상실하고 산만해져서 의사 결정을 할 수 없게 된다. 급기야는 자신을 돌아보는 능력을 잃는다. 이 증상은 다른 많은 임상적 장애, 이를테면 주의력 결핍 과잉 행동 장애와 더불어 발생하기도 하는데, 자폐증 환자에게서는 실제 생활이나 검사상의 결과에서 모두 분명하게 나타난다. 손뼉을 반복해서 치거나 남의 말 흉내를 계속하는 등 같은 말이나 행동을 반복하고, 장래 계획을 수립하는 데 어려움을 겪으며, 습관에 변화를 주는 일이나 낯선 자극에 적절한 반응을 보이는 일을 힘들어 한다. 가장 대중적인 예가 일상의 세계와 동떨어져 살아가는 '정신 나간 교수'에 관한 이야기인데, 그 교수는 항상 자신의 뒤치다꺼리를 해줄 조력자가 필요하다. 실행 기능 장애가 어떻게 ASC 환자들의 재능을 키워주는지, 그리고 왜 다른 장애가 있는 사람들은 그런 재능이 없는지에 대해선 아직 정확히 알려진 게 없다. 비록 앨런 스나이더Allen Snyder 같은 신경과학자가 전두엽 기능 위축과 관련한 신경학적 메커니즘을 밝혀내기도 했지만, 이들에 대한 충분하고 믿을 만한 연구가 부족하기 때문이다.

이와 대조적으로 재능을 가진 자폐증 환자들의 디테일 집중 현상에 대해서는 다수의 증거가 이를 뒷받침하고 있다. 대표적인 사례가 라투르의 그림 〈다이아몬드 에이스 카드를 가진 사기꾼〉을 보면서 의미를 파악하기보다는 그림 표면의 디테일과 페인팅 기법에 온 정신이 팔린 자폐증 환자 A. C.의 경우다. 서번트 화가인 스티븐 윌트셔Stephen Wiltshire의 작품 또한 그렇다. 어렸을 때 윌트셔는 폭발 현장에 흩어져 있던 파편들의 위치를 기억해서 세인트폴 대성당 같은 유명한 건축물의 구조나 장식을 묘사하듯 정확하고 거침없이 그대로 그렸다. 신경학자 올리버 색스Oliver Sacks는 서번트 증후군에 관한 훌륭한 사례 연구서인 『불가사의한 사람들Prodigies』에서 "서번트 기억의 특징은 그런 것이다. (시각, 음악, 어휘 등 어떤 영역에서든 간에) 특정한 것들에 대해 무시무시할 정도의 기억력을 발휘한다. 큰 것과 작은 것, 사소한 것과 중요한 것이 무차별적으로 섞여 있으며 이에 대한 구별, 즉 전경에 놓일 것과 배경에 놓일 것을 나누는 감각은 부재하다"고 말하고 있다.

디테일에 주의를 기울이는 것에 관한 가장 강력한 증거들은 절대음감을 가진 아이들을 대상으로 한 연구들에서 찾아볼 수 있다. 예컨대, 허멀린은 영재 자폐아 학교에서 열 명을 뽑아 정상적인 아이들 열 명과 비교했다. 양쪽 그룹의 누구도 계명을 알지 못하는 상태였다. 각각의 음표엔 이에 상응하는 동물 그림으로 짝을 만들었다. 동물의 이름이 곧 음표 이름이 됐다. 두 그룹의 아이들에게 먼저 동물 음표 이름을 기억하도록 한 다음, 몇 분 후에 새로운 음표를 보이고 이름을 맞혀보라고 했다. 일주일 후에 다시 검사를 했는데, 이번에는 사전 기억 과정이 없었다. 자폐아들이 비교 그룹에 속한 정상아들보다 확실히 많은 음표의 이름을 알아맞혔다. 비교 그룹의 아이들이 이름을 기억하고 나서 2분 30초 뒤에 맞힌 것보다 자폐아들이 7일 후에 맞힌 음표 수가 더 많았다.

추가 실험에서 좀 더 많은 것을 시사하는 결과가 나왔다. 여기선 양쪽 아이들에게 화음을 이루고 있는 낱낱의 음표를 가려내라는 주문이 주어졌다. 허멀린은 그 과정을 이렇게 기술하고 있다.

이번엔 아이들에게 네 장의 서로 다른 동물 그림을 보여주고 나서 각각의 동물은 그 동물이 좋아하는 음표를 나타낸다고 일러주었다. 그다음 이 네 음표에 해당하는 소리를 들려주고 아이들에게 "이건 낙타가 제일 좋아하는 음표란다" 하는 식으로 말했다. 음표/동물 짝의 소리를 들려주는 이 과정을 몇 차례 반복한 다음, 들려주었던 음표 네 개 중에서 세 개만 가지고 만든 화음을 연주했다. 이 과정을 진행하기 전에 아이들에게 "너희들은 이제 네 마리의 동물 중에서 세 마리가 다

같이 내는 소리를 듣게 될 거야. 그러니까 그중 한 마리가 좋아하는 음 표는 빠지게 되는 거지. 어떤 동물의 음표가 빠졌는지 말해주겠니?" 이것은 어려운 과제였다. 아이들은 화음을 구성하는 세 개의 음표를 알아맞히고 거기에 들어가지 않은 나머지 하나까지 골라내야 했기 때 문이다. 그럼에도 불구하고 자폐아들은 그저 대충 요행수로 맞힌 정 상아보다 정확한 대답을 했다. 통계학적으로 유의미한 차이를 보였던 것이다.

앞서 말한 음악 서번트 노엘이 엄청난 화음 해체 능력을 발휘하여 라 디오에서 한 번만 듣고도 그리그의 〈멜로디〉 화음을 이루는 음표들을 아 주 정확히 연주해낸 것도 이와 유사한 경우다.

그럼에도 음악 서번트들의 능력은 음악 천재의 기억력에 필적하지 못 한다. 모차르트의 경탄할 만한 기억력을 둘러싼 일화는 수없이 많다. 그 중 가장 유명한 것이 1770년 로마에서 일어난 사건이다. 그 당시 모차르 트와 그의 아버지는 시스티나 교회를 찾아가던 중이었다. 성주간(Holy Week, 부활절 전의 일주일―옮긴이)에 전통적인 방식으로 연주되는 〈미제 레레Miserere〉를 듣기 위해서였다. 그런데 그레고리오 알레그리Gregorio Allegri가 쓴 이 후기 르네상스 악보는 바티칸 음악가들이 대외비로 봉하고 있었다. 이를 공개하면 파문당하기 때문이었다. 그러나 모차르트의 헌신 적인 누이 나네를의 말에 따르면, 열네 살의 모차르트는 그것을 듣고 외운 다음 하룻밤 사이에 악보로 옮겼다고 한다. 그리고 다음 날 모자 안에 악보 를 숨겨 가지고 교회로 가서 실제 연주와 대조했다. 악보는 완벽했다.

숫자에 관해서라면 서번트들의 계산 능력이 위대한 수학자들과 맞먹 거나 오히려 그들을 능가한다. 문헌에도 기록이 남아 있는 '번개 계산기'

들에는 토머스 풀러Thomas Fuller, 제데디아 벅스턴Jedediah Buxton, 제라 콜번Zerah Colburn, 요한 마르틴 차하리아스 다제Johann Martin Zacharias Dase, 앙리 몽되Henry Mondeux, 비토 만지아멜레Vito Mangiamele, 자크 이노디Jacques Inaudi, 페리클레스 디아몬디Pericles Diamondi 그리고 인도인이자 몇 안 되는 여성 중 하나인 샤쿤탈라 데비Shakuntala Devi 등이 있었다. 대부분 가난한 집안 출신이었으며 자폐증이 있었을 가능성이 높다. 풀러는 18세기 버지니아 주에 살던 노예였으며, 벅스턴은 단순 무식한 노동자였고, 콜번은 목수 아들이었는데 1810년에 아버지가 콜번의 계산 재능을 발견했다. 다섯 살 먹은 아들이 가족 소유 목공소의 대팻밥 더미 속에서 놀며 곱셈하는 걸 우연히 들었던 것이다. 미첼F. D. Mitchell의 조사에 따르면 "수학적 계산 능력은…… 일반 교육 유무와는 무관하며, 수학 신동은 문맹이거나 심지어 상당한 저능아인 경우도 있었다. 물론 다른 분야에서도 신동 소리를 들었거나 확실한 천재였을 가능성도 없진 않다." '번개 계산기'들의 계산 방식은 모두 달랐지만, 크게 봐서 두 그룹으로 분류되었다. 그들이 재능을 보인 연령에 따라, 그게 정식 산수를 배우기 전이냐 후냐에 따라, 그리고 그들이 수를 어떤 식으로 떠올리느냐에 따라 이른바 초기/청각과 후기/시각으로 나뉜다. 피츠제럴드와 제임스는 『수학자의 마음』에서 "청각적으로 계산하는 사람들은 계산할 때 머릿속에서 숫자를 '들으며', 그들의 계산 방식에는 말소리나 과장된 동작이 따른다"고 쓰고 있다. "이와는 달리, 시각적으로 계산하는 사람들은 머릿속에서 숫자를 '보며', 계산할 때 상대적으로 조용하다"고 했다.

아스퍼거 증후군을 앓고 있는 서번트 대니얼 타멧은 후자 그룹에 속하는데, 번개 계산가 중에서도 대단히 중요한 생존 인물이다. 2004년, 옥스퍼드 과학사 박물관에서 타멧은 소수점 이하 2만 2514자리의 파이

π 값을 5시간 9분 24초 만에 계산해냄으로써 영국과 유럽 신기록을 세웠다. 이를 통해 어렸을 때 간질을 앓았던 타멧은 국립간질학회를 위한 기금을 마련하기도 했다. 또한 타멧은 놀라운 속도로 엄청난 자릿수의 곱셈과 나눗셈을 암산으로 할 수 있었다. 뿐만 아니라 누가 가르쳐주지 않아도 몇 주 만에 언어들을 습득하는 능력이 있었으며, 자신이 맨티Mänti라고 명명한 언어를 창안하기도 했다. 2005년에는 아이슬란드의 수도 레이캬비크의 텔레비전 생방송에 출연해서 거의 25분 동안 두 명의 연사와 아이슬란드어로 대담을 나누었다. 타멧은 아이슬란드어를 겨우 일주일 공부한 상태였다. 아이슬란드어 외에도 타멧은 프랑스어, 핀란드어, 독일어, 스페인어, 리투아니아어, 루마니아어, 웨일스어, 에스토니아어, 그리고 에스페란토를 구사할 수 있었다.

그러나 타멧의 일화 중에서 가장 중요한 부분은 그의 명료한 의사 표현 능력에 있다. 대다수의 서번트들은 자신들이 가지고 있는 재능을 설명할 수가 없다. ASC 상태에서는 필요한 의사소통 능력이 결핍되어 있거나 그들이 의사소통 자체를 이해하지 못하기 때문일 수도 있고, 둘 다일 수도 있다(콜번은 어린 시절 질문을 받으면 "울음을 터뜨리며, 침울해지곤 했다"). 그러나 타멧은 자신의 상태에 흥미를 보이는 신경과학자나 심리학자들과 가깝게 지내며 연구 작업을 진행했는데, 수십 차례 언론 인터뷰를 했고 이를 책으로 펴냈다. '아스퍼거 증후군에 걸린 한 비범한 정신의 회고'라는 부제가 달린 『본 온 어 블루 데이』가 바로 그 책이다. 서문을 쓴 사람은 정신과 의사인 대럴드 트레퍼트Darold Treffert로 40년 동안 서번트들을 연구한 사람이다(트레퍼트의 연구 대상들 중 단 100명의 생존 인물들이 신동에 속한다고 말한다). 서문에서 트레퍼트는 이렇게 쓰고 있다. "서번트 증후군을 1인칭으로 기술하는 일은 드물다. 실제로는 거의 없다고 봐야 한다. …… 독특하게도 대니얼은 자기 자신의 정신 능력에 관해 예외적으로 통찰력 넘치는 보고를 하고 있다."

이 책을 여는 놀라운 문장에서 우리는 타멧이 수와 말에 대한 자신의 엄청난 능력을 어떻게 다루는지 그 힌트를 얻을 수 있다. "나는 1979년 1월 31일에 태어났다. 수요일이었다. 나는 그게 수요일임을 알고 있다. 왜냐하면 그날은 내 마음속에서 파랬기 때문이다. 수요일은 언제나 파랗다. 숫자 9나 큰 목소리로 주장하는 소리도 파랗다." 이런 공감각 synaesthesia은 단어나 상징, 소리를 '보는' 것 말고도 다양한 형태로 나타난다. 예를 들면, 어떤 공감각 능력자들은 냄새를 들으며, 소리를 맛보고, 이미지를 들을 수 있다. 이 신경학적인 현상은 19세기에 골턴이 처음 알아냈는데, 그 뒤 줄곧 무시되다가 오늘날 과학자들의 주목을 다시 받고 있다. 『본 온 어 블루 데이』의 제2서문은 배런코언이 썼다. 여기서 배런코언은 타멧의 자폐증이 공감각 능력과 결합하여 수학과 언어에 동시 재능을 보이는 아주 드문 경우를 만들어냈다고 언급하고 있다. "(만일) 자폐증과 공감각이 별개의 것이라고 가정한다면, 누가 양자를 다 가지고 있을 가능성은 무에 가깝다." 배런코언은 타멧이 공감각을 보유하고 있음으로 해서 "결이 풍부하고 다감각적인 기억 능력을 갖추게 됐고, 자폐증으로 인해 숫자와 통사론적 패턴이라는 좁은 영역에 집중할 수 있는 재능을 가지게 됐다"고 생각한다.

타멧은 자신과 숫자의 관계를 일반인이 언어와 맺고 있는 관계에 비유한다. 우리는 말(단어)을 분리된 낱낱의 세목으로 생각하지 않고 단어들의 상호 연계망에 속한 어떤 것으로 본다. 타멧은 "누가 내게 숫자를 제시하면 나는 그것을 즉각 형상화하고, 그것이 다른 숫자들과 어떻게 관계 맺고 있는지를 시각적으로 떠올린다"고 말한다. 숫자의 특정한 색과 질감은 타멧이 번개 같은 속도로 숫자를 기억하고 다루는 데 대단히 중요하다. 타멧은 한 가지 예를 든다. "내게 완전히 꺼칠꺼칠한 숫자는 37이다. 마치 귀리죽 같다. 매우 예쁜 숫자인 111은 3 곱하기 37이기 때문에 거칠게 다가온다. 그러나 둥글기도 하다. 이 숫자는 37의 속성과 3의 둥근 속성을 모두 가지고 있다." 타멧은 대체적으로 "두 숫자를 곱할 때 난 두 개의 형상을 봅니다. 그것들이 바뀌고 변모해갑니다. 그다음에는 제3의 형상이 나타납니다. 그게 답이죠. 머릿속의 형상. 생각하지 않고도 풀 수 있는 수학은 그런 겁니다"라고 말한다.

이 유동 과정은 앞 장에서 수학자 푸앵카레가 묘사한 바 있는 무의식과 의식의 창조적인 협력 과정을 생각나게 한다. 푸앵카레도 공감각 능력을 가지고 있었다는 점에서 비슷한데, 그의 경우에는 알파벳을 색채로 인식했다. 대부분의 자폐증 서번트들과 달리, 타멧은 자신만의 언어를 고안해낼 정도로 '창조적'이었다. 이는 그가 공감각 능력을 가졌기 때문이기도 하다. 크레티엔 반 캄펜Cretien Van Campen이나 리처드 사이토윅Richard Cytowic, 라마찬드란V. S. Ramachandran 같은 공감각 연구자들은 공감각 능력과 창조성 간의 연결이 가능하다고 보았다. 물론 그에 대한 측정은 매우 까다로워서 이를 증명하려면 좀 더 시간이 걸릴 것이다. 한 연구에 따르면, 공감각 능력은 일반인들보다 창조적인 사람들에게서 일곱 배 정도 더 많이 나타난다고 한다. 그러나 네덜란드의 한 미술학교에 다니는 학생 223명을 대상으로 캄펜과 한 미술 교사가 진행한 연구에서, 공감각 능력 지수는 0에서 100까지 고른 분포를 보였다. 캄펜은 『숨어 있는 감각: 예술과 과학의 공감각The Hidden Sense: Synaesthesia in Art and Science』에서 "'공감각 능력을 가졌습니까? 안 가졌습니까?'라는 질문은 '당신의 공감각 능력은 얼마나 강합니까?'로 바뀌어야 한다"고 결론을 내렸다.

창조적인 인물들에게서 나타나는 증거들은 확실히 흥미롭다. 물리학자 파인먼, 작곡가 메시앙, 화가 고흐, 작가 나보코프는 서론에서도 언급했다시피 모두 공감각의 소유자로 알려졌다. 캄펜도 그렇고, 사이토윅도 『모양을 맛본 사람 *The Man Who Tasted Shapes*』에서 비범하게 창조적인 몇몇 인물들에게 공감각이 있음을 지적한다.

파인먼은 물리학 강의를 하면서 방정식을 색채로 본다고 말했다. "지금 말하는 것처럼 나는 얀케와 엠데의 책에 있는 베셀 함수를 어렴풋한 그림으로 봅니다. 연한 황갈색의 j, 보랏빛이 살짝 들어간 청색의 n, 암갈색의 x가 여기저기 날아다니죠. 난 이런 것들이 학생들에게는 대체 어떻게 보이는지 무척 궁금합니다." 메시앙은 음악을 색채와 형태로 보고 들었다. 암청색의 장식 깃털을 가진 새 한 마리가 미국 브라이스 협곡에 있는 붉은색, 오렌지색, 보라색의 환상적인 바위 사이를 날아다니는 것에 영감을 받은 메시앙은 〈협곡에서 별들까지 *From the Canyons to the Stars*〉라는 작품이 연주되기 전에 다음과 같은 지침을 연주자들에게 내렸다. "목관과 금관 악기는 붉은색과 오렌지색 바위의 장중한 주제를, '축약된 화음들의 울림'(붉은색과 오렌지색), 제3선법 1(mode three 1, 메시앙은 자신만의 음 조직 체계를 만들었는데, 기존 서양 고전음악에서 쓰는 장단 음계와 다른 교회 선법이나 동양 선법에서 영향을 받았다—옮긴이)(오렌지색과 황금색), '조옮김된 자리바꿈 화음'(노란색, 엷은 자주색, 붉은색, 흰색, 검은색)은 바위들이 갖고 있는 각각의 색채를 전달해야 한다. 고흐도 음악과 관련된 경험을 겪었다. 1885년, 고흐는 색채의 미묘한 차이에 익숙해지기 위해 피아노 수업을 들은 바 있다. 하지만 나이 먹은 음악 선생은 고흐가 피아노 음들을 프러시안 청색, 암녹색, 짙은 황토색, 카드뮴 노란색을 비롯해 여러 색깔에 비유하는 걸 보고 미친 사람 취급했다. 고흐는 화가였지만 연필로 그림 그리는 일이 활을 들고 바이올린을 켜는 일과 같다고 생각했다. 나보코프는 『말하라 기억이여*Speak Memory*』이라는 자서전에서 공감각에 대해 이렇게 말하고 있다.

공감각 능력자가 하는 말을 들으면 일반 사람들은 지루해하면서 환각으로 생각하는데, 그건 사람들이 나를 막고 있는 것보다 더 견고한 벽에 둘러싸여 그런 감각을 느낄 수 없기 때문이다. 그러나 내 어머니에게 이건 매우 자연스러운 현상이었다. 그때는 내가 일곱 살 되던 해의 어느 날이었다. 나는 알파벳 모양 장난감 블록으로 탑을 쌓고 있었다. 나는 무심결에 어머니에게 이 알파벳들의 색깔이 다 틀렸다고 말했다. 어머니와 나는 그때 알았다. 우리가 어떤 글자를 같은 색으로 보고 있었다는 것을. 게다가 어머니는 음표도 색으로 느끼고 계셨다. 이런 것들이 나에게는 전혀 색채 환각으로 느껴지지 않았다.

이런 종류의 개인적인 체험들과 다양한 종류의 연구 조사, 실험실의 심리 검사, 공감각 능력자와 비능력자의 뇌 스캔 결과들이 결합하여 공감각의 유발 원인을 둘러싼, 상충되는 다수의 주장과 이론을 만들어내고 있다. 그러나 이 분야는 아직까지 자폐증 영역만큼 연구가 진전되지 않았다. 실제로 심리학자들은 기본적인 문제에서부터 견해가 양분되어 있는 상태다. 공감각을 정상적인 뇌 기능으로 볼 것이냐, 비정상적으로 볼 것이냐 하는 문제. 그럼에도 불구하고 자폐증과 공감각 능력은 대단히 복잡하고 상호 영향을 주는 방식으로 서번트 증후군, 재능, 창조성, 더 나아가 천재성과 관련되어 있음이 분명하다.

광인, 연인
그리고 시인

[셰익스피어는] 테세우스를 통해 미치광이의 광기와 시인의 창조성은 심리적으로
공통의 기반 위에 있음을 역설한다. 사람들을 광기에 이르게 하는 유전자가,
한편으로 창조성을 증가시키는 등의 긍정적인 속성을 가지고 있다면,
거기엔 분명 이런 유전자를 유전자 풀에 계속 남아 있도록 하는 어떤 힘이 있을 것이다.
광기는 우리 종족 안에서 언제나 존재해왔다. 그것은 그 자체로 보면 썩 도움이 되는 건
아닐지라도, 다른 쪽에서 보면 대단히 유익한 특질인 창조성과 긴밀히 연계되어 있기 때문이다.
  ─대니얼 네틀, 『강력한 상상력: 광기, 창조성, 그리고 인간 본성Strong Imagination: Madness,
  Creativity and Human Nature』, 2001

수 세기 전, 자신이 쓴 위대한 희극 『한여름 밤의 꿈』에서 셰익스피어는
앞서 말한 대로 정신 질환, 정열, 예술적 창조성에는 공통점이 있음을 설
파했다. "광인, 연인, 시인 / 이 모두는 상상력 속에 뭉뚱그려지나니"라
고 테세우스 왕은 말한다. "누군가는 저 광대한 지옥이 품고 있는 것보
다 더 많은 악을 보나니 / 그가 광인이로다. 연인은 모두 제정신이 아니
니, / 이집트의 이마(검은 피부를 의미하는 것으로 엘리자베스 시대에는 추함
의 상징이었다. 당시 집시들은 추하다고 여겼는데, 이들이 바로 이집트에서 왔
다고 믿었기 때문이다─옮긴이)에서도 헬레네의 아름다움을 보는구나. /
시인의 눈은 미친 듯 돌아가며, / 속세에서 천국을, 천국에서 속세를 바
라보노라." 그리고 테세우스는 "이 의아한 일들 뒤에는 강력한 상상력이
있다……"라고 결론짓는다.

이런 생각은 수 세기 동안 계속해서 반복 등장했고, 그 결과 현재 우리의 상상력에 강한 영향을 주게 됐다. 누군가 아리스토텔레스에게 "왜 철학과 시와 예술에 뛰어난 자들은 모두 우울한 것입니까?"라고 물었다. 그 예로, 그 사람은 호머와 소포클레스의 작품 그리고 고대 신화에 등장하는 아이아스Aeas, 벨레로폰Bellerophon 같은 인물들과 엠페도클레스(전하는 말에 따르면, 그는 신의 반열에 오르기 위해 에트나 산의 분화구에 몸을 던졌다고 한다), 플라톤, 소크라테스와 같은 역사 속에 실재했던 인물들을 거론했다. 19세기 낭만주의 운동 시대를 살았던 바이런 경, 슈만, 고흐의 자기 파괴적인 삶과 예술은 광기와 천재성 사이의 연관성을 그대로 보여준다. 20세기 세 명의 주요 미국 예술가들, 어니스트 헤밍웨이Ernest Hemingway, 실비어 플래스Sylvia Plath, 잭슨 폴록Jackson Pollock 등은 우울증 때문에 스스로의 생을 접었고, 영국에선 버지니아 울프가 그랬다.

과학자 그룹은 비교적 정신 질환을 덜 앓았다. 그러나 1990년대에 정신과 의사인 펠릭스 포스트Felix Post가 291명의 비범하게 창조적인 인물들의 전기를 근거로 행한 조사 결과를 보면, 현대적인 진단 기준으로 봤을 때 아인슈타인과 패러데이는 '가벼운' 정신병을 앓았다고 할 수 있다. 다윈과 파스퇴르는 '두드러진' 정신병이 있었고, 보어와 골턴의 정신병은 '심각한' 것으로 판단된다. 그 밖에 많은 유명 과학자들이 비슷한 정도의 정신병을 가지고 있었다. 예를 들어 다윈은 수십 년간 정체 모를 질병에 시달렸는데, 이는 자신의 자연선택 이론이 사람들에게 받아들여지지 않을지도 모른다는 불안감 때문이었다.

이 인물들에 얽힌 극적인 이야기들은 정신 질환과 창조성에 대한 전반적인 관점을 바꿔놓는 요인이 됐으며, 사람들은 정신적 불안정성이야말로 비범한 천재성의 필수 조건처럼 생각하게 됐다. 이는 빼어나게 창조적인 업적들을 자신과는 무관한 것으로 보고 싶은 평균적인 인간들의 욕망이 만들어낸 생각이라고 할 수 있다. 그러나 똑같이 비범한 창조성을 보인 예술가나 과학자 중에서 정신병적 징후가 없는 사례들도 어렵지 않게 찾을 수 있다. 제2부에서 언급될 열 명의 인물 중 다섯 명, 즉 샹폴리옹, 퀴리, 다윈, 아인슈타인 그리고 당연히 울프는 정신병적 증상을 보이고 있다. 하지만 나머지 다섯 명, 즉 브레송, 다빈치, 모차르트, 레이, 렌에게서는 정신병적 증상을 찾아볼 수 없다(모차르트가 보여주었던 우울증적 태도는 재정적 어려움과 신체적 질병에 따른 근심 때문이었다).

정신병 의사들은 과거든 현재든 뛰어나게 창조적인 사람들 중 의미 있는 다수를 대상으로 한 정신 건강 조사를 통해서만 셰익스피어의 직관이 맞았는지 틀렸는지를 검증할 수 있다. 따라서 우리는 예술적 창조성의 세 가지 다른 유형을 세 개의 다른 시대에서 추출해 검사할 것이다. 15~16세기 이탈리아 르네상스 시대의 예술가들, 18~19세기 영국 낭만주의 시대의 시인들, 그리고 20세기 후반부의 미국 작가들을 말이다.

르네상스는 인류의 역사에서 창조성이 가장 융성하게 꽃피었던 대표적인 시기 중 하나다. 그런데 이 시기는 뒤의 낭만주의 시기와 비교해볼 때 정신병 징후에 관한 한 넘친다기보다 부족한 듯 보인다. 르네상스 시대를 이끌었던 예술가들, 즉 산드로 보티첼리Sandro Botticelli, 필리포 브루넬레스코Filippo Brunellesco, 레오나르도 다빈치, 라파엘로Raffaello, 티치아노는 의심할 나위 없이 강한 정신의 소유자로 보인다. 그들이 스스로를 고립되고 고통당하는, 그래서 자기 파괴로 나아가는 천재들로 보았다는 증거는 없다. 미켈란젤로 정도를 예외로 볼 수 있으며, 그 외에는 비중이 적은 화가였던 피오렌티노 로소Fiorentino Rosso가 유일한 예외였다. 로소는 자살한 것으로 전해졌으나 이마저도 나중에는 사실이 아니었음이 드러났다.

심리학자 앤드루 스텝토(모차르트가 쓴 이탈리아 오페라에 대한 통찰력 있는 연구로 유명하다)는 가능한 한 폭넓게 르네상스 시대 예술가들의 성격 조사에 들어갔다. 이 시대에 나온 최초의 예술사 책인 화가 조르조 바사리의 『가장 탁월한 화가, 조각가, 건축가 열전Lives of the Most Excellent Painters, Sculptors, and Architects』에 소개된 전기들을 분석한 것이다. 스텝토는 16세기 중반 이탈리아어로 첫 출간된 이 책이 "우리로 하여금 바사리가 당대와 그 직전까지 가장 위대한 예술가들에게서 찾아낸 특질에 대해 생각하도록 한다"고 썼다. "바사리는 가장 창조적인 인물들이 정신적으로 혼란스럽고 우울하며 자유분방하다고 봤을까? 아니면 다른 관점에서 바라봤을까? 이러한 의문을 풀기 위해서는 바사리의 책 내용을 통계학적으로 다룰 필요가 있다. 정신적인 약점과 특이점을 기술하고 있는 선택적인 인용구만을 취하는 것은 너무 안이한 태도다."

바사리의 책은 총 3부로 나뉘어 있다. 전기, 중기 그리고 바사리가 살았던 당시의 예술가들을 다룬다. 제1부는 약 1400년대까지를 다루는데, 이 내용은 신뢰할 만한 것이 아니라는 게 일반적인 평가다. 바사리는 자신의 시대보다 200~300년 앞선 시대의 인물들을 쓰면서 제대로 자료를 구할 수 없었다. 바사리가 참고한 것들은 그 이전의 저자들이 쓴 책에서 빌려온 것들이나 빤한 설화들, 이를테면 조토가 거미를 너무나 사실적으로 그린 나머지 그 주인이 진짜로 착각하고 그림 속의 거미를 손으로 쳐내려 했다는 이야기 등이다. 이런 종류의 이야기들은 다른 화가들의 전기, 특히 중국 화가들의 일화에서 종종 등장한다. 그래서 스텝토는 바사리의 책에서 제1부를 배제하고 자신의 연구 범위를 제2부와 제3부로 국한시켰다. 여기엔 123명의 예술가들이 등장한다. 화가 83명, 조각가 38

명 그리고 건축가가 22명으로 르네상스 시대의 가장 유명한 인물들도 포함되어 있다(많은 예술가들이 한 가지 이상의 재능을 보여주고 있다).

한편, 바사리 자신의 신뢰도에도 문제가 있다. 오래전부터 학자들은 바사리가 사실관계를 다루면서 많은 착오를 저질렀다는 것을 알고 있었다. 바사리는 피오렌티노 로소가 자살했다거나 다빈치가 〈최후의 만찬〉에서 예수의 머리를 미완으로 남겨두었다는 식의 잘못된 주장을 했다. 이런 실수들은 예술가들의 특질 연구 자체보다 바사리의 관점을 더 문제시하도록 만든다. 어쨌든 바사리는 참고 자료를 자의적으로 선택하고 윤색해서 자신의 핵심 주장, 즉 예술가들은 전문가들이고 단순한 기능공이 아니기 때문에 법률가나 성직자, 의학자들이 받는 정도의 존경을 받아야 할 합당한 이유가 있다는 주장을 지지하는 그림을 만들어내려고 했다. 바사리가 그렇게 했다는 증거가 몇 가지 있다. 한편, 바사리의 책에 언급된 숱한 기벽과 비상식적 기질들은 그가 예술가들의 전기를 피상적으로 취한 결과라고 볼 수 있다. 심지어 바사리 자신이 가장 좋아했던 예술가들에게도 "다른 예술가들에게 그런 것처럼 자만심이나 유약함 같은 부정적 기질을 고의로 덧칠했을 가능성이 아주 높다". 또 중요한 사실 하나는 바사리의 동시대인들이 그 전기들을 회의적으로 보지 않고 진지하게 받아들였다는 점이다. 그들은 물론 바사리가 자신의 책에서 기술한 예술가들에 대해 정통한 사람들이었다.

스텝토는 서로 다른 42가지 성격들의 전거가 되는 예술가들의 전기를 샅샅이 훑었다. 그 42가지에는 정직성이나 자부심 같은 일반적인 특질은 물론, 우울 성향이나 기벽처럼 '예술가적 기질'의 중요한 부분을 형성한다고 생각되는 기질 등이 모두 포함되어 있다. 그러나 확보된 자료만으로 자신이 제기한 문제의 답을 구할 수 없었던 스텝토는 종국적으로 아래와 같이 좀 더 범위가 넓은 범주들로 성격들을 통합, 분류했다.

ⓐ 고등 능력: 비범한 재능, 천부적 능력, 창의성, 천재성, 탁월성, 독
   창성과 관련 있는 것.

ⓑ 학구적 자질: 예술에 대한 깊이 있는 지식, 다른 예술가들, 다른
   천성, 고전 학습과 관련된 것.

ⓒ 노력: 예술가들의 비상한 노력에 대한 언급.

ⓓ 비판적 평가: 예술가들에 대한 부정적 언급. 이를테면 창의성 부
   족이나 학습에만 의지하는 태도를 지적한 사례.

ⓔ 사교성: 예술가의 사회 적응 능력, 매력, 공동체 중시, 유쾌함에
   대한 묘사.

ⓕ 예의 바름: 존경받을 만하고, 의무감이 있으며 관대하고 타인에
   대해 친절함.

ⓖ 세련됨: 예술가의 교양, 우아함, 교양인 집단에 얼마나 잘 어울리
   는가에 관한 언급.

ⓗ 절제: 절제 있고 과도하지 않은 습관.

ⓘ 탈속: 마음 비움, 물질적인 것에 대해 초연하고 고결한 태도.

ⓙ 우울 성향: 우울, 비관, 은둔, 그리고 사회로부터 도피와 관련된
   것.

ⓚ 특이 성격: 기벽, 기행, 종잡을 수 없는 행동.

ⓛ 무가치: 다양한 모습으로 나타나는 바람직하지 않은 특질들. 예
   를 들면 방탕, 악행, 시기, 유약함 따위.

ⓜ 자만심: 타인에게 보이는 예술가적 질시, 자만심.

르네상스 예술가들에게 가장 흔한 특질은 학구적 자질이었다. 123명의 예술가들 중에서 48명(39퍼센트)에게서 이러한 자질이 발견되었다. 그다음 특질은 예의 바름(31퍼센트)이었다. 우울 성향이나 특이 성격은 대체로 적었다. 세련됨과 탈속성도 쉽게 보이지 않는 특질이다. 스텝토는 "우울증 기질이나 현대적인 개념의 과민하고 소외된 기질은 별로 찾아볼 수 없었다"고 썼다. 그런데 이런 것들이 진정 위대한 소수 엘리트 예술가들의 특징이지만 바사리가 다룬 화가, 조각가, 건축가 그룹에서만 두드러지지 않았던 게 아닐까? 그렇지 않다. 스텝토는 이들 (흔한 특성을 공유한) 예술가 그룹을 따로 떼어내 재분석을 시도했는데, 초기 패턴이 더욱 분명해졌다. 이들 엘리트 그룹 예술가들은 대다수 예술가들보다 좀 더 학구적이고 예의 발랐으며 사교적이고 행동거지에서도 절제가 있었다. 우울 성향이나 기벽은 덜했다. 그리고 스텝토는 11명을 다시 추려내어 분석을 거듭했다. 그 대상자는 마사초Masaccio, 브루넬레스코, 도나텔로Donatello, 다빈치, 라파엘로, 안드레아 델 사르토Andrea del Sarto, 피오렌티노 로소, 줄리오 로마노Giulio Romano, 페리노 델 바가Perino del Vaga, 프란체스코 살비아티Francesco Salviati, 미켈란젤로인데 여기서는 그 패턴이 더욱 뚜렷해졌다. 르네상스 시대의 위대한 예술가들은 두드러지게 자유분방하거나 괴팍하지 않았다. 오히려 반대로 학구적이고 노력형이었으며 예의 바르고 사교적이고 세련된 사람들이었다. 이것이 1480~1490년대 예술사가들의 눈에 비친 다빈치의 실제 면모다. 그 당시는 다빈치가 밀라노 공작의 궁전에서 일할 때였고 〈최후의 만찬〉을 그릴 즈음이었다. 이런 점에서 보면 다빈치가 자신의 작품 대부분을 미완으로 방기했다는 말은 근거가 없다.

스텝토는 "이게 사실이라면 혼란스러운 정신, 자유분방한 태도, 기타

이와 유사한 특질들을 창조에 필연적으로 따르는 '예술(가)적 고유성'으로 볼 수 없을 것"이라고 결론지었다. 르네상스 이탈리아에서 이런 성격의 예술가들은 좋은 수입과 사회적 존경을 보장받기가 어려웠다. 그러나 18세기 후반쯤 이르면 오히려 이런 특성들이 예술가들에 대한 일반의 기대와 일치하고 있으며, 예술에 대한 사회의 관심을 불러일으키고 유지하는 데 도움이 되고 있다. 피카소가 극단적으로 자유분방한 태도와 기질을 보이지 않았다면, 20세기의 화가들 사이에서 누렸던 특별한 지위를 차지하지 못했을 것이다. 이 점은 라이벌이었던 앙리 마티스Henri Matisse와 뚜렷이 대비된다.

한편, 또 다른 연구에선 1705년에서 1805년 사이에 태어난 36명의 영국 및 아일랜드 시인의 전기가 대상이 되었다. 이 조사에서는 정신 질환과 창조성 간의 관계가 사뭇 다른 양상으로 나타난다. 정신과 의사인 재미슨은 『불에 닿다: 조울증과 예술가적 기질Touched with Fire: Manic-Depressive Illness and the Artistic Temperament』에서 "여기에선 시인과 그 가족 구성원들의 기질 장애, 자살, 보호시설 수용 비율이 충격적일 만큼 높게 나타난다"고 쓰고 있다. 재미슨은 이 책에서 자신의 조사 결과를 소개하고 있다.

조사 대상 그룹에는 이 시대를 대표하는 이름이 모두 포함됐다. 윌리엄 블레이크William Blake, 로버트 번스Robert Burns, 바이런 경, 존 클레어John Clare, 콜리지, 윌리엄 쿠퍼William Cowper, 토머스 그레이Thomas Gray, 키츠, 월터 스콧 경, 셸리, 윌리엄 워즈워스William Wordsworth 등을 비롯해 비교적 덜 알려진 시인인 리 헌트Leigh Hunt, 제임스 클래런스 망간James Clarence Mangan, 조애나 베일리Joanna Baillie 등을 포함하고 있다. 비록 스텝토의 르네상스 예술가 조사에 비해 규모는 작지만, 이 시인들에 관한 연구 자료는 훨씬 풍부했다. 거기에는 전기와 시인의 작품집 외에 편지, 의료 기록, 가족사 자료 등이 포함되어 있기 때문이다. 이 모든 것들이 그들의 우울증, 조증, 가벼운 조증, 복합 정신장애 패턴 및 증상의 유무를 가려내기 위해 동원됐으며, 진단에 혼란을 줄 수도 있는 여타의 심신 질환(예를 들면 키츠의 폐결핵)까지 고려해서 종합적인 판단을 했다.

재미슨은 스콧이 재발성 우울증을 앓았을 가능성이 있다고 판단했다. "스콧은 자주 자신이 '이유 없이 원기와 지력이 쇠퇴하고 무기력해지는 위험신호'를 느끼고 있음을 고백하고 있다. 이건 학자병morbus eruditorium이자 우울증black dog이었다"라고 재미슨은 썼다. 바이런은 재미슨이 보기에 확실히 조울증을 앓고 있었다. "바이런에겐 우울감과 고양감이 반복적으로 나타났다. 때때로 '발작적인 격정'을 동반한 불안정과 변덕, 미친 행동이 발생했고, 그 뒤엔 장시간 그보다 더 나쁜 우울감에 빠져드는 상태를 보였다. 정신 불안과 자살의 가족사가 배후에 있었다." 재미슨은 스콧이 1816년 절친한 친구인 바이런의 신작 발표 시이자 본인을 가장 잘 드러낸 「차일드 해럴드의 순례Childe Harold's Pilgrimage」세 번째 편을 읽고 쓴 강렬한 편지를 인용하고 있다. 스콧의 글은 '강력한 상상력' 안에서 광기와 시가 서로 뒤섞인다는 셰익스피어를 떠올리게 한다. 스콧은 바이런에 대해 이렇게 쓰고 있다.

우리는 바이런이 우리에게 보여주는 강렬하고도 파괴된 정신을 응시하고 있네. 마치 부서진 성을 보는 것처럼. 한때 그 벽은 그 안에 고결한 손님을 맞기 위한 것이었지만 이제는 마법사와 날뛰는 악마들만 연회를 즐길 뿐이라네. 당대의 모든 이들을 넘어서는 재능을 타고난 사람이 그토록 이상한 정신병을 앓으며, 마음의 평화와 행복이 파괴되는 것을 지켜봐야 하는 일은 너무나 무시무시하다네. 물론 바이런의 질병이 그 천재성의 불꽃을 끄지는 못할 걸세. 내가 겁내는 것은 어떤 식으로든 닥치게 될 치명적인 종말일세. 인간의 본성은 그토록 어둡고, 그토록 격렬한 상상력이 활개 치는 것을 끝내 감당하지 못할 것임을 알기 때문이지. 자살하거나 완전히 미치는 게 결코 먼 이야기가 아닌 것 같아.

좀 더 정확히 말하면, 바이런은 1824년에 그리스에서 열병으로 죽었다. 그러나 바이런의 마지막 날들에 대한 기록을 보면 미칠지도 모른다는 공포감이 그에게서 삶의 의지를 앗아갔음을 분명히 알 수 있다. 따라서 스콧의 염려대로 바이런의 죽음은 실제로 일종의 자살이었던 셈이다.

36명의 시인 중에 토머스 채터턴Thomas Chatterton과 토머스 러벌 베도스Thomas Lovell Beddoes가 자살했다. 그리고 클레어와 쿠퍼를 포함한 여섯 명의 시인이 정신병원과 수용소에 들어갔다. 절반 이상이 바이런 같은 중증의 기질 장애를 보여주었다. 재미슨은 당시 일반인과 시인들의 정신 질환 상태를 비교했는데, 시인들의 자살 가능성이 다섯 배나 높았고 정신 병동 수용 비율은 최소한 20배 이상 높았으며 조울증을 앓을 가능성은 무려 30배 이상 높았다. 바이런 외에 블레이크, 콜리지, 셸리도 비슷하다면 비슷했다. 36명 중에서 오직 일곱 명(4분의 1도 안 되는)만 심각한 기질 장애의 증후를 보이지 않았는데, 이들은 그 시대에 가장 추앙받던 시인이 아니었다. 재미슨이 가장 덜 심각한 기질 장애인 조울증을 앓고 있다고 판단한 시인 번스가 다음과 같이 쓰고 있는 것도 놀랄 일은 아니다. "나는 우울증에 빠질 때, 시를 쓰는 종족의 운명과 성격을 생각한다. 그 모든 순교자들의 이야기 중에서 시인의 삶을 서술한 것만큼 서글픈 이야기는 없으리라."

　우리의 세 번째 연구는 20세기 작가를 다룬 것이다. 이는 살아 있는 작가를 대상으로 창조성과 정신 병리 간의 관계를 파악하려는 첫 번째 과학적 시도이기도 하다. 1970년대 초반의 몇 년 동안, 르네상스 문학 교수 출신이자 정신과 의사인 앤드리슨과 아이오와 대학의 동료 연구자들이 아이오와 작가 워크숍에 참가한 이름 있는 작가들을 대상으로 체계적인 정신병 진단 기준에 의거해 설계한 인터뷰를 진행했다. 앤드리슨은 또한 작가들과 연령, 교육 수준은 비슷하지만 직업 성격상 그들에 필적할 만큼의 창조성을 필요로 하지 않는 대조 그룹도 함께 인터뷰했다. 모든 사람들과 개인 인터뷰를 했는데, 처음엔 15명의 작가와 15명의 대조 그룹이 그 대상이었다. 그러다가 나중에는 30명의 작가와 30명의 대조 그룹으로 확대됐다. 작가 수로 치면, 재미슨이 연구 대상으로 삼은 36명의 죽은 시인들 수에는 약간 못 미친다. 또 말할 것도 없이, 인터뷰 대상이 된 작가들(연구 결과에서는 익명으로 표기되었다)은 탁월함의 면에서 재미슨이 조사한 시인들에 비할 바가 못 됐다. 그들 중 일부는 미국에서 전국적인 인정을 받고 있었고, 또 다른 작가들은 워크숍의 참가 연수생이거나 선생이었다(1947년 이후, 아이오와 작가 워크숍 참가 연수생 출신들은 16개의 퓰리처상을 받았으며, 교수진에는 존 베리먼John Berryman, 존 치버John Cheever, 로버트 로웰Robert Lowell, 필립 로스Philip Roth 등이 있었다).

　앤드리슨은 작가들이 심리학적 측면에선 대체로 건강하지만 그들 가족 내 정신분열증 발생은 대조 그룹보다 높을 것이라는 연구 가설을 세웠다. 앤드리슨은 정신분열증이 있는 어머니에게서 태어난 입양아들과 정신적으로 정상인 어머니에게서 태어난 입양아들의 비교를 통해 얻은 신뢰할 만한 연구 결과를 이미 알고 있었다. 정신분열증은 유전된다는 결과였다. 정신분열증이 있는 어머니에게서 태어난 입양아의 10퍼센트가 정상적인 환경에서 양육되었음에도 정신분열증을 앓았다. 이는 정상인들에게 정신분열증이 1퍼센트 미만으로 발생하는 것과 대비됐다. 게다가 앤드리슨은 아인슈타인, 제임스 조이스, 버트런드 러셀의 가계를 조사한 터라 정신분열증이 대물림된다는 점에 대해 확신을 갖게 됐다. 아인슈타인의 첫 번째 부인에겐 모종의 정신 질환이 있었고, 정신분열증이 있던 아들 하나는 성인기의 삶 대부분을 수용 시설에서 보내야 했다. 또한 아이슬란드 정신과 의사의 보고에 의하면, 아이슬란드 판 『인명사전Who's Who』에 등재된 성공한 인물들의 친족 중에서 유전성 정신분열증 환자가 발견되고 있다. 1970년대 초반 정신과 의사들의 일반적인 견해는, 정신분열증의 유전적 경향이 중증 형태로 나타나면 질병이 되고 경증 형태로 나타나면 창조성이 된다는 것이었다.

이러한 이론에도 불구하고, 앤드리슨의 인터뷰 결과를 보면 30명의 아이오와 워크숍 참가 작가 중에서는 단 한 명도 정신분열 증상을 보이지 않았다. 대신 그들 중 80퍼센트가 앤드리슨이 채택한 공식적 기질 장애 기준 진단—조울증 혹은 우울증—에는 부합했다. 대조 그룹에선 30퍼센트가 그 기준에 맞았다(대조 그룹이 보인 비율도 일반인들이 대체적으로 5~8퍼센트 정도의 기질 장애를 보이는 걸 감안할 때 놀랄 만큼 높은 것이다). 대부분의 작가들은 입원이나 외래 치료, 심리요법 등의 치료를 받은 적이 있었다. 또한 앤드리슨은 작가들의 직계가족(부모나 자식)에서 대조 그룹의 직계가족에 비해 기질 장애와 창조성이 높은 비율로 나타나고 있음을 알아냈다. 그러나 앤드리슨이 자신의 연구 가설과 정확히 일치하지 않는 이런 증거들을 발표하려 했을 때, 처음엔 어떤 과학 학술지에서도 게재를 허용하지 않았다. 정신분열증과 창조성이 동질적이라는 통념을 거스르고 있었기 때문이었다. 결국 1974년에 가서야 앤드리슨의 연구 결과가 발표됐다.

앤드리슨은 2005년에 펴낸 『창조하는 뇌*The Creating Brain*』에서 자신이 했던 선구적인 작업을 회고하며 그것이 "서로 명백히 충돌하는, 그러나 동시에 널리 수용되고 있는 창조성의 본질과 그것이 정신 질환과 맺고 있는 관계에 대한 두 가지 생각"을 확인시켜줬다고 말한다.

먼저 그중 하나가 1920년대 스탠퍼드 대학에서 루이스 터먼이 실시한 연구와 짝을 이루는 것으로, '재능을 타고난 사람들은 실제로 여러 면에서 정상 상태를 넘어서 있거나 우월하다'는 생각이라고 앤드리슨은 말한다. 스텝토의 연구 대상이었던 르네상스 예술가들이 이 같은 경우에 해당한다고 말할 수 있다(물론 그들이 터먼의 영재들보다 훨씬 창조적이었지만). 앤드리슨은 "내가 인터뷰한 작가들은 매력적이고 재미있으며, 의사표현이 분명하고, 교육을 잘 받은 사람들이었다. 그들은 대체로 비슷한 활동 계획표를 가지고 있었다. 아침에 일어나서 하루의 전반부 중 많은 부분을 글쓰기에 할애했는데, 아무것도 쓰지 않고 하루를 보내는 경우는 거의 없었다. 그들은 대체적으로 친구나 가족들과 친밀한 관계를 맺고 있었다"고 쓰고 있다. 그러나 한편으로 '앤드리슨의 작가들'은 재미슨의 연구에 나오는 시인들과 같은 광기의 낌새를 내비쳤으며, 셰익스피어의 『한여름 밤의 꿈』과 유사한 천재성을 드러냈다. "다수가 심각한 기질 장애 기간을 경험한 적이 있다. 중요한 것은 이 질환이 발생함으로써 그들의 창조성에 지장이 오긴 했지만, 그 기간이 오래 지속되지는 않았다." 게다가 그런 기질 장애에는 생산적인 측면도 있었다. "종종 그런 질환들은 작가가 나중에 끌어다 쓸 수 있는 강력한 자원을 제공하기도 했다. 워즈워스 식으로 말하면 '고요 속에서 되살아나는recollected감정'이라고 할 만한 것이었다."

창조적인 인물들은 이런 관점에 대해 대체로 양면적인 입장을 취하고 있다. 누구도 자신들이 심한 우울증에 빠졌을 때 가치 있는 작품을 창조할 수 있다고 주장하지는 않는다. 하지만 그 '악마'로부터 완전히 놓여나고 싶은 사람도 없다. 그들 자신이 불모sterility화될까 두렵기 때문이다. 그들이 스스로가 앓고 있는 질병을 바라보는 눈길이 복잡한 것은 놀랄 일이 아니다. 자신들의 정신 질환이 창조성의 모체가 된다는 환상에 빠져 있진 않지만, 그 장애를 반길 수 없다 하더라도 어쨌든 받아들일 수밖에 없는 불가분의 동반자라고 생각한다. 박식가인 조너선 밀러Jonathan Miller는 "그것은 그들이 함께 살아가야 하고, 그와 더불어 창조해야 할 그 무엇이다"라고 말했다. 밀러는 의사 수업을 받았으며 나중에는 오페라 연출자가 된 사람이다. "[그러나] 누군가 정신 장애가 있기 때문에 무엇을 창조할 수 있다거나 그것이 (창조에) 바람직한 정신 상태라고 말하는 것은…… 헛소리다."

서론에서도 말한 바와 같이, 릴케와 토니 해리슨이 이 주장을 뒷받침하고 있다. 〈절규The Scream〉를 그린 화가 뭉크에게 누군가 정신과 치료를 받으면 뭉크가 겪고 있는 고통 중 많은 것들이 제거될 거라고 했을 때 뭉크는 이렇게 대꾸했다. "그것들이야말로 나 자신과 내 예술의 일부입니다. 결코 내게서 떨어질 수 있는 것들이 아닙니다. 만일 떨어져 나간다면 내 예술은 파괴될 것입니다. 나는 언제나 그 고통들과 함께하고 싶습니다." 그런가 하면 버지니아 울프는 간헐적인 심리적 혼란을 겪은 뒤에 일기에 이렇게 쓰고 있다. "내 경우에 이런 질병은—어떻게 표현해야 할까?—음, 신비로운 데가 있다…… 나는 죽은 듯이 누워 있다. 자주 날

카로운 육신의 통증이 전해온다…… 그러다 갑자기 뭔가가 튀어 오른다…… 생각들이 쇄도하는 것이다." T. S. 엘리엇 또한 정신적으로 크게 압박받을 때 가장 뛰어난 시를 썼다. 신경쇠약에 시달린 때도 있었는데, 엘리엇은 이렇게 적고 있다. "시는 감정의 방출이 아니라 감정으로부터의 도피이며, 내 개성의 표현이 아니고 개성으로부터의 도피다. 그러나 오직 개성과 감정을 가지고 있는 사람만이 이것들로부터 도피한다는 것이 무슨 의미인지 알 것이다."

노벨상을 받은 수학자이자 경제학자인 존 내시John Nash는 자신이 앓고 있던 망상 정신분열증으로 '뷰티풀 마인드A Beautiful Mind'라는 제목의 책과 영화로 만들어진 인물이다. 내시를 미심쩍어 하는 동료 수학자가 내시에게 물었다. "자네는 어떻게 외계인이 세계를 구할 목적으로 자네를 고용했다고 생각하나?" 내시는 이렇게 대답했다. "그건 말이지, 수학적인 생각이 떠오르는 것처럼 초자연적인 것에 대한 생각이 떠오르기 때문이지. 그래서 난 그걸 진지하게 받아들일 수밖에 없다네." 심지어 아인슈타인조차 일반상대성이론 연구를 할 때 심리적인 고저 증상을 받아들일 필요가 있었음을 인정하고 있다. 아인슈타인은 이때의 과로로 1917년에 크게 앓는데, 나중에 이렇게 회고하고 있다. "어둠 속에서 강렬한 갈망과 더불어 마음 졸이는 연구를 하며 보낸 몇 년 동안 자신감의 충만과 고갈이 번갈아 찾아왔고, 그러다가 마침내 빛을 보게 됐다. 오직 경험한 사람만이 그 사실을 알 수 있을 것이다."

1948년, 정신과 의사 존 케이드John Cade가 조증 치료에 쓰이는 리튬염을 우연히 발견하기 전까지, 그리고 정신분열증 증세를 조절하는 레세핀이나 클로르프로마진 같은 약이 발견되기 전까지 정신질환자들은 자신의 병을 감수하는 일 외에 별도리가 없었다. 그러나 믿을 만한 약물이

나오면서 창조적인 사람들은 그 약을 복용하는 데 따르는 이점과 불리함을 놓고 투약 여부를 결정해야 했다.

로버트 로웰은 1960년대 후반 리튬 치료를 받고 신경쇠약에서 벗어난 후 더욱 왕성한 시작 활동을 할 수 있었다. 그러나 로웰은 신경학자인 올리버 색스에게 이렇게 말했다. "나는 힘을 많이 잃었습니다." 아닌 게 아니라 로웰이 리튬을 투약한 이후에 쓴 시들은 이전에 쓴 작품들만큼 높은 평가를 받지 못했다. 그 외에도 창작의 양과 질이 서로 상쇄된 경우가 있는데, 1979년에 정신과 의사 모겐스 슈Mogens Schou가 탄산 리튬lithium carbonate을 투약한 조울증 환자 예술가들을 대상으로 조사한 결과를 보면 알 수 있다. 리튬을 처방받음으로써 창작을 할 수 있게 되었지만 조증 상태에서 얻을 수 있는 통찰력이 희생되고 만 것이다. 최초의 웨일스 국가 시인인 귀네스 루이스Gwyneth Lewis가 「어두운 재능Dark gifts」이라는 에세이에서 언급하고 있는 바와 같다. 루이스는 이 글을 『프로작과 시인들Poets on Prozac』이라는 시 모음집에 실었다.

내 책 여덟 권 중에서 항우울증 약을 먹는 동안 쓴 책은 오직 두 권뿐이다. 수식이 줄고 보다 간결한 문체로 바뀐 것이 약물 때문이었는지 어쩐지 나로선 알 길이 없다(문학에서는 간결성이야말로 최고의 재능이자 가장 성취하기 어려운 게 아니던가). 그러나 항우울증 약이 시인으로서 내 능력에 부정적인 영향을 미쳤다 해도 그걸 먹을 수밖에 없었다. 몇 달간을 좀비처럼 지내고 난 후에도 시를 쓸 수 있다는 것은 기적이다. 내게는 창조를 위한 자세를 갖추는 것, 시를 쓰는 일 자체가 객관적으로 탁월하니 어쩌니 하는 것보다 더 절실한 것이다.

심리학자들에게 '창작의 생산성 대 작품의 질' 문제는 대단히 흥미로운 주제였다. 이는 천재성의 본질이 무엇인가에 대해 어느 정도 설명을 해주기 때문이다. 조증 상태가 창작의 생산성을 높이는 건 분명해 보이지만, 그것이 작품의 질까지 향상시킬 수 있을까? 만일 어떤 창조적인 사람이 지속적으로 분출하는 에너지와 자신감을 가지고 있다면, 그것이 작품에 긍정적인 작용을 하고 있다고 생각할 수 있다. 다른 한편, 조증 상태에서는 비범한 창조성에 필수 불가결한 어떤 재능의 활동이 배제될지도 모른다. 열정으로 창조될 그 무엇이 한 발 뺀 냉정한 태도로 인해 제거된다. 많은 예술가들, 심지어 셰익스피어 같은 사람도 정신적으로 억압이 덜할 때 창조한 작품은 평범한 게 많았다.

단도직입적으로 말해, 광기는 천재성을 증가시키는가, 감소시키는가? 심리학자 와이즈버그는 이러한 질문을 염두에 두고 저명한 두 예술가의 작품, 즉 슈만의 곡과 디킨슨의 시를 각각 별도의 연구를 통해 분석했다. 이 두 사람은 조울증을 앓았던 것으로 추정되는데 디킨슨의 증세가 슈만보다 덜 뚜렷했다. 슈만은 한 번 이상 자살을 시도했으며, 1856년 정신병자 수용소에서 굶주림으로 짧은 생을 마감했다. 디킨슨은 슈만보다 덜 파란만장한 삶을 살았고 좀 더 오래 살았지만, 1886년에 죽을 때까지 20년 가까이 은둔 생활을 했다. 디킨슨이 쓴 대부분의 시는 사후에 출판됐다. 19세기 인물인 슈만과 디킨슨은 과학적인 정신병 치료의 혜택을 받기 이전에 살았다. 재미슨은 "뛰어난 창조성과 창작력, 높은 영성으로 점철된 시간이 무서울 정도로 비극적인 슈만의 삶과 엮였다"고 자신의 저서 『불에 닿다』에서 주장하고 있다. 주치의의 기록과 자신 및 지인의 편지 내용, 여타 문헌 등으로 미뤄보건대, 1829~1851년 사이 슈만은 가벼운 조증과 우울증 사이를 오갔던 것으로 보인다. 당연히 슈만의 평소 상태가 어땠는지는 진단할 길이 없다. 지속 기간이 1년이 안 되는 짧은 정신장애도 있었지만 슈만의 창작 기간을 전반적으로 지배한 정신 상태는 분명히 불안정한 것이었다.

매년 슈만이 작곡한 곡의 수가 이 같은 정신 상태와 정확하게 연동되는 것은 아니다. 그러나 최다 작품을 만들어낸 시기가 두 번 있었다. 1840년과 1849년인데, 이때는 둘 다 조증의 해로 슈만은 각각 평년작을 훨씬 상회하는 25개 이상의 곡을 썼다. 둘 중 첫 번째 정점은 '노래의 해'로, 슈만이 클라라 비크Clara Wiek와 결혼한 해라는 사실을 반영하고 있다. 가벼운 조증 상태에 있을 때 슈만의 평균 작곡 수는 우울증에 빠진 시기보다 약 다섯 배 정도 많다.

곡의 수보다는 질을 평가하기 위해 와이즈버그는 각 작품당 레코딩된 횟수를 계산했다. 레코딩이 많을수록 질이 높다고 볼 수 있기 때문이다. 와이즈버그는 다른 방법, 이를테면 연주 프로그램에 작품이 포함된 횟수 혹은 지휘자, 연주가, 음악학자, 음악 비평가 같은 전문가들의 평가를 참고할 수 있었다. 작품당 레코딩 횟수는 측정이 용이할 뿐만 아니라 다른 측정치, 예를 들어 음악 비평적 분석에서 해당 작품이 언급되는 빈도수와도 연관성이 강했다. 따라서 작품당 레코딩 횟수는 단순히 해당 작품이 얼마나 대중적인지를 보여주는 척도 이상의 것이었다.

와이즈버그는 "만일 조증의 시기에 슈만의 사고 작용이 더 좋아졌다면, 평균적으로 이 시기의 곡들이 우울증 시기의 곡들보다 더 많이 레코딩되었어야 할 것"이라고 생각했다. 그러나 분석 결과는 그런 가정을 지지하지 않았다. 슈만이 조증 상태에서 작곡한 음악의 평균 레코딩 횟수는 우울증에 빠졌을 때 쓴 곡과 거의 비슷했다. 오히려 가장 많은 레코딩 횟수를 기록하고 있는 개별 곡들은 조증 시기가 아니라 우울증 시기에 쓴 것들이었다. 이는 비록 슈만이 조증 시기에 왕성한 작곡 의지를 보였고 또 실제로 많은 곡을 썼지만, 그런 동기가 창조의 질을 개선시키지는 않았던 것이다.

한편, 와이즈버그와 공동 연구자는 이와 비슷한 양적·질적 분석을 디킨슨의 시에도 적용했다. 디킨슨의 편지 같은 외적 자료에 근거해 추정한 조증 시기, 우울증의 시기, 평상심의 시기별로 시들을 분석했다. 디킨슨의 시는 대부분 1858~1865년까지 8년 동안 창작되었다. 그때 디킨슨의 나이는 28~35세로 이 시기가 지나자 창작열은 사그라진다. 정서적 위기에 빠졌던 때를 중심으로 창작 기간은 각각 4년씩 두 개의 국면으로 나뉜다. 그 시들의 질은 20세기에 출판된 십 수 권의 시 선집에 얼마나 등재되었느냐로 측정된다. 음악의 질이 레코딩 횟수에 따라 정해지는 것과는 다른 방식이다. 슈만도 그랬지만 시적 생산물의 양은 조증 시기에 많아져서 전체적으로 보면 시기별로 양적 편차가 크다. 그러나 슈만과 다른 점은, 조증 시기에 쓴 시들이 질적으로도 우수하다는 증거가 분명히 나타난다는 사실이다. 디킨슨이 보여주는 창작의 양상은 슈만과 일치하지 않는다. 조증 상태가 창조성을 높여줄 수도 있다는 것을 시사하는 부분이 있다. 물론 디킨슨이 왕성한 작품 활동을 한 기간은 8년으로, 슈만의 20여 년보다 짧다는 점을 유념할 필요가 있다. 그만큼 디킨슨에 대한 분석이 견고하거나 확실하지 못할 수 있는 것이다.

정신장애와 창조성 간의 결정적 관계를 입증하는 것은 현재로선 불가능하다. 심리학자들이나 정신과 의사들의 관점도 각양각색이다. 단지 모두가(셰익스피어를 포함해) 수긍하는 것은, 광기에는 우리로 하여금 천재성, 특히 시인의 천재성에 관해 무언가 말해주는 것이 있다는 정도다. 오크스는 천재성에 관한 균형 잡힌 연구 보고서에서 "천재성이 광기와 관런 있다는 오래된 생각이 전혀 근거가 없는 것은 아닌 듯싶다. 물론 그에 대한 설명으로 그다지 적절치 못한 내용이 일부 있었지만 말이다"라고 쓰고 있다. 많은 사람들이 자연선택 이론을 통해 이 관계를 설명하기도 한다. 자연선택 이론의 관점에서 보면 창조성은 확실히 생존에 유리한 진화적 특질이다. 하지만 오늘날, 천재성과 광기가 어디서 연결되고 있는지 그 정확한 지점에 대해선 아무런 합의도 찾을 수 없다.

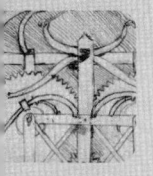
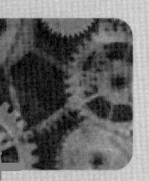

제2부

예술과 과학의
10가지 도약

TEN BREAKTHROUGHS IN
ART AND SCIENCE

06

레오나르도 다빈치

〈최후의 만찬〉

한 사람이 술을 마시고 나서 잔을 제자리에 놓은 다음
무언가 말하는 사람에게로 자신의 얼굴을 돌렸다.
다른 한 사람은 손가락을 꼰 채 단호한 표정으로 동료를 보고 있다.
손바닥을 펴 보이는 사람은 귀까지 어깨를 추어올리며 입으로는 놀라움을 드러내고 있다.
또 다른 누구는 귀를 대고 있는 옆에 앉은 사람에게 귓속말을 하고 있는데,
한 손에는 칼을 다른 한 손에는 반으로 자른 빵 덩이를 잡고 있다.
또 다른 사람은 칼을 쥔 채 잔을 식탁에 엎고 있다. 누구는 손을 식탁에 올려놓고 바라본다.
어떤 사람은 입안에 든 걸 뱉고 있다. 또 누구는 손으로 차양을 만들어
이마에 댄 채 말하는 사람을 보기 위해 몸을 앞으로 내밀고 있다.
또 다른 한 사람은 몸을 앞으로 내민 사람의 뒤로 물러나며
벽과 몸을 내민 사람 사이에 있는 말하는 사람을 보고 있다.
—레오나르도 다빈치, '〈최후의 만찬〉에 관한 메모,' 날짜 불명, 1495~1497년경으로 추정

레오나르도 다빈치의 예술 작업과 이를 기록한 노트는 알쏭달쏭하고 난해한 내용이 빽빽이 들어 있는 것으로 유명하다. 그러나 〈모나리자〉에 이은 다빈치의 가장 유명한 그림이자 아직까지 원래 그려진 자리에 놓여 있는 〈최후의 만찬〉은 다빈치의 작품 중에서 유달리 풍파에 시달린 그림이다. 미술사를 통틀어 우리에게 가장 친숙한 그림 중 하나임에도 불구하고 〈최후의 만찬〉은 1519년 레오나르도 다빈치가 사망하기 전부터 손상이 시작됐다. 1498년에 이 그림이 완성된 지 20여 년밖에 안 된 시점이었다. 풍부한 색조와 채색 효과를 위해 썼던 실험적인 기법들, 그리고 빠른 붓놀림으로 그려야 하는 프레스코화와 달리 천천히 이것저것 생각하며 그렸던 이 그림은 곧 밀라노의 산타마리아 델레 그라치에Santa Maria delle Grazie 수도원 식당 벽에서 떨어져 나가기 시작했다. 철저한 청소, 덧칠, 꽤 넓은 범위의 재再채색 과정 등으로 이루어진 '복원' 작업이 16세

기에 시작되어 간혹 그림을 망치기도 하면서 무려 400여 년 동안 지속되었다. 현재의 그림은 레오나르도 다빈치가 품었던 위대한 구상의 그림자에 지나지 않는다는 게 비평가들이 입을 모아 하는 애도에 찬 평가다. 따라서 〈최후의 만찬〉에 대한 그 어떤 평가도 원작이 사실상 '존재하지 않는' 지금에서는 공허할 수밖에 없다.

이 그림의 현재 모습은 1990년대 후반에 종료된 20년간의 복원 프로그램 결과에 따른 것인데, 우리에게 친숙했던 이미지와는 놀랄 정도로, 심지어는 충격적일 정도로 달라져 있다. "수 세기 동안 〈최후의 만찬〉에 대한 우리의 이해는 어떤 신화 혹은 작품이 품고 있는 폭넓은 호소력 때문에 절로 갖게 된 잘못된 믿음 때문에 퇴색하고 희미해졌다"는 게 주임 복원사인 피닌 브람빌라 바르칠론Pinin Brambilla Barcilon의 말이다. "이런 사실, 그리고 이 그림이 심오하고도 혁신적인 리얼리즘을 구현하고 있다는 또 하나의 사실 때문에 우리는 원작이 가지고 있었을 어떤 '아이디어'를 보이겠다는 마음을 먹게 됐다." 바르칠론과 복원 팀은 1490년 이래 계속 덧칠된 물감의 층과 칙칙한 때를 걷어내고 남아 있는 레오나르도의 붓놀림 흔적을 세상에 드러냈다. 이 과정에서 채색이 확 바뀌었고 명도도 많이 떨어졌다. 그리고 예수 그리스도와 열두 제자의 자세, 몸짓, 얼굴 표정도 상당히 달라졌다.

예를 들어, 레오나르도가 그리스도의 얼굴을 미완으로 남겨두었다는 설은 복원 과정에서 완성도 높은 원작의 얼굴이 나타남으로써 완전히 사라지게 됐다. 또한 최초로 레오나르도의 전기를 썼던 바사리의 신화 조작도 힘을 잃었다. 바사리는 레오나르도가 "그리스도의 형상에 필연적으로 들어가야 하는 천상의 신성을 자신이 도저히 그려낼 수 없다는 걸 알고" 포기했다고 말했던 것이다. 또한 그리스도가 아리송한 말로 배신을 언급하자 긴장으로 팽팽해진 가룟 유다의 목 힘줄도 복원된 그림에서는 분명하게 드러났다. 이는 노트에 쓰인 대로 1480년대 후반부터 해부학을 공부했다는 레오나르도의 말이 사실이었음을 증명한다.

이 복원은 논란을 불러일으켰다. 〈최후의 만찬〉과 그 제작 방법에 관한 견해도 크게 수정될 수밖에 없었다. 그러나 아주 오래된 관점, 즉 저명한 예술사가인 곰브리치E. H. Gombrich가 20세기 중반 이 그림을 본 후『서양 미술사*The Story of Art*』에서 피력한 관점은 수정되지 않을 것 같다. "비록 많이 파손된 상태이지만 〈최후의 만찬〉은 인간 천재가 이룬 위대한 기적들 가운데 하나로 남아 있다."

이와는 대조적으로, 레오나르도의 생애는 당혹스러울 정도로 조금밖에 연구 '복원'되지 않고 있다. 아직도 이 부분은 크게 믿음이 가지 않는 바사리의 기록과 얼마 되지 않는 그 시절의 문헌들에 기대고 있다. 그것들에 기록된 온갖 찬탄과 경이에도 불구하고 레오나르도의 실제 생활은 알려진 바가 별로 없다. 놀랍게도 거기에는 중요한 예술가인 안드레아 델 베로키오Andrea del Verrocchio에 대한 언급이 전혀 없다는 점이다. 레오나르도가 베로키오의 작업실에서 약 5년간 도제 생활을 했는데도 말이다. 1482년경 밀라노로 가기 전까지 빈치와 피렌체에서 보낸 레오나르도 인생의 전반부 30년 중 "우리가 확실히 레오나르도의 행적에 대해 아는 거라곤 단 며칠, 몇 건의 일이 전부이며 그 외는 의문에 싸여 있다"고 최근에 레오나르도의 전기를 쓴 세르주 브람리Serge Bramly는 말하고 있다. 1480년대 밀라노에서 보낸 처음 10년도 제대로 된 정보는 아주 드물었다. 그다음 10년은 레오나르도의 예술적 명성이 정점에 이른 시기였지만, 〈최후의 만찬〉을 주문받은 날짜조차 알려져 있지 않다. 아마도 1491년과 1495년 사이가 아닐까 짐작하고 있다.

토스카나 주의 공문서 보관소를 조사한 결과, 레오나르도의 부계 쪽으로는 예술가가 없었고 오히려 법률가들이 있었다. 그들은 빈치 마을에서 나와 피렌체에 거주하며 몇 대에 걸쳐 명성과 부를 쌓았지만, 레오나르도의 조부는 빈치 마을을 떠나지 않고 거기서 유지로 살았다. 레오나르도는 1452년 빈치에서 서기를 하던 세르 피에로 다빈치Ser Piero da Vinci와 농부의 딸인 카타리나Catarina 사이에서 장남이자 사생아로 태어났다. 세르 피에로는 레오나르도가 태어나던 해 다른 여자(그에겐 네 명의 아내가 있었는데 그중 첫 번째)와 결혼했고, 카타리나는 이듬해 아마도 세르 피에로의 조수로 짐작되는 사람과 결혼했다. 사생아인 레오나르도는 친부모가 아닌 조부모와 삼촌 밑에서 컸던 것으로 보인다. 레오나르도의 이름이 1457년 조부의 세금 신고서에 '보카(bocca, 먹여 살려야 할 입)'로 올라 있는 것으로 추정할 수 있고, 1469년에는 조모의 세금 신고서에도 기록되었다. 확실한 것은 조부모가 사망하고 나서야 레오나르도가 빈치 마을에서 피렌체로 옮겨 아버지와 함께 살았다는 것이다. 레오나르도의 아버지는 1470년 시 당국에 아들을 부양가족으로 신고했다.

어린 시절의 레오나르도가 빈치에서 어떤 교육을 받았는지는 전혀 알려져 있지 않다. 짐작건대, 레오나르도는 거기서 읽기와 쓰기, 셈하기(이점은 그가 성인이 되어 수학에 빠져들었음에도 불구하고 크게 중요하진 않다)와 왼손으로 경서(鏡書, 거울에 비치는 것처럼 좌우를 바꿔 쓰는 방식—옮긴이) 습관을 익힌 것으로 보이며, 이 글쓰기 방식은 레오나르도가 작성한 노트 전체에서 발견할 수 있다. 라틴어는 배우지 않았는데, 30대 후반에야 이 언어를 처음으로 배우기 시작했다는 사실에서 알 수 있다. 인쇄술이 발명된 지 얼마 되지 않았던 터라 레오나르도는 책을 구해 볼 수 없었다. 시각예술 작품이라고 해봐야 레오나르도가 접할 수 있었던 것은 마을 교회에 있는 성화 정도가 고작이었으리라. 그런데 바사리가 소개하고 있는, 언제인지 알 수 없는 흥미로운 일화에 따르면, 레오나르도는 이 방면에서 두각을 나타냈다.

소작인 하나가 세르 피에로에게 별 특징 없는 나무 방패를 바치며 피렌체로 가져가서 칠을 해달라고 부탁했다. 세르 피에로는 그것을 아들에게 주며 장식을 그려 넣으라고 했다. 독을 내뿜는 무시무시한 그림이 그려졌다. 메두사의 머리에서 영감을 얻어 그린 것으로 "부서진 검은 바위 틈에서 나오는, 기어 다니는 파충류, 녹색 도마뱀, 귀뚜라미, 뱀, 나비, 메뚜기, 박쥐, 그 밖에 요상한 동물들의 특징을 딴" 괴물의 형상이었다. 레오나르도는 용 같은 가공의 동물들이 자연스러워 보이도록 그리려면, "마스티프(mastiff, 영국 원산의 초대형 개—옮긴이)나 사냥개의 머리, 고양이의 눈, 호저의 귀, 그레이하운드의 코, 사자의 이마, 늙은 수탉의 관자놀이, 민물 거북의 목 등을 먼저 그려봐야 할 것"이라고 노트에 쓰고 있다. 레오나르도는 아버지에게 이 나무 방패를 그냥 건네지 않고 방을 연극 무대처럼 컴컴하게 만든 후 이젤에 올려놓았다. 세르 피에로가 무심코 들어오다가 이걸 보고 '즉각 몸을 떨며' 뒤로 물러났다. 레오나르도가 아버지에게 말했다. "이걸 만든 보람이 있네요." 법을 직업으로 삼을 만큼 영리했던 세르 피에로는 틀림없이 강한 인상을 받았을 것이다. 왜냐하면 밋밋한 방패를 하나 따로 구입해 농부에게 돌려주었기 때문이다(여기엔 '심장을 뚫고 있는 화살'이 그려져 있었다). 대신, 아들이 그림을 그려 넣은 방패는 '비밀리에' 상인들에게 100두카트(ducat, 유럽에서 예전에 사용하던 금은화—옮긴이)를 받고 팔았다. 상인들은 다시 이것을 300두카트에 밀라노 공작에게 넘겼다. 예술적 기질이 넘치는 아들에게는 단 한 푼도 건너가지 않았을 것이다. 사생아인 레오나르도가 선대의 직업인 법률 관련 일을 하게 될 전망은 거의 없었다.

바사리는 레오나르도가 방패에 괴물을 그려 넣은 때가 베로키오 밑에서 수습을 끝낸 후였는지 아니면 그전이었는지 명확하게 기술하고 있지 않다. 우리는 레오나르도가 언제 도제가 됐는지도 모른다. 아마 그 당시의 관행에 비추어봤을 때 꽤 늦은 나이가 아니었을까 추측할 뿐이다. 레오나르도가 17세의 나이로 빈치 마을을 떠나 피렌체로 갔던 1469년부터 화가 조합(콤파냐 디 산타루카Compagnia di Santa Luca)의 회계장부에서 이름을 찾을 수 있는 1472년 사이일 것이다.

우리가 바사리를 어느 정도 신뢰한다는 전제하에, 확실한 것은 아들을 자신의 '아주 좋은 친구'인 베로키오에게 소개한 사람이 바로 세르 피에로라는 점이다. 그는 친구에게 레오나르도가 그린 그림을 보여주며 아이가 장차 화가로서 장래성이 있는지 없는지 자문을 구했다고 한다.

베로키오는 당시 움트고 있던 만능인polymath 시대에 딱 들어맞는 인물이었다. 베로키오는 르네상스 예술가들 중에서 초일류급은 아니지만 재능 많은 사람이었다. 예를 들면, 브루넬레스코와 로렌초 기베르티 Lorenzo Ghiberti를 위시한 다른 예술가들처럼 베로키오도 금세공인 출신이었다. 이 일을 하려면 그림, 새김, 주형 제작, 조각 솜씨는 물론 보석 광내기와 첫물 작업 등 다양한 기술을 갖춰야 했다. 1471년, 문하생(그리고 어쩌면 조수였던) 레오나르도를 비롯해 피렌체 전체가 흥분할 만한 일이 생겼다. 베로키오가 금박을 입힌 2톤짜리 구리 공을 제작하는 책임을 맡게 된 것이다. 이 공은 이미 세상을 뜬 브루넬레스코가 설계한 것인데, 산타마리아 델 피오레 대성당의 돔 꼭대기에 올려놓을 것이었다. 이는 30대 중반의 베로키오가 1466년에 사망한 도나텔로의 뒤를 이어 메디치 가문의 대표 조각가로 입지를 굳혔다는 사실을 의미했다. 당시 베로키오는 조각가로 많은 인정을 받고 있었으나, 예술가들 사이에서는 오히려 제도 솜씨가 더 큰 찬탄의 대상이 되고 있었다. 이는 베로키오가 어떤 면에서 그림 그리기 쪽으로 더 기울어 있음을 암시한다. 베로키오의 시끌벅적한 작업장에서는 갖가지 작업이 벌어졌다. 조각품 외에도 회화 작품, 금속 가공품, 목공예품, 무구류, 연극용 의상, 기계와 각종 장치들(이는 레오나르도가 밀라노로 옮기면서 상당히 흥미를 보인 주제로 여러 가지 기계들과, 궁전 여흥과 카니발에 쓰이는 야외극 세트를 설계했음)을 생산했다. 베로키오 휘하에는 많은 조수들이 있어 작업장은 젊은 예술가들의 재능과 새로운 아이디어가 녹아 작품으로 구체화되는 용광로가 됐다. 레오나르도의 노트를 보면 베로키오를 그다지 대단하게 생각하지 않았지만, 레오나르도는 베로키오 밑에서 일하며 분명히 많은 것을 배웠다.

레오나르도가 가장 존경한 르네상스 예술가는 아마도 1337년에 죽은 조토 디본도네Giotto di Bondone와 1428년에 젊은 나이로 죽은 마사초Masaccio였을 것이다. 1490년경에 쓴 것으로 보이는 예술사를 개관하는 글에서 레오나르도는 유독 이 사람들을 칭송하고 있다.

로마 시대 이후로 화가들은…… 항상 서로를 모방했다. 그로 인해 시간이 흐르는 동안 그들의 예술은 지속적으로 쇠퇴할 수밖에 없었다. 이런 시기가 지나고 피렌체 사람 조토가 출현했다. 조토는 자신의 스승인 치마부에Cimabue를 모방하는 데 그치지 않았다. 염소나 그 비슷한 동물들만 있는 고립된 산악 지방에서 태어난 조토는 자연스럽게 미술을 하게 됐는데, 자신이 돌보는 염소 떼가 바위 위에서 하는 동작을 그리기 시작한 것이 계기가 되었다. 이런 방식으로 그 지역에서 눈에 띄는 동물들을 전부 그렸다. 숱한 습작을 통해 조토는 당대의 거장들뿐만 아니라 과거 수 세기의 위대한 화가들을 능가할 수 있게 됐다. 조토가 죽고 나서 미술은 후퇴했다. 다시 모방 회화 작품들이 여기저기에서 출몰했기 때문이다. 마사초라는 별명이 붙은 피렌체 사람 톰마소Tommaso가 나타날 때까지 그랬다. 톰마소는 자신의 작품을 통해 화가들이 어떻게 자연이 아닌 다른 존재를 인도자로 삼음으로써, 즉 거장의 정부mistress of the masters 노릇을 함으로써 스스로를 헛되게 소진시켰는지를 똑똑히 알려줬다.

자연을 관찰하는 일의 강조는 예술이나 예술에 관한 글쓰기에서 레오나르도가 매우 중요하게 여긴 것으로, 레오나르도가 그린 최초의 그림(으로 알려진 것)에도 잘 나타나 있다. 이 작품은 현재 피렌체의 우피치Uffizi 미술관에 소장되어 있다. 그로서는 예외적으로 '1473년 8월 5일 / 눈의 성모 마리아 일'이라고 손수 날짜를 적어놓고 있다. 서양 미술사에서 날짜가 명기된 최초의 풍경화 연습 작품이다. 펜과 잉크로 그린 다음 붓으로 황금색 물감을 살짝 입힌 이 그림에는, 아마 빈치 마을 근방에 보이는 구릉들과 그것이 급경사를 이루며 평야로 떨어지는 전경이 묘사되어 있는데, 자신이 어린 시절에 다니면서 본 기억을 근거로 그렸을 것이다. 조토의 염소 그림과 비슷하다고 할 수 있다. 여기에서는 모든 것이 움직이고 있는 것처럼 보인다. 비탈과, 바람을 맞고 있는 나뭇잎과, 작은 폭포수의 표면 위에서 빛과 그림자가 움직이고 있다. 케네스 클라크Kenneth Clark는 『레오나르도 다빈치』에서 레오나르도가 이미 이 시기에 베로키오류의 전형적인 당대 스타일을 따르지 않고 자신만의 독창적 방식으로 빛을 포착하고 있다고 말한다. "거기엔 뭐랄까, 고단하고 수고로운 삶을 사는 금세공사 도제에게서 기대할 수 없는 모종의 경쾌한 자유분방함 같은 게 있다."

　이 그림은 레오나르도가 일찍이 경험했던 '자연의 부름'을 상기시킨
다. 그것은 레오나르도가 그림이 아닌 글로 묘사한 것으로, 산에 있는 한
동굴 이야기다. 그것이 실제인지 아니면 비유적인 것인지 그의 글만으로
는 알 수가 없다. 1480년경 레오나르도는 이렇게 쓰고 있다.

　　자연이라는 창조자가 풍부하게 만들어낸 다양하고 기묘한 형태들
　을 보고자 하는 불타는 열망과 호기심에 끌려 머리 위에 거대하게 드
　리워진 바위 아래로 얼마쯤 걸었다. 그러다 큰 동굴 입구를 발견했다.
　놀라움에 순간적으로 멈춰 섰다. 그런 게 있으리라고는 생각하지 못
　했기 때문이다. 왼손으로는 무릎 주위를 짚고 오른손을 이마에 갖다
　대 햇빛을 가린 채 눈을 가늘게 뜨고 동굴 안을 응시했다. 나는 이런
　자세로 몸을 앞으로 굽혀 내부에 있는 뭐라도 찾아낼 것처럼 뚫어지
　게 바라봤다. 암흑만 있을 뿐이었다. 한동안 그러고 있노라니, 두 가지
　감정이 엄습했다. '공포와 열망'이었다. 어둡고 무서운 동굴의 공포와
　거기 있을 법한 뭔가 신비한 것을 보고 싶은 열망.

　두 가지 동기, 공포와 열망의 강력한 결합이 레오나르도에게 많은 작
품들을 가능케 한 원동력이 됐다. 이는 〈모나리자〉〈최후의 만찬〉을 비롯
해, 특히 마지막 작품인 〈세례자 성 요한 *St. John the Baptist*〉에서 혼란스러
울 정도로 크게 나타나고 있다. 미술사를 통해 가장 많이 파손당한 작품
들 중에 레오나르도의 그림이 들어 있는 것도 우연이 아니다. 프로이트
는 레오나르도에 대해 쓴 에세이에서 레오나르도를 완전히 비정상적인
정신의 소유자로 규정하고 있다.

베로키오의 직접적인 영향 아래 있던 아주 초기의 그림에서도 이런 점들을 감지할 수 있다. 대략 1473~1474년쯤으로 추정되는 시기에, 레오나르도는 〈수태고지Annunciation〉를 그렸다. 벽으로 둘러싸인 정원 테라스에 날개 달린 천사와 성모 마리아가 있는 그림이다. 그리고 1476년에는 베로키오의 〈그리스도의 세례Baptism of Christ〉에 등장하는 두 천사 중 하나를 그렸다. 〈수태고지〉에서 보이는 자연 묘사는 당시의 전형적인 방식을 충실히 따르고 있다. 단지, 천사의 날개만 관습적인 양식에서 벗어나 새의 날개를 본떠 그려졌다(후에 교회법에서 규정하는 크기로 무지막지하게 덧칠되긴 했지만). 그러나 엷은 회색빛 하늘을 배경으로 보이는 나무들의 검은 실루엣은 어둑어둑한 신비로 가득 채워져 있다. 〈그리스도의 세례〉에서 레오나르도가 그린 천사의 인상은 복잡 미묘하고 심각하여, 베로키오가 그린 단순하고 밝은 모습의 천사와 대비된다. 실제, 엑스선을 투과해보면 레오나르도가 천사의 얼굴을 그리면서 물감을 백연白鉛과 섞지 않고 아주 얇게 여러 번 칠했음을 알 수 있다. 그에 반해 레오나르도의 스승은 흰색 물감만 관습적으로 발라서 천사 얼굴을 도드라져 보이게 하고 있다. 제자의 세련된 솜씨를 본 베로키오가 화가 나서 '다시는 채색에 손대지 않았다'는 것이 (다소 과장 섞인) 바사리의 말이다.

레오나르도가 동성애자였을 가능성이 매우 높다는 사실도 '관람객의 혼란을 부른' 한 요인이 되었다. 물론 레오나르도가 동성애자였다는 확실한 증거를 찾기는 쉽지 않다. 당시 피렌체의 예술가나 지식인들 사이에서 동성애는 흔한 것이었다. 어떤 예술가는 공공연히 자신의 예명을 일 소도마(Il Sodoma, 남색가)라고 할 정도였다. 교회는 동성애를 금지했지만, 당국은 용인했다. 1476년 4월의 한 법정 기록을 보면, 그 당시 매춘으로 이름이 자자했던 열일곱 살짜리 금세공사 도제와 남색을 한 죄로 기소된 네 명의 젊은이 중에 레오나르도 다빈치가 끼여 있다. 그러나 이 기소는 증거 불충분으로 6월에 기각되었다. 그 후 레오나르도는 자신의 성과 관련된 어떤 증거도 삶에서 노출시키지 않았다. 하지만 레오나르도 의 인생에서 여성이나 여성과의 교제 기록이 전혀 나타나지 않는 데다, 처음에는 살라이Salai, 나중에는 프란체스코 멜치Francesco Melzi라는 두 명의 잘생긴 남성이 동반자로 등장하는 것으로 미루어 개연성은 충분하 다. 레오나르도의 노트에도 여성에 대한 언급이 거의 없다. 작품을 봐도 여성보다 남성의 나체를 더 선호했음이 드러난다. 동성애 성향은 "레오 나르도 작품의 많은 부분에서 은연 중 드러나며, 거기서 보이는 어떤 양 성적 유형과 모종의 나른한 형상에 대한 설명이 된다"는 게 클라크의 주 장이다. "레오나르도의 작품을 보면 그가 정상적인 남성들이 마땅히 품 고 있어야 할 여성관을 가졌으리라고 생각할 수도 주장할 수도 없다. 마 르지 않는 창조력의 원천인 레오나르도를 도덕적 측면에서 깎아내려 중 성적 혹은 무성적 인간으로 낮추고 싶어 하는 사람들이야말로 오히려 그 의 명성에 기여하고 있는 게 아닌가 생각하게 된다."

레오나르도가 언제 베로키오의 작업장을 떠나 자신만의 작업 공간을 가지게 되었는지는 정확히 알려져 있지 않지만, 아마도 1477~1478년쯤 일 것이다. 어쩌면 베로키오의 작업장에 계속 머물렀을 수도 있다. 자신 에게 베로키오(혹은 아버지 세르 피에로) 같은 사업 수완이 부족하다는 생 각에서 그랬을지도 모른다. 그런데 당시 중상주의가 대세이던 피렌체에 서 예술가로 성공하려면 사업 수완이야말로 반드시 필요한 자질이었다. 재능은 의심할 바 없이 확실했지만, 밀라노로 향하기 전까지 몇 년간 레 오나르도는 꽤나 고생했고 작품도 많이 내지 못하고 있었다. 이 시기의 레오나르도 작품 제작 연도를 알아내는 일은 상당히 어렵다. 레오나르도는 겨우 두세 개 정도의 그림(채색화)을 완성했고, 다른 두 개는 미완으로 남겼다. 모두 가능성이 엿보이는 작품들이었지만, 후기 작에 견줄 바는 아니었다. 반대로 레오나르도의 드로잉 작품은 경이로울 정도로 참신하고 생동감이 넘치며 자유롭다. 드로잉 작품과 채색화 작품들을 대조해보면, 혁신에 대한 열망과 당시 미술계의 전통(자신이 그토록 비난했던 앞선 세대 화가들을 모방하는 경향) 거부에 대한 두려움 사이의 갈등을 읽을수 있다. 1478~1480년경에 제작된 것으로 추정되는 〈브누아의 성모*The Benois Madonna*〉를 위해 빠르게 그린 스케치를 보면, 어머니와 아이가 마치 즐겁게 모차르트 이중주 연주라도 하는 것처럼 형용할 수 없이 매혹적으로 교감하는 모습을 볼 수 있다. 그러나 막상 완성된 작품은 후광에, 거추장스러운 옷 주름에, 허약하고 감상적인 분위기의 성모와 괴물 같은 아기 예수의 묘사가 답답하고 생명력 없어 보인다.

이 첫 10년 동안의 모든 그림들은 젊은 여성을 그린 상상력 넘치는 초상화 〈지네브라 데 벤치*Ginevra de' Benci*〉를 제외하면 1473~1474년경의 〈수태고지〉에서 1480년경의 미완성작 〈성 제롬*St. Jerome*〉, 1481년의 〈동방박사의 경배*The Adoration of the Magi*〉에 이르기까지 하나같이 종교적 주제를 다루고 있다. 여기엔 분명한 이유가 있다. 피렌체 미술계는 기독교 종교화의 전통이 압도적인 데다, 화가들은 먹고살기 위해 종교 권력 기관과 부유하고 신앙심 깊은 귀족들로부터 일거리를 얻어야 했기 때문이다. 그러나 예술적 교의와 마찬가지로 종교적 교의 또한 레오나르도의 스타일 발전을 위축시켰다. 레오나르도는 아마도 당시 가톨릭교회의 신을 믿지 않았을 것이라고 바사리는 조심스럽게 암시하고 있다. 노트를 들춰봐도 레오나르도가 사후 세계를 믿었다는 증거는 전혀 찾을 수 없다. 클라크는 "레오나르도는 종교심이…… 없는 사람이었다"고 단언한다. 이는 동시대인 미켈란젤로와 다른 점이었다. 현존하는, 레오나르도 다빈치 전문가 마틴 켐프Martin Kemp는 "예술가로서 레오나르도가 무신론자는 아니었다고 해도 기독교 교리에는 회의적이었다"고 썼다. 내 생각이지만, 레오나르도가 〈최후의 만찬〉에서 대단히 인간적인 드라마의 순간을 포착하고 있다는 점에서 이에 대한 중요한 단서를 찾을 수 있다. 즉 여느 화가들이라면 좀 더 종교적이고 엄숙한 장면, 그리스도가 빵과 포도주를 나누는 성찬식 모습을 그렸겠지만, 레오나르도는 앞으로 일어날 배신에 대해 말하는 그리스도의 모습을 묘사하고 있다.

레오나르도가 실제 이 벽화를 그리기 15년 전인 1481년에 '최후의 만찬'이라는 주제에 관심을 가지고 있었음을 알려주는 증거들이 많다.

펜과 잉크로만 그린 1481년의 활력 넘치는 스케치에는 그리스도가 홀로 접시 앞에 앉아 있고 가까이에 다섯 명이 언쟁을 벌이는 모습이 있다. 그들 중 하나가 손으로 턱을 받치고 있는 다른 사람에게 손가락질하고 있고, 나머지 중 둘은 주의 깊거나 멍한 표정으로 이야기를 듣고 있다. 다섯 번째 인물은 일어선 채 한 손을 펴서 테이블을 짚고 다른 손을 벌리며 화자를 향해 명백하게 이의를 제기하는 듯한 몸짓을 하고 있다. 이는 켐프가 재치 있게 명명했듯이 '논쟁하는 최후의 만찬'인 것이다. (레오나르도의 스케치에 자주 나타나는 것이지만, 종이 여백에는 대화하고 움직이는 벌거벗은 남성의 모습들, 성모와 아기 그리스도, 습도계 도해가 그려져 있다.)

〈동방박사의 경배〉에도 비록 다르게 표현되었지만 〈최후의 만찬〉과 연결되는 부분이 있다. 성모와 아기를 빙 둘러싸고 주시하는 군중 가운데에는 〈최후의 만찬〉에 등장하는 사도들과 닮은 사람들이 있다. 그중 성모 바로 뒤의 요셉은 〈최후의 만찬〉에 나오는 사도 안드레와 닮은 얼굴로 찡그리고 있다. 이마에 손을 올리고 있는 수염 기른 한 동방박사는 사도 베드로와 비슷하다. 옆모습으로만 보이는 잘생긴 젊은이는 사도 빌립을 미리 보여주는 것 같다. 이 그림의 전체적인 구도는 어떤가. 도상학적인 관습을 따르지 않은 채 성모와 아기를 나무 아래에 그려 넣고 있으며, 비록 〈최후의 만찬〉과는 유사하지 않더라도 그 비유적인 배경 그림은 15세기 후반의 작품치곤 가히 혁명적이다. 후대 화가들에게 그토록 숭앙받았던 이유가 거기 있다. 〈동방박사의 경배〉를 보면서 경외감에 사로잡혀 멀거니 서 있던 사람들 중에는 보티첼리와 라파엘로가 있었고, 미켈란젤로도 예외가 아니었다. 특히, 미켈란젤로는 시스티나 교회 천장화를 그릴 때 레오나르도의 군중 그림에서 일부를 빌려오기도 했다. 전문가들의 그런 열렬한 지지로 레오나르도가 〈최후의 만찬〉에서 혁신적인 구도를 선보일 자신감을 갖게 됐다고 추측해도 전혀 이상하지 않다.

1481년 말경에 〈동방박사의 경배〉는 방치됐고 완성되지 못했다. 자신의 예술 작업을 완성하지 못하는 게 레오나르도의 특징처럼 되어버렸다. 물론 몇몇 훌륭한 예외들이 있다(〈최후의 만찬〉도 그중 하나다). 많은 동시대인들이 레오나르도의 꾸물거리는 태도를 언급하고 있다. 바사리는 (정확하진 않지만) "레오나르도가 벌인 일은 많았지만 어떤 것도 제대로 끝내지 못했다"고 말한다. 교황 레오 10세도 레오나르도에게 작품 하나를 맡기려 했지만, 기름과 허브를 끓여 도료 만드는 일에 정신이 팔린 레오나르도를 보고 실망을 금치 못한다. (바사리에 따르면) 교황은 이렇게 탄식했다. "오호라, 이자는 결코 아무것도 해내질 못하겠구나. 일을 시작도 하기 전에 끝낼 궁리부터 하다니!" 미켈란젤로도 밀라노 공작을 위해 맡은 거대한 마상 조각 작업이 중도에 흐지부지되는 걸 보고 레오나르도를 힐난했다. "청동을 부어 넣을 수도 없는 주형만 만들어놓고 포기하다니 부끄러운 줄 아시오."

바사리에 따르면, 작품이 미완성으로 끝나는 이유는 레오나르도의 예술적 완벽주의에 있었다. 이는 〈동방박사의 경배〉에 관한 한 진실이다. 클라크는 "마법이라도 쓰지 않는 한, 그림 작업을 계속한다면 레오나르도의 천재성은 혹사당할 수밖에 없었다…… 주제 전부가 '명확한 진술'과는 정반대 위치에 놓인 정신 속에 들어 있었기 때문이다. 그것은 풍유 allegory의 정신이었다"고 썼다. 한편, 기록에 따르면, 〈동방박사의 경배〉 작업을 의뢰한 수도사들은 1481년 9월에 보수 지급을 중단한다. 이유는 밝혀지지 않았다. 만일 레오나르도에게 약속을 이행하지 않은 책임이 있다면 수도사들은 미완의 작품에 대해서도 권리를 주장할 수 있었지만 그렇게 하지 않았다. 우리로서는 그 작업을 틀어버린 쪽이 화가인지 의뢰자인지 알 수 없다.

바사리가 간과한 (미완성의) 또 다른 이유는 놀랄 만큼 다양한 레오나르도의 관심사에 있었다. 이 부분은 19세기에 들어 레오나르도의 노트가 공개되면서 밝혀졌다. 레오나르도의 다재다능함엔 도락주의적인 특성이 있었다. 이 때문에 레오나르도는 어떤 일을 하다가도 다른 일에 끌리면 쉽게 그쪽으로 가곤 했다. 1501년 당시, 피렌체에 살던 카르멜파 수도사 하나가 편지에서 다음과 같이 한탄하고 있다. "레오나르도 식으로 사는 건 완전히 운에 맡기는 태도이고 극단적으로 예측 불가능한 거라네. 그는 하루하루를 때우는 식으로 사는 것처럼 보인다네." 레오나르도의 노트에는 특징적인 페이지들이 있는데, 1509년경에 작성한 것으로 보이는 이 페이지들에는 물시계의 원리, 사람의 식도, 복장 디자인 등에 관한 연구 과정이 그려져 있다. 레오나르도는 항상 이런 말을 입에 달고 살았다고 한다. "도대체 이뤄진 게 뭐가 있는지 모르겠네." 한번은 이런 탄식도 했다. "사분오열되어 종말로 치닫는 왕국처럼, 이토록 잡다한 주제에 얽매인 내 마음이 참으로 혼란스럽고 허약하구나."

레오나르도는 1481년 9월과 1483년 4월 사이(1483년은 훗날 〈암굴의 성모*Virgin of the Rocks*〉로 알려진 작품을 밀라노에서 시작한 때다)에 밀라노로 이주했는데, 안정적인 보수가 보장되는 궁정 일자리를 얻기 위함이었다. 공화정 체제였던 피렌체에서는 그런 자리를 얻기가 어려웠다. 여하튼 이를 기회로 레오나르도는 작품 판매에 대한 심적 부담 없이 예술과 과학에 대한 자신의 방대한 관심사를 마음껏 펼칠 수 있었다. 밀라노행은 레오나르도가 밀라노 군주 루도비코 스포르차Ludovico Sforza에게 접근하면서 구체화됐다. 레오나르도는 스포르차에게 자신의 여러 능력을 광고하는 편지를 썼다. 그러나 현재 남아 있는 이 편지가 실제로 그에게 부친 것인지는 확실치 않다. 이 편지의 가장 놀라운 사실은 편지 내용의 대부분이 예술이 아닌 공병 기술에 관한 것으로 채워져 있다는 점이다. 공병 기술이라면 레오나르도가 그때까지 그리 많은 경험을 한 분야가 아니었다. 그러나 레오나르도는 전혀 기죽지 않고 조토, 브루넬레스코, 도나토 브라만테(Donato Bramante, 그는 이미 밀라노에 거주하고 있었다), 베로키오 같은 화가 겸 건축가이자 공학자임을 자처했다. 한 예로, 그 편지에는 교량이나 터널, 공성 기계, 박격포, 투석기, 장갑차 등을 설계해줄 수도 있다는 제안이 담겨 있었다. 영리한 레오나르도가 이 모든 것들이 당시 전쟁 중인 군주의 관심을 끌 것이라는 사실을 모를 리 없었다. 편지 말미에 가서야 자신의 발상은 평화 시에도 공용, 개인용 건물이나 수로 건설에 요긴하게 쓰일 거라는 점을 밝히고 있다. 레오나르도는 끝으로 다음과 같은 말을 전단지 문구처럼 덧붙이고 있다. "저는 대리석, 청동, 점토로 조각 작품을 만들 수 있습니다. 그림이라면 어떤 것이든 누구 못지않게 잘할 자신이 있습니다. 거기다 청동 마상을 만들면 이는 돌아가신 전하의 부친을 불멸의 영광과 영원한 명예로 기리고 스포르차 가문의 빛나는 저택에 광휘를 더해줄 물건이 될 것이옵니다."

레오나르도는 진심으로 공병학과 전쟁에 끌렸다. 단지 강력한 군주의 눈에 들기 위한 책략이 아니었다. 레오나르도는 적 부대와 주변을 파괴할 수 있는 치명적이고 독창적인 기계를 즐겨 고안했다. 이는 자신이 존경하던 아르키메데스 이래의 전통이었다. 그의 노트엔 이와 관련한 증거들로 가득하다. 그러나 바사리가 16세기 중반에 레오나르도의 전기를 집필할 때는 이를 알지 못했다. 1502년에 레오나르도는 교황 군대의 총사령관으로 악명 높던 체사레 보르자Cesare Borgia의 '가문 건축가 겸 공학기사'에 임명됐다. 레오나르도는 분쟁과 공포, 종말론적 파괴에서 환희를 느끼는 인간 혐오의 성향이 있었다. 그러나 레오나르도가 살상용 기계를 좋아했다는 사실과, (우리가 알고 있는 한) 그가 개인적으로는 공격성이 없었다는, 서로 상충되는 사실 때문에 당혹스럽다. 게다가 레오나르도는 분명 자연을 사랑했고 특히 동물을 좋아했다. 바사리가 쓴 전기에는 레오나르도가 거리의 새 장수에게서 새장에 든 새를 사서 풀어주었다는 유명한 일화가 소개되고 있다.

실제는 레오나르도의 군사용 기계들이 역사 기록에 언급되지 않은 것으로 보아 밀라노에서 주목을 받지 못했다고 판단할 수 있다. 도중에 흐지부지된 청동 말 조각이나 몇몇 건축 작품은 물론, 레오나르도가 스포르차를 위해 고안했다는 기발한 축제용 수레와 가장행렬 장치도 애석하게 남은 증거가 없다. 1490년대까지 오랫동안 밀라노에서 자신의 입지 확보를 위해 애쓴 끝에 "레오나르도는 궁정의 장식품 같은 존재가 됐다. 말하자면 놀랄 만큼 다종다양한 주제에 대해 그럴듯한 이야기로 재치 있게 강설이나 하고, 사람들의 까다로운 눈을 채워주기 위해 시각적 '요리'

를 내놓는 주방장이 되었던 것"이라고 켐프는 쓰고 있다. 레오나르도는 궁정 일과는 별도로 과학 연구에 열심히 매달렸다. 노트를 보면 레오나르도가 매우 방대한(결국엔 라틴어로 쓰인 것까지) 독서를 했다는 것과, 밀라노의 유식한 친구들에게 질문 공세를 하며 꽤나 괴롭힌 사실이 적혀 있다. 피렌체 시절부터 했던 해부학 연구는 레오나르도의 공부 프로그램 중 가장 중요한 것으로 그의 그림 작품에서 볼 때, 특히 〈최후의 만찬〉에 등장하는 인물들이야말로 가장 분명한 증거다. 1489년부터 시작된 레오나르도의 해부학 드로잉은, 인간의 영혼이 어디 있는지를 알아내려는 시도의 일환으로 인간의 두개골을 지속적으로 탐구했다. 또한 레오나르도는 눈을 비롯하여 인체에 달린 수많은 장기들을 조사했다. 레오나르도의 인체 그림 중에서 〈비트루비우스 방식의 인체 비례 연구*Proportional Study of a Man in the Manner of Vitruvius*〉로 알려진, 팔을 날개처럼 벌린 벌거벗은 남자가 원과 사각형 안에 꼭 맞게 들어가 있는 작품도 이 시기의 것으로 추정된다. 그리고 스포르차의 정부인 세실리아 갈레라니*Cecilia Galerani*의 초상화가 있는데, '흰 담비를 안고 있는 여인*Lady with an Ermine*'이라는 제목이 붙은 이 그림도 1480년대 후반의 작품으로 알려져 있다. 이 그림을 보면 레오나르도가 동물을 안고 있는 여인 손의 뼈 구조를 완전히 파악하고 있음을 알 수 있다.

과학 연구, 특히 1490년대 중반부터는 수학 연구가 레오나르도의 회화 작품에 얼마나 기여하고 있는지가 논쟁 대상이다. 레오나르도의 명암 처리 기술이 눈이나 광학, 빛과 그림자를 과학적으로 공부하기 이전에도 이미 훌륭한 수준에 올라 있음을 몇몇 작품에서 볼 수 있다. 이는 다른 화가들이라면 그런 걸 '공부'한 후에라야 체득할 수 있는 정도의 경지다. 황금비(〈모나리자〉를 보라)의 이해는 수학자 루카 파치올리*Luca Pacioli*와의 교유를 통해 한층 더 깊어졌다. 파치올리는 레오나르도가 〈최후의 만찬〉 작업을 하고 있던 1496년 밀라노에 왔다. 하지만 레오나르도는 자신이 황금비를 염두에 두고 그림을 그린다고 생각해본 적이 없었다. 〈최후의 만찬〉에 나오는 네 장의 벽걸이 장식 천들은 관람객들의 눈에서 멀어지면서 적당한 비율로 작아지고 있는데, 이는 8음계에서 음정 사이의 간격이 일정한 것과 같다. 그러나 정작 레오나르도 자신은 이를 눈치채지 못하고 있다. 게다가 그림 전체에서 보이는 원근법은 수학적인 정밀성과는 별 관련이 없다. 〈최후의 만찬〉을 스케치할 때 레오나르도가 종이 귀퉁이에 써 넣은 일련의 숫자는 이 그림과 그림이 걸릴 배경의 비율을 맞추기 위한 계산 수치로 간주됐다. 하지만 그 외 다른 종이에도 비슷한 숫자들이 많이 적혀 있었는데, 알고 보니 단순히 제작 비용을 적어놓은 것이었다! 그림 작업에서 직관과 계산의 관계는 매우 복잡 미묘해서 절대로 공식화할 수 없다. 1514년, 레오나르도는 (직접 이름을 거명하지 않았지만) 미켈란젤로가 그림을 그릴 때 해부학적 사실을 지나치게 강조한다고 날카롭게 지적한다. "오, 해부 화가여, 명심할지어다. 뼈와 힘줄과 근육만 가지고 모든 감정이 표출되도록 나체를 그린다면 그대는 죽은 화가라는 것을."

도미니크파의 산타마리아 델레 그라치에 수도원 식당 벽에 걸 〈최후의 만찬〉 제작을 레오나르도에게 의뢰한 것은 수사들이 아니라 스포르차였다. 이는 1494년, 젊은 조카 잔 갈레아초 스포르차Gian Galeazzo Sforza 사후(루도비코 스포르차가 독살한 것으로 알려짐)에 루도비코가 밀라노 공작으로 공식 추대될 때의 일이었다. 공작은 수도원 부원장인 빈첸초 반델로Vincenzo Bandello와 친한 사이여서 일주일에 두 번씩 함께 식사를 하곤 했다. 덕분에 루도비코는 개인적으로 레오나르도의 벽화 작업을 지켜볼 수 있었다. 그래선지 레오나르도는 그림의 주 장면 위쪽에 스포르차 가문의 문장을 암시하는 반월창을 맨 먼저 그려 넣었다.

레오나르도는 바로 윗세대의 화가들에 견주어 전혀 뒤지지 않았다. 피렌체 시 하나만 해도 '최후의 만찬'을 주제로 한 그림을 1440년대에 안드레아 델 카스타뇨Andrea del Castagno가, 1480년엔 피에트로 페루지노Pietro Perugino가, 1490년엔 도메니코 기를란다요Domenico Ghirlandajo가 그렸다. 세 작품 모두 구도는 아주 비슷했다. 예수와 열한 명의 사도가 음식 테이블 뒤쪽에 앉아 있는 반면, 유다는 그들과 떨어져 테이블 앞쪽에 앉아 있다. 세 그림의 분위기도 비슷하다. 사도들은 별 움직임 없이 딱딱하게 앉아 있고 후광이 있으며 그들 둘레는 화려하게 그려져 있다. 레오나르도가 이런 엄숙하고 정적인 전통에서 벗어나 예수와 제자들이 자연스럽게 모여 앉아 있는 사실적인 장면을 그리기 위해서는 용기가 필요했다. 비교적 엄격한 환경에서 살과 피를 가진 인간으로 행동하는 일은 결코 쉽지 않았다.

얼마 되지 않는 자료에 근거해 판단해보건대, 그림의 계획 단계에서 레오나르도는 유다를 '전통적인' 자리에 앉힐까 말까 망설였던 것 같다. 〈최후의 만찬〉은 〈동방박사의 경배〉를 그리기에 앞서 그랬던 것처럼, 적어도 사전 작업을 했다는 증거들이 별로 없다. 그나마 남아 있는 것도 전문가들이 보기엔 신빙성에 문제가 있다. 하지만 날짜가 적혀 있지 않은 세 장의 드로잉을 보면 유다가 따로 떨어져 앉아 있다. 그중 하나는 적색 분필로 그렸는데, 이는 레오나르도의 스타일은 아니지만 그 자신이 사도의 이름을 직접 적어놓고 있다. 이 때문에 많은 사람들이 위작일 가능성이 높다고 보고 있다. 다른 두 장의 드로잉은 (위에서 언급한 수학적 비례와 관련 있는데) 레오나르도의 스타일대로 펜과 잉크로 그려져 있고 별도의 표기가 없다. 이 작품들은 진본임이 확실하다.

노트의 스케치는 그 수가 얼마 되지 않지만 "〈최후의 만찬〉을 구현하는 데 가장 중요한 것들"이라고 피에트로 마라니Pietro Marani는 마지막 복원 작업이 완료된 1999년에 펴낸 면밀한 연구서에서 말하고 있다. 마라니는 두 개의 스케치에 대해 다음과 같이 감각적으로 묘사했다.

첫 번째 스케치의 가장 큰 부분은 그리스도와 여덟아홉 명의 제자들이 모여 있는 장면이다. 유다는 테이블 앞쪽, 즉 관람객 쪽에 앉아 있다. 이 장면 주위로는 둥근 천장을 줄지어 받치고 있는 아치 기둥들이 그려져 있다…… 둥근 천장은 인물들과 만찬 장소가 조화롭게 어우러지도록 하는 장치가 되고 있다. 레오나르도의 동적이고 빠른 펜 놀림과 잉크 사용 기법으로 인해 드로잉이 생생하게 살아나고 있다. 그리고 의도적으로 인물 세부 묘사를 생략하고 몇 개의 선만으로 처리하고 있다. 두 번째 스케치의 오른쪽엔 그리스도와 요한, 베드로, 유다의 모습이 약간 크게 묘사되어 있다. 그리스도가 배신을 언급하며 포도주에 적신 빵을 유다에게 건네는 순간이다. 그리스도의 왼팔은 마치 영화의 프레임 시퀀스처럼 두 개의 다른 동작을 동시에 표현하고 있다. 빵을 집기 위해 뻗은 팔과 유다에게 그걸 주려고 구부린 팔이 함께 그려져 있다. 유다는 일어선 상태에서 빵을 받기 위해 몸을 앞으로 숙이고 있다. 다른 두 제자의 포즈가 매우 특이하다. 요한은 테이블 위로 거의 몸을 던지다시피 하며 엎드린 채 자신의 등으로 그리스도의 왼팔을 받치고 있다. 베드로는 왼손을 올려 이마로 가져가고 있는데, 아마도 그리스도의 말씀을 믿지 못하는 것 같다. 레오나르도는 몇 개의 선과 잉크 세 방울만 가지고 예수의 얼굴에 체념한 표정을 그려 넣고 있다.

네 장의 스케치가 더 있는데 좀 더 진척된 상태를 보여준다. 여기엔 사도들 개인의 모습이 그려져 있다. 빌립, 그리고 확신컨대 큰 야고보, 유다와 바돌로매 혹은 마태, 이 부분은 확실치 않다. 처음 두 인물은 특징이나 시선의 각도로 보아 완성작에서도 쉽게 확인할 수 있지만, 나머지 둘은 조금 모호하다. 완성된 그림에서 유다는 수염을 기르고 있으나 드로잉에선 깔끔하게 면도를 하고 있다. 완성작과 드로잉에서 유다의 머리 각도는 다 비슷하다. 이 스케치들 일부는(그리고 남아 있지 않지만 다른 드로잉들도 분명히) 틀림없이 실제 모델을 보고 그렸으리라 생각된다. 레오나르도 자신이 그와 관련한 방대한 사전 작업에 관해 기술하고 있기 때문이다. 레오나르도는 스케치북을 손에 들고 밀라노 거리에서 마주치는 흥미로운 인간들을 그렸다고 한다. 이를 위해 공중목욕탕이나 선술집, 심지어 매음굴까지 찾아갔음을 밝히고 있다. 또한 레오나르도는 그리스도의 형상을 취하기 위해 '모르타로Mortaro 추기경의 측근인 젊은 백작의 초상'을 먼저 그렸고, 그리스도의 손을 그리기 위해서는 파르마 출신의 알레산드로 카리시미Alessandro Carissimi를 모델로 쓴 것으로 알려졌다. 생애 마지막 무렵인 1517년, 레오나르도는 한 믿을 만한 방문객에게 〈최후의 만찬〉에 나오는 인물들이 "당시 밀라노와 궁전에서 매우 높은 지위에 있던 몇몇 사람들의 실제 용모"를 본떠서 그린 것이라고 거듭 말하고 있다.

사도 개개인을 어떻게 알아볼 수 있을까 하는 문제에 관해서는 이런 답변을 준비해놓고 있다. "관람객이 인물들의 자세를 보고 그 마음속의 생각을 쉽게 파악할 수 있도록 화면 속의 인물들을 그려야 한다." 제6장

첫머리에서도 인용했지만, 레오나르도의 노트를 보면 〈최후의 만찬〉의 등장인물들에 대해서도 이런 생각을 충실히 적용시키려 했던 것으로 보인다. 그러나 벽화가 형태를 잡아가면서 레오나르도가 이 원칙을 특정 사도에 대해서만 부분적으로 적용하고 있음이 드러났다. 지엽적인 계산보다는 전체의 창조적인 통일성을 더 중시했기 때문이다. 그래서 사도 안드레는 "손바닥을 편 채 귀까지 어깨를 추어올리며 입으로는 놀라움을 드러"낸다. 베드로는 흥분해서 옆 사람에게 귓속말을 한다. 바로 요한의 귀에 대고. 그러나 빵 자르는 칼은 요한이 아닌 베드로의 손에 들려 있다. 유다는 칼을 쥔 채 잔을 엎지르는 쪽이 아니라, 자루(아마도 그 안에는 배신의 대가인 30냥의 은이 들어 있을 것이다)를 하나 집은 채 소금을 엎는(원작의 초기 복제 그림들에선 보였지만 지금은 식별이 불가능하게 됐다) 동작을 한다. 하지만 노트에 언급된 다른 인물들의 몸짓, 이를테면 손가락을 꼬고 있는 사도나 음식을 욱여넣고 있는 사도, 잔을 엉거주춤 들어올리고 있는 사도 등의 모습은 생략됐다. 이토록 비장한 장면에는 어울리지 않는 일상적인 동작이었기 때문이다.

인물들의 몸짓과 동작은 당연히 극적으로 표현되고 있다. "이만한 다양함 속에 그만큼의 질서가 있고, 이만한 질서 속에 그만큼의 다양함이 있다. 누구라도 저 동작과 대응 동작의 조화로운 상호작용에 대해 완벽한 설명을 할 수 없을 것이다." 이것이 곰브리치의 평이다. 한편, 클라크는 약간 냉정하다. "동작은 얼어붙어 있다. 이 모든 인물들의 둔중한 동작에는 뭔가 석연치 않은 게 있는데, 완벽한 모습을 표현하기 위해 그토록 오랫동안 사전 작업을 했다는 사실과는 어딘가 맞지 않는 구석이 있다." 다른 말로 하면, 레오나르도가 〈최후의 만찬〉 제작을 위해 그린 스케치들에는 분명히 나타났던 몸짓과 움직임과 감정의 자발성이 정작 완성된 작품에선 사라진 것이다. 이 점에 관해서라면 나는 개인적으로 곰브리치보다 클라크 편에 가깝다. 그러나 〈최후의 만찬〉을 감상하는 관람객은 자신이 실제 보고 있는 그림이 레오나르도가 그린 그 그림이 아니라는 점을 명심해야 한다. 사도들의 얼굴 표정은 5세기 동안 시간과 복원이라는 '약탈'노 인해 극심한 고초를 겪었다. 감정과 몸짓 사이의 적절한 균형은 그리스도와 빌립 같은 한두 사도의 얼굴을 빼면 더 이상 이 그림(의 인물)에 존재하지 않는다.

수도원 식당 벽에 그림을 그리면서 레오나르도가 취한 제작 방식에 관해서는 알ㄷ 진 바가 별로 없다. 남아 있는 레오나르도의 노트에도 그에 대한 언급이 없다. 하지만 복원 과정에서 이런저런 정보가 습득됐다. 프레스코 회화에서 인토나코intonaco라고 부르는 미세한 최종 석고 마감재 표면에 레오나르도가 백연으로 초벌 칠을 했다는 것이 밝혀졌다. 유기 경화제와 섞은 염료가 오래가도록 취한 조처였다. 또 인토나코 위에 감지하기 어려울 정도로 살짝 적색 백묵으로 스케치를 했다는 증거도 나타났다. 그런가 하면 (그림에 나오는) 천장과 왼쪽 벽으로 원근 라인을 그려 넣기 위해 인토나코 층을 파내기도 했다. 그러나 프레스코화를 그릴 때와 달리 인토나코가 마른 상태에서는 그림을 그려도 상관없었다. 켐프는 레오나르도의 새 기법이 "프레스코 기법이라기보다 석고 가루를 바른 캔버스 위에 에그 템페라(달걀노른자를 안료와 섞어 칠하는 회화 기법—옮긴이)로 그리는 방식에 더 가까웠다"고 썼다. 다행인 것은 레오나르도가 작업할 때 그 모습을 지켜본 몇몇 사람들이 증언을 남겼다는 점이다. 그중 가장 믿을 만한 것은 수도원 부원장의 조카인 마테오 반델로Matteo Bandello의 기록인데, 1554년에 반델로는 중편소설 한 권을 펴냈다. 거기서 반델로는 어떻게 레오나르도가 아침 일찍 와서 작업대 위로 올라가는

지를 소년의 눈으로 증언한다.

때때로 그는 새벽부터 해가 질 때까지 그 위에 있곤 했다. 먹고 마시는 일도 잊은 듯 한시도 손에서 붓을 떼지 않고 쉼 없이 그렸다. 그런가 하면 며칠간 붓에 손도 안 댈 때도 있었다. 그럴 때에도 하루에 몇 시간씩 그림 앞에 서서 보냈다. 팔짱을 끼고 자신이 그린 형상을 검토하며 고칠 부분을 찾았다. 또 나는 해가 중천에 있던 어느 한낮에 그가 돌연한 충동에 이끌려 코르테 베키아Corte Veccia를 나서는 것도 봤다. 거기서 그는 멋진 점토 마상도 제작하고 있었던 것이다. 그는 곧장 산타마리아 델레 그라치에 수도원으로 갔다. 그늘을 찾을 것도 없이 곧장 작업대로 올라가서 붓을 들고 한두 번 휘두르곤 다시 가버리는 것이었다.

두 번째로 믿을 만한 증언은 극 시인인 조반니 바티스타 지랄디 Giovanni Battista Giraldi가 했다. 지랄디 역시 1554년에 자기 아버지로부터 들은 말을 통해 레오나르도에 관한 글을 한 편 썼는데, 지랄디의 아버지는 〈최후의 만찬〉을 그리는 화가의 작업을 직접 목격했다. 지랄디는 그 그림을 완성할 때까지 레오나르도가 보여준, 그 유명한 꾸물거림에 대해 말했다. 이 이야기는 바사리도 언급한 바 있다. 산타마리아 델레 그라치에 수도원 부원장은 어지간히 마음이 급했던지 레오나르도의 작업 경비를 집행하는 경리에게 하나 마나 한 불평을 한 것도 모자라 공작에게까지 분노를 터트렸다. "1년째 겨우 유다의 머리나 그리고 있습니다. 레오나르도는 그림엔 손도 안 대고 그냥 와서 보기만 합니다." 루도비코 스포르차도 안달이 나서(그의 문서 보관실에 1497년 6월자의 작업 지체 관련 편지가 있는 것으로 미뤄) 화가를 호출했다. 그러고는 어찌 된 일인지 말해 보라고 다그쳤다. 레오나르도는 낯빛 하나 안 붉히고 태연하게 자신은 1년 동안 밤낮없이 밀라노의 우범지대를 뒤지며 유다에 맞을 것 같은 얼굴을 한 불량배를 찾아다녔다고 대꾸했다(믿거나 말거나). "그러나 아직 제가 생각하고 있는 얼굴을 가진 악당을 발견하지 못했습니다. 만일 그런 사람을 못 찾으면 전하에게 제 악담을 해댄 부원장의 얼굴을 그려 넣을까 합니다. 유다 역으로는 제격인 것 같습니다." 공작은 껄껄 웃었다. 그러면서도 그 말에 담긴 진정한 뜻을 이해하고 레오나르도에게 시간을 더 줬다. 결국 유다의 얼굴은 완성되었지만, 오늘날 그 모습은 너무 많이 훼손되어 레오나르도가 그토록 찾아 헤맨 얼굴인지 아닌지는 확인할 길이 없다.

반델로와 지랄디가 들려주는 이 두 이야기는 각각의 빈틈을 잘 메우며 완벽한 진실의 고리를 만들어내고 있다. 만찬 테이블 주위의 모든 인물 중에서 가룟 유다야말로 레오나르도의 상상력에 가장 강력한 힘을 행사하는 존재임을 누구라도 쉽게 느낄 것이다. 그리고 레오나르도가 쓴 어두운 동굴 이야기에 나온 대로 공포와 열망이 한데 뭉친 감정이 그 힘을 추동하고 있다는 것도 눈치챌 수 있다. 〈최후의 만찬〉에는 배신, 연민, 사랑이 혼재해 있고, 그런 점에서 그토록 복잡하고 고민 많은 완벽주의자에게 딱 맞는 주제였던 것이다.

07

크리스토퍼 렌
세인트폴 대성당

건축가라면 모름지기 새롭기만 한 것들novelties을 경계(하고 의심)해야 한다.
그것들에 매몰되면 환상으로 인해 판단력이 떨어진다.
그리고 당대뿐만 아니라 500년 후에 자신에게 내려질 평가에 대해서도 생각해야 한다.
이는 '새롭기만 한 것들'에 대해서도 적용될 수 있는데, 그것이 후대에도
여전히 새로운 것일 수만은 없고, 누구의 작품이 여러 번 모방되다 보면
나중에는 어떤 게 원작이었는지 모호해지기 때문이다.
그러나 영원하고 독자적인 미덕을 갖춘 것은 언제나 진정으로 영광스럽다 할 것이다.
—크리스토퍼 렌, 「소고 1」, 날짜 적혀 있지 않음, 1750년 사후 출간된 『렌 일가의 회고록 혹은 비
　망록Parentalia: or, Memoirs of the Family of the Wrens』 중에서

건축은 그 속성상 대다수의 다른 예술이나 과학 분야에 비해 협동적인
성격이 강하다. 예술인 동시에 과학이라는 특성 때문이다. 건축가는 자
신의 생각을 구현하기 위해 재정 담당자에서 공학자에 이르는 여러 사람
의 도움을 받아야 한다. 그런데 새롭게 독창적으로 지어진 건물이라 할
지라도 일반인에게는 그 기능이나 건축주의 이름으로만 알려질 뿐 건축
가는 대개 익명으로 남는다. 오직 소수의 건축가들만 자신이 세운 건물
과 더불어 영원히 기억될 따름이다. 예술가가 자기 작품과 함께, 혹은 과
학자가 자신의 이론이나 실험과 함께 기억되는 것과 같다.

　크리스토퍼 렌은 그 소수의 건축가 그룹에 속하는 인물이다. 런던, 옥
스퍼드, 케임브리지에 있는 그의 건축물들, 특히 그리니치의 왕립 병
원, 셸도니언 극장Sheldonian Theater, 렌 도서관으로도 불리는 트리니
티 칼리지Trinity College 도서관 등이 렌이라는 이름을 들으면 언뜻 머

릿속에 떠오르는 건물들이다. 그리고 이 모든 것들 위로 아마도 런던에서 가장 칭송받는 대표 건축물이 세인트폴 대성당일 것이다. 오늘날도 놀랍지만 3세기 전 렌의 동시대인들에게도 분명 그랬을 것이다. 사람들의 마음속에서 렌은 언제나 세인트폴 대성당과 함께 있다. 렌은 1723년에 사망했다. 사후에 렌은 세인트폴 대성당 납골 묘지에 안치됐는데, 아무 장식 없는 묘석 상판에는 다음과 같은 라틴어 구절이 각인되어 있다. 참으로 적절한 문구다. 'LECTOR, SI MONUMENTUM REQUIRIS, CIRCUMSPICE(이 글을 읽는 자들아, 그의 기념비를 보고 싶거든 주위를 둘러보라).'

세인트폴 대성당의 설계와 건축은 최소한 세 가지 점에서 획기적인 것으로, 가히 건축의 '도약'이라 할 만하다. 첫째, 중세나 르네상스 시대의 성당들, 즉 웨스트민스터 사원이나 로마의 산피에트로 성당과 달리, 세인트폴 성당은 단일 건축가의 작품이며 건축가의 생애 동안에 완성됐다. 실제로 렌은 처음 이 일을 시작한 공동 작업 팀에서 건물의 완공을 지켜본 유일한 사람이었다. 둘째, 이전까지의 건축가들과는 달리 렌은 (비록 과학자란 단어가 쓰이기 전이었지만) 뛰어난 과학자였고, 숙련된 설계사였다. 렌에게는 기초 공사에서 벽의 돋을새김에 이르기까지 한 건물의 미적 측면과 구조적 측면을 동시에 통찰하는 능력이 있었다. 끝으로, 이전의 다른 돔형 건물들과 달리 세인트폴은 독특한 '3중' 돔이 랜턴(lantern, 빛을 건물 안으로 받아들이기 위해 돔 지붕 꼭대기에 설치하는 작은 첨탑—옮긴이)을 떠받치고 있다. 이는 건축 역사상 전례가 없는 것으로, 그 이후에도 이런 건축 기법은 등장하지 않았다. 독창적이고, 심지어 혁명적이라고까지 할 수 있는 돔의 구조와 웅장함은 렌이 과학과 예술 모두에 조예가 깊었기에 가능했던 것이며, 그것이 가장 위대한 건축 작품의 반열에 오르는 이유가 됐다.

　그러나 전문 비평가들 중에는 세인트폴 대성당을 비판하는 사람들도 있고, 방문객 중에서도 이 건축물의 완결성을 칭찬하는 사람이 생각보다 많지 않다. 상당 부분이 관습적으로 지어졌고 또 어떤 부분들은 적당히 시류와 타협한 모양새로 보인다. 영국 국왕, 영국 국교회, 영국 건축에 흐르는 고딕 전통 등이 이 건물 축조 과정에 영향력을 행사했다. 렌으로선 자기 생각대로만 할 수가 없었다. 구조적, 기술적 문제들로 인해 그는 자신의 건축 원칙에 배치되는 해법을 채택할 때도 있었다. 건축사가인 존 서머슨John Summerson은 1953년에 쓴 렌의 전기에서 "세인트폴은 뛰어나게 영민하고 자립적인 정신의 발현을 드러낸다. 그 정신은 타인의 견해를 받아들이면서도 결코 창의성을 잃지 않았다"고 썼다. 그러나 서머슨은 "그것은 완벽한 건물이 아니다. 어떻게 봐도 이 건물이 전적으로 만족스러운 통일성을 구현하고 있다고 볼 순 없다"고 덧붙였다.

　건축가로서 렌의 삶은 평생에 걸쳐 자신의 생각과 행위 안에서 전개된 정통적인 것과 비정통적인 것 간의 변증법이었다고 할 수 있다. 정통적인 것은 유년기에 형성된 왕실 및 국교회와의 가까운 관계에서 비롯됐다. 렌의 아버지 크리스토퍼와 백부 매슈Matthew는 찰스 1세와 로드Laud 대주교의 측근으로 고교회파(high-church, 종교개혁 이후에도 교회의 전통을 강조하고 권위와 직제를 중시하며 로마 가톨릭과 유사한 모습을 보여주는 영국 국교회의 유파—옮긴이) 성직자였다. 1620년대 초반 매슈 렌은 찰스 왕자의 궁정 목사가 됐다. 찰스는 왕위에 오르자 1628년에 매슈를 윈저의 수석 사제로 임명했다. 1635년에 매슈의 동생 크리스토퍼가 이 자리를 물려받았다. 크리스토퍼 2세를 포함한 크리스토퍼의 자식들은 자연스레 윈저 성의 왕실 분위기 속에서 유년기를 보내며, 안락함과 특권에 익숙해졌다.

그러나 1642년, 아들 크리스토퍼 2세가 열 살이 되던 해에 발생한 왕과 의회 간의 내전으로 이 금빛 찬란한 세상은 산산이 부서졌다. 당시 케임브리지 인근 엘리Ely의 주교였던 매슈 렌은 즉각 체포되어 런던탑에 수감되었고, 1660년 찰스 2세의 왕정복고가 이루어질 때까지 거기 갇혀 지냈다. 의회파 군대는 윈저의 수석 사제 집을 샅샅이 뒤졌고, 사제 렌과 가족들은 윌트셔Wiltshire의 시골 교구로 피난을 갔다. 거기서 그들은 전쟁을 피해 지낼 수 있었다. 그러나 1646년, 왕이 패하자 사제 렌은 비리 인물로 낙인찍혀 윌트셔 교구를 청교도 목사에게 빼앗겼다. 사제 렌은 졸지에 집 없는 처지가 됐다. 그런데 다행히도 렌 일가는 옥스퍼드 근처 블레칭던Bletchingdon 지방 목사인 윌리엄 홀더William Holder의 호의로 목사관에 거처를 잡을 수 있었다. 윌리엄 홀더는 사제 렌의 셋째 딸인 수전 렌과 결혼한 사이였다. 사제 렌은 1658년 죽을 때까지 원래 지위로 복직되지 못했다. 그와 달리 매슈 렌은 왕정복고 이후 재기에 성공했고, 결국 1603년 조카에게 생애 최초의 건축 일을 맡길 수 있었다.

크리스토퍼 렌은 자신이 10대와 20대를 보낸 이 격동의 세월에 대해 한 번도 입을 뗀 적이 없을뿐더러 일기나 회고록에서도 전혀 언급하지 않았는데, 이에 대해서는 생각해볼 점이 있다. 우선, 그때 일로 해서 렌은 종교에 관한 한 매우 조심스러운 태도를 취하게 되었을 것이다. 영국에서 가장 위대한 종교적 건축물을 지은 사람의 종교관에 대해 거의 알려진 바가 없다는 것은 아이러니하다. 또 한 가지는 그런 고난들 때문에 렌이 부와 지위에 대한 열망을 키웠을 수도 있다. 강력하고 풍부한 금전적 후원이 필요한 건축가에게 어쩔 수 없는 태도라고 할 수 있다. 그러면서도 렌은 과학과 이성적 진실을 깊이 있게 추구했기 때문에 당시의 정치적·사회적 소란에 휘말리지 않을 수 있었다. 마지막으로, 초기의 렌은 과학자와 발명가로서 정신없는 삶을 살았는데, 한 분야에 깊이 뿌리내리지 못하고 아주 다양한 분야를 오갔던 것은 매우 불안정했던 젊은 시절에 생겨난 안전에 대한 염려에 부분적으로 그 원인이 있다.

과학에 대한 렌의 관심은 건축에 흥미를 보이기 훨씬 전인 학생 시절부터 싹텄다. 렌은 열세 살에 자신의 첫 과학 작품인 해시계를 설계했다. 1645년에는 천체 운행 계산 장치를 발명했다. 렌은 그것에 '파노르가눔 아스트로노미쿰panorganum astronomicum'이라는 이름을 붙여 유창한 수준의 라틴어로 쓴 설명서와 함께 아버지에게 증정했다.

사제 렌 역시 아들의 이런 재능을 북돋웠음이 분명한데, 1650년대에 사제 렌이 본인 소유 장서(현재 이 책들은 옥스퍼드의 보들리언Bodleian 도서관에 있다) 여백에 써놓은 짧은 글들이 그 증거다. 역사학자 짐 베넷Jim Bennett에 따르면, 이 방주旁註들은 "기계학과 자연철학에 흥미를 가지고 방대하면서도 제대로 된 독서를 했음"을 보여준다. 물론 코페르니쿠스의 지동설에 대해서는 1543년 이론이 발표된 지 한 세기나 지난 시점임에도 불구하고 뿌리 깊은 신학적인 입장에서 반대를 표명하고 있다. 한편, 아들 렌이 과학에 관심을 보인 데는 홀더의 영향도 있었다. 홀더는 렌에게 처음으로 수학을 가르쳤다. 그러나 렌이 만난 최초의 전문적 과학 스승은 홀더의 친구이자 집안 좋은 왕당파 물리학자인 찰스 스카버러Charles Scarborough였다. 스카버러는 특히 수학과 의학을 중점적으로 가르쳤다. 둘은 1647년에 처음 만났는데, 그때 렌은 스카버러의 환자였다. 렌은 스카버러의 집에서 수개월을 머물렀다. 어쩌면 1년 이상이었는지도 모른다. 열다섯 살밖에 안 된 나이에 렌은 이미 '물리학, 해부학, 기하학, 천문학, 항해술, 정역학, 자기학, 화학, 기계학, 자연 실험'에 대해 매주 토론을 벌이는 전문가 소그룹에 참여했다. 이 그룹들은 런던과 옥스퍼드에 있었는데, 아리스토텔레스의 관념보다는 프랜시스 베이컨Francis Bacon의 사고에 영향을 더 많이 받고 있었으며, 10여 년 후 왕립 학회 결성으로 이어지는 계기가 되었다. 렌은 거기에서도 주요 창설 멤버가 됐다.

1640년대 후반은 렌이 옥스퍼드 대학에 들어간 때이지만 정확한 날짜에 대해서는 여러 가지 말들이 있다. 렌의 아들은 렌이 열네 살이던 1646년에 입학했다고 하지만, 이건 확실히 너무 어리다. 일부에서는 1649년이라고도 말한다. 그런데 1649년 1월 30일은 찰스 1세가 의회파에 의해 공개적으로 참수형을 당하고 왕당파들의 목숨도 경각에 달려 있을 때다. 렌의 전기 작가인 리사 자딘Lisa Jardine에 따르면, 극히 일부만 남은 증거(두 통의 편지로, 그중 한 통은 렌이 쓴 것이다)로 미뤄볼 때 불안을 느낀 렌의 아버지가 1649년 3월에 아들을 국외로 몰래 빼돌렸다고 한다. 이 여행에 집안 친구이자 당시 유럽 대륙을 공식 여행 중이던 성직자 존 윌킨스John Wilkins가 동반했다고 알려졌다. 그들은 그해 12월까지 영국에 돌아오지 않았다. 그런데 렌이나 그의 친구, 지인들이 왕정복고 이후에 이 밀행에 관해 한마디도 언급하지 않은 것은 이해하기 어렵다. 게다가 아흔 살 이상 산 렌은 얼마든지 말할 기회가 있었음에도 이 부분에 대해서는 침묵하고 있다. 자딘은 렌이 정말로 1649년 해외에서 9개월을 보냈다면 여기서 "렌의 차후 행적을 둘러싼 오랜 미스터리 하나가 풀릴 수 있다"고 썼다. "그때까지 유럽의 크고 새로운 건축물을 한 번도 보지 못했다는 사람이 왕정복고 이후에 어떻게 그토록 자신만만하게 건축계로 뛰어들 수 있었는지"가 설명된다는 것이다.

진실이 무엇이든 간에, 1650년에 렌은 옥스퍼드 워드햄 칼리지에 다녔기 때문에 블레칭턴에 살고 있던 가족으로부터 멀리 떨어져 있지 않았다. 그 대학은 왕당파 수뇌부를 숙청한 의회파가 윌킨스를 학장으로 임명한 터였다. 도량이 넓은 윌킨스는 자유주의자들로부터 열광적인 지지를 받고 있었고, 경험주의자 클럽의 중심에 있는 인물이었다. 렌은 1657년까지 옥스퍼드를 다녔는데, 후반부에는 올 솔스 칼리지의 연구원 생활을 했다. 왕정복고 후 1661년에 렌은 새빌리언 천문학 교수직(1619년 옥스퍼드 대학의 수학자이자 고전학자인 헨리 새빌Henry Savile 경이 만든 교수직—옮긴이)을 맡으면서 옥스퍼드로 돌아왔다. 30대 초반까지의 이 시기는 렌의 과학적 명성에 초석이 놓인 때였다. 뉴턴은 이 당시의 렌을 일컬어 "이전 세대에서 가장 뛰어난 세 명의 기하학자 중 한 사람"이었다고 『프린키피아Principia Mathematica』에서 주저 없이 말하고 있다. 운동 법칙에 관한 렌의 실험을 높이 평가한 것이다.

베넷은 "렌의 과학적 능력이 무시되어왔다"고 『크리스토퍼 렌의 수학적 과학The Mathematical Science of Christopher Wren』(1982)에서 썼다. 이는 대체로 맞는 말이다. 1650년대에 렌이 이룬 과학적 연구 성과는 건축학적 성취에 의해 가려졌다. 1660년대에 렌은 일부 책의 겨우 몇 페이지만을 할애하여 과학자로서 자신을 드러냈다. 또한 이름 있는 과학 전기 백과사전에서도 그의 이름이 누락되었다. 렌의 과학이 그의 건축과 관련되어 있다는 주장이 널리 인정되지만, 아직도 불확실한 부분이 있다. 렌의 저작물 전문 편집자인 리디아 수Lydia Soo는 "건축학에 관해 렌이 쓴 글들이 그의 내부에서 과학적 배경과 건축학적 사고가 연결되어 있음을 입증하는 증거로 쓰이고 있지만, 그 글들은 대부분 역사 연구적인 접근법을 취하고 있거나 미에 관해 경험적인 정의를 내리고 있는 것"이라고 썼다. 그래서 "실험과학자로서 렌의 사고방식과 현장 건축가로서 그것 사이에 확고한 연계를 설정하기가 대단히 어렵다". 심지어 세인트폴 대성당 돔의 만곡 면을 놓고도 그게 과연 렌의 수학 지식과 석공 지식이 결합한 결과인지 논쟁이 벌어지는 상황이다.

렌은 당시 누구 못지않게 명민하고 방대한 실험 작업을 한 로버트 보일Robert Boyle이나 로버트 훅Robert Hooke 같은 옥스퍼드 동료 학자들보다도 폭넓게 과학 분야를 섭렵했다. 이를테면 렌은 수학을 천문학과 우주철학, 기상학, 기계학, 통계조사, 경도 찾기 등에 적용했다. 또한 현미경을 사용해 미생물들, 예를 들어 벼룩이나 파리의 날개 등을 정교하게 그리기도 했다. 이들 중 몇몇 작품은 1665년에 훅이 펴낸 선구적인 책 『마이크로그라피아Micrographia』에 등장한다. 그런가 하면 동물에 독을 주사해서 그것이 혈액을 타고 순환(혈액순환의 원리는 찰스 1세의 주치의였던 윌리엄 하비William Harvey가 발견했다)한다는 사실을 보여주었을 때, 곧바로 렌은 최초로 타인의 피를 수혈하는 아주 위험한 시도를 하기도 했다. 또한 렌은 여러 가지 기계 도구를 발명했다. 그중 돋보이는 것이 문서를 정확하게 복사할 수 있는 이중 필기도구로, 큰 성공을 거두었다. 렌은 생애를 통틀어 이론보다 실험, 무형의 것보다 유형의 것, 나아가 사회에서 유용하게 쓰일 수 있는 결과를 선호했다.

렌의 실용적 사고는 건축계로 진출하기 전부터 이미 뚜렷했는데, 1656년에 보일이 언급한, 커다란 개에 약을 주입하는 실험이 그 예다. 이 실험은 몇 사람만 지켜보는 가운데 옥스퍼드에서 이뤄졌다. "그의 방식은…… 간략히 말하면 이렇다. 먼저 개의 뒷다리를 작고 적당한 크기로 절개한다. 거기는 큰 혈관들을 확보하기가 가장 쉬운 곳이다. 이 혈관들을 실로 동여매고 작은 황동 판을 갖다 댄다. 그 모양은 남자의 엄지손톱처럼 생겼고 크기는 약간 더 컸다." 이 판의 귀퉁이 가장자리 쪽에 네 개의 구멍이 뚫려 있었다. 렌은 혈관을 동여맨 실들을 이 구멍들 사이로 빼내어 묶었다. 판 중간에는 아래위로 좁고 긴 홈이 나 있었는데, 거기에 랜싯(양날이 있는 의료용 칼—옮긴이)을 삽입했다. 렌은 그다음에 "묶은 지점에서 심장 방향으로 정맥을 그었다. 그러자 가느다란 주사관을 삽입할 만한 틈이 생겨났다. 그 틈을 통해 렌은 봉지에 든 아편 용액을 주입할 생각이었다. 실험 효과는 생각보다 즉각적이고 분명했다". 보일의 보고서를 좀 더 읽어보자. "이 무시무시한 실험자는 고통으로 몸부림치는 개를 다리 사이에 끼고 올라탄 채 착색된 용액을 혈관 속에 조금씩 주입했다……." 마약이 혈관을 타고 다리에서 뇌까지 퍼지자 불쌍한 개는 급속히 혼수상태에 빠져들었다. 살아날 가능성은 전혀 없어 보였다. 하지만 이 개는 회생했을 뿐 아니라 유명해졌고, 나중에는 누군가 보일의 집에서 훔쳐갔다.

이런 식으로 명성과 경력을 쌓은 렌은 젊은 나이에 자연스럽게 런던 대학의 그레셤 칼리지 교수 후보가 되었다. 이 칼리지는 60년 전인 1597년에 엘리자베스 왕조에서 고위 재정관을 지냈던 토머스 그레셤Thomas Gresham 경의 유지로 세워진 학교였다. 50파운드의 연봉과 교내 무료 기숙을 받는 조건으로 그레셤 칼리지의 신학, 법학, 물리학, 수사학, 음악, 기하학, 천문학 교수들은 매주 런던 시민을 대상으로 이론보다는 실습 중심의 강의를 라틴어와 영어로 해야 했다(옥스퍼드의 모든 강의가 라틴어로 이뤄졌던 것과는 다른 점이다). 1657년에 렌은 (아마도 윌킨스가 발탁했을 테지만) 그레셤 칼리지의 천문학 교수가 되면서 옥스퍼드를 떠나 런던으로 간다. 렌은 1658년 크롬웰의 사망으로 공화정이 붕괴하면서 군대가 대학을 점령했던 기간 외에는 거기서 4년을 봉직했다. 기숙사에 군인들의 악취가 진동하면서 물리학 교수 한 명을 제외한 모든 교수들이 자리를 떴다. (그 물리학 교수는 스코틀랜드에서 크롬웰 군대의 주치의로 있으면서

'군대의 향기'에 웬만큼 단련된 터였고, 그래서인지 연구실로 돌아오면 놀랄 만큼 빨리 기운을 차렸다고 옥스퍼드로 피신한 렌에게 런던의 한 친구가 생생하게 전했다.)

최초의, 그리고 지금까지 자료가 남아 있는 유일한 그레셤 칼리지 강의에서 렌은 지적 혁명기라고 일컫는 그 시대에 걸맞은 어마어마하게 방대한 자신의 과학적 식견을 펼쳐 보였다. 전통을 중시하는 집안 출신으로 라틴어에도 몰두했던 렌이지만 낡은 권위는 기꺼이 거부하겠다는 의지를 내비쳤다. 강의 서두에서 렌은 이렇게 말했다. "이 시대의 수학적인 지혜는 예전보다 확실히 우월한 부분이 있습니다. 역사와 연대기적 전통은 수학에서 중요하지 않습니다. 과거의 수학이란 사물을 관통하지 못하고 표면만 더듬는 정도에서 그친 게 아니었던가요?" 렌은 자신의 아버지가 코페르니쿠스의 이론에 대해 보였던 케케묵은 입장도 거부했다. "지구가 움직인다는 주장은 이를 경멸하는 철학자들에겐 말도 안 되는 소리일 것입니다. 비록 그들 중 일부가 그것을 하나의 역설로 받아들이고 있지만 말입니다. 그런데 이 말도 안 되는 소리가 자연에 관한 진실을 말하기 시작했으며 옛 견해들을 오류로 만들고 있습니다. 이제 역사상 최초로 철학에 자유가 나타나고 있는 것입니다. 그리스와 로마 전통의 억압을 받아왔던 그 철학에 말입니다." 찰스 왕이 권좌에 복귀한 몇 년 후에 렌이 대중 앞에서 한 강연치고는 예상 밖이 아닐 수 없다.

세계 최초의 근대적 과학 연구 기관인 왕립 학회는 1660년 11월 28일 오후에 그레셤 칼리지에서 발족했다. 열두 명의 발기인 중에는 렌과 윌킨스(주창자), 보일이 있었고 이들은 기하학 교수 기숙사에서 회동했다. 1662년에는 찰스 2세의 칙허장이 수여됐다. 렌은 이후 평생 동안 활동적인 멤버로 지냈는데 1680년대에는 제3대 회장을 맡기도 했다. 렌은 자주

회합에 참석했고 정기간행물 『철학 회보*Philosophical Transactions*』에 기고 하곤 했다. 그러나 렌과 협회의 관계는 양면적이었다. 렌은 협회에 전력을 기울이지 않았다. 특히 1660년대 이후 건축 쪽에 매진하게 된 뒤로는 더욱 그랬다.

1661년, 렌은 옥스퍼드로 돌아온 상태였다(여기서는 경험주의자들이 일부 성직자들의 의심을 받았다). 렌은 왕립 학회의 초청을 받았는데, 왕이 개인적으로 요구한 것이었다. 렌은 자신이 직접 그린 현미경 생물 그림과 달 모형 구체를 거기서 선보일 예정이었다. 달 모형은 자신의 발명품, 즉 움직이는 십자 선wire을 붙인 접안 측미계를 장착한 망원경을 사용해 1650년대에 관찰한 내용을 토대로 제작한 것이었다. 렌은 그 구체를 왕립 학회에서 먼저 발표하지 않고 개인적으로 찰스 2세에게 증정했다. 그리고 아첨의 헌사를 구체에 새겨 넣었다. 하지만 정작 새로운 것을 하나 더 만들어달라는 협회의 요구에는 응하지 못했다(현재 구체는 없어졌지만, 옥스퍼드 셸도니언 극장에 걸린 렌의 초상화 전면에 그림으로 그려져 있다). 같은 해, 초대 회장인 브로운커Brouncker 경의 요청에 따라 렌은 왕의 첫 협회 방문을 환영하는 축하 실험을 어떻게 할 것인지 오랫동안 궁리했다. 하지만 결국 렌은 마음만 조급해져서 브로운커에게 다음과 같은 말을 하게 된다. "확실한 것은, 자연은 가장 위대한 작품 속에서 자신을 분명히 드러낸다는 점이지요. 단, 호기심을 가지고 꾸준히 관찰해야겠지요. 그리고 자연의 보물 창고를 여는 열쇠가 있다면 그건 겉보기에 평범하고 낡아 보일 겁니다. 금박으로 칠하지 않은 이상, 왕실에서는 그걸 알아보지도 못할 거예요." 왕정복고 시절 초기의 과학자 렌과 왕당파(그리고 장차 왕당파 건축가) 렌은 분명히 창조적 긴장 관계에 있었다.

건축가로서 렌의 이력은 이 무렵부터 시작되었다고 봐야 한다. 물론 그 이전, 1650년대 중반에 렌은 (실제 건립되지는 않은) 옥스퍼드의 과학 '칼리지' 건물을 지으려는 윌킨스를 돕긴 했지만 본격적인 건축가로 발을 내디딘 것은 이때였다. 1661년, 렌에게 보낸 편지에서 왕이 지나가는 말로 오래된 세인트폴 성당 건물을 어떻게 보수해야 할지 조사 작업에 도움을 주라는 명을 내리고 있는 걸 보면 이를 짐작할 수 있다. 그 밖의 다른 증거는 없다. 한편으로, 렌은 정부의 의뢰를 받아 모로코 탕헤르 (Tángier, 원래는 포르투갈 영토였으나 찰스 2세가 포르투갈 공주인 브라간자의 캐서린Catherine of Braganza과 혼인하면서 영국으로 넘어갔다)의 주요 해군 요새 구축 작업을 위한 조사관이 됐다. 이 일을 맡기려고 정부는 렌에게 '왕실 공사 조사 총관Surveyor-General of the King's Works'이라는 귀가 솔깃한 자리를 제안했다. 현직에 있던 자의 사망으로 공석이 된 왕의 공식 건축사 자리였다.

오늘날의 관점에서 보면 찰스 2세가 렌을 건축가로 생각했다는 게 다소 이상해 보인다. 왜냐하면 렌은 1661년 당시 아무것도 지은 바 없는 옥스퍼드의 천문학 교수였기 때문이다. 그러나 17세기 영국에서 건축은 하나의 직업으로 자리 잡고 있지 않았다. 영국에서 처음으로 건축 학교가 생긴 것은 1847년에 들어서였다. 그때까지 영국 내에서 건축가란 직함을 달고 산 유일한 사람은 이니고 존스Inigo Jones였다. 존스는 찰스 1세의 신하였는데 1652년에 죽었다. 이 시기에 건물 설계를 할 수 있는 자격이 있느냐 없느냐는 수학을 아느냐 모르느냐의 문제였다. 그 점에 관해서라면, 렌은 이미 주요 기하학자의 반열에 올라 있는 상태였다. 렌 아들의 말에 따르면, 렌의 수학적 능력이 탕헤르 요새 작업을 맡게 된 주된 이유였다(왕에 대한 렌 가문의 충성심도 큰 이유가 됐음은 두말할 나위 없다).

더욱 놀라운 일은 렌 자신이 건축가로서 경력을 쌓으려는 야망을 품고 있었다는 점이다. 1650년대 렌이 수행한 연구 중에 몇 가지 조사 일을 제외하면 과학과 직접 관련된 것이 전혀 없었다는 점에서 그렇다. 건축은 지속적으로 과학과 관련을 맺어야 하는 일임에 분명하지만, 한편 이로 인해 렌은 천문학과는 아주 다른 길을 가게 됐다. 렌 자신은 언급을 피하지만, 서머슨은 렌의 동기에 관한 한 확신을 가지고 있다.

다수의 과학자들은 자신들의 이론이 논문이나 책으로 나오면 그것으로 충분히 구체화했다고 생각한다. 하지만 렌은 그렇지 않았다……건축술에 자신의 모든 걸 바쳤다. 실물 모형에 대한 애호, 고대 로마의 디자인과 언어에 대한 사랑, 기하학적 분석력, 정밀한 장식 도안을 그림으로 그릴 수 있는 역량, 아치 천장의 강도를 계산하는 수학적 능력과 필요한 것을 스스로 만들어낼 수 있는 발명 능력 등을 동원해 뭔가를 축조해내고자 했다.

1661년, 렌은 예의를 갖추어 탕헤르 건을 거절한다. 왕의 호의에 대해 거듭 감사를 표하면서 건강 악화를 이유로 들었다. 결국 이 일은 조너스 무어Jonas Moore 경에게 돌아갔다. 무어는 렌이 상대가 되지 않을 정도로 어마어마한 부자였으며, 1670년에 렌이 설계한 그리니치 왕립 천문대 건설을 이끌기도 했다.

렌에게 첫 번째 건축 작업을 맡긴 사람은 왕이 아니라 고교회파 성직자인 백부 매슈 렌으로, 자신이 재직하던 케임브리지 펨브로크Pembroke의 오래된 대학에 교회를 짓는 일이었다. 거기서 엘리 주교로 복위된 매슈 렌이 1667년에 영면을 취하게 된다. 그 설계를 조카에게 맡긴 것이다. 교회 공사 계획을 세우면서 렌은 나무 모형을 제작했다. 렌은 처음에 과학적인 계산을 거쳐 십 수 개의 모형을 만들었다. 1663년에 최종 모형이 선택됐고, 공사가 시작되어 2년 후에 교회가 봉헌됐다. 건축가로서의 야심이 엿보이는 건물은 아니었지만 아주 솜씨 있게 지어졌으며, 온전히 고전주의적인 작품이었다(케임브리지 건물의 특징인 고딕 양식은 배제되었다). 건물 정면은 1611년에 출간된 세바스티아노 세를리오Sebastiano Serlio의 르네상스 건축 교과서 영어판에 나오는 고전주의 양식의 한 교회 정면을 본뜬 것이었다. 렌은 이 일에서 백부의 명을 따랐을 뿐, 실제 역할은 제한적이었을 것으로 추측된다. 나중에 렌의 아들이 집필한 비망록에 이 작업에 대한 언급이 전혀 없기 때문이다.

펨브로크 교회 건축 일을 하면서 렌은 자신의 첫 번째 주요 건축물 설계에 들어갔다. 옥스퍼드 대학은 세속적인 의식, 이를테면 학위 수여식 같은 행사를 대학 교회에서 하는 게 적절치 않다고 여겨 관련 전용 건물을 지으려 했다. 1669년에 완공된 이 건물에는 셸도니언 극장이라는 명칭이 붙었다. 이는 왕정복고 시대에 올 솔스 칼리지 학감을 지냈고 나중에 대학 총장과 캔터베리 대주교를 지냈던 길버트 셸던Gilbert Sheldon의 이름을 딴 것으로, 셸던이 공사 비용 전부를 댔다. 셸던은 올 솔스에서부터 렌을 알고 있었고 이미 1659년부터 렌과 이 계획에 대해 논의하고 있었다. 그러나 렌이 이 일과 관련해 최초의 발표를 한 것은 1663년 4월로, 그때 이 건물의 모형을 만들어 왕립 학회에 제출했다.

그때까지 영국에서 이런 종류의 건물은 전례가 없는 것이었다. 그래서 렌은 고대 로마의 건축을 뒤져 D자 모양을 한 마르셀루스 극장을 본떠 설계 모형을 제작했다. 이 극장은 율리우스 카이사르 시대에 착공해서 기원전 13년 아우구스투스 황제 시대에 완공된 건물이다. 렌은 D자의 곡선부 정중앙에 총장 자리를 위치시켜 극적인 집중 효과를 나타내려

했다. 또 렌은 세를리오의 교과서에서 로마 시대의 원작 건물을 봤다. 그러나 이러한 르네상스 참고 자료에만 온전히 의지한 것도 아니다. 현대에 렌의 건축 드로잉 작품을 편찬한 케리 다운즈Kerry Downes는 "르네상스 시대의 전형적인 세속 건물의 정면은 세 영역으로 이루어져 있는데, 기초부와 기초부가 지지하는 본 층, 그리고 더그매(지붕과 천장 사이의 공간－옮긴이)"라고 적고 있다. 여기서 "렌은 본 층을 빼버린 것이다. 기초가 없거나 더그매가 없는 본 층 구조는 많은 논문에서 소개되고 있지만 기초와 더그매만 있고 본 층이 생략된 경우는 자료가 없었다. 렌은 자신이 뛰어난 경험주의자임을 증명이라도 하듯 이를 시도했다. 별일은 일어나지 않았다". 그러나 최종 결과물은 기대했던 것만큼 인상적이지 못했다. 셸도니언 극장은 많은 비판을 받았다. 하지만 이 건물은 고전주의적 원작을 변형시킬 만큼 강했던 렌의 자신감에서 나온 것이지 미숙함이나 무지의 소산은 결코 아니었다.

셸도니언의 지붕으로 말하자면, 이는 고전주의적 양식에선 전례가 없는 것이었다. 이런 종류의 고대 로마 건축물에는 영구적인 지붕이 없었고 궂은 날씨엔 차일 같은 것을 쳐서 임시로 가리게 되어 있었다. 무엇보다 20여 미터나 되는 지붕을 한 번에 덮을 만한 크기의 목재를 구할 수 없었다. 고딕식의 아치형 천장이나 열주 지지 방식은 고전주의적인 풍취를 훼손할 수 있기 때문에 렌은 이런 방식을 쓰지 않기로 결심한 터여서 새로운 지붕 형태를 고안할 수밖에 없었다. 동료 새빌리언 교수이자 기하학자이며, 이른바 '기하학적 평판층geometrical flat floor'의 설계자인 존 월리스John Wallis의 도움을 받아 관객들도 볼 수 있는 평판 천장을 건축했다. 나무를 겹쳐 천장을 잇고, 아래서는 안 보이게 볼트와 철판 그리고 자체 무게로 고정된 나무 트러스들이 위에서 잡아주는 구조였다. 이 천장은 어찌나 튼튼한지 옥스퍼드 대학 클래런던 출판부가 천장과 건물 꼭대기 사이의 더그매 공간에 수많은 장서를 보관할 정도였다.

셸도니언 극장을 설계하면서 렌은 고전적 건축물에 대한 실제 경험이 부족하다는 사실을 깨달았다. 비록 책에서 그림으로는 많이 보았다 해도 그건 어디까지나 간접경험일 뿐이었다. 1660년대 초까지 렌은 영국 밖을 여행한 일이 없었다(1649년에 유럽 대륙을 여행했다는 것을 사실로 인정하지 않는다면). 그래서 렌은 1665~1666년에 루이 14세 치하의 프랑스에서 몇 달을 보내기로 결심한다. 그곳에서 교회, 궁전, 기타 파리와 베르사유의 건축물들, 지방의 성들을 시찰할 계획이었다. 거기엔 아직 완공되지 않은 채 건축 중인 루브르 궁을 견학하는 일정도 포함되었다. 렌은 자신을 좋아하는 다수의 프랑스 학자들이 건축에 관심이 많다는 것을 잘 알고 있었다.

특히 파리에서 렌의 눈길을 끈 것은 조반니 로렌초 베르니니의 존재였다. 베르니니는 루브르의 설계도를 그려달라는 왕의 부탁을 받고 로마에서 파리로 온 유명 인사였다. 그러나 안타깝게도 둘의 만남은 결과가 좋지 않았다. 그 점에 대해 렌은 집으로 보내는 편지에서 이렇게 쓰고 있다. "베르니니의 루브르 설계도라면 내 피부에 새기고 싶을 정도였지. 하지만 이 늙고 내성적인 이탈리아인은 겨우 몇 분만 설계도를 보게 했소. 종이에 그린 다섯 개의 도면이더군. 베르니니는 그걸 그려주고 수천 피스톨(pistole, 스페인과 이탈리아의 옛 금화 — 옮긴이)을 챙겼겠지. 나는 한 번 힐끗 보고 머릿속에서 상상으로 그려낼 수밖에 없었다오." 그럼에도 확고한 기반을 지닌 장인과의 조우는 신예 건축가에게 강한 인상을 남겼다. 렌의 전기 작가인 에이드리언 티니스우드Adrian Tinniswood는 "렌이 베르니니에게 배운 것은 건축이 건축 장인의 전문 기예 혹은 신사의 취미 활동 그 이상이라는 사실이었다"고 주장한다. "그것은 천직이고 생업이며, 다른 직업들과 마찬가지로 헌신을 요구하는 것이며, 잘만 하면 권력과 지위를 가져다주었다."

렌은 1666년 3월에 런던으로 돌아왔다. 프랑스 방문 결과는 곧바로 나타났다. 렌이 돔을 제작해 옛 세인트폴 성당을 복구하겠노라고 제안한 것이다. 이는 자크 르메르시에Jacque Lemercier가 설계한 파리의 소르본 교회와 로마 산피에트로 성당의 돔으로부터 받은 인상에서 착안한 것이다. 1666년 5월 1일자 기록에 의하면, 렌은 1663년에 만들어진 왕립 위원회에 이렇게 말하고 있다. "나로서는 내부의 십자형 공간에서 모서리들을 쳐내고 중심부를 남겨 널찍한 돔이나 원형 홀rotunda로 개조하는 것 외에 더 좋은 방법을 제안할 수 없군요. 둥근 지붕cupola이나 반구형 지붕을 올리고 그 위에 외부 장식 삼아 첨탑을 단 랜턴을 비율에 맞는 크기로 지으면 될 것입니다. 물론 벼락을 맞아 타버린, 목재와 납으로 만든 이전의 첨탑만큼 높을 필요는 없을 겁니다." 남아 있는 기존 건물 주변에 새 돔과 랜턴을 지은 다음, 옛것을 철거할 수도 있었다. 그렇게 하면 공사용 작업대를 쌓는 비용도 절감할 수 있고, 친숙한 건물이 돌연 부서지는 모습을 목격한 사람들이 느낄 서운함도 달랠 수 있다고 렌은 주장했다.

1561년에 세인트폴의 중세 첨탑이 벼락을 맞고 파괴됐다. 이 건축물은 노르만 왕조 시절에 공사를 시작해 1327년에 완공된 것이다(604년 이후 그때까지 그 자리에는 세 개의 성당이 생겨났다 사라졌다). 벼락 맞은 이후 몇 십 년이 지나면서 옛 세인트폴 성당의 첨탑은 물리적으로 붕괴된 상태였다. 신랑(身廊, 교회 건축에서 양옆의 측랑 사이에 있는 중심부로, 예배자들을 위한 공간으로 쓰임—옮긴이)과 수랑(袖廊, 십자형 교회 건물에서 좌우 날개 부분의 공간—옮긴이)은 보수됐고, 서쪽 끄트머리에 웅장하고 고전적인 주랑柱廊이 지어졌다. 이 모든 작업은 1630년 찰스 1세의 명령을 받은 이니고 존스가 시행했다. 내전 후 공화정 시기에 성당은 군대 막사와 군마 축사로 쓰였는데, 그러다 보니 파손이 더 심해졌다. 1660년 왕정복고가 됐을 때 이 건물의 여러 곳이 완전히 무너졌거나 무너질 위험에 처해 있었다.

렌은 1666년 여름 옥스퍼드의 연구실에서 채색 설계도까지 그려 보이며 제안했지만 즉각 받아들여지지 않았다. 왜냐하면 왕립 위원회에선 그때까지만 해도 세인트폴을 재건축하기보다 보수해 쓰는 쪽을 선호했기 때문이다. 그러나 1666년 8월 27일 현장에서 열린 회의에서 (위원회 멤버이자 기록관으로, 친구인 렌을 지지했던 존 에벌린John Evelyn에 따르면) '상당한 논쟁이 오간 후에' 기초 작업을 위한 조사를 한다는 전제하에 돔을 짓는 쪽으로 의견이 모였다.

그런데 이 결정이 내려진 지 일주일도 안 되어 재건축 여부는 문젯거리도 되지 않을 만큼 심각한 상황이 생겼다. 9월의 시작과 함께 발생한 런던 대화재의 여파로 성당 대부분이 아예 보수를 할 수 없을 정도로 파괴된 것이다. 4일간이나 탔던 이 불은 런던 성벽 안에 있던 거의 모든 것을 삼켰으며 연기만 모락모락 나는 폐허만을 남기고 꺼졌다. 약 150만 제곱미터의 면적이 피해를 입었고 1만 3200채의 집이 소실됐으며 8만에서 10만 명에 이르는 시민들이 거주지를 잃고 시 경계 외곽 주위의 들판에서 노숙하는 처지가 됐다. 이 성당 외에 87개 교구의 교회가 불길에 화를 입었다.

렌에게는 이 재난이 건축가로서 입지를 세울 기회가 됐다. 비록 그가 놀라울 정도로 빠른 시간 안에 입안한 도심 재건 계획이 당시 루이 14세가 시행하고 있던 대대적인 파리 개조 사업에서 아이디어를 얻은 것이고 너무 급진적이라는 이유로 런던의 원로들과 시민들에게 거부당하긴 했지만, 찰스 2세는 렌을 6인 재건 위원회 위원으로 임명했다. 위원들 중 세 명은 왕이, 세 명은 런던 시의회가 뽑았다. 그중에는 이미 경험 많은 조사관으로 인정받고 있던 렌의 친구 훅이 있었다. 재건 비용은 런던 항에 입항하는 석탄에 부과하는 정부 세금에서 충당했다. 1716년까지 수십 년간 이 세금 징수에 대해 의회는 마지못해 승인해주었지만, 결국 세인트폴 성당 재건축 비용의 대부분을 충당하게 된다.

교구 교회들의 재건축은 성당 재건축 훨씬 이전인 1670년에 시작됐다. 그때부터 생애 마지막까지 렌은 훅, 나중에는 니컬러스 혹스무어 Nicholas Hawksmoore의 조력을 받으며 런던에 소재한 51개 교구 교회의 재건을 감독했다. 각각의 교회에는 저마다 문제가 있었고 그에 따라 각기 다른 재건축 설계가 필요했다. 게다가 이웃 교회보다 더 크고 화려하게 지으려는 각 교구와의 협상도 보통 일이 아니었다. 이 대대적인 교회 재건축 프로그램을 진행하면서 렌은 자신이 장차 세인트폴 성당을 지으면서 부닥치게 될 문제들을 미리 파악할 수 있었으며, 시행착오에 따르는 시간과 공간을 절약할 수 있었다. 한 예로, 1673년에 렌이 설계한 월브룩에 있는 세인트 스테판 교회의 채광이 잘되는 돔을 들 수 있다. 이 돔은 아직까지 렌이 지은 건축물 중 현존하는 가장 멋진 런던 교회 건축물로 꼽히고 있다. 가느다란 기둥에서 똑같은 모양의 아치 여덟 개를 뽑아 지은 이 돔은 목재로 만들어졌다. 모양은 비슷했지만 세인트폴 성당의 내부 석조 돔과는 차원이 달랐다. 세인트폴의 돔도 여덟 개의 아치로 이루어졌으나, 그것을 받치고 있는 기둥은 훨씬 더 튼튼했다. 어쨌든 세인트 스테판 교회의 돔은 30년 후에 짓게 될 더 복잡하고 일이 많은 대성당 돔 작업의 예행연습 같은 것이 됐다.

교회를 재건축하면서 렌이 고려하지 않을 수 없었던 것은 어떻게 회중 예배가 가능한 공간으로 만들 것인가 하는 문제였다. 회중 예배는 이전 세기의 종교개혁 이래로 영국 국교회에서 강조하는 사안이었다. 영국 교회는 제단 의식(이는 고교회파 성직자인 렌의 백부가 좋아하는 것이었다)보다는 설교에 중점을 두었다. "실제로 로마 가톨릭이라면 더 큰 교회를 지었을 것이다. 미사 참석자들의 웅얼거림이 잘 확산되고 성체가 우러러보이려면 말이다. 그러나 우리는 설교 소리가 잘 들리도록 만들어야 했다." 렌은 항상 실용적이었다. "설교단을 어디 둘 것인가에 관해서라면…… 적당히 내는 소리는 목사 전방으로 약 15미터 떨어진 곳까지 들릴 것이고, 좌우 측면으로 약 9미터, 후방으로는 약 6미터 떨어진 곳까지 들릴 터였다. 그 이상이 되면 모든 청중에게 똑같이 들리지는 않을 것이다. 그리고 설교자들은 으레 문장 말미에 힘을 주게 되는데, 그 강세가 전달되지 않을 것이다. 그렇게 되면 설교가 활력을 잃어버린다." 렌은 새로 짓는 세인트폴을 중세 고딕 성당과는 달리 회중 예배에 효과적인 공간으로 만들기로 마음먹었다.

1668년 이니고 존스가 화재로 금 간 주랑들을 손보려고 할 때 옛 세인트폴 성당의 서쪽 끄트머리가 더 무너졌다. 이에 수석 사제와 참사회 측에선 보수하려던 생각을 완전히 접고 왕의 허락을 받아 성당을 헐고 렌의 권고에 따르기로 했다. 수석 사제는 옥스퍼드에 있는 렌에게 "우리가 다음에 할 일은 이 당면한 문제에 대한 심도 있는 토의입니다. 여기서 당신은 우리에게 절대적으로 필요한 인물입니다. 우린 당신이 없으면 어떤 것도 실행하거나 해결할 수 없습니다"라고 편지를 썼다. 이듬해인 1669년 서른여섯 살의 천문학 교수는 왕의 건축가(왕실 공사 조사 총관)겸 대성당 건축가(교회 건설 조사관)에 임명됐다. 한편, 렌은 옥스퍼드 교수직을 1673년까지 그만두지 않았는데, 이는 아마도 성당 건축이 실패하면 다시 돌아가기 위한 일종의 '보험'이었던 것 같다. 왕실 공사 조사 총관과 교회 건설 조사관 지위는 사망 직전까지 약 반세기 동안 유지했다.

철거는 1668년 건물 동쪽부터 시작되어 수년 동안 많은 노력을 기울였다. 그럼에도 1680년대 중반까지 건물 서쪽 끝이 완전히 해체되지 않았을 정도로 일이 더뎠다. 작업 속도를 내기 위해 왕립 학회에서 즐겨 추천하는 폭약을 사용하기로 렌은 마음먹었다. 그러나 폭약을 쓰면 옛 탑을 떠받치고 있는 열주들을 멋지게 무너뜨리겠지만, 다량의 파편이 비산할 가능성이 있어 포기해야 했다. 그 대신 군대의 공성전에서 사용하는 큰 망치를 썼다. 이것을 줄에 매달아 서른 명이 잡아당겼다 놓는 식이었다. 마침내 1675년 한여름이 되자 기공식을 할 만한 자리가 확보됐다. 여기서 곧 유명한 일화 하나가 생긴다(이는 렌의 아들이 비망록에서 쓰고 있는 바다). 렌은 땅에 돔이 지어질 위치를 그리는 중이었다. 중심점을 표시하기 위해 돌을 하나 갖다 놓아야 했다. 하지만 자리를 뜨고 싶지 않았던 렌은 인부를 불러 돌을 가져오게 했다. 그런데 인부가 들고 온 돌은 불에 그은 묘석 조각이었다. "그 위에 새겨진 비명은 거의 다 지워지고 없었다. 단지 대문자로 된 RESURGAM(나는 다시 일어날 것이다) 한 단어만 남아 있었다." 오늘날에도 이 신통한 라틴어 문자를 대성당 남쪽 면에 새겨진, 잿더미에서 비상하는 불사조상 아래에서 볼 수 있다.

렌이 세인트폴 성당의 건축가로 임명된 1669년 7월과 실제로 공사가 시작된 1675년 6월 사이의 6년이 성당 설계에서 중요한 시간이었다. 렌과 조수들은 스케치, 드로잉, 평면도·입면도·단면도, 나무 모형 등을 제작했고 이를 왕과 위원회, 성당 참사회가 심사했다. 퇴짜와 수정이 수도 없이 거듭된 끝에 마침내 승인이 떨어졌다. 그러나 공사가 시작되던 그 순간에도 전체 설계는 유동적이었고, 심지어 기본적인 것들도 확정된 게 아니었다. 요즘 건물 짓는 일을 보듯이 이 성당의 재건축 과정을 보면 안 된다. 전혀 다르다. 현존하는 문헌 자료나 모형만 가지고는 설계부터 건축까지의 과정을 파악하는 일이 녹록지 않다(많은 자료들이 40여 년의 공사 기간 중에 파손되거나 유실됐다). 문헌에는 날짜가 제대로 명기되어 있지 않을뿐더러 제도공 개개인의 이름도 없는 경우가 허다하다. 분명한 것은 1675년이 한참 지나서야 렌의 설계 작업이 일관성 있게, 때론 창조적으로 때론 급진적으로 진행되었다는 점이다.

건축사가인 제임스 캠벨James Campbell은 『세인트폴의 건축*Building St. Paul's*』에서, 1675년 왕의 승인을 받은 정식 설계도(212쪽의 그림)와 1711년 완공된 성당 사이에 여덟 개의 큰 차이점이 있음을 밝히고 있다. 1675년 설계도에서는,

1) 돔 내부 교차부(중랑과 수랑의 교차에 의해 생겨난 공간—옮긴이) 주위의 기둥과 탑의 배치가 다르다. 2) 지하 납골당이 없다. 3) 벽이 더 얇다. 4) 수랑 끝엔 (반원형의 주랑이 아닌) 직사각형의 현관이 있다. 5) 단면도상엔 측랑 위로 솟은 칸막이벽이 없다. 이는 지붕을 받치는 부벽들이 성당 외부에 있어야 했음을 의미한다. 6) 서쪽 끝이 훨씬 간소하다. 감독 법원, 서고, 아침 예배실, 전시실 같은 부속 시설이 없다. 7) 탑들이 다르고 주랑의 모습은 찰스 1세 때 이니고 존스가 건축한 것과 유사하다. 8) 정식 설계도상의 돔 모양은 매우 특이하다.

오늘날 우리가 보는 세인트폴과 비교해보면, 정식 설계도는 뒤죽박죽으로 보이며 돔의 첨탑은 특이하고 다소 우스운 모습을 띠고 있다. 렌이

성당 공식 설계도

정말 1675년 설계도대로 건물을 지을 생각을 가졌으리라고는 누구도 상상할 수 없다. 이 설계도의 첫 번째 목적은 비판자들의 입을 막기 위한 것이었다. 공사가 진행된 과정을 되짚어가노라면 이러한 사실이 드러난다.

이제 1669년의 설계 시작 시점으로 다시 돌아가보자. 1670년에 찰스 2세에게 바친, 참나무로 제작된 첫 번째 설계 모형의 일부가 성당 전시실에 남아 있으며, 돔을 씌운 현관이 떨어져 나간 신랑/성가대석의 배나무 모형도 현재 거기서 볼 수 있다. 전체적인 디자인은 옛 세인트폴 성당이나 정식 설계도와 닮은 점이 없다. 돔은 교회 중앙이 아닌 서쪽 끝에 위치해 있고 신랑과 분리되어 있다. 그리고 측랑이 없는 대신 지상 아케이드(arcade, 아치를 떠받친 기둥들이 줄지어 선 덮개 있는 주랑—옮긴이)와 고전학자인 고든 히곳Gordon Higgott의 말을 빌리면, 안드레아 팔라디오 Andrea Palladio가 비첸차에 지은 이탈리아 바실리카를 본뜬 듯한 로지아 (loggia, 한쪽 벽이 트인 방―옮긴이)가 들어섰다. 추정컨대, 이 아케이드는 예전의 세인트폴 성당 신랑에서 책을 팔던 사람들을 배려한 장소로 보인다. 비망록 내용을 근거로 추측해보면, 렌은 회중 예배를 위한 음향 전달력이 좋은 구조로 중간 크기의 무난한 건물을 지어달라는 요구에 호응했던 것으로 보인다. 그러나 렌의 모형은 (그 자신을 제외하곤) 아무도 만족시키지 못했다. 일부 인사들로부터는 '예전의 고딕 양식'에서 너무 많이 나갔다는 지적을 받았으며, 또 어떤 사람들은 '장중함이 없다'고 비판하기도 했다. 위원회에서는 렌에게 다른 도안을 내놓으라고 요구했다. 하지만 최초의 이 모형이 그냥 버려진 것은 아니었다. 1676년에 변형된(그리고 돔과 현관이 없는) 형태로 재등장하는데, 이번에는 교회가 아니라 케임브리지의 트리니티 칼리지 도서관으로 지어진다.

어쨌든 다시 제출된 설계도는 완전히 다른 건물을 나타냈으며, 영국에서는 그 전례를 찾아볼 수 없는 그리스식 십자가 형태였다. 이는 아마도 산피에트로 교회의 초기 디자인에서 영감을 받은 것으로 짐작된다. 그리스식 십자가 모양의 거대한 중앙 돔과 랜턴을 여덟 개의 교각이 빙 둘러 받치고 있으며 네 개의 팔(십자가 모양 건물의 상하좌우를 말함―옮긴이)이 만나는 네 모서리는 바로크식 요면으로 매끄럽게 처리했다. 옛 세인트폴 같은 전통적인 십자가 모양의 건물이 갖고 있는 신랑이나 수랑도 여기엔 없었으며 돔의 동쪽 팔 공간 전부를 성가대석이 차지하고 있었다. 이 교회의 본래 건축 목적인 회중 예배라는 개념이 그 이상 확고하게, 기하학적으로 구현될 수 없었을 것이라고 서머슨은 말하고 있다.

그리스식 십자가 도안은 1672년 11월에 왕의 재가를 받았다. 왕은 사

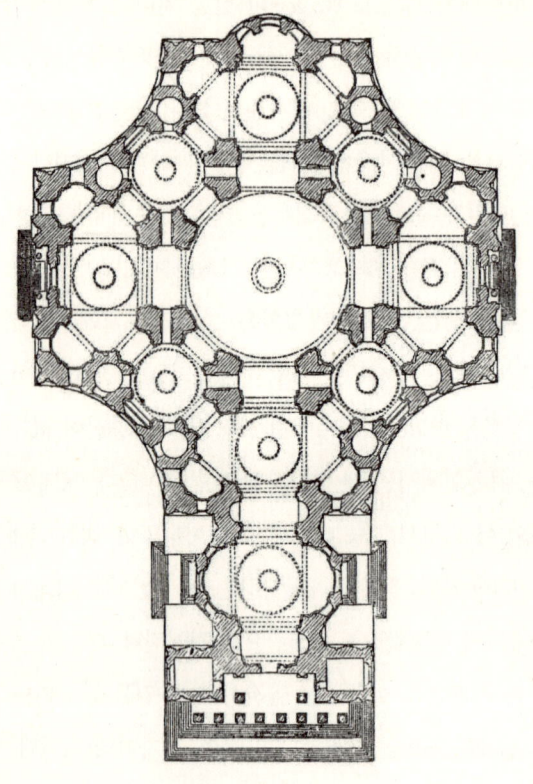

성당 대모형도

람 하나가 들어갈 만한 크기의 건물 모형을 보고 건축 승인을 했다. 1673
년 2월에는 서쪽 끝에 이니고 존스 스타일의 서고 현관과 대주랑을 덧붙
이도록 결정됐으며, 후에 이 도안은 멋들어진 커다란 모형으로 제작되어
현재 대성당 전시실에 보관되어 있다. 그것은 24분의 1 축척으로 만들어
졌는데, 높이 3.95미터, 너비 3.97미터, 길이 6.36미터였다. 안팎으로 석
회칠과 채색을 하고 축소형 동상들도 배치됐다. 1674년 초, 모형이 완성

된 시점에서 산출한 제작 비용은 500파운드가 넘었다. 이에 흥분한 렌은 '사적으로 대화할 때면 항상' 자신이 그전이나 후에 만든 어떤 작품보다 높은 가치를 이 작품에 부여했다고 렌의 아들은 증언한다(대모형도 참조).

그런데 렌은 1674년 세인트폴 성당 성직자들의 거부로 큰 타격을 입게 됐다. 참사회가 보기에 이 설계는 근본적으로 '적합한 성당 건축 양식'이 아니었다(비망록). 바꿔 말하면, 그들은 신랑, 수랑, 측랑, 성가대석이 구별되는 것을 원했다. 성가대석은 미리 따로 지어지길 바랐다. 그래야 성당의 다른 부분이 공사 중이더라도 그것을 사용할 수 있기 때문이다. 하지만 이런 요구는 그리스식 십자가형 건물에서는 불가능했다.

왕에게 호소했으나 무위로 돌아가자 렌은 타협하는 수밖에 없었다. 최소한 도면상으로는 그래야 했기 때문에 렌은 1675년판 정식 설계도를 그렸다. 여기에서는 참사회의 요구 조건이 모두 충족됐으며, 돔에는 고딕풍의 첨탑이 올라갔다. 그러나 아들의 비망록에 의하면, 왕의 재가를 받을 때 렌은 건축 도중 자신의 판단에 따라 설계를 변경할 수 있는 권한도 비공식적으로 부여받았다. 빈틈없는 렌은 성당의 여러 부분이 동시에 건축될 수 있도록 만전을 기했다. 그렇게 하지 않고 성가대석부터 먼저 지으면 자금이 바닥날 것이기 때문이다. 비망록에 따르면, 렌은 더 이상 "모형을 제작하거나 도면을 공개하지 않기로 마음먹었다. 경험상 그래봤자 득 될 것이 없고 시간만 빼앗길뿐더러 능력도 없는 평가자들이 자신의 작업을 멋대로 간섭할 게 뻔했기 때문이다". 이게 사실이든 아니든, 결과적으로 나타난 성당의 최종 모습은 캠벨이 열거한 상이점을 띠게 됐다. 결국 참을성 있게 기다린 끝에 렌은 대부분의 일을 자신의 뜻대로 처리한 것이다. 하지만 모형을 더 이상 제작하지 않았다는 말은 사실이 아니다. 성당 건축 기록을 보면 70개 이상의 모형이 만들어졌고, 여기

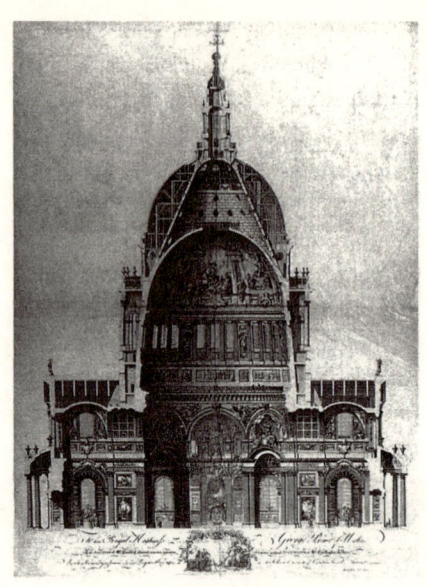

성당 삼중 돔 단면도

에는 1693년에 제작한 커다란 석재 돔 모형도 있다. 또한 렌이 위원회에 추가로 어떤 도면도 공개하지 않았다는 것 역시 사실과 다르다. 비록 렌이 자신의 카드를 감추고 게임하기를 좋아한 사람임은 부인할 수 없지만, 최소한 돔 설계와 제작에 관한 한 맞는 말이 아니다.

기초, 벽, 주랑, 교각, 지붕, 부벽, 계단을 비롯한 성당의 많은 부분들이 렌에겐 상상력을 동원하거나 타협해서 해법을 찾아야 하는 문제들로 부각됐다. 그중 가장 잘 알려진 예로, 렌은 지붕 높이로 가림벽을 쌓아 자신이 날개 부벽(flying buttress, 건물을 외부에서 지탱해주는 날개 모양의 버팀벽—옮긴이)을 사용하고 있다는 것을 눈치채지 못하게 하려고 했다. 몇몇 결벽주의자들은 이를 사기 구조물로 보았지만 미학적 견지에서는 반드시 필요했다. 서쪽 끝의 큰 주랑은 정식 설계도에는 1단으로 되어 있지만 2단으로 건설됐다. 엔태블러처(entablature, 기둥 위에 걸쳐놓은 수평의 쇠시리와 띠 장식 집합체—옮긴이)로 얹을 만큼 충분히 긴 포틀랜드 석괴를 구할 수 없었기 때문이다(2단으로 나누어 아래 단은 여섯 쌍의 기둥이 받치는 엔태블러처를 얹고, 그 위에 네 쌍의 기둥이 받치는 작은 엔태블러처를 얹은 다음 박공 을 올렸다—옮긴이). 그러나 가장 많은 주목을 받은 것은 짓는 데 10년 이상(1697~1710) 걸린 돔과 랜턴이었다.

렌이 부닥친 가장 근본적인 문제는 따로 있었다. 즉, 돔이 성당 내부에서 예배를 드리는 사람들에게는 웅장해 보이지만 외부에서 런던의 하늘을 배경으로 보면 왜소해 보인다는 점, 정면 외부 실루엣을 보면 마치 하늘 아래 서 있는 굴뚝처럼 보인다는 점이다. 그래서 렌은 이중 돔을 지을 필요가 있다고 생각했다. 이에 관해서라면 전례들이 있다. 로마 산피에트로 교회나 피렌체 대성당, 페르시아 건축 양식에서도 이중 돔 형식을 볼 수 있었다. 렌은 1680년대에 이미 한 차례 변형을 가한 바 있는 기초와 교각이 이중 벽돌 돔 무게를 감당하지 못한다는 것을 알았다. 그래서 안쪽의 돔은 벽돌로 짓되 바깥쪽 돔은 납을 씌운 목재를 사용해 가볍게 만들고자 했다. 하지만 나무 돔이 그 위에 얹힐 석조 랜턴의 무게를 이기지 못할 게 분명했다. 랜턴은 외부뿐만 아니라 성당 내부에서도 안쪽 돔의 꼭대기에 있는 원형 창을 통해 보이도록 설계되어 있었다. 나무 랜턴도 생각해보았으나 볼품없을 거라는 이유로 폐기됐다. 또 썩기 쉽다는 것도 한 이유가 됐다.

그래서 렌이 내놓게 된 궁극적인 해결책은 그야말로 기발한 삼중 돔 형식이었다. 내부 돔은 두께 약 46센티미터짜리 벽돌을 쌓아 반구형으로 짓되 자체 무게 외에는 감당하지 않도록 했다.

그리고 그 위에 돔을 얹되 아래 돔 쪽으로 무게가 쏠리지 않게 했다.

이를 위해 내·외부 돔 사이에는 벽돌로 지은 속이 빈 원추를 놓았다. 안쪽 돔은 꼭대기의 채광용 원형 창을 제외하면 다 막혀 있기 때문에 성당 내부에서는 이 원추가 보일 리 없고, 외부에서 보더라도 랜턴 아래 깔려 있기 때문에 보이지 않았다. 원추는 두 가지 기능을 수행했는데 석조 랜턴의 무게(약 700톤)를 받쳐주고, 바깥쪽의 목재 돔 및 납으로 된 표면을 잡아주는 골조를 지지하는 역할이었다. 이런 이유로 숨은 원추는 드러난 가림벽과 달리 중요한 구조물이 됐다. 대성당의 자문 기술관인 제임스 캠벨과 로버트 볼스Robert Bowles는 『세인트폴: 런던의 대성당 604~2004St Paul's: The Cathedral Church of London 604~2004』에서 "렌이 생각해낸 해법의 진정한 우아함은, 그로 인해 돔의 구조적 측면과 미학적 측면이 상호 독립적으로 완성을 향해 나아갔다는 데 있다"고 말했다 (1755년에 그려진 앞의 대성당 단면도 참조).

이 개념은 굳건한 믿음과 실행으로 옮길 용기를 요구했다. 벽돌 원추와 석재 랜턴은 완공됐지만 아직 외부 돔 공사에 들어가기 전인 1708년 10월에 런던을 굽어보는 원추 꼭대기 작업대 위에서 비공식적인 의식이 거행됐다. 크리스토퍼 렌이 수석 석공과 아들을 대동하고 랜턴에 마지막 돌을 얹었다. 76세가 된 렌의 아버지는 노령에 몸이 쇠약해 작업대에 오르지 못하고 아래에서 올려다봤다.

건축가와 건축사가, 수학자, 공학자 들 사이에서 내부 돔과 벽돌 원추의 안정적인 만곡률을 결정하기 위해 렌이 과연 얼마나 석조 모형을 활용했느냐, 그리고 정확한 만곡률을 계산하기 위해 1670년에 자신과 훅이 개발한 기하 및 구조 이론을 얼마나 차용했느냐를 두고 오랜 논쟁이 벌어졌다(외부 돔에 대해서는 무게가 덜 나가는지라 만곡률에 대해선 수학적 계산은 하지 않고 순전히 미학적인 고려만 했다). 아마 실험과 이론을 모두 동원했겠지만 렌의 시대가 구조역학의 태동기였다는 점을 감안하면 석조 모형을 통해 얻은 경험적인 지식이 더 중요하게 쓰였을 것으로 보인다.

그런데 당혹스러운 것은 렌이 어떻게 '숨은 벽돌 원추' 아이디어를 생각해냈는지에 대한 증거가 없다는 점이다. 렌 자신이나 렌의 아들이 이에 대해 단 한마디도 하지 않았기 때문이다. 유일하게 확실한 것은 현존하는 도면들로 미루어 짐작했을 때 삼중 돔 구조 아이디어는 1675년 정식 설계도 이후에 나왔다는 점이다. 삼중 돔이라면 피사에 있는 세례당이 건축학적 선구 사례다. 그러나 이 세례당의 벽돌 원추는 바깥에서도 뻔히 보인다. 게다가 렌이 과연 이 이탈리아 건축물을 알고 있었는지도 밝혀지지 않고 있다. 1680년대에 세인트폴의 기초가 제2의 벽돌 돔을 감당할 수 없으리라는 사실을 알고 난 후 수년간 렌이 이 문제에 천착한 것은 틀림없다. 예술가로서 자신의 눈에 들 만큼 빼어난 외부 돔과 랜턴을 창조해야겠다는 결심이 렌의 노력을 이끌어냈다. 또한 렌이 오랜 시간에 걸쳐 자신의 웅대한 꿈을 구체화시켜줄 석공들, 장인들과 의논했음도 부인할 수 없다.

가장 확실한 것은 1693년에 안쪽 돔의 석조 모형을 만들어놓고 장시간 궁리하던 렌에게 삼중 돔 구조라는 해법이 떠올랐다는 점이다. 모든 '도약'이 그렇듯, 이 또한 오랜 경험과 열정적인 몰입의 산물이었으며, 렌의 사례는 과학적인 통찰력과 미학적인 통찰력이 보기 드물게 결합한 사례로서, 그로 인해 이 모든 일이 가능했던 것이다.

08

볼프강
아마데우스
모차르트

〈피가로의 결혼〉

전 잘 모르겠습니다만, 오페라에서라면 시는 항상 음악의 순종적인 딸처럼 느껴집니다.
그렇지 않다면 그 형편없는 대사에도 불구하고 이탈리아 희극 오페라가 어디서나 그토록
인기를 끄는 이유가 무엇이겠습니까? 심지어는 파리에서도 그랬습니다.
전 제 눈으로 그걸 똑똑히 봤답니다. 음악이 군림하는 곳에서는
관객이 다른 모든 것을 잊어버리기 때문입니다. 그래서 잘 구성된 오페라라면
음악에 매여 있는 글이 줄 수 있는 것보다 더 많은 만족을 관객에게 줄 수 있어야 합니다.
그저 글귀에 운이나 맞추는 걸로 끝나선 안 됩니다……
마땅히 좋은 작곡가라면 무대를 잘 알고 있어야 하며,
이것저것 제대로 조언할 수 있어야 할뿐더러 명민한 시인과 짝을 이뤄
진정한 불멸성을 창조해야 하는 것입니다.
—볼프강 아마데우스 모차르트, 아버지에게 보낸 편지에서, 1781

1786년, 빈에서 초연되는 동안 모차르트의 세 시간짜리 오페라 〈피가로
의 결혼〉은 너무 많은 앙코르 요청을 받은 나머지 한 번씩 공연할 때마
다 시간이 거의 두 배씩 늘어났다. 초연 주간에 모차르트 음악에 흠뻑 빠
져든 신성로마제국의 황제 요제프 2세는 모든 오페라에서 아리아에 한
해서만 앙코르를 허용하고, 그보다 긴 연주 부분은 앙코르가 안 된다는
칙령을 발표하지 않을 수 없었다.

그때부터 〈피가로의 결혼〉은 〈돈 조반니〉와 함께 모차르트 오페라 중
가장 많이 상연되는 작품이 됐다. 전문가들은 물론 모차르트 또한 이 작
품을 본인이 이뤄낸 최고의 예술적 성과물 중 하나로 생각했다. 많은 사
람들에게 〈피가로의 결혼〉은 사회적 성격을 띤 모든 희극들 가운데 가
장 위대한 작품 중 하나이자 오페라 형식에서 도달할 수 있는 최고봉으
로 꼽히고 있다. 1934년 글라인드본 오페라 페스티벌(Glyndebourne Opera

Festival, 1934년 영국 서식스 지방의 대부호 존 크리스티가 자신의 글라인드본 저택에서 시작한 음악제-옮긴이)의 개막작이 〈피가로의 결혼〉이었던 것도 결코 우연은 아니다.

이 작품이 누리는 특별한 지위가 모차르트의 능력에 기대고 있는 것만은 아니다. 〈피가로의 결혼〉은 프랑스에서 큰 인기를 끌었던 연극 〈미친 하루 혹은 피가로의 결혼La Folle Journée, ou Le Mariage de Figaro〉을 모델로 쓰인 것이다. 이 연극은 피에르 오귀스탱 카롱 드 보마르셰Pierre Augustin Caron de Beaumarchais가 희곡을 썼으며, 1784년에 코메디 프랑세즈에서 초연됐다. 이것을 리브레토(오페라 대본-옮긴이)로 각색한 사람은 당시 빈에서 활동하고 있던 이탈리아 시인 로렌초 다 폰테Lorenzo da Ponte였다. 다 폰테는 모차르트와 공동으로 1787년에 〈돈 조반니〉를, 1790년에는 〈코시 판 투테Cosi Fan Tutte〉의 리브레토를 썼다. 이 작품들을 통해 다 폰테는 당대 일급의 오페라 대본 작가로 발돋움했다.

보마르셰는 오페라 〈피가로의 결혼〉 작업에 개인적으로 관여하지 않았지만, 1793년 파리에서 상연될 때는 조언을 해주었다. 다 폰테의 경우, 이 오페라 최종 대본 중 얼마나 많은 부분을 맡아 썼는지는 알려져 있지 않다. 모차르트의 경우도 대본 창작과 수정 작업에 얼마나 많이 참여했는지 확실치 않다. 이 부분에 대한 증거는 매우 불충분하다(예를 들면, 모차르트와 다 폰테 사이에 오간 편지 한 장도 남아 있지 않다). 그러나 보마르셰가 쓴 희곡 수준은 그저 그런 편이고, 오늘날에도 보마르셰의 작품이 프랑스 밖의 무대에서 상연되는 경우는 그리 많지 않다. 다 폰테 역시 모차르트를 위해 쓴 세 편의 리브레토 말고는 별다른 문학적 성취가 없다. 그런 점에서 이들이 비록 오페라 〈피가로의 결혼〉이 탄생하는 데 중요한 역할을 했지만, 이 작품이 유럽과 미국에서 가장 빈번하게 상연되는 오페라가 되는 데 결정적인 기여를 했다고는 볼 수 없다. 확실한 것은 오늘날까지도 이 오페라에 숨결을 불어넣는 것은 등장인물이나 대사가 아니라 음악이라는 사실이다. 물론 중심인물인 피가로의 캐릭터는 그만한 가치가 있다. 보마르셰와 다 폰테의 재미있지만 혼란스러운 대사를 따라가지 않고, 또 이 오페라에 대한 이런저런 지식 없이 모차르트가 작곡한 음악만 듣고 있어도 무한한 즐거움과 기운이 샘솟는다. 뛰어난 음악 덕분에 무대에서 배우의 목소리로 노래를 직접 들을 때 압도적인 감동을 느낄 수 있다.

이 오페라의 독창성은 연기와 생각, 말, 노래, 연주 등이 빼어나게 창의적이고 밀접하게 결합되어 있는 데서 나온다. 모차르트는 〈이도메네오*Idomeneo*〉(1781)에서 그런 면모를 보였지만, 〈피가로의 결혼〉이 나오기 전에도 그 시절의 작곡가들과 대본 작가들은 오페라 세리아opera seria, 즉 고전 작품이나 신화에서 발췌한 무거운 주제를 소화하는 비극적 오페라의 동작, 내용, 형식에 대한 온갖 제약과 관행을 이미 타파하고 있다. 예를 들면 1760년대 후반에서 1770년대 초반에, 그들은 재래의 정적인 다 카포 아리아(da capo aria, 바로크 시대의 아리아 형식—옮긴이)를 서서히 오페라의 자리에서 밀어내고 있다. 이 아리아에는 단 한 명의 등장인물이 자신의 감정을 반복적으로 되뇌도록 되어 있었다. 초기 오페라 세리아 작곡가들이 선호한 형식은 게오르크 프리드리히 헨델(물론 헨델도 혁신적인 음악가이긴 했다)이 대표적이라고 할 수 있다. 또 하나의 탈구속적인 혁신 사례는 이탈리아 오페라 부파opera buffa인데, 이는 당대의 생활을 소재로 다룬 희극적 오페라로, 1760년대부터 융성하기 시작했으며 조반니 파이시엘로Giovanni Paisiello와 도메니코 치마로사Domenico Cimarosa 같은 작곡가들이 그 중심에 있었다.

하지만 〈피가로의 결혼〉은 여기서 더 나아갔으며, 진실로 '도약'이라고 할 만한 것을 만들어냈다. 오페라 세리아나 오페라 부파를 막론하고 최초로 앙상블(ensemble, 2인 이상의 연주자가 하는 합창이나 합주—옮긴이)이 아리아(오페라, 칸타타, 오라토리오 등에 나오는 독창부—옮긴이)와 동등하게 취급되거나 그 이상의 대우를 받게 됐다. 모차르트는 이 오페라에 나오는 스물여덟 곡 중 절반을 아리아보다는 앙상블 위주로 썼는데, 이 정도의 앙상블 비중은 18세기 오페라에서는 전례가 없었다. 이것이 가져온 표현상의 효과는 가히 폭발적이었다. 무성영화에서 유성영화로의 발전에 비견할 만했다. 음악학자인 배질 딘Basil Deane은 "오페라라는 매체에 극적이면서도 심리적인 리얼리즘을 새로 도입한 것이다. 등장인물들의 대사에만 의지해서 성격과 감정을 포착해내는 대신 관객들은 이제 다양한 사회적 맥락 안에서 그것들을 음미하고 평가하게 되었다"고 지적한다. "무엇보다 이 오페라는 다 폰테의 리브레토가 모차르트에게 선사한 커다란 기회였다. 기회라는 것은 일련의 상황 전개 속에 완성된 캐릭터를 선보일 수 있었음을 말한다. 작곡가는 이 점을 파악했다. 다 폰테의 반짝이는 생각이 음악 천재에 의해 가장 위대한 극예술 작품 중 하나로 변모한 것이다."

누구라도 모차르트가 발휘한 저 놀라운 연금술을 완벽하게 설명할 수는 없으리라. 하지만 우리는 1760년대 모차르트를 음악 신동으로 받들던 시절을 살펴봄으로써, 그가 어떻게 보마르셰와 다 폰테의 대본을 성공리에 오페라로 변모시킬 수 있었는지 약간의 이해나마 얻을 수 있다. 모차르트는 〈피가로의 결혼〉을 쓰기 약 20년 전인 어린 시절부터 이탈리아 오페라에 매료됐다. 이후 모차르트와 오페라의 인연은 우여곡절을 거치며 1786년에 이른다.

청소년기에 모차르트는 초등학교나 대학에 다닌 적이 없었고, 자신의 가족 외에 다른 누구로부터도 음악교육을 받지 않았다. 예외라고 해봐야 여덟아홉 살 때인 1764~1765년경 런던에서 카스트라토(거세를 받아 변성기 전 소년의 목소리를 가지게 된 남성 가수―옮긴이) 가수인 조반니 만추올리Giovanni Manzuoli에게 발성 수업을 들은 것과 1770년 볼로냐에서 작곡가 조반니 마르티니Giovanni Martini에게 대위법을 조금 배운 게 전부였다. 대신 모차르트의 교육과 양육은 1756년 잘츠부르크에서 태어난 이후 20대 초반에 이르기까지 전적으로 아버지 레오폴트가 매우 엄격한 방식으로 맡았다. 잘츠부르크 궁정의 직업 음악가이자 작곡가였던 레오폴트는 아들의 삶에 유일하고도 지대한 영향을 미쳤다.

레오폴트 모차르트는 남부 독일 아우크스부르크에 터를 잡고 살던 장인 집안 출신이었다. 레오폴트의 아버지는 제본 업자였고, 어머니는 직조공의 딸이었다. 이들 사이에서 여섯 명의 아이가 살아남았는데, 큰아들이었던 레오폴트는 가톨릭 사제가 될 생각이었으나 자신의 내면에서 그것을 마음에 들어 하지 않는다는 걸 깨달았다. 예수회 교단의 학교에 다니면서 레오폴트는 노래와 바이올린 연주로 유명해졌다. 1736년, 아버지가 일찍 사망하자 열여섯 살의 나이로 학교를 중퇴한다. 이듬해 레오폴트는 잘츠부르크의 베네딕트 수도회 대학에서 다시 정식 교육을 받게 되었다. 그러나 1739년에 부적응과 출석 부족으로 퇴학당하고 잘츠부르크 대성당의 한 유명한 참사회 의원의 시종 겸 연주자 자리를 얻는다. 1743년에 레오폴트는 궁정 오케스트라의 바이올린 주자로 자리를 옮겼고, 대성당 기도실 소속의 합창단 소년들에게 바이올린 가르치는 걸 시작으로 나중에는 건반악기까지 가르치는 교사가 되었다. 또 교회용 음악과 세속 음악을 다수 작곡하는 한편, 1756년에는 고전적인 바이올린 교본도 쓴다. 그리고 1763년에는 궁정 부악장deputy Kapellmeister에 임명된다. 레오폴트는 고향인 아우크스부르크로 다시는 돌아가지 않았고, 1787년 죽을 때까지 잘츠부르크에 살았다.

아버지가 죽은 후에도 고향에 돌아가지 않은 젊은 레오폴트의 결정은 어머니와의 불화를 낳았다. 이 때문에 어른이 된 후 레오폴트의 삶은 신산해졌고, 이것이 자신의 아들을 향한 뒤틀린 애정을 낳았는지도 모른다. 1747년, 레오폴트는 잘츠부르크 인근에 살고 있던 안나 마리아 페르틀Anna Maria Pertl과 결혼했다. 페르틀의 가계엔 모차르트 가문보다 좀 더 큰 음악적 재능이 이어지고 있었다. 하지만 페르틀의 아버지가 큰 빚을 남기고 일찍 죽은 터라 살림살이는 극빈에 가까울 정도였다. 한편, 레오폴트에게 서운한 감정이 컸던 레오폴트의 어머니는 큰아들이 결혼하는데도 남편이 남긴 돈에서 단 한 푼도 주지 않고, 다른 자식들이 결혼할 때 그 돈을 모두 나눠주었다. 레오폴트도 돈을 달라고 했지만 받지 못했고, 어머니가 죽을 때까지 10년 동안 모자간에는 날카로운 침묵만 맴돌았다. 1763년, 레오폴트는 어린 볼프강과 안나 마리아를 데리고 아우크스부르크에서 연주를 했다. 이는 1763~1766년까지 있었던 저 유명한 독일, 프랑스, 영국, 네덜란드, 벨기에, 스위스 연주 여행의 출발점에 해당한다. 어쨌든 할머니는 아이들의 연주회에 참석하지 않았다.

모차르트 연구가들은 너나 할 것 없이 레오폴트의 성격이 아들 볼프강과 그의 음악에 끼친 영향에 대해 쓰는 데 많은 지면을 할애하고 있다. 아버지 레오폴트는 항상 가발 쓴 귀족들의 후원에 의지하면서도 그들에게 이중적이고 때로 경멸적이기까지 한 태도를 보였는데 아들 모차르트도 확실히 이를 공유했으며, 레오폴트의 바이올린 교본을 보면 뭔가 빈정거리는 어투에서 이런 감정을 읽을 수 있다. 바이올린의 소용돌이 장식 머리를 두고 레오폴트는 이렇게 쓰고 있다. "아름답게 '곱슬곱슬한' 이 사자 머리는, 역시 환상적으로 구불구불한 가발이 '살아 있는 가발 걸이'의 지능을 개선시킨 것만큼만 바이올린의 기능을 향상시켰다. 하지만 이런 사실에도 불구하고 많은 바이올린들이 외양에 따라 값이 매겨진다. 그렇다면 누가 과학자, 법률가, 의사인가 하는 평가도 옷, 돈, 허세, 특히 곱슬머리 가발을 보고 내려야 하는 것인가?" 그런데 레오폴트의 복잡한 내면이 잘 드러난 곳은 그가 놀랄 정도로 교묘하게 쓴 상당량의 편지들이다. 이에 대한 가장 유명한 사례는 우정에 관해 충고 삼아 볼프강에게 1777년에 보낸 편지인데, 냉소적인 레오폴트의 속내가 잘 드러나 있다. 그때는 자신의 믿음직한 아들이 잘츠부르크를 떠나 다른 궁정의 일자리를 찾아 독일을 여행하고 있을 때였다.

아들아, 1000명 중에 자신의 이익을 위해서가 아니라 다른 이유로 너의 진정한 친구가 되어주는 한 사람을 찾는다는 것은 이 세상에서 느낄 수 있는 가장 불가사의한 일 중 하나란다. 네 친구임을 칭하거나 우정을 과시하는 모든 사람들을 철저히 살펴보아라. 그러면 너는 그 이유를 알게 될 것이다. 만일 그들이 자기 자신의 이익을 좇기 위함이 아니라면, 필시 자신들에게 소용되는 다른 친구의 이익을 위해 그럴 것이다. 그것이 아니면 너를 이용해 누군가를 괴롭히려고 네 친구가 됐을 것이다.

그렇다면 레오폴트가 볼프강을 훈육한 이유는 아들을 위해서였을까, 아니면 자신을 위해서였을까? 이에 대한 변호를 모차르트 연구가인 로빈스 랜든H. C. Robbins Landon이 하고 있는데, 랜든은 레오폴트가 여러 면에서 아들을 가장 잘 아는, 또 마음이 가장 잘 통하는 비평가이자 친구였으며 조언자였다고 말한다. 볼프강이 여러 문제에서 아버지의 의견에 귀를 기울였더라면 더 잘 풀렸을 수도 있었다고 지적한다. 반면에 메이너드 솔로몬Maynard Solomon은 검사 측에 서 있다. "레오폴트는 자신의 출신 배경인 장인 계급이 유지하고 있는 뿌리 깊은 삶의 태도를 그대로 보여주었을 뿐이다. 이 계급에서는 아들을 개인적·경제적 재원이자 노후를 대비한 보험으로 여겼고, 레오폴트도 그렇게 생각했다." 양쪽 모두 그러한 주장을 뒷받침하는 상당수의 문헌 증거가 있다.

그럼에도 이 모든 주장 너머에 있는 가장 확실한 사실은 레오폴트가 유능하고 지칠 줄 모르는 흥행주였다는 사실이다. 덕분에 레오폴트의 아들은 누구도 받지 못했던 광범위한 음악교육을 받았으며, 여섯 살에 뮌헨과 빈의 첫 궁정 연주회를 시작으로 1773년에 마지막 이탈리아 여행을 마치고 잘츠부르크로 돌아올 때까지 연주 실습을 할 수 있었다. 1764년, 연주 여행 중에 볼프강은 버킹엄 저택에서 영국 국왕 조지 3세와 가족들을 위해 연주했다. 레오폴트는 이 일에 대해 자세히 편지를 써서 잘츠부르크에 보냈다.

왕은 볼프강에게 게오르크 크리스토프 바겐자일Georg Christoph Wagenseil의 작품을 주며 연주하라고 한 것 외에도 바흐, 카를 프리드리히 아벨Carl Friedrich Abel과 헨델의 곡들도 연주를 시켰다네. 내 아이는 그 모든 악보를 보자마자 연주했네. 볼프강은 왕의 오르간을 연주했지. 사람들은 이 아이의 오르간 연주가 하프시코드 연주보다 훨씬 낫다고 했다네. 또 왕비가 아리아를 부를 때, 한 플루트 연주자가 독주를 할 때도 반주해주었지. 마지막엔 주변에 널려 있던 헨델의 아리아 악보를 주워 들고 바이올린 파트를 맡아 연주했다네. 베이스가 소박하게 깔려 있는 매우 아름다운 선율이었네. 모든 이들이 놀라움을 금치 못했지. 한마디로 말해 우리가 잘츠부르크를 떠나올 때 내 아들이 알고 있었던 것은 지금 알고 있는 것의 그림자에 불과하다는 것이야.

모차르트가 작곡해 처음 발표한 작품은 두 개의 바이올린 소나타로, 그해에 파리에서 쓴 것이었다. 이후 다른 작품들, 아리아와 관현악곡들이 뒤를 이었다. 4년 뒤 빈에서 열두 살의 나이로 모차르트는 최초의 오페라 작곡을 시도했다. 황제 요제프 2세가 넌지시 한 말을 야심만만한 아버지가 재빨리 포착해서 알려주자 모차르트는 〈바보 행세 아가씨*La Finta Semplice*〉를 썼다. 이 작품은 3막짜리 오페라 부파로, 마르코 콜텔리니Marco Coltellini가 카를로 골디니Carlo Goldini의 글을 바탕으로 쓴 리브레토를 사용했다. 빈에서 오페라를 상연해보겠다는 의도였다. 그러나 첫 번째 리허설에서부터 당혹스럽게 일이 엉키기 시작했다. 가수들, 연주자들 그리고 극장 측에서 거부했다. 모차르트가 너무 어려서 이탈리아 예술가들을 통제할 수 없는 데다 경험 부족으로 남녀 사이의 다툼을 제대로 묘사할 수 없었던 것이다. 거기에다 이 신동에 대한 질시와 각종 험담이 줄을 이었다(이 부분에 대해서는 레오폴트가 잘츠부르크로 보낸 분노에 찬 편지에 상세히 적혀 있다). 빈 상연은 포기해야 했지만, 이 오페라는 1769년에 잘츠부르크에서 무대에 올라갔다. 오늘날 이 오페라에 대한 관심은 주로 역사적인 부분에 맞춰져 있다. 즉, 모차르트가 어린 나이에 무대용 음악을 작곡했다는 역사적 사실 말이다. 『뉴 펭귄 오페라 지침서*The New Penguin Opera Guide*』에는 "각 막의 피날레는 생기에 넘치지만 인물이나 상황에 대한 성악적인 묘사를 할 만한 공간이 별로 없다. 그러나 거기에는 무언가 마법이 도래하리라는 기대감이 있다. 제1막의 피날레에서 시모네가 도착하는 장면을 묘사하는 부분은 〈피가로의 결혼〉 제2막 피날레를 미리 보여주는 것 같다. 끝 부분의 용서를 구하는 대목(여기선 여성 담당)의 아름다운 G장조는 〈피가로의 결혼〉 제4막 피날레와 비슷하다"고 기술되어 있다.

〈바보 행세 아가씨〉는 레오폴트의 판단이 잘못된, 몇 안 되는 경우였다. 레오폴트는 그 일을 접고 아들과 함께 이탈리아행을 서두른다. 오페라의 본고장을 찾아가 볼프강이 빈이나 잘츠부르크에서 접하기 어려운 경험을 얻게 할 계획이었다. 1769년에서 1773년 사이에 아들 모차르트는 아버지 모차르트를 따라 이탈리아를 세 차례 방문한다. 그러면서 당대의 주요 이탈리아 작곡가, 연주가, 가수 들에게 놀라운 인상을 남긴다. 1770년 모차르트는 자신의 첫 번째 오페라 세리아인 〈폰투스의 왕 미트리다테Mitridate, King of Pontus〉를 작곡한다. 리브레토는 비토리오 아메데오 치냐산티Vittorio Amedeo Cigna-Santi가 장 라신Jean Racine의 프랑스어 비극 대본을 가지고 쓴 것이다. 이 작품은 밀라노에서 초연되어 큰 갈채를 받았다. 1772년에 〈루치오 실라Lucio Silla〉라는 또 한 편의 오페라 세리아를 썼는데, 로마 시대의 독재자 술라Sulla에 관한 이야기를 바탕으로 조반니 데 가메라Giovanni de Gamerra가 쓴 리브레토를 사용했다. 이 작품도 밀라노에서 초연되었지만, 전작에 비하면 그리 성공적이지 못했다.

모차르트는 당시 오페라계의 정상급 가수들을 위해 이 두 작품을 썼는데, 이 작업을 통해 이탈리아어 실력과 오페라의 기교 및 기술에 관한 지식이 엄청나게 늘었다. 무엇보다도 모차르트는 자신의 곡을 특출한 예술가들의 능력치에 맞출 필요가 있음을 깨달았다. 실제적이고 미학적인 이유에서였다. 두 오페라 작품에서 모든 아리아는 '맞춤형'으로 썼다. 이는 노래를 불러줄 가수가 밀라노에 실제로 있어야만 악보를 완성할 수 있었다는 말이다. 미트리다테를 연기한 테너 가수는 굴리엘모 데토레 Guglielmo d'Ettore였는데, 데토레는 자신이 부를 서막의 아리아 악보를 세 번이나 고쳐 쓰게 했다. 모차르트를 아주 좋아하게 된 〈루치오 실라〉의 프리마돈나 안나 데아미치스Anna de Amicis는 초연이 시작되기 3주 전에야 밀라노에 도착했다. 반면, 주연 테너는 나중에 교체됐는데, 그는 완전히 부적격자로 고작 8일간만 연습했다. 이 때문에 그에게는 비교적 쉬운 아리아 두 곡만 주어졌다. 이로 인해 오페라의 힘이 반감됐다. 모차르트 전문가이자 지휘자인 제인 글로버Jane Glover는 "〈루치오 실라〉의 대본과 연기는 여러 가지 면에서 볼프강에게 상처를 주었으며, 그를 힘들게 했다"고 말한다. "하지만 이후의 삶에서도 항상 그랬듯이 모차르트는 이러한 곤경을 자신의 동력으로 삼아 왕성함을 잃지 않았다." 널리 알려졌다시피 모차르트는 〈돈 조반니〉 서곡을 1787년 초연 하루 전에 완성했다.

모차르트의 다음 오페라는 〈정원사 행세 아가씨La Finta Giardiniera〉로 오페라 부파였고, 1774년 뮌헨 페스티벌 공연용으로 의뢰받은 작품이었다. 이 작품을 통해 모차르트는 자신이 이탈리아 체류 동안 얼마나 많은 걸 배웠는지 보여줬다. 허술한 리브레토는 누가 썼는지도 분명치 않았다(주세페 페트로셀리니Giuseppe Petrosellini가 썼을 것으로 추정). 약 1년 전에 이탈리아 작곡가 파스쿠알레 안포시Pasquale Anfossi가 여기에 곡을 붙였다. 모차르트는 안포시의 작품을 잘 알고 있던 터여서, 이것을 개선해볼 생각이었다. 두 작곡가 모두 1760년대 오페라 부파에서 나타나는 구성

기법을 구사했으며, 이미 구식이 된 다 카포 아리아는 배제했다. 그러나 모차르트의 작품이 더 뛰어났다. 마이클 로빈슨Michael F. Robinson은 두 작품을 직접 비교해본 결과, 모차르트의 음악이 "요소들 간의 대비가 더 뚜렷하고", "우월한 형식미"를 거두고 있으며 "좀 더 상상력이 풍부하게 악기 다루는" 능력을 드러내고 있다고 평가했다.

바이올린 파트가 안포시 작품에서처럼 성악 악절 사이의 틈을 매우는 일에서나 두각을 보이는 것이 아니다. 바이올린은 한 악절을 시작하고…… 그 악절을 전진시키는 역할을 하며, 성악부가 독점했던 멜로디 라인을 자기들 쪽으로 끌어당긴다. 그 결과, 악기부와 성악부가 협력 관계를 이루며 음악을 만들고 진행시킨다. 물론 이런 상호작용의 사례는 모차르트가 나중에 쓴 오페라에선 항상 보이는 것이다. 〈정원사 행세 아가씨〉에서도 여기저기 이런 모습이 발견되는데, 이는 작곡가로서 모차르트가 성숙해지고 있음을 입증한다.

이 점은 특히 제2막 피날레에서 두드러진다. 이 부분과 그 앞에 오는 세 개의 아리아는 오케스트라나 오케스트라 반주가 붙은 레치타티보(recitativos, 서창敍唱이라고 하며, 아름다운 선율을 노래하는 아리아에 비해 대사 내용에 중점을 두어 부르는 창법―옮긴이)에 의해 연결되고 있다. 이는 26분간이나 지속되는데, 20분이 안 되는 〈피가로의 결혼〉 제2막 피날레와 비교되기도 한다.

〈정원사 행세 아가씨〉 이후 1781년에 쓴 최초의 오페라 걸작 〈이도메네오〉가 나올 때까지 6년간은 모차르트 오페라의 공백기로 남아 있다. 2막짜리 세레나타(serenata, 소규모 오페라풍의 작품―옮긴이) 〈양치기 왕 *Il Re*

Pastore〉은 무시할 수 있는데, 이 작품은 1775년 잘츠부르크에서 최소한의 무대장치와 연기자만 동원해 상연한 것으로 실제로는 칸타타 형식이었다. 이렇듯 공백기가 생긴 이유는 모차르트가 연극이나 오페라의 전통이 없는 잘츠부르크에 틀어박혀 있었기 때문이다. 물론 이 시기에 모차르트는 다수의 다른 작품들도 썼다. 그중 특기할 만한 것으로 혁명적인 〈피아노 협주곡 9번〉(K271)이 있다. 하지만 오페라에 대한 그의 갈망은 채워지지 않았다.

1777년 9월, 모차르트는 잘츠부르크 대주교에게 악장 자리를 내놓고 음악의 수도에서 후원자를 찾아 나선다(여기엔 모차르트의 어머니가 동행했다. 아버지는 궁정에 머물 수밖에 없는 사정이 있었다). 모차르트의 마음 맨 앞에는 언제나 오페라가 있었다. 10월에 뮌헨에서 모차르트는 집으로 편지를 썼다. "제겐 다시 오페라를 쓰고 싶은, 말로 표현할 수 없는 갈망이 있습니다⋯⋯ 제가 사람들과 오페라에 대해 이야기를 나눌 때마다, 악기를 조율하는 소리를 들을 때마다⋯⋯ 아, 저는 흥분한 나머지 정신이 나가버린답니다." 2월에는 만하임에서 역시 비슷한 울림의 편지를 아버지에게 썼다. "오페라를 쓰고 싶은 제 소망을 잊지 말아주세요. 전 오페라를 쓰는 사람은 누구나 부럽습니다. 아리아를 듣거나 부르는 장면을 보기만 해도 답답한 나머지 글자 그대로 울어버립니다. 물론 독일 아리아가 아닌 이탈리아 아리아이고, 부파가 아닌 진지한 것에 대해 그렇지요." 그런데 1778년 8월에 파리에서 어머니가 돌연 사망하고 아버지도 무고를 당해 잘츠부르크로 돌아가야 할 상황에 봉착한다. 모차르트는 아버지의 친구에게 지긋지긋하다는 내용의 편지를 보낸다.

잘츠부르크는 저 같은 재능을 가진 사람이 있을 곳이 아닙니다! 첫째, 오케스트라와 관련된 일을 하는 사람들이 존경을 받지 못합니다. 둘째, 거기서는 아무것도 들을 수 없어요. 극장도 오페라도 없습니다! 설사 오페라를 상연한다고 쳐도 노래 부를 가수를 대체 어디서 구할 수 있나요? 지난 5~6년 동안 잘츠부르크 오케스트라는 쓸데없고 불필요한 부분에서만 풍요로워졌습니다. 정작 필요한 부분에서는 너무나 빈곤하고, 본질적인 부분에서는 전적으로 결핍되어 있습니다……

몇 달 후인 1779년 1월에 모차르트는 떨어지지 않는 발걸음으로 고향에 돌아갔다. 공식 직함은 궁정과 대성당의 오르간 연주자였지만 사적으로는 다른 곳에서 일거리를 찾아 헤매는 처지가 됐다. 모차르트는 그나마 운이 좋았는데, 그즈음 2년 동안 극장계가 커지고 있었기 때문이다. 두 패거리의 유랑 연주단들이 거처를 정하고 발하우스Ballhaus에서 독일어로 된 공연을 했다. 당시에 주요 음악 감독들이었던 요한 하인리히 뵘 Johann Heinrich Böhm과 에마누엘 시카네더Emanuel Schikaneder가 이들을 이끌었다. 모차르트와 또래 친구들은 이 두 사람과 친해졌다. 모차르트는 뵘을 위해 작곡하기도 했는데, 그중에는 차이데Zaide라는 이름으로 알려진 미완성 징슈필(Singspiel, 18세기 독일에서 유행한 민속 연극으로 음악이 풍부하게 삽입되었음—옮긴이)도 들어 있었다. 뵘은 이에 대한 보답으로 모차르트의 〈정원사 행세 아가씨〉 독일어판을 아우크스부르크에서 상연했다. 시카네더에게는 아버지의 강권으로 아리아를 하나 써줬다. 1791년에 이에 대한 보답으로 시카네더는 모차르트의 마지막 오페라가 된 〈마적Die Zauberflöte〉의 리브레토를 썼다. 이러한 이점들 외에 모차르트는 프랑스와 이탈리아 오페라를 바탕으로 만들어지는 잘츠부르크 오페라를 보며 무대 기법에 관해 많은 것을 배울 수 있었다. 이는 결과적으로 1780

년대 모차르트의 빈 시절 오페라를 풍요롭게 만들어줬다. 거기엔 〈피가로의 결혼〉이 들어 있었다.

이탈리아 오페라를 작곡하고 싶다는 모차르트의 희망은 뮌헨에서 실현될 것 같았다. 뮌헨은 예술적 조예가 깊고, 특히 음악과 오페라에 관심이 많은 카를 테오도어Karl Theodor 선제후가 다스리는 곳으로 많은 모차르트 지지자들이 있었다. 결국 1780년 늦여름에 모차르트에게 일거리가 주어졌다. 주제는 궁정에서 골랐는데, 고대 그리스 신화에서 가져온, 크레타의 왕 이도메네우스Idomeneus에 관한 이야기였다. 이도메네우스는 트로이 전쟁에서 돌아오는 길에 배가 난파할 위기에 처하자 신에게 구원을 청했는데, 이때 한 맹세를 지키기 위해 큰아들을 제물로 바친 왕이었다. 이 오페라 세리아의 리브레토는, 모차르트가 직접 고른 잘츠부르크 궁정 신부 잔바티스타 바레스코Gianbattista Varesco가 썼다. 이 신부가 할 일은 프랑스 서정 비극 〈이도므네Idomenée〉에 이탈리아어 리브레토를 입히는 것이었다. 오페라를 완성하기 위해 모차르트는 잘츠부르크 측으로부터 몇 주간의 휴가를 얻어 1780년 11월에 뮌헨으로 떠났으며, 1781년 1월에 상연된 오페라를 총감독했다. 레오폴트 모차르트는 바레스코의 조정자 역할을 하며 잘츠부르크에 머물렀다. 바레스코가 극장용 대본을 써본 경험이 없는 운문 작가였기 때문이다.

3개월 동안 이들 부자간에 오간 편지를 보면 그들이 극중 연기와 캐릭터 표현 문제를 해결하려고 최선을 다해 창조적으로 협력했음을 알 수 있다. 그것은 바레스코의 리브레토를 처음부터 끝까지 손봐야 하는 일이었다. 하지만 레오폴트로서는 볼프강에게 음악적 관행을 너무 많이 깨뜨리면 안 된다고 주의를 주지 않을 수 없었다. "네게 충고 하나 하마. 작곡할 때는 음악적인 것뿐만 아니라 '비음악적인 대중들'까지 고려해야 한

단다." 레오폴트는 잘츠부르크에서 아들에게 편지를 썼다. "네가 반드시 기억해야 할 것은 진정한 음악 애호가 10명당 음악에 무지한 자들이 100명씩 있다는 사실이다. 그러니 소위 대중적인 스타일이라는 것을 무시하지 마라. 바보들에게는 그런 걸 들려줘야 좋아하니까 말이다."

〈이도메네오〉는 실로 오페라 세리아의 여러 관습적 법칙을 깨뜨렸으며, 모차르트가 지닌 천재적인 앙상블 작곡 능력을 보여주기 시작한 계기가 됐다. 특히 왕과 비운의 아들과 그를 사랑하는 두 여인이 부르는 사중창은 압권이다. 〈루치오 실라〉의 삼중창은 이중창 더하기 독창이었고 〈차이데〉의 사중창은 단순히 이중창 더하기 독창 더하기 독창이었던 반면, 〈이도메네오〉에서 모차르트는 분리된 네 개 성부이자 동시에 통합된 한 개 성부로 사중창을 구현했다. "모차르트는 매우 뛰어난 연출 능력을 보이며 먼저 한 캐릭터를 강조했다. 그런 다음 다른 캐릭터를 강조했다. 그러는 동안 각각의 가수가 만들어내는 선율은 다른 세 명의 선율을 배경으로 날카롭게 도드라지도록 했다"라고 글로버는 썼다. "그리고 청중은 비탄에 잠긴 네 줄기의 비가를 동시에 듣고 느끼면서 강한 인상을 받았다. 그 노래들이 공유하고 있는 고통 때문에 사람들의 심장이 멎을 지경이었다."

그럼에도 모차르트는 뮌헨 궁정에서 안정적인 자리를 얻을 수가 없었다. 이유는 분명치 않은데, 아무런 근거 자료가 없기 때문이다. 음악이 너무 독창적으로 되는 것을 피하라는 부친의 충고가 옳았는지도 모른다. 1781년 초, 뮌헨에서 상연된 〈이도메네오〉를 언급하고 있는 기록이나 편지, 비중 있는 비평이 없다. 어쩌면 이미 모차르트 스스로 빈에서 자신의 미래를 펼쳐 보이기로 작정했는지도 모르겠다. 그곳에는 음악을 사랑하고 1760년대에 자신을 후원했던 요제프 2세가, 섭정이자 모차르트의 비방자이기도 했던 어머니 마리아 테레지아Maria Theresia가 1780년 11월에 죽은 후 단독 통치자로 군림하고 있었기 때문이다.

어쨌든 1781년 3월에 모차르트는 고용주인 잘츠부르크 대주교 히에로니무스 콜로레도Hieronymus Colloredo 백작의 명령에 따라 빈으로 옮겨 갔다. 모차르트는 요제프 황제와 궁정을 방문한 뒤 거기에 계속 머물렀다. 궁정에서 보장받은 지위와 빈에서의 공연 기회 등을 두고 의견 불일치를 보인 끝에 모차르트는 5월에 콜로레도와 세상을 떠들썩하게 만든 결별을 한다. 그 직후 모차르트는 대주교의 수석 집사인 아르코Arco 백작에 의해 해임된다. 모차르트의 말을 빌리면, 백작은 문자 그대로 "모차르트의 엉덩이를 차버렸다". 레오폴트 모차르트는 이것이 아들의 경력에 흠결이 될까 봐 자신이 대신 사과하려 했다. 그러나 볼프강은 생애 처음으로 아버지에게 반기를 들었다. 서로를 책망하는 편지들이 오가는 가운데(이 편지들 중 레오폴트가 보낸 것은 볼프강의 아내가 모두 폐기한 것으로 추정된다), 볼프강은 아버지에게 다음과 같이 분노로 가득한 사연을 적어 보냈다. "사람을 고귀하게 만드는 건 가슴입니다. 비록 제가 백작은 아닙니다만, 저는 제 안에 저 수많은 백작들이 가진 것보다 더 큰 명예를 갖고 있습니다. 그리고 제가 아첨꾼인지 백작인지 하는 그자를 어찌 상대하든 그가 절 모욕한다면 그는 악당입니다." 이러한 감정은 보마르셰라면 피가로의 입을 빌려 쉽게 발설했을 그런 것이다. 그 연극의 마지막 장에서 주인인 알마비바Almaviva 백작을 향해 피가로가 내뱉은 말에는 이런 구절이 있다. "귀족 신분, 부유함, 높은 자리, 이런 것들이 사람에게 자부심을 불어넣지. 한데 그런 걸 얻기 위해 당신이 한 게 도대체 뭐지? 부모 잘 만난 것, 그게 전부야."

모차르트 부자의 관계는 두 번 다시 예전처럼 가까워지지 못했다.

1781년의 결별이 있은 지 2년 후에 볼프강은 레오폴트에게 편지를 쓴다. "제가 잘츠부르크에 대해, 대주교에 대해 조금도 신경 쓰지 않노라고 말할 필요조차 없었으면 합니다. 그 빌어먹을 인간들이라니. 만일 아버지와 누이가 거기에 없다면 그곳에 가겠다는 생각을 평생 동안 하지 않을 겁니다." 얼마 지나지 않아, 모차르트는 갓 결혼한 아내 콘스탄체Constanze와 함께 마지막으로 잘츠부르크를 방문한다. 아버지, 누이와 화해하기 위해서였지만, 실패로 돌아갔다. 모차르트는 1782년에 빈에서 결혼했다. 레오폴트의 뜻을 크게 거스른 결혼이었다. 레오폴트는 아들에게 자신으로부터 더 이상의 재정적 지원을 기대하지 말라고 통고했다. 1740년, 레오폴트 자신의 결혼을 두고 일어났던 어머니와의 저주스러운 불화가 이제 아들과의 사이에서 다시 일어난 것이다.

모차르트는 활동 중에 어떤 고초도 겪지 않았을 것이라고 생각하기 쉽다. 모차르트의 음악에서 발현되는 유머, 매력, 아름다움이 그의 머릿속에서 술술, 심지어는 기적처럼 불려 나왔기 때문이다. 연극 〈아마데우스Amadeus〉의 극본을 쓴 피터 셰이퍼Peter Shaffer는 밀로스 포먼Milos Foman의 걸작 영화 〈아마데우스〉의 시나리오를 쓴 작가인데, 이렇게 단언한다. "모차르트가 쓴 많은 편지나 그와 동시대인들의 증언에서 모차르트가 작품을 쓰면서 고생했다는 어떤 사소한 증거도 발견할 수 없다." 영화는 모차르트를 경솔하고 무사태평하고 상스러운 인물로, 논란의 여지가 있게 묘사함으로써 이런 입장을 반영하고 있다.

그러나 '고초'라는 말이 정신적인 고통과 번민을 의미한다면, 확실히 모차르트는 성인기 내내 상당한 고초를 겪은 게 틀림없다. 그것은 모차르트가 쓴 편지만 봐도 알 수 있다. 모차르트가 겪은 중요한 고초들은 1778년 파리에서의 어머니 사망, 1781년 아버지와의 불화, 누이와의 소원해진 관계(1783년 이후에는 누이를 전혀 만나지 않았다), 아내와 자신의 나쁜 건강 등이다. 첫사랑이었던 가수 알로이지아 베버Aloysia Weber에게 퇴짜 맞은 일이나 잘츠부르크 궁정에서 파면당한 일은 더 말할 것도 없다.

물론 모차르트가 겪은 고초가 그의 음악에 어떤 흔적을 남겼는지는 분명치 않다. 그러나 우리가 최소한 확신할 수 있는 것은 모차르트가 자신의 예술을 좇아 빈으로 이주하면서 삶이 힘들어졌다는 사실이다. 모차르트는 봉급은 얼마 안 되지만 안정적인 잘츠부르크의 일자리를, 불안한 프리랜서 작곡가라는 불확실성과 맞바꿨다. 대부분의 작곡가들이 고정된 일자리를 갖고 있던 시대에 말이다. 또한 모차르트가 감당해야 했던 개인적인 고난들이 작품에 반영되어 있음도 간과하지는 못할 것이다. 이를테면, 모차르트가 1781~1782년 징슈필 〈후궁으로부터의 도주Die Entführung aus dem Serail〉를 쓰면서 콘스탄체에게 구애한 끝에 결혼했다거나, 피가로와 알마비바 백작에 투사하고 있는 추하고 폭력적인 느낌이 그 예들이다. 후자의 감정은 보마르셰의 원작에도 잘 나타나 있지만 모차르트에게서는 더 깊은 심도와 뉘앙스로 표출되고 있다. 〈피가로의 결혼〉에 나오는 많은 음악들이 그 아름다움에도 불구하고 결코 평온하지는 않다. 결국에는 모차르트가 예술 활동을 하면서 고통을 겪었든 그렇지 않든 간에, 그가 창조한 것에는 모든 문화권에서 통용되는 감수성과 총체성이 깃들어 있다는 사실로 귀결될 터이다. 모차르트에게 혹독한 고초를 안겨준 상황이라는 것도 그보다 덜 창조적이고 더 타협적인 인물들이 보면 그저 단순한 불편함 정도에 지나지 않을 수도 있다. 모차르트가 생애 마지막 10년간 더욱 위대한 작곡가로 진화해간 것도 그가 체질적으로 기득권적 명예에 의지해 살 수 있는 인물이 아니었기 때문이다.

1768년 최초의 오페라가 실패로 끝난 뒤 빈에서 이어진 실망스럽고 긴 시간이 지나자 드디어 모차르트에게 기회가 왔다. 단독 군주 요제프 2세가 오페라 장르 전체를 지원한 것은 아니었다. 요제프 2세는 오페라 세리아를 싫어한 반면에 희극 오페라는 적극적으로 장려했다. 1783년까지는 독일 징슈필 형식을, 그 후에는 이탈리아 오페라 부파를 밀어줬다. 1783년부터 요제프가 사망한 1790년까지 빈의 황실 부르크 극장에서 상연된 59편의 오페라가 모두 이탈리아 희극 오페라였고 대부분 이탈리아 작곡가들의 작품이었는데, 그중에서도 파이시엘로의 오페라가 가장 인기 있었다. 게다가 요제프는 모차르트를 신동으로 알아왔던 터라, 일반 귀족들이 그러는 것보다 더 큰 경의를 모차르트에게 표했다. 앤드루 스텝토는 "어린 시절 모차르트는 유럽 왕실의 환대를 받았다. 그러나 요제프는 성인이 된 모차르트에게도 그런 대우를 극히 일부지만 계속해준 유일한 군주였다"라고 쓰고 있다.

중요한 점은 빈의 신구 귀족들이 모두 음악 애호가였다는 사실이다. 그들은 일반적으로 미술은 시시하다고 생각했지만 음악은 진지하게 대했다. 이런 사회적 환경이 모차르트 같은 무대예술가들에게 꼭 맞았다. 그것은 곧 모차르트가 재정적으로 두둑한 보상을 받으면서 일을 시작할 수 있다는 의미였다. 빈 시절 초기에 모차르트가 아버지나 다른 지인들에게 보낸 편지를 보면 그가 많은 귀족들, 음악 후원자들과 접촉했음을 알 수 있다. 그중 한 명인 베츨러Wetzler 남작은 모차르트 첫아이의 대부가 되었고, 1783년에는 자신의 집에서 훗날 모차르트에게 리브레토를 써준 로렌초 다 폰테를 소개해주기도 했다. 솔로몬은 "모차르트는 어마어마하게 많은 작품을 쓰는 일에 헌신했음에도 불구하고 외부 세상과의 인연을 끊지 않았다. 그리고 사회적 접촉과 교유의 범위가 어찌나 크고 풍부하고 다양한지 일반의 예상을 크게 벗어날 정도였다"고 말했다.

다 폰테와 모차르트는 우연히 둘 다 같은 해인 1781년에 빈으로 왔다. 동포 이탈리아인이며 작곡가로서 1766년부터 빈에서 활동하고 있던 안토니오 살리에리Antonio Salieri의 추천으로 다 폰테는 1783년에 부르크 극장의 전속 시인으로 임명됐다. 이때는 요제프 황제가 오페라 부파를 부흥시킬 즈음이었다. 문학과 달리 무대 경험의 부족을 실감한 다 폰테는 그 지역 시인이었던 잔바티스타 바레세Gianbattista Varese를 끌어들여 귀하다는 300여 편의 이탈리아 원본 검토 작업을 분담시켰다. 수십 년 후에 출간된 회고록에서 다 폰테는 신랄한 어투로 실망감을 드러내고 있다. "이탈리아의 초라함이여! 대체 그것들이 다 뭐란 말인가! 그 글들에는 플롯도, 인물의 성격도, 재미도, 무대효과도, 언어의 매력도, 스타일도, 아무것도 없었다. 사람들을 웃기려고 썼다지만, 누가 봤다면 울리려고 쓴 걸로 생각했을 것이다."

모차르트도 적당한 이탈리아 리브레토를 찾던 중이었는데, 곧 비슷한 결론에 도달했다. 5월, 다 폰테와 만난 직후 모차르트는 잘츠부르크에 있는 아버지에게 중요한 편지 한 통을 썼다.

음, 이탈리아 오페라 부파가 여기서 다시 일어나고 있는데 매우 큰 인기를 끌고 있습니다⋯⋯ 제가 훑어본 리브레토만 해도 100편은 넘을 겁니다. 그런데 마음에 드는 건 하나도 못 봤습니다. 말하자면, 정말 수정 작업을 많이 해야 할 거라는 얘깁니다. 어떤 시인이 그걸 한다고는 하는데, 아예 처음부터 새 대본을 쓰는 게 쉬울 듯싶군요. 언제나 그렇지만 사실 그게 최선이죠. 그 시인은 아바테 다 폰테Abbate Da Ponte라는 사람입니다. 그는 엄청나게 많이 무대용 대본 각색 작업을 하고 있습니다. 그리고 살리에리에게 완전히 새 리브레토를 '써 줘야만' 하는데, 이게 두 달이나 걸린답니다. 그게 끝나면 제게도 신작 리브레토를 써서 주겠다고 약속했습니다. 하지만 그가 약속을 지킬지, 지킬 마음이 있는지 누가 알겠어요? 아버지도 잘 아시지만, 이탈리아 양반들은 면전에서는 매우 정중하지요. 그러나 우린 그들을 잘 알고 있지 않습니까? 만일 그가 살리에리와 한패라면 전 아무것도 얻어낼 수 없을 거예요. 그러나 실로, 저는 이탈리아 오페라에서 뭔가 할 수 있다는 것을 보여주고 싶답니다! 그래서 만약 바레스코가 뮌헨에서의 오페라 〈이도메네오〉 일로 아직까지 우리를 껄끄럽게 여기지 않는다면, 아마도 저에게 일곱 명의 인물이 등장하는 리브레토를 써 주지 않을까 생각하고 있습니다…… 가장 중요한 것은 이야기 전체가 진짜로 희극적이어야 한다는 거예요. 그리고 가능하다면 두 개의 동등한 여성 캐릭터를 담아야 할 것입니다. 그중 하나는 비극seria적이어야 하고, 다른 하나는 희비극이 섞여 있어야겠죠. 그러나 양쪽 모두 중요성과 탁월성에서는 똑같은 수준을 유지해야 합니다. 그리고 제3의 여성 캐릭터가 등장한다면 전적으로 희극buffa적이어야 할 것입니다. 남성 캐릭터가 필요하다면 모두 희극적이어야 할 테고요. 아버지께서 보시기에 바레스코가 뭔가를 해줄 것 같으면, 제발 이 문제를 상의해주시기 바랍니다.

흥미로운 것은 이런 삼색 인물 설정이 〈피가로의 결혼〉에 등장하는 세 명의 여성을 떠올리게 한다는 점이다. 알마비바 백작 부인(세리아 성격), 백작 부인의 하녀 수산나(혼합 성격), 그리고 가정교사 마르첼리나(부파 성격). 1785년, 확실히 모차르트는 다 폰테의 〈피가로〉 리브레토를 가지고 작업하기 훨씬 전에 이미 그런 성격들의 조합을 염두에 두고 있었던 것으로 보인다.

어쨌든 모차르트는 때를 기다려야 했다. 그러면서도 유용한 경험이될 수 있는 여러 오페라 관련 작업에 매달렸다. 레오폴트 모차르트가 마음을 달랬는지 바레스코가 잘츠부르크에서 마지못해 오페라 부파 개요하나를 보내왔다. '카이로의 거위L'oca del Cairo'라는 제목이 붙은 이 대본은 거대한 기계 거위에 관한 이야기였다. 사랑에 빠진 어떤 사람이 어리석은 아버지에 의해 탑에 갇힌 연인을 구출하기 위해 트로이의 목마처럼 이 거위를 사용한다는 내용이었다. 1783년의 몇 달 동안, 모차르트는 미심쩍어 하면서도 이 대본에 음악을 입히는 작업을 했으나 결국 대본을 버렸다. 미국의 음악학자 앨프리드 아인슈타인Alfred Einstein에 따르면, 모차르트가 포기한 지점은 거위가 등장하는 장면 직전이고 "수산나와 피가로의 이중창을 방불케 하는 신선함과 매력, 가치를 지닌 도입부의 이중창 곡"을 쓴 직후였다. 이와 동시에 모차르트는 또 다른 오페라 부파 〈속은 신랑Lo Sposo Deluso〉 서곡과 이어지는 사중창, 두 개의 아리아, 삼중창 곡을 썼다. 이 오페라의 리브레토는 '이탈리아 시인'이 쓴것인데, 다 폰테가 약속했던 리브레토였을 수도 있고 아닐 수도 있다. 어쨌든 이것도 중간에 걷어치웠다. 이외에도 1783년 6월에 모차르트는 안포시가 무대에 올린 오페라를 위해 세 곡의 아리아를 썼다(여기서 두 곡이 불렸다). 팀 카터Tim Carter의 표현대로라면 "모차르트는 말하자면, 부르크 극장의 문턱에 막 발을 내딛고 있는 참이었다".

〈피가로의 결혼〉을 쓰는 과정에서 다른 작곡가들이 쓴, 최소한 세 편의 오페라 작품이 모차르트에게 영향을 끼쳤다. 그중 가장 중요한 작품이 파이시엘로의 〈세비야의 이발사Il barbiere di Siviglia〉였다. 이 오페라는

1783년 8월에 부르크 극장에서 상연했는데, 1780년대 내내 이 극장에서 가장 인기 있는 작품으로 총 60회나 상연됐다. 보마르셰의 피가로 3부작 중 1775년에 발표된 첫 번째 극인 〈세비야의 이발사 *Le Barbier de Séville*〉에 바탕을 둔 이 오페라(〈피가로의 결혼〉은 두 번째 극임)가 빈에서 엄청난 성공을 거두자 모차르트와 다 폰테가 두 번째 극에 최초의 관심을 갖게 되었을 거라는 점에는 의심의 여지가 없다. 1년 후인 1784년 8월에 파이시엘로의 또 다른 오페라가 초연됐다. 〈베네치아의 테오도로 왕 *Il Re Teodoro in Venezia*〉이라는 작품인데 등장인물의 성격이 대단히 현실적이었다. 이는 〈피가로의 결혼〉에서도 마찬가지로 콤메디아 델라르테(commedia dell' arte, 16세기 중반 베네치아에서 발생해 18세기까지 유행한 즉흥극 위주의 연극 형식—옮긴이)의 정형화된 캐릭터들과는 달랐다. 모차르트 오페라에 나타나는 많은 음악적 디테일을 보면 모차르트가 파이시엘로 오페라의 영향을 받았음을 알 수 있다. 1784년 크리스마스 직전에 모차르트는 〈보상받은 충성 *La Fedeltà Premiata*〉의 소식을 들었다. 그것은 요제프 하이든 Joseph Haydn의 작품으로 하이든은 모차르트가 마음 깊이 존경하는 작곡가였다. 이 오페라는 요제프 2세와 궁정 사람 모두가 보는 가운데 독일에서 상연됐다. 랜든은 "이 작품에는 매혹적이고 빛나는 두 번의 피날레가 있다(제1막과 제2막). 여러 악장으로 된 이 부분은 조성, 성악, 기악의 풍부함, 길이와 심리적 복합성 등에서 이탈리아 작곡가가 쓴 모든 작품을 능가하고 있다"고 썼다. "모차르트는 〈피가로〉의 제2막, 제3막, 제4막에서 하이든의 이러한 피날레 스타일을 더욱 장엄한 것으로 바꿔놓았다."

1785년에 다 폰테가 〈피가로의 결혼〉의 리브레토 집필에 착수했는지는 정확히 알려져 있지 않다. 또한 이 오페라의 모든 음악을 모차르트가 작곡하는 데 어느 정도의 시간이 걸렸는지도 알 길이 없다. 모차르트는 그 과정에 대해 아무런 기록도 남겨놓지 않았다. 그는 지독하게 바빴고, 아버지와의 관계도 더 소원해졌다. 게다가 우리가 근거로 삼을 수밖에 없는 다 폰테의 회고록을 전적으로 신뢰하기도 어렵다. 다 폰테는 모차르트가 대화하던 중에 오페라 작업 건을 제안했다고 말했다. 다 폰테는 "난 그에 따라 집필에 들어갔고, 내가 할 수 있는 한 가장 빠르게 썼다. 모차르트는 거기에 음악을 입혔다. 6주 사이에 모든 게 자리를 잡았다"고 했다. 이는 아마도 대략적인 자리를 잡았다는 뜻으로 해석된다. 현대의 연구자들은 모차르트의 자필 악보(제1, 2악장의 악보는 베를린에, 제3, 4악장은 크라쿠프에 있다)를 근거 삼아 여기에 적힌 음표들을 처음에는 일종의 음악적 속기 방식으로 썼으며 필수 악기와 모든 성악부도 표시하고 있다고 말한다. 그렇게 생각하면 6주라는 시간도 터무니없지만은 않다. 모차르트가 1785년 11월 2일에 자신이 이 오페라 일에 완전히 빠졌음을 아버지에게 짧은 편지로 알리고 있는 것을 보면, 이 악보 초고는 10월과 11월 사이에 집필되었다고 추정할 수 있다. 최종본은 1786년 4월에 완성됐다.

다 폰테와 모차르트 둘 다 보마르셰 연극이 정치적으로 민감하다는 것을 인식하고 있었다. 1784년 프랑스에서 이 연극이 상연되었을 때 큰 소동을 빚었다. 5000명이나 되는 군중들이 오전 8시부터 극장 주위에 장사진을 치기 시작했고, 입장 시 한꺼번에 쇄도하면서 세 명이 압사했다. 이 연극을 번역하기도 한 극작가 존 웰스John Wells는 "연극 개막작으로선 아마도 역사상 가장 대단한 성공작이었을 것"이라고 말했다. 루이 16세는 1782년에 극본을 읽어보고는 이 연극이 대중 앞에서 상연되기 전에 바스티유 감옥은 이미 부서진 거나 다름없다고 말했다. 그런가 하면 나폴레옹은 훗날 이 연극이 프랑스혁명을 이끈 동력의 일부가 됐다고 천명했다. 빈에서는 이 연극을 독일어 대사로 번역해 무대에 올리려던 시카네더의 시도가 1월에 내려진 요제프 황제의 다음과 같은 지시에 부딪혔다. "이 작품엔 거슬리는 내용이 많다. 그런고로 짐은 검열관들이 이 연극의 상연을 금지시키거나 얼마간의 수정을 해서 무대에 올리되, 그 상연 여파에 따르는 책임은 그들이 져야 할 것이라고 생각한다." 결국 상연은 취소됐다. 하지만 검열관은 극본의 출판은 허가했다.

다 폰테는 자신이 황제를 개인적으로 알현해서 이 연극의 오페라 작업을 허락받았다고 주장한다. "미풍양속을 해칠 만한 것이 있으면 빼거나 삭제하겠다고 함으로써" 황제를 안심시켰다는 것이다. 다 폰테는 한편으로 음악의 아름다움을 거론하며 황제의 흥미를 자극했다. "나는 모차르트에게 곧바로 달려갔다. 그런데 내가 희소식을 다 전하기도 전에 황제의 시종이 와서 그에게 통지했다." 작곡가에게 악보를 가지고 궁으로 들어오라는 황명이었다. 모차르트가 여러 가지 발췌곡을 연주하자 요제프 2세는 무척 놀랐다.

정치적인 이유의 '수정'(가장 대표적인 것이 맨 마지막 막에서 피가로가 귀족제, 정부, 검열제 등을 비난하는 장광설을 삭제한 일) 외에도 다 폰테는 예술적인 이유로 상당 부분을 삭제하거나 고칠 수밖에 없었다. 물론 전체적인 줄거리는 유지했다. 리브레토 서문에서 다 폰테는 그것이 '개작'이 아니라 그 연극에서 가장 좋은 점만 '추출'한 것이라고 말하면서 자신의 리브레토가 길어진 점에 대해서는 사과했다.

(길어진 데 대해) 우리가 변명거리로 삼을 수 있는 것은, 이 음악적 연극이라는 직조물을 구성하고 있는 실들이 매우 다양하다는 점과 저

방대하고 웅장하며 복잡다기한 음률, 그러면서도 배우들이 이에 따라 질서 정연하게 쉼 없이 움직일 수 있다는 점에서 찾을 수 있다. 그 결과, 긴 레치타티보를 들어야 하는 괴로움과 단조로움을 줄일 수 있게 됐으며, 극 중에 발생하는 온갖 감정을 다양한 색채로 표현할 수 있게 됐다. 무엇보다 진정 세련된 취향과 이해력을 갖고 있는 관객 대중에게 새로운 볼거리를 보여주고 싶은 우리의 욕심 때문에 이 오페라(대본)는 길어질 수밖에 없었다.

'새로운 볼거리'는 실제로 다 폰테와 모차르트가 창조한 것이었다. 전반적으로 볼 때, 모든 앙상블들이 보마르셰 원작의 틀 안에서 주조된 것은 분명했지만 아리아들은 몇 군데만 원작의 대사를 시적으로 개작했고, 대부분은 다 폰테가 새로 썼다. 리브레토에서 새롭게 해석된 인물들의 성격은 모차르트의 음악이 더해지면서 좀 더 확대되고 깊어졌다. 〈이도메네오〉를 쓸 때도 그랬지만, 이번 경우에도 모차르트는 리브레토를 많이 고치려 했던 듯싶다. 그러나 이와 관련된 문헌 증거가 없는 터라 음악학자들의 견해를 근거로 추정하는 수밖에 없다. 매우 절묘하고도 아이러니한 사례 하나를 들어보자. 제3막에서 정욕에 불타는 알마비바 백작과 속임수를 쓰려고 하는 수산나 사이에 오가는 유혹의 이중창(잔인한 사람이여! 어찌 이토록 나를 피하는가Crudel! Perchè finora) 부분에서 작곡가의 기지에 찬 수정 작업이 엿보인다.

백작과 수산나가 한 소절씩 주고받는 두 번째 4행시에서 백작의 물음은 여성형 어미로 끝나는 반면, 수산나의 대답은 남성형 어미인 '-ò'로 단호하게 끝난다. 게다가 은근히 수작을 거는 듯한 '아이-ai'로 맞춘 각운은 백작의 속내와 잘 어울리고 여기에 모차르트의 부드러운 선율이 어우러지면서 한층 밀도가 높아진다. 그런데 이 대목에서 최소한 한 가지는 다 폰테가 기여하지 않았다. 수산나가 백작의 물음에 즉답을 피하며 얼렁뚱땅 넘어가는 흥미진진한 '좋아-싫어' 게임을 묘사하는 부분에서 모차르트는 온갖 재주를 부린다. 이는 대본 밖의 일이며, 그래서 오롯이 모차르트의 창의력에만 기대고 있다.

모차르트의 작곡 과정에 대해 우리는 단지 짐작만 할 뿐이다. "뭔가 커다란 생각이 머릿속에서 움직이면 그 사람은 완전히 넋이 나간 듯했어요. 집 주위를 산책할 때도 뭐가 지나갔는지 모를 지경이었죠." 모차르트의 아내 콘스탄체는 1829년에 메리 노벨로Mary Novello에게 이렇게 말했다. "그러나 마음속에서 정리가 끝나면 피아노 앞에 앉을 필요도 없이 오선지를 집어 들고 써나가면서 이렇게 말하곤 했죠. '사랑하는 아내여, 그러니까 뭐라고 했는지 다시 한 번 말해주겠소?' 내가 아무리 말을 해도 그는 전혀 방해받지 않았죠."

1786년 부르크 극장에서 초연된 〈피가로의 결혼〉은 "승리인 동시에 실망"이었다고 솔로몬은 말한다. 앞서 말한 것처럼 예외적으로 길었던 앙코르는 차치하고라도 "오케스트라 단원들도 갈채를 멈추지 않을 것처럼 보였다. 그들은 바이올린 활로 보면대를 계속 쳤다"고 초연에서 두 가지 역을 맡았던 아일랜드 출신의 테너 가수 마이클 켈리Michael Kelly가 1826년에 펴낸 회고록에서 말했다. 그러나 전문가와 일반 대중 사이의 평가는 엇갈렸다. 이는 레오폴트 모차르트가 딸 앞에서 사담을 나누며 예측한 대로였다. 다 폰테는 자신의 회고록에서 〈피가로의 결혼〉은 양쪽 그룹에서 모두 성공적이라는 평가를 받았다고 주장한다. 다만, 일부 거장 음악가들과 지지 파벌들이 "회의적이거나 판단을 유보하고 고개를 젓는" 등의 반응을 보인 것도 사실임을 시인하고 있다. 당대 취향의 척도가 되는 인물이라 할 수 있는 친첸도르프Zinzendorf 백작은 5월 1일자 일기에 간단히 이렇게 적고 있다. "7시에 오페라 〈피가로의 결혼〉을 보다. 다 폰테의 시에 모차르트가 곡을 썼다. 루이즈가 우리 관객석 칸에서 같이 봤다. 오페라는 지루했다." 모차르트 자신은 상연을 두고 아무 기록도 하지 않았다. 당연히 벌었으리라고 예상한 수익도 올리지 못했다. 아마 관객들은 어떤 센세이션을 기대했는지도 모른다. 그들은 이미 이 연극이 파리에서 대성공을 거두었고, 빈에서는 상연 금지 조치가 내려졌다는 사실을 알고 있었다. 그 때문에 "오페라가 그 이상으로 폭발적인 면모를 보여주지 못한 데 실망했을 것"이라고 스텝토는 말했다. 〈피가로의 결혼〉은 모두 아홉 번 공연됐다. 그런대로 괜찮은 공연 기록이었지만, 결코 열광적인 반응을 끌어냈다고 볼 수 있는 공연 횟수는 아니었다. 이 오페라는 그 후 점차 인기를 얻기 시작했지만, 빈에선 3년간 무대에 올라가지 못했다.

유행에 비교적 덜 민감한 프라하에선 1787년에 상연됐는데, 열광적인 반응을 얻었다. "여기선 '피가로'를 빼면 아무것도 이야깃거리가 되지 않는다네. '피가로' 말고는 그 어떤 것도 부르지도, 연주하지도, 입 밖으로 소리 내지도 않는다네. '피가로' 이야기만 계속하고 있네. 나에겐 참으로 영광스러운 일이 아닐 수 없네." 모차르트는 흥분해서 빈의 한 친구에게 이렇게 편지를 썼다. 하지만 이탈리아에서는 몇 번 상연하긴 했으나 정규 연주 목록에 끼지도 못한다.

1793년 파리와 1812년 런던에서 상연됐을 때 모차르트는 이 세상 사람이 아니었다. 1812년 상연과 그 뒤의 1813, 1816, 1817년 재상연은 모두 이탈리아어로 연주됐다. 1819년 코번트 가든에서 최초의 영어 공연이 이루어졌는데, 이때 대대적인 개작이 있었고 줄거리도 훨씬 단순해졌다. 백작 역할은 주로 대사로 때웠고 아리아에도 많은 변화가 있었으며, 좀 더 복잡한 연기 앙상블은 잘려나가고 대화로 대체됐다. 원작이 너무 복잡해 영국인들이 이해하기 어렵다는 이유에서였다. 이 요약본 오페라는 약 20년 동안 영국 무대를 주름잡았다. 1842년이 되어서야 코번트 가든에서 최초로 제대로 된 영어판 〈피가로의 결혼〉을 선보인다. 이 오페라를 관객의 이해를 위해 영어로 상연해야 하느냐, 아니면 모차르트와 다 폰테가 창조한 불멸의 음악/시 합작품을 위해 이탈리아어로 해야 하느냐를 놓고 오늘날까지도 논쟁이 이어지고 있다.

09

장 프랑수아
샹폴리옹

이집트 상형문자 해독

상형문자 기록은 복잡한 체계다.
기록물 전체가 구상적이며 상징적인 동시에 표음적이다.
문장 전체에서 그러하고, 구절에서 그러하며,
심지어는 한 단어에서도 그렇다고 감히 말할 수 있다.
—샹폴리옹, 『고대 이집트 상형문자 체계 개요*Précis du système hiéroglyphique des anciens Ègyptiens*』,
  1824

고대 이집트는 그리스 역사가인 헤로도토스Herodotos 시대 이래로 거의 2000년 동안 학문 세계에 강한 영향력을 발휘했다. 그러나 파라오 시절의 언어나 기록에 대한 정확한 지식은 상형문자 기록 방식이 사용되지 않으면서 완전히 유실되고 말았다. 그리스나 로마의 어떤 학자들도 상형문자 읽는 법을 몰랐다.

  이집트학은 200년 전에야 비로소 연구 분야로 인정받았다. 1799년 이집트 로제타Rosetta에서 프랑스 병사들이 로제타석을 발견하면서부터였다. 그로부터 20년 후, 즉 투탕카멘Tutankhamen의 무덤이 발굴되기 100년 전인 1822년에 샹폴리옹은 수년간의 연구 끝에 이집트 상형문자를 해독해냈다. 몇 달 지나지 않아 샹폴리옹은 한 위대한 문명이 제 목소리를 내도록 만들었다. 1820년대 내내 샹폴리옹은 무덤, 사원, 오벨리스크, 파피루스 등에 새겨진 다량의 상형문자 기록을 번역했고, 파라오 왕조의 연대기를 작성했는데 이는 성서에 언급된 것보다 훨씬 더 오래된 역사임이 드러났다. 샹폴리옹이 이룩한 도약 없이는 투탕카멘의 이야기도 있을수 없다. 대부분의 과학 분야에선 초석을 놓은 특별한 인물들이 다소 정도의 차이는 있어도 해당 분야의 '아버지'로 경배받고 있다. 그런 점에서 샹폴리옹의 이름 앞에 이집트학의 아버지라는 호칭이 붙을 이유는 충분하다.

샹폴리옹의 도약적 위업은 당시 바이런과 베토벤으로 대변되던 낭만주의 운동에 비견할 만한 가치가 있다. 샹폴리옹이 죽고 나서 오랜 시간이 흐른 뒤에 그의 전기를 쓴 독일인 전기 작가 헤르미네 하르틀레벤Hermine Hartleben에 따르면, 1822년 9월 14일 정오 무렵에 샹폴리옹은 파리의 자택에서 달려 나와 형과 스승이 고대사 연구자로 일하고 있는 국립 연구원으로 갔다. 샹폴리옹은 가지고 간 이집트 비문 필사본을 형의 책상 위에 던지면서 외쳤다. "내가 알아냈다고." 그러나 다음 설명을 하지 못하고 바닥에 쓰러져 실신했다. 그 순간 형은 샹폴리옹이 죽었다고 생각했다. 샹폴리옹을 집으로 데려가 눕혔는데, 닷새째 저녁때가 되도록 깨어나지 않았다. 샹폴리옹은 깨어나자마자 다시 일에 몰두했다. 9월 27일, 샹폴리옹은 왕립 아카데미에서 이집트 비문과 기록에 관한 역사적인 강연을 했다. 자신이 이룬 도약을 발표하는 순간이었다. 이 내용은 10월에 '다시에 씨에게 보내는 편지, 표음 상형문자의 알파벳에 관하여Lettre à M. Dacier, relative à l'alphabet des hiéroglyphes phonétiques'라는 제목의 논문으로 출간됐다. 이 논문의 수신자는 아카데미의 상임 사무국장인 봉 조제프 다시에Bon-Joseph Dacier였다.

샹폴리옹의 유레카 체험은 과장되게 들린다. 그가 평생 동안 고대 이집트와 그 기록물 연구에 강박적으로 매달렸다는 사실을 증명하는 문헌

이 없었다면 허무맹랑한 소리 정도로 치부됐을지도 모른다. 그러나 여기에는 중요한 진실 하나가 숨어 있다. 샹폴리옹의 도약은 1814년경부터 단독으로 수행한 로제타석과 이집트 비문에 관한 연구로 촉발된 게 분명하지만, 그에 못지않게 박물학자였던 토머스 영이 펴낸 이전의 저작물에 힘입은 바 컸다. 다양한 지식 분야를 섭렵했던 영은 이집트 문자 해독의 첫걸음을 내디딘 사람이었다. 그 결과는 1815~1819년 사이에 발표됐다. 여기에는 브리태니커백과사전에 수록된, 이집트에 관한 길고 선구적인 저술도 포함되어 있다. 그러나 샹폴리옹은 영의 연구가 있었기 때문에 자신의 도약이 가능했다는 일부의 주장을 일축했다. 상형문자에 관해 그가 쓴 최초의 저술은 1824년의 『고대 이집트 상형문자 체계 개요』다. 여기서 샹폴리옹은 영이 연구한 그 기간에 자신도 연구를 수행했으며, "영 박사의 견해를 알지 못한 상태에서" 자신은 독자적인 방식으로 "(영의 것과) 다소 비슷한 결과"를 도출했을 뿐이라고 반박했다.

양자 사이에서, 그리고 두 사람을 지지하는 저명인사들 사이에서 불거진 논쟁은 그 이후에도 지속됐다. 이는 중력의 법칙 발견을 둘러싸고 벌어졌던 뉴턴과 그의 라이벌인 로버트 훅, 그를 위시한 여러 인물들 사이의 논쟁과 닮은 데가 있다. 샹폴리옹 대 영의 논쟁은 사그라지지 않았다. 왜냐하면 이 문제에 명료한 답이 없었기 때문이다. 대신 이 논쟁은 창조적인 도약이 무엇인가 하는 매력적인 물음이 제기되는 계기가 됐다. 어떤 발견에 있어 과학과 예술의 공조, 박식가와 전문가의 미덕과 단점, 창조성과 성격의 문제 등이 새로운 논의 대상으로 떠올랐다. 샹폴리옹과 영은 집안 배경이나 지적 수련의 방식, 기질 등에서 판이하게 달랐다. 예를 들면, 영은 이집트에 한 번도 가본 적이 없을뿐더러 가고 싶어 하지도 않았다. 1817년, 런던에 이집트 학회가 창설되었을 때 가능한 한 많은 고대 비문과 필사본이 필요했다. 그래야만 해독하는 데 도움이 되었기 때문이다. 그때도 영은 냉담하게 자금이 더 필요하다고, 그래야 "가난한 이탈리아인들이나 몰타인들을 고용해 이집트에서 더 많이 뒤져 오게 할 수 있다"고 말했다. 이와는 대조적으로 샹폴리옹은 어린 시절 그르노블에서 처음 상형문자를 본 뒤 파라오의 땅을 여행하는 꿈을 오랫동안 꾸었으며, 이집트의 과거와 현재 문화에 푹 빠진 상태였다. 마침내 1828~1829년 샹폴리옹은 이집트 땅을 밟는다. 샹폴리옹은 거의 현지인으로 통했는데, 가무잡잡한 얼굴색과 아랍어에 능통했기 때문이다. 샹폴리옹은 "나는 이집트의 포로입니다. 이 나라는 나의 모든 것이 됐습니다"라고 나일 강가에서 형에게 편지를 썼다.

샹폴리옹은 1790년에 프랑스 남서부 케르시 지방의 피작Figeac이라는 작은 마을에서 태어났다. 샹폴리옹의 아버지는 그르노블 남쪽의 알프스 산악 지대에 있는 고향 발보네에서 어렵게 행상을 하다가 피작에서 그런대로 성공한 서적상으로 뿌리를 내린 사람이었다. 샹폴리옹의 어머니는 놀랍게도 글을 읽고 쓸 줄 몰랐다. 샹폴리옹은 어머니가 중병에서 회복되고 나서 마흔여섯 살에 8년 터울로 낳은 아이였다. 샹폴리옹은 아이 때만 건강했을 뿐 남은 평생 허약한 몸 때문에 고생했으며 마흔한 살까지밖에 살지 못했다. 그는 항상 자신의 죽음을 의식하며 살았는데, 그 때문에 영원불멸한 것에 그토록 집착했다.

장 프랑수아는 여덟 살이 다 될 때까지도 학교에 가지 않고 주로 집 안에서만 지냈다. 프랑스혁명으로 종교 교단이 운영하던 구체제 학교들이 폐쇄됐다. 아이들이 방치된 거리는 안전하지 않았는데, 피작에서도 단두대가 샹폴리옹의 집 근처에 설치됐다. 샹폴리옹의 부모는 그에게 신경을 쓰지 않았고 세 명의 누나와 형이 샹폴리옹의 응석을 어느 정도 받아주었던 것 같다. 이로 인해 "거친 기분에 잘 휘둘리고 울화를 쉽게 내는" 그의 기질이 어린 시절에 형성되어 그대로 유지됐다. 하지만 아버지의 책에 둘러싸인 채, 동생에게 헌신적인 형 자크 조제프(Jacques-Joseph, 그보다 열두 살 위였는데 혁명으로 인해 배움에 큰 타격을 입었다)의 보살핌에 힘입어 글 읽기를 빨리 배웠으며 뛰어난 언어 학습 능력을 보였다. 그러나 쓰기와 철자법에는 곤란을 겪었다. 아마도 책에서 단어를 베끼는 식으로 독학했기 때문이며, 쓰기와 그리기를 혼동한 데도 이유가 있을 것이다. 이는 훗날 그가 그림이 본질을 이루는 상형문자에 빠져들 가능성을 미리 보여준 것이다.

1798년에 새로운 학교가 문을 열어 장 프랑수아는 학생이 됐지만, 그 기간은 오래가지 못했다. 그는 정규교육과 기계적인 주입식 가르침, 수학을 싫어했다. 그러자 샹폴리옹의 형은 전 베네딕트파 수도사 한 명을 동생의 개인 교사로 데려왔다. 이 개인 교사는 샹폴리옹에게 언어와 자연사에 관한 흥미를 심어줬다. 하지만 그는 자신의 제자가 재능은 있지만 예측 불가능한 아이임을 알았다. 개인 교사는 자크 조제프에게 이렇게 말했다. "모든 걸 다 배우고 싶어 하는 날이 있는가 하면 아무것도 배우려 들지 않는 날도 있답니다."

2년간의 개인 수업을 받은 후, 1801년 장 프랑수아는 피작을 떠나 약 320킬로미터 떨어진 그르노블로 옮겨갔다. 거기서 그의 형이 아버지 사촌이 경영하는 조그마한 회사에서 일하고 있었다. 이후 샹폴리옹은 어머니를 다시 보지 못했고 어머니는 1807년에 세상을 떴다. 그르노블은 피작이나 파리 이상으로 샹폴리옹에게 친숙한 곳이 됐다. 그리로 간 뒤 거의 20년 동안 살았으며 처음으로 고대 이집트를 만나 사랑에 빠진 장소이기도 했다. 사람들은 이들 형제를 '샹폴리옹-피작'(자크 조제프)과 '어린 샹폴리옹'(장 프랑수아)으로 구별해 불렀는데, 자크 조제프와 장 프랑수아는 몇 년 되지도 않아 그르노블의 유명 인사가 됐다. 둘 다 골동품과 오래된 것들에 대단한 흥미를 보였고 열렬한 공화제 지지자였기 때문이다.

문헌 자료는 없지만 집안에서 전해지는 이야기에 따르면, 샹폴리옹이 이집트와 사랑에 빠진 것은 열한 살 때인 1802년 가을이라고 한다. 이제르 주(주도가 그르노블임) 지사인 조제프 푸리에Joseph Fourier는 샹폴리옹이 새로 다니게 된 리세(lycée, 프랑스 국립 중등학교―옮긴이)를 시찰하던 중 장 프랑수아가 이집트에 지대한 관심을 갖고 있다는 사실을 알게 됐다. 푸리에는 관저로 소년을 불러 자신이 소장하고 있는 이집트 골동품들을 보여준다. 푸리에는 저명한 수학자이자 물리학자였고, 불운으로 끝난 나폴레옹의 1789년 이집트 원정 동안 주요 직책을 맡기도 했다. 1801년 카이로에서 돌아오기 전에 나폴레옹은 푸리에를 주지사로 임명했다. 어쨌든 그 만남에서 이 조숙한 소년은 푸리에가 가진 미해독 상형문자를 보고는 말을 잇지 못할 정도로 강한 인상을 받았다.

그런데 장 프랑수아가 실제로 그 학교 학생이었거나 두 사람의 만남이 이뤄진 때는 훨씬 뒤(문헌상으로 보면 1809년)였을 수도 있다. 진실이야 어떻든 간에, 1804년에 장 프랑수아가 당시 푸리에와 잘 알고 지내던 자크 조제프를 보조해 푸리에의 일을 도와주고 있었다는 건 확실하다. 그 일은 화려한 채색 그림이 들어간 나폴레옹의 이집트 원정 보고서인 『이집트에 관한 기술Description de l'Égypte』 제1권(이 시리즈는 1828년이 되어서야 완결되는데, 이해는 샹폴리옹이 이집트에 간 때다)의 방대한 서문을 쓰는 작업이었다. 1807년에 우수한 성적으로 리세를 졸업한 '어린 샹폴리옹'은 그르노블의 학술 아카데미에서 이집트에 관한 강의를 진지하게 부탁

해올 정도가 됐다. 열여섯 살의 샹폴리옹은 곧 이 아카데미 회원으로 추대됐다. 그리고 1809년 파리의 대학에서 동방 언어와 콥트어를 공부했다. 샹폴리옹이 처음으로 로제타석에 매달린 때는 1808년이었다. 샹폴리옹은 열여덟 살 때 그르노블에 새로 생긴 대학의 고대사 교수직을 맡게 되면서 이 도시로 돌아왔다. 샹폴리옹의 형도 그리스 문학부 교수로 임명됐다. 장 프랑수아는 이미 고대 이집트에 관한 자신의 첫 번째 책의 초안을 잡아놓았는데, 그것은 고대 이집트 문명과 관련해서 당시에 알려진 사실들을 집대성한 내용으로 1814년에 출간됐다. 이 책에서도 로제타석에 대한 사전적인 언급을 발견할 수 있다. 따지고 보면 고대 이집트 기록 체계를 전력으로 공략하기 위한 일종의 준비 작업이었던 셈이다.

샹폴리옹의 해독 작업을 본격적으로 들여다보기 전에 우리는 짧게나마 고대 이집트 기록에 관한 이전의 연구 작업들을 둘러볼 필요가 있다. 1814~1824년 사이에 샹폴리옹과 그의 라이벌인 영이 이집트 상형문자를 해독했다는 사실은, 그 이전 고대 그리스·로마 시대까지 거슬러 올라가는 '오독'의 역사를 일거에 정리했다는 의미다. 수많은 학자들이 연구에 매달렸지만 제대로 된 통찰을 보여준 사례는 매우 드물었다.

파라오들의 문명은 기원전 3000년경에 시작하여 샹폴리옹이 태어나기 2000여 년 전에 저물었다. 이때가 기원전 332년 알렉산드리아를 건설한 알렉산드로스 대왕이 이집트를 정복한 시기이며, 알렉산드로스의 장군이었던 프톨레마이오스 1세의 이름을 딴 프톨레마이오스 왕조가 헬레니즘의 법도에 따라 그 나라를 다스리던 무렵이었다. 하지만 무너지고 있는 이 장려한 세계에 대해 그리스인들과 로마인들, 그중 특히 그리스인들은 역설적이고 혼재된 시선을 보냈다. 즉, 고대 이집트의 지혜와 고색창연함에 대해서는 존경을 표했지만, 그 '야만성'에 대해서는 경멸을 감추지 않았다. 상형문자라는 단어 자체가 그리스어로 '성스러운 새김'이라는 뜻에서 나온 것이며, 이집트의 오벨리스크들은 고대 로마로 실려 와서 특권의 상징물이 됐다. 오늘날 열세 개의 오벨리스크가 로마에 서 있고, 이집트에는 네 개만 남아 있다.

고전 시대 작가들은 이집트인을 '저술의 발명자'로 간주했다(물론 대 플리니우스Gaius Plinius Secundus 같은 사람은 설형문자를 쓴 메소포타미아인 들을 더 쳐주었지만). 하지만 그들 중 어느 누구도 이집트 문자를 쓰거나 말하는 법을 배우지 못했다. 석판에 상형문자를 새겨 넣은 쓰기 방식이 기원후 394년까지 존속했음에도 불구하고 말이다. 그들은 기원전 1세기 에 디오도루스 시쿨루스Diodorus Siculus가 적고 있는 것처럼, 이집트 기 록 체계가 표음적인 것이 아니라고 봤다. "음절들을 구축해서 저변의 의 미를 표현하는 언어가 아니라 사물의 형상을 본떠 그린 것들을 통해 이 미 누구나 익히 알고 있는 은유적 의미를 동원해서 의사를 전달하는 체 계"라고 믿고 싶어 했다. 즉, 상형문자는 개념적이거나 상징적인 것이지 그리스나 라틴어 기록 체계처럼 알파벳 방식이 아니라고 믿었던 것이다. 이는 상형문자 해독의 역사를 통해 볼 때, 중대한 인식의 차이라고 할 수 있다. 이들은 매를 형상화한 상형문자는 빠른 무엇을, 악어 그림은 악을 상징한다고 추측했다.

상형문자에 관한 한, 그때까지 가장 권위 있는 학설은 상이집트(Upper Egypt, 카이로 남쪽에서 수단에 이르는 지역으로, 고대에는 나일 강 삼각주 지 역인 하下이집트와 별도의 정치권을 형성함—옮긴이)의 닐로폴리스 출신으 로 추정되는 호라폴로(Horapollo, 호루스 아폴로)라는 이집트 학자가 내놓 은 것이었다. 호라폴로는 『히에로글리피카Hieroglyphika』를 썼는데, 이 책 은 기원후 4세기나 그 이후에 그리스어로 쓴 것으로 보이며 원본은 한동안 사라졌다가 1419년에 그리스의 한 섬에서 발견되었다. 르네상스 시대에 널리 알려진 『히에로글리피카』는 1505년에 책으로 출간됐으며 대단한 영향력을 행사했다. 무려 30판을 찍었는데 그중 한 판본에는 알브레히트 뒤러Albrecht Dürer가 삽화를 그리기도 했다. 1806년에 샹폴리옹도 이 책을 탐독했으며, 지금도 출판되고 있다.

호라폴로는 허구를 뼈대로 여기에 진실을 가미해 이야기를 꾸미는 방식으로 상형문자를 읽어내고 있다. 영은 이를 "유치하고…… 진지한 문헌을 사실대로 설명하는 게 아니라 공상과 알쏭달쏭한 이야기들을 모아놓은 것"이라고 평했다. 예를 들어 이 대단한 『히에로글리피카』에 따르면,

사람들은 신성한 서기나 예언자나 시신 방부 처리사나 심술이나 악취나 웃음이나 재채기나 법률이나 판관을 지칭하고자 할 때 개를 그린다. 서기의 경우, 출세한 서기가 되려면 많은 것을 알아야 하고 끊임없이 짖어야 하며 사나워야 하고 아무에게나 친절을 베풀어선 안 된다. 마치 개와 같아야 하기 때문이다. 또 예언자를 왜 개로 나타내는가 하면, 개는 모든 야수들 너머로 항상 신의 형상을 주시한다. 그러므로 예언자는 개와 같다고 할 수 있다.

이런 식이다. 우리는 이제 샹폴리옹 덕분에 상형문자에 대해 알게 되었지만, 『히에로글리피카』에도 일말의 진실은 있다. 말도 안 되는 소리와 뒤섞여 있지만 말이다. '자칼(개)' 상형문자는 아누비스Anubis 신의 이름을 쓰고 있다. 아누비스는 시신 방부 처리의 신이므로 냄새나는 일에 종사하고 있는 것도 사실이다(그래서 호라폴로가 '악취'라는 말을 했을

까). 가로로 누운 자칼은 특별한 부류의 성직자 명칭을 쓰고 있다. '비밀의 지배자'라는 지위인데, 이쯤 되면 신성한 서기나 예언자로 불릴 만한 점도 있다. 활보하는 자칼 그림은 관리를 나타내는데, 이를 판관으로 보아도 크게 틀린 건 아니다.

642년에 이집트를 점령해서 이슬람을 전파한 아랍인들이 상형문자에 대한 좀 더 정확한 이해를 조금이나마 보여주고 있다. 최소한 그들은 상형문자가 전적으로 상징적인 것은 아니고 부분적으로 표음적인 성격을 가지고 있다고 믿었다(하지만 음가에 대해서는 잘못 알고 있었다). 그러나 이런 지식이 이슬람 세계에서 유럽으로 전달되진 않았다. 그보다는 호라폴로 덕분에, 그리고 고대 그리스·로마의 고전 문화를 되살리자는 르네상스 분위기를 타고 상형문자가 '상징 언어적 지혜'라는 그리스·로마 시대의 믿음이 그대로 수용되었다. 근대에 들어와서 이 주제에 대해 최초로 나름대로 완결된 책을 쓴 이는 베네치아 사람인 피에리우스 발레리아누스Pierius Valerianus였다. 발레리아누스가 1556년에 펴낸 책에는 자신이 그린 재미있고 멋진 '르네상스'풍의 상형문자 삽화가 들어 있다.

이러한 해독가들 중에서 가장 유명한 인물은 예수회 수도사였던 아타나시우스 키르허Athanasius Kircher였다. 샹폴리옹은 그가 쓴 연구서들을 모두 통독했다. 17세기 중반에 키르허는 고대 이집트에 관한 한 로마에서 알아주는 권위자였다. 그러나 키르허가 쓴 방대한 저작들은 '이집트학'의 범위를 벗어나는 것이었고, 그는 이것들로 인해 종종 '마지막 르네상스인'이라는 말을 들었다(이는 브리태니커백과사전에 나와 있음). 그런가 하면 '근세 학문의 세계에서 모든 것을 아는 마지막 인물'이라는 호칭을 얻기도 했다. 키르허는 인간 지식의 전부를 아우르려고 시도했다. 그 결과는 '우둔과 총명의 잡탕물'이었다. 혼합의 비율을 보면 당연히 전자가 후자를 압도하고 있었다. 키르허는 끝내 이 불명예스러운 평판을 벗지 못했다.

1666년에 키르허는 로마 미네르바 광장의 소형 이집트 오벨리스크에 각인된 상형문자들을 풀어내는 일을 위임받는다. 이 오벨리스크는 교황 알렉산데르 7세의 명으로 조각가 베르니니가 장식해서 세운 것이었다(이 오벨리스크는 오늘날까지도 석조 코끼리상 위에 서 있다. 그것은 '지혜는 힘에 의해 지지된다'는 의미를 나타내고 있다). 키르허는 그 카르투슈(Cartouche, 타원형 테두리선 안에 새겨진 작은 규모의 상형문자 모음—옮긴이)를 해석해서 제출했는데, 내용은 다음과 같았다. "티포의 폭력을 막을 오시리스의 힘을 불러내리려면 적절한 제례와 의식을 치러야 하는 바 거기에는 희생물이 있어야 하고, 삼중 세상의 수호 요정에게 호소하는 절차가 들어가야 한다. 그렇게 해야만 적 티포의 폭력에 맞서라고 나일 강이 관례적으로 베풀어주는 번영을 계속 누릴 것이다." 오늘날의 해석에 따르면, 이 카르투슈는 26왕조의 한 파라오 이름인 와히브레(Wahibre, 아프리에스)를 표기하고 있을 뿐이다!

이와 달리, 키르허의 연구는 콥트어를 구해내는 데는 실제로 도움이 됐다. 콥트어는 고대 이집트가 끝나갈 무렵에 쓰이던 언어였다. 키르허는 최초의 콥트어 문법 및 단어 책을 썼다. 콥트라는 말은 아랍어의 쿱티qubti에서 왔고, 또 이 말은 그리스어의 아이굽토스(Aiguptos, 이집트라는 뜻—옮긴이)에서 비롯됐다. 콥트어 기록 체계는 기원후 1세기를 전후해 고안됐으며 4세기에서 10세기까지 구어로, 그리고 이집트 내 기독교회의 공식 언어로 크게 융성했다가 그 후 아랍어로 대체됐다. 단지 교회 안에서만 키르허가 살았던 17세기 중반까지 콥트어가 사용됐다. 비록 전례용으로 쓰이고 있었지만 콥트어는 절멸될 위기에 봉착해 있었다. 동방 언어를 전공하는 학생이었던 샹폴리옹은 1807~1809년에 파리의 콥트교회에서 이 언어를 줄곧 접했다고 한다. 하지만 18세기에는 유럽에서 소수의 학자들만 콥트어의 존재와 알파벳을 알고 있었다. 콥트어의 기본형식은 스물네 개의 그리스 문자와 파라오 시대 이집트에서 가져온 여섯 개의 기호(우리는 이 기호들을 로제타석에 새겨진 세 개의 기록문 중 하나인 속용문자demotic script 기록문에서 볼 수 있다)로 이루어져 있다. 19세기에 상형문자를 해독하는 과정에서 고대 이집트어 체계를 추정, 재구축하기 위해선 반드시 콥트어를 알아야 한다는 것은 상식이 되었다.

이집트 기록 체계에 대한 오도된 이론은 18세기 계몽주의 시기 내내 통설로 자리 잡고 있었다. 예를 들어, 스웨덴 외교관이었던 팔린Palin 백작은 3종의 책에서 구약성서 일부는 이집트어 원문을 히브리어로 옮긴 것이라고 주장했다. 이는 그런대로 이유가 있는 추측이었다. 그런데 팔린 백작은 이후 히브리어 성서를 중국어로 번역하는 과정을 거쳐 역으로 추정해서 이집트 원문을 재구축하려 했다. 이 시도는 그렇게까지 미친 짓으로 보이지 않았다. 왜냐하면 한자나 이집트 상형문자 모두 강한 개념적, 상징적 요소를 품고 있다고 보았기 때문이다. 또 한자와 상형문자의 특별한 연관성은 샹폴리옹이나 영처럼 좀 더 신중한 사람들이 이집트어를 해독하는 과정에서도 중요한 단서를 제공했다. 하지만 팔린 백작은 너무 많이 나갔다.

최초로 올바른 방향에서 '과학적' 접근이 이루어진 경우는 1740년 영국의 성직자인 윌리엄 워버턴William Warburton에게서 찾을 수 있다. 워버턴은 훗날 글로스터 주교가 된 인물로, 상형문자를 포함한 모든 기록 방식이 신성한 기원에서 비롯된 것이 아닌 그림에서 진화한 것이라고 주장했다. 1762년, 워버턴을 숭배했던 바르텔레미J. J. Barthélemy 신부는 통찰력 있는 추정을 내놓는다. 바르텔레미는 오벨리스크의 카르투슈에는 왕이나 신의 이름이 새겨져 있을 것으로 추측했다. 아이러니한 것은 이 추측이 두 가지 잘못된 전제에 근거하고 있다는 점이다(그중 하나는 타원형 테두리선 안에 새겨진 상형문자가 그 선 바깥의 상형문자와 다르다고 여긴 점이다). 19세기가 끝나갈 무렵, 덴마크 연구자 게오르크 죄가Georg Zöega는 일부 상형문자들이 최소한 어느 정도는 개념이 아닌 소리를 나타내는 '표음적 기호'일 것이라는 대담한 가정을 내놓았다. 결국 해독으로 가는 길이 뚫렸다.

그리고 나서 전환점이 도래했다. 1798년 나폴레옹의 군대가 이집트를 침공했고(당시 열아홉 살이던 자크 조제프 샹폴리옹은 여기에 참전하고자 했다), 그 과정에서 로제타석이 발견됐다. '카르투슈'라는 말은 이집트 상형문자를 지칭하는 표현이지만, 이는 동방과 서구의 운명적 만남에서 연원한다. 이집트에 산재한 신전 벽에 새겨진 타원형 테두리선은 병사들의 눈에 잘 띄었는데, 이는 총의 탄약통cartridges에 있는 타원형 고리와 유사했기 때문이다.

다행스러운 것은 프랑스 군대가 정복 못지않게 문화에도 관심을 가지고 있었다는 점이다. 훗날 샹폴리옹이 스승으로 모시는 푸리에 같은 학자들이 대규모로 병사들과 함께했고, 그런가 하면 화가들도 많았다. 그들은 원정 보고서인『이집트에 관한 기술』에 엄청난 양의 삽화를 그려 넣었다. 프랑스 공병 부대가 나일 강 삼각주 지역 라시드(로제타) 마을의 오래된 요새를 복구하는 과정에서 로제타석을 발견했을 때 부대장은 그것이 대단히 중요한 것임을 직감하고, 카이로에 있던 학자들에게 보냈다. 비문 사본이 제작되어 1800년에 유럽의 학자들에게 배포됐다. 당시의 정세를 감안하면 대단히 공개적인 태도라고 할 수 있다. 그러나 로제타석은 1801년 영국군이 탈취해서 런던으로 보냈다.

발견 순간부터 돌에 새겨진 비문은 서로 다른 세 종류의 글로 이루어 졌음이 확연히 보였다. 맨 아래 있는 것은 그리스 알파벳으로 쓰여 있었다. 그리고 맨 위의 것은 불운하게도 가장 많이 손상되어 있었으나 카르투슈에 둘러싸인 이집트 상형문자(hieroglyph, 신성문자라고도 함—옮긴이)가 분명했다. 중간에 끼여 있는 글이 가장 정체 모를 것이었다. 그것은 그리스어와는 확실히 닮지 않았지만, 어떻게 보면 그 위에 있는 상형문자들과 비슷한 점을 보이기도 했다. 물론 거기엔 카르투슈가 없었다. 오늘날 우리는 중간에 있는 문자들이 속용문자임을 알고 있다. 이는 기원전 3000년경부터 상형문자와 병행되어 사용됐던 신관문자hieratic script가 기원전 650년경부터 필기체로 변형된 것이다(신관문자는 로제타석에서 보이지 않는다). 이 명칭은 그리스어로 '범용in common use'을 뜻하는 데모티코스demotikos에서 왔으며, 중요한 기록에 쓰이는 신성한 상형문자와 대비된다. '속용demotic'이란 용어를 최초로 쓴 사람은 샹폴리옹이었다. 샹폴리옹은 영이 앞서 지어낸 '현지enchorial'라는 용어 사용을 거부했다. 영은 하단에 그리스어 기록이 있는 점을 감안해 중간의 기록 체계에 '현지 문자enchoria grammata'라는 이름을 붙였던 것이다.

해독 작업의 첫 단계는 당연히 그리스어 기록을 먼저 번역하는 일이었다. 비문은 기원전 196년 3월 27일로 왕좌에 오른 지 1년이 되는 젊은 왕 프톨레마이오스 5세 에피파네스Epiphanes의 즉위를 기념해 이집트 전역에서 모여든 사제들이 총회 명의로 고대 이집트의 중심 도시 멤피스에서 공포한 칙령으로 밝혀졌다. 알렉산드로스의 장군이었던 프톨레마이오스의 후예들이 당시 이집트 정부와 왕궁에서 그리스어를 사용하고 있었기 때문에 그리스어로 적은 것이다. 프톨레마이오스, 알렉산드로스,

알렉산드리아라는 이름이 그리스어로 된 기록문에 등장하고 있음을 볼 수 있다.

비문을 해독하려는 사람들의 시선을 사로잡은 것은 그리스어 기록의 마지막 문장이었다. 그 내용은 이렇다. "이 칙령을 강고한 석비에 새기노니, 이는 각각 신성한 문자(상형문자)와 민간의 문자(속용문자)와 그리스 문자로 새겨질 것이며, 제1, 제2, 제3위의 신전에 하나씩 세워지되 영생할 왕의 형상 곁에 놓일 것이니라." 다른 말로 하면 상형문자, 속용문자, 그리스 문자로 새겨진 기록들은 자구 하나까지 완벽하게 똑같지는 않지만, 의미상 서로 동일한 것이었다. 이렇게 해서 연구자들은 비문이 두 종의 언어로 작성되었음을 처음으로 알게 됐다. 이는 비문을 해독하려는 사람들이 그토록 밝혀내고 싶어 했던 사실이며, 해독 작업에서 일종의 성배와도 같은 것이었다. 두 가지 언어 중 하나는 분명 그리스어이고, 다른 하나는 아마도 사제들의 언어인 고대 이집트어일 것이다. 그중 후자는 두 개의 다른 문자체로 쓰였는데, 문맥상 봤을 때 '신성한' 문자와 '민간의' 문자가 두 개의 다른 언어 같지는 않았다(나중에 알려진 바에 따르면, 사실 상형문자와 속용문자로 표기된 이집트어는 동일한 것이 아니었다. 하지만 라틴어와 르네상스 시대 이탈리아어처럼 아주 가까운 관계였다).

상형문자 부분의 손상이 극심했던 까닭에 초점은 속용문자에 맞춰졌다. 1802년에 프랑스의 저명한 동양학자인 실베스트르 드 사시(Sylvestre de Sacy, 1807~1809년에 상폴리옹을 가르친 선생들 중 하나)와 드 사시의 제자이자 스웨덴 외교관인 요한 오케르블라드Johan Åkerblad가 이 방식을 채택했다. 그들은 고유명사를 찾았다. 예를 들어, 프톨레마이오스라는 이름은 그리스 문자 기록문에서는 열한 번 나타난다. 이 이름과 대충 비슷한 속용문자 기록문 위치에서 반복적으로 보이는 속용문자 그룹들을 따로 분리시켰다. 그들은 이 그룹들을 들여다보면서 속용문자로 표기된 이름이 그리스 문자와 마찬가지로 알파벳 형식으로 적혀 있음을 알아냈다. 이는 특정 이름을 적은 속용문자 철자들의 수가 분명히 같은 이름을 나타내는 그리스 문자 철자들의 수와 얼추 같을 수도 있다는 뜻이었다. 그리스 문자에 상응하는 속용문자들을 대조해봄으로써, 이들은 속용문자에서 쓰이는 알파벳들을 어림할 수 있게 됐다. 다른 속용문자들, 예를 들어 '그리스인', '이집트', '신전' 같은 말도 이 속용 알파벳을 이용해서 읽어낼 수 있게 됐다. 속용문자로 쓴 글 전체가 그리스어 기록문처럼 알파벳으로 구성된 듯 보였다.

그러나 실상은 그렇지 않았다. 드 사시나 오케르블라드에게는 더없이 불운한 일이었다. 이에 대해 영은 안타까움을 표한다. "그들은 그리스어 비문을 쓴 사람이 제공한, 잘못되거나 최소한 불완전한 근거를 바탕으로 작업했다. 그리스어 기록문 작성자는 짐짓 고대 이집트인들이 서로 다른 표기 방식들을 구사한 듯 써놓았으며, 이집트인들이 많은 경우에 오직 25자로만 이루어진 알파벳 체계를 사용하고 있다고 단언했다." 고전학적인 전거에서 단서를 취하고 있던 드 사시와 오케르블라드는 속용문자 기록문이 알파벳 표기로 되어 있을 것이라는 자신들의 선입견을 배제할 수 없었다. 이와는 반대로, 이들은 상형문자 기록문에 대해서는 호라폴로의 『히에로글리피카』 주장에 따라 그것이 전적으로 비표음적인 표기일 것이라고 믿었다. 상형문자와 속용문자 사이에 나타나는 외견상의 명백한 차이와, 이집트 상형문자는 개념적이거나 상징적인 기록 체계라는 유럽 학계의 뿌리 깊은 통설을 극복하지 못한 두 사람은 상형문자와 속용문자의 내적 원리는 절대적으로 다른 것이라고 확신했다. 즉 상형문자는 개념적/상징적 기록 체계이고, 속용문자는 표음적/알파벳적 기록 체계라는 결론을 도출한 것이다.

한 가지만 제외하면, 드 사시는 '최초의' 중대한 주장을 편 인물로 칭송받을 만하다. 그 주장은 상형문자의 카르투슈 안에 적힌 외국 이름들, 즉 그가 자연스럽게 프톨레마이오스, 알렉산드로스 등으로 추정했던 이름들이 속용문자 기록문에서처럼 알파벳 방식으로 적혀 있다는 것이다. 사시가 이런 결론에 이른 것은 1811년에 중국학을 전공하는 제자가 전해준 정보 때문이었다. 당시 유럽에서 중국 한자는 기본적으로 상형문자와 같은 개념적 기록 체계라는 게 정설이었다. 그러나 이 제자는 (중국어가 아닌) 외국어 단어나 고유명사는 중국어에서도 '표음적'으로 표기되며, 여기에 특별한 표식을 붙여서 이 단어들엔 개념적 의미가 없고 단지 음가만 나타낸다고 알려줬다(영어에서 외국어 단어를 쓸 때 이탤릭체 표기 같은 '특별한 표식'을 부여하는 것과 같다). 프톨레마이오스나 알렉산드로스 등이 이집트어에서는 외국 이름이기 때문에 한자에서 외국어 단어에 특별한 표식을 붙이는 것처럼 카르투슈로 그것을 두른 게 아닐까 하는 것이 드 사시의 생각이었다. 그렇다면 카르투슈가 둘러싸지 않은 나머지 상형문자들은 뭐란 말인가? 사시는 그것들이 비표음문자라고 확신했다.

난생처음 상형문자를 해독하는 샹폴리옹과 영이 1814년 개별적으로 로제타석 연구에 매달리기 시작할 무렵의 상황은 대략 이랬다. 사실, 그들은 이 일에 관해 1814~1815년에 짧게나마 편지를 주고받았다. 그때 영은 샹폴리옹에게 대영박물관에 있는 로제타석 원본을 언급하며 제대로 된 해독 작업이 이뤄지도록 도와주겠다고 제안했다. 이상적으로라면, 우리는 1814년부터 「다시에 씨에게 보내는 편지」를 통해 샹폴리옹의 도약이 발표되는 1822년까지 그가 취한 생각의 경로를 되짚어야 하지만,

불행히도 그것은 불가능하다. 왜냐하면 영과는 달리 샹폴리옹은 이 기간 중에 일어난 일이나 자신의 생각에 대해 거의 아무런 기록도 남기지 않았기 때문이다. 고작해야 형에게 보낸 편지 몇 통이 전부였다.

이 편지들에서 명백히 알 수 있는 것은 샹폴리옹이 1816~1818년까지 거의 2년간 해독 작업에서 어쩔 수 없이 손을 떼야만 했다는 사실이다. 그것은 1815년 나폴레옹 체제가 붕괴하고 군주제로 회귀하면서 겪게 된 정치적, 재정적 어려움 때문이었다. 샹폴리옹과 그의 형은 나폴레옹을 지지한 대가를 톡톡히 치러야 했다. 샹폴리옹은 1816년 3월에 피작으로 추방되어 19개월간이나 그르노블로 돌아오지 못했다. 샹폴리옹보다 수완 좋은 형은 파리에서 자리를 잡았다. 샹폴리옹은 대학에서 강사 자리를 박탈당한 후 토리노 대학에서 교수직을 제안받았지만 고향 도시를 떠나길 거부하고 1818년에 그르노블 학교의 선생이 되었다. 나중에는 사서가 되었고 결혼까지 했다. 1819~1820년에 부분적으로 사면된 샹폴리옹은 다시 이집트학에 매진할 수 있게 됐지만 이번에는 건강이 발목을 잡았다. 알코올 중독자였던 아버지가 죽은 후인 1821년에 샹폴리옹은 다시 한 번 정치에 휘말려든다. 1821년 3월, 극우 왕당파인 이제르 주지사에 반대하는 무혈 민중 봉기에 참여한 것이다. 샹폴리옹은 반역죄로 기소되었다가 무죄 방면됐다. 그러나 사실상 그르노블에서 추방된 거나 다름없어서 1821년 7월 파리에 있는 형한테 갈 수밖에 없었다. 여기서도 늘 자상한 샹폴리옹의 형이 8월에 동생에게 금석문 아카데미Academy of Inscription의 강사 자리를 주선해준다. 샹폴리옹은 안정된 환경에서 연구에 몰두할 수 있었고, 1년 후인 1822년 9월에 '도약'을 이룰 수 있었다.

이 힘든 시기에 샹폴리옹은 간명하지만 적지 않은 내용을 담은 책자를 하나 펴냈다. 아직 그르노블에 있던 1821년 4월에 샹폴리옹은 7페이지 분량에 일곱 개의 도판이 실린 '고대 이집트 상형문자 표기에 대해De l'ecriture hiératque des anciens Égyptiens'라는 제목의 얇은 책자를 냈는데, 여기엔 이집트의 여러 유적과 기록물에서 수집한 700여 개의 상형문자와 신관문자들이 도해되어 있었다. 이 책에서 상폴리옹은 상형문자와 신관문자(필기체 문자로 속용문자가 거기서 파생됨)를 비교한 뒤, 이를 근거로 세 가지 결론을 이끌어냈다. 첫째, 신관문자는 "상형문자 체계의 단순한 변형에 지나지 않으며, 상형문자와는 단지 형태의 차이만 있을 뿐이다". 바꿔 말해 상형문자가 신관문자(그리고 속용문자)의 뿌리라는 것이다. 둘째, 신관문자는 "어쨌든 알파벳 형식이 아니다". 셋째, 신관문자는 "소리가 아닌 사물을 나타낸 기호다".

첫 번째 결론은 옳았다. 영은 이미 1815년에 이 같은 결론을 발표했으며, 1819년 브리태니커백과사전에도 그렇게 썼다. 드 사시에게 보낸 공개편지에서 영은 과거 어느 연구자도 감지하지 못한 신관문자와 속용문자, 그리고 자신이 '이것들에 상응하는 상형문자'라고 부른 것 사이의 '놀라운 유사성'에 대해 특별히 언급했다. 그 유사성은 로제타석 비문뿐만 아니라 나폴레옹의 이집트 원정 보고서인 『이집트에 관한 기술』에 소개된 파피루스 문서에서도 나타난다.

상폴리옹의 두 번째 결론, 즉 신관문자가 알파벳으로 이루어진 게 아니라는 주장은 틀렸을 가능성이 높았다. 이는 드 사시나 오케르블라드, 영이 발표한 내용과 상충됐는데, 이들은 (신관문자에서 파생된) 속용문자에 거의 확실히 알파벳적인 요소가 있다고 보았기 때문이다. 1815년, 앞서 언급한 드 사시에게 보낸 편지에서 영은 이렇게 말하고 있다. "당신이 속용문자의 모습을 보고 거기서 판독 가능한 알파벳을 찾을 가능성이 없다고 절망할지라도 전혀 놀라지 않습니다. 당신이 내 '비밀'을 알고 싶다면 알려드리죠. 그것은 이겁니다. 그런 알파벳은 존재하지 않는다는 것입니다." 영이 내린 결론은, 속용문자가 "상형문자의 모방체로 이루어져 있으며…… 알파벳 글자들이 섞여 있다"는 것이다. 완전히 개념적/상징적인 문자도 아니고, 그렇다고 완전히 알파벳 문자도 아니며 이 둘이 혼재된 형태였다. 영은 훗날 브리태니커백과사전에서 자기와 같은 박식가들이나 할 법한 방식으로 속용문자에 대한 유추를 펼치고 있다. "알파벳 글자들이 상형문자들 사이에 섞여 산재해 있다고 보는 게 당연하다. 이는 현대의 천문학자나 화학자들이 자기 분야에서 가장 자주 언급되는 것들을 간결하게 표기하기 위해 종종 자신들만 아는 표시를 하는 것과 같다." 현대에서는 과학 이외의 분야에서도 쓰이는 기호들, 예를 들면 $, £, %, =, + 같은 것들이 이와 비슷한 예다. 다른 말로 하면, '간결한 상형문자compendious hieroglyphics'는 비표음적으로 개념을 나타내지만 모양은 알파벳 글자와 닮았다는 것이다.

상폴리옹의 세 번째 결론, 즉 상형문자나 신관문자 모두 (신관문자가 상형문자에서 파생된 것이기 때문에) '소리가 아닌 사물'을 나타낸다는 주장도 두 번째 결론(신관문자는 알파벳 형식이 아니다)이 틀렸다면 이 또한 틀린 것이 될 터였다. 추측건대, 1821년 중반까지는 상폴리옹도 모든 고대 이집트 표기 방식이 표음적이 아니라 개념적이라는 오랜 통설을 믿고 있었음이 틀림없다.

이집트어 기록이 표음적이 아니라는 상폴리옹의 주장은 중대한 실수였다. 그러나 곧 자신의 실수를 깨닫고 1821년에 출판한 모든 책들을 힘들게 수거하여 잘못된 텍스트를 삭제한 뒤 도판만 다시 배포했다고 한다. 이 이야기는 그 뒤로 이 책을 보기 힘들었다는 점, 상폴리옹이 영에게 도판만 보내주었고 영은 텍스트가 따로 있었는지도 몰랐다는 점 등을 미루어볼 때 아마 진짜일 것이다. 무엇보다 샹폴리옹 자신이 「다시에 씨에게 보내는 편지」에서 1821년 책에 대해 어떤 식으로든 전혀 언급하지 않고 있다는 점이 신빙성을 더한다. 분명한 것은 1821년 8월(샹폴리옹이 오류가 있는 그르노블판으로 금석문 아카데미에서 강의하던 때임)에서 1822년 9월 발표 사이에 생각이 바뀌었으며, 결국 샹폴리옹이 이집트어 표기 체계에는 알파벳적 요소가 있다고 마음을 고쳐먹었다는 사실이다. 그렇다면 도대체 샹폴리옹의 생각이 이처럼 급격히 바뀐 이유는 무엇일까 하는 의문이 들지 않을 수 없다.

샹폴리옹의 말에 따르면, 그는 파리에 정착한 1821~1822년에 브리태니커백과사전에서 영의 글을 읽었다고 한다. (1819년 영의 글이 발표된 즈음에, 샹폴리옹은 그르노블에서 파리에 있는 형에게 편지를 보내 영의 글을 '즉시' 구해달라고 졸랐다.) 1824년판 『고대 이집트 상형문자 체계 개요』에서 샹폴리옹이 세인들에게 자신은 영의 글에서 실제적으로 영향을 받은 게 없으며 자신의 연구가 독립적으로 이루어졌음을 믿어달라고 호소한 것은 이미 말한 바 있다. 샹폴리옹이 1808년 이래 긴 시간 동안 열정적으로 이 일에 파고들었으며, 1822년 이후 천재적인 직관으로 상형문자를 파헤쳤다는 사실로 미루어볼 때 이 주장이 맞을 수도 있다. 하지만 그냥 믿어주기에는 석연치 않은 구석이 있다. 그보다는 샹폴리옹이야말로 케스틀러가 『창조 행위 The Act of Creation』에서 말하고 있는 바의 가장 적합한 본보기가 아닐까. 케스틀러는 이렇게 쓰고 있다. "누가 어떤 아이디어를 받아들여 그것에 빠져 살게 되면, 그 아이디어가 다른 이의 것일 수도 있다는 생각을 할 수 없게 된다. 그 아이디어를 완전히 소유하고, 아이디어가 그 자신을 완전히 소유하기 위해서는 아이디어의 '전력'을 모두 지워버려야 한다."

입증할 수는 없지만 내 생각엔, 1819년 영의 글이나 그 이전에 영이 드 사시나 다른 사람들과 나눈 편지가 공개되면서 샹폴리옹도 이집트 기록 체계에 표음적 요소가 존재한다는 것을 인정하지 않을 수 없게 된 듯 싶다. 영의 글은 "상형문자 알파벳과 같은 것"이 짧은 상형문자 목록 형태로 어떤 '소리'를 나타내고 있다는 논지를 명확히 펼치고 있다. 그런가 하면 오케르블라드는 "현지 알파벳으로 추정된 것"이라고 명명한 일련의 속용문자들이 상형문자에서 변형된 것임을 주장하고 있다. 더군다나 샹폴리옹은 (『고대 이집트 상형문자 체계 개요』에서도 인정하고 있지만) 영의 원시적 상형문자 '알파벳'들이 프톨레마이오스와 프톨레마이오스 왕조의 여왕 베레니케Berenice를 표기하고 있다는 것을 이 이름들을 나타내는 그리스어 표기 철자들과 일일이 맞춰봄으로써 알게 된 터였다. 확실히 샹폴리옹은 영의 공개된 연구 결과를 비판적으로 소화해서 그 아이디어 일부를 (그리 내키지는 않았겠지만) 자신의 것으로 받아들인 것 같다. 그러나 어쨌든 샹폴리옹은 이로 인해 제대로 된 '자신만의' 첫걸음을 내디딜 수 있게 되었다.

1822년 1월에 샹폴리옹은 파리 국립 연구원에서 윌리엄 뱅크스William Bankes라는 영국인 여행가이자 수집가가 가져온 오벨리스크 비문의 탁본 하나를 보게 된다. 뱅크스는 이집트 남부 아스완 부근 필레Philae에서 그 오벨리스크를 뽑아 영국 도싯의 킹스턴 레이시에 있는 자택으로 가져왔다. 지금도 그곳에 서 있는 이 오벨리스크가 중요한 것은 두 개의 언어로 비문이 새겨져 있었기 때문이다. 꼭돌의 비문은 그리스어로 되어 있고, 주신에 새겨진 글은 상형문자로 되어 있었다. 그런데 이 경우는 진정한 이중 언어 표기, 즉 제2의 로제타석으로 볼 수 없었다. 왜냐하면 두 개의 비문이 서로 일치하지 않았기 때문이다. 그럼에도 1818년, 뱅크스는 그리스 문자로 새겨진 것이 프톨레마이오스와 여왕 클레오파트라 Cleopatra의 이름을 나타내고 있음을 알아냈다. 그리고 두 개밖에 없는 카르투슈 안에 적힌 상형문자가 꿈돌에 그리스어로 새겨진 이름들을 지칭한다고 생각했다. 이 중 한 카르투슈는 영이 프톨레마이오스로 읽은 로제타석의 긴 카르투슈와 거의 비슷한 모양을 하고 있었다.

| 로제타석 | 필레의 오벨리스크 |

그래서 나머지 카르투슈는 아마 클레오파트라를 쓴 것일 거라고 추측했다. 그것의 사본을 만들어 영과 여러 학자들에게 보냈는데, 수신자 중에는 파리 국립 연구원도 있었다. 뱅크스는 사본 가장자리에 클레오파트라를 알아냈다는 사실을 연필로 표시했다.

영에게는 운이 없었는지 그에게 발송된 사본에 심각한 문제가 있었다. 사본을 뜬 필경사가 클레오파트라의 이름 첫 글자 k에 해당하는 상형문자를 t를 나타내는 상형문자로 잘못 쓴 것이다. 영의 말을 들어보자. "그 이름을 다른 전거들과 상세히 맞춰보는 작업을 하면서 여유로운 시간이 없어졌다. 나는 그 알파벳을 분석하는 일에 의욕을 잃고 말았다." 다른 말로 하자면 영이 여기서 일손을 놓고 쉰 것이 운이 없었다는 뜻이며, 한편으로는 어느 하나에 집중하지 못하고 평생 이것저것 집적대기 좋아했던 박식가적 태도 때문에 이를 성취할 기회를 놓쳤다고도 볼 수 있다.

샹폴리옹은 몇 년 동안 좌절도 겪었지만 결코 이집트 연구에서 다른 주제나 일로 눈을 돌리지 않았다. 샹폴리옹은 새로운 돌파구를 찾아냈다. 그것은 뱅크스나 영에게 신세를 지지 않은 자신만의 성과였다(「다시에 씨에게 보내는 편지」에도 나와 있다). 그리고 거기로 곧장 뛰어들었다. 영이 생각한 것처럼, 샹폴리옹도 로제타석에 새겨진 짧은 '프톨레마이오스 카르투슈'는 오직 프톨레마이오스라는 이름만 나타내고 있지만, 두 번째의 긴 카르투슈는 프톨레마이오스 이름에 부가된 왕실 칭호를 포함하고 있을 것이라고 생각했다. 다시 한 번, 영처럼 샹폴리옹도 프톨레마이오스가 알파벳으로 철자되어 있다고 추정한 것이다. 이는 뱅크스가 필레의 오벨리스크에서 클레오파트라라는 이름을 읽어낼 때 가정한 것과 동일하다. 샹폴리옹은 양쪽 카르투슈(로제타석과 필레의 오벨리스크)의 상형문자 음가를 다음과 같이 추측했다.

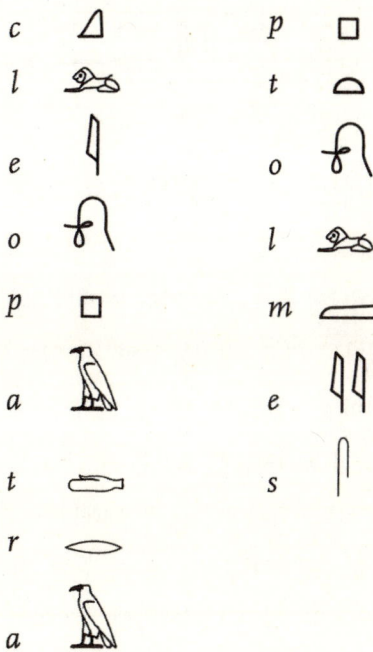

네 개의 기호가 양쪽에서 공통적으로 쓰이고 있는데, 음가 l, e, o, p를 가진 상형문자들이었다. 그러나 음가 t를 나타내는 글자는 다른 형태로 표기되어 있었다. 샹폴리옹은 t에 해당하는 두 기호가 동음이자 homophones일 것이라고 추론했다. 발음은 같되 모양은 다른 기호(예를 들면, 영어에서 Jill을 Gill로, Catherine을 Katherine으로 표기하는 것)라는 샹폴리옹의 생각은 맞았다. 이는 영도 알고 있던 바지만, 해독의 진정한 시험대는 이 새로운 음가들을 다른 비문의 카르투슈에 적용해도 올바른 이름을 나타내느냐 여부를 밝히는 데 있었다. 샹폴리옹은 다음과 같은 카르투슈를 가지고 그것을 시험해봤다.

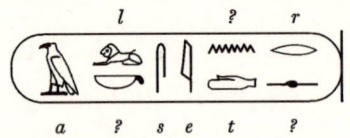

Al?se?tr?가 나타내고자 하는 원래 이름은 무엇일까? 샹폴리옹은 이것이 알크센드르스Alksentdrs, 즉 그리스어로 알렉산드로스Alexandros일 것이라고 짐작했다. 여기서 음가 k/c를 가진 두 개의 기호(⌐️과 △)가 동음이자임이 밝혀졌다. 그리고 s 음가를 표현하고 있는 두 개의 이형 기호들(━과 ‖)도 찾아낼 수 있었다. 해독한 알파벳들이 늘어가면서 샹폴리옹은 비이집트 출신 통치자들을 표기한 카르투슈도 읽어내기 시작했다. 영이 읽으려고 시도했다가 잘못 읽은 베레니케, 카이사르Caesar, 로마 황제의 칭호인 아우토크라토르Autocrator 등등. 샹폴리옹이 더 많은 이름들을 읽어낼 것이라는 점은 명약관화했다. 2000년간의 봉인이 풀리면서 상형문자의 암호도 풀리기 시작했다.

숱한 그리스·로마식 이름들이 판독 가능해지면서 샹폴리옹은 표음 기호들을 도표로 체계화할 수 있었다. 이는 영의 '상형문자 알파벳' 정리 방식과 비슷했지만 더 완벽하고 정교했다. 이에 대해 샹폴리옹은 「다시에 씨에게 보내는 편지」에서도 언급하고 있다(당시의 초상화를 보면 샹폴리옹이 도표를 든 채 의기양양한 모습을 보이고 있다). 그러나 바로 이 시기에도 샹폴리옹은 자신이 발견한 알파벳 음가들을 이집트 출신 토착 통치자들의 이름(알렉산드로스 이전의 파라오들)에도 적용시킬 생각을 하지 못하고 있었다. 그때까지도 샹폴리옹은 외국 이름이 아닌 토착 이름들은 비표음적으로 표기되어 있다고 믿었다. 심지어 자신의 초기 '해독 결과'를, 통치자 이름을 알아내는 차원을 넘어 이집트어 기록 체계 전체에 적용할 생각도 하지 못했다. 샹폴리옹은 고대 이집트어 문자가 '소리가 아닌 사물'을 표상하고 있다는 고정관념에 계속 매달려 있었던 것이다.

이런 믿음은 1822년의 논문 「다시에 씨에게 보내는 편지」의 서문에 해당하는 글에서도 분명히 드러난다. 그 글은 이렇게 시작하고 있다. "이 두 가지 표기 형태(신관문자와 속용문자)는 알파벳 표기 방식이 아니라는, 일반적으로 알려진 사실을 새삼 내가 밝히는 데 성공했다고 말하면 너무 우스워 보이지 않을까 걱정이다. 상형문자 자체가 그런 것처럼 그것들은 **표의**ideographic**적** 기호들이다. 말하자면 말의 '소리'가 아닌 '관념'을 적고 있는 문자들이다." 그러나 1828년 「다시에 씨에게 보내는 편지」를 다시 출판하면서 샹폴리옹은 이 문장에 근본적인 수정을 가하고 있다. "그것들이 전부 알파벳 표기 방식인 것은 아니다…… 일반적으로도 그렇게 알려져 있을뿐더러 그것들은 상형문자 자체가 그런 것처럼 종종 **표의적으로** 사용된다. 말하자면 이 문자들은 <u>어떤 경우에는</u> 말의 관념을 표상하고 <u>어떤 경우에는</u> 그 소리를 나타낸다."(강조와 밑줄은 원문—옮긴이)

영이 1815년에 속용문자의 혼용적 특질을 파악했다면, 샹폴리옹은 상형문자도 개념적(표의적) 기호와 표음적 기호가 섞여 있는 것임을 이해하게 되었다.

샹폴리옹의 중대한 사고 전환, 즉 해독 작업의 선회는 그 유명한 1822년 강의와 금석문 아카데미에서 해독 결과 전체를 발표한 1823년 4월 사이에 발생했다. 샹폴리옹은 자신의 생각을 완전히 바꿔놓은 게 무엇인지 밝히지 않았다. 하지만 이번엔 영과는 상관없이 샹폴리옹 자신만의 독창적인 영감이 그것을 가능케 했다는 점을 알 수 있다. 영은 1829년에 죽을 때까지 상형문자가 본질적으로 개념적 기록 체계이며, 외국 이름을 표기할 때만 예외적으로 표음적 방식을 쓴다고 믿었다.

샹폴리옹의 생각이 변화한 데는 아마도 이런저런 요인들이 결합된 듯싶다. 우선 한 가지는 총 1419자의 로제타석 상형문자 가운데 66개의 기호만 한 번씩 나타나고 있었다는 점이다. 만일 상형문자가 말과 관념을 나타내는 기호라면 한 번씩 나타나는 기호는 66개 이상이었을 것이다. 각각의 기호가 다른 말을 지칭하는 거라면 당연히 그보다 많아야 하지 않겠는가. 총 글자 수 가운데 한 번만 나타난 글자 수가 적다는 것은 적은 수의 표음적 기호들이 문장 전체를 기록하고 있는 다른 많은 기호들과 섞여 있다는 것을 암시했다. 또 한 가지, 샹폴리옹은 당시 프랑스에서 새롭게 출간된 중국어 문법서를 읽고 나서 놀라운 사실 하나를 알게 되었다. 그것은 중국에서도 외국 이름뿐 아니라 중국 고유의 말을 표기할 때도 한자를 표음적으로 쓴다는 사실이었다.

그러나 가장 결정적인 요인은 샹폴리옹 자신에게 있었다. 샹폴리옹은 표음 알파벳을 이집트 고유의 이름과 말에 적용해서 읽어도 된다는 사실을 발견하고 기쁨에 겨워 온몸을 떨었다. 샹폴리옹이 1822년 이집트에서 입수한 사본 하나를 해독하면서 이 사실이 밝혀지기 시작했다. 그것은 누비아의 아부심벨 신전에서 가져온 것인데, 거기엔 상당히 흥미로운 카르투슈들이 있었다. 이 카르투슈들은 동일한 이름을 여러 방식으로 표기하고 있었다. 가장 간단한 예를 보면,

샹폴리옹은 끝의 두 기호가 음가 s를 나타내고 있음을 쉽게 알아냈다. 그리고 콥트어 지식을 이용해 첫 번째 기호가 음가 re를 표상하고 있다고 추측했다. 그것은 콥트어로 '태양'이라는 뜻이다. 그 기호는 분명 태양이라는 사물을 상징하고 있었다. 샹폴리옹은 고대 이집트 통치자 중에 R(e)?ss와 비슷한 이름을 가진 사람이 있었는지 곰곰이 생각했다. 고대 이집트에 온 마음이 빠져 있던 샹폴리옹은 곧 람세스Ramesses를 떠올릴 수 있었다. 람세스는 19왕조의 왕이요 프톨레마이오스 왕조 시대의 역사가인 마네토Manetho가 그리스어로 쓴 유명한 이집트 역사서에 등재된 인물이었다. 샹폴리옹의 짐작이 맞다면, 기호 ♔은 음가 m을 나타낸 것이었다(샹폴리옹의 추정에 따르면, 상형문자는 외국 이름을 표기할 때를 빼고 모음을 표시하는 경우가 없었다).

또 다른 상형문자 카르투슈로 인해 샹폴리옹은 자신이 제대로 방향을 잡았음을 확신했다.

세 개의 기호 중에서 두 개는 이미 파악되었다. 첫 번째 기호인 따오기는 쓰기의 발명자인 토트Thoth 신을 상징한다. 그래서 그 이름은 토트메스Thothmes로 읽혔다. 토트메스는 18왕조의 왕으로 이 또한 마네토가 언급한 인물이다. 로제타석도 기호 ♔의 음가를 확인시켜줬다. 그 석판에도 이 기호가 있었는데, 기호 ♔와 나란히 붙어 있었으며 그리스어 비문에서 '생일genethlia'에 해당하는 상형문자 그룹의 일부를 이루고 있다. 즉각 샹폴리옹은 '출생give birth'에 해당하는 콥트어 단어인 'mise'를 생각해냈다(람세스의 철자에 관한 한 샹폴리옹은 절반만 맞았다. ♔에는 샹폴리옹의 추측과는 달리 음가 m이 없었다. 그 글자의 음가는 복자음적인 ms였다. 이는 콥트어 'mise'가 은연중 나타난 것이기도 했다. 그러나 샹폴리옹은 그때까지도 이런 복잡함을 파악하지 못하고 있었다).

상형문자가 표음 기호와 표의 기호의 혼합체라는 것을 인지한 상태에서 샹폴리옹은 로제타석 있는 '긴 프톨레마이오스 카르투슈'의 남은 부분을 풀었다.

그리스어 비문에 근거해 추론해볼 때, 이 카르투슈 전체는 '영원 불사의 프톨레마이오스, 프타Pta가 사랑하는 이'(프타는 멤피스를 창설한 신)라는 의미로 읽을 수 있다. 콥트어로 '삶' 혹은 '산다'에 해당하는 단어는 '온크onkh'였다. 이는 아마도 고대 이집트어의 '안크ankh'에서 나온 말로 생각됐다. '안크'를 나타내는 기호는 ♀(표의 기호)였다. 그다음에 있는 기호 ♘는 아마도 '늘ever'이라는 의미를 나타내고 음가 t를 포함하고 있는 것으로 추정됐는데, 그것은 기호 ⌓ 가 음가 t를 구현하고 있음이 이미 밝혀졌기 때문이다. 그리스어와 콥트어를 이용해, 기호 ⇗ 이 음가 dj를 가지고 있고, 이는 얼추 고대 이집트어에서 djet 발음과 비슷한 음가임을 알아냈다. 그 뜻을 유추하면 '영원히for ever'가 됐다(또 다른 기호 ⎯ 는 일종의 한정사로서 음가는 없었다. 이 기호는 '편평한 땅'을 상징화하고 있었다).

남은 네 기호 ⌷𝅘𝅥 ㅅ ㅌ 중 첫 번째 기호는 p, 두 번째 기호는 t를 나타낸다는 것이 알려져 있으므로 두 기호로 낼 수 있는 발음은 프타Ptah일 것이라고 판단했다. 그렇다면 세 번째 기호의 음가는 h가 되어야 했다. 네 번째 기호는 표의 기호로서 아마도 '사랑하는beloved'을 의미하는 것으로 추정했다. 그 발음을 어떻게 할 것인가를 놓고는 콥트어가 유용하게 쓰였다. 콥트어로 '사랑'을 뜻하는 단어가 '메레mere'로 알려져 있기 때문에 네 번째 기호의 발음은 메르mer가 될 것으로 짐작했다. 이리하여 샹폴리옹은 저 유명한 카르투슈가 대략 다음과 같은 말이라는 결론에 도달했다(모음은 없는 것으로 전제하고). 프톨메스 안크 제트 프타 메르 Ptolmes ankh djet Ptah mer, 즉 '영원 불사의 프톨레마이오스, 프타가 사랑하는 이'.

복잡한 상형문자 체계가 얼마 되지 않는 이 표본들에 의해 명확히 정체를 드러냈다. 그리고 이런 사실은 제9장 첫머리에 있는 샹폴리옹의 진술에 잘 나타나 있다. 샹폴리옹은 남은 생을 오롯이 상형문자 체계를 완전히 재구축하는 일에 바쳤다. 샹폴리옹은 자신의 뛰어난 머리로 발견한 독법을 이용해 유럽과 이집트에 있는 수천 점의 상형문자 사본을 해독했다. "흥, 저 가련한 영 박사는 교정될 수 없겠죠?" 샹폴리옹은 1829년 이집트 왕가의 계곡에서 형에게 조롱 조의 편지를 보냈다. "미라가 된 말에 뭐 하러 채찍질을 하겠어요?……내가 이집트 유적 속에서 보내는 6개월 동안에도 영은 알파벳을 가지고 계속해서 속을 썩이고 있을 거예요. 내가 상상했던 것보다 상형문자를 술술 읽을 수 있다는 걸 알고 난 매우 놀라고 있답니다." 생의 마지막까지 열정적이었던 샹폴리옹은 수많은 적들을 만들었다(그들 대부분은 실베스트르 드 사시 같은 프랑스인들이었다). 일부는 이런 이유로, 일부는 상형문자 체계의 복잡성 때문에 19세기 후반에 이르기까지 샹폴리옹의 해독법은 일반적으로 받아들여지지 않았다.

해독 작업의 시작 단계에서는 누가 뭐래도 영이 선두 주자였고, 가장 힘든 난관도 영이 1814~1819년에 돌파했다. 이를 통해 샹폴리옹이 1822~1823년에 도약할 수 있는 기반이 마련된 것이다. 해독 작업의 모든 공을 오로지 자신에게 돌림으로써 샹폴리옹은 이집트 상형문자의 유일한 해독자가 되고 싶었던 야망을 실현시켰다. 하지만 그렇게 함으로써 샹폴리옹은 오명을 남겼다. 마치 물리학에서 다른 어떤 누구도 인정하지 않았던 뉴턴과 닮아 있다. 샹폴리옹은 천재로 불릴 만큼 충분한 자격이 있었지만 그 평판은 영에 대한 오만불손한 태도 때문에 금이 가고 말았다.

찰스 다윈
자연선택적 진화론

그리하여 전쟁과도 같은 자연에서, 굶주림과 죽음으로부터 우리가 상상할 수 있는
가장 찬연한 것, 이름하여 고등동물의 생성이 서슴없이 이루어진다.
이 생명의 모습에는 장엄함이 있고 강력함이 있으니, 원초의 상태에서 몇몇 혹은
어떤 한 존재가 호흡하기 시작함으로써 마치 이 행성이 중력의 법칙에 따라 움직이는 것처럼,
그토록 단순한 생명체가 가장 아름답고 가장 놀라운 존재로 끝없이 진화해온,
그리고 진화 중인 것을 바라보라.
─찰스 다윈, 『종의 기원On the Origin of Species by Means of Natural Selection』, 1859

자연선택에 의한 진화론이 발표되기 20년 전에 찰스 다윈은 머릿속에 떠
오른 생각을 공책에 그냥 휘갈겨 적었다. 1838년 말, 런던 과학계의 총아
이자 지질학회 간사인 이 스물아홉 살의 학자는 곧 왕립 학회 회원이 될
예정이었으며, 박물학자로서 1831~1836년에 비글호를 타고 세계 일주
항해를 한 뒤에 얻은 학계의 평판을 바탕으로 인맥과 입지를 구축하는
중이었다.

　그런데 자신의 이론 탄생을 몇 달 앞둔 시점에 다윈은 돌연 말수 적은
사촌 에마 웨지우드Emma Wedgewood와 결혼해 앞으로 생길 열 명의 자
녀 중 첫아이를 낳는다. 그리고 할 수 있는 한 가장 빨리 수도를 떠나 시
골로 간다. 그로부터 10년도 되지 않아 다윈은 런던 교외 마을 다운에 있
는 집과 '연구소'용 정원에 붙박인 삿갓조개 같은 은둔자로, 하지만 여전
히 존경받는 신사이자 과학자로 완벽하게 변신한다. 후예들에게 현자 다

원으로 알려진 모습이다. 1858년 중반이 지나 경쟁자의 이론이 나올 즈음에야 은둔 중인 이 학자는 껍질 밖으로 기지개를 켜고 나온다. 자신의 이론을 발표하지 않을 수 없는 처지가 된 다윈은 처음엔 학회지에 발표하고, 1859년 후반에는 『종의 기원』을 출간한다. 이처럼 다윈의 발표는 특이하게 지연됐고, 비글호 항해 이후 이례적으로 조용하고도 평범한 삶을 살았다. 다윈이 왜 그랬는지는 한 세기 이상 수수께끼로 남아 있었다. 그런데 이 두 가지, 즉 지연된 발표와 은둔 생활이야말로 자연선택 이론의 발견과 관련해 가장 중요한 점이다.

1870년대에 펴낸 다윈의 자서전은 원래 가족만을 위해 쓴 것인데, 거기서 다윈은 진화론의 발상과 전개에 대해 다음과 같이 간명하게 적고 있다.

1838년 10월, 내가 체계적인 연구를 시작한 지 15개월 되는 시점이었다. 나는 우연히 재미 삼아 〔토머스〕 맬서스의 『인구론』을 읽고 있었다. 오랫동안 계속 동식물을 습관적으로 관찰해왔던 터라 생존을 위한 투쟁 이론이 흥미롭게 와 닿았다. 그러던 중 그런 상황에서 적응을 잘한 변종들은 생존하지만 부적합한 것들은 사라질 것이라는 생각이 불현듯 머릿속에 떠올랐다. 그 결과로 새로운 종이 형성되리라는 것도. 여기서 드디어 나는 실효성 있는 이론 하나를 얻게 됐다. 그러나 한편으로는 어떤 선입견도 배제하고픈 마음이 강했다. 그래서 한동안 아무리 짧게라도 그걸 글로 표현하는 것을 자제했다. 1842년 6월, 나는 비로소 집필해도 될 만하다는 생각이 들었다. 35페이지 분량의 매우 간략한 초록을 작성했다. 그리고 1844년 여름 내내 이것을 230페이지의 책으로 썼다. 그때 복사한 몇 권을 아직도 가지고 있다.

당시 건강이 좋지 않았던 다윈은 사본을 부인에게 건네면서 자기가 일찍 죽으면 과학계의 친구들과 지인들로 하여금 그것을 편집해서 출간하도록 일렀다. 부인 외에 누구도 종과 진화에 관해 자신이 쓴 글을 읽지 못하게 했다. 단지 『저널 오브 리서치*Journal of Research*』에 「비글호의 항해 Voyage of the Beagle」라는 글을 실으면서 그 안에 아주 살짝 내비쳤을 뿐이다. 다윈은 이 글을 1839년에 책으로 냈고, 1845년에 2판을 찍었다.

자연선택적 진화론의 출간을 지연시킨 것은 저명한 의사요 박물학자인 할아버지 이래즈머스 다윈Erasmus Darwin으로부터 받은 영향 때문이었다고 보는 게 정확한데, 이래즈머스도 진화를 다룬 『동물 생리: 혹은 유기체의 법칙*Zoonomia: or the Laws of Organic Life*』이라는 명저를 펴내기 전에 무려 20여 년을 망설였기 때문이다. 이 두 권짜리 책은 1794~1796년에 런던이 아닌 더블린에서 출간됐다. 1792년 예순한 살의 이래즈머스는 아들 로버트에게 자기 원고에 관한 편지를 한 통 썼다(훗날 찰스가 조부의 전기를 쓸 때 그 내용을 소개하고 있음). "내가 연구했던 동물 생리 결과를 발표하고 싶지만…… 나이가 들어서인지 조금이라도 욕을 먹는 게 두렵기만 하구나." 이래즈머스의 손자는 할아버지의 책이 "교황청의 내용 삭제 도서 목록에 올라가는 영광을 얻었노라"고 말하고 있다. 이는 자신의 저서 『종의 기원』 또한 겪게 될 일이기도 했다. 논란의 소지가 있는 이 이론을 1830년대에 처음으로 내비친 이래, 다윈은 섣불리 이를 발표했다가 과학계나 사회에서 추방될지 모른다는 두려움을 안고 살았다.

『동물 생리』에서 저자는 불경스럽게도 신의 권위를 부인했다. 창조론에 의하면 지구의 역사는 6000년 정도로 기원전 4004년에 만들어졌으며, 성서는 각각의 동물 종이 신의 뜻에 따라 고유하게 창조됐다고 했다. 이런 주장 대신 이래즈머스 다윈은 유물론과 형이상학적 사색을 혼합한 이론을 내놓았다. 예를 들면, 이 관점에선 동물 종은 원시 시대의 수생생물 조상으로부터 진화했다.

만일 이렇게 상상한다면 너무 대담한 것은 아닐는지. 지구가 존재해온 시간이 너무나 길어서 그 역사는 인류가 나타나기 훨씬 전인 수백만 년 전에 시작되었다고 생각한다면 말이다. 또한 이런 상상도 너무 대담한 것은 아닐는지. 모든 온혈동물들이 하나의 살아 있는 사상체絲狀體에서 비롯됐다고, 이 위대한 최초의 인자에 동물성이 부여되고, 새로운 기관을 획득할 수 있는 힘이 주어지고, 새로운 성향이 배양되고, 자극과 감각과 의지와 관계 맺음을 통해 지속적으로 스스로의 활동성을 향상시킬 수 있는 능력을 소유하여, 그 후손들에게 이 향상의 결과를 물려주게 되었고, 그리하여 이 세계는 끝없이 나아가게 되었다고 생각한다면 말이다.

이러한 언설과 생각은 사람들을 강력하게 사로잡았다. 물론 이래즈머스 다윈의 책을 과학적이라고 할 수는 없다. 진화의 어떤 메커니즘도 제시하지 않기 때문이다. 낭만파 시인 콜리지는 처음엔 이래즈머스의 저작에 마음을 뺏겼으나 나중에는 강하게 부정했고 조악한 이론화를 일컫는 말로 '다윈화Darwinizing'라는 신조어를 만들어낼 정도까지 됐다. 토머스 영도 이래즈머스를 개인적으로 알고 있었으므로 동정적인 태도를 보였지만, 1815년에 『동물 생리』가 "매우 기발하며, 실용 지식을 많이 내장하고 있지만 대단히 말이 되지 않는다"라고 비판했다. 그리고 덧붙이기를 "이 이론을 수용하는 일이 쓸데없긴 하지만, 일부 가설적인 주장들은 그 특이함과 대담함 때문에 주목받을 순 있다"고 했다. 찰스 다윈은

10대 시절 의학도의 입장에서 조부의 책을 대단하게 보았지만, 1830년대에 성인이 되어 자신의 이론 작업을 위해 다시 읽는 순간 실망했다고 토로했다. "사실 제시보다 사색의 비중이 너무 컸다"는 것이다. 그럼에도 불구하고 이래즈머스의 사색적인 성향은 손자 찰스에게서도 나타나고 있다. 하지만 이 경우엔 사실에 대한 찰스의 한없는 갈증으로 관념성이 많이 완화되고 사실적인 근거가 크게 보강되었다. 그 점이 찰스 다윈의 이론과 『동물 생리』가 다른 점이며, 그 때문에 세계를 변화시킬 수 있었다.

이래즈머스는 1802년에 죽었다. 찰스가 태어나기 7년 전이다. 이래즈머스는 가족들에게 다소 폭군처럼 군림했고(첫 번째 아내는 알코올 중독으로 사망했고, 아들 하나는 자살했음), 그래서인지 아들 로버트(찰스 다윈의 아버지)에게도 의사가 될 것을 강요했다. 이는 로버트의 희망과는 많이 다른 요구였다. 그러나 로버트 다윈은 이와 적당히 타협하여 부유하고 지위 높은 환자를 다루는 의사이자 냉혹한 투자가로서 성공적인 인생을 살게 된다. 1848년 사망할 때까지 반세기 동안 로버트는 자신이 살았던 슈루즈베리 인근 슈롭셔 지역에서 가장 유력한 금융가였다. 1776년에 도예가인 조사이어 웨지우드Josiah Wedgewood의 딸 수재너Susanna와 결혼한 그는 1800년에 슈루즈베리에서 제일 큰 집을 지었다. 더 마운트 The Mount라는 이름의 저택에서 그의 아이들이 자랐다. 1809년 여섯 명의 자녀들 중 다섯째로 태어난 찰스도 거기서 컸는데, 자라는 내내 시골 상류사회의 안락하고 전통적인 분위기에서 살았다. 이 가정에는 다소 자신들만의 분위기가 강했지만 늘 화기애애한 기운이 감돌았다. 찰스의 유년기에 드리워졌던 유일한 그늘은 여덟 살 때 어머니가 사망한 일뿐이었다. 그러나 이것도 찰스에겐 상대적으로 큰 타격을 주지 못했다. 그를 매우 예뻐했던 두 누나와 형 덕분이었다.

　찰스는 슈루즈베리의 학교에서, 그리고 후에 에든버러와 케임브리지 대학에서 받은 공식 교육에 대해 줄곧 부정적인 입장을 견지했다. 60대에 그는 심리학자였던 사촌 프랜시스 골턴의 질문지에 답변 삼아 이렇게 말했다. "내가 배운 것 중 가치 있는 것은 모두 독학으로 배운 것이라고 생각해." 새뮤얼 버틀러Samuel Butler 박사(『만인의 길The way of All Flesh』을 쓴 동명 작가의 할아버지)가 운영하던 유명한 슈루즈베리의 학교에선 고전에 중점을 두고 가르쳤지만, 찰스에게는 아무런 흥미도 일으키지 못하는 과목이었다. 그런가 하면 과학은 분야를 막론하고 아예 가르치지 않았는데 그것이야말로 찰스나 찰스의 형이 일찍부터 관심을 보인 주제였다. "교육 수단으로서 학교는 내게 그저 공백에 지나지 않았다"라고 다윈은 남달리 정직하게 쓴 자서전에서 밝히고 있다. 입학 후 7년이 지난 1825년에 그의 아버지는 찰스를 학교에서 데려갔다. 그때 찰스는 "선생님들이나 아버지가 나를 평균을 밑도는 지능을 가진 아주 평범한 아이로 보는구나"라고 생각했다고 한다.

　특정 과목을 공부하는 일에 별다른 재능을 보이지 않았음이, 그렇다고 어떤 천재성도 내비친 것도 아님이 분명했다. 이런 상황은 다윈이 스물두 살에 비글호를 타려 할 때까지도 달라지지 않았다. 예외가 있다면 자연사에 관해 어린아이 같은 흥미를 보인 것 정도일까. 그러나 이마저도 주로 수집벽에 국한된 것이었다. 조개껍데기, 광석, 동전, 곤충, 기타 등등(대학에 가기 전까지 딱정벌레는 그리 많이 수집하지 않았다). 이는 다윈 집안의 어떤 아이들도 보이지 않던 취미였다. "이런 것은 한 사람을 체계적인 박물학자, 감식가 혹은 구두쇠로 만들 수도 있는 취미였다." 하지만 다윈은 자신의 성향 중에서 괜찮은 일부 기질만 골라냈고, 그것은 자신이 걸어간 다방면에 걸친 성실하고 엄격한 과학인의 삶에서 빛을 발했다. "내 취향은 강렬하면서도 다양했다. 흥미를 끄는 것이면 열정적으로 매달렸으며, 그 경우 아무리 복잡한 주제나 사물이라도 그것을 이해하는 일이 내겐 큰 기쁨이었다."

다윈 박사(찰스의 아버지)는 자신이 행복하지 않게 의학 교육을 받았음에도 불구하고 아들에게서 의사로 성공할 가능성을 봤다. 박사는 1825년 후반, 찰스와 형을 에든버러로 보내 의학을 공부시킨다. 처음부터 찰스는 대부분의 강의에 별 의욕을 느끼지 못했다. 종교적인 믿음도 강하지 않았던 터라 끝없이 접해야 하는 피, 사체, 질병, 죽음 앞에서 점점 혼란스러워했다. 찰스는 해부에 진저리를 친 나머지 수업을 듣지 않은 것을 두고 나중에 후회했다. 두 번의 '매우 끔찍한' 수술을 참관했는데 그중 하나가 어린아이 수술이었다(물론 이때는 마취법이 실시되기 전이었다). 그 장면을 보다가 공포에 질려 수술실을 뛰쳐나가고 말았다. 1826년 여름, 다윈은 아버지에게 직접 들은 것은 아니지만 가족과 대화를 나누던 중에 자신이 상당한 재산을 물려받을 수 있다는 사실을 알고 나서, 에든버러 대학 2학년 내내 생업을 위한 의학 공부를 중단할지 말지를 고민했다. 아버지가 찰스를 심하게 나무란 것도 이때쯤이었다. "너는 총 쏘기, 개, 쥐잡기 외에 어떤 것에도 관심이 없구나. 네놈은 너 자신과 가족에게 수치스러운 녀석이 될 거다." 다윈은 만년에 크게 분노하며 이 일을 회고하고 있다.

다윈은 자신의 에너지를 의학 대신 자연사 공부에 쏟았다. 앞서 그는 대학 자연사 박물관에서 박제사로 일하던 해방 노예로부터 새 가죽 벗기기와 속 채우기 기술을 배웠다. 다윈은 학부 플리니언 학회Plinian Society의 흥미진진한 모임에 열심히 참여했고, 그 학회의 핵심 회원이자 견문이 넓은 의학도로서 현미경을 이용한 해양 미생물 관찰에 빠져 있던 로버트 그랜트Robert Grant와도 친해졌다. 그랜트도 골방 유물주의자요 진화론자였으니, 파리의 위대한 생물학자였던 장 바티스트 라마르크Jean Baptiste Lamarck를 알고 있었고 종의 변형에 관한 그의 논란 많은 주장을 열렬히 받아들였다. 당연히 영국의 라마르크라 할 수 있는 이래즈머스 다윈도 존경했다. 그랜트는 에든버러 근처의 해안으로 답사 여행을 가면서 이 사실을 이래즈머스의 손자에게 털어놓았다. 다윈은 이에 고무되어 그에게서 현미경을 빌려 이끼벌레를 연구할 생각을 하게 됐다. 여기서 비록 작은 것이지만 다윈은 두 가지 발견을 하게 됐고, 이를 논문으로 작성해서 1827년 플리니언 학회 모임에 제출했다. 그런데 학회의 회원 하나가 "누군가의 감각과 의식에 관한 한 마음은 물질이다"라는 급진적인 주장을 하여 소동을 일으켰고, 이 와중에 다윈의 논문 보고는 학회의 의사일정에서 밀려나게 됐다. 자서전에서 다윈은 자신이 쓴 논문을 언급하고 있으나, 검열 대상이 된 (누구의) 논문에 대해서는 아무 말도 하지 않았다. 이게 다윈이 처음으로 경험한 경고 사례, 즉 비정통적인 방식으로 '인간'을 공공연히 연구하고 주장하는 일이 얼마나 위험한 일인지를 알려준 사건이었다.

이 일이 있고 얼마 지나지 않아 다윈은 의학 공부를 중단하고 에든버러를 떠난다. 그의 아버지는 "빈둥거리며 놀고먹기로 한 결정에 대해 당연히 격한 반응을" 보였다. 그때 다윈은 시골 성직자가 되려 했던 것 같다. 왜냐하면 박물학자로 살면서 하고 싶은 연구를 하기엔 더없이 괜찮은 부담 없는 직업이었기 때문이다. 비록 다윈은 기독교 신앙의 몇몇 도그마에 대해서는 회의적이었지만, 몇 권의 신학 책을 읽고 나서 스스로에게 영국 국교회의 믿음을 주입시켰고 1828년에는 신학사 과정을 공부하기 위해 케임브리지 대학의 크리스트 칼리지에 입학한다.

그때까지 자연철학으로 알려진 케임브리지 과학계는 종교적 정통주의와 성직 과학자 혹은 과학 성직자가 지배하는 곳이었으며, 과학의 임무는 자연이 조화롭고 아름답다는 증거를 찾아내는 것이었고, 창조주의 존재와 선의를 밝히는 데 의미를 두는 '자연신학'적 방법론만 허용되었다. 크리스트 칼리지의 연구원이었던 윌리엄 페일리William Paley가 1802년 펴낸『자연신학: 혹은 신의 속성과 그 존재의 증거Natural Theology: or Evidence of the Existence and Attributes of the Deity』는 바로 이런 입장을 대변하는 교과서였다. 다윈은 이 책을 정독했다. 또 다른 주요 신봉자는 윌리엄 휴얼William Whewell로 1844~1866년에 트리니티 칼리지 학장을 지냈고, 다윈도 개인적으로 아는 인물이었다. 휴얼은 자신의 저명한 저서 『귀납적 과학의 역사History of the Inductive Science』에서 단정적으로 "종들은 자연 안에 완성된 실재로서 존재한다. 한 종에서 다른 종으로 이동해 가는 그런 것들은 발생하지 않는다"라고 썼다. 이 책은 1837년에 나왔는데, 아이러니하게도 이해는 다윈이 이와 정반대되는 믿음을 갖기 시작한 때였다.

다윈은 자서전에서 "학문적 연구에 관한 한 케임브리지에서 보낸 3년 동안 나는 에든버러나 그 이전 학교에서 보낸 시간과 마찬가지로 완전히 허송세월했다."라고 썼다. 하지만 이 시절에 다윈은 대학의 학자들 및 학생들과 많이 접촉했는데, 이러한 경험과 자연철학자 존 허셜 John Herschel과 자연주의자이자 남미 여행가였던 알렉산더 폰 훔볼트 Alexander von Humboldt가 쓴 두 권의 유명한 책을 읽은 일이 결합되어 비글호 선상의 자연과학자가 되었던 것 같다. 케임브리지의 식물학 교수이자 진지한 자연신학자였던 존 스티븐스 헨슬로는 다윈에게 자연사에 대한 열정을 계속 가지도록 사심 없는 격려를 해주었으며, 그보다 더 신실한 자연신학자이자 지질학 교수였던 애덤 세지윅Adam Sedgwick도 1831년 여름의 웨일스 현장 연구 여행에 다윈을 끼워줬다. 그리고 결코 이들 못지않게 다윈을 북돋운 사람이 있었는데, 당시에는 크리스트 칼리지의 동료 학생이었다가 나중에 성직자가 된 사촌 윌리엄 다윈 폭스William Darwin Fox였다. 폭스는 다윈을 딱정벌레 채집의 세계로 인도했고, 다윈은 곧바로 그 세계에 푹 빠졌다. "나는 이놈들이 잘 잡히는 고목이나 큰 말뚝, 제방들이 어디에 있는지 지금도 기억하고 있다." 다윈은 그 후 반세기 동안이나 이 취미에 열중했다. 다른 것도 아닌 딱정벌레가 다윈에게 자연선택 이론에 이르는 길을 선도한 것이다. 최근까지 크리스트 칼리지 연구원이었으며 현대의『종의 기원』편집자인 존 버로John Burrow는 "곤충 사냥은 빅토리아 시대 불가지론(자)의 트로이 목마 같은 것이었다"라고 썼다.

1831년 8월 해군본부에 비글호 항해 참가자로 다윈을 추천한 이는 헨슬로였다. 그때 다윈은 역시 케임브리지 동료인 세지윅과 함께 웨일스에서 지질 연구를 하고 있는 중이었다. 이 공식 조사선의 선장인 로버트 피츠로이Robert Fitzroy는 가볍고 쾌활한 인물로, 배에 타는 신사가 승선 비용을 내길 원했다. 특히 박물학자라면 두 배를 내야 한다고 생각했다. 피츠로이는 다윈의 인상이 마음에 들었지만 코만은 예외였다. 그 모양을 보고 그의 활력과 결단력이 부족해 보인다고 생각했다. 다윈의 아버지와 누이들은 처음엔 피츠로이의 대담한 제안에 깜짝 놀라며 반대했다. 하지만 다급해진 다윈의 요청으로 아버지가 신뢰하는 웨지우드 집안의 다윈 삼촌뻘 되는 누군가 나서서 설득 작업을 벌였고, 결국 아버지는 아들의 항해에 드는 모든 비용을 대기로 결정했다. 다윈은 이 탐험을 유쾌하게 회고했다. "비글호 항해 참가는 그때까지 내 삶에서 가장 중요한 사건으로, 이후의 내 인생을 결정지었다. 그런데 이런 중대한 일이 삼촌의 제안이나 내 코의 생김새처럼 그리 중요하지 않은 요인들에 좌우됐다는 것이다."

좋은 날씨와 선박 개조를 위해 2개월을 기다린(다윈의 입장에서는 죽을 맛이었으리라) 끝에 HMS 비글호는 1831년 12월 27일 데이번포트 항을 출발했다. 비글호는 카보베르데(Cape Verde, 아프리카 서쪽 대서양에 위치한 섬나라—옮긴이)에 들렀다가 대서양을 횡단해서 브라질 해안으로 간 다음 남미의 동쪽 해안을 타고 내려가 티에라델푸에고(Tierra del Fuego, 남미 남단의 큰 섬—옮긴이)와 포클랜드 제도에 이르렀다. 여기서 서쪽 해안을 따라 올라가면서 갈라파고스 제도에 이른 다음, 타히티를 경유, 태평양을 가로질러 뉴질랜드와 오스트레일리아로 갔다. 그리고 킬링 섬, 모리셔스, 남아프리카, 세인트헬레나, 브라질을 거쳐 1836년 10월에 팰머스로 귀항했다.

전체 항해 기간이 거의 5년이나 걸렸지만, 다윈은 바다에 18개월 동안만 있었다. 그로선 잘된 것이 뱃멀미가 심했던 데다 바다가 몹시 지겨워졌기 때문이다. 비글호가 영국 정부의 명령을 지켜 끈질기게 남미 해안을 탐사할 때도, 이 배의 준※공식 박물학자였던 다윈은 이따금 하선하여 총과 지질 조사 망치, 채집 상자를 들고 육지를 걷거나 말을 타고 돌아다녔다. 1833년 아르헨티나의 팜파스에서는 가우초(남미의 목동을 일컫는 말—옮긴이)들과 함께 지냈으며, 로사스Rosas 장군이 지휘하는 유목 원주민 절멸 전쟁에도 휩쓸려 가장 악랄한 형태로 자행된 인종 간의 생존 투쟁 현장을 지켜봐야 했다. 1835년 중반엔 안데스 산중으로 4개월간 탐험 여행을 떠나기도 했다.

항해 시작 무렵에 다윈은 생물학자라기보다는 지질학자에 가까웠다. 비글호가 출항해서 처음 작업한 일도 지질학 조사였다. 슈루즈베리나 케임브리지 같은 영국 땅과 사뭇 다른 카보베르데 제도의 척박한 용암 평원과 화산 지형도를 작성하고 섬들의 토양과 동식물군에 미치는 화산의 영향을 측정했다. 실로 지질학은 이 항해 내내 다윈의 중심 연구 분야가 됐다. 19세기 초반의 몇십 년간 지질학계에는 고대의 지구가 얼마나 상상을 초월한 모습이었는지에 대한 진실이 속속 쏟아지고 있었다. 수억 년 전 혹은 그 이전 지구의 면모에 대해서는 세지윅 같은 창조론자도 인정할 수밖에 없었다. 항해가 끝나갈 무렵 다윈은 어렴풋하게 감을 잡았다. 지질학이 밝혀낸 이 엄청난 시간이야말로 창조론에 의지하지 않고도 종의 기원을 알아낼 보고가 될 수 있다는 것을.

『종의 기원』에서는 다음과 같은 강건한 문체로 지질학적 시간의 중대함을 강조하고 있다.

나로선 독자들이 현장 지질학자가 아닌 다음에야, 그 긴 시간에 대해 알려주는 사실들을 어떻게 설명할 수 있을지 거의 불가능하다고 생각한다. 찰스 라이엘Charles Lyell 경이 쓴 『지질학 원리』에 관한 방대한 연구서를 읽은 사람이라면, 미래의 사가들이 자연과학 분야의 혁명적 업적이라고 평가할 저서들을 접한 사람이라면 그 시간이 아무리 길다 해도 이해 못할 바는 없을 것이며 즉시 웬만큼은 파악할 수 있으리라. 물론 『지질학 원리』를 공부하거나, 각각의 지질 시대 형성에 관해 학자들이 저마다 쓴 논문을 읽거나, 이들 학자들이 각 지질 시대나 지층 형성기에 대해 얼마나 부정확한 이야기를 하고 있는지 밝혀내는 데는 그것으론 부족하다. 또 저 엄청나게 중첩된 지층 더미를 조사하거나 바닷물이 오래된 바위를 침식시키고 새로운 침전물을 만드는 것을 연구하는 데는 상당히 오랜 시간이 소요된다. 그다음에야 비로소 저 지질학적 시간, 우리가 지금 보고 있는 우리 주변의 거대 기념물에 대해 조금이라도 이해할 엄두를 낼 수 있을 것이다.

라이엘의 세 권짜리 『지질학 원리Principles of Geology』는 1830~1833년에 출간됐다. 다윈은 비글호를 타고 있는 동안 선실에서 줄곧 이 책을 읽었다. 제1권은 출발하기 전에 피츠로이가 다윈에게 선물한 것이다(피츠로이도 이 주제에 대해 비상한 관심을 갖고 있었다). 다른 두 권은 항해 중에 다윈에게 발송됐다. 세지윅이 라이엘의 고생물학에 대해 악담을 퍼붓고 헨슬로가 다윈에게 라이엘 저작의 첫 권을 읽되 "그 안에서 옹호되는 관점을 받아들이진 말라"고 충고했음에도, 다윈은 라이엘의 주장을 기꺼이 받아들여 최초로 그의 과학적 제자가 됐다. 다윈과 라이엘은 항해 중에 편지를 교환하다가, 다윈이 영국에 돌아오자마자 친해졌고 서로의 이론을 지지하는 관계가 됐다. 그러나 1860년대에 라이엘은 다윈의 자연선택설을 완전히 받아들이는 데에는 다소 망설이는 태도를 보였다.

다윈이 보기에 『지질학 원리』에서 가장 중심적인 생각은 지질학적 과정의 점진주의gradualism였다. 이것은 물론 다윈의 진화론을 떠받치는 지주가 됐다. 점진주의는 1790년대 제임스 허턴James Hutton이 창안한 개념으로 창조론자들이 주창한 격변설catastrophism, 즉 성서에 나오는 대홍수 이야기를 신봉하는 태도와는 대척점에 있다. 휴얼은 라이엘의 지질학적 과정에 대해 '균일설uniformitarianism'이라는 명칭을 부여했다. 기후에 따른 바다와 바람, 비의 작용과 화산활동, 지진 발생 등의 모든 과정이 지구의 역사를 통해 고르게, 예나 지금이나 더 빠르지도 더 늦지도 않게 진행됐음을 주장한 생각이라는 의미다. 다른 말로 하면 현재는 과거를 여는 열쇠이고, 지구는 그 자체로 균형적이고 비일방전진적non-progressive 시스템이라는 것이다. 특히 대륙은 점진적으로 융기해서 산맥을 형성했고 또 일부는 점진적으로 침강해서 대양 분지ocean basin를 만들었으며, 이 운동의 방향은 몇 번 바뀌기도 했으나 어쨌든 현재 진행형으로 일어나는 일이라고 했다. 다윈은 카보베르데의 지형과 파타고니아 및 칠레의 해안선, 안데스의 준봉들, 태평양과 인도양의 산호초 제도들을 보면서 흥분한 시선으로 과거와 현재에 반복된 융기와 침강의 사례, 즉 라이엘의 관점을 수용했다.

다윈은 1835년 2월 칠레 해안에서 일어난 거대한 지진을 경험하고, 또 피츠로이가 육지와 바다에서 지진이 일으킨 융기 효과를 음향 측심 방식으로 정밀하게 측정하는 것을 본 뒤에는 광범위한 지역에서 잇달아 발생한 이러한 지진들과, 칠레에서는 오랜 세월 동안 항상 있어왔던 이런 지각운동이야말로 지질시대에 일어났던 저 방대한 융기의 주범일 거라는 확신을 더욱 강하게 갖게 됐다. 다윈은 그것이 사실이라는 것을 나중에 해양 유기체 화석이 해발 3960여 미터나 되는 코르디예라Cordillera 산악지대의 점판암 안에서도 관찰되는 것을 보고 확인했다. 다윈은 "이 추가적인 지진의 새 증거들로 인해, 그리고 라이엘이 제시한 원리에 따라 우리는 이후에도 소규모의 융기가 지속적으로 일어나리라고 추정할 수 있었다"라고 『비글호의 항해』에서 기록하고 있다. "이 지진들이 발생한 기간 동안 몇십 센티미터가량 대륙이 융기했는데, 이는 감지하기 어려울 정도로 진행된 일련의 미세한 과정에서 간헐적이고 발작적인 운동의 모습으로 나타났을 것이다. 그 때문에 남미 서부 해안 전체가 해수면 위로 들려 올라가게 됐다."

라이엘의 이론은 다윈이 1835년 지진 후 융기 현상을 목도한 뒤에 더 구체적으로 강화됐다(다윈은 이 사건이 전 항해 과정에서 자신의 눈에 가장 '깊게 파고든' 광경이었다고 말했다). 이 지진으로 인해 남미에서 다윈이 발견한 화석들에 대한 많은 의문점이 풀렸다. 남미의 동쪽 해안 바위에서 빈번하게 찾아낸 화석들, 이를테면 멸종한 거대 네발 동물의 매혹적인 화석은 왜 서쪽 해안 바위에선 눈에 띄지 않는가? 화석뿐만 아니라 비교적 짧은 지질시대 동안 형성될 만한 중소 규모의 퇴적층도 없었다. 양쪽 해안선의 대조적인 모습이 다윈에게 강한 인상을 줬다. 그것은 우연의 소산으로 돌릴 수 없는 것이었다. 다윈은 양쪽 해안을 탐사하는 일에 수개월을 보내며 이 현상을 과학적으로 규명하고자 했다.

다윈이 찾아낸 잠정적인 답은 가까운 과거에 동쪽 해안이 먼저 침강했다가 융기했다는 것이었다. 반면에 서쪽 해안은 대부분의(혹은 어떤) 시간 동안 침강 없이 융기만 했다고 봤다. 동쪽 해안에서 화석이 형성된 이유는 해저 침강의 정도와 육지가 유실되어 침전물로 쌓이는 정도가 거의 비슷했기 때문이었다. 이로 인해 바다는 계속 얕게 남아 있었으며 생명체가 살기에 좋은 조건이 됐고 두껍게 형성된 화석층은 마모를 잘 견뎌낼 수 있었다. 그리고 후에 이곳 해안의 지반이 융기함에 따라 화석층이 온전한 모습을 드러냈다. 이와는 대조적으로 서쪽 해안에서는 화석이 형성되지 않았다. 왜냐하면 해저에 쌓인 퇴적물이 해안 파도와 바다로 흘러드는 탁류에 씻겨 사라져버렸기 때문이다. 그리고 이후에 지반이 융기해 현재와 같은 해안선을 이루었다고 다윈은 생각했다. 다윈은 오랜 시간이 지나『종의 기원』에 이렇게 썼다. "태고 시대의 정보가 화석 속에 풍부하게 담겨 있고, 화석은 지반이 침강하는 동안 형성된다는 것을 나는 확신했다." 동시대의 여러 지질학자들도 세계 각지에서 보이는 화석들이 그런 식으로 형성되었다는 점에 동의했다.

이런 생각을 함으로써 가질 수 있는 추가적인 이점도 있었다. 그것은 다윈이 부닥쳐야 했던 가장 버겁고 까다로운 반대 주장을 반박하는 데 큰 도움을 줌으로써 자신과 대중들이 창조설이 아닌 자연선택설을 진리로 받아들이도록 했다(이 문제는 오늘날까지 지속되고 있으며, 고생물학자인 굴드는 이를 '고고학의 기업 비밀'이라고 부른다). 왜 세계의 화석 '기록'은 그처럼 불완전한가? 길고 긴 지질학적 시간 동안 일어났던 종의 점진적 변화를 보여주는, 그리하여 라이엘의 '균일 이론'에 들어맞는 표본은 왜 그리도 적은가? 다윈은 화석들이 융기 시에는 형성되지 않는다는 점을 가장 중요한 이유로 들었다. 화석은 오로지 침강 시에만 만들어지기 때문에 지질학적 기록에서 수많은 종들이 누락되었다고 말했다.

남미의 화석을 둘러싼 또 다른 수수께끼들로는 멸종된 종과 현존하는 종 사이에 명백히 존재하는 해부학적 관련성, 그리 오래지 않은 과거에 발생한 것처럼 보이는 종들의 멸종 이유가 무엇인가 등을 들 수 있다. 멸종된 많은 종의 화석이 현존하는 연체동물의 화석을 품고 있는 퇴적층에서도 발견되기 때문이다. 『비글호의 항해』에서 다윈은 이렇게 되새기고 있다. "이 대륙의 변화상을 보고 있노라면 놀라움을 금할 수 없다. 전에 이 땅은 현재 아프리카 남부처럼 거대 동물들(코끼리, 코뿔소, 하마 등등)이 떼 지어 다녔을 것이다. 그러나 이제 우리가 볼 수 있는 동물은 고작해야 맥, 과나코, 아르마딜로, 카피바라(capybara, 남미 강가에 사는 설치류 최대 동물—옮긴이) 등이다." 다윈은 항해 기간 중에는 이 수수께끼를 풀지 못했으나, 어떻게 다른 종들이 시대와 지리적 영역을 뛰어넘어 유사한 모습을 하고 있는지에 대해 숙고하게 됐다. 그리고 이 종들이 창조론자들의 주장처럼 독립적인 존재들이 아니라 공통의 조상을 가지고 있기 때문에 그럴 거라고 추정했다.

갈라파고스 제도는 다윈이 종들에 대해 집중적으로 사고하게 된 장소였다. 그런데 1835년 10월에 이곳을 찾은 다윈은 관찰을 통해 머릿속이 정리되는 게 아니라 오히려 더 혼란스러워짐을 느낀다. 이 태평양의 군도에 사는 거북, 새, 나무 등등의 야생종들이 여러 섬들에서 발견되는 것들과 닮지 않았던 것이다. 갈라파고스에서 몇 킬로미터밖에 떨어져 있지 않았고 지형이나 기후도 같은 섬들의 종들과 아주 다른 모습을 하고 있었다. 섬에 도착하기 전, 다윈은 사는 섬이 달라도 같은 종이면 같은 모습을 하고 있을 것이라고 가정했다. 불운하게도 다윈은 수집 활동 후반에 가서야 그 차이점을 알아차렸다. 그것도 그곳 주민들이 거북 등딱지 생김새만 보면 그게 어떤 섬에서 온 것인지 알아맞힐 수 있다고 하는 소리를 듣고 나서야 그런 사실을 인지했다. 조류 수집물의 경우, 다윈이 이를 런던으로 가져와서 조류학자인 존 굴드John Gould에게 보여줬을 때 다른 섬에 사는 동일 종들 간의 미묘한 차이를 발견할 수 있었다. 그중 특히 핀치 새의 부리 구조 차이가 주목할 만했다. 이 핀치 새들은 실제로 다른 종인가, 아니면 같은 종의 변종들일 뿐인가? 이때의 경험을 『종의 기원』에서 다윈은 이렇게 쓰고 있다. "종들 그리고 변종들 간의 차이라는 것이 얼마나 모호하고 자의적인 것인지 알고 나는 심한 충격에 빠졌다."

갈라파고스를 떠난 지 6개월이 지난 시점, 1836년 영국으로 귀항하는 비글호 선상에서 다윈은 갈라파고스 제도에서 가져온 아리송한 수집물들을 처음으로 주의 깊게 관찰한다. 다윈은 다음과 같이 신중하면서도 모호한 기록을 남겨놓았다.

체형, 비늘 모양과 일반적인 크기만으로 스페인 사람들이 어떤 거북이 어떤 섬에서 왔는지 즉시 말할 수 있었음을 생각할 때, 섬들이 서로 보이는 가까운 거리에 있고 주로 자리를 점하고 있는 동물이 새들이라서 정주 동물은 적은데 이것들이 동일한 자연환경(근거리에 있는 섬들의 자연환경은 같으니까)에서도 구조적으로 약간 다른 모습을 하고 있음을 볼 때, 나는 그것들이 (동종의) 변종이라고 추측할 수밖에 없었다. 그 차이란 마치 포클랜드 제도의 동쪽 섬과 서쪽 섬에 사는 늑대 닮은 여우들의 차이와 비슷한 것이라고 생각했다. 갈라파고스 동물들에게서 나타나는 차이가 이런 종류의 것이라고 할 만한 근거가 아주 미약하다 하더라도, 한번 면밀히 검토해볼 필요가 있다. 이런 차이가 어떤 종이 불변일 것이라는 생각을 무너뜨릴 수도 있기 때문이다.

오직 다윈만의 관찰이긴 하지만, 이 기록이야말로 종의 영속성에 대해 그가 최초로 의심을 품게 된 순간을 잘 보여준다.

5년간의 가출 후에 1816년 10월 초 다윈은 슈루즈베리의 저택 '마운트'로 다시 돌아와 가족들의 품에 안겼다. 다윈을 맞으면서 의사 아버지는 다윈의 누이들에게 얼굴을 돌리고 이렇게 말했다. "왜 이 아이의 두상이 이렇게 많이 바뀌었을까?" 이 관찰이 정확한 것이든 아니든 간에 아버지나 아들이 골상학을 신봉하지는 않았다. 그러나 다윈 자신은 그 여행을 통해 스스로의 정신이 확장됐음을 알았다. 그럼에도 아무나 할 수 없는 이런 경험을 어떤 방식으로 미래의 삶과 경력에 활용할지에 대해서는 감을 잡을 수 없었다. 성직자가 되려는 생각은 이미 물 건너갔다. 과학에 대한 열정은 너무나 강렬한 데 비해 신앙에 대해서는 너무나 회의적이었다. 그런가 하면 가족들의 기대와는 달리 직업적인 학자가 될 수 없을 것으로 생각했다. 전통적인 슈루즈베리에서 아버지와 누이들과 함께 지낸다는 것도 힘들었다. 공부를 더 하기 위해 케임브리지로 돌아가거나 런던으로 옮겨가는 수밖엔 없었다.

다윈의 '비글호 수집물'들은 항상 다윈을 지지해주던 케임브리지의 헨슬로 교수에게 모두 가 있었다. 항해 중에 정기적으로 그것들을 보냈던 것이다. 다윈은 케임브리지에서 몇 달 머물다가 1837년 3월에 런던으로 간다. 수도에는 굴드 같은 전문가들, 지질학·동물 학회 같은 학문단체들, 대영박물관, 형과 라이엘 같은 친구들이 있을 뿐만 아니라, 정통을 거스르는 사고와 연구를 하기에는 런던이 좀 더 자유로운 곳이라고 판단했기 때문이다. 여행을 하며 다윈은 관심 분야 전문가들의 저작을 공부해야 할 필요를 강하게 느꼈다. 1837년 런던에 있으면서 완성한(책으로는 1839년에 나왔지만) 『비글호의 항해』 마지막 페이지에서 썼듯이, 다윈은 그렇게 함으로써 스스로가 "부정확하고 피상적인 가설에 근거한 사변의 함정에 빠지는 것을 막아주고 부족한 지식을 보충할 수 있었다".

그해 7월에 다윈은 '종의 변형'에 관해 쓴 네 권의 노트 중 첫째 권을 공개했다. 이것을 완결 짓는 데 2년이 걸린 다윈은 첫 페이지 글머리에 '동물 생리'라는 제목을 달았다. 진화에 관한 조부의 논문을 기리기 위해서였다. 1년 후인 1838년 7월에는 두 권짜리 『인간, 마음과 유물주의 Man, Mind and Materialism』 중 첫째 권을 쓰기 시작했고, 이 작업은 1839년 8월경에 완료된다. 자서전에서 다윈은 이렇게 주장한다. "나는 진정으로 베이컨의 원칙에 입각해서 썼다. 이론을 철저히 배제하고 사실만을 취합했다. 특히 길들여진 종들, 인공적으로 번식하는 종과 관련해서는 더더욱 그랬다. 인쇄된 연구 자료, 노련한 육종가나 정원사들의 견해 그리고 방대한 독서를 통해 사실만을 그러모았다." 사실 수집에 대한 다윈의 열정은 1840년대와 1850년대 내내 계속됐으며, 『종의 기원』이 출판될 때까지 이어졌다. 실제로는 1882년 사망할 때까지 그랬다 해도 과언이 아니다.

1837년에서 1839년에 이르는 시기, 특히 1838년 후반 몇 개월 동안 그는 집중적으로 책을 읽었는데, 앞서도 언급했지만 이게 자연선택 이론의 탄생에 지대한 영향을 줬다. 그래서 다윈을 연구하는 학자들은 이 시기에 그가 쓴, 간결하지만 알아보기 힘든 기록을 수십 년 동안 정독해야 했다. 다윈 사유의 중대한 진전이 이들의 탐구를 통해 밝혀졌다. 그들은 다윈의 글 앞에서 물러서기도 했고 우회하거나 막다른 길에 막히기도 했으며 어이없는 실수도 했다. 그런데 가장 중요한 수확이라면 다윈의 성취가 "한순간의 빛나는 통찰이 아니라 독창적인 관점을 구축해가는 좀 더 완만한 과정의 산물"이라는 사실을 알아냈다는 점이다.

이는 심리학자인 하워드 그루버Howard Gruber가 다윈의 초기 노트들을 분석해서 쓴 『다윈의 인간론: 천재성에 관한 심리학적 연구Darwin on Man: A Psychological Study of Creativity』에 언급되어 있다. 이 책은 과학사가인 폴 배럿Paul Barret이 주석을 단 다윈 노트의 사본을 참고해 쓴 것인데, 거기서 그루버는 꽤 흥미로운 관찰을 하고 있다. "다윈의 노트나 연구 방식은 한마디로 난장판이라 할 수 있는데, 그 안에서 수많은 과정들, 즉 이론화, 실험, 일상적 관찰, 꼼꼼한 문제의식, 독서 등이 깔끔하지 못한 형태로 뒤죽박죽 엉켜 있기 때문이다. 이런 정도라면 당시 과학계가 열었던 방법론 '심문 법정'을 절대 통과하지 못했을 것이다." 1870년대의 다윈이 회고하는 '진정한 베이컨의 원칙'이란 이런 것이었다. 그런데 앞으로도 자주 말하게 되겠지만, 그 시절의 창조자들은 자신의 창조 과정에 대해 정확한 회고를 거의 하지 못했다.

『인간, 마음과 유물주의』 첫째 권 1838년 9월 21일에 적혀 있는 내용을 보면 사형 집행에 관한 꿈 이야기가 흥미를 끈다.

꿈속에서 나는 혼란스러웠지만 재담을 하고 있었다. 나는 교수대에 목이 매달렸다가 다시 살아났다. 그리고 달아나지 않는 걸 놓고, 영웅처럼 죽음을 맞는 걸 놓고 많은 농담을 했다. 나는 몸의 (앞쪽이 아닌) 뒤쪽의 상처를 보여주겠다는, (교수형에서 참수형으로 바꾼다는) 다소 혼란스러운 생각을 했고, 그게 더 영광스러운 상처라는 일종의 재담이었던 것 같다. 이 모든 것이 재담이었다. 교수형에서 참수형으로 나에 대한 처형 방식이 바뀌었다고 생각했다(여기엔 뭔가 장난스러움, 농담의 느낌이 있었다). 교수형에 관한 실험을 하는 먼로Monro 박사 일행이 내 앞에 와서 말하길, 피를 흘리기 때문에 교수형을 당하면 회생하지 못한다고 했다. 그런데 이 모든 생각들이 차례차례 다가왔다. 그것들을 대조해볼 염도 없었다. 나는 그 생각들을 믿는 것도 의심하는 것도 아니었다. 믿음이란 생각들을 비교해서 판단과 연결 짓는 데 있다. 〔부끄러움과 낯 붉어짐의 철학이란 무엇인가?〕

이 글은 꿈과 사고 사이의 유동적이고 민활한 연결, 그리고 그것과 합리적 사고의 연관성을 다소나마 말해주고 있다. 다윈은 꿈에 대해 어떤 해석도 하지 않고 있으며, 부끄러움에 관한 자신의 마지막 말을 대괄호 안에 따로 묶어두고 있다. 이 대괄호는 나중에 첨가한 것이다. 그럼에도 불구하고 다윈에 대해 글을 쓴 많은 사람들, 그루버나 현대의 대표적인 다윈 전기 작가인 에이드리언 데즈먼드Adrian Desmond, 제임스 무어 James Moore, 재닛 브라운Janet Browne 등은 당연히 이 꿈이 박해에 대한 다윈의 두려움을 표현한 것이라고 본다. 이 관점에서 보면 꿈꾼 이의 처형은 점점 커지고 있는 불안한 갈등, 즉 이단적인 생각 때문에 비난받을지도 모른다는 다윈의 걱정과 그 생각들이 자신을 불멸의 존재로 만들어주기를 바라는 욕망 사이의 갈등을 보여준다. 교수형보다는 참수형을 택함으로써 꿈꾼 이는 자신에게 유리하게 하려는 듯 보인다(저 소름 끼치는 먼로는 알렉산더 먼로 3세를 말한다. 그는 10년도 넘는 과거에 에든버러 대학 해부학 교실에서 강의했던 강사로, 다윈이 가장 혐오하는 사람이었다).

일주일 후인 1838년 9월 28일, 다윈은 맬서스의 『인구 원리에 관한 에세이*Essay on the Principle of Population*』 6판을 읽게 된다. 이 책은 1798년 프랑스혁명의 이상주의utopianism에 대한 반박으로 나왔는데 출간 이래 널리 회자되고 논쟁에 휘말렸으며 공격을 받았다. 그중에서도 특히 라이엘이 『지질학 원리』를 통해 앞장서서 비판했다. 다윈은 자신의 글에서 따로 언급하진 않았지만 맬서스의 입장에 대해서는 익히 잘 알고 있었다. 맬서스는, 인구는 기하급수적으로(평균 25년마다 두 배가 된다고 봄) 늘어나지만 경작 생산물은 산술급수적으로 증가한다고 주장했다. 그래서 물자와 번식을 위한 투쟁 과정에서 기근, 질병, 전쟁, 유산, 유아 살해, 피임 등에 의해, 좀 더 완화된 방식으로는 늦은 결혼이나 성관계 포기 같은 도덕적 절제 등에 의해 불가피하게 인구가 조절된다고 봤다. 사회는 비참과 악덕의 저변에 깔린 이러한 통계적 원인을 인식해야 하며, 그런 문제들을 경감시키기 위해 논리적인 방법을 모색해야 한다고 맬서스는 말했다.

이제 다윈은 인간 생존 투쟁을 동식물 세계에서도 발견할 수 있음을 깨달았다. 케임브리지 대학의 '자연신학자'들이 말하는 조화롭고 아름다운 자연이란 사실 환상에 불과하다고 생각했다. "이 무시무시하지만 조용한 전쟁이 저 평온한 자연의 표면 아래 있다는 걸 믿기 어렵다"라고 다윈은 1839년 3월에 적었다.

자연의 생산력과 다양성을 관찰한 결과, 다윈은 이런 진실을 수용할 수 있었다. 최초의 관찰 대상은 케임브리지셔Cambridgeshire의 딱정벌레였고, 그다음은 비글호 항해 중에 본 것들이었다. 남미와 뉴질랜드, 오스트레일리아에서 목격한 인종 간의 폭력적인 갈등이 지워지지 않는 인상을 남겼다. 게다가 1838년 초반에 다윈은 미생물 유기체가 믿을 수 없을 정도로 빨리 번식한다는 독일의 생물학자 에렌베르크C. G. Ehrenberg의 발견을 접하면서 더욱 생각을 굳혔다. 맬서스를 읽기 며칠 전, 다윈은 "눈에 보이지 않는 극미 동물체 하나가 나흘이면 2세제곱스톤(1스톤은 대략 6.3킬로그램)까지 불어날 수 있다"고 기록하고 있다.

9월 28일에 다윈은 '종의 변형' 세 번째 노트에 맬서스의 책 몇 구절을 직접 인용하고 있다. "마치 수십만 개의 쐐기 같은 힘이 있어 자연 질서의 빈틈에 적합한 구조물을 꼭 맞게 끼워 넣으려 한다고 말할 수 있다. 아니, 어쩌면 (적합하지 않은) 허약한 구조물들을 밀어냄으로써 그런 틈을 만들어내고 있다고 해야 할지도 모르겠다…… 이 쐐기 작용은 적합한 구조를 골라내 그것을 변화에 맞게 바꿔주고자 하는 데 목적이 있다." 달리 말해, 어떤 종이 있다고 할 때 그중 최선의 적응력을 가지고 환경에 맞게 스스로를 변형시킨 변종들이 그보다 적응도가 떨어지는 변종들을 희생시키고 생존한다는 것이다. 그럼으로써 서서히 종들이 바뀌어간다고 봤다. 맬서스가 말한 인구 성장의 치명적인 저해 요인들이 다윈에게서는 동식물 진화의 창조적 원리로 변형된 것이었다.

이는 순간적인 통찰의 번뜩임이었다. 그러나 이를 시작으로 다윈의 머릿속에서 종의 기원에 대한 이해가 잇달아 쇄도했다고 말할 수는 없다. 바로 다음에 적혀 있는 노트 내용을 보면, 다윈의 관심사는 원숭이와 개코원숭이에 대한 호기심으로 옮겨가 있다. 그다음 장에 기록된 내용들도 또 다른 주제를 다룬 것으로 족히 한 달 이상 여기에 빠져 있음을 알 수 있다. 1838년 11월이 되어서야(정확한 날짜는 밝혀지지 않음), 다윈은 다시 종의 기원에 관한 주제로 돌아가 다음과 같은 간결한 기록을 남기고 있다. "세 개의 원칙이 모든 걸 포괄한다고 본다. 첫째, 손주들은 할아버지들을 닮는다. 둘째, 특별히 신체상의 변화는 작은 변화에 그치는 경향을 보인다. 셋째, 자손의 수는 부모의 양육 능력에 비례한다."

여기서 다윈은 그가 나중에 '자연선택'이라고 부른 진화 메커니즘의 세 가지 요소를 규정하고 있다. 바로 유전, 변이, 번식력이다. 이들 중 그만의 독창적인 개념은 아무것도 없다. 특질들이 세대 간에 유전된다는 사실은 널리 알려지고 받아들여진 것이었다. 길들인 종의 경우에도 인공적으로 변종을 선택하는 일은 육종가들이 오래전부터 해오던 바였다. 다산 번식이 생존을 위한 투쟁으로 이어진다는 생각은 맬서스의 이론이었다. 다윈의 독창성은 이 세 원칙을 통합해서 어떻게 변종들이 신의 섭리 없이도 새로운 종으로 되는지를 설명한 점에 있었다.

『종의 기원』 서론에서 다윈은 자신의 자연관을 정교하고도 간명하게 요약한다.

생존 가능한 것보다도 훨씬 많은 개체가 태어날수록, 그 결과 생존을 위한 투쟁이 더 빈발해진다. 복잡하고 변화하는 환경에서 어떤 개체가 아주 작은 차이라도 더 뛰어난 적응력을 갖고 있다면 생존의 기회는 높아진다. 즉 자연적으로 선택naturally selected되는 것이다. 유전의 원칙은 강력하기 때문에 선택된 변종은 새롭게 변형된 자신의 형태를 보다 널리 번식시킬 수 있다.

1859년에도 다윈은 자연선택 이론을 하나의 가설로 취급하면서 미래에 과학적인 검증을 받아야 할 것으로 보고 있다. 그는 유전이나 변이가 일어나는 어떤 메커니즘에 대해서도 설명하고 있지 않다(오늘날에 와서야 이것들이 DNA의 정밀한 자기 복제 중에 간혹 부정확한 복제가 발생하기 때문이라는 식으로 설명되고 있다). 그냥 그런 게 일어난다고 가정할 뿐이다. 그리고 진화론적 관점에서 여러 사실들을 설명하는 일이 그에게는 커다란 어려움이었다. 이를테면, 화석 기록이 제대로 갖추어지지 않았다거나 한 종에서 다른 종으로 이행해가는 전이적 변종의 부재, 눈 같은 신체 기관의 복잡성과 완결성, 공작의 꽁지깃처럼 기능적으로는 무의미한 아름다움 같은 것들을 진화론적 용어로 어떻게 설명할 수 있을지 난감하기 이를 데 없었다. 또한 다윈은 『종의 기원』이 나올 때까지 그 주제를 인쇄 형식으로 발표하는 것을 의도적으로 피했다 하더라도, 인간 진화라는 민감한 주제를 자신의 이론 경계 밖에 내버려둘 수도 없었다. 무엇보다 그의 이론은 창조론을 해체할 것이다. 그러니 1838년의 현실에서 다윈이 자연선택 이론을 저 무시무시한 대중 앞에 공개하기 전까지 어떻게든 많은 증거를 확보하려 했음은 너무도 당연한 일이었다.

다윈이 이론을 세운 때로부터 발표에 이르는 20여 년간 자신이 살았던 다운 마을의 집은 동식물에 대한 정교하고 세밀한 실험이 이루어진 근거지였다. 다윈은 특히 곤충 실험을 좋아했으며 전 세계의 전문가들, 특히 미국과 오스트레일리아의 학자들과 거미줄 같은 편지 교환망을 치고 살았다. 그가 탐구한 대상들은 수도 없이 많았지만, 1846~1854년까지 8년간은 삿갓조개류에 죽자 살자 매달렸다. 다른 과학자들에게서 그

종과 분류법에 대해 쓴 글을 인정받으려 했기 때문이다. 다윈은 비글호 항해 같은 여행을 두 번 다시 하지 않았다. 물론 건강상의 이유로 한 휴양 여행은 종종 있었다. 다윈이 여행을 떠나는 대신 세계 여행가이자 친구이며 훗날 큐 가든(Kew Garden, 영국의 왕립 식물원—옮긴이) 원장을 지낸 조지프 후커Joseph Hooker 같은 이들이 정기적으로 다운 마을을 찾아왔다. 끈질긴 요청, 감언이설, 높아지는 명성 등을 이용해 다윈은 방문객들을 꾀고 구슬려서 자신이 필요한 표본을 얻어냈다.

1856년에 당시 동남아시아 지역에서 연구하고 있던 박물학자 앨프리드 러셀 월리스가 자신이 쓴 논문을 동봉한 편지를 다윈에게 보냈다. 그 논문의 제목은 '새로운 종의 탄생을 주관하는 법칙에 대하여On the Law that has regulated the introduction of new species'였다. 다윈은 조심스럽게 답장을 썼다. 거기서 다윈은 자신도 20년 동안 그 주제를 붙잡고 있었음을 밝혔다. 간결하지만 진심 어린 편지 왕래가 시작됐다. 1858년에 월리스가 1838년의 다윈 자신이 한 것과 똑같은 자연선택 이론을 생각하게 될 것이라고는 상상조차 하지 못했다. 그때 말라리아에 걸려 말레이 군도에 입원해 있던 월리스에게 갑자기 그 아이디어가 떠올랐던 것이다. 놀랍게도 월리스의 생각 역시 맬서스의 책이 계기가 됐다(이 책으로 말하면 월리스가 다윈보다 12년 먼저 읽었다). 월리스는 즉각 다윈에게 자신의 생각을 개괄한 논문을 한 편 써 보냈고, 그것을 읽고 라이엘에게 전해달라는 편지를 첨부했다. 다윈은 상당히 곤혹스러운 처지가 됐다. 그로서는 자신의 이론을 먼저 발표하든 아니면 선수를 뺏기든 결단을 내리지 않을 수 없게 된 것이다. 그리하여 1858년, 린네 학회 회보에 다윈과 월리스가 쓴 두 개의 논문이 동시에 게재됐다. 이는 다윈의 친구인 후커와 라이엘이 발표했는데, 월리스가 멀리 떨어져 있었기 때문에 허락은 받지 못한 상태였다. 다행인 것은 월리스가 다윈에게 나중에 그 소식을 전해 듣고 흔쾌히 수락했으며 다윈을 자연선택 이론의 선도적 주창자로 인정해주었다는 점이다. "나는 그 이론과 관련된 연구나 실험을 그다지 좋아하지도 않을뿐더러 세세한 부분에 이르면 당연히 다윈이 더 뛰어났다. 그의 성취물이 없었다면 내가 아무리 글을 잘 썼더라도 세상이 받아들여주질 않았을 것이다." 30년이 지난 시점에서도 월리스는 그 사안을 정확히 보고 있었다.

그러나 진실로 후커나 토머스 헨리 헉슬리Thomas Henry Huxley 같은 과학계 동지들의 비호가 없었다면 다윈이 아무리 많은 연구를 했더라도 그의 이론은 빅토리아 시대의 영국을 설득시킬 수 없었다. 『종의 기원』은 삽화도 없고 읽기에도 딱딱한 책이었다. 존경받는 은둔자인 그 책의 저자는 공개 강연의 재주도 없었고 글솜씨가 뛰어난 논객도 아니었다. 그래서인지 다윈은 1860년 옥스퍼드 대학 박물관에서 진화론을 놓고 일었던 저 유명하고 거친 논쟁에서 일부러 빠졌다. 거기선 과학계를 대표해 헉슬리가 나섰고 종교계에선 새뮤얼 윌버포스Samuel Wilberforce 주교가 공격수 역할을 맡았다. 그리고 입장이 뚜렷하지 않은 헨슬로가 사회를 봤다. 나중에 헉슬리에게 보낸 편지에서 다윈은 "나라면 그런 토론에서 주교의 말을 맞받아치려다 죽었을 것이네"라고 자신의 심정을 토로했다. 몇몇 주요 과학자들은 자연선택 이론에 대해 동조하지 않았다. 허셜 같은 이는 이 이론이 '뒤죽박죽 법칙'이라고 조롱했다. 라이엘은 그 이론을 인간에게까지 적용하는 데 회의적이었다. 지질학자인 세지윅과 고생물학자인 리처드 오언Richard Owen은 신랄하게 비판했다. 그다음 세기로 넘어갈 때까지 수십 년 동안, 그리고 심지어는 오늘날까지도 자연선택 이론은 전부 혹은 일부가 논쟁의 와중에 있다. 물론 현대 과학자 중에 진화론을 전면 부정하는 사람은 없다. 『종의 기원』이 나온 지 얼마 안 된 1863년에 철학자 존 스튜어트 밀이 다윈에게 내린 '평결'은 아직까지도 의미심장하다. "그는 희망에 찬 연구의 행로를 열었지만, 그 끝에 뭐가 있는지는 아무도 모른다."

마리 퀴리

라듐의 발견

위대한 발견은 유피테르의 머리에서 미네르바가 완전히 갑주를 입고 튀어나오듯
완결된 형태로 과학자의 뇌 속에서 분출되는 게 아니다. 그것은 이전의 연구들이 축적된 결과다.
창조의 시간은 불확실성의 시간, 즉 아무것도 성공할 가능성이 없어 보이고,
심지어는 (창조의 시도) 자체도 위험해 보이는 시간 속에 삽입되어 있다.
그래서 연구자는 자신을 낙담케 하는 상황에 저항해야 한다. 피에르 퀴리가 가끔 내게 말했듯이,
무한한 인내력만 가지고 있다고 해서 "우리가 선택한 이 삶이 힘들지 않은 것은 아니다".
—마리 퀴리, 『피에르 퀴리Pierre Curie』, 1923

1898~1902년에 마리 퀴리와 남편 피에르 퀴리가 공동으로 해낸 라듐의
발견과 분리 과정은 잘 정리된 성공담 사례와 같다. 실로 그 업적은 물리
학과 화학이 복잡하게 교류한 결과로서, 거기에는 정확한 관찰, 치밀한
사고, 첨단의 테크놀로지, 저돌적인 방법론, 삶을 모두 바친 헌신, 그리
고 행운이 들어 있다. 마리 퀴리의 이름과 함께 항상 떠오르는 모종의 영
웅 신화는 아인슈타인이 가장 잘 요약하고 있는바, "마리 퀴리는 유명하
다는 모든 이들 가운데에서 그 명성이 과장되지 않은 유일한 인물"인 만
큼 그 성공담은 더더욱 깔끔하게 포장되어 보인다. 그러나 과학적 창조
의 이해라는 관점에서 보면 깔끔함보다는 복잡함이 더 흥미롭다. 과학적
창조에 관한 한 퀴리는 두 번의 노벨상 수상이라는 놀라운 성과를 이뤘
다. 첫 번째는 1903년 물리학 분야에서, 1911년에는 화학 분야에서 상을
받았다. 이 폴란드 여성 마니아 스크워도프스카Manya Skłodowska는 어떻

게 그 일을 해냈을까? 퀴리의 과학적 배경은 별 볼 일이 없다. 그러나 스물네 살이 되어서야 대학 수준의 과학 공부를 시작한 퀴리가 불과 몇 개월간의 방사능 연구로 두 개의 노벨상을 거머쥔 것이다.

폴란드에서 성장했다는 사실이 퀴리의 성공에 기여하고 있음은 확실하다. 1867년 그녀가 태어난 바르샤바는 어린 시절 내내 러시아 치하에 있었다. 워털루에서 나폴레옹이 패한 후 열린 1815년 빈 회의 결과, 폴란드는 러시아, 프로이센, 오스트리아의 공동 통치를 받게 된다. 러시아의 차르 알렉산더 1세에게 '폴란드의 왕'이라는 칭호가 돌아갔다. 러시아는 3국 중에서 가장 가혹했다. 1830년과 1863년에 두 차례 폴란드의 봉기가 있었으나 실패로 돌아갔다. 두 번째 봉기 중 러시아군과 1년 반을 싸웠는데 저항군 수천 명이 죽거나 시베리아로 유형을 당했다. 약 10만 명의 폴란드인들이 조국을 떠나 해외로 갔다. 목적지는 주로 프랑스였다. 봉기 주동자들은 바르샤바의 알렉산더 성채 성벽에서 교수형을 당했고, 1864년 내내 수개월 동안 그들의 시신이 성벽에 걸려 방치된 채 부패해 갔다. 스크워도프스키Skłodowski 집에서 멀지 않은 곳이었다.

스크워도프스키 집안의 몇 사람이 두 번의 봉기에 가담했다. 마니아의 조부는 물리학과 화학 교수였는데 1830년 투쟁에서는 포병에 복무했다. 그는 카자크 부대에 사로잡혀 맨발로 바르샤바의 포로수용소까지 220여 킬로미터를 걸어야 했다. 하지만 운 좋게 살아서 도망쳤다. 부계 쪽의 삼촌 한 명은 1863년 봉기 때 부상을 입고 프랑스로 도피했다. 모계 쪽의 삼촌은 4년간 시베리아에서 유형 생활을 했다.

시베리아 유형수의 누이이자 마니아의 어머니 브로니슬라바Bronislawa와 아버지 블라디슬라브Wladyslaw는 실제 전투에는 참가하지 않았으나, 이름 있는 교사들로 비무장 투쟁을 이끌었다. 블라디슬라브 스크워도프스키는 바르샤바 대학에 진학할 수 없었다. 1830년 봉기의 여파로 대학이 잠정 폐쇄됐기 때문이다. 그러나 블라디슬라브는 바르샤바에서 비공식으로 생물학을 공부했고 나중에 상트페테르부르크 대학에서 수학과 물리학 학위를 받았다. 그런 다음 바르샤바로 돌아와 박봉의 사립학교 보조 교사가 됐고 결혼했다. 그의 아내는 열심히 노력한 끝에 바르샤바 유일의 여자 사립학교 교장이 된 사람이었다. 1868년 블라디슬라브가 정부에서 운영하는 김나지움(일부 유럽 국가들에서 시행하는 중고등학교 과정 —옮긴이)의 부교장이 되자 그의 아내는 가르치는 일을 그만뒀다. 블라디슬라브는 봉급이 올랐고 학교에 딸린 아파트 한 채를 지급받았으며 거기서 네 딸과 아들 하나를 키웠다. 그러나 직책이 직책인지라 탄압이 극심해지면서 러시아 교육 당국의 감찰을 받아야만 했다.

러시아 치하 폴란드의 학교에서는 선생과 학생 간의 대화에서도 폴란드어 사용이 금지됐고, 김나지움이나 심지어 사립학교에서도 학생들은 러시아어로 대화를 했다. 러시아어는 학교의 의무교육 사항이었으며 '폴란드어 수업 시간'에도 러시아어를 사용해야 했다. 또한 폴란드 문학이나 역사도 가르칠 수 없었다. 과거 러시아의 승리와 영광에 기여한 폴란드 역사만은 예외였다. 퀴리는 김나지움의 러시아 선생들이 폴란드 학생들을 '적'으로 대했다고, 1920년대 자서전에서 회고했다. 1870년대 후반에서 1880년대 초반에 여학생 김나지움을 다닐 때 퀴리는 자신들이 끊임없이 감시당했다는 것이다. "한마디라도 폴란드어를 쓰거나 조심성 없이 말을 하다 걸리면 자기뿐만 아니라 가족들에게까지 심각한 화가 미친다는 것을 모든 아이들이 알고 있었다."

교사의 자녀인 마니아 형제자매들에게 학교와 교육은 열정을 바쳐야 하는 대상이었다. 집안 분위기가 이렇다 보니 우수한 학교 성적도 집에서는 당연한 것으로 여겼다. 마니아는 어머니가 가르치던 학교의 사택에서 태어나 아버지의 학교 사택에서 유년기를 보냈다. 마니아가 처음 입학한 학교는 어머니가 얼마 전 교장으로 취임한 학교였다. 그러다가 그녀는 집 근처의 다른 사립학교로 전학을 갔는데, 그 학교는 애국심으로 똘똘 뭉친 여성이 운영하던 학교였다. 러시아인 학교 감찰관들이 늘 감시하고 있었지만 그 애국자는 제자들에게 조국의 문화를 가르치겠다는 결의에 차 있었다. 이중 수업이 진행됐다. 하나는 감찰 당국의 눈을 속이기 위한 가짜 수업이었고, 다른 하나는 학생들을 위한 진짜 수업이었다. 진짜 수업에서는 폴란드어, 역사, 지리를 시간이 허락할 때까지 최대한 가르쳤다. 예를 들어 '가정경제학'이라고 하면 학생들은 그게 폴란드 역사 수업 시간이라는 것을 알았다. 교사들이나 학생들에게 이런 '이중생활'이 주는 긴장은 상당했는데, 특히 마니아에겐 더 그랬다. 학급에서 러시아어를 제일 잘하는 학생이어서 러시아 감찰관의 무시무시한 시찰이 있을 때마다 일어나 러시아어를 읊조려야 했기 때문이다.

마니아는 열다섯 살 때인 1883년, 오빠 요제프Jozef와 언니 브로니아 Bronia가 그랬던 것처럼 김나지움을 최우등으로 졸업하며 금메달을 상으로 받았다. 당시 마니아의 가족들이 겪었던 온갖 고초를 생각하면 이런 성취는 참으로 놀라운 것이었다. 네 살 때 사랑하는 어머니가 폐결핵에 걸려 마니아는 어머니와 입맞춤이나 포옹을 할 수 없었다. 더 안 좋았던 일은 아버지가 1873년에 김나지움에서 해임된 것이었다. 억압적인 러시아 상사와의 마찰이 주된 원인으로 보이는데, 그 결과 봉급과 아파트를 모두 잃게 되었다. 아버지는 가족들의 거처를 시끄러운 학생들로 붐비는 기숙학교 사택으로 옮겼다. 아마도 그 때문이었는지 모르지만, 가족에게서 발진티푸스가 발병했고 브로니아와 동생 조시아Zosia, 집안의 장남이

병에 걸렸다. 브로니아는 완쾌됐지만 조시아는 끝내 병을 이기지 못하고 1874년 숨을 거뒀다. 열 살도 안 된 나이였다. 이 일은 병든 어머니에게 큰 타격을 주었다. 1878년 돈이 많이 들어간 오랜 투병에도 불구하고 건강이 악화된 어머니 브로니슬라바가 사망했고, 이 때문에 열 살 된 딸 마니아는 '깊은 우울감'(나중에 그녀 자신이 한 표현)에 빠진다. 홀아비가 된 블라디슬라브에게 남은 거라곤 약간의 돈과 네 명의 자식뿐이었다. 10년 후 그는 아내의 죽음을 시로 쓴다. "그녀가 떠났을 때 내 세계는 전부 묘지가 됐노라."

블라디슬라브와 그의 아내는 그 시대의 애국적 열정을 가진 사람들이었다. 그들은 마니아의 마음속에 성공을 위한 결단력, 지식에 대한 열망, 윤리적 확신을 소박하게 엮어 심어주었으며, 이는 마리 퀴리의 삶을 결정짓게 되었다. 마리의 둘째 딸 이브 퀴리Eve Curie는 마리 퀴리의 공인된 사후 전기인 『퀴리 부인Madame Curie』에서 "할아버지 덕분에 어머니는 당시의 여자아이들이 좀처럼 접할 수 없는 지적인 환경에서 살았다"라고 쓰고 있다. 마리 자신은 어머니에 대해 이렇게 썼다. "지성과 더불어 어머니는 넓은 가슴과 매우 철저한 의무감을 지녔다. 끝 모를 정도로 천진난만한 성격의 소유자였지만 어머니는 지금까지도 우리 가족 안에서 드높은 윤리적 권위로 살아 있다."

학교를 마친 마니아는 1년간 공부를 중단한다. 그녀는 폴란드에 머물렀지만 혼잡한 바르샤바 아파트를 떠나 스크워도프스키 집안의 친척과 친구 집에서 식객 노릇을 했다. 이때는 여유 있고 즐거웠던 시절로 문학, 음악, 춤, 여름 및 겨울 스포츠 등 그때까지 전혀 해본 적이 없던 것들을 경험했으며, 성인이 되어서도 그녀의 기억 속에서 빛나는 한순간으로 남아 있었다. 어느 날인가는 밤새도록 무도회장에 있다가 새벽에 나오면서 새 갈색 구두를 버려야 했다. 너무 격렬하게 춤을 추는 바람에 밑창이 닳아 없어졌던 것이다.

1884년 바르샤바에서 마니아가 본 것은 여성을 위한 고등교육의 기회가 절대 부족하다는 사실이었다. 또한 먹고살려면 일을 해야 했다. 마니아는 과학 강의를 비롯한 여러 강의를 '여성을 위한' 사설 학교에서 들었다. 처음에는 일반 가정에서 수업이 이뤄지다가 점차 이에 호의적인 시 소속 기관들에서 진행되었다. 1889~1890년 당시 공식적으론 인정받지 못했지만, 이른바 '공중에 떠 있는(혹은 물에 떠다니는) 대학'에 1000여 명의 여성이 등록해 있었다. 한편으로 마니아는 초등학생 개인 지도 일도 했으나 많은 돈을 받지 못했다. 결국 입주 가정교사로 들어가게 됐다. 판사 집에 들어가서 지내기 시작한 처음 얼마 동안 마니아는 그 집의 분위기에 구역질을 내곤 했다. 하지만 언니 브로니아와 약속한 바가 있어 꿋꿋이 참았다. 가정교사 일을 해서 번 돈은 당시 파리에서 의사 수업을 받고 있던 언니에게 보냈다. 브로니아가 프랑스에서 자리를 잡으면 마니아가 합류해 대학 공부를 할 예정이었다. 이런 희망 덕분에 마니아는 임금 노예나 다름없는 생활을 견딜 수 있었다.

1886년에서 1889년까지 약 3년 반 동안 마니아 스크워도프스카는 바르샤바에서 멀리 떨어진 지역의 부유한 집안의 가정교사 노릇을 하면서 생계를 꾸려나갔다. 때때로 다 부질없다는 생각, 자신의 위치에 대한 자괴감 등으로 절망에 휩싸인 적도 있었지만 그때마다 가족이나 친구들과 편지를 교환하며 스스로를 위로했다. 젊은 여성의 입장에서 그런 자리가 잔인하리만치 초라할 수도 있었으나, 그래도 좋은 점은 최소한 혼자 공부할 수 있는 시간이 많다는 점이었다. 마니아는 과학을 공부하기로 결심한다. 처음엔 문학과 심리학에 끌렸으나 곧 결연히 방향을 바꾸어 진지하게 수학과 물리학 공부 계획을 세운다. 교재는 과학적 사고를 가진 아버지와의 편지 교환에서 얻은 정보를 근거로 자신이 직접 골랐다. 수십 년 후 마니아는 자서전에서 "이 방식이 대단히 생산적이라고 할 순 없었으나 결실이 아주 없는 것도 아니었다. 나는 독립적으로 공부하는 습관을 들이게 되었다"라고 회고하고 있다. 그 당시의 고립감이 그녀를 얼마나 힘들게 했든 간에 이 원치 않았던 경험 덕분에 장차 파리의 다락방에서 혼자 공부하는 일에 쉽게 적응할 수 있었다.

1888년 말 마니아는 사촌에게 편지를 썼다. "마치 악몽에서 빠져나오는 중인 것처럼 느껴져. 첫 번째 원칙, 다른 사람들이나 사건에 패하도록 자신을 내버려두지 말자." 실제 마니아가 과학 공부를 위해 소르본에 간 것은 그로부터 3년이 지나서였다. 1890년에 폴란드 출신의 동료 의대생과 결혼한 언니 브로니아는 동생을 열렬히 환영했다. 그러나 마니아는 놀랍게도 마음이 편치 않았다. "우선, 〔그녀는〕 낯선 곳에 가면 항상 힘들어 했다"라고 퀴리의 전기 작가인 수전 퀸Susan Quinn이 말한다. 또다른 이유는 바르샤바의 여러 일들이 마음 한구석에 강하게 남아 있었다. 마니아의 아버지는 은퇴한 뒤여서 딸의 지원을 필요로 할 때였다(물론 그는 딸의 파리행을 적극 지지했다). 마니아가 가정교사를 하면서 1886년에 만났던 한 남자와의 힘들었던 연애도 완전히 감정 정리가 되지 않은 상태였다. '공중에 떠 있는 대학'이 한창 잘되면서 마음이 맞는 지적인 동료들도 많이 생겼다. 그리고 러시아에서 화학자 멘델레예프와 함께 연구를 했던 사촌이 마니아에게 산업 농업 박물관Museum of Industry and Agriculture의 자기 연구실을 사용하라고 호의를 베풀기도 했다. 파리로 가는 대신 마니아는 1년 남짓 아버지와 함께 살며 개인 교사로 생활을 꾸려나갔다. 그러는 동안에도 애국적인 학생 친구들과의 교유를 유지했고, 교과서의 지시대로 한 것이지만 물리학과 화학 실험을 통해 제한적이나마 시행착오의 경험을 얻었고, 마침내 연애에도 종지부를 찍는다. 그리고 나서 1891년 11월, 막 스물네 살이 될 즈음에 마니아는 바르샤바를 떠나 파리행 열차를 탄다. 그때 마니아는 공부를 마치면 폴란드에 있는 가족에게로 반드시 돌아오겠다는 생각이었다. 그러나 현실에서는 다시 조국에 돌아가서 살지 못한다.

파리 생활 초기에 마니아는 사교성 좋은 언니, 형부와 함께 지냈다. 그러다 곧 고독과 자유가 그리워졌다. 그래야만 공부에 맹렬하게 집중할 수 있기 때문이었다. 다른 많은 폴란드 유학생들이 그랬던 것처럼(자서전에서 특히 이 부분을 강조하고 있다), 마니아는 싼 방을 얻었다. 6층짜리 아파트의 지붕 밑 방이었는데, 연구실과 소르본 대학에서 그리 멀지 않은 곳에 있는 아주 소박한 방이었다.

내가 살았던 방은 맨 위층이어서 겨울엔 몹시 추웠다. 난로가 작은 데다가 석탄마저 자주 떨어지는 바람에 제대로 난방을 할 수가 없었다. 혹한이 찾아오면 대야에 받아놓은 물이 밤새 어는 일이 다반사였다. 잠을 자려면 침대 시트 위에 가진 옷을 전부 꺼내 쌓아놓고 그 아래에 몸을 묻어야 했다. 잠을 자는 바로 그 방에서 알코올램프와 몇 가지 주방 용구로 요깃거리를 만들었다. 식사라고 해봐야 끓인 초콜릿 한 잔을 곁들인 빵과 달걀, 아니면 과일이 전부인 경우가 많았다. 누가 날 거들어줄 것도 아니었기 때문에 석탄을 나를 때도 내 힘으로 들 수 있는 만큼만 가지고 6층까지 걸어 올라가야 했다.

그러면서도 마니아는 육체적으론 편했던 폴란드의 가정교사 생활이 정신적으로는 매우 비참했다고 덧붙인다.

이런 생활은 어떤 관점에서 보면 고통스러운 것이었을 테지만 내 겐 진정 매력적이었다. 나에게 자유와 독립이라는 매우 귀한 느낌을 선사했다. 파리에서 익명의 존재였던 나는 그 큰 도시에서 눈에 띄지 도 않았다. 그러나 홀로 살고 있다는 생각, 날 도울 사람이 아무도 없 고 매사를 스스로 해결해야 한다는 사실이 나를 위축시키지는 않았 다. 가끔 고독할 때도 있었지만, 내 마음 상태는 대체적으로 평온하 고 큰 윤리적 충족감에 차 있었다고 할 수 있다…… 내 모든 정신은 공부에 집중되어 있었다. 그리고 그 공부는 처음엔 어려웠다.

1891년에 마니아가 아닌 마리 스크워도프스카Marie Skłodowska로 소 르본 대학 이학부에 등록한 그녀는 스물세 명의 여학생 중 하나였는데 이학부의 신입생 수는 1825명이 넘었다. 학창 시절에 관한 회고를 할 때 도 마리는 남성 우위의 대학 사회에 대해 거의 언급하는 법이 없었다. 실 제로 매우 유명해진 다음에도 마리는 페미니스트들이 자신을 본보기로 삼는 것을 좋아하지 않았다. "내가 그런 반자연적인 존재로 비치는 걸 원치 않습니다"라고 자신을 숭배하던 급진적 페미니스트들에게 말한 적 도 있다고 마리의 딸 이브는 썼다. "나는 오랜 시간을 과학에 바쳤습니 다. 내가 그러길 원했고, 과학 연구를 사랑했으니까요…… 여성들에게, 젊은 여성들에게 내가 바라는 바는 소박한 가정생활을 영위하고 자신들 에게 재미있는 일을 하라는 것입니다."

1890년대는 소르본에서 과학 연구의 열기가 태동하고 있을 때였다. 물론 19세기 초엽에 프랑스가 누렸던 세계 선두의 자리는 더 이상 유지하지 못했다(물리학에서는 독일이 선두였고, 20세기 전반에 그 자리는 영국에 돌아간다). 1891~1894년에 이 폴란드 신입생을 가르쳤던 열여섯 명의 교수들 중에는 오늘날의 『과학 전기 사전Dictionary of Scientific Biography』에 들어갈 만한 연구를 한 교수가 여덟 명이나 있었다. 거기엔 1908년에 노벨상을 수상한 물리학자이자 색채 사진술의 선구자인 가브리엘 리프만 Gabriel Lipmann, 나중에 프랑스 전쟁부 장관이 된 수학자이자 비행사인 폴 팽르베Paul Painlevé가 있었다. 또한 이들 중 가장 총명했던 앙리 푸앵카레Henry Poincaré도 있었는데, 그는 방사능 연구에서 작지만 매우 중요한 역할을 하게 된다. 마리 스크워도프스카는 이들의 강의와 실험실 시연을 마음껏 누렸다. 폴란드에서 사전 공부가 부족했던 것이 초기에는 어려움으로 작용했지만 이내 뛰어난 성적으로 이를 극복했다. 1893년 7월, 미친 듯이 공부한 끝에 마리는 이학사licence és sciences 자격시험에서 수석을 차지했고, 1894년 7월에 있었던 수학사licence és mathématiques 자격시험에서는 2등으로 합격한다.

1894년 초, 마리의 첫 과학 연구를 주선한 사람은 리프만이었을 것이다. 리프만의 연구실 한쪽에서 마리는 국가산업증진협회Society for the Encouragement of National Industry를 위해 여러 종류의 철에 포함된 자석 성분을 분석하는 일을 맡았다. 그곳에 폴란드의 물리학자인 요제프 코발스키Jozef Kowalski 교수 부부가 찾아왔다. 파리로 신혼여행을 온 것이다 (마리와 코발스키는 마리가 가정교사를 하던 폴란드의 한 가정에서 처음 만났다. 이는 당시의 지적 교류 활동이 마리가 암시한 것만큼 그렇게 황폐하진 않았음을 보여준다). 마리의 연구 여건이 별로 좋지 않은 것을 본 코발스키가 한 젊은 학자를 소개해준다. 그는 나이는 얼마 되지 않았지만 이미 이름이 나 있었고, 파리물리화학학교EPCI: School of Physics and Chemistry of the City of Paris에서 자기학 연구를 하고 있었다. 이 학교는 명성은 덜했지만 소르본 가까이 있는 시립 교육기관이었다. 그 젊은 학자의 연구실에는 마리가 필요로 하는 적절한 시설이 있었다.

피에르 퀴리Pierre Curie는 마리보다 여덟 살 연상이었는데, 첫 만남에서 그녀에게 강한 인상을 줬다. 마리는 피에르 퀴리 사후에 "방문을 열고 들어서는데, 갈색 머리와 맑은 눈을 한 키 큰 남자가 발코니로 열린 프랑스식 창문틀에 기대서 있는 모습이 내 눈에 들어왔다. 나는 그의 얼굴에서 진지함과 정중함을 읽었고, 그의 태도에서는 모종의 자기 방기를 느꼈다. 이 몽상가는 사색 속에 빠져 있었다. 그는 내게 소박한 진정성을 보여주었으며 상당히 나를 동정하는 듯했다"라고 썼다. 몽상가 이미지는 피에르가 스물한 살 때 일기에서 묘사한 자신의 모습과 일치한다. "우리는 먹고 마시고 자고 게으름 부리고 사랑하지 않으면 안 된다. 이는 말하자면 삶에서 가장 달콤한 것과 접촉하되, 그것에 굴복하지 않음을 의미한다. 그 모든 것을 행하는 데 있어 무엇이 필요한가? 그것은 우리 자신이 몰두하고 있는 반자연적 사고가 우리의 부족한 머릿속을 지배하도록 하고, 계속해서 그것을 넘보기 어려운 영역으로 남겨두는 것이다. 우리는 삶을 꿈으로 만들어야 하며, 그 꿈을 현실로 일궈내야 한다." 나른해 보이는 피에르가 활달한 모습의 물리학자인 형 자크 옆에서 찍은 가족사진이 한 장 있다. 아마 그들이 20대였을 것으로 생각되는데, 이 사진이야말로 피에르가 몽상가였다는 증거다. 1906년 파리에서 교통사고로 피에르가 사망했다는 소식을 접하고 의사인 피에르의 아버지가 넋이 나간 채 울부짖으며 외친 첫마디는 "그 아이가 무슨 꿈을 꾸고 있었나?"였다.

마리와 피에르의 배경은 놀라울 정도로 많이 닮았다. 스크워도프스키 집안이나 퀴리 집안이나 돈보다는 교육이 우선이었다. 두 집안 모두 과학에 대한 사랑을 자식들에게 물려줬다. 그리고 아버지들이 과학자의 꿈을 이루지 못했다는 점도 같다. 게다가 두 아버지 모두 이상주의적인 확신에 차 있었는데, 이것이 기성 체제에 대한 혐오감과 결합되면서 삶이 순탄치 못했다. 피에르는 비물질주의자답게 마리의 다락방을 처음 방문한 순간 실망이 아닌 매혹을 느꼈다.

그럼에도 불구하고 교육에 대한 양가의 태도에는 큰 차이가 있었다. 그것이 피에르에게선 몽상주의로, 마리에게선 과학자적 열정으로 표출됐다. 피에르는 학교에 간 적이 없었다. 반면에 마리는 우등생이었고, 어느 학교에 가서든 수석을 차지했다. 퀴리의 부모는 아들의 몽상가적 기질을 일찍부터 알아봤다. 그래서 아들이 자신만의 속도에 맞춰 관심사를 추구하고, 그것을 진척시켜나가는 것을 허용했다. 이 '제멋대로' 방식의 결과, 피에르는 남들보다 빨리 과학과 기하학을 깨쳤다(그는 겨우 열여덟 살에 소르본 대학의 이학사 자격시험에 합격했다). 그러나 문학이나 고전의 학습 경험은 전혀 없었다. 젊은 시절의 피에르는 "주위의 모든 것들을 스스로의 눈으로 천천히 보고 그것들과 자기 사이에 완벽하고도 내밀한 유대를 만들었으며 이 관계를 평생 유지했다. 그래서 그는 책을 통해 습득하는 속성의, 피상적이고 무미건조한 방식의 이해가 불가능한 사람이었다"고 피에르의 이른 죽음을 슬퍼하며 퀴리 부부의 친구였던 물리학자 폴 랑주뱅Paul Langevin은 말했다.

연구실 안팎에서 많은 대화를 나누고, 또 1894년 중반에는 마리를 위해 바르샤바에서 휴가를 보낸 뒤에 피에르는 마리에게 프랑스에 머물 것을 부탁한다. 그리고 1895년에 그들은 결혼했다. 피에르가 오랫동안 미뤄오던 박사 논문을 소르본에 제출하고, 파리물리화학학교의 교수가 된 직후였다. 그제야 자신의 박사 논문을 구상하게 된 마리는 신랑의 연구실에서 연구할 수 있는 자격을 얻었다. 그리고 또 한편으로는 여학교 과학 선생 자격시험을 준비했다(그래서 마리에겐 '선생님'이라는 호칭이 붙게 됐다).

1897년 9월에 첫아이 이렌Iréne이 태어났다(그녀도 나중에 이렌 졸리오 퀴리Irene Joliot-Curie라는 이름으로 인공 방사능 연구 업적을 인정받아 노벨 화학상을 받는다). 그와 비슷한 시기에, 피에르의 어머니가 사망했고 홀아비가 된 피에르의 아버지는 아들 부부와 새로 태어난 손녀와 살게 됐다. 퀴리 부부는 딜레마에 봉착했다. 마리가 연구를 그만두지 않으면 아기를 돌볼 수 없었기 때문이다. 마리는 자서전에서 "그렇게 포기한다면 나로선 무척 고통스러울 터였다"라고 썼다. "남편은 그런 생각 자체를 아예 하지도 않았다. 그는 늘 자신이 몰두하고 있는 일에 아내가 함께하길 원한다고 말하곤 했다. 우리 중 어느 누구도 우리 자신에게 그토록 소중한 것을 포기할 엄두를 내지 못했다." 다행히도 피에르의 아버지가 그들 부부가 수업이나 연구를 하는 중에는 보모와 함께 아기를 돌봐주었다.

퀴리 부부가 실제로 공동 연구를 시작한 것은 1897년 12월 16일이었다. 이날 공동 연구실 노트에 마리는 처음으로 기록을 남겼다. 그리고 그 아래에 피에르가 수정水晶에 관해 몇 가지를 적어 넣었다. 박사 논문용 주제로 퀴리는 우라늄 염에서 방출되는 수수께끼의 광선 연구를 택했다. 이 계획은 전적으로 그녀에게 한한 것이었다. 물론 피에르가 공동 연구자로 그녀를 거들었다. 그 후 몇 년 동안 피에르와 퀴리의 필적이 연구실 노트에 앞서거니 뒤서거니 나타난다. 부부간에 끊임없이 교환된 생각들뿐만 아니라, 푸앵카레의 말을 빌리자면 "연구자들이라면 누구나 겪는 일시적인 침체기에 서로를 다독여주는 에너지의 교환을 거기서 볼 수 있었다".

우라늄 방사 현상은 1896년 퀴리 부부가 결혼한 이듬해에 파리에서 앙리 베크렐Henry Becquerel이 발견했다. 그때 베크렐은 자연사 박물관 부지에 있던 자신의 거처인 퀴비에 하우스의 사설 연구실에서 혼자 연구하고 있었다. 베크렐이 연구를 하게 된 것은 그 무렵 독일에서 새롭고 신비한 방사선이 발견됐다는 소식에 자극받아서였다. 1895년 12월, 빌헬름 뢴트겐Wilhelm Röntgen은 아내의 손뼈와 결혼반지의 검은 윤곽이 드러난 섬뜩한 '사진'을 찍어 세상을 놀라게 했다. 뢴트겐이 고진공방전관에 전기를 통하자 (현재는 전자 흐름으로 알려진) '음극선cathode rays'이 나타났다. 이 선은 진공관 유리벽에 충격을 가해 유리가 어두운 방에서도 환하게 빛나도록 만들었다. 뢴트겐이 엑스선X-rays으로 명명한 방사선은, 이 빛이 켜져 있는 동안 발생했다. 육안으로 보이지 않는 그것이 존재한다는 증거가 한 가지 사실로 뒷받침됐다. 작열하는 진공관을 검은 판지로 싸서 빛이 새어 나가지 않게 하면 발광성 광물질(바륨 염)을 바른 바로 옆의 가림막이 환해졌고, 놀랍게도 뢴트겐 박사가 이 가림막을 옆방으로 옮겼을 때도 빛을 잃지 않았다. 엑스선은 분명 판지와 벽을 뚫을 수 있는 것이었다. 1896년에 프랑스 과학 아카데미에 이런 사실들이 소개되자 푸앵카레는 (나중에 틀린 것으로 드러났지만) 엑스선에 수반되는 발광이 특정 광물의 발광과 관련되어 있을 것으로 추측했다. 베크렐은 푸앵카레의 언급을 듣고 큰 흥미를 느껴 과거 5년간 제쳐두었던 연구를 다시 시작했다. 베크렐은 오랫동안 순간적인 형광이든 좀 더 오래 지속되는 인광이든 발광 현상에 관심을 가지고 있었다. 아마도 형광 광물과 인광 광물의 방사는 눈에 보이는 것도 있고 그렇지 않은 것도 있지 않을까?

베크렐은 다수의 발광성 광물들을 검사했다. 그는 노출되지 않은 감광판을 매우 두꺼운 두 장의 검은 종이로 싸고 그 위에 그 광물들로 만든 얇은 수정질의 막을 올려놓았다. 그런 다음 밝은 햇빛 아래 몇 시간 동안 놓아두었다. 베크렐은 종이 때문에 태양광이나 형광이 스며들지 못하므로 감광판이 부옇게 되지 않을 거라고 생각했다. 따라서 어떤 '보이지 않는 형광', 즉 엑스선과 유사한 광선이 방출되었다면 감광판의 검은 부분에 표시가 나타날 것이다.

베크렐은 우라늄 염을 가지고 실험했을 때 종이가 광물에서 방출된 것을 막지 못했음을 알아냈다. 감광판이 이 광물박막의 실루엣 모양으로 부옇게 흐려져 있었다. 그래서 그는 햇빛이 우라늄을 자극해 비가시광선을 방출시켰을 거라고 추측했다. 하지만 흐린 날에도 똑같은 결과가 나왔다. 실망한 베크렐은 우라늄 막과 감광판을 치우고 연구실 서랍에 처박아두었다. 그러다 어찌어찌 다시 꺼내 보았다가 충격을 받고 말았다. 우라늄 막에서 광선이 방출됐다 해도 아주 미약할 것이라 생각했는데, "노광 부분이 매우 뚜렷하게 나타났다. 나는 즉각 이 작용이 (햇빛과 관련 없이) 어둠 속에서도 일어난다는 것을 알아챌 수 있었다". 흥분한 베크렐은 다음 날인 1896년 3월 2일 과학 아카데미에 이를 보고했다. 방사능을 발견했던 것이다(실베이너스 톰슨Sylvanus Thompson이 같은 주에 동일한 결과를 런던에서 발표했지만 베크렐이 빨랐다).

처박아둔 감광판을 왜 다시 꺼냈는지에 대해 베크렐은 아무런 언급도 하지 않고 있다. 그럼으로써 이 '우연한' 발견이 세상에 널리 알려지게 되었는데도 말이다. 방사능 역사 연구가 앨프리드 로머Alfred Romer는 "그저 운이 좋아서였든 타고난 철저함 때문이었든, 아니면 넘치는 호기심이 이유가 됐든 간에 이는 그를 전진시킨 행운의 동작이었다"라고 썼다. 그해에 베크렐은 계속해서 우라늄을 가지고 다른 중요한 발견들을 한다. 베크렐의 추론 중 몇 가지는 오류였지만, 동시대의 다른 두 연구가들과 달리 결국에는 자신과 푸앵카레의 가설이 유효하지 않았음을 인정했다. 우라늄에서 방출된 비가시적인 방사선은 발광과는 아무 관련이 없었다. 베크렐은 이 방사가 전혀 알려지지 않은 종류의 에너지로 우라늄 내부에 저장되어 있는 것이지, 빛에 노출되어 외부로부터 주어지는 것이 아님을 인정해야 했다. 어떻게 이 원소가 에너지를 내장하고 있는지 알 수 없었던 베크렐은 그것을 '비가시 인광invisible phosphorescence'이라고만 불렀다.

1897년 후반에 퀴리 부부가 우라늄 광선을 연구 주제로 삼았을 때, 베크렐은 잠시 그것에 흥미를 잃고 있었다. 이는 대부분의 다른 연구자들도 마찬가지였다(엑스선이 더 흥미로워 보였다). 마리와 피에르는 자연스레 1896~1897년에 아카데미에서 나온 베크렐의 문제 제기적인 발표를 읽고 숙고하게 됐다. 훗날 베크렐은 아카데미 회원이 아닌 퀴리와 피에르를 대신해 퀴리 부부의 연구 결과 중 일부를 아카데미에 보고한다. 그리고 1903년에 베크렐과 퀴리 부부는 노벨상을 공동 수상한다. 그러나 퀴리 부부가 베크렐의 지도를 받았다는 대목은 아무래도 이해되지 않는다. 그들이야말로 전혀 다른 사회에 속한 사람들이었기 때문이다. 베크렐은 베크렐 과학 왕조의 3세 격인 인물로서 과학 아카데미에서 확고한 기반을 가진 내부 인사였던 반면에, 퀴리 부부는 어느 모로 보나 아웃사이더였다. 퀴리와 피에르 어느 누구도 아카데미에 맞는 사람이 아니었다.

그러나 퀴리 부부가 켈빈Kelvin 경에게 영향을 받았다는 것은 확실하다. 전자기학의 선구자였던 켈빈은 1880년대에 행한 압전기piezoelectricity 연구를 통해 피에르와 형 자크의 존경을 받았다. 켈빈은 피에르가 보낸 기구에 반색했고 그 후 따뜻한 편지들을 주고받았다.

1893년 켈빈은 파리에 있는 피에르의 연구실을 방문한다. 글래스고 연구실의 작업을 토대로 켈빈과 공동 연구자들은 우라늄의 전기 작용에 관한 두 건의 논문을 1896년 12월과 1897년 3월에 발표한다. 이 논문은 퀴리 부부가 처음 시도한 접근 방식과 관련 있었다. 베크렐 식의 감광이 아닌 전기(에 초점을 맞춘 연구)가 우라늄 광선을 측정하고 분석하는 데, 그리고 차후에 라듐을 발견하는 데 중대한 열쇠가 될 터였다.

베크렐에 대해서도 공평하게 말하자면, 그는 '비가시 인광'뿐만 아니라 대전체electrified body에서 방출되는 비가시광선을 최초로 발견한 사람이다. 어쨌든 우라늄은 공기 중으로 전류를 흐르게 할 수 있었다(1896년에는 공기 분자의 이온화라는 것이 아직 알려지지 않을 때였다). 베크렐은 당시에 전하를 측정하는 전통적인 기술이었던 충전시킨 금박gold-leaf 검전기의 편향을 관찰해서 우라늄 방사의 강도를 측정하려 했다. 금박들은 전하가 있으면 벌어지고 전하를 잃으면 다시 붙었는데, 이 각도 사이에 걸리는 시간을 재는 방식이었다. 달라붙는 속도가 빠르면 빠를수록 큰 전류가 흐르는 것이고, 이는 곧 방사가 강하다는 말이었다. 그것은 의미 있는 작업이었지만 대단히 정밀한 방법이라고는 볼 수 없었다. 퀴리 부부가 1898년 측정에 성공한 100만분의 1의 100만분의 1암페어에 해당하는 미량의 전류를 재서 계수로 보여줄 수 없는 방식이었다.

피에르 퀴리는 훨씬 민감한 전류 측정기를 설계했고 마리는 참을성 있게 그것을 사용했다. 압전기 수정 저울piezoelectric quartz balance이 달린 전위계였다. 압전기 수정 저울로 말하자면 퀴리 집안의 가내 생산품이나 다를 바 없었다. 압전기는 1880년에 피에르와 자크 퀴리가 발견한 것이었고, 저울은 1889년 자크 퀴리의 박사 논문 주제였다.

새로운 기구는 조작이 극히 까다로운 반면, 원리는 꽤나 단순했다. 21

세기에 마리의 손녀인 엘렌 랑주뱅졸리오Hélène Langevin-Joliot에게 조작법을 시연해달라고 요청하자 이렇게 대꾸했다. "불가능해요! 〔퀴리〕연구소의 어느 누구도 그걸 잘 다루거나 집중해서 쓸 수 없어요. 지금 살아 있는 사람 중에선 그 기술을 아는 사람이 누군지 몰라요."

기본적으로 이 기계는 콘덴서(이온화가 일어나는 곳)와 전위차를 재는 전위계, 압전기 수정으로 이루어져 있다. 압전기 수정은 기계적으로 압력을 가하면 수정 표면에 극미한 전기 분극을 만들어낸다. 수정 아래에 매달린 작은 추가 분극을 형성하는 것이다. 전류의 유무는 콘덴서의 바닥 판에 있는 미세한 가루가 퍼지는지의 여부를 보고 알아냈다. 이 바닥 판은 100볼트 배터리의 한쪽 극에 연결되어 있었다. 콘덴서 상판은 전위계의 한 단말에, 다른 단말에는 압전기 수정의 상부가 연결되어 있었다 (수정의 바닥과 배터리의 다른 극은 모두 접지되어 있었다. 이렇게 해서 완전한 전기회로가 만들어졌다).

기계가 작동하면 콘덴서 안의 공기가 이온화되면서 위아래 판 위에서 전하량이 느리게 늘어난다. 한편 조작자는 추를 가지고 압전기 수정에 무게를 가하는데, 그러면 여기서도 전하량이 늘어난다. 이 전하량과 콘덴서 전하량이 균형을 이룰 때까지 무게를 가한다. 균형점은 전위계로 포착해낼 수 있다. 전위계는 회전하는 알루미늄 날개로 이루어졌는데, 이 날개는 백금 도선에 매달려 있고 작은 거울이 붙어 있다. 빛줄기가 회전하는 거울에 떨어지면서 눈금이 매겨진 유리 저울에 광점을 만들어냈다. 그 점이 저울의 정중앙(0으로 간주)에 떨어지면, 콘덴서 상판의 전하량과 압전기 수정 위의 전하량이 정확히 같다고 볼 수 있었다.

문제는 실험하는 동안 광점을 항상 유리 저울 중앙에 머물러 있도록 하는 데 있었다. 지금도 조작이 가능하긴 하다. 마리는 한 손으로 수정에

추를 추가하면서 다른 손으로는 정밀 시계가 작동하거나 멈추도록 조작했다. 그러면서 눈으로는 광점의 움직임을 주시했다. 실험 시작부터 시간 T가 흐르면 콘덴서 판 위의 전하량 Q가 수정 위의 전하량과 같아진다. 방사에 의한 전류의 흐름을 초당 전하의 흐름으로 나타낼 수 있다. 즉, Q 나누기 T의 값이다. "이런 방식으로 콘덴서를 통과하는 전기의 양, 전류의 세기가 측정될 수 있다"고 마리는 1899년 소르본에서 시연하면서 말했다.

이렇게 써놓고 보거나, 이 무렵 퀴리 부부가 발표한 논문의 무덤덤한 어조로 보면, 연구의 전 과정이 쉬워 보이고 까다로운 기구를 가지고 실험하는 게 별문제가 없었던 것처럼 느껴진다. 그러나 실제 물리화학학교의 연구 환경은 시작할 때부터 열악했다. 불편했고 매우 추웠으며 장비를 살 돈은 부족했다. 광물 표본도 제대로 구할 수 없었다. 게다가 생후 몇 개월밖에 안 되는 아기를 집에 두고 나와야 하는 고충은 말할 것도 없었다. 콘덴서는 쓰다 남은 식료품점 나무 궤짝으로 만들었다. 퀴리 부부는 그 안에 직경 8센티미터의 금속판 두 장을 3센티미터 간격으로 떨어져 있도록 맞춰 넣었다. 광물들은 인심 좋은 네 명의 동료에게 얻었다. 1898년 2월이 지나서야 마리가 진지하게 박사 논문에 대해 생각해볼 정도로 측정 기구와 광물이 갖추어졌다.

처음 몇 주는 피에르 없이 마리 혼자 연구했다. 마리는 할 수 있는 한 가장 빨리 수십 종의 광물이 만들어내는, 공기 중 이온화 전류를 측정했다. 광물에는 인phosphorus 같은 원소, 금 같은 금속 등이 포함되어 있었다. 우라늄 혼합물과 토륨(thorium, 악티늄족 원소의 하나로 연성이 있는 은백색 금속, 유독성, 방사성 물질―옮긴이)이 가장 큰 전류를 일으킨다는 사실이 금방 드러났다. 가장 적게 내는 물질(금 포함)보다 100배 이상 크게 전류를 만들어냈다. 1898년 2월 17일에 마리는 피치블렌드(pitchblende, 역청 우라늄) 원광을 처음으로 접한다. 그것은 역청 광택이 있는 광물 형태의 우라늄 산화물로 다수의 화학적 혼합물들이 들어 있었다. 1789년에 여기서 순수한 우라늄 원소가 분리됐다. 특정 종류의 역청 우라늄, 특히 오늘날 체코 공화국의 요아힘스탈 광산에서 채굴한 것이 가장 높은 이온화 전류를 생성해냈다. 100만분의 1의 100만분의 83암페어로 100만분의 1의 100만분의 27암페어를 만드는 흑색 우라늄 산화물보다 세 배가량 반응성이 강했다.

집중적인 연구 끝에 4월 12일, '마담 스크워도프스카 퀴리'(단독)는 오랜 스승인 리프만을 통해 과학 아카데미에 최초의 아주 간결한 보고서를 제출했다. '우라늄과 토륨 혼합물에서 방출되는 선에 대하여Rays emitted by compounds of uranium and thorium'라는 제목이 붙은 이 보고서는 베크렐에 대한 극히 형식적인 인사로 시작한다. 그런 다음 마리는 자신이 전기를 다룬 기법과 20~30종의 광물을 가지고 측정한 전류들을 죽 나열했다. 중간쯤에 예지가 돋보이는 언급이 있다. "2종의 우라늄 광물, 피치블렌드(산화 우라늄)와 캘콜라이트(chalcolite, 우라닐 구리 인산염)는 순수한 우라늄보다 반응성이 더 강하다. 이는 이 광물들에 우라늄보다 더 강한 방사능을 가진 원소가 포함되어 있음을 의미한다." 마리는 이렇게 덧붙이고 있다. "나는 드브레의 실험 절차법procedure of Debray에 맞춰 순수한 시약에서 캘콜라이트를 뽑았다. 이 인공적인 캘콜라이트는 다른 우라늄 염들보다 반응성이 강하지 않았다." 천연 캘콜라이트에서는 100만분의 1의 100만분의 52암페어의 전류가 나왔다. 이에 비해 인공의 캘콜라이트에서는 100만분의 1의 100만분의 9암페어 정도밖에는 나타나지 않았다. 그래서 천연 캘콜라이트에는 방사능이 매우 강한 신비의 물질이 존재한다는 것이 분명해졌다.

그러나 이 보고서는 다소 예지력이 떨어지는 이론적 기술로 끝을 맺는다. "우라늄과 토륨의 방사를 이해하기 위해서는 뢴트겐 광선과 유사하지만 관통력이 더 강하고, 우라늄이나 토륨 같은 고원자량 원소들이 아니면 흡수할 수 없는 선들이 전 우주를 가로지르고 있음을 상상할 수 있어야 한다." 이때 마리와 피에르 퀴리는 둘 다 우라늄에서 방사되는 에너지가 원자의 내부가 아닌 외부(우주)에서 온다고 믿었다. 그들은 1905년까지 이 같은 생각을 유지했다.

피치블렌드의 이온화 전류를 최초로 발견한 일은 마리 퀴리에겐 아마도 유레카 체험에 해당하는 일이었을 것이다(말할 필요도 없지만, 그 모습은 1944년 할리우드 영화 〈퀴리 부인*Madame Curie*〉에 극적으로 묘사되어 있다). 확실히 마리는 본인의 노벨상 수상을 두고 쏟아진 대중들의 호기심을 채워주기 위해 1904년에 쓴 글에서 이때의 흥분을 말하고 있다. "관찰 결과는 내게 엄청난 놀라움을 안겨줬다. 어떻게 설명할 수 있을까? 방사능이 없는 걸로 판명 난 물질을 그처럼 많이 품고 있는 광석이 그 속에 들어 있는 방사능 물질 자체보다 어떻게 더 강한 반응성을 보일 수 있단 말인가? 답은 즉각 도출됐다. 이 광석에는 우라늄이나 토륨보다 더 강한 방사능 물질이 들어 있는데 그건 분명히 화학적 원소이며 아직 알려지지 않은 것이라는 생각이 떠올랐다." 이 언급은 훗날 이미 모든 것을 다 알고 난 뒤에 한 것이어서 신빙성이 없다고 볼 수 있지만, 발견 당시 언니 브로니아에게 했던 말을 보면 반드시 꾸며낸 것이라고만 할 수 없다. 그 발견이 이루어졌던 1898년쯤에 마리는 브로니아를 찾아가서 "차분하지만 강렬한 어조로" 말했다고 이브 퀴리는 전기에 썼다. "브로니아 언니, 새 화학원소에서 방사되는 게 있는데 그게 뭔지는 모르겠어. 확실한 건

그 원소가 존재한다는 것이고, 내가 그걸 알아냈다는 사실이야! 어떤 물리학자에게 이 이야기를 해줬는데 그는 우리가 실험상의 실수를 했다고 믿는 눈치야. 실험할 때 주의해야 한다는 거야. 하지만 난 실수하지 않았단 걸 확신해." 연구실 노트를 보면 마리의 말에 더 믿음이 간다. 2월 17일의 실험 기록을 보면 이에 대한 아무런 언급이 없다. 아마 마리 자신도 실험의 신뢰도를 의심했던 것 같다. 대신 마리는 장비를 다시 검사하고 있다. 며칠 후의 노트를 보면 마리는 다양한 물질로 실험하면서 피치블렌드를 가지고 실험한 결과와 비교하는 방식을 택하고 있다. 그 모든 경우에서도 피치블렌드는 예외적으로 강한 반응성을 보이고 있다. 이런 주의 깊은 검증 태도는 마리가 느낀 놀라움, 실험에 신중하라는 다른 과학자들의 경고와 잘 맞아떨어진다.

당연히 다음 단계는 그 미지의 화학원소를 분리해내는 일이었다. 그즈음에 피에르도 마리의 연구에 전적으로 동참했다. 물론 화학자라기보다는 물리학자로서였다. 그들은 그것을 분리해내는 데 대략 몇 주면 될 것으로 생각했다. 그러나 실제로, 특히 마리의 경우는 몇 년이 걸렸으며 그녀의 전 생애를 결정짓는 일이 되고 말았다.

물리화학학교 화학 연구실 주임인 귀스타브 베몽Gustave Bémont의 도움으로 퀴리 부부는 분별 증류법fractional distillation과 화학적 처리법을 둘 다 이용한 피치블렌드 정제 방법을 개발했다. 1898년 7월에 퀴리 부부는 우라늄보다 400배 정도 반응성이 강한 물질을 얻게 됐다. 더 나아가 피치블렌드에는 최소한 (하나가 절대 아닌) 2종의 새로운 원소가 있을 거라는 화학적 분석도 틀리지 않았다는 게 증명됐다. 하나는 비스무트(bismuth, 원소기호 Bi, 원자번호 83, 원자량 208.9804로서 납과 성질이 유사한 금속 원소—옮긴이)를 가지고, 다른 하나는 바륨을 가지고 원광에서 분리했다.

퀴리 부부는 비스무트에서 새 원소를 화학적으로 분리해낼 수 없었기 때문에 그 혼합물을 동료에게 맡겨 분광분석을 의뢰했다. 모든 화학 물질은 고유의 스펙트럼을 가진다(이는 그 물질의 원자나 분자 구조에 따라 결정된다). 비록 스펙트럼을, 그것을 구성하는 선들로 환원하는 일이 쉽지 않았기 때문에 이 방법으로 완전한 결론에 이를 수는 없었지만 그 정도로도 퀴리 부부는 나머지 분석 결과에 대해 자신감을 가질 수 있었다. 그들은 7월 중순 과학 아카데미에 이 새로운 원소에 대한 보고서를 제출했다. 이번에는 베크렐을 통해서였다. 베크렐은 퀴리 부부의 말을 이렇게 전했다. "만일 이 신종 원소의 존재가 확인된다면, 우리 중 한 명이 태어난 조국의 이름을 따서 이것에 폴로늄polonium이라는 이름을 붙이고자 합니다." 퀴리 부부의 공동 논문 제목은 '피치블렌드에 함유된 새로운 방사능 물질에 대하여On a new radioactive substance contained in pitchblende'인데 과학 용어로서의 '방사능radioactive'이라는 단어가 최초로 쓰였다.

이 논문으로 마리는 과학 아카데미로부터 주네 상Prix Gegner을 받는데, 시상 이유로 아카데미는 금속의 자성에 관한 마리의 예전 연구와 (보다 신중한 톤으로) 근래의 방사능 연구 결과를 인정했기 때문이라고 밝히고 있다. 상금 덕에 10월에 요아힘스탈 광산에서 배 한 척분의 피치블렌드를 구입할 수 있었다. 그들은 바륨에서 미지의 두 번째 원소를 분리하는 일로 그해 가을을 고스란히 보냈다. 이 표본은 우라늄보다 무려 900배나 반응성이 강했지만 분리되지 않았다. 그런데 이번에는 그 스펙트럼에서 선 하나가 이채를 띠고 뚜렷이 나타났다. 기존에 알려진 어떤 원소에도 들어 있지 않은 것이었다. "이 선이 더 강해졌다…… 방사능의 양이 많아지는 것과 동시에 발생했다. 우리가 보기엔 선과 우리가 분리하려는 새로운 물질의 방사능이 서로 관련 있다는 분명한 증거였다"라고 12월 26일 과학 아카데미에 보고했다. 이번에는 그들의 겸손한 동료인 베몽과 함께 쓴 역사적인 논문을 통해 발표됐다. "이 새로운 방사능 물질에는 바륨이 매우 높은 비율로 들어 있다. 그럼에도 불구하고 방사능이 상당히 강하다. 그러므로 라듐radium의 방사능은 엄청날 것이다."

새로운 물질의 이름이 피에르의 필적에서 처음으로 나타난다. '라듐'이라는 단 하나의 단어가 연구실 노트 한 페이지에 굵은 글씨체로 휘갈겨져 있었다. 1898년 12월 20일의 노트였다. 마리도 같은 단어를 명기하고 있는데, 집에 있는 녹색 리넨 표지의 학교 수업용 노트에 썼다. 이 말은 "이렌이 아주 잘 걷는다. 이젠 기어 다니지 않는다"(10월 17일)라는 문장과 "이렌의 이가 열다섯 개나 된다!"(1월 5일)라는 문장 사이에 끼여 있다.

이때부터 3~4년간 마리는 철저하게 화학자로 살았으며, 피치블렌드에서 정제된 라듐 표본을 추출해내려는 그녀의 결심을 누구도 막을 수 없었다. 이 일이야말로 의심의 그림자 너머에 분명히 존재하는 새로운 방사능 물질을 과학계에 확인시켜줄 터였다. 이와 대조적으로 피에르는 물리학자 본연의 길로 돌아가 방사능의 특성에 매료되어 있었다. 다른 물리학자들과 화학자들이 이 분야에 뛰어들었다. 유명한 사람으로는 어니스트 러더퍼드Ernest Rutherford, 프레더릭 소디Frederick Soddy, 윌리엄 크룩스William Crookes가 있었고, 연구를 재개한 베크렐도 여기에 이름을 올렸다.

피치블렌드를 뽑고 남은 수 톤의 갈색 광물 찌꺼기가 솔잎이 섞인 채 기차에 실려 요아힘스탈 광산에서 퀴리 연구소로 반입됐다. 이것들은 한

때 의대생들이 해부 실습을 하던, 지붕에 구멍이 숭숭 난 헛간과 거기 면해 있는 공터에서 힘들게 제련됐다. 이 보잘것없는 시설이 미래의 노벨상 수상자에게 물리화학학교가 베푼 유일한 편의였다. 연구 환경은 원시적이었다. 화학자 빌헬름 오스트발트Wilhelm Ostwald는 이 헛간을 보고 나서 그게 마치 "축사나 감자 저장고처럼 보여서 화학 실험 장비가 돌아가는 걸 보지 않았다면 사기를 치고 있다고 생각할 정도였다"라고 말했다. 또 다른 방문자인 물리학자 러더퍼드는 '여유 공간이 없는 연구실은 참으로 끔찍하구나'라고 생각했다고 한다.

마리 퀴리도 시설이 좀 더 좋았으면 라듐의 분리를 1년 정도 일찍 해낼 수 있었을 거라고 말한다. "그러나 이 처참한 몰골의 헛간에서 우리는 연구에 모든 것을 바치며 우리 삶에서 최고의, 가장 행복한 시간을 보냈다"라고 마리는 자서전에 쓰고 있다. "종종 나는 그 헛간에서 점심을 차렸다. 그렇게 해야 중간에 작업의 맥이 끊어지지 않기 때문이다. 때때로 나는 종일토록 내 키만 한 쇠막대로 끓는 혼합물을 저어줘야 했다: 그런 날의 저녁때면 기진맥진한 채 나가떨어졌다. 그런가 하면 어떤 날은 라듐 농축을 해볼 양으로 지극히 정밀하고 미세한 분별 결정fractional crystallization 작업을 하면서 하루를 보낸 적도 있었다." 딸 이브가 쓴 전기와 달리, 마리는 피에르가 이 끝나지 않는 싸움에 진력을 내고 제련 작업을 포기할 태세였다는 사실을 기록하지 않고 있다. (피에르야 어쨌든) 마리는 한 치도 물러섬이 없었다.

어떤 날 밤은 잠든 아기를 늙은 시아버지에게 맡겨놓고 부부는 헛간으로 다시 돌아가기도 했다. 어느 모로 보나 그들은 약품이 든 병들과 캡슐의 빛나는 실루엣을 보고 즐거워하는 듯했다. "그건 보기에 정말 예뻤고 우리에게 항상 새롭게 다가오는 것들이었다. 시험관의 백열하는 빛이 마치 요정의 램프처럼 가물가물했다." 마리의 기록이다.

1902년 중반에 약 10분의 1그램의 정제된 라듐 염화물을 최종 산출물로 모을 수 있었다. 찻숟가락 하나 분량의 15분의 1에 해당하는 것이었다. 하지만 그걸로 충분했다. 마리는 7월, 과학 아카데미에 발표했다. 그리고 라듐의 원자량이 225(오늘날 확인된 원자량 226에 매우 가까운)이며, 알칼리 토류 금속으로 멘델레예프의 원소주기율표에서 바륨 아래에 위치한다고 말했다(1910년, 다른 화학자와 작업하면서 마리는 순수한 금속 라듐을 조제했다). 라듐의 분리로 마리는 1911년에 두 번째 노벨상을 받았다. 순수 라듐은 여타의 방사능 물질들을 비교할 때 척도가 됐다. 특히 방사선 치료용 물질 비교 작업에서 유용했다. 물리화학자이자 노벨상 수상자인 장 페랭은 "오늘날 [라듐의 분리]가 방사능(학)이라는 전체 건물을 받치는 초석이 되었다고 해도 절대 과언이 아니다"라고 1924년에 썼다. 그러나 방사능의 이론적 설명이라는 공로 면에서는 마리와 피에르 퀴리 부부가 차지하는 부분이 크지 않다고 말할 수 있다. 마치 발광 연구에 관한 베크렐이 그런 것과 비슷하다.

퀴리가 라듐을 연구하던 바로 그 시점에 하나의 혁명이 러더퍼드와 소디, 그 밖의 연구자들을 통해 모양을 잡아가고 있었다. 퀴리 부부는 큰 관심을 갖지 않았던 토륨의 방사능에 대해 깊이 연구한 러더퍼드와 소디는 방사능 원소들은 방사능을 띠거나 띠지 않는 다른 원소로 변성된다는 사실을 입증했다. 러더퍼드와 소디는 처음엔 초조해했으나 점차 자신감이 붙으면서 1902년에 신비롭지만 오랜 세월 과학 취급을 받지 못했던 연금술을 현대적이고 과학적인 형식으로 발표했다. 모든 화학원소들은 나뉠 수 없고 변질될 수 없는 것으로 보았던 멘델레예프가 틀렸다고 러더퍼드와 소디는 주장했다. 1904년에 모든 연구자들은 방사능 에너지가 퀴리 부부의 예측과는 달리 외부 방사선에서 오는 게 아니라 원자 내부에서, 그것이 붕괴되면서 다른 원소로 전환하는 과정에서 나온다는 사실을 받아들이게 됐다. 1898년 라듐을 발견한 지 10년이 안 된 시점에 방사능 붕괴, 반감, 동위원소, 방사성 계열 등의 개념이 탄생했다. 예를 들어, 이젠 다 아는 이야기지만 우라늄은 일련의 원소 단계를 거치며 붕괴한다. 거기엔 가장 흔한 라듐 동위원소(Ra-226)가 들어 있고, 이 원소는 1602년의 반감기를 거쳐 라돈으로 바뀐 다음 안정적인 납 동위원소를 만들어낸다.

1905년 노벨상 수상 연설(피에르가 대표로 함)에서도 퀴리 부부는 방사능 물질이 외부 방사선에서 온다는 자신들의 오랜 가설을 여전히 선호하고 있음을 보여줬다. "우주에 매우 관통력 있는 방사선들이 항상 가로지르고 있으며, 그걸 어떤 물질이 낚아챌 수 있다는 추정이 불합리하다고 볼 수 없다"라고 피에르는 말했다. 그러면서도 변성 이론이 '좀 더 창의적'인 가설임은 인정했다. 어쩌면 변성 이론이 그와 마리에게는 라듐이 새롭고 안정된 원소임을 증명하기 위해 자신들이 강박적으로 매달린 세월과 노력을 위협하는 것으로 보였는지도 모르겠다. 그렇다 해도 이것이 한 천재가 다른 누가 내놓은 독창적인 생각을 수용하지 못하고 스스로의 생각 속에 그것을 봉쇄해버린 과학계 최초의 사례는 아닐 것이다.

12

알베르트
아인슈타인
특수상대성이론

공원 벤치에서 예쁜 아가씨와 같이 앉아 있는 한 시간은 1분처럼 지나간다.
그러나 뜨거운 난로 옆에 앉아 있는 1분은 한 시간과 같을 것이다.
─아인슈타인이 기자들과 일반인에게 전달하라고 비서에게 건네준 상대성이론의 설명

아인슈타인은 1905년 5~6월에 특수상대성이론을 '창조'했다. 그때 그
는 특허청 직원으로 일하고 있었다. 최초의 발상에서부터 논문 「운동체
의 전기역학On the electrodynamics of moving bodies」의 완성까지 걸린 시
간은 겨우 5~6주밖에 되지 않았다. 아인슈타인은 그로부터 수십 년 후
인 1952년에 전기 작가에게 이렇게 말했다. "그 시기를 (특수상대성)이론
이 탄생한 때로 보는 것은 옳지 않다. 왜냐하면 이후 수년 동안 논쟁이
이어졌고 반박이 거셌기 때문이다. 물론 근본 원리가 뒤집히지는 않았다
해도 말이다."

　　1949년 70회 생일에 아인슈타인은 어떻게 마음속에서 상대성이라는
새롭고도 세상을 바꾼 생각이 나올 수 있었는지를 스스로 분석해보고자
했다. 아인슈타인은 최초의 과학적 경험을 네댓 살 무렵에 했다고 회고
했다. 아버지가 자석 나침반을 보여주었는데, 아인슈타인은 누가 손대지

도 않았는데 나침반 바늘이 특정 방향만 가리키는 것을 봤다. 이것이 아인슈타인이 자기장과 맨 처음 조우한 순간이었다. 이는 지구 자기장과의 만남이었는데, 얼핏 보아도 마법적인 운동임을 알 수 있었다. 물체는 건드려줘야만 움직인다는 어린아이의 무의식적인 가정과 (눈앞의) 사실이 충돌하면서 경이감과 당혹감을 느꼈고 좀처럼 지워지지 않는 인상을 남겼다. "사물들의 뒤에는 깊이 숨은 무엇이 있다."

"우리의 사고가 거의 말을 사용하지 않는 상태에서, 또 언어 너머의 무의식적인 영역에서 상당 부분 이뤄지고 있음은 의심의 여지가 없다. 만일 그렇지 않다면 어떤 경험을 두고 우리가 자발적으로 '경이감wonder'을 느끼는 일이 어떻게 그처럼 일어날 수 있겠는가?" 아인슈타인은 이렇게 썼다. "이 경이감은 어떤 경험이 우리 안에서 이미 굳어진 고정관념과 충돌할 때 발생한다. 충돌이 강하고 격렬하게 일어날 때마다 그 반향은 우리의 사유 세계에 결정타를 가한다. 그로써 촉발되는 우리 사유 세계의 발전은, 어떤 면에서는 경이감으로부터의 끝없는 비상이라고 할 수 있다."

나침반이 선사한 것이 경이감이었다면 빛이 준 것도 그랬다. 특수상대성이론은 훨씬 난해한 것이지만 열여섯 살의 아인슈타인이 빛의 전자기파적 특성 배후에 무엇이 있는지를 알아내고자 했던 분투에서 솟아올랐다. 광선을 염두에 두면서 아인슈타인은 간단한 사고실험thought experiment을 했고, 그 결과 그의 머릿속에서는 경이감과 충돌의 느낌이 솟구쳤다. 이 경험에서 배태되어 10년간의 정신적 숙성 기간을 거친 뒤 공간과 시간에 관한 아인슈타인의 새로운 이론이 발화했다.

아인슈타인의 가계도를 보면 이런 '경이감' 쪽과는 거리가 멀뿐더러 지적인 집안이라고 할 만한 증거도 전혀 없다. 실로 아인슈타인 자신도 말년에 "선조들을 조사해보았지만…… 나의 이런 성향을 뒷받침할 만한 어떤 자취도 찾을 수 없었다"라고 말하고 있을 정도다. 아버지 헤르만Hermann은 만사를 쉽게 풀어가는 유형의 사업가였으며, 전기공학 분야에서 크게 성공을 거뒀다고 할 수 없는 인물이었다. 부계 쪽 조부는 상인이었다. 그리고 아인슈타인의 어머니 파울리네Pauline는 괜찮은 피아노 연주자였지만 천부적인 수준은 아니었다. 그녀 또한 사업가 집안 출신으로 이익이 많이 나는 곡물 거래를 해서 살았다. 양가 모두 유대인 집안이었지만 정통파도 아니었고 히브리 경전을 성실하게 읽지도 않았다. 헤르만과 파울리네 아인슈타인은 완전히 (현지에) 동화된 사람들이었고 비엄수파 유대인들(아인슈타인의 말에 의하면, '전적으로 비종교적인')이었다.

어린 시절의 아인슈타인은 그리 두드러진 편이 아니었다. 알베르트는 독일 남부 바덴뷔르템베르크 주의 울름에서 1879년 3월 14일에 태어났다. 집안의 두 아이 중 첫째였으며, 둘째는 마야Maja라는 이름의 딸이었다. 알베르트는 조용한 아이였다. 어찌나 말이 없었던지 부모가 크게 걱정이 돼 의사를 찾아가 아들이 말을 배우지 못하는 것을 상담했을 정도다. 그러나 마야가 1881년 11월에 태어났을 때 알베르트는 새 장난감 바퀴가 어디 있는지 바로 물어봤다고 한다. 알베르트의 속셈은 완벽한 문장으로 말하는 데 있다는 게 드러났다. 먼저 머릿속에서 한 문장을 구성한다. 그리고 입술을 움직여 그것을 소리 내어 반복한다. 이 버릇은 일곱 살 무렵까지 계속되었다. 집안의 하녀는 알베르트를 '멍청이'로 생각했다.

알베르트가 맨 처음 간 학교는 뮌헨의 가톨릭계 학교였다. 아인슈타인 가족은 1880년 울름에서 이 도시로 이사했다. 알베르트는 약 70명의 반 학생 중에서 유일한 유대인이었다. 하지만 종교교육 시간에만 교사들에게서 반유대주의 분위기를 감지했을 뿐, 나머지 과목에서는 느끼지 않았던 것으로 보인다. 하루는 교사가 수업 시간에 긴 못을 가져와서 학생들에게 유대인들이 그리스도를 십자가에 못 박을 때 이런 못을 썼노라고 말한 적도 있었다. 교사들은 그 정도였지만 학생들 사이에서 반유대주의는 공공연했다. 물론 악랄한 형태로 표출되지는 않았다 하더라도 이로 인해 알베르트는 일찌감치 자신이 이방인이라는 의식을 갖게 됐다. 이 느낌은 성인기에 더욱 강화되어 노년기까지 지속됐는데, 분명한 것은 아인슈타인의 비정통주의적인 과학관 배후에는 이러한 정서가 있었다는 사실이다. 자신이 50세쯤에 쓴 논문에서 그는 "나는 진정 '외로운 여행자'로 내 나라에, 내 집안에, 내 친구들에게, 심지어 내 직계가족들에게조차도 마음을 송두리째 줘본 적이 한 번도 없었다"라고 말했다.

이 가톨릭계 학교와 아홉 살 반 이후에 다니기 시작한 뮌헨의 루이트폴트 김나지움의 학업 성적은 그런대로 괜찮았지만 결코 신동이라 불릴 만한 정도는 아니었다. 김나지움에 갈 때까지, 그리고 입학한 후에도 아인슈타인은 학교에 전혀 재미를 붙이지 못했다. 훗날 그는 당시 독일의 공식 교육체계를 신랄하게 비판한다. 그는 운동 시합과 체육을 싫어했고 북독일 프로이센풍의 군대 냄새가 나는 것이면 무엇이든 혐오했다. 심지어 1920년에는 베를린에서 자신을 인터뷰하러 온 사람에게 대학 입학 자격시험이 철폐되어야 한다고 말할 정도였다. "자연을 한번 볼까요. 자연에서는 최소한의 노력으로 최대한의 효과를 내는 원칙이 절대적으로 지지되고 있습니다. 반면에 입학 자격시험은 그와 정반대죠."

아인슈타인이 겪었던 문제의 핵심은 독일 김나지움에서, 그리고 당시 영국의 공립학교도 마찬가지였지만 인문학에만 지나치게 편중된 교육을 하고 있다는 사실에서 비롯된 것이었다. 또한 그에 못지않게 독일 역사와 문학에도 중점을 두었는데, 이는 새로운 외국어 습득을 저해했다. (그 때문인지 아인슈타인의 프랑스어는 유창하지 못했으며, 영어로 말하는 것에도 자신을 갖지 못했고 영어로 쓰는 일은 더더욱 힘들어했다. 게다가 히브리어를 배우지 못한 점도 나중에 후회했다.) 김나지움에서 과학과 수학은 지위가 낮은 과목들이었다.

그런데 학교 시절과 관련해 가장 주목할 점은 알베르트 자신이 줄곧 독학을 했다는 사실이다. '개인 공부'라는 말이 어린 시절의 편지와 성인이 되어 쓴, 교육을 논하는 글에서 자주 등장하고 있다. 당시 보통의 어린 학생들에게 이는 무규율 상태로 빠지는 것과 다름없었고, 응당 생각도 하지 말아야 할 것이었다. 그러나 어린 아인슈타인에게는 제멋대로 공부하는 것이 주된 학습 방식이었다. 여동생 마야의 회고에 따르면, 아인슈타인은 "주변에서 사람들이 시끄럽게 떠들어도 소파에 드러누운 채, 등받이 위엔 잉크병을 위태롭게 올려놓고 펜과 종이를 들고 문제 푸는 데 몰입할 수 있었다. 마치 주위의 소음이 방해물이 아니라 자극제라도 되는 듯했다." 40여 년간 아인슈타인의 학문적 동료이자 노벨상 수상자이기도 한 막스 보른Max Born은 이렇게 말했다. "아인슈타인이 어떤 생각을 거듭거듭 표현한다 싶을 때, 그것은 보통의 실용적 용도로 쓰일 수 있는 게 아니었다. 하지만 그는 그런 탐구를 일종의 여가 활동이나 부업 삼아 해냈다. 이 친구는 베른의 스위스 특허청 직원으로 생계를 해결하면서 저 위대한 논문들 중 첫 번째를 이 시기에 썼다. 하지만 그가 미처 알지 못했던 사실이 있는데, 과학을 취미로 할 수 있으려면 자신과 같은 사람이 되어야 한다는 것이었다."

아인슈타인은 비교적 어린 나이부터 단순한 호기심에서 수학과 과학

책을 읽기 시작했다. 취리히의 대학에서 독서의 폭을 크게 넓혔는데, 당시의 최근 호 『과학 저널』을 비롯해 그의 독서 영역은 교수의 권장 도서 목록을 훌쩍 넘어서고 있었다. 성인이 되어서도 고전이라는 이유만으로 책을 읽지는 않았으며 오로지 자신에게 호소력을 가질 때만 읽었다. 아마도 이는 뉴턴의 경우와 비슷하다. 뉴턴 역시 여러 분야의 책을 섭렵했지만 당대 혹은 이전 시대 명사들의 일반적인 독서량과 비교하면 많은 책을 읽지 않았던 것으로 보인다. "아인슈타인은 학자라기보다는 예술가에 가까웠다. 달리 말해, 그는 다른 사람들의 생각들로 자신의 정신을 어지럽히고 싶지 않았던 것이다." 천문학자 제럴드 휘트로Gerald Whitrow의 말이다.

최초의 과학적 경험은 아버지가 아인슈타인에게 보여주었던 자석 나침반을 통해 이뤄진다. 열두 살이 되었을 때 그는 '전적으로 다른 속성을 지닌 또 다른 경이감'을 체험한다. 이번에는 유클리드의 평면기하학 책을 통해서였다. 이는 갈릴레오가 열일곱 살 때 겪었던 것과 같은 일이었다. 유클리드의 10대 공리(예를 들어, 중심과 중심점이 주어지면 언제든 원을 그릴 수 있다)에 근거한 기하학적 증명의 '명징성과 확실성'이 또 한 번의 깊은 인상을 줬다. 그로 인해 아인슈타인은 이후 평생 동안 수학적 형식과 물리적 세계의 (그와 동일한) 형식 간의 진정한 관계에 대해 생각하며 살게 된다. 그는 기하학geometry이란 단어 자체가 그리스어로 '땅을 잰다'는 말에서 나왔음을, 그리고 이는 수학이 '실제 사물의 행태에 관한 무엇을 알고자 하는 욕구에서 탄생한 것'임을 의미한다는 것을 알게 됐다.

한편으로, 아인슈타인은 한 가난한 의대생이 사다 준 유명 과학 도서들을 읽기 시작했다. 그는 막스 탈무드Max Talmud로 일주일에 한 번씩 아인슈타인의 부모에게서 점심을 얻어먹곤 했다. 이는 아인슈타인 집안이 지켰던 몇 안 되는 유대 전통 중 하나였다. 루트비히 뷔히너Ludwig Büchner의 『힘과 물질Kraft und stoff』과 아론 베른슈타인Aaron Bernstein의 『대중 자연과학Naturwissenschaftliche Volksbücher』 시리즈를 읽으면서 아인슈타인은 본격적으로 과학의 길에 들어섰다. 이 책들이 아인슈타인에게 끼친 영향은 매우 컸는데, 그에게서 막 싹트기 시작하던 종교심을 완전히 제거했기 때문이다. 아인슈타인은 그 서적들을 파고들기 직전에 웬일인지 갑자기 종교적으로 변해버렸다. 돼지고기를 금하고 열렬히 찬송가를 부르기 시작했으며(심지어는 몇 곡을 작곡하기도 했다), 열세 번째 생일 다음 안식일에는 바르 미츠바(bar mitzvah, 유대 남성들의 성인식—옮긴이)를 치르기로 하고 랍비와 함께 준비에 들어갔다. 그러나 과학책들이 가로막았다. 비록 이 책들이 종교를 공격할 의도로 쓰인 것은 아니었지만, 그가 성경을 불신하도록 만들기엔 충분했다. 게다가 '모든 종류의 권위에 대한 의심'을 자연스럽게 이끌어냈다. 그 의심의 대상에는 '물리학적 권위'도 포함된다. 이런 태도는 그가 죽는 날까지 계속됐다.

1894년 아인슈타인이 열다섯 살이 되던 해, 드디어 루이트폴트 김나지움에서 일이 터졌다. 새 담임선생이 아인슈타인에게 "너는 평생 아무것도 못할 것"이라고 말했던 것이다. 아인슈타인은 분명 '어떤 공격의 의도도 담지 않고' 행동했지만 "너라는 존재 자체가 이 교실에서 나에 대한 존경심을 해치고 있어"라는 말을 들어야 했다. 이후의 삶 동안 아인슈타인은 종종 사람들에게 상처를 주는 언어적 조롱을 했으며, 나중에 형성된 자신의 성자 이미지와 정면으로 충돌하는 행동을 자주 했다. 당연히 그 (조롱의) 대상은 권위를 가진 인물이었다. 그들이 독일인이든 동포 유대인이든 나중에 살게 된 미국 사회 내의 미국인이든 상관없었다. 아인슈타인은 아주 빈번하게 자기 자신도 조롱했다. 유명해진 이후 본인의 '뻔뻔함'을 거론하면서 친구에게 이런 말을 했다. "권위를 능멸한 나를 벌주게나. 어찌 된 운명인지 내가 그런 권위 자체가 되었으니 말이야."

집안 형편도 모든 게 어려워졌다. 1893년, 아인슈타인 집안 소유의 회사는 대기업과 경쟁을 벌였지만 뮌헨 주요 구역의 조명 시설 공사 계약을 따내는 데 실패했다. 그래서 이듬해에 회사를 청산하고 이탈리아에 새 회사를 설립하게 됐다. 마야는 부모와 함께 이탈리아로 이주했지만 아인슈타인은 뮌헨에 혼자 남아 먼 친척뻘 집에 기거하며 대학 입학 자격시험을 준비했다. 그동안 그가 사랑했던 집이 팔렸고 눈앞에서 개발업자들에 의해 철거됐다.

학교와 집안 양쪽의 혼란은 알베르트에게 큰 타격으로 다가왔다. 그는 이 불행했던 시기에 대해 이후 전혀 언급하지 않고 있다. 부모와 상의도 못한 채, 아인슈타인은 의사(탈무드의 형)를 찾아갔다. 의사는 그가 심신 쇠약 상태이므로 잠시 학교를 쉬어야 한다고 진단한 뒤, 선생을 설득해 아인슈타인에게 수학 우수 증서를 주도록 했다. 드디어 그는 학교라는 권위에서 풀려났다. 1894년 크리스마스 직후, 아인슈타인은 뮌헨을 떠나 남쪽의 밀라노로 가서 자신의 출현에 놀란 부모와 상면했다.

아인슈타인은 혐오해 마지않는 루이트폴트 김나지움으로 다시 돌아가지 않았다. 1년 후엔 독일 국적을 거부했다. 군 징집을 피하려는 의도였을 것으로 추측된다. 그리고 나서 1901년 스위스 시민권을 취득할 때까지 무국적 상태로 지냈다. 그동안 아인슈타인은 이탈리아의 집에서 지내며 꾸준히 독학했다. 이때 세 번째 경이감을 경험하게 된다. 열여섯 살이던 1895~1896년의 어느 날, 백일몽 속에서 그는 사고실험을 하게 된다. 만약 빛줄기를 쫓아가 따라잡을 수 있다면 어떤 일이 벌어질까 하는 주제였다. 만약 빛이 관찰자에게 상대적으로 '정지 상태at rest'에 있을 때, 빛은 어떻게 보일까? 이 의문에 대해 만족할 만한 해답을 구하는 데 그 후로 10년이 더 걸렸다.

그해 가을에 아인슈타인은 취리히 연방공과대학 조기 입학시험을 치렀다. 그곳은 중부 유럽 비독일 지역의 선도적인 과학 교육기관이었다. 그는 낙방했지만 수학과 물리학에선 뛰어나다는 것을 인정받았다. 이에 용기를 얻은 아인슈타인은 공부를 더 해서 다음 해에 다시 도전하기로 마음먹는다. 연방공과대학 교수의 조언에 따라 아인슈타인은 취리히에서 약 50킬로미터 떨어진 아라우에 있는 주립학교에 간다. 스위스의 교육 개혁가인 요한 하인리히 페스탈로치Johann Heinrich Pestalozzi의 자유주의적 이념에 근거해 세운 학교였다. 알베르트는 이 학교 교사의 집에서 행복한 하숙 생활을 하게 되는데, 그 집 딸과의 사춘기 로맨스가 싹트기도 했다. 그는 이 학교에서 최종 시험을 쳤고, 그 결과 1896년 후반부터 취리히에서 공부할 수 있는 자격을 얻게 됐다. 알베르트는 자신의 포부를 드러내는 '나의 미래 계획'이라는 제목의 에세이를 썼다. 그 글에 따르면, 아인슈타인은 물리학 이론 분야를 공부할 생각이었다. 이유는 "추상적이고 수학적인 사고에는 재능이 있지만 공상이나 실용적인 재능은 부족하기 때문"이었다. 그리고 다음과 같은 의미심장한 결론을 맺고 있다. "더군다나 과학을 직업으로 할 경우에 가질 수 있는 독립성 같은 것이 내게는 커다란 매력으로 다가온다."

스위스는 아인슈타인의 삶에서 절대적으로 중요한 곳이 되었다. 그 시기는 그의 지적 형성기였고, 동료 물리학도인 밀레바 마리치Mileva Marić와 생애 처음으로 사랑에 빠졌다. 세르비아 출신의 이 여성은 훗날 아인슈타인의 첫 번째 부인이 된다. 방랑의 삶 속에서도 그에게 '고국

home'이라 부를 만한 곳이 있었다면 자신이 태어난 독일도 아니고 1933년 이후 망명지로 삼았던 미국도 아닌 스위스였을 것이다.

청년 시절 편지를 보면 아인슈타인이 스위스 산악 지대 도보 여행을 얼마나 사랑했는지 알 수 있다. 알프스 준봉의 고적감과 밤하늘의 빛나는 별들이 그의 과학 이론화 작업에 영향을 주었을 거라는 짐작을 하지 않을 수 없다. 미국에 사는 동안에도 그는 이렇게 말하곤 했다. "새 이론을 창조하는 것은 낡은 창고를 허물고 그 자리에 마천루를 세우는 일과 똑같지 않다. 그것은 차라리 산을 오르며 더 넓고 새로운 시야를 확보하고 처음의 출발점과 풍요로운 주변 환경 사이에 놓인 예상 밖의 연관성을 발견하는 일과 더 닮았다. 하지만 우리가 출발한 지점은 여전히 존재하며 볼 수도 있다. 물론 그것은 더 작게 보이고, 과감한 등정 길에서 모든 장애물을 처리했기 때문에 엄청나게 넓어진 우리 시야에서는 극히 미미한 부분만을 차지하고 있으리라."

그리하여 아인슈타인은 1895년 무렵 뉴턴의 운동 법칙과 맥스웰의 전자기 방정식에서 출발해, 1905년 특수상대성이론을 지나 계속 오른 끝에 1915년 일반상대성이론이라는 고원에 도달한다. 그는 뉴턴이나 맥스웰을 전복시킨 것이 아니라, 좀 더 포괄적인 이론에 그들의 이론을 포섭해 넣는 방식으로 자신의 목표를 이루었다. 그것은 마치 한 대륙의 지도 속에 한 나라의 지도가 들어 있는 것과 마찬가지다.

아인슈타인이 어떻게 특수상대성이론을 창안해냈는지 알기 위해 우리는 잠시 옆길로 새서 뉴턴과 맥스웰, 그리고 19세기 동시대인들의 작업을 일별할 필요가 있다. 여기엔 심지어 갈릴레오의 작업도 포함된다. 왜냐하면 아인슈타인은 갈릴레오를 '근대 과학의 아버지'로 생각했는데, 자신의 이론을 입증하기 위해 발사체와 낙하체를 이용한 물리적, 계량적 실험 방식을 고수했기 때문이다. 어쨌든 아인슈타인이 공간과 시간, 빛과 중력의 본질에 대해 경이감을 품도록 촉발한 것은 그들의 연구 작업이었다.

갈릴레오는 상대성의 역학적 원리를 자세히 논한 최초의 인물이었다. 그는 『두 개의 주요 세계 체계에 관한 대화*Dialogue Concerning the Two Chief World System*』에 나오는 유명한 사고실험을 통해 그 원리를 대단히 유려하게 기술하고 있다. 전문을 인용해도 좋을 만큼 훌륭한 설명이다.

당신은 어떤 큰 배의 갑판 아래 주 선실에서 몇몇 친구들과 함께 문을 꼭 닫고 있는 상태다. 거기에는 몇 마리의 파리와 나비, 그 밖에 작은 날것들이 함께 있다. 또한 물고기 몇 마리가 들어 있는 커다란 물그릇이 놓여 있고, 병 하나가 걸려 있는데 거기서 그 아래 주둥이가 좁은 용기로 한 방울씩 물이 흘러 들어간다. 배가 정지해 있는 동안, 주의 깊게 관찰하면 작은 날것들이 같은 속도로 선실 이곳저곳을 날고 있음을 볼 수 있다. 물고기는 사방으로 무심하게 헤엄치며, 물방울은 아래 용기로 떨어진다. 그리고 당신이 친구와 뭔가를 주고받을 때, 그 거리가 변하지 않는 한 공을 더 세게 던지지 않아도 된다. 만일 발을 모으고 뛰면서 이동한다면 어떤 방향으로든 같은 폭으로 움직일 수 있다. 이 모든 것을 당신이 면밀히 살펴보는 순간에(물론 배가 정지해 있는 동안 이것들을 실험 관찰해야 하지만) 배가 움직였다 하더라도 그것이 요동치지 않고 일정한 속도를 유지한다면 위에서 언급하고 있는 모든 현상에는 어떤 변화도 일어나지 않을 것이며, 배가 움직일 때나 서 있을 때나 당신은 어떤 낌새도 알아챌 수 없다.

다른 말로 바꾸면, 움직이는 배 위의 움직이지 않는 승객은 땅에 상대적인 속도를 갖는다. 그러나 배에 대해서는 상대적인 속도를 갖지 않는다. 배에 대해 그들은 정지해 있는 것이며 그들에게 어떤 힘이 가해지는지 느낄 수 없다. 배 자체가 가속하거나 선회하지 않는 한, 갑판 아래 선실에 있는 사람들이 공기의 흐름에서 벗어나 있는 한 그렇다. 현대적인 상황으로 말해보면, 시간당 수백 킬로미터의 속도로 제트 비행기를 타고 하는 장거리 여행을 상상하면 된다. 대부분의 비행시간 동안은 기상 악화 같은 일이 생기지 않는 한 높은 고도에 있게 된다. 그동안 승객이 밖을 내다보지 않고 자리에만 앉아 있다고 할 때, 승객은 비행기의 움직임을 물리적으로 전혀 감지할 수 없고 기내 통로를 걸어 뒤로 갈 때나 앞으로 갈 때, 맞은편 좌석으로 옮겨갈 때 모두 동일한 느낌을 갖는다(사실 비행기 엔진은 중력에 맞서 끊임없이 작동하기 때문에 갈릴레오가 말하는 이상적인 선박처럼 균일한 속도로 움직일 수는 없다).

1927년, 아인슈타인은 갈릴레오의 발견에서 뉴턴의 운동 법칙에 이르는 거리는 별로 길지 않다고 말했다. 그러나 아인슈타인은 갈릴레오의 역학이 어떤 한 물체의 움직임을 설명하기 위한 공식인 반면, 뉴턴의 운동 법칙은 다음과 같은 질문에 답하기 위한 것이라고 지적했다. "무한히 짧은 시간에 외부 힘의 영향을 받는 상태에서 점집합mass-point의 운동 상태는 어떻게 변할까?"

갈릴레오의 실험 결과와 뉴턴 자신의 중력 이론을 통합한 뉴턴의 법칙은 1687년 뉴턴의 『프린키피아』를 통해 발표되었다. 이 혁명적인 책은 현실의 실제 물체들과 일련의 방정식을 성공적으로 결합하고 있으며, 어떤 물체든 질량, 속도, 운동의 방향만 알고 있으면 일정한 힘이 가해질 때 어떻게 움직일 것인지 예측할 수 있다고 말하고 있다. 뉴턴의 역학적 우주관은 그 후 200여 년간 물리학계를 지배했다.

뉴턴의 제1법칙은 간단히 진술된다. 뉴턴의 말에 따르면(원래의 라틴어에서 번역하면), "모든 물체는 정지 혹은 균일한 속도로 전진하는 상태를 계속 견지한다. 힘이 가해져서 그 상태가 변화하지 않을 수 없게 되는 한 그렇다." 이를 현대적으로 표현하면 다음과 같다. 물체는 외부 힘이 가해지지 않는 한, 정지 상태 혹은 일직선의 등속운동 상태를 지속한다. 이는 관성의 법칙으로 불리기도 한다. 관성은 운동 중인 물체가 거기에 변화를 가하려는 힘에 저항하는 특성을 말한다. 뉴턴은 갈릴레오와 마찬가지로(아리스토텔레스와는 달리) 정지한 물체와 등속운동을 하는 물체는 모두 물리학이 동일한 방식으로 적용된다고 생각했다. 이 아이디어는 상식적인 사고로는 명쾌하게 이해되지 않는 심오한 시사점을 던져주었다.

뉴턴의 제2법칙은 완전히 독창적이다. 현대적으로 기술하면, 움직이는 물체의 운동량은 그것에 가해지는 힘에 비례해 변화하며 양자의 방향이 일치한다는 것이다. 달리 말해, 만일 우리가 어떤 물체에 두 배의 힘을 가하면 두 배의 비율로 가속이 된다(이는 운동량이 변화했다는 뜻이다). 그리고 분명히 그 물체는 (다른 어느 쪽도 아닌) 우리가 미는 방향으로 움직이려 할 것이다. 이것이 뉴턴의 제2법칙으로, 갈릴레오가 피사의 사탑에서 동시에 떨어뜨린 대포알들이 왜 질량의 차이에도 불구하고 동일한 속도로 낙하했는지를 설명해줄 수 있다.

뉴턴의 제3법칙은 다소 직관에 반한다. 우리가 의자에 앉을 때, 의자는 우리가 내리누르는 무게를 상쇄하는 힘으로 우리를 떠받친다. 허공에서도 같은 일이 일어난다고 뉴턴은 말한다. 즉 지구가 스스로의 궤도를 유지하면서 달과 중력 줄다리기를 하고, 달 또한 지구와 나름의 중력 줄다리기를 벌이면서 지구 위의 대양에 조수를 만들어낸다.『프린키피아』

식으로 표현하면, "어떤 작용에 대해서는 반드시 이와 동등한 반작용이 존재한다. 다른 말로 하면 두 물체의 상호작용은 항상 동등하며 반대 방향으로 작용한다"라고 할 수 있다.

중력 계산을 위해(역학에 대한 뉴턴의 두 번째 중요한 공헌) 뉴턴은 질량체들 간에 작용하는 보이지 않는 힘이 존재하며, 이는 질량체들의 크기에 비례하고 질량체들 간 거리의 제곱에 반비례한다고 전제했다. 태양의 경우에 달과 지구 사이의 거리보다 400배 정도 멀리 지구에서 떨어져 있어 중력을 감소시키는 반비례 요인은 약 400제곱(1만 6000)이나 크다. 그러나 이 엄청난 감소 요인도 달에 비해 어마어마하게 큰 태양의 질량에 의해 상쇄된다(태양과 달의 질량비는 3000만 대 1이다). 그 결과, 지구는 태양 주위의 궤도 위에 계속 있을 수 있게 된다.

뉴턴의 중력은 우주에서 빛의 속도보다 빨리 작용한다. 빛의 속도는 1676년 실험에 의해 최초로 구했으며 초당 약 22만 5308킬로미터라는 계산이 나왔다(오늘날의 계산 값인 초당 약 29만 9337킬로미터에 꽤 근접한 수치다). 이 힘은 갈릴레오의 발사체 실험에서 볼 수 있는 물리적인 접촉 상태에서 물체에 가해지는 밀고 당기는 힘과는 전적으로 다른 것이다. 순간에 일어나는 그런 '원거리 작용'을 역학적으로 설명할 길이 없어 뉴턴은 고민할 수밖에 없었지만 그렇다고 어떤 대안도 찾아낼 수 없었다.

뉴턴 이론의 장대한 구조에서 발견되는 또 다른 취약점은 그것이 절대 시간과 공간의 존재를 필요로 한다는 사실이다. 다시 한 번 뉴턴을 인용하면, 그것은 "자기 충족적이며 그 자체로 본질적이고 외부의 어떤 것과도 연관됨 없이 균일하게 흐르는…… 절대적이고 진정한 수학적 시간과, 그 자체로 진정하고 본질적이며 외부의 어떤 것과도 연관됨 없이 균질하고 확고한…… 절대공간"이다. 다른 말로 하면, 한 배에 타고 있는 승객은 배에 대해 상대적으로 움직이며, 배는 육지에 대해 상대적으로 움직이고, 지구는 태양에 대해 상대적으로 움직이고, 모든 물리적인 것들은 '정지해 있는' 우주적 시공간이라는 좌표계에 대해 상대적으로 움직인다. 그런데 이 우주적 좌표계의 본질은 무엇인가? 뉴턴은 유효한 답을 구할 수 없었다. 뉴턴의 전기 작가인 제임스 글레이크James Gleick는 "신이 뉴턴에게 절대공간과 절대시간의 신념을 전해줬다"라고 썼다. 뉴턴도 절대 시공간이란 개념이 올바른 것이냐에 대해서는 어느 정도 의심을 품고 있었음이 틀림없다. 왜냐하면 『프린키피아』에서 "아마도, 거기에 근거해서 시간이 정확하게 측정될 수 있는 등속의 움직임 같은 건 없다. 아마도, 다른 공간과 다른 물체의 움직임에 기준이 되는 진정한 정지 상태의 물체 같은 건 없다"고 말하고 있기 때문이다. 젊은 물리학도였던 아인슈타인에게서도 이와 비슷한 생각이 특수상대성이론 창조의 촉진제가 됐다.

1940년대에, 취리히의 학창 시절을 회상하던 아인슈타인은 뉴턴 물리학의 기초야말로 19세기 말에도 "비할 바 없이 유용했으며" "종결자적인 것"으로 간주되었다고 말한다.

그것은 우주 물질의 운동을 매우 상세히 설명해줄 수 있을 뿐만 아니라, 독립적이거나 연속적인 질량체에 관한 역학 이론도 마련해주었으며 에너지 보존의 법칙과 완벽하고 뛰어난 열 이론을 간단하게 설명해주었다. 그러나 뉴턴적 체계에서는 전기역학[움직이는 전하에 관한 물리학]적 사실을 설명하는 데 무리가 따른다. 또한 애초 그것으로 가장 설명이 안 되는 것이 빛 이론이다.

역학이나 열과 달리 전기, 자기, 빛은 뉴턴 역학의 적용이 만만치 않은 대상이었다. 뉴턴은 빛에 관해 불완전하긴 하지만 명민한 연구를 남겼는데, 그가 1704년에 마지못해 출간했던 『광학Opticks』에서 이를 볼 수 있다. 뉴턴은 프리즘을 통해 백색광을 무지개 색으로 분리, 재결합했다. 이로써 빛이 색채들의 혼합물이라는 정설이 수립되었지만, 이는 단지 뉴턴이 행한 수많은 광학 실험 중에서 가장 널리 알려진 것일 뿐이다. 뉴턴은 광선을 입자 혹은 '미립자'들의 줄기로 보았는데, 빛을 파동으로 보는 (1678년에 크리스티안 하위헌스Christiaan Huygens가 최초로 주장한) 입장과 정반대되는 것이었으며 뉴턴 자신이 빛을 이해하는 데 심각한 장애물로 작용했다. 입자론을 적용할 경우 빛의 반사, 굴절, 분산을 설명하는 데 어려움이 따랐기 때문이다. 뉴턴도 파동 이론의 이점을 알았고 또 몇 가지 점에서 이를 존중하기도 했지만, 그럼에도 뉴턴은 입자론에 더 무게를 뒀다. 1727년, 뉴턴 사후에도 이 생각은 오랫동안 물리학자들의 사고를 지배했다. 1940년에 아인슈타인은 "뉴턴이 빛의 입자 이론을 고수했던 점은 이해할 만하다"고 말하고 있다. 뉴턴의 시대에는 파동 이론의 근거가 취약했다는 이유에서였다.

그러나 1800년 이후로는 파동설이 점차 입자설보다 우위에 서게 됐다. 토머스 영은 광선을 두 개의 좁은 틈새로 통과시켜 두 개의 빛줄기를 만들어냈다. 이 광선은 스스로 간섭현상을 일으켜 영사막에 밝은 부분과 어두운 부분으로 된 규칙적인 패턴을 그려냈다. 이는 놀라운 사실이었다. 빛이 빛 위에 비치면 상식적으로 더 밝은 빛을 내야 하지만, 이 경우 어두운 부분도 생겨났다. 전혀 예상치 못한 결과였다. 밝은 부분은 두 빛의 파동의 최고점이 만나면서 나타나는 것이고, 어두운 부분은 한 파동의 최고점과 다른 파동의 최저점이 겹치면서 상쇄되기 때문에 발생하는 것이었다. 오귀스탱 프레넬Augustin Fresnel은 이 간섭현상에 대해 더욱 깊이 있는 실험을 했으며 빛의 편광 사례에 대해서도 많은 연구를 했다. 그 결과, 빛이 파동이 아니라면 불가능한 결과들이 나타났다. 프레넬은 빛이 진행 방향에 직각으로 진동하는 횡파橫波라고 결론지었다. 마치 연못에 돌을 던졌을 때 생기는 파문과 같은 것으로, 물 자체는 (돌의 방향과 나란히) 세로로 움직이지만 파문(동)의 힘은 충격의 중심점에서 가로로 퍼져나가는 이치와 비슷하다. 이는 제자리에서 떠들어대는 수다쟁이들 사이에서 소문이 퍼져나가는 원리와 같다고 아인슈타인은 재미있는 비유를 하고 있다(음파는 대조적으로 종파縱波이며, 소리가 진행되는 방향으로 공기는 압축되고 희박해진다). 19세기 중반의 물리학자들은 모두 빛이 횡파라고 믿게 됐다.

그렇다면 파동 에너지를 전달하는 물질은 무엇인가라는 의문이 남는다. 예를 들면, 무엇이 텅 빈 우주를 가로질러 태양 빛을 지구까지 실어다 주는가 하는 문제였다. 이 의문 앞에서 입자론자들은 크게 당황하지 않았다. 입자들은 마치 탄환이 공기를 가르듯 진공을 통과한다고 가정하고 있었기 때문이다. 오직 파동론자들의 답변이 군색할 뿐이었다.

자연에 대해 역학적인 관점을 가지고 있던 터라, 19세기 후반의 주요 물리학자들은 신비롭고 알려지지 않는 매질이 있다고 결론 내려야 했고, 에테르ether라는 이름을 붙인 물질이 빛의 파동을 전달하는 매개체라고 주장했다. 그러나 이런 논리에는 몇 가지 모순이 따랐다. 여러 가지 그럴싸한 물리학적인 설명들을 종합해보면 에테르는 분명 "절대적으로 정적이고 무게도 없으며 보이지도 않고, 점도粘度는 무zero이지만 강철보다 강하고 어떤 도구로도 탐지될 수 없는 물질"이어야 했다. 현대 이론물리학자인 미치오 가쿠加來道雄의 표현을 빌리면 그렇다. 20세기 초반 들어 아

인슈타인 시절이 되어서야 에테르라는 개념이 말이 안 되는 것으로 폐기
됐다는 사실이 그리 놀랍지 않다.

그럼에도 불구하고 1850년대에 맥스웰은 에테르 이론을 수용하며 그
것이 빛의 파동에서 가로 방향으로 진동하는 것임을 입증하려 했다. 맥
스웰의 접근 방식은 대단히 수학적이어서 수학 없이 그 작업을 완전히
이해하기란 불가능하지만, 맥스웰의 연구 결과와 그것의 가장 중요한 점
은 정리할 수 있다.

맥스웰은 전기와 자기가 모두 관련된 현상, 이를테면 자석을 움직이
면 전류가 유도된다거나 반대로 전류가 자력을 발생시키는 경우를 연구
하면서 마이클 패러데이와 켈빈 경의 결과물을 파고들었다. 여기에서 전
기장과 자기장의 물리적인 실재 가능성이 제기됐다. 맥스웰은 전자기파
electromagnetic wave라는 새로운 개념을 설명하면서 일단의 미분방정식
들을 도출해냈다(다음 페이지의 그림 참조). 그 파동 에너지는 두 개의 장,
즉 전기장과 자기장 안에 내재되어 있다. 이 장들은 서로에 대해 직각을
이루며 횡으로 분극한다. 방정식을 통해 이 파동의 이론적인 전파 속도
를 계산한 맥스웰은 흥분을 감추지 못했다. 그것은 (당시) 가장 최근에
계산된 빛의 속도 값과 비슷했기 때문이다. 그리하여 맥스웰은 빛이 전
자기적인 파동일 것이라 추론하게 되었고, 이 생각을 1873년에 '전자기
론Treatise on Electricity and Magnetism'이라는 제목의 논문으로 발표했다.

그로부터 10여 년 뒤에, 하인리히 헤르츠Heinrich Hertz는 맥스웰 파동
의 물리학적 증거가 될 수 있는 것을 찾기 시작했다. 1888년에 헤르츠는
맥스웰 파동의 존재를 실험적으로 증명했다. 그는 전자파, 빛, 방사열은
모두 전자기파이며 이들의 행동 방식을 맥스웰 방정식으로 설명할 수 있
다는 점과 모두 빛의 속도로 움직인다는 사실을 입증했다. 이렇게 해서

역학과 중력 이론이 아닌 전기역학 이론 안에서는 더 이상 뉴턴의 '순간적인 원거리 작용'설에 연연할 필요가 없게 됐다. 전자기장은 정해진 속도로 전기적, 자기적 힘을 전달한다. 빛의 속도로.

1931년 맥스웰 탄생 100주년에 아인슈타인은 이렇게 말했다. "맥스웰 이전의 사람들은 물리적 실재가…… 물질적인 점들의 집합이라 믿었으며, 오직 운동에 의해서만 변화한다고 생각했다. 맥스웰 이후의 사람들은 물리적 실재란 역학적으로 설명되는 것이 아니라 연속적인 장으로 나타나는 것으로 생각하게 됐다…… 실재의 개념에 대한 이러한 변화는 뉴턴 이래 물리학이 이룬 가장 심오하고 유익한 성과였다."

취리히에서 생활한 처음 몇 년간 아인슈타인에게 사고의 샘이 되어준 것은 동료 학생 밀레바 마리치와의 편지 교환이었다. 1897년과 그들이 결혼하는 1903년 사이에 연애편지들이 오갔는데, 1980년대가 되어서야 책으로 겨우 출간되었다. 그 편지들에서 아인슈타인은 흥미를 느낀 주제의 과학책을 읽은 경험을 숱하게 말하고 있다.

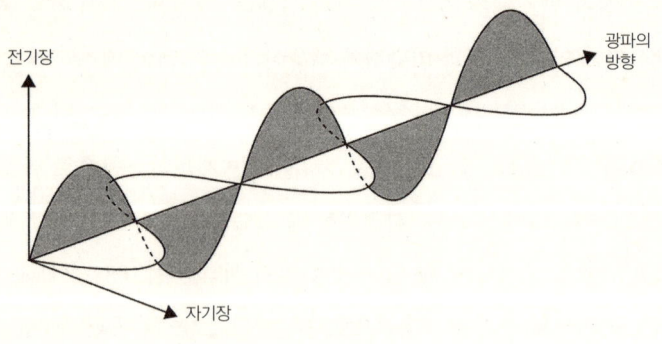

전자기파 다이어그램

아인슈타인의 생각은 물리학도라면 당연히 하게 되는 운동체의 전기 역학, 에테르 문제, 상대성의 역학 원리 등에만 머물지 않고 분자의 힘, 열-전기, 물리화학, 기체 운동 역학 이론에까지 미치고 있다.

역사가들에겐 미안한 일이지만, 이 편지들만으로는 좀 더 확고하고 세밀한 과학적 생각들을 알아내는 데 한계가 있다. 아마도 밀레바가 답장하면서 과학에 관한 언급을 피하고 있기 때문일 것이다. 그런 이유로 아인슈타인의 사고 속에서 일어난 진화의 과정을 꿰뚫어볼 수가 없다. 그나마 우리가 가장 근접할 수 있는 것은 1899년 여름에 쓴 편지를 통해서다(당시 알베르트는 어머니, 누이와 스위스의 한 호텔에서 휴가를 즐기고 있었다). 거기서 아인슈타인이 전기적 힘의 전파에 관한 헤르츠의 글을 다시 읽고 있음을 알 수 있다. "난 오늘날 주장되는 운동체의 전기역학 이론이 사실과 부합하지 않는다는 것을 점점 더 확신할 수 있게 됐어. 그리고 미래에는 이게 아마 좀 더 간단한 형식으로 설명될 수 있을 거야. '에테르'라는 용어가 전기 이론 분야에 들어옴으로써, 그 운동에 물리학적 의미를 부여할 수 없는 매질 개념이 횡행하게 된 거야."

그런데 이 편지들에서 분명히 알 수 있는 사실은 취리히 연방공과대학의 일부 과학 수업에 아인슈타인이 불만을 품고 있었다는 점이다. 아인슈타인은 헤르만 민코프스키Herman Minkowski 같은 수학 교수 때문이라고 했지만(민코프스키는 1905년부터 특수상대성이론을 발전시켜나갈 아인슈타인을 몰라보고 학생으로서 '게으른 놈lazy dog'이라고 생각했다), 한편으로 물리학 교수들이 시대에 뒤떨어져 있고 그들의 권위에 도전하는 자신을 감당할 수 없다고 생각했다. 의심할 바 없이, 아인슈타인은 취리히의 학교에 다니던 또래 물리학도 중에서 두드러지게 앞서가는 사람이었다. 그러다 보니 나온 지 30년이나 된 맥스웰의 독창적인 방정식 강의를 하는 물리학 교수들이 없다는 사실이 놀랍기만 할 뿐이었다. 1888년에 헤르츠가 실험을 통해 맥스웰의 전자기 이론을 증명했음에도 불구하고 전자기장이라는 개념은 1890년대 후반의 학생들에게는 너무 최신의, 논란의 여지가 많은 생각이었다.

주로 '독학'이었지만 4년간의 공부 뒤에, 아인슈타인은 1900년 여름에 학위를 따고 졸업한다. 아인슈타인은 스위스의 학교에서 수학을 가르칠 자격을 얻었다. 그의 진짜 목표는 연방공과대학의 물리학 조교를 거쳐 박사 논문을 쓴 다음 물리학자로 학계에 진출하는 것이었다. 그러나 밀레바에게 보낸 편지에서 언급했듯이 숨길 수 없는 '건방진 태도'와 유대인이라는 사실이 걸림돌로 작용했다. 그는 건방짐을 자신의 '수호천사'라고 부르기까지 했다. 그 후 2년간 알베르트와 밀레바(학위를 받는 데 실패했음)는 매우 힘든 세월을 보냈다. 연방공과대학은 아인슈타인에게 조교 자리를 주지 않았지만, 함께 졸업한 몇몇 동료 학생들은 자리를 얻었다. 그럼에도 아인슈타인은 물리학에 대한 생각을 멈추지 않았고 어찌어찌해서 1901년 당시 최고의 독일 물리학 저널인 『물리학 연보Annalen der Physik』에 한 편의 논문을 실을 수 있었다. 하지만 그 논문은 취리히 연방공과대학에서 받아들여지지 않았다. 아인슈타인은 무명이나 다름없었다. 그는 조교 일을 해보겠노라는 편지를 유명 교수들에게 보냈지만 아무도 답장을 해주지 않았다(이 중에는 화학자 빌헬름 오스트발트Wilhelm Ostwald도 있었다. 아이러니하게도 오스트발트는 아인슈타인을 노벨상 후보로 지명한 최초의 과학자가 된다. 9년 뒤의 일이었다). "나는 북해에서 이탈리아 남단까지 모든 물리학자에게 내 제안을 받을 수 있는 은총을 입게 해줄 거야!" 1901년 4월 밀레바에게 보낸 편지에서 아인슈타인은 쓰디쓴 호언을 하고 있다.

곧 아인슈타인은 실질적 기아 상태에 빠졌다. 이따금 학교에서 아이들을 가르치며 그 돈으로만 살다 보니 영양실조의 위험에 놓인 것이다. 게다가 밀레바는 임신을 했고 연방공과대학 졸업 시험에서 다시 떨어졌다. 밀레바는 딸을 낳았는데, 리절Liserl이라는 이름을 지어준 것으로 알려졌지만, 이 일은 아무도 모르게 넘어갔다(오늘날까지도 아이의 행적에 대해 아는 사람이 없다). 아인슈타인의 부모는 그 결혼을 극력 반대하여 끝내 동의해주지 않았다. 아인슈타인 아버지의 사업이 파산하고 아버지가 사망한 1902년이 지나서야 태도가 조금 누그러지긴 했지만 아인슈타인의 어머니는 아들의 결혼에 대해 계속 완강하게 반대했다. 오로지 아인슈타인이 가진 불굴의 과학적 소신과 자신감, 밀레바의 헌신적인 격려에 힘입어 이 절망적인 2년을 헤쳐나갈 수 있었다.

결국 취리히의 동료 학생이 구원의 손길을 내밀었다. 그는 마르셀 그로스만Marcel Grossmann으로 훗날 일반상대성이론 수립 과정에서 수학 부분에 중요한 기여를 한다. 그로스만은 아인슈타인에게 베른에 있는 스위스 연방지적재산청(특허청)에서 일하지 않겠느냐고 제안했다. 그로스만의 아버지가 청장의 친구여서 청장이 새롭게 싹트기 시작하는 전기 산업 분야의 발명품을 이해하는 특허 검사관을 채용하려 한다는 소식을 미리 알고 있었던 것이다. 전자기 이론 지식을 가졌고, 집안 사업상 전기 기자재에 대해서도 잘 알고 있었다는 사실이 아인슈타인을 적임자로 생각하도록 만들었다. 1년 이상을 불안한 마음으로 기다린 끝에 1902년 6월 아인슈타인은 특허청 해당 분야의 최하위직인 '3급 기술 전문직' 직원이 됐다. 아인슈타인이 물리학자로서 이름을 알리게 된 곳이 스위스 특허청이라는 게 뭔가 내내 어울리지 않는 느낌을 사람들에게 주었다.

근무를 시작하기 전에 아인슈타인은 동년배 친구와 베른에서 작은 동아리를 결성한다. 그 친구는 콘라트 하비히트Conrad Habicht로 취리히 연방공과대학에서 박사과정을 밟고 있었다. 여기에 혈기 왕성한 루마니아 출신의 학생 모리스 솔로빈Maurice Solovine이 가세했는데, 이전에 무일푼의 아인슈타인이 낸 물리학 개인 교습 광고를 보고 연락해왔던 사람이다. 그들은 농담 삼아 올림피아 아카데미라고 거창하게 동아리 이름을 지었다. 아인슈타인이 회장을 맡아 시내 카페 모임이나 음악회 참석, 주말 장거리 산책, 아니면 아인슈타인의 좁은 아파트에서의 모임 등을 계획하고 준비했다. 또한 에른스트 마흐Ernst Mach의 물리학, 철학 책을 함께 읽었다. 이 '과학 삼총사'에 관한 이야기는 근래에 앙리 푸앵카레가 펴낸 『과학과 가설Science and Hypothesis』에 잘 나와 있다. 그들은 흄, 스피노자를 비롯한 여러 철학자들의 사상이나 소포클레스, 라신, 세르반테스의 고전 작품들을 놓고 토론을 벌였다. 가끔 아인슈타인이 바이올린을 켤 때도 있었다.

한편, 그들은 자신들이 감당할 수 있는 범위 안에서 맛있는 음식을 양껏 먹고 까불며 놀았다. 한번은 아인슈타인의 생일을 맞아 특별히 하비히트와 솔로빈이 캐비아를 조금 사왔다. 그런데 갈릴레오의 관성 법칙을 설명하는 데 정신이 팔린 '회장님'은 그게 뭔지도 모르고 삼켜버렸다. 두 사람이 말을 끊자 아인슈타인의 반응은 "그래, 캐비아였구나. 나 같은 촌놈에게 이런 비싼 음식을 주면 뭐 하나. 맛도 모르는데……"였다. 또 한 번은 하비히트가 장인에게 부탁해서 다음과 같은 글을 주석 판에 새긴 다음 아인슈타인의 방문 앞에 박아 걸었다. '알베르트 리터 폰 슈타이스바인Albert Ritter von Steissbein, 올림피아 아카데미 회장.' 이는 대충 '알베르트, 뒷모습만 기사'라는 뜻으로 풀이될 수 있고, 좀 더 악의적으로 해석될 수도 있었다(왜냐하면 슈타이스바인과 각운이 맞는 샤이스바인

Sheissbein이 '똥 같은 녀석'이라는 의미였기 때문이다). 솔로빈의 말에 따르면, 알베르트와 밀레바는 이걸 보고 "어쩌나 웃었던지 그러다 죽는 게 아닌가" 생각될 정도였다고 한다.

올림피아 아카데미는 1904년 후반에 문을 닫았다. 하비히트가 일자리를 얻어 베른을 떠났기 때문이었다. 그즈음 아인슈타인은 아들을 얻었다. 이 아이가 한스 알베르트Hans Albert다. 집에서 보내는 시간이 많아지면서 1905년 아인슈타인이 보여준 저 엄청난 지적 분출의 모태가 형성된다.

과학의 경로를 바꾼 연구 결과는 1905년 5월 말이나 6월 초쯤 발표되었다. 그때까지 아인슈타인은 스위스 특허청에서 3년이 조금 안 되는 기간 동안 근무하고 있었다. 친구 하비히트에게 보낸 편지에서 아인슈타인은 흥분을 감추지 못한 채 자신이 작업해온 네 개의 논문 중 첫 번째로 인쇄에 맡긴 논문을 곧 전할 수 있을 것이라고 말하고 있다.

편지는 이렇게 시작한다(물론 원래 독일어로 썼다). "친애하는 하비히트! 그토록 무거운 침묵이 우리 사이에 깔려 있던 터라, 나는 내가 무슨 불경한 짓을 하고 있기 때문에 그런 게 아닌가 생각할 정도였다네. 그래서 이제 별로 중요하지 않은 수다를 떨며 침묵을 깨려 하네. 그러나 세상의 모든 희소식은 이렇게 시작하지 않던가?" 그런 다음 친구라면서 박사 논문도 안 보내준다고 악의 없는 책망을 한다. "그래, 대체 어떻게 지내나? 이 덩치만 커다란 냉혹한 인간아…… 내가 진정 관심과 기쁨을 가지고 그걸 읽어줄 1.5명 중 한 사람임을 모르는가? 딱한 친구 같으니라고." 그러고 나서 자신의 논문에 대해 이야기한다.

[첫 번째 논문은] 빛의 방사와 그것의 에너지 특성에 관한 것이라

네. 매우 혁명적이지. 먼저 자네 논문을 보내주면 내 논문을 보내주지. 두 번째 논문은 중성 물질 회석 용액의 내부 마찰과 확산을 통해 실제 원자 크기를 측정하는 문제를 다루고 있네. 세 번째 논문에서는 용액 속에 부유 중인 1000분의 1밀리미터 크기의 정렬된 분자들은 열 분자 이론에 따라 열운동에 의한 무질서한 움직임을 반드시 나타내야 한다는 점을 증명했네. 생리학자들은 작은 불활성 부유물들의 움직임을 관찰한 뒤 이걸 '브라운 분자운동Brownian molecular movement'이라고 명명했네. 네 번째 논문은 초안 단계에 있지. 운동체의 전기역학에 관한 거라네. 공간과 시간 이론을 변형시켜 적용했는데, 이 논문 중에서 운동역학 부분은 틀림없이 자네도 흥미가 있을 걸세.

비과학도에게 이처럼 간결하고 꽤나 기술적인 설명은 어쩌면 별로 대단하게 들리지 않을 수도 있다. 심지어 그 후에 아인슈타인이 단 한 번도 자신의 이론이나 발견(일반상대성이론을 포함한)을 일컬어 '혁명적'이라고 말한 적이 없다는 사실을 알고 있는 사람이라 할지라도 말이다. 그러나 이 네 편의 논문 중 맨 처음의 것이 1905년 『물리학 연보』에 게재되었는데, 20세기의 가장 독창적인 과학 이론인 양자 이론을 소개한 것이다. 이 이론은 상대성이론과 달리 뉴턴과 맥스웰의 '고전물리학'과 분명한 경계를 설정한 이론이고, 아인슈타인에게 노벨상을 안겨주었다는 사실을 이제 우리는 알게 되지 않았는가? 두 번째 논문은 아인슈타인이 취리히 연방공과대학에서 박사 학위를 받도록 해준 일등 공신이며 과학계에서 가장 많이 인용되는 논문 중 하나다. 이 논문은 현실에서 적용된 무수한 기록을 가지고 있다(특히 석유화학에서). 세 번째 논문은 원자와 분자가 존재한다는 부정할 수 없는 증거를 내놓음으로써 아인슈타인이 현대 통계열

역학의 창시자로 자리매김할 수 있도록 했다. 네 번째는 '특수'상대성이론으로 알려진, 그리고 10년 후 일반상대성이론으로 이어지는 내용을 내포하고 있었다(일반상대성이론은 특수상대성이론에서 배제되었던 중력을 포함하고 있다).

이 네 편의 논문은 모두 1905년 상반기 중 채 6개월이 안 되는 기간 동안 쓰였다. 마지막인 상대성이론 논문은 6월 30일 연보에 게재됐다. 그리고 우리가 절대 잊어서는 안 될 것이 그해 9월에 아인슈타인이 다섯 번째 논문을 추가했다는 사실이다. 네 번째 논문의 3페이지짜리 종장이라 할 수 있는 이 논문에 에너지-질량 방정식인 $E = mc^2$이 모습을 드러내고 있다. 이 방정식은 제2차 세계대전의 향방을 궁극적으로 바꿔놓는다. 모든 것을 고려할 때, 1905년은 당시 주류 물리학자 어느 누구와도 개인적인 접촉이 없었으며, 기존의 어떤 과학 저술가의 글도 인용하지 않은 논문을 쓴, 고작 스물여섯 살에 불과한 무명의 특허청 직원이 놀라운 업적을 이룩한 기적의 해annus mirabilis였다.

그로부터 한 세기가 지난 후에도 물리학자들과 역사가들이 여전히 어떻게 그런 과학적인 경이가 출현했는지 알아내려고 애쓰는 광경이 전혀 놀랍지 않다. 이에 대해서는 그 어떤 확실한 설명도 없다. 하지만 특수상대성이론이 나오기까지의 과정에 대해 (모험적이긴 하지만) 몇 가지 개략적인 추측을 해볼 수 있다.

아인슈타인의 성공에는 10대 중반 이후의 폭넓고 조숙한 과학 독서가 한몫했다. 또 모든 것을 집어삼킬 듯한 호기심이 동력을 제공했고, 유별난 집중력도 크게 기여하고 있음이 확실하다. 아인슈타인이 박사 학위를 지도한 첫 제자인 한스 타너Hans Tanner는 스승이 가진 집중력을 생생하게 묘사하고 있다. "선생님은 수학 공식으로 뒤덮인 논문 더미를 앞에 놓고 서재에 앉아 계셨다. 오른손으로 뭔가를 쓰시면서 왼손으로는 둘째 아들을 붙잡고 계셨다. 그러면서 블록을 가지고 노는 장남 한스 알베르트가 연방 퍼붓는 질문에 계속 답변해주었다. 그러고는 이런 말을 덧붙였다. '1분만 기다려라. 거의 다 끝났거든.' 선생님은 내게 아이들을 잠깐만 봐달라고 말한 뒤 그대로 작업을 해나갔다. 그분의 엄청난 집중력을 살짝 엿볼 수 있는 순간이었다."

게다가 아인슈타인은 그와 거의 동시대의 가공인물인 셜록 홈스 수준의 분석 능력을 지니고 있었다. 물론 에테르 같은 예외적 개념은 아인슈타인에게 난제였다. 아인슈타인은 "명백한 모순 앞에서 낙담하기보다 흥미를 느꼈다. 이론적인 예측과 상충하는 실험 결과가 나오건(양자론에 관해 첫 번째 논문을 쓸 때), 아니면 이론 자체가 형식적인 불능이건(상대성이론에 관해 네 번째 논문을 쓸 때) 간에 재미있어 했다"고 물리학자 존 릭던John Rigden은 아인슈타인의 이론 탄생 100주년 기념 연구서인『아인슈타인 1905: 위대함의 척도Einstein 1905: The Standard of Greatness』에서 말했다.

이런 것들과도 무관하지 않지만, 아인슈타인은 과학자가 단지 높은 평판에만 기대어 권위를 얻으려는 것을 인정하지 않았다. 예를 들면, 아인슈타인은 당시 매우 큰 영향력을 끼치고 있던 에른스트 마흐의 연구에도 검증의 칼날을 들이댔다. 마흐가 쓴『역학의 과학Science of Mechanics』은 30년 동안 16판을 찍을 만큼 대단한 책이었다. 마흐는 에테르는 물론 원자의 개념도 받아들이지 않았다. 이것들은 둘 다 19세기 물리학계에서도 수용되지 않고 있었다. 과학은 오직 실험적으로 측정 가능한 것들과 연관되어야 한다는 철학이 배경에 깔려 있었다(마흐는 1916년에 사망했는데, 그는 원자론을 인정하지 않은 최후의 물리학자 중 한 사람이었다). 아인슈타인은 마흐의 실증주의적 철학을 공유하지는 않았지만 마흐의 회의주의만은 좋아했다. 〔아인슈타인은〕 "신중하게 마흐의 주장, 즉 불필요한 개념은 물리학에 짐만 되므로 에테르라는 개념은 폐기되어야 한다는 주장을 연구했다. 그리고 원자론에 대한 마흐의 비판을 하나의 도전으로 받아들이면서도 원자가 존재한다는 증거를 제시하려 했다"라고 역사가인 위르겐 렌Jürgen Renn과 로베르트 슐만Robert Schulmann은 말한다.

아인슈타인의 성공 요인을 좀 더 파고 들어가보면, 그가 논쟁을 즐겼다는 점에 주목해볼 필요가 있다. 자신의 생각이 친구인 하비히트나 솔로빈에게 사정없이 깨질 때도 그랬다. 수십 년 후 학계의 존경을 한 몸에 받는 처지가 되었음에도 아인슈타인은 솔로빈에게 보낸 편지에서, 1902~1904년의 올림피아 아카데미 시절의 자신들이 "나중에 알게 된 그 어떤 고명한 학자들보다 훨씬 더 어른스러웠다"고 회고했다. 올림피아 아카데미의 시간들, 그리고 베른에 살고 있던 다른 친구들과의 과학 토론이 당시 아인슈타인의 사고에 결정적인 자극을 주었으며, 이것이 '기적의 해'로 이어졌음은 이견의 여지가 없다.

그때 아인슈타인의 친구들 중에서 가장 중요한 사람은 아마도 미셸 베소(Michele Besso, 올림피아 멤버는 아니었지만)였다. 베소는 아인슈타인보다 여섯 살 연상으로, 굉장한 독서가에 기지가 넘치고 다정한 사람이었다. 베소는 기계공학자였지만 천성적으로 우유부단해서 자신의 분야에선 큰 성공을 거두지 못했다. 아인슈타인은 취리히에서 학업을 시작한 첫해에 한 음악 모임에서 베소를 알게 됐는데, 베소가 아인슈타인보다 한 달 빨리 죽을 때까지 60여 년간 우정을 나누며 지냈다. 1904년 아인슈타인의 권유로 베소는 특허청에 들어왔고, 두 사람은 출퇴근을 같이하며 물리학 토론을 했다. 1904년 이전까지 베소가 아인슈타인으로 하여금 마흐에게 관심을 갖도록 했다면, 그때부터는 아인슈타인이 상대성이론을 구축해나가는 데 가장 큰 장애물(마흐의 이론)을 극복할 수 있도록 촉매제가 되었다.

1905년 5월 중순의 어느 날, 아인슈타인은 베소를 만나 상대성이론의 이런저런 내용을 토론하기 위해 외출했다고 한다. 토론을 끝내고 집으로 돌아온 아인슈타인은 그 저녁과 밤중에 자신이 봉착한 난제의 해법을 찾아냈다. 다음 날 아인슈타인은 베소를 다시 찾아가 인사도 없이 거두절미하고 이렇게 말했다고 한다. "고맙네. 문제를 완전히 풀었네. 시간 개념 분석이 내 해법일세. 시간은 절대로 규정될 수 없는 거야. 시간과 신호 속도(signal velocity, 우주에서 정보가 전달될 수 있는 가장 빠른 속도, 즉 빛의 속도—옮긴이) 사이엔 불가분의 관계가 있네." 아인슈타인의 논문에 나와 있는 베소에 대한 감사의 말을 보면 마음에서 우러나는 진실함이 느껴진다(아인슈타인이 이런 고마움을 표하는 일도 그리 흔한 건 아니었다). 베소의 '한결같음'과 '수많은 귀중한 조언들'을 고마워하고 있다. 아인슈타인은 자신의 상대성이론 논문에서 다른 물리학자들(뉴턴이나 맥스웰 정도의 인물들도)의 연구를 인용하지도 참고 문헌으로도 끼워 넣지 않았지만 베소에게만은 달랐다.

그렇다면 특수상대성이론의 발원지는 어디인가? 이전 시대와 동시대 물리학자들의 연구에 기댄 것이 아니라면 도대체 어디에서 나왔단 말인가? 물리학자 스티븐 호킹Stephen Hawking은 「상대성이론의 짧은 역사A brief history of relativity」라는 에세이에서, 아인슈타인이 "물리학 법칙은 자유롭게 움직이는 모든 관찰자들에게 동일한 모습으로 나타나야 하며, 특히 관찰자들이 얼마나 빨리 움직이든 간에 그들에게 빛의 속도는 같아야 한다는 전제에서 시작했다"라고 말한다. 자, 이 알쏭달쏭한 개념을 조금만 풀어보도록 하자.

「상대성: 특수 및 일반 이론Relativity: The Special and the General Theory」 (1916) 서문에서 아인슈타인은 일반 독자들을 위해 자신의 생각을 짧게 설명하고 있는데, 갈릴레오의 '움직이는 배'가 연상될 정도로 간단하면서도 심오한 언급이다. 아인슈타인은 배 대신에 균일한 속도로 이동하는 열차간의 창문 옆에 우리가 서 있다고 가정한다. 열차의 속도는 빨라지지도 느려지지도 않고 항상 일정하다. (누굴 시켜서) 돌 하나를 열차 지붕에서 철로 제방으로 떨어뜨리게 한다. 던지지 않고 그냥 떨군다. 공기 저항은 없는 것으로 가정한다. 그 돌은 움직이고 있는 우리에게 직선으로 떨어지는 것처럼 보인다. 그런데 멈춰 있는 한 보행자, 즉 땅 위에 발을 붙이고 '정지해서' 우리의 행동(아인슈타인의 말에 따르면 '악행')을 보고 있는 사람에게는 돌이 포물선을 그리며 낙하하는 것처럼 보인다. 직선과 포물선 중 어떤 관찰 경로가 진짜 '실제in reality'일까라고 아인슈타인은 묻는다. 답은 '둘 다'이다. '실제'란 관찰자가 기대고 있는 준거의 틀, 기하학 용어로 말하면 좌표계에 의해 규정된다. 관찰자가 있는 곳이 기차인가 제방인가에 따라 달라진다.

아인슈타인은 상대성이라는 말을 사용하면 다음과 같이 서술할 수 있다고 했다. "돌은 열차에 고착된 좌표계에 대해 상대적으로 직선으로 떨어지며, 제방에 고착된 좌표계에 대해서는 상대적으로 포물선으로 떨어진다. 이 예를 읽으면 독립적으로 실재하는 궤적(문자 그대로 경로-곡선 path-curve) 같은 것은 없다는 사실이 확연해진다. 단지 특정한 기준점에 상대적인 궤적만 있을 뿐이다." 더 나아가 우주에는 모든 속도를 재는 기준점이 되는 '절대적인' 준거 틀 같은 것이 없다. '고전'물리학에서는 이것이 있다고 했다. 뉴턴에게 이 준거 틀은 신이었고 맥스웰에겐 에테르였다. 뉴턴은 중력 방정식과 운동 법칙을 도출해냈으나 절대공간에 대한 믿음을 가지고 있었다. 물론 앞서 말한 대로, 훗날 이에 대한 의심을 품게 됐지만. 아인슈타인의 의심은 더 강했고 결과적으로 절대공간과 시간을 권좌에서 축출할 수 있었다. 아인슈타인에겐 절대적인 준거 틀이 존재하지 않았다.

덜 알려져 있지만, 상대성과 관련한 또 다른 난제는 전기역학적인 데 있었다. 주지하다시피 정지 상태의 전하는 자기장을 만들어내지 않는다. 하지만 움직이는 전하, 즉 전류는 자기장을 발생시킨다(패러데이는 전류가 흐르는 선 주위로 생겨난 원형의 자력선들을 그리고 있지 않은가). 움직이지 않는 전하를 띠고 있는 물체와 그 대전체帶電體에 대해 상대적으로 정지해 있는 A라는 관찰자를 상상해보자. A는 나침반 침을 사용해 어떤 자기장도 측정할 수 없다. 한편, 일정한 속도를 유지하며 동쪽으로 움직이는 B라는 관찰자가 있다. B의 준거 틀에 대해 상대적으로 대전체와 관찰자 A는 일정한 속도로 서쪽을 향해 움직이는 것처럼 보인다. 만일 관찰자 B가 예민한 침이 달린 나침반을 가지고 있다면 이 '움직이는' 대전체 주위에서 자기장을 탐지할 수 있다. 즉 A의 관점에서는 대전체 주위에 자기장이 없는 반면, 균일한 속도로 이동하는 B의 관점에서는 자기장이 존재한다.

이런 종류의 예외들이 아인슈타인을 곤혹스럽게 했다. 그는 이 문제들을 풀기로 결심했다.

물리학 세계를 통틀어 역학의 법칙 혹은 전체로서 과학의 법칙은, 호킹이 언급했듯이 관찰자가 '정지해' 있든 일정한 속도로 움직이든 모든 관찰자들에게 동일한 것, 즉 과학적 언어로 표현한다면 '불변invariant'이 되어야 한다는 게 아인슈타인의 확고한 입장이었다. 도로 상에서 시속

100여 킬로미터를 유지하며 달리는 자동차를 상상해보자. 그런데 이 속도는 절대적인 의미가 있는 게 아니다. 그것은 오로지 땅에 대해 상대적인 우리의 위치와 속도를 규정하고 있을 뿐이다. 지구의 자전 상황이나 자전축 주위의 속도 혹은 공전 궤도상의 위치나 속도를 고려하고 있지 않다.

그런데 자연법칙의 불변성을 자명한 것으로 보는 게 물리학적으로 옳다면 그것은 운동체뿐만 아니라 전기, 자기, 빛 등에도 적용될 수 있어야 한다. 1905년의 실험 결과, 맥스웰과 헤르츠의 전자기파는 진공상태에서, 추정컨대 정지 상태의 에테르에 대해 초당 약 29만 9337킬로미터의 상대적인 속도로 움직인다고 알려졌다. 이것은 심각한 문제를 안고 있다. 하나의 개념으로 결코 만족할 수 없었던 에테르는 그렇다 치더라도 아인슈타인에게 빛의 속도 불변성은 전혀 또 다른 문제였다.

10년 전인 열여섯 살 때 아인슈타인은 누군가가 빛을 따라잡는다면 어떤 일이 일어날까 깊이 생각한 적이 있었다. 1905년에 아인슈타인은 그에 대한 결론을 내렸다. "만일 내가 빛줄기를 속도 C(진공상태에서 빛의 속도)로 쫓는다면 나는 '공간적으로 진동하는 전자기장이 멈춰 있는 모습'으로 빛줄기를 목격할 수 있다. 하지만 현실에서나 맥스웰 방정식상에서는 그런 일이 일어날 수 없다." 빛을 따라잡는 일은 마치 영화를 볼 때 프레임 하나하나를 정지 상태로 추적하여 포착하는 일처럼 불가능하다. 빛은 움직일 때만 존재하며 프레임의 추적은 그 프레임들이 영사기를 통해 이동할 때만 가능하다. 우리가 빛보다 빠른 속도로 여행하면 어떤 일이 벌어질까? 아인슈타인은 우리가 어떤 빛 신호보다 빨리 움직여서, 앞서 보낸 빛 신호를 따라잡는 상황을 상상했다. 우리 눈에 최초로 탐지되는 빛 신호는 가장 최근에 내보낸 것이며, 우리가 나아감에 따라 점점 더 오래전에 내보낸 빛 신호를 보게 될 것이다. "우리는 신호들이 방출된 역순으로 그것을 포착하게 될 터인데, 이 세상에서 이런 일이 생긴다면 마치 영화를 거꾸로 돌리는 것과 같은 일이 벌어질 것이다. 해피엔드가 맨 처음에 나오는 것이다." 빛을 따라잡거나 추월한다는 생각은 명백히 터무니없는 것이다.

그래서 아인슈타인은 또 하나의 급진적인 가설을 정식화한다. "빛의 속도는 광원이나 관찰자의 운동 방식과 독립적으로 모든 좌표계에서 항상 동일하다. 빛줄기를 추적하는 상상의 탈것이 아무리 빨라도 빛을 따라잡을 수는 없다. 그 탈것에 대해 상대적으로 빛줄기는 항상 빛의 속도로 멀어지기 때문이다."

1905년 5월 베소와의 대화 이후, 결국 아인슈타인은 이러한 가설이 맞으려면 오직 시간과 공간은 절대적이 아니라 상대적이어야만 한다는 것을 깨닫는다. 아인슈타인이 첫 번째 '불변성'의 가설을 두 번째 '빛의 속도' 가설과 양립시키기 위해서는 뉴턴의 고전역학에 나오는 두 개의 "정당화될 수 없는 가설들"이 폐기되어야 했다. 첫 번째 가설은 두 사건 사이의 "시간 간격(시간)은 관련체의 운동 조건과 별개"라는 것이고, 두 번째는 "고정된 물체 위에 있는 두 점 사이의 공간 간격(거리)은 관련체의 운동 조건과 별개"라는 가설이었다.

그래서 빛의 파동을 추적하는 사람의 시간과 빛의 파동 자체 시간은 같지 않은 것이 됐다. 그의 시간은 파동의 시간과 다른 속도로 흘러간다. 그가 타고 있는 차가 빠를수록 시간의 흐름은 느려지고 이동하는 거리는 줄어든다(왜냐하면 이동 거리 = 속도 × 지속 시간이기 때문이다). 호킹에 따르면, 상대성은 "모든 시계가 잴 수 있는 시간이라는 보편량universal quantity이 있다는 생각을 버리도록 했으며 그 대신 모든 사람들은 각자만의 시간을 가진다는 생각을 심어줬다". 공간 역시 (이를 대하는) 사람의 공간과 빛의 파동 공간 사이에 차이가 있다. 어떤 사람이 빨리 갈수록 그의 공간은 수축되고 이동하는 거리도 줄어든다. 그의 속도가 빛의 속도에 얼마나 가까운가에 따라, 외부 관찰자(우주 비행 관제 센터)의 시공간에 비례해 그의 시간은 팽창하고 공간은 수축한다. 아인슈타인의 특수상대성이론에 따르면 그렇다. 하지만 일정한 속도로 달리는 열차에서 돌을 떨어뜨린 사람은 그 돌이 곡선이 아닌 직선으로 떨어지는 것을 보게 되는 것처럼 빛의 파동을 쫓는 사람은 자신의 시간이 느리게 가거나 몸이 줄어드는 것을 인식하지 못한다. 오직 외부 관찰자만 이런 효과를 목도할 수 있다. 이동하는 사람에게는 탈것 안의 모든 것이 정상으로 보인다. 이는 그의 뇌와 몸이 동일하게 속도의 영향을 받기 때문이다. 그의 뇌는 더 천천히 생각하고 느리게 시간을 흘려보낸다. 그의 망막은 탈것과 같은 비율로 수축된다. 따라서 그의 뇌는 탈것이나 자신의 몸에 일어난 변화를 인식하지 못한다.

이런 생각을 처음 접할 경우 극단적으로 낯설게 느껴진다. 왜냐하면 일반적으로 우리가 이동하는 속도는 빛 속도의 수천 혹은 수만분의 1도 되지 않기 때문이다. 그래서 우리는 '상대성이론적인' 시간의 팽창이나 공간의 수축을 관찰할 수가 없다. 인간의 운동은 전적으로 뉴턴의 운동법칙에 지배받고 있다(거기서는 빛의 속도도 하나의 양이지만 나타나지도 않는 양이다). 1905년 아인슈타인은 일상의 경험에서 너무 멀리 떨어진 이런 상대성 개념을 받아들이기 위해 엄청 분투하고 있었다. 그래서 베소와 그토록 많은 토론을 벌였는지도 모르겠다.

공간 수축에 관해서 아인슈타인은 최소한 1890년대에 헨드리크 로렌츠Hendrik Lorentz와 조지 피츠제럴드George Fitzgerald가 제시했던 참고 할 만한 이론을 알고 있었다. 물론 그것은 아인슈타인의 이론과는 다른 이론적 근거를 갖고 있었으며 에테르의 존재를 가정하고 있었다. 아인슈타인은 당연히 에테르 개념을 인정하지 않았다. 그러나 절대시간을 폐기하고 보니 좀 더 크게 도약적인 상상력이 요구됐다. 푸앵카레는 1902년에 『과학과 가설』(이 책은 올림피아 아카데미 내에서 철저히 분석됐다)에서 동시성simultaneity의 개념에 대해 회의를 표했다. 푸앵카레는 "우리는 동등한 두 개의 시간을 직접 경험할 수 없다. 또한 다른 장소에서 동시에 일어난 두 사건을 직접 경험할 수도 없다"라고 썼다. 사실 푸앵카레야말로 아인슈타인 바로 전에 상대성이론에 매우 근접한 인물이었다. 하지만 더 이상 나아가지 못했다. 뉴턴 물리학의 기반을 딛고 서 있는 사람에게는 너무나 큰 혼란을 유발하는 생각이었기 때문이다. 동시성은 지구상에 사는 우리가 떨쳐내기 어려운 환상이다. 우리는 아주 쉽게 빛의 전파(에 걸리는) 시간을 간과하기 때문이다. 우리는 이것(빛의 전파)을 소리sound 같은 여타의 유사 현상에 비하면 상대적으로 '순간적instantaneous'이라고 생각한다. 아인슈타인은 "우리가 이런 생각들에 너무 익숙하다 보니 '동시적인 목격'과 '동시적인 발생' 사이의 차이를 구별하지 못한다. 그 결과, 시간과 (자신이 속한) 시간의 경계가 흐려진다"라고 썼다. 푸앵카레보다 한 세대 뒤의 인물인 데다, 잃어버릴 그 어떤 과학적 평판도 없던 아인슈타인이었기에 시간에 관한 그런 급진적인 사고가 가능했던 것이다.

상대성이론의 메시지는 매우 생소한 것이었음에도 불구하고, 그것은 맥스웰이 변형시킨 갈릴레오와 뉴턴 역학의 기초 위에 세워진 것이었다. 이는 아인슈타인이 애써 강조하는 것이기도 하다. 이게 바로 대부분의 현대 물리학자들이 상대성이론을 혁명적인 것으로 보았음에도 정작 아인슈타인 자신은 그렇게 생각하지 않았던 이유다. 그는 혁명적이라는 형용사를 자신의 연구물 중에서 양자 이론에만 붙이고 있다.

1905년 9월 28일 『물리학 연보』에 게재된 지 몇 달도 안 되어 상대성이론은 강력한 반응을 불러일으켰다. 독일어권 물리학자들의 평가는 극과 극을 달렸다. 곧 이 무명의 특허청 직원은 커다란 존경과 심한 경멸이 기이하게 섞인 대우를 받는다. 이것이야말로 급진적 사고를 가진 창조자에게 부여되는 확실한 표지가 아닐 수 없었다. 이것은 제1차 세계대전 후 상대성이론과 그 창조자에게 장차 일어날 일을 미리 알려주는 초기 신호였다. 이는 1920년대 초, 스웨덴 한림원Swedish Academy이 상대성이론은 너무 많은 논란에 휩싸여 있기 때문에 노벨상 수상 대상자로 아인슈타인을 언급하는 것조차 부담스러워했다는 사실에서도 확인된다(그에게 노벨상을 안겨준 것은 1905년 논문 중 첫 번째, 즉 양자에 관한 논문이었다). 실제 한림원 측은 아인슈타인에게 수상 연설에서 상대성이론에 관해서는 언급하지 말라고 부탁했다. 그러나 이 결정은 스웨덴 국왕을 포함한 일반의 열렬한 관심으로 인해 행사장에서 번복된다. 물리학자 막스 플랑크가 과학자로서 생애 마지막에 한 말처럼 "새로운 과학적 진실은 (학문의) 적들을 설복시키고 그들로 하여금 빛을 보게 함으로써 승리를 거두는 게 아니다. 그보다는 적들이 결국 죽기 때문에, 그리고 진실을 수용할 수 있는 새로운 세대가 성장하기 때문에 승자가 된다".

플랑크는 최초의, 그리고 가장 강력한 상대성이론의 지지자였다. 베를린 대학의 물리학 교수였던 그는 독일 과학의 중심에 있는, 세계 주요 이론 물리학자 중 한 사람이었다. 상대성이론이 갈릴레오, 뉴턴, 맥스웰, 로렌츠가 연구한 것들을 '변형시킨 데' 불과하다는 아인슈타인의 입장에도 불구하고 플랑크는 이 새 이론의 논리에 압도됐고, 1909년에는 그것을 매우 독창적인 것으로 찬양했다. "대담함에 있어 이것은 이론 자연과학 분야에서 지금까지 성취된 모든 것을 능가한다." 이 이론은 "세계 물리학 지형에 혁명을 일으켰다. 그 폭과 깊이에서 코페르니쿠스적 세계관의 도입으로 나타난 것만이 이에 비견될 수 있다." 신중한 편이었던 플랑크는 흥분했다. 4년 후, 플랑크는 아인슈타인을 설득해 독일로 돌아와 베를린에서 연구하도록 한다. 1915년, 베를린에서 아인슈타인은 중력을 통합시킨 일반상대성이론을 창조해낸다.

그런데 1906년 1월에 나온, 상대성이론에 대한 한 실험주의자의 반응은 매우 회의적이었다. 수년 동안 저명한 물리학자 발터 카우프만Walter Kaufmann은 라듐의 방사능이 붕괴할 때 방출되는 전자를 가속시켜 전자에너지가 속도에 따라 어떻게 증가하는지를 알아내고자 했다. 상대성이론에 의하면, 그런 높은 에너지 상태에서는 전자의 속도가 빨라질 뿐만 아니라, 에너지 자체의 질량도 증가한다(실제로 전자의 질량뿐만 아니라 다른 어떤 물체의 질량도 빛의 속도에선 무한대가 된다). 그러나 카우프만이 관찰한 바로는 속도 대 전자질량 변화의 양상이 특수상대성이론의 예측과 맞지 않았다. 심사숙고한 끝에, 카우프만은 『물리학 연보』에 극적인 강조와 함께 자신의 관찰 결과가 아인슈타인의 근본 가설과 양립하지 않으며, 오히려 아인슈타인의 가설이 폐기한 다른 두 개의 가설과 잘 들어맞는다고 발표했다.

신참 특허청 직원은 다소 흔들렸지만 이내 안정을 되찾았다. 카우프만의 신중함에 경의를 표하고 다른 이론들이 그 실험 결과와 잘 부합함을 인정하면서 아인슈타인은 다음과 같이 응수했다. "내 견해로는 그 이론들이야말로 적합성이 부족한 게 아닌가 합니다. 왜냐하면 움직이는 전자 질량에 관해 그 이론들에서 자명하다고 보는 것들이야말로 보다 복잡한 현상들을 아우르는 이론적 체계를 통해 타당성 있게 도출된 게 아니기 때문입니다." 아인슈타인은 단 한 번의 실험 결과만 가지고 어떤 이론을 그대로 내친다는 것은 있을 수 없는 일이라고 생각했다. 그 이론이 다른 물리적 데이터를 폭넓게 설명해줄 수 있다면 그렇게 해서는 안 된다. 최고의 이론은 다수의 사실들을 과학의 구조 안에 맞물려 넣을 수 있는 것이어야 한다. 나중에 다른 물리학자가 카우프만의 실험 기법을 정밀하게 다듬어 실험한 결과, 아인슈타인이 옳았음을 증명했다.

이후 아인슈타인은 자신의 이론이 실험 증거들에 의해 오류처럼 보이는 일이 거듭 생겼지만 절대 기죽는 법 없이 자신감을 보였다. 물론 그의 이론을 뒷받침한 실험 사례들이 압도적으로 많았다. 아인슈타인은 자신만만했다. 그는 역설 앞에선 의아해하면서도 진실에 대해서는 굳은 믿음을 가지고 있었다. 아인슈타인은 "하느님은 난해하지만 악의적이지는 않다"라는 유명한 말을 1921년 미국 여행 중에 남겼다. 이는 미국 물리학회 회장 데이턴 밀러Dayton Miller가 에테르의 존재와 그것이 빛의 속도로 요동친다는 것을 입증했다는 깜짝 놀랄 소식을 들은 다음에 나온 말이다. 만일 그게 사실이라면 상대성이론에는 치명타가 될 터였다. 밀러는 마이컬슨-몰리Michelson-Morley가 썼던 1887년의 그 유명한 실험법을 다듬어 그대로 실험했다는 것이다. 마이컬슨과 몰리는 에테르 가설 안에서 빛의 속도로 움직이는 변량을 탐지해내는 데 실패했다. 그런데 밀러가 그걸 찾아냈다는 것이다. 하지만 1906년의 카우프만이 그랬던 것처럼 1921년의 밀러 또한 틀렸다. 이들의 실험은 자연을 다루기엔 너무나 거칠게 설계된 것이었다. 제대로 실험한 결과, 오류가 드러났다. 에테르는 존재하지 않는 것으로 결론 났다. 상대성이론은 한층 더 힘을 얻게 됐다.

오늘날 지구 상에서는 물론 우주 공간에서 진행된 갖가지 방식의 초정밀 실험 검증을 이겨내고 살아남은 아인슈타인의 특수 및 일반 상대성 이론은 뉴턴, 맥스웰의 법칙과 더불어 물리학의 기초를 형성하고 있다.

　　자신의 창조 과정을 묘사하는 아인슈타인의 멋진 말처럼 "경이감으로부터 날아올라 끝없는 비행"을 한 지 한 세기 만에 아인슈타인의 난해한 사유는 세속이라는 대지에 안착한 것처럼 보인다.

버지니아 울프

『댈러웨이 부인』

나는 지금 『댈러웨이 부인』을 빠르게 훑어보는 중이다. 처음부터 전부 다시 타이핑을 하면서.
이것은 내가 『출항 The Voyage Out』을 쓸 때와 흡사하다. 나는 이것이 좋은 방법이라고 믿는다.
마치 젖은 솔로 전체를 쓸어내고, 흩어져 있는 부분들을 모아서 말리는 작업처럼. 진실로,
그리고 참으로 그것이 내 소설에서 가장 만족스러운 점이다(하지만 아주 냉정하게
읽지는 못하고 있다). 평론가들은 미친 장면들이 댈러웨이 장면과
연결되지 않는다는 점을 들어 내 소설이 갈피를 못 잡고 있다고 말할 것이다.
내가 생각해도 다소 피상적으로만 반짝거리는 표현이 있다. 하지만 그게 '비현실적'인가?
그게 그저 써나간 것에 불과한가? 나는 그렇게 생각하지 않는다. 전에도 말했지만,
이 소설은 나 자신을 내 마음속의 가장 풍요로운 심층 깊숙이 밀어 넣은 것이다.
나는 쓸 수 있다. 지금 쓸 수 있다. 세상에서 가장 행복한 이 느낌을.
—버지니아 울프, 『일기 Diary』, 1924년 11월 13일

문학적인 평판은 작가의 작품은 물론 그의 삶에 의해서도 좌우된다. 20
세기 작가 중에서 삶이 그러한 평판에 큰 영향을 주었다고 생각되는 작
가는 기껏해야 엘리엇 T. S. Eliot, 헤밍웨이, 실비어 플래스, 그레이엄 그
린 Graham Greene 정도다. 버지니아 울프로 말하자면, 그 삶이 특히 두드
러지게 다가오는 작가다. 비록 그녀의 인생이 비교적 내밀하고 큰 사건
을 겪지 않았다 해도 말이다. 공적인 자리에 있지도 않았고, 유럽 밖을
나간 적이 없을 정도로 여행을 좋아하지도 않았으며, 한 남편과 끝까지
살았고, 아이는 없었다. (블룸즈버리그룹의 멤버들과는 사뭇 다른 사람인) 빅
토리아 색빌웨스트 Victoria Sackville-West와 단 한 번의 유일한 혼외정사
가 있었을 뿐이다. 실로 버지니아 울프의 삶은 집 안에 들어앉아 스스로
의 내면을 들여다보거나 지인들에게 편지를 쓰고 자주 정신 질환에 시달
렸던 시간이 전부였다.

그러나 1941년 사망 이후, 어찌 된 일인지 버지니아 울프는 문학계 밖에서 그녀의 소설에 필적하거나 오히려 그것을 능가하는 유명세를 얻었다. 이런 주객전도는 울프의 대담한 자살에 기인한 바 크며, 1950년대에 울프의 일기가 출간되고 1962년에 에드워드 올비Edward Albee의 희곡 『누가 버지니아 울프를 두려워하랴』가 나오면서 한층 힘을 얻은 데다, 1970년대 페미니즘의 발흥과 함께 가속화된 면이 있다. 2003년, 울프의 '도약'적 소설 『댈러웨이 부인』에서 영감을 얻은 것으로 알려진 한 할리우드 영화는 작품의 주인공인 클라리사 댈러웨이Clarissa Dalloway를 묘사하기보다 그 창조자의 결혼 생활 중에 있었던 두 개의 단편을 그리고 있다. 영화 〈디 아워스The Hours〉(울프 소설의 원제)는 거의 전적으로 울프가 앓았던 정신 질환에 초점을 맞추고 있는데, 영화의 처음과 마지막은 집 근처의 강에 그녀가 투신하는 장면이다. 마치 울프의 '광기'를 창조의 근원으로 암시하는 듯하다.

물론 울프는 다른 작가들보다 훨씬 더 많이 자신의 삶을 소설의 주제로 삼긴 했다. 첫 소설 『출항』을 내기 전까지 빅토리아와 에드워드 왕조를 거친 울프의 성장기는 사연이 많았다. 학교나 대학 문턱은 밟지도 못했으며, 위압적인 아버지 레슬리 스티븐Leslie Stephen과 착하기만 한 어머니 줄리아 스티븐Julia Stephen에 대한 애증이 엇갈리는 관계, 10년 동안 가족 중 네 명이 죽는 처참한 경험, 두 차례의 신경 발작 등이 비록 모더니스트 형식은 아니지만 훗날 쓰게 된 소설 『제이컵의 방Jacob's Room』과 『등대로To the Lighthouse』에 특히 잘 나타나 있다. 1912년 전직 식민지 문관이었던 레너드 울프Leonard Woolf와 결혼하기로 결정한 일은 그녀에게서 자신만의 삶을 빼앗을 수도, 문학의 꽃을 피우기 전에 싹을 잘라버릴 수도 있는 사건이었다. 울프가 처음으로 사랑한 레너드는 그녀의 든든한 보호자가 되었다. 그때부터 버지니아 울프가 쓴, 놀라울 정도의 솔직한 일기와 편지는 그녀의 일상과 만남을 샅샅이 말해주었으며, 연구자들로 하여금 그녀의 삶과 허구를 이어주는 무수한 연결 고리들을 찾아낼 수 있게 했다. 일기와 편지들은 매우 세세하고 생생하다. 그런 점에서는 울프 사후에 출간된 자서전도 그에 못지않다. 자서전 『과거의 스케치 A Sketch of the past』는 1939~1940년에 쓴 것인데, 수십 편의 길고 짧은 에세이들(특히 매우 사적인 「자신만의 방A Room of One's Own」을 포함한)과 함께 일부 비평가들이 울프의 논픽션을 픽션보다 훨씬 더 가치 있는 것으로 보는 근거가 되고 있다. 레너드 울프도 자신의 자서전에서 이런 평가에 동의하고 있다.

1996년, 울프의 전기 작가 허마이오니 리Hermione Lee는 "버지니아 울프의 이야기는 세대마다 다시 각색되고 있다"라고 썼다. "그녀는 형식이라는 문제에 사로잡힌 난해한 모더니스트, 혹은 풍속 희극배우, 혹은 신경증적이고 지적인 유미주의자, 혹은 기발한 몽상가, 혹은 유해한 속물, 혹은 마르크시스트적인 페미니스트, 혹은 여성의 삶을 살아간 역사가, 혹은 학대의 희생자, 혹은 레즈비언 여주인공, 혹은 문화 분석가 등 다양한 모습으로 나타난다. 이 모든 것은 누가 언제 어떤 맥락에서 그녀를 읽느냐에 따라 결정된다."

그러나 어떤 입장을 취하든 간에 울프의 내면과 『댈러웨이 부인』의 창조 과정을 들여다보고 싶은 사람은 누구나 그녀의 가족사와 유년기에서 시작할 수밖에 없다. 울프가 자신의 소설에서 얼마나 많이 관습과의 결별을 시도했든 간에, 전반적으로 그 작품들은 1882년 런던에서 태어난 버지니아 스티븐이 속한 빅토리아 시대 가족 영향력에 사로잡힌 인물들의 이야기로 채워질 수밖에 없었다.

울프의 가계를 살펴보면 『댈러웨이 부인』의 깊은 배경이기도 하지만, 부계(스티븐가家) 쪽 인물들은 영국에 있던 식민 정부의 행정관이나 법률 사관을 지냈으며, 모계(패틀Pattle가) 쪽으로는 인도의 문관이나 캘커타 상류사회 인물들이 주종을 이루고 있다. 스티븐가의 사람들 중에는 많이 배운 작가나 성공한 언론인들도 있었다.

버지니아 울프의 증조부인 제임스 스티븐James Stephen은 법정 변호사이자 의회 의원이었으며 노예무역 철폐를 옹호했고, 윌리엄 윌버포스 William Wilberforce의 누이와 결혼했다. 제임스 스티븐의 아들 제임스 스티븐 경은 식민 정부의 부副장관이었지만 영향력에 있어서는 '초超장관 스티븐 씨'라고 불릴 정도로 대단했는데, 1833년 노예제 철폐 법안을 입안했다. 제임스 스티븐 경의 살아남은 자녀들 중 장자였던 제임스 피츠제럴드 스티븐 경은 인도 총독위원회의 법정 위원을 지냈고, 고등법원 판사 자리까지 오른 인물이었다. 할아버지나 아버지에 비하면 완고한 제국주의자였던 '피치 삼촌Uncle Fitzy'은 조카딸인 버지니아가 싫어한 일가의 가장이었다. 피치 삼촌에겐 일곱 명의 자녀가 있었고, 그중 캘커타의 고등법원 판사가 된 아들 하나와 독실한 딸 둘이, 울프가 『댈러웨이 부인』에서 그려낸 영국령 인도 관료 피터 월시Peter Walsh와 편협한 선교사인 도리스 킬먼Doris Kilman의 성격에 영향을 주었을 가능성이 높다. 허구의 인물 피터 월시는 말하는 내내 주머니칼을 폈다 접었다 하는 교정 불능의 습관을 가지고 있었다. 1918년에 쓴 일기를 보면, 울프가 사촌 해리 스티븐Harry Stephen의 방문을 받는 장면이 나온다. "그는 다리를 짝 벌린 채 개구리처럼 앉아서 큰 칼을 폈다 접었다 하며 누가 스티븐 집안의 사람이 아니랄까 봐 자기밖에 모르는 태도를 보였다. 그는 자신이 어떻게 행동하는지를 알고 있었고, 다른 사람들이 어떻게 행동해야 하는

지도…… 중산층 보수주의자가 쌓아놓은 저 난공불락의 벽은…… 그보다 우둔해지기도 어려워 보였으니…….”

피치가의 또 다른 사촌이었던 J. K. 스티븐은 작가였는데, 케임브리지 재학 시절에는 잠깐 총명했다가 정신이상으로 광포해져서, 1892년에 정신병원에서 아사하고 말았다. 심지어 어떤 역사가는 그가 1888년 런던의 이스트 엔드 지역을 공포로 몰아넣은 '살인마 잭'이었을 것이라고 주장하기도 했다. 당시 어린 소녀였지만 버지니아는 정신이 파괴되기 시작한 사촌이 하이드 파크 게이트의 자택을 방문했을 때 보여주었던 혼란스러운 행동을 똑똑히 기억하고 있었다(J. K. 스티븐의 담당 의사가 나중에 버지니아도 치료한다). 버지니아의 할아버지 제임스 스티븐도 우울증을 앓았던 사실로 미뤄볼 때 정신병은 스티븐 집안의 내력이었던 것 같다. 제임스가 1841년 아내에게 쓴 편지를 보면 훗날 손녀가 보일 행동을 미리 예고하는 듯한 내용이 나온다.

혼자 있을 때, 나는 스스로에게 압박감을 느낀다오. 나 자신과 너무 밀착되어 있는 것처럼 생각된단 말이오. 그건 마치 어떤 불청객, 왠지 친숙하지만 알지 못하는 방문객 같다오. 이건 말로 묘사하기 어려운 그런 느낌이오. 그러나 짐작이긴 하지만, 모든 이들이 이따금씩 한 몸에 두 사람이 들어 있는 것처럼 그렇게 스스로를 느낀다오. 그래서 어쩔 수 없이 독백과 대화가 기이하게, 때론 무시무시하게 뒤섞인 대담을 하지 않을 수 없게 되는 거요.

큰 소리로 신음을 내는 제임스 스티븐의 버릇은 생존한 자녀 중 둘째 아들인 레슬리 스티븐 경도 분명 알고 있었다. 레슬리도 자신이 '급하고 신경과민한 기질'이라고 부르는 스티븐가의 성벽을 그대로 물려받았다. 레슬리 스티븐의 자녀 중에서는 버지니아 외에 첫 번째 결혼에서 얻은 딸 로라Laura가 1890년대에 정신병원으로 갔고, 장남 토비Thoby는 10대에 자살 기도를 한 것으로 알려졌다.

일찍이 케임브리지의 연구원으로 출발한 레슬리 스티븐은 버지니아가 어렸을 때 이미 당대의 위대한 지식인 중 하나로, 토머스 칼라일 Thomas Carlyle에 비견될 정도였다. 그는 한 세기가 훨씬 넘는 세월이 흐른 지금에도 『영국 인명사전Dictionary of National Biography』의 천재적인 편집자로 기억되고 있다. 1882년에서 1891년 사이, 비록 건강 악화를 이유로 공직에서 물러나 있을 때지만 레슬리 스티븐은 사전의 첫 26권을 편집했고, 무려 378건의 전기 집필 작업에 관여했다. 이 공로를 인정받아 1902년에 기사 작위를 받았다. 하지만 그의 주된 관심사는 철학과 문학에 있었다. 이에 대한 여러 권의 책을 펴냈는데 그중에서도 1876년에 나온 『18세기 영국 사상사History of English Thought in the 18th Century』와 1904년 사후에 출간된 『18세기 영국 문학과 사회English Literature and Society in the Eighteenth Century』가 대표 저서다. 이것들은 무게 있는 저작물임에 틀림없지만, 자신이 쓰기를 원했던 시대의 이정표가 될 만한 책들은 아니었다. 만년에 레슬리 스티븐은 자신의 성취를 끝없이, 지독하게 의심하는 병에 사로잡힌다. 그로 인해 마지막 생애 10여 년간 자식들과의 관계가 망가진다. 물론 버지니아와도 예외 없이.

레슬리 스티븐의 첫 번째 아내는 미니 새커리Minny Thackeray로 소설가인 윌리엄 메이크피스 새커리William Makepeace Thackeray의 딸이었다. 그들은 1875년 미니가 갑작스러운 죽음을 맞기 전에 아이 하나를 두었는데, 바로 로라다. 3년 후 레슬리 스티븐은 런던의 바로 이웃에 사는 여성과 재혼한다. 그 여성은 줄리아 덕워스Julia Duckworth로 남편과 일찍 사별하고 미망인으로 살고 있었다. 그녀는 캘커타에 살았던 패틀가의 일곱 자매 중 하나였다. 패틀 집안은 프랑스 궁정에서 마리 앙투아네트를 모셨던 귀족의 후예였다고, 버지니아 울프는 즐겨 회고하곤 했다. 이들 자매는 미모와 방대한 인맥으로 영인도 사회에서 소문이 자자했다(빅토리아 시대의 사진가인 줄리아 마거릿 캐머런Julia Margaret Cameron도 패틀가 출신으로 알려져 있다). 줄리아의 첫 번째 남편인 허버트 덕워스Herbert Duckworth는 법률가이자 지역 유지로 레슬리 스티븐과는 사뭇 다른 인물이었는데, 1870년에 불의의 죽음을 맞으면서 덕워스 부인과 세 명의 어린 자녀 조지, 제럴드, 스텔라를 남겨놓았다. 이들은 버지니아의 이부 남매, 자매가 되어 버지니아의 사춘기와 성년 초기를 혼란스럽게 하기도 했지만, 어쨌든 중요한 역할을 한다.

종교심이 없다는 걸 제외하면, 줄리아 스티븐은 빅토리아 시대의 전형적인 안주인이었다. 이른바 '집안의 천사'이고, 여성참정권에 반대하며, 남편에게 헌신하고, 대가족의 밝은 중심으로서 가난하고 도움이 필요한 사람들을 열심히 돕는 그런 여성 말이다. 줄리아가 1895년에 48세의 나이로 사망했을 때, "마치 화창한 봄날에 흘러가던 구름이 돌연 멈춘 채 점점 색이 어두워지며 엄청나게 커지는 듯했으며, 바람의 채찍질에 지상의 모든 생물이 신음하거나 정처를 구하지 못하고 방황하는 듯했다"고 버지니아는 자서전에 적었다. 그런가 하면 어머니에 대한 솔직한 심정을 덧붙인다. "어머니는 충동적이었고 조금은 독단적이었으며, 자신의 의지가 강렬하다는 것을 과신한 나머지 다른 사람보다 행동이 빠르지 않거나 효과적이지 않을 수 있다는 걸 좀처럼 받아들이지 못하는 사람이었다"라고도 썼다.

1878년 재혼한 지 몇 년 되지 않아, 스티븐 집안의 자녀는 여덟 명이 됐다. 하나는 레슬리의 첫 번째 결혼에서, 셋은 줄리아의 첫 번째 결혼에서 생긴 아이들이었고, 나머지 넷은 1880~1883년 그들 부부 사이에서 태어난 자식들이었다. 넷 중 첫째인 버네사는 화가 버네사 벨Vanessa Bell이 됐는데 버지니아와 가장 가까웠으며 그녀가 거리낌 없이 속내를 털어놓는 유일한 사람이었다. 또 버지니아의 두 번째 소설 『밤과 낮Night and Day』의 창작에 영감을 주기도 했다. 오빠 토비와 그가 속한 케임브리지의 지식인 세계, 그리고 1906년 그리스 여행 직후 티푸스로 인한 오빠의 때 이른 죽음은 버지니아의 글쓰기에 지대한 영향을 미쳤다. 세 번째 소설 『제이컵의 방』은 오빠를 모델로 쓴 것이다. 남동생 에이드리언Adrian 과는 특기할 만한 게 없는, 그러나 다소 거북한 관계를 유지했다.

가족들이 살았던 6층짜리 집은 사우스켄싱턴의 하이드 파크 게이트 22번지에 있었다. 울프는 『과거의 스케치』에서 이곳을 매우 밝은 곳으로 묘사하고 있다. 위층에는 그녀의 공부방 겸 침실과 장서가 즐비한 아버지의 서재가 있었고, 아래층에는 가구가 빼곡한 주방과 응접실이 있어 음식을 요리하고 형제자매가 어울리며 끊이지 않는 부모의 손님들을 맞았다. "기품 있으면서도 겸손하게" 울프는 손님들과 의젓한 대화를 나누어야 했다. "아래층은 순전한 관습, 위층은 순전한 지성이 자리하고 있었다. 둘은 완전히 분리되어 있었다"라고 버지니아는 힘주어 말한다. 자서전은 이런 '단절'에 대한 문장으로 끝맺고 있다.

거기엔 많은 세계가 있었다. 하지만 그것들은 나에게서 멀리 있었다. 내겐 이해되지 않는 것들이고, 내가 그것들과 연결되어 있다는 느낌도 없었다. 나는 어린 시절의 숱한 시간을 불안정한 눈으로 그것들을 비교하면서 보냈다. 그 산만함과 상이함이야말로 교육의 수단으로서, 누군가에게 그 불일치를 보여주는 용도로 유용했음이 확실하다. 그리스어에 집중하려 하자마자 조지가 〔법〕 판례에 대해 말하면 내 주의는 흐트러졌다. 그래서 이번엔 독일어 공부에 매달렸는데 키티 맥스Kitty Maxse의 떠들썩한 세계가 침투해 들어왔다.

댈러웨이 부인은 『출항』에도 카메오로 등장한 바 있는데, 그 성격은 버지니아가 버네사에게 보낸 편지를 보면 부분적으로 줄리아 스티븐의 절친한 친구인 키티 맥스를 모델로 창조했다고 한다. 키티는 우아하고 천부적인 사교성을 갖춘 인물로, 1890년에 한 언론의 정치 부문 편집자와 결혼할 때 스티븐 부인이 중간에서 소개해준 인연이 있었다. 아마도 『댈러웨이 부인』의 뿌리가 여기에, 즉 10대 소녀 버지니아 스티븐의 왕성한 분석 능력에 있었을 것이다. 버지니아는 하이드 파크 게이트 22번지에 드나드는 서로 맞지 않는 인물들과 그들이 빚어내는 상호작용을 주시하고 있었다.

소설에도 수많은 단절이 존재한다. 그중 가장 확실한 것은 보수 정치가의 중년 부인인 클라리사 댈러웨이가 속한 특권층의 세계와, 젊은 사무원 셉티머스 스미스Septimus Smith의 점점 미쳐가는 세계의 대비다. 두 세계는 결국 서로 만난다. 하지만 그것은 소설 말미에 댈러웨이 부인의 내밀한 '마음속'에서다. 댈러웨이 부인의 내면적 감정과 파티 손님에게 건네는 위선적인 말 사이에는 단절이 있다. 지성과 감성, 분석과 공감 사이의 단절이 소설 전체를 관통한다. 한 예로 이 소설에서 가장 지적인 인물 피터 월시는 오랫동안 사랑한 클라리사에게 보낸 자신의 일방적인 감정을 처량하게 분석하고 있다. 이 모든 단절은 1880년대와 1890년대 런던의 집에서, 그리고 콘월의 세인트아이브스에 있는 가족 별장에서 긴 휴가를 보내는 동안 버지니아가 부모 형제, 방문 친지, 친구, 연인 들을 통해 각기 다른 형식으로 경험한 것이다.

학교 친구들은 이 세계에 들어 있지 않았다. 어린 시절 버지니아의 교육이 전적으로 집에서 이뤄졌기 때문이다. 스티븐 집안은 딸들에게 공식 교육을 시키지 않았는데, 그 시절의 풍토였다. 버네사나 버지니아가 이를 원통하게 생각했음은 분명하지만, 그 대신 레슬리 스티븐 부부는 딸들을 직접 가르치고 집 안 '도서관'을 제공함으로써 딸들을 지적으로 성장시켰다. 버지니아는 조숙한 독서 경향을 보였다. 1893년경 레슬리는 줄리아에게 열한 살 된 버지니아가 "엄청난 지식을 빨아들이고 있으며 머지않아 작가가 될 것"이라고 말했다. 자서전에서 버지니아 울프는 책 이야말로 자신과 아버지를 이어주는 끈이었다고 회고하고 있다. "나는 영락없는 속물이었으니, 아버지가 나를 매우 영리한 녀석으로 여기도록 책을 읽었다. 아버지가 기뻐하던 모습이 생각난다. 내가 다 읽은 책을 들고 서재로 들어가 다른 책을 달라고 말하면 집필을 멈추고 일어나서 대단히 기분 좋은 낯으로 다정하게 대해주던 그 광경이 눈에 선하다."

10대 중반이 되면서 버지니아는 외부인의 도움을 받아 고전에 몰두한다. 버지니아는 1897년 가을부터 조지 워George Warr 박사와 함께 라틴어와 그리스어 공부를 시작했다. 워 박사는 켄싱턴에 있던 킹스 칼리지에 여학생부를 신설했고, 아이스킬로스Aeschylos 작품을 번역하기도 했다. 버지니아는 공부를 했으나 시험은 치지 않았다. 2년 후 그녀는 고전 선생인 클라라 페이터Clara Pater에게 고전 수업을 듣는다. 클라라는 예술가인 월터 페이터Walter Pater의 누이로, 하이드 파크 게이트 근처에 살았다. 그로부터 1년 후에 버지니아는 이상적인 선생을 만난다. 케임브리지에서 교육을 받고 햄스테드에서 언니와 함께 살고 있던 고전학자 재닛 케이스Janet Case였다. 재닛은 버지니아의 평생지기가 된다(비록 『댈러웨이 부인』이 작품의 깊이 없음을 문체로 가리려 했다고 혹평했지만). 케이스의 수업을 들으면서 버지니아는 비로소 오빠인 토비와 토론이 가능해졌다. 토비는 1899년에 이미 케임브리지에 들어갔는데 그리스 고전에 푹 빠져 있었다. 그럼에도 불구하고 버지니아는 자주 고립감을 느꼈다. 1903년 토비가 트리니티 칼리지로 돌아가자 버지니아는 토비에게 불평 섞인 편지를 보냈다. "이제 나는 함께 토론할 사람이 아무도 없어. 뭔가 부족하다는 느낌이 들어. 오빠가 저녁마다 난롯가에서 〔리턴Lytton〕 스트레이치Strachey와 파이프 담배를 피우며 알려준 것들을 이제 나 혼자 힘들게 책을 보면서 알아내야 한다니. 내 지식이 빈약해진 것도 놀랄 일이 아니지. 확신컨대 말보다 더 좋은 선생은 없어."

울프가 받은 교육(혹은 그 결핍)이 좋았느냐 나빴느냐 하는 문제는 그녀의 작가적인 삶과 관련해서 흥미로운 주제가 됐다. 레슬리 스티븐이 버지니아의 교육에 돈을 쓰지 않기로 한 것은 사실이었지만, 이는 딸의 건강을 고려한 처사였다. 특히 어머니의 사망 후 신경쇠약에 시달렸던 버지니아가 대학 교육을 제대로 감당할 수 없으리라는 생각에서 나온 거였다. "확실한 것은 버지니아 자신도 인정했지만, 레슬리는 딸이 학교나 대학에서 받았을 교육보다 더 나은 가르침을 딸에게 줬다. 그리고 만일 그녀가 공식 교육을 받았더라면, 거기서 배운 것으로는 작가가 될 수 없었을 것"이라고 허마이오니 리는 말했다.

또 분명한 것은 아버지가 앓기 시작한 1897년부터 사망한 1904년까지의 불행한 기간 동안 이들 부녀 관계가 매우 악화되었다는 사실이다. 이는 소설 『등대로』에 나오는 램지 씨Mr Ramsey의 폭군 같은 행동에 잘 묘사되어 있다. 아내를 잃은 지 2년 후에 레슬리 스티븐의 의붓딸인 스텔라 덕워스가 돌연 사망했다. 결혼한 지 몇 달도 되지 않아서였다. 이 가장은 열일곱 살 된 버네사가 버지니아의 도움을 받아 가사를 떠맡고 자신을 정서적으로 보필해주길 바랐다. 그러나 두 딸 중 어느 누구도 그의 바람을 들어줄 수 없었다. 울프는 자서전에서 "생각해보면 나는 그때 겨우 열다섯인 데다 신경쇠약 증세까지 있었다. 아무 데나 침 뱉고 열매 까먹고 껍질 버리고 여기저기 구석구석 휘저으며 쏘고 다니다가 철창 안에서 기분 좋게 그네나 타는 어린 원숭이 같았다"라고 썼다. "아버지는 어슬렁어슬렁 돌아다니는 위험하고 성질 사나운 사자였다. 이 사자는 속이 뒤틀려 있고 화가 나 있었으며 상처 입은 상태였다. 갑자기 흉포해졌다가 또 아주 온순해졌다. 그러다 다시 위엄을 찾았다. 그런가 싶으면 파리 떼 우글대는 먼지투성이의 철창 구석에 벌렁 누워버리는 사자 같았다." 버지니아의 일기에는 1928년 아버지 생일에 쓴 좀 더 산문적인 표현이 나온다. 버지니아는 만일 아버지가 생존해 있었으면 96세가 되었을 거라고 적으면서 "아버지가 살아 있었으면 내 삶은 완전히 종지부를 찍었을 것이다. 무슨 일이 일어났을까? 글도 못 쓰고 책도 못 읽고, 생각하고 싶지도 않다."

버지니아의 이부 오빠 조지 덕워스는 당시 30대 초반이었는데 미혼이었고 출세욕이 강했으며 버지니아를 성적으로 괴롭혔다. 바야흐로 조지 덕워스는 스티븐가의 두 자매를 사교계에 데뷔시킬 준비를 하고 있었다. 버네사는 이미 화가의 길로 들어선 터라 단호히 거부했다. 버지니아는 처음엔 호의적이었다. 그러나 곧 파티엔 젬병이라는 게 드러났다. 옷도 잘 못 입고, 춤도 잘 못 추었으며, 번지르르한 대화를 나누는 데도 흥미가 없었다. 그럼에도 버지니아는 아직 화려함이 다하진 않은 빅토리아

시대 말 사교계의 잔광에 어느 정도 끌리고 있었다. 이런 태도는 그 후 버지니아의 삶 내내 계속됐다. 버지니아는 1936년 블룸즈버리 회고록 클럽Bloomsbury's Memoir Club에서 '나는 속물인가?'라는 제목으로 연설하면서 이렇게 언급했다. "만일 누군가 내게 아인슈타인이나 왕세자를 만나라고 한다면 주저 없이 그럴 태세였다." 10대 후반과 20대 초반 파티에서 마주쳤던 사람들 중 일부는 나중에 소설 속에서 댈러웨이 부인이 주최한 허구의 파티에 초대된다. "『댈러웨이 부인』의 등장인물 중 일부는 실제의 원형이 있었지만 많이 닮았다고 하긴 어렵다. 10년 전에 본 사람들인 데다 심지어는 그 당시에도 잘 몰랐던 이들이기 때문이다. 그저 내가 그에 대해 쓰고 싶은 사람들이었을 뿐이다"라고 버지니아는 1925년 이 소설의 출간에 즈음해 정치가인 필립 모렐(Philip Morrell, 오톨라인 모렐Ottoline Morrell 부인의 남편)에게 보낸 편지에서 털어놓았다. 필립 모렐은 자신이 혹시 소설에 나오는 멍청한 리처드 댈러웨이나 아첨꾼 궁정관 휴 휘트브레드Hugh Whitbread의 모델이 아닐까 겁먹고 있었다.

1904년은 한 획을 그은 해였다. 레슬리 스티븐이 2월에 사망했다. 봄에 버지니아는 난생처음으로 버네사, 한 여성 친구와 이탈리아 여행을 떠났다. 그러나 5월엔 그전 몇 년간의 긴장이 원인이 된 듯 심각한 신경쇠약에 빠졌다. 그리고 일종의 자살 기도라고 할 만한 것도 있었다. 버지니아는 여름에 회복했는데, 드디어 아버지로부터 풀려난 것이다. 그러고는 언론 매체에 최초의 기고라 할 수 있는 것을 시작했고 이로 인해 꽤 괜찮은 수입을 얻었다. 『타임스 리터러리 서플리먼트Times Literary Supplement』에 쓴 서평과 기사들이 주 수입원이었다. 그리고 12월엔 스티븐가의 모든 자녀들, 즉 버네사, 토비, 버지니아, 에이드리언과 하인들이 빅토리아 왕조의 정신이 깃들어 있는 하이드 파크 게이트를 떠난다. 그들은 런던 도심을 가로질러 블룸즈버리의 고든 스퀘어에 있는 공동주택에 거처를 정한다. 블룸즈버리는 에드워드 시대의 런던에서 유달리 멋없는 동네였다. 덕워스 성을 쓰는 이부 형제들도 제 갈 길을 갔다. 조지는 그해 귀족과 결혼해서 시골로 내려갔고, 제럴드는 덕워스 출판사를 세웠는데 당연히 버지니아의 첫 소설을 냈다.

새집의 주 방문객은 케임브리지에서 찾아오는 토비 스티븐의 친구들이었다. 이들은 느슨한 모임의 핵을 형성하며 훗날 블룸즈버리그룹이라 불리는 것으로 발전해간다. 그 면면을 보면, 색슨 시드니 터너Saxon Siydney Turner, 클라이브 벨(Clive Bell, 얼마 안 있어 버네사 스티븐과 결혼함), 데즈먼드 매카시Desmond MacCarthy, 리턴 스트레이치 등이 있었고, 나중에 들어온 사람으로는 덩컨 그랜트Duncan Grant와 레너드 울프가 있었다. 이들과 스티븐가의 두 자매와 오빠가 이른바 '창설자들'이 됐다. 이 그룹의 기치는 키티 맥스 같은 부모 친구들로부터는 인정받지 못했지만, 빅토리아 시대의 구습에서 벗어난 말과 행동의 자유[비록 하인으로부터의 자유는 아니었지만(하인이 없으면 매사가 불편했다는 뜻—옮긴이)], 그리고 그에 대한 믿음이었다.

자유로운 대화체를 글쓰기에 구사하는 것은 어려운 일이었다. 버지니아는 소설가가 되고 나서야 이를 깨달았다. 1922년 『댈러웨이 부인』을 쓰기 시작한 지 얼마 안 됐을 즈음 '옛 블룸즈버리그룹'에 관한 이야기를 할 기회가 있을 때, 버지니아는 회고록 클럽Memoir Club에 대고 다음과 같은 아이러니한 언급을 한다. "말, 스티븐 집안 두 딸들의 삶과 성격에 지대한 영향을 미친 말, 이만큼 흥미롭고 중요한 말은 연기처럼 잡기 어려운 것입니다. 그건 굴뚝 밖으로 빠져나가 사라져버리죠." 첫 소설 『출항』은 인용 부호 안의 관습적인 대화로 가득 차 있다. 『댈러웨이 부인』에 이르러서야 관습적인 연설가의 말투에서 벗어난, 대화 리듬을 자유롭게 차용한 이야기체가 자리를 잡는다.

블룸즈버리의 새로운 삶이 지인들과 도락적인 지적 대화나 책 비평을 나누는 데 그친 것은 절대 아니었다. 빅토리아 왕조의 사회의식을 가지고 있던 어머니를 본보기 삼아 버지니아는 1905~1907년 몰리 칼리지에서 역사와 영작문 강의를 했다. 그곳은 런던 남쪽 워털루 가에 사는 노동자들 대상의 야간학교였다. 강의는 그리 성공적이지 못했다. 수업에 대한 부담이 너무 컸던 버지니아는 곧 이 일을 그만둔다. 그러나 키츠에 사로잡혀 있던 젊은 남성 '퇴폐 시인' 시릴 젤드윈Cyril Zeldwyn과의 만남이 남긴 인상은 결국 『댈러웨이 부인』에서 표현된다. 거기서 "수줍고 말을 더듬는" 문학 지망 사무원 셉티머스 스미스는 "워털루 가에서 셰익스피어를 강의하는 이사벨 폴 양"과 사랑에 빠진다.

버지니아가 처음으로 소설 쓰기를 시도한 때는 1907년 후반 무렵이었다. '멜라임브로시아Melymbrosia'라는 그다지 와 닿지 않는 제목의 소설이었다. 5년 이상 숱하게 고쳐 쓴 끝에 1913년 덕워스 출판사가 원고를 받아들였다. 버지니아는 에드워드 시대의 주류 남성 소설가들, 특히 아널드 베넷Arnold Bennett, 존 골즈워디John Galsworthy, 웰스H. G. Wells 등 자신만의 성격 창조 양식을 견고하게 확립한 인물들의 영향을 강하게 받고 있다고 느꼈다. 버지니아는 점차 이들의 스타일과 거리를 두며 좀 더 유연하면서도 늘어놓는 기법을 쓰게 됐다. 1910년 에드워드 7세가 사망하면서 주종, 부부, 부모자식 간의 관계에서 사회적 변이 양상이 널리 나타나게 됐다(이를테면 스티븐가의 자녀들이 사우스켄싱턴에서 블룸즈버리로 대거 이주한 사례가 이를 잘 보여준다). 버지니아는 1924년에 펴낸 에세이 「소설의 인물Character in fiction」에서 다음과 같은 유명한 구절을 썼다.

"1910년 12월 혹은 그때쯤 인물들의 성격이 바뀌었다." 버지니아의 말에 따르면, 그 때문에 소설에서 인물 묘사도 바뀌어야 했다. "그〔에드워드 왕조의 소설가〕들은 사상事象의 직조에 심혈을 기울였다. 그들은 말하자면 독자에게 집을 하나 지어주고, 독자들이 그 안에 살고 있는 인간 존재들을 연역하길 바랐다…… 그런데 소설에서 가장 중요한 부분이 사람에 관한 것이라고 한다면, 사람이 사는 집은 부차적인 것이다. 그런 점에서 그들의 소설 작법은 옳지 않았다."

이 시기에 버지니아 자신의 삶도 급격한 변화를 겪는다. 1912년 초에 레너드 울프의 청혼을 받아들인 것이다. 버지니아보다 한두 살 연상이었던 그는 런던에 정착해 힘들게 살아온 유대인 집안 출신으로 케임브리지 시절부터 죽은 오빠 토비의 친구였다. 레너드 울프는 실론(지금의 스리랑카ㅡ옮긴이)에서 유능하지만 고압적이었을 정부 관료로 6년을 근무한 뒤, 1911년에 식민지 생활에 환멸을 느껴 공직을 떠날지 고민한다. 그러던 중 스트레이치의 조언을 듣고 실론을 떠나 런던으로 돌아왔다. 그런데 스트레이치는 자신이야말로 버지니아와 결혼할 것으로 믿은 사람이었다. 어쨌든 레너드는 버지니아와 에이드리언 스티븐이 1911년에 브런즈윅 스퀘어에 마련한 새 블룸즈버리 집에 세들어 살게 됐다. 거기서 레너드 울프는 실론에서의 삶에 관한 첫 번째 소설을 빠른 속도로 써나간다. 소설 『정글 마을A Village in the Jungle』은 1913년 덕워스에서 출간됐다.

이 결혼의 반향이라고 할 만한 것이 『댈러웨이 부인』에서도 일부 잡힌다. 인도에서 5년간 관리 생활을 하다 1923년 6월(소설엔 날짜가 명기되어 있다)에 런던으로 돌아온 피터 월시는 거리에서 새로 나온 힘 좋은 자동차들을 보며 자신이 "관할 지역 내에서 쟁기를 고안했던 일, 영국에서 외바퀴 손수레를 주문해 들여왔으나 현지 일꾼들이 사용하지 않았던 일, 그 모든 게 대체 뭐 하는 것인지 클라리사도 전혀 몰랐던 사실"을 떠올린다. 레너드 울프도 실론 섬 남동 해안의 자기 관할 지역에 살던 반항적인 성향의 신할리즈족 농부들로 하여금 영국식 쟁기를 사용케 하려고 애를 썼다. 이 일은 레너드의 공무 일지에 낱낱이 기록되어 있다. 그가 버지니아에게 이 이야기를 해주었으리라는 것은 의심할 여지가 없다. 하지만 이 이야기도, 그 밖에 레너드가 실론에서 겪었던 그 어떤 경험도, 소설 『정글 마을』조차도 아내에게는 그저 스쳐가는 것에 불과했다는 사실이 버지니아의 일기나 편지를 보면 나타나 있다(버지니아의 전기들도 그녀를 앞에 내세우고 있을 뿐, 레너드의 실론 생활이나 그의 첫 소설은 무시하고 있다).

이런 것들은 피상적인 말일 따름이다. 좀 더 깊은 단계의 버지니아와 레너드의 관계는 항상 그녀의 마음속에 자리하고 있었으니, 그로 인해 클라리사 댈러웨이와 피터 월시의 관계가 소설에서 만들어졌다. 물론 클라리사가 버지니아는 아니었고, 피터도 레너드는 아니었다. 어쨌든 버지니아는 '무일푼 유대인'(이는 버지니아가 블룸즈버리그룹 친구들에게 보낸 편지에서 레너드를 설명하는 표현이다)과의 결혼이라는 매우 흔치 않은 일을 벌였지만, 소설 속의 클라리사는 정열적이고 위험한 피터를 거부하고 정치인 리처드 댈러웨이Richard Dalloway라는 안전, 편안, 사회적 지위를 택한다. 더군다나 피터는 패틀가(레너드의 집안)처럼 "인도 대륙에서 최소한 3세대에 걸쳐 행세해온 존경받는 영인도 가문"의 일원이 아니었던가? 반면에 레너드는 1904년에 실론으로 가기 전까지 식민지에 아무 연고도 없던 사람이다. 그러나 월시의 배경을 말하는 단락 바로 뒤에 버지니아는 인상적인 괄호를 사용해 의식의 흐름에서 나온 피터의 내면 생각을 서술하고 있다. "(이상하다, 그는 생각했다, 나의 이런 감정이라니, 인도를, 제국을, 군대를 싫어하는……)" 이런 대비는 확실히 레너드가 제국주의에 대해 갖고 있던 모순된 태도에서 끄집어낸 것이다.

그들은 1912년 8월에 결혼해서 프랑스, 스페인, 이탈리아로 신혼여행을 떠났다. 런던에 돌아와서는 블룸즈버리 집을 나와 좀 더 단출한 보헤미안풍의 집으로 이사했다. 그곳은 플리트 가에서 조금 떨어진 곳에 있었다. 돈을 아끼기 위해 하인은 두지 않았다. 버지니아는 본격적으로 소설 『출항』의 완성 작업에 매달렸다. 1913년 3월에 레너드가 이 원고를 제럴드 덕워스(레너드 소설의 발행인)에게 건네고, 5월에 버지니아는 교정쇄를 읽었다. 그런데 버지니아에게는 인쇄된 자신의 글을 읽는 일이 극심한 고통으로 다가왔다. 다 읽고 난 후에 심하게 앓았다. 9월엔 약물 과용으로 거의 죽다 살아난다. 출판은 1915년까지 미뤄졌다. 2년간 버지니아는 간헐적으로 저마다 진단이 다른 여러 의사와 간호사들, 그리고 레너드의 간병을 받았다. 어떤 때는 집에서, 어떤 때는 친구나 친척 집(거기엔 놀랍게도 조지 덕워스의 집도 있다)에서 요양을 했다. 병세가 심해진 1915년에는 '휴식 치료' 전문 요양 시설에 들어가기도 했다. 의료 직업에 대한 버지니아의 적대감은 『댈러웨이 부인』의 특징을 통해서도 잘 나타나 있지만, 이 1913~1915년의 긴 투병 생활도 한 원인이 됐다고 볼 수 있다.

버지니아의 증세를 가까이 지켜보면서 레너드는 블룸즈버리그룹 내의 사교 생활이 버지니아의 정신과 건강에 지나친 흥분을 주었다고 확신했다. 이는 수년 후에 버지니아가 일기에 적고 있는 바와 일치한다.

내 경우엔 이 병들이 뭐라고 해야 하나? 뭔가 신비한 구석이 있다고 생각한다. 내 마음에서 무슨 일인가 일어났다. 그런데 그것은 어떤 인상을 남기길 거부하고 스스로를 닫아버렸다. 번데기가 되어버린 것이다. 나는 꽤 무감각한 상태로 누웠다. 그러나 종종 격렬한 육체적 통증

이 찾아왔다…… 그런데 갑자기 그 무엇인가 튀어 올랐다. 이틀 전 밤
에 빅토리아[색빌웨스트]가 여기 있었다. 그녀가 돌아갔을 때 난 그
밤의 질감을 느꼈다. 그 튀어 오름이 어땠는지. 은색의 빛, 초저녁 빛
과 뒤섞인, 택시들은 거리를 질주하고, 내겐 생이 시작하는 듯한 엄청
난 느낌이 있었다…… 그토록 충만한, 분출하는 빅토리아의 삶, 모든
문이 열리고, 그것은 내 안에서 날갯짓하는 나방처럼 느껴졌다. 그리
고 나는 내 이야기를 짓기 시작했다. 그게 무엇이든, 생각들이 쇄도했
다. 비록 이것이 내가 펜이나 마음을 통제하기 전에 일어나긴 했지만,
이 단계에서는 쓰려고 해봐야 소용없다.

버지니아의 뜻을 거스르고 1914년에 레너드는 런던 중심부에서 리치
먼드 교외로 거주지를 옮긴다. 전쟁 발발 몇 달 전이었다. 1915년에 그들
은 거기서 쓸 만한 18세기 건물을 찾아내 세를 얻는다. 그들은 1924년 블
룸즈버리로 돌아가 전후의 삶을 살 때까지 호가스 하우스Hogarth House
라는 이름의 이 집에서 9년간 기거한다. 그동안 버지니아는 『댈러웨이
부인』 초고를 쓴다. 울프 부부는 1917년 이 건물 내부에 호가스 하우스
의 이름을 딴 호가스 출판사를 차린다. 버지니아의 치료 삼아 기분 전환
거리를 마련해주고자 하는 의도에서였다. 버지니아는 식자植字 일을 재
미있어 했다. 그런가 하면 자신들이 좋아하는 책, 에세이, 그녀 자신이
쓴 모든 글들을 외부 편집자의 간섭이나 상업 출판사의 압력 없이 펴내
고 싶었던 이유도 있었다.

제1차 세계대전은 『댈러웨이 부인』에 등장하는 자원병 셉티머스 스미
스에게 포탄 충격을 주어 그를 미치게 만든 원인이기도 했고, 블룸즈버
리그룹을 양분시킨 사건이기도 했다. 버지니아의 모계 쪽 먼 친척 중 두

명이 목숨을 잃었고, 레너드는 동생 한 명을 잃었고 또 하나는 부상을 입었다. 울프의 친구들 중에는 참전한 사람이 아무도 없었다. 대신 그들은 1916년 징병제 도입 이후에는 '대체 복무' 쪽을 택했다. 버지니아는 철저한 평화주의자였다. 레너드는 그보단 반전 성향이 덜했지만, 그래도 전쟁에 반대하는 입장이었다(1935~1945년에는 그렇지 않았다). 리치먼드가 공습을 받았을 때 가장 안 좋았던 일은 방공호에서 함께 밤을 새운 관리들과 대화를 나눠야 했던 일이었다고, 1918년 초 언니에게 보낸 편지에서 썼다.

버지니아는 전투 관련 지식이나 정황을 헤아리는 능력이 부족했기 때문에 『댈러웨이 부인』에서 셉티머스 스미스가 받게 되는 전쟁 충격 묘사는 박진감이 떨어질 수밖에 없었다. 간단하고, 표피적이고, 감정이 전혀 개입되지 않은 문장으로 셉티머스와 장교 에번스의 우정을 묘사하고 있다. 이를테면 "난롯가 양탄자에서 놀고 있는 개 두 마리" 같은 식이었다. 그리고 1918년 정전 직전, 이탈리아에서 전투 중 에번스는 사망하고 스미스는 멀쩡하게 살아남았는데, 이 정황을 "셉티머스는 어떤 감정도 내비치지 않은 채, 혹은 여기서 그들의 우정이 끝났다는 것을 결코 인식하지 못한 채 자신이 대단히 비감정적이고 이성적임을 자축했다. 전쟁이 그렇게 가르친 것이었다. 전쟁은 장엄했다"는 문장으로 서술했다. 전쟁이 끝나자마자 스미스는 이탈리아 여성과 약혼하는데, 그때부터 무언가를 느끼는 능력이 자신에게 없음을 알고 공황에 시달린다. 이는 자신이 큰 범죄를 지었다는 죄의식과, 그에 대한 벌은 죽음밖에 없다는 확신이 점차 깊어질 거라는 첫 번째 암시다. 그러나 독자는 스미스가 전쟁 중에 에번스와 나눈 우정이 어느 정도였는지 알 길이 없기 때문에, 후에 스미스가 미쳐가는 과정이 대단히 치밀하게 서술되어 있어도 전혀 몰입할 수가 없다.

1920~1922년에 쓴 울프의 전후 첫 소설인 『제이컵의 방』에는 전투 장면이 전적으로 배제되어 있다. 그저 약간 언급되어 있는 수준인데, 그 나마도 매우 추상적으로 전쟁에 대해 '말하고' 있을 뿐이다. 이건 마치 제이컵 플랜더스(Jacob Flanders, 확실히 상징적인 이름이다)가 콘월의 바닷가에서 어린 시절을 보내고 케임브리지를 거쳐 런던에서 화가 생활을 하다가 그리스를 여행하고, 그러고는 건너뛰어 이른 죽음을 맞는다는 식과 비슷하다. 마지막 충격적인 장면은 런던에 있는 제이컵의 버려진 방에서 일어나는데 이렇게 묘사되어 있다. "아무것도 정리가 안 되어 있었다. 그의 편지 전부가 누구라도 읽을 수 있게 어질러져 있었다." 아마도 이는 1906년 토비 스티븐이 갑자기 죽은 이후 고든 스퀘어의 집에 있던 그의 방을 떠올리며 만든 이미지인 듯싶다.

이 소설은 전전의 문학 풍토에서 벗어나 울프가 실험적 글쓰기를 시도한 첫 작품으로 엘리엇의 『황무지The Waste Land』나 제임스 조이스의 『율리시스Ulysses』와 같은 시기에 집필되었다. 버지니아는 1922년에 이 두 작품을 읽으며 여러 가지가 뒤섞인 느낌을 받았다고 했다. 레너드는 『제이컵의 방』에 비판적이었는데, 이 소설에는 "숙명에 의해 이리저리 옮겨 다니는 유령과 꼭두각시들만 살고 있다"는 게 이유였다고 버지니아는 일기에 썼다. 버지니아 자신도 그 소설이 산만하다고 생각하면서 다음 작품을 구상했다. "그러나 내 생각에 『제이컵의 방』은 거쳐야 할 단계였다. 내가 자유로운 작업을 해야 한다면 그런 게 필요했다." 엘리엇은 버지니아에게 이 책이 "주목할 만한 성공작"이라고 말했다. 이 작품 안에서 "전통적인 소설 형식과 그녀만의 천부적인 재능을 타협시키지 않고" 버지니아가 자유를 얻고 있노라고 칭찬했다.

『댈러웨이 부인』의 집필은 1922년 후반에 본격화됐다. 그해 여름에 버지니아가 의원 부인인 클라리사 댈러웨이의 성격을 완성하기 위한 몇몇 단편 작업에 착수한 뒤였다. 클라리사 댈러웨이로 말하자면, 최초의 등장은 『출항』에서였다. 어쨌든 그렇게 시도한 단편들 중 「본드 가의 댈러웨이 부인Mrs Dalloway in Bond Street」이 완성되었다. 당시, 그해 내내 의원 선거 입후보 일로 바빴던 레너드 울프의 말에 의하면, "그녀는 그것을 장편으로 늘이는 문제를 놓고 잠시 망설였다"고 한다.

10월 6일 호가스 하우스에서 버지니아는 2페이지짜리 메모를 했다. 거기에는 다음과 같은 내용들이 들어 있었다.

책을 시작해야 한다는 생각이 떠올랐다. 집이나 파티에서였을 것이다. 이 책으로 말하자면 6장이나 7장으로 된 길지 않은 내용이며, 각 장은 독립적이고 완결되어 있다. 그러면서 모든 장은 마지막 파티에 관한 장으로 수렴된다. 일부 인물들의 성격은 댈러웨이 부인만큼 뚜렷해야 한다는 게 내 생각이다. 그리고 어떤 생각이나 성찰 혹은 곁가지 이야기 같은 것들이 장과 장 사이의 간주곡 역할을 해야 하는데, 이것들은 반드시 다음 장과 논리적으로 연결되어 있어야 하며, 치밀해야 하고 뜬금없는 것이 되어서는 안 된다.

각 장들은 다음과 같은 것들이 될 터다.

1. 본드 가의 댈러웨이 부인

2. 총리 대신

3. 조상들

4. 대화

5. 나이 든 부인들

6. 주립 구빈원?

7. 꽃 꺾기

8. 파티

대략 한 장의 완성에 한 달 정도 예상해야 함. 하지만 전체를 그런 식으로 하지 못한다 하더라도, 한 장이 끝나고 다음 장까지는 짧은 휴지 기간도 계획에 들어 있어야 함. 재미있을 것임.

최종적인 책의 모습을 이루는 것 중 몇 가지는 이미 완성된 터였다. 이를테면 댈러웨이 부인이 메이페어에 (꽃을 사려고) 들이닥치는 모습이나 마지막 파티 부분이 그랬다. 하지만 전쟁이나 광기, 자살, 셉티머스 스미스의 성격 같은 부분은 손도 대지 않은 상태였다. 그러나 일주일 후인 10월 14일의 일기에 버지니아는 이렇게 쓰고 있다. "댈러웨이 부인 부분이 책에 편입됐다. 나는 여기에 정신이상과 자살 관련 스케치를 살짝 넣었다. 멀쩡한 정신과 미친 정신이 나란히 목격하는 세계, 뭐 그런 것이다. 셉티머스 스미스는 좋은 이름인가? 제이컵보다는 좀 더 사실적이어야 하는데." 버지니아는 무엇 때문에 돌연 방향을 바꾸었을까?

10월 8일에 울프는 키티 맥스가 나흘 전 집 안 층계에서 떨어져 죽었다는 소식을 들었다. 55세의 나이였다. 알다시피 키티 맥스는 댈러웨이 부인의 원래 모델이었다. 키티 맥스와 버지니아는 거의 15년간이나 연락을 끊고 살았지만 그 소식으로 인해 하루 종일 불편한 기억과 느낌에 시달려야 했다. "단 한 번도 키티를 편하게 생각해본 적은 없었지만 그녀는 매우 매력적이고 유머가 풍부한 사람이었다"라고 버지니아는 썼다. 런던에서 열린 추도식에는 조지 덕워스를 포함한 사회 저명인사들이 참석했는데 버지니아 울프는 가지 않았다. 이 행사 뒤인 10월 14일에 그녀는 다시 적고 있다. "이제 키티는 묻혔다. 런던의 거물 중 반수가 애도를 표했다. 나는 지금 내 책에 대해 생각 중이다. 키티가 계단 난간 너머로 떨어졌다는 게 왠지 석연치 않다." 울프는 비록 증거는 없지만 자살일 거라고 의심했다. 이런 의심과 키티 맥스의 삶에 대해 버지니아가 가지고 있었던 풍부한 기억이 결합하면서 곧바로 새로운 소설 하나를 떠올릴 수 있다. 그 제목은 '디 아워스The Hours'였다. 이야기를 진행하는 동안 빅벤(영국 국회의사당 탑 위의 시계─옮긴이)이 종을 쳤기 때문이다("납빛의 둔중한 원들이 공기 중에 스며들며 사라졌다").

『댈러웨이 부인』을 쓰기 시작해 1924년 10월 완성될 때까지 2년 동안 최소한 세 가지의 서로 다른 외부 상황이 집필에 영향을 주었다. 우선, 레너드 울프가 노동당과 국제정치에 깊이 관여하게 된 일이 아내가 댈러웨이 집안의 정치 세계를 더욱 생생하게 묘사하는 데 기여했음은 의심할 여지가 없다. 둘째, 1922년 12월에 버지니아는 처음으로 귀족적인 빅토리아 색빌웨스트를 만나고 그녀에게서 성적 동요를 느낀다. 소설에서는 이 감정이 젊은 시절 클라리사 댈러웨이와 샐리 시튼의 불장난으로 표현되어 있다. 샐리는 나중에 결혼해서 유복한 중년의 로세터 부인이 된다.

끝으로, 이게 가장 중요한데, 1924년 3월 교외의 리치먼드에서 블룸즈버리로 다시 이사한 일이다. 이는 런던에 대해 느끼는 울프의 감정을 더욱 강한 것으로 만들었다.

런던은 매혹적이다. 나는 황갈색의 마법 양탄자 위로 걸음을 내딛는다. 그런 것처럼 보인다. 손가락을 들어 올리지 않아도 그것은 나를 아름다움 속으로 실어다 준다. 밤은 굉장하다. 흰색의 주랑들과 넓고 고요한 거리들. 사람들은 마치 토끼처럼 가볍게, 재미 삼아 나타났다 사라졌다 한다. 나는 사우샘프턴 로를 내려다본다. 물개의 등처럼 젖어 있지만 해가 뜨면 붉거나 노랗게 될 것이다. 승합 버스가 오가는 것을 응시한다. 오래되고 망가진 오르간 소리를 듣는다. 곧 어느 날인 가 나는 런던에 대해 쓸 것이고, 이 도시가 개인들의 삶을 어떻게 품에 안고 가는지를 말하리라. 거기엔 어떤 수고도 들지 않을 것이다…… 그러나 내 마음은 '디 아워스'에 대한 생각으로 가득하다…… 점점 분석적이고, 인간적인 무엇이 되어가고 있다고 생각한다. 덜 서정적 인…… 인간 존재를 자유롭게 재빨리 본다는 [점]은 내게 무한한 이 점이 되고 있다. 그리고 나는 나의 정체성 속으로 휙 들어갈 수도, 싹 빠져나올 수도, 아예 털어낼 수도 있다.

『댈러웨이 부인』의 '분석적이고 인간적인' 특징은 확실한 강점이었다. 울프의 소설 중에서도 유독 이 작품만이 가지고 있는 특별한 지위와 인 기를 설명해주는 요인이다. 그 근사한 예는 셉티머스 스미스의 자살 직 후에 (그의 삶과 죽음에 대해 전혀 알지 못하는) 피터 월시가 런던 거리에서 시간을 보내는 장면을 묘사한 다음의 문장들이 될 터다.

문명의 승리 중 하나라고 피터 월시는 생각했다. 그건 문명의 승리 중 하나였다. 구급차가 울리는 경쾌한 고음의 종소리가 그처럼 들렸 다. 빠르고 깔끔하게 구급차는 병원을 향해 속력을 냈다. 즉각적으로, 인도적으로, 어떤 불쌍한 놈을 싣고서, 머리를 부딪혔거나, 병으로 쓰 러졌거나, 1분쯤 전에 이 부근 어느 교차로에서 차에 치였거나 누구 에게나 닥칠 수 있는 그런 일을 당한 자를. 그게 문명이었다. 그것이 동양에서 온 그를 강타했다―효율성, 조직, 런던의 공동체 정신이. 모

든 이륜·사륜 마차들은 자진해서 옆으로 비켜나 구급차가 지나가게
했다. 어쩌면 그건 병적인 것일지도 몰랐다. 그게 아니더라도 어쨌든
그들이 구급차와 그 안에 있는 희생자에게 바치는 존중은 감동적이
지 않았다. 바쁜 남자들이 집으로 발걸음을 재촉하다가 그게 지나가
자 순간적으로 아내를 떠올리는 사람도 있었다. 혹은 저 안에, 의사와
간호사 옆 응급 침대 위에 널브러져 있는 사람이 자신이었을 가능성
도 매우 높다고 생각하는 것 같았…… 아, 그러나 생각은 병적이고
감상적으로 되어버렸다. 곧 누군가는 의사와 시체를 떠올리기 시작했
다. 그렇게 상상하다 보니 약간의 희열이 타오르고 모종의 열망이 생
겨나면서 그에게 그런 종류의 일을 당하지 말라고 경고했다. 예술에
치명적이고, 우정에 치명적인 그런 것. 맞다. 그리고 구급차가 모퉁이
를 돌아갈 때, 피터 월시는 생각했다. 물론 경쾌한 고음의 종소리는 다
음 거리에서도 들릴 것이고 차량이 토트넘 코트 로드를 지나갈 때까
지도 계속 종을 쳐대겠지만, 그건 외로움의 특권이다. 사적인 자리에
서는 누구나 하고 싶은 대로 할 수 있다. 아무도 안 보는 데선 누구나
울 수도 있다. 그는 이런 감수성을 영인도 사회에서는 드러내지 못했
다. 울어야 할 때 울지 못했고, 웃어야 할 때 웃지 못했다.

그러나 이 소설이 구조의 독창성과 심리를 찌르는 예리함을 가지고
있었음에도, 울프와 그녀 자신의 중심에 있는 본질이 서로 단절되어 있
다는 사실을 가리지는 못했다. 그 단절은 키티 맥스가 죽었을 때, 그에
대해 버지니아가 현실의 삶 속에서 보여준 분열적 태도를 반영한다. 댈
러웨이 부인의 창조자는 크게 보아 자신의 피조물에 대해 애모의 감정
을 갖고 있었을까, 아니면 혐오의 감정을 갖고 있었을까? 클라리사의 정

신은 심오한 것으로 묘사되었는가, 아니면 천박한 것으로 묘사되었는가? 파티를 열 때 댈러웨이 부인은 진심이었나, 아니면 위선이었나? 이 소설은 이런 물음들에 대해 모순적인 대답을 내놓는다.

리턴 스트레이치는 그런 단절을 감지한 최초의 사람이었다. 그래서 '블룸즈버리'의 솔직함을 내세워 자신의 속내를 버지니아에게 말했다. "리턴은 『댈러웨이 부인』을 좋아하지 않는다. 기이한 것은 그가 그런 말을 했음에도, 그것 때문에 내가 그를 좋아한다는 점이다. 크게 마음이 상하지 않는다"라고 버지니아는 일기에 적었다. "그가 한 말은 (지극히 아름다운) 장식과 (평범하거나 중요치 않다고 할 수 있는) 사건 사이의 부조화가 그 소설에서 발견된다는 것이었다. 이는 그가 클라리사에게서 어떤 모순을 찾아냈기 때문이다. 그는 클라리사가 까다로운 성격에, 한계를 가진 인물이라고 생각한다. 하지만 나는 그녀에게 웃어줄 수도, 그녀를 대단히 많이 감싸줄 수도 있다."

더 심한 단절 현상이 셉티머스 스미스와의 사이에 있다. 『댈러웨이 부인』에서 울프는 자신이 겪었던 정신 질환과 오랜 치료 경험에 대해 말하고 있다. 스미스는 미쳐간다. 의사의 손을 뿌리치고 창문에서 뛰어내려 런던의 날카로운 난간 창살 위로 몸을 던진다. 이에 대한 묘사는 상당한 관련 지식과 동정심으로 넘쳐난다. 셉티머스는 버지니아 자신이 그랬던 것처럼 리젠트 파크에서 참새가 그리스어로 그에게 불러주는 노래를 듣는다. 그러나 셉티머스의 정신이상은 끝내 우리의 마음을 움직이지 못한다. 왜냐하면 그의 성격 때문이다. 포탄 충격을 입기 전부터 셉티머스는 별다른 매력 없이 겸손이나 떠는 경멸적인 인물로 설정되어 있었다. 이는 버지니아 스티븐이 몰리 칼리지에서 학생들을 가르치며 느꼈던 감정과 다를 바 없었다. 버지니아의 말을 들어보자.

〔셉티머스 스미스는〕 대체적으로 이도 저도 아닌 경계선 상에 위치한 경우였다. 따라서 그의 운명은 펄리에 있는 집 또는 차에서 종말을 맞거나, 아니면 평생 뒷골목 아파트에 세들어 살 수밖에 없는 것이었다. 이는 어중간하게 교육받은 사람이 걸어갈 행로였다. 독학했다고 하지만 공립 도서관에서 빌린 책을 통한 지식 습득이 전부였고, 하루 일이 끝나면 저녁에 한 독서가 고작이며, 유명한 저자에게 편지를 보내 구한 조언에 의지해 공부한 사람의 행로 말이다.

그래서 이 소설은 댈러웨이 부인과 셉티머스 스미스의 삶을 만족스럽게 연결하는 데 실패했다. 자신이 연 파티에서 댈러웨이 부인은 늦게 도착한 손님인 "흐리멍덩하고 사악한 (스미스의) 의사" 윌리엄 브래드쇼 William Bradshaw 경과 대화를 나누던 중 스미스의 끔찍한 죽음 소식을 듣는다. 그녀는 창가로 물러나 혼자 곰곰 생각한다. '어쨌든 그것은 그녀의 재난이자 불명예였다.' 하지만 클라리사 댈러웨이는 셉티머스 스미스를 만난 적이 없었던지라 그에 대해 실제로 아는 게 전무했다. 그래서 이런 감정은 독자들에겐 허위로 보일 수밖에 없다(1997년 『댈러웨이 부인』을 각색해 만든 괜찮은 한 영화에서는 파티용 꽃을 사던 클라리사가 거리에서 비틀거리며 걷고 있는 셉티머스에게 최소한 눈길을 주는 것으로 설정되어 있다). 애완동물처럼 사랑받는 사교계의 여주인과 미쳐버린 제대군인 사이엔 설득력 있는 그 어떤 연관성도 존재하지 않는다.

일기에 기록된 것이나 그녀 자신이 쓴 편지 내용으로 보건대, 버지니아 울프는 이 소설의 그런 치명적인 단점을 인식하고 있었다. 그것은 레너드도 마찬가지였다. 1923년 버지니아는 이 작품을 놓고 "정말 맥없는 끼적거림"이라고 말했으며, 아예 원고를 포기할 생각도 했다. 그러나 동시에, 버지니아는 『댈러웨이 부인』의 소설적 구조와 문체가 혁신적이고, 이 소설이 뛰어난 사회극이라는 것, 그리고 많은 문장들이 매혹적인 아름다움을 지니고 있다는 것도 잘 알고 있었다. 정확한 통찰이다. 이 소설은 버지니아가 스스로 완벽하다고 자부하는, 그리고 신경쇠약을 겪지 않은 상태에서 써낸 첫 작품이다. 이 작품이 출판되어 대단한 성공을 거두며 소설가로서 버지니아의 삶이 본격화됐고, 버지니아 울프라는 이름이 누리게 된 명성이 생겼다.

14

앙리
카르티에
브레송

『결정적 순간』

〔1932년〕나는 라이카를 발견했다. 그것은 내 눈의 도구가 되었다.
그 후 한 번도 그걸 내 곁에서 떼어놓은 적이 없었다. 나는 하루 종일 거리를 어슬렁거렸다.
바짝 긴장한 채, 삶을 '포획'하기 위해 달려들 준비를 단단히 갖추고 말이다.
포획한다는 것은 살아가는 행위 속에 '삶'을 보존하는 것을 의미한다.
무엇보다 나는 단 한 장의 사진이라는 테두리 안에 내 눈앞에서 진행 중인
어떤 상황의 정수를 집어넣고자 열망했다.
—앙리 카르티에 브레송, 『결정적 순간*The Decisive Moment*』, 1952년 서문

1830년대 프랑스와 영국에서 고안된 사진술은, 1952년 앙리 카르티에
브레송의 첫 번째 책 『찰나의 이미지*Images à la Sauvette*』(동시 출간된 영문
판 제목 '결정적 순간 The Decisive Moment'으로 알려진)가 나오기 전까지 엄
청난 영향력을 과시했다. 그런데 당시 일반에게 사진술은 예술이라기보
다는 손기술이나 과학에 가까운 것으로 치부되었다. 앙리 카르티에 브레
송이 찍은 흑백 이미지들로 가득한 대형 판형의 책자, 완전히 비사진적
인 채색 장정, 화가 앙리 마티스의 매혹적이고 추상적인 스크랩 작품이
표지를 덮고 있는 이 책의 출간은 사진의 역사에서 전환점이 됐다. 『결
정적 순간』 이후 사진은 그림처럼 화랑에 전시될 만한 가치를 지닌 예술
작품으로 널리 인식됐다. 카르티에 브레송의 사진 전시회는 그 후 수십
년 동안 전 세계 주요 전시장에서 열렸다. 카르티에 브레송은 자기 작품
이 루브르 박물관에 걸리는 걸 살아서 지켜본 최초의 사진가가 됐다. 20

세기 후반 내내, 사진술은 어느 누구도 아닌 바로 카르티에 브레송의 사진들에 힘입어 미술의 한 분야로 대접받을 수 있었다. 2004년 카르티에 브레송이 96세를 일기로 작고했을 때 세계의 주요 사진가들은 그를 최초이자 최고인 '세기의 눈'으로 기렸다.

그러나 카르티에 브레송은 아주 유명할 정도로 모순적인 인물로서, 자신은 사진에 전혀 관심이 없었음을 일관되게 주장해왔다. 카르티에 브레송의 행적을 살펴보면 이 놀라운 주장을 잘 뒷받침하고 있다. 1999년 인터뷰에서 카르티에 브레송은 내게 이렇게 말했다. "'위대한 사진가' 그게 대체 뭐요? 나는 그저 평범한 인간에 불과할 뿐이오."

어린 시절 카르티에 브레송이 정신을 빼앗겼던 대상은 사진이 아닌 회화였고, 1920년대 후반에는 한 미술학교에서 화가 수업을 받기도 했다. 카르티에 브레송이 본업으로 사진을 택한 것은 1932년 라이카 카메라를 한 대 구하면서부터였다. 3년간 집중적으로 사진을 찍고 나서, 카르티에 브레송은 사진에서 영화제작으로 발길을 돌렸다. 1944년이 되어서야 일군의 프랑스 예술가 및 화가 사진을 찍으며 다시 사진계로 돌아왔다. 카르티에 브레송의 피사체엔 마티스도 끼여 있었다. 1947년 이후, 뉴욕 현대미술관에서 '도약'적인 전시회를 열고, 자신이 공동 설립자가 된 사진 에이전시 매그넘 포토스Magnum Photos가 출범하면서 카르티에 브레송은 스스로를 직업 사진가로 인정하기 시작했다. 하지만 그때도 카르티에 브레송은 자신이 찍은 네거티브필름 인화를 다른 사람에게 맡겼다. 그는 암실 작업이나 현상 기술에 전혀 흥미가 없었다. 이는 1950년대에 세계에서 가장 존경받는 포토 저널리스트가 된 이후에도 변함이 없었다. 1962년, 한 프랑스 기자와의 대담에서 이에 관해 솔직하게 털어놓았다. "내 깊은 내면에서는…… 카메라 안에 필름이 없다 해도 크게 문제 될 게 없어요. 나에게 가장 큰 기쁨은 피사체를 확보하고 정확한 순간에 셔터를 누르는 일입니다…… 몇 분의 1초 동안 지속될 뿐입니다. 하지만 그게 창조의 순간입니다." 1970년경 60대 초반에 접어든 카르티에 브레송은 끝내 정점에 올랐던 사진가로서의 위상을 포기한다. 나머지 30년간 카르티에 브레송은 솔 스타인버그Saul Steinberg나 장 르누아르Jean Renoir 같은 친구들의 격려에 힘입어 모든 창조적 열정을 자신의 첫사랑이었던 회화와 드로잉에 쏟아부어 1975년, 뉴욕에서 첫 번째 작품 전시회를 연다. 파리에 있는 그의 아파트 벽에는 자신의 작품이든 남의 작품이든 사진은 한 장도 없고 오직 회화와 드로잉 작품만 걸려 있다. 많은 이들에게, 특히 직업 사진가들에게 카르티에 브레송의 명백한 전향은 그가 초석을 놓은 예술사진에 대한 배신으로 비쳤다.

카르티에 브레송이 연필과 붓으로 창조한 작품, 즉 그의 취미 활동 산물violon d'Ingres들은 카메라로 만들어낸 작품에 비할 바가 못 됐다. 카르티에 브레송도 이 사실을 분명히 알고 있었다. 그러나 어린 시절 공식 교육 현장에서 배운 드로잉과 회화, 그리고 평생 동안 이에 대한 몰입은 그가 사진가로서 예술적 성취를 거두는 데 큰 기여를 했다. 비록 아무도, 심지어 카르티에 브레송 자신조차 어떻게 자신만의 독특한 (사진) 이미지들을 창조했는지 정확히 설명할 수 없을지라도, 이는 그가 받은 미술 훈련의 경험에서 비롯된 게 분명하다. 미술을 통해 카르티에 브레송은 구도를 배웠을 뿐 아니라, 커다란 창조적 성취를 이루는 데 필수 불가결한 자기통제 능력을 익혔다. 예를 들어 인물 사진을 찍기 위해 사진가는 항상 긴장하고 기민함을 유지해야 하며 특정한 순간을 낚아챌 준비를 하고 있어야 한다. 그렇게 함으로써, 카르티에 브레송이 1980년대 후반에 언급한 것처럼 "자발적인 희생물의 내적인 침묵을 포착"할 수 있다. "연필 초상화에서 내적인 침묵을 소유해야 하는 쪽은 화가다."

카르티에 브레송의 가계에는 드로잉 재능의 피가 흘렀다. 그의 아버지부터 조부와 증조부에 이르기까지 모두 스케치북을 그림으로 가득 채웠다. 그가 제일 좋아했던 삼촌 루이 카르티에 브레송은 직업 화가로 1910년 로마상Prix de Rome을 받았다. 그가 태어난 지 2년째 되는 해였다. 그러나 정작 카르티에 브레송 일가가 두각을 나타낸 분야는 미술이 아니라 상업이었다. 카르티에 브레송 가문은 대대로 파리의 부유한 상부르주아haute bourgois 집단에 속해 있었다. 팡탱Pantin 마을(지금은 파리 교외가 됐음)의 카르티에 브레송 가街에 있던 이 집안의 공장은 하나의 작은 제국을 이뤘는데 재봉, 자수, 봉합, 뜨개질, 레이스 제조용 실을 생산했다. 카르티에 브레송 상표의 실은 프랑스 전역의 가정 필수품이었고, 타원형 리본을 십자가로 나눈 디자인의 상품 로고는 멋진 글자체로 C와 B를 형상한 것이었다. 카르티에 브레송의 전기 작가인 피에르.아술린 Pierre Assouline은 "부유한 중산층 가문의 문장"이었다고 표현했다.

어린 시절부터 앙리는 집안 분위기에 반기를 들면서도, 한편으로 그것을 받아들여 자신만의 독특한 삶의 태도를 만드는 데 활용했다. 이는 1930년대에 사진가와 영화제작자로 대중에 각인시킨 엘리트주의적인 '카르티에 브레송'이라는 이름과, 비공식적인 이름 '카르티에' 사이에서 혼란스러워했던 사실로 잘 알 수 있다. 카르티에 브레송은 부모와 긴장 관계를 유지했다. 특히 성장하면서 사업가인 아버지와 그랬다. 부모에 대해 공개적인 언급을 많이 하지 않았던 그의 말이다.

내 아버지는 엄격하고 말이 없었으며 많은 점에서 영국 신사처럼 보였다. 아버지는 항상 자신의 서재에서 뭔가를 썼다. 아버지 때문에 나는 사업을 싫어하게 됐다. 예외가 있다면 아버지가 다채로운 색깔의 실 견본을 보여주었을 때뿐이다. 그럴 때면 나는 기쁜 마음으로 아버지를 도와 이 파란색 견본을 저 파란색 견본과 대조하는 작업을 했다. 그때는 의기투합할 수 있었다. 어머니는 빼어난 미인으로 나이 들어서도 미모를 유지했다. 어머니는 매우 예민했고 신경질적이었으며 항상 자신이 옳은지 그른지를 생각했다. 또 심리학과 철학, 그리고 음악에 열정을 보였다.

카르티에 브레송의 어머니 조상 중에는 목욕 중인 장 폴 마라(Jean Paul Marat, 1743~1793. 스위스 태생의 프랑스 혁명가로 혁명기에 급진 자코뱅당을 이끌었음—옮긴이)를 암살하고 1793년 단두대에서 사형당한 샤를로트 코르데Charlotte Corday가 있었는데, 어머니는 이를 자랑스러워했다.

장남이었던 앙리는 그런 기질 때문에 집안에서 악명이 자자했다. 자신도 이를 완전히 통제할 수 없었는데, 나이를 먹어서까지 크게 변함이 없었고 정식 교육을 받으면서 더욱더 안 좋아졌다. 왜냐하면 앙리는 수업 시간표나 체육 등에 전혀 흥미가 없었고 자신의 자유나 독립을 제한하는 것은 무엇에나 반항했다. "학교에서 유일하게 흥미 있었던 것은 그림이었다"라고 카르티에 브레송은 1947년 뉴욕 전시회를 하면서 펴낸 작가 연표에 대담하게 적었다. 앙리의 학창 시절은 전반적으로 유복한 성장기 중에 낀 고통스러운 시간이었다. 단 하나 예외가 있다면 어떤 선생으로부터 받은 위로였다. 그 선생은 이 아이의 반항심을 이해하고 자신의 집무실에서 공식 수업 시간표에는 없는 소설이나 시를 읽도록 허락했다. 프루스트, 도스토옙스키, 말라르메, 랭보, 보들레르, 심지어 제임스 조이스의 작품까지 읽었다. 카르티에 브레송은 대학 입학 자격시험

(바칼로레아)에서 세 번이나 떨어졌다. 처음에는 3점 차로, 두 번째는 13점 차로, 세 번째는 30점 차로 낙방했다. 프랑스어 철자법, 악센트와 구두점 사용법까지 틀렸다. 그 바람에 대학 교육을 받을 수 있는 제도적인 통로가 막혀버렸다. 앙리는 잘됐다고 생각했다. 수년이 지나 한 대학이 앙리에게 명예박사 학위를 제안했을 때, 그는 거절하면서 이런 농담을 했다. "도대체 내가 무슨 과목 교수를 할 수 있을 거라 생각하십니까? 새끼손가락학 교수인가요?"

문학책을 읽는 것 외에 앙리는 영화 보기와 그림 그리기에 열정을 보였다. 휴일에는 브라우니 박스 카메라(1900년 미국 코닥사가 만든 상자형의 간단한 카메라—옮긴이)를 들고 되는대로 이것저것 사진 찍는 일도 즐겼다. 앙리는 당시 기준에서 최신 영화들, 예를 들면 그리피스D. W. Griffith의 〈꺾인 꽃Broken Blossoms〉, 세르게이 예이젠시테인Sergey Eisenstein의 〈전함 포템킨Battleship Potemkin〉, 칼 드레이어Carl Dreyer의 〈잔 다르크 Jeanne d'Arc〉 같은 영화를 보고 깊은 인상을 받았는데, 이로 인해 앙리는 뒤에 나온 유성영화보다 무성영화에 강한 애정을 보였다. 이는 그의 사진 작업에 중요한 의미를 지닌다. 그는 "보면서 동시에 듣는 일은 어렵다"라고 말했다. "나는 그 나라의 언어를 구사할 수 없는 곳에서 산 적이 있다. 그래서 눈을 더 많이 사용할 수밖에 없었다!"

회화와 드로잉을 배우는 일은 가족들의 예상만큼이나 녹록지 않은 과정이었다. 만일 화가 삼촌이 오래 살았다면 틀림없이 앙리를 곁에 두었을 것이다. 앙리가 삼촌의 작업실을 처음 찾은 때는 1913년 크리스마스이브로 다섯 살 때였다. 거기서 그는 물감 냄새를 맡았다. 이후 그 기억은 그의 삶에서 사라지지 않았다(뭔가를 불러내는 냄새가 왕왕 그러하듯이). 앙리는 자주 그 작업실에 갔다. 그러나 1915년 루이 삼촌은 제1차 세계대전의 전장에서 죽었다. 앙리가 훗날 자신의 '신화적 아버지'로 명명했던 인물을 잃은 것이다(1918년에는 피에르 삼촌도 전쟁 때 입은 부상이 원인이 되어 죽는다). 루이의 화가 친구가 앙리를 떠맡아 학생들이 학교에 가지 않는 목요일과 일요일에 회화와 드로잉을 지도했다. 얼마 후 가족과 친분 있는 화가인 자크 에밀 블랑슈Jacques-Emile Blanche가 앙리를 자기 작업실로 불러 작업하는 걸 보여주면서 기운을 북돋았다. 자크 에밀은 에두아르 마네Édouard Manet와 개인적으로 친했으며, 앙리를 멋쟁이 르네 크르벨René Crevel 같은 유력 인사에게 소개시켜주기도 했다.

그러나 앙리가 받은 대부분의 중요한 미술 수업은 학교를 떠나 로트 아카데미에 들어갔을 때 이뤄졌다. 거기서 앙리는 1926년에서 1928년까지 2년을 보냈다. 앙드레 로트André Lhote는 독학한 화가로, 폴 세잔Paul Cézanne을 열렬히 숭배했다. 또한 그는 자신의 예술이 이전 시대의 고전파 프랑스 회화와 당대의 입체파cubism 간의 가교가 될 수 있다고 생각했으며 질서, 규칙, 규율 같은 것의 필요성을 강조했다. 하지만 로트의 주된 업적은 교사이자 이론가이며 비평가로서 풍경화 및 인물화에 관한 책을 쓴 저자라는 점에 있다. 로트는 자연 연구와 드로잉 모델을 둘 것을 강력하게 주장했다. 1927년에 로트는 한 논문에서 다음과 같이 썼다. "나에게 사진은 결코 회화를 '유사하게 그려야 한다는' 생각에서 해방시킨 기술이 아니다. 오히려 회화를 꼼짝 못하게 잡아놓았으며, 회화에 결정적인 기준을 제시해주었다…… 지금 필요한 게 있다면 화가로 하여금 '수제 사진handmade photography'을 만들게 하는 일이다."

로트는 미술을 하면서 강박적으로 기하학에 매달렸고, '황금분할' '신성한 비율' '구도의 법칙' '만고불변의 조화' 등을 끊임없이 입에 올리곤 했다. 로트는 카르티에 브레송에게 플라톤 아카데미의 문에 새겨져 있었다는 명구를 소개했다. "기하학자가 아닌 자는 여기에 들어올 수 없다."
카르티에 브레송은 그것을 가슴속에 새겼고 훗날 사진에 적용했다. 또 로트가 자신에게 사진가로서 '읽고 쓰는 법'을 가르친 점에 대해서는 존경을 표했지만, 나중에는 로트의 규범 중심적인 순수주의가 힘들었다고 고백한다. 좀 더 매력적인 것은 앙드레 브르통André Breton이 중심이 된 초현실주의 운동이었는데, 이 운동은 르네 크르벨과 그 패거리 사이에서는 일상이나 다름없었다. 카르티에 브레송은 이미 그들을 알고 있었다.

1929년, 카르티에 브레송은 영국에서 8개월을 보낸다. 케임브리지 대학에 재학 중인 사촌 루이 르 브르통Louis Le Breton과 함께였다. 카르티에 브레송은 몇몇 문학 강의를 듣는 일 외에는 계속 그림을 그렸다. 이때 그린 두 점의 그림이 얼마 안 되는, 현존하는 그의 초기 작품들에 들어 있다. 하나는 케임브리지에서 묵었던 집의 주인 부부를 그린 것인데 꽤 잘 그렸고, 다른 작품은 다소 완성도가 떨어진다. 정신을 잃은 채 침대에 누워 있는 여인의 뒤틀린 나체와 주위를 둘러싸고 있는 장식적인 상징물, 예를 들면 신비로운 조개껍데기와 채색된 입체 등을 그렸다. 이 그림들을 보면 로트의 기하학적 순수주의와 초현실주의자들의 '과잉'에 대한 숭배 의식을 결합시키려 했던 것 같다(나중에 카르티에 브레송은 그 입체 안에 로트가 들어 있었다고 농담했다). 물론 그보다는 훨씬 좋은 모습으로 나타나고 있지만, 이런 식의 통합 시도나 작업이 초기 사진들에도 특징적으로 보인다.

파리로 돌아온 카르티에 브레송은 병역 의무를 이행하기 위해 공군에 지원했다. 그는 르부르제에 있는 병영에 수용된다. 이곳은 가족의 공장이 있는 팡탱에서 그리 멀지 않았다. 누구나 예상하기로, 카르티에 브레송은 틀림없이 상관들과 충돌할 것이고 오만한 태도 때문에 자주 벌받을 게 확실했다. 그러나 우연히 찾아온 행운 덕에(이런 일은 그전이나 이후에도 카르티에 브레송에게 자주 일어났다) 일이 우습게 풀렸다. 바로 부유한 괴짜 미국인 해리 크로스비Harry Crosby를 만난 것이다. 해리는 기지 부근에 살면서 공군 요원에게 비행술 수업을 받고 있었다. 크로스비와 그의 아내는 1925년에 블랙 선 출판사를 만들어 좋아하는 작가들의 책을 내고 있었는데, 이 부부는 젊은 '카르티에'(그들은 카르티에 브레송을 이렇게 불렀다)를 친구들에게 소개시켜준다. 여기엔 미국인 줄리엔 레비Julien Levy, 그레첸과 피터 파월Gretchen and Peter Powel 부부가 있었다.

카르티에 브레송에 따르면, 1930년대에 자신이 사진에 진지한 관심을 갖도록 유도한 사람들은 파월 부부였다. 그리고 레비는 카르티에 브레송 사진들의 진가를 최초로 인정해준 사람이었다. 레비는 뉴욕 재산가의 아들로 하버드 대학에서 미술사를 전공했다. 3년 후인 1933년, 뉴욕의 줄리엔 레비 갤러리는 최초로 카르티에 브레송 사진전을 개최한다.

크르벨, 브르통 그리고 살바도르 달리Salvador Dali나 막스 에른스트 Max Ernst 같은 초현실주의자들이 크로스비의 집에서 열린 파티에 참석하곤 했다. 초현실주의는 제1차 세계대전의 여파로 프랑스 사회에 도덕적 위기가 닥치면서 이에 대한 반응으로 1920년대 중반부터 크게 유행했다. 초현실주의자들은 부르주아 제도를 강하게 혐오했고, 매우 거친 태도로 자유를 갈망했다. 이는 카르티에 브레송의 감성과도 잘 맞았다. 그는 초현실주의자들의 글을 미친 듯이 독파했다. 특히 브르통이 1928년에 펴낸 시적 소설인 『나디아Nadja』와 루이 아라공Louis Aragon이 1926년에 펴낸 『파리의 농부Le Paysan de Paris』를 탐식했는데, 루이 아라공의 작품은 시인의 파리 사랑과 농부의 땅 사랑을 비교한 것이다(1990년대 카르티에 브레송은 아라공의 책을 다시 읽으며 여기서 영감을 얻어 한정판 석판화를 몇 점 제작한다).

　크르벨에게서 브르통 주변의 초현실주의자 패거리를 소개받은 카르티에 브레송은 한동안 이 운동에 빠져들지만 적극적인 참여는 하지 않고 관찰자로 지냈다. 카르티에 브레송은 노년에 "나도 한때는 블랑슈 광장의 카페에서 열린 초현실주의자 회합에 열심히 나가 테이블 말석에 앉아 있곤 했다. 하지만 너무나 수줍고 어려서 단 한마디도 입을 뗄 수 없었다"라고 회고했다. 마침내 카르티에 브레송은 브르통과 알고 지내게 됐다. "그는 태양왕처럼 나를 겁나게 했다. 하지만 그도 나만큼이나 겁내고 있었다. 그는 아주 정중하고 친절한 태도를 보였다. 그러나 아무런 사전 경고 없이 화를 내며 나를 쫓아버릴 수도 있는 사람이었다는 사실은 전혀 몰랐다." 1961년 카르티에 브레송이 아주 어렵게 찍은 태양왕의 인물 사진은, 사자처럼 위풍당당한 브르통이 집에서 다소 조야해 보이지만 강력한 인상의 조각품 옆에 앉아 생각에 잠긴 채 눈을 내리깔고 있는 모습을 담고 있다. "이상한 것은 그에 관한 한, 사자 갈기 같은 머리칼과 항상 높이 쳐들고 있는 머리를 보면 여성적인 면을 아무리 봐도 찾을 수 없다고 생각됐지만, 그래도 여성적인 부분이 있었다는 사실이다. 딱 한 군데 바로 그의 넓적한 엉덩이였다"라고 카르티에 브레송은 썼다. "나는 달리가 이렇게 말했던 것이 생각난다. '브르통과 같이 자는 꿈을 꿨지 뭔가.' 그러자 브르통은 위엄을 갖추고 응수했다. '자네에게 내 몸을 허락하진 않겠네, 친구여.'" 브르통과 관련된 일화는 수없이 많았지만, 카르티에 브레송(자신에 관한 일화도 많았다)은 "나는 일화 차원을 넘어서는 빚을 초현실주의에 졌다. 이 운동은 사진 렌즈를 통해 무의식과 우연성이라는 잡석 더미를 볼 수 있도록 했기 때문이다"라고 밝히고 있다.

　1929～1931년에 카르티에 브레송은 초현실주의 예술의 직접적인 세

례를 받은 듯한 여러 장의 사진을 찍었다. 예를 들면 실크 스타킹을 쓴 채 얼굴을 찡그리고 있는 여인의 모습이 그것이다. 하지만 카르티에 브레송을 진정으로 감화시킨 것은 삶을 대하는 초현실주의자들의 태도였다. 그는 브르통, 달리, 에른스트, 만 레이Man Ray 같은 인물들을 만나면서 이를 직접 접할 수 있었다. 아술린은 "(초현실주의에 대한) 그의 호감은 그 사조의 미학이 아닌 윤리를 향한 것이었다"라고 말한다.

화가들보다는 작가들이 이후 카르티에 브레송의 삶에 더 큰 영향을 끼쳤다. 파리에서 떠도는 생활을 하던 카르티에 브레송은 어린 시절 읽었던 랭보로부터 영감을 얻어 프랑스에서의 부르주아적 삶을 청산하고 아프리카로 떠나기로 결심한다. 랭보는 20대 후반이던 1880년대에 아비시니아(지금의 에티오피아—옮긴이)에 정주한 적이 있다. 그 뒤엔 앙드레 지드André Gide가 1925년의 콩고 여행에 관한 책을 썼고, 그 여행에 동행했던 마르크 알레그레Marc Allégret가 사진집을 펴냈는데, 이를 카르티에 브레송이 보게 된다. 아프리카는 나폴레옹의 이집트 원정 이래 프랑스 예술가들과 오랜 인연을 맺고 있는 땅이었다. 외젠 들라크루아Eugène Delacroix와 마티스 같은 이들은 한동안 북아프리카에 거주하면서 상상력에 자극을 받았다. 카르티에 브레송은 서아프리카로 가기로 마음먹고 할아버지의 도움을 얻어 프랑스의 루앙Rouen에서 카메룬의 두알라Douala까지 가는 포도주 수송선에 몸을 실었다. 그리고 프랑스 식민지인 코트디부아르로 가서 약 1년간 살았다.

카르티에 브레송은 목재상, 농장 일 등 온갖 일을 했다. 그러다 오스트리아에서 온 사냥꾼을 만났다. 사냥꾼은 그에게 밤에 총으로 사냥하는 방법과, 이마에 아세틸렌등을 달고 있어야 사냥감의 눈빛을 감지할 수 있다는 사실을 가르쳐줬다. 훗날 카르티에 브레송은 총을 들고 사냥하는 일이 카메라를 들고 사진 찍는 일과 비슷하다고 말했다. 사진이나 동물의 고기를 얻는 것보다 몰래 접근하는 일 자체가 더 흥분되는 일이라는 것이다. 카르티에 브레송은 사진도 조금 찍었는데 프랑스제 크라우스 카메라를 사용했다. 나중에 프랑스로 돌아와 현상해보니 이중노출이 되거나 열대기후 때문에 곰팡이가 슬어 필름 표면에 양치류 무늬 같은 게 많이 생겼다. 하지만 강의 배, 노 젓는 사람들, 벌거벗은 아이들 사진처럼 그중에서 일부 건져낸 것들은 카르티에 브레송이 구도를 잡는 눈을 이미 습득했음을 보여준다. 그러나 1930~1931년에 찍은 사진들 가운데 『결정적 순간』에 수록된 것은 하나도 없다(카르티에 브레송의 발표작 중에서 검은아프리카에 관한 것은 없어진 상태다. 1931년 이후 그는 아프리카에 다시 간 적이 없기 때문이다).

아프리카 모험은 우연한 계기로 종말을 맞는다. 말라리아 합병증으로 흑수열에 걸린 것이다. 그것은 소변이 검게 되는 병으로 오늘날에도 치사율이 꽤 높다. 아프리카에서 죽음을 기다리며 카르티에 브레송은 가까스로 할아버지에게 엽서를 한 장 썼다. 시신을 프랑스로 가져가서 드뷔시의 현악 사중주 선율이 흐르는 가운데 자신이 가장 좋아하는 너도밤나무 숲에 묻어달라는 내용이었다. 삼촌 하나가 퉁명스러운 답장을 보냈다. "네 할아버지는 그게 너무 돈이 많이 든다고 생각하신다. 네가 알아서 집에 돌아온다면 좋겠다." 카르티에 브레송은 코트디부아르에서 함께 사냥했던 친구 두아Doua가 약초로 치료해준 덕분에 위기를 넘길 수 있었다.

1931~1932년, 프랑스로 돌아와 휴식을 취한 시기는 카르티에 브레송이 사진을 진지한 눈으로 바라보는 계기가 됐다. 귀국한 지 얼마 안 되어 그는 자신의 캔버스 작품을 모두 부숴버렸다. 그중 몇 점만 어머

니 손에 살아남았다. 그와 비슷한 시기에, 아마도 1932년 초쯤에 카르티에 브레송은 우연히 아프리카를 찍은 사진을 보게 된다. 그는 『미술과 그래픽 작업Arts et Métiers Graphiques』에서 특집으로 발행한 '포토그래피 Photographie 1931'을 보고 흥분을 금치 못한다. 그 사진들은 전직 스포츠 사진가였던 헝가리 출신의 포토 저널리스트 마틴 문카치가 찍은 것으로 세 명의 벌거벗은 흑인 아이들이 탕가니카 호안湖岸에서 파도를 향해 달려가는 모습을 뒤에서 촬영한 것이었다. 카르티에 브레송에 따르면, 그 이미지는 마음속의 폭죽에 불을 댕긴 것과 같았다. 비록 그가 『결정적 순간』 서문에서는 문카치의 사진에 대해(혹은 그 어떤 다른 사진에 대해서도) 직접 언급하지 않았지만, 1977년 문카치의 딸에게 보낸 편지에서는 그 사진을 보았을 때 정말 흥분했다고 고백하고 있다.

나는 사진이 영원을 순간 속에 고정시킬 수 있음을 갑자기 깨달았습니다. 그건 나를 움직인 단 한 장의 사진이었습니다. 그 이미지엔 그런 강렬함이, 자발성이, 살아가는 일의 기쁨이joie de vivre, 기적 같은 그 무엇이 있었습니다. 지금 보아도 감동에 겨워 쓰러질 정도입니다. 형식의 완벽함, 생에 대한 감수성, 전율…… 넌 저렇게 찍을 수 없어…… 이렇게 혼잣말을 하곤 합니다. 아! 카메라를 들고 할 수 있는 일이라니…… 그 사진은 내 등을 떠미는 것 같았습니다. 해봐, 한번 해보라고!

카르티에 브레송이 마르세유에서 첫 번째 라이카 카메라를 구입한 것과 문카치의 사진이 그를 자극한 일은 거의 비슷한 시기에 일어났다(그는 1932년에 그 카메라를 사면서 날짜는 명기하지 않았다). 오스카어 바르나

크 Oscar Barnack가 1913년에 설계해서 1925년에 라이츠사社가 세상에 내놓은, 그래서 이름도 '라이츠 카메라Leitz camera'에서 따와 라이카가 된 이 기계는 그 후 지속적인 개량 과정을 거쳐 최초의 실용적인 35밀리 카메라로 자리 잡았다. 이 카메라는 이전에 영화용으로만 쓰던 일반 35밀리 필름을 사용할 수 있게 함으로써 사진 건판을 쓸 때의 번거로움을 없앴다. 카르티에 브레송 같은 사진가들에게 이 카메라의 작은 크기(손안에 쏙 들어오는)와 가벼운 무게, 뷰 파인더를 통한 프레이밍의 정확성, 이미지의 선명도, 빠른 노출 시간, 빛이 많지 않은 상황에서도 반응하는 감광성, 조작의 용이함 등은 마치 복음과도 같았다. 카르티에 브레송은 라이카가 있다면 삶의 모습을 순간 포착할 수 있음을 직감했다. 신속성과 눈에 잘 띄지 않는 이 카메라의 속성이 결합하면서 그의 전설적인 작업 방식이 가능해졌다.

그런데 1932년, 카르티에 브레송이 가족들에게 자신의 새로운 진로를 말할 때 그 자리에는 격려차 나이 많은 막스 에른스트도 있었지만, 아버지는 냉담한 반응을 보였다. 사진술은 그저 여흥에 지나지 않으며 결코 진지한 예술이 될 수 없다는 일반의 인식을 공유하고 있었기 때문이다. 대부분의 화가들도 이런 인식에 동의했다. 설혹 사진을 접해본 사람이더라도 마찬가지였다. 예를 들어 피카소는 사진을 업으로 하는 브라사이Brassai에게 이렇게 말했다. "자네는 소묘 재능을 타고났네. 왜 그걸 살리지 않나? 자네는 금광을 가졌으면서 엉뚱하게 소금 광산만 파고 있단 말이야!" 파리에서 유명하던 외젠 아제Eugéne Atget 같은 사진가도 1927년에 가난을 못 이기고 세상을 뜰 정도였다.

이들과 달리 카르티에 브레송은 1920년대 후반에 이미 소형 카메라의 치솟는 인기를 감지하고 있었다. 삽화가 들어간 잡지의 성장세와 예술적 가능성이 그 증거였고, 이미 앙드레 케르테츠André Kertesz 같은 사진가들은 이런 경향을 잘 이용하고 있었다. 미술 공부를 한 덕분에 카르티에 브레송은 라이카 같은 소형 카메라로 에드가르 드가Edgar Degas 같은 인상주의 화가들에 필적할 정도의 빠른 작업이 가능하다는 것을 깨달았다. 드가로 말하자면 "당대의 삶을 마치 스쳐가는 관찰자가 순간적으로 포착하듯이 자신의 그림으로 유유히 구축해낸" 인물이었다(피터 갤라시Peter Galassi가 쓴 『앙리 카르티에 브레송의 초기작Henry Cartier-Bresson: The Early Work』에서 인용). 구도에 관해서라면 카르티에 브레송은 기하학을 사랑했고, 초현실주의나 입체주의를 잘 알고 있던 터라 필름 표면에 삶을 구성하는 일의 새로운 가능성이 무척 흥미롭게 다가왔다.

이제 사진은 그가 여행하는 이유가 됐다. 아프리카에 갈 때와는 정반대였다. 1932~1933년에 친구들과 함께 카르티에 브레송은 프랑스와 벨기에는 물론 폴란드, 체코슬로바키아, 오스트리아, 독일, 이탈리아, 스페인에서 사진을 찍었다. 이때 찍은 작품 중 몇 점이 『결정적 순간』에 실려 있다. 하나만 빼고는 전부 라이카로 찍은 것이다. 거기에는 파리의 철도역 뒤편에서 물웅덩이를 뛰어넘는 남자 사진, 세비야의 무너진 건물에서 놀고 있는 소년들(그중 하나는 목발을 짚고 있는) 사진, 눈을 멍하니 뜬 채 아이를 안고 있는 마드리드의 실업자 사진 같은 고전적인 작품들이 들어 있다. 이 사진들이 뉴욕과 마드리드에서 전시됨으로써 카르티에 브레송에게 최초의 예술적 평판이 생겼다. 사진들 중 몇 점은 사진집으로 묶여 출판되었고, 그의 이름이 처음으로 프랑스에서 알려지는 계기가 됐다. "실로 나에게 가슴 벅찬 경험은 최초로 내 사진을 프랑스 잡지 『뷔Vu』에 팔았다는 것이다"라고 카르티에 브레송은 『결정적 순간』 서문에 쓰고 있다. 이게 1933년 11월의 일이었다. 그것은 스페인 공화국의 의회 선거를 취재한 사진으로, 주요 프랑스 사진 잡지에 발표함으로써 나중에 『라이프Life』와 『파리마치Paris-Match』에 수록되는 계기가 됐다. 그런데 카르티에 브레송은 정작 자신이 처음으로 한 취재에 대해서는 서문에서 언급하지 않았다. 그것은 1932년 10월에 『부알라Voilà』에 게재된 이탈리아 묘지에 관한 취재였다.

그다음 2년간, 카르티에 브레송은 멕시코에서 출발하여 뉴욕으로 가는 신대륙 여행을 한다. 그런데 멕시코에서 운이 나빴던지 사기를 당해 갖고 있던 돈을 털리고 말았다. 그럼에도 형식적인 실험을 시도한, 울림 있는 사진들을 남길 수 있었다. 멕시코시티의 빈곤한 변두리, 작은 도시와 촌락의 삶을 촬영한 것이었다. 이 중 가장 유명한 것은 아마도 멕시코시티의 홍등가에서 열린 덧문 사이로 머리와 가슴을 내밀고 있는 매춘부들의 사진이다. 멕시코 사진에서 카르티에 브레송은 초현실주의적 충동을 마음껏 발산하는 동시에 이국적인 표면을 뚫고 들어가 인간 조건의 저변을 응시하는 보기 드문 능력을 발휘한다. 스페인이나 멕시코에서 카르티에 브레송이 찍은 사람들은 똑같은 '개인'으로 느껴진다. 이 사진들은 인도의 젊은 사티야지트 레이에게 잊지 못할 감동을 안겨줬다. 레이의 아푸 3부작 같은 영화 역시 그와 유사한 보편성을 띠고 있다. 1980년대에 레이는 "인간에 대해 깊이 응시하고 있으며…… 그는 세계 어느곳에서든 자신이 찍은 사람들에게 손에 잡힐 듯 뚜렷한 휴머니즘을 불어넣고 있다"라고 자신의 책 『인도의 앙리 카르티에 브레송Henri Cartier-Bresson in India』서문에 썼다. 1935년 3월, 멕시코 사진가 마누엘 알바레스 브라보Manuel Alvarez Bravo와 공동으로 멕시코시티의 팔라시오 데 발라스 아르테스에서 연 전시회를 통해 카르티에 브레송의 멕시코 여행은 정점에 이르렀다.

그해 후반 미국을 처음으로 방문한 카르티에 브레송은 사진보다는 친교와 유용한 만남에서 많은 효과를 거두었다. 그는 작곡가 니콜라스 나보코프Nicolas Navokov(작가 나보코프의 사촌)의 맨해튼 아파트에 머물면서 화랑 소유주 레비와의 관계를 새롭게 다졌다. 그리고 낮 동안은 대부분의 시간을 카메라를 들고 할렘 가에서 어슬렁거렸다. 밤에는 함께 기거하는 흑인 여성 패거리와 어울려 레스토랑과 나이트클럽을 찾았다. 작가 폴 볼스Paul Bowles도 그 자리에 동참하곤 했다. 그들은 수많은 재즈 곡을 들었다. 카르티에 브레송이 찍은 트럼페터 조Joe the trumpeter와 그의 아내 메이의 사진도 이 시절의 작품이다.

카르티에 브레송은 뉴욕을 좋아했지만 미국에 대해서는 그만한 호감이 없었다. 그는 이 나라를 찍을 때면 항상 양면적인 감정을 보였는데, 특히 인종차별 문제에서 그랬다. 그는 자신이 정체되어 있다고 느꼈다. 『결정적 순간』에 수록된 사진 중 오직 한 장에만 '뉴욕 1935'라는 제목이 붙어 있다(제2차 세계대전 후의 두 번째 뉴욕 방문에서는 여덟 장이 그런 제목을 달고 있는 것과 대조된다). 그즈음 카르티에 브레송의 야심은 결정적으로 사진에서 영화제작 쪽으로 선회하고 있었다. 다른 프랑스 사진가들, 특히 마르크 알레그레Marc Allégret, 모리스 클로슈Maurice Cloche, 장 드 레빌Jean Dréville, 로베르 브레송Robert Bresson 등은 이미 영화 쪽으로 옮긴 상태였다. 뉴욕의 사진가 폴 스트랜드Paul Strand도 그랬다. 스트랜드는 멕시코에서 어부를 소재로 한 다큐멘터리 영화를 만들고 있었다. 카르티에 브레송은 스트랜드 주변의 급진적이고 러시아 영향을 받은 니키노Nykino 그룹으로부터 촬영 테크닉과 편집을 조금 배웠지만, 스트랜드 패거리가 좋아하는 추상적인 것과 스탈린주의에 자신이 전혀 공감하지 못한다는 것을 알게 됐다. 1936년 초에 카르티에 브레송은 배를 타고 프랑스로 돌아갔다.

만년에도 사진과 영화제작을 사뭇 다른 것으로 보았던 카르티에 브레송은 이런 말을 했다. "사진에는…… 즉시성immediacy이 있으며, 무의식적으로 민감하게 대상을 잡아야 한다. 다시는 재현되거나 반복되지 않기 때문이다. 눈으로 조형적인 리듬과 즉석 구성의 기하학을 즐길 수 있다. 반면에 영화에는 형태와 몽타주를 나 자신이 만들어낸다. 음악과 마찬가지로 영화에서는 시간이 중요하다. 편집이 핵심이며, 사진이나 회화의 기하학적 구도만큼이나 음악적 리듬이 영화에서는 절대적이다."

파리로 돌아온 카르티에 브레송은 루이스 부뉘엘Luis Buñuel과 파프스트G. W. Pabst 감독의 조감독 자리를 자원했으나 받아들여지지 않자 유럽과 멕시코에서 찍은 사진을 추려 앨범에 정리해서 장 르누아르에게 보여주었다. 장은 즉시 그를 채용했으며, 곧 카르티에 브레송의 삶에서 가장 큰 영향을 미친 사람이 된다.

1936년에서 1939년까지 직접 다큐멘터리 영화를 제작한 1937~1938년을 제외한 나머지 기간 동안 카르티에 브레송은 세 편의 영화에서 르누아르를 보조했다. 프랑스 공산당의 주문으로 만든 선전 영화 〈삶은 우리의 것La Vie est à Nous〉, 기 드 모파상Guy de Maupassant의 원작 소설을 영화화한 미완성작 〈들놀이Une Partie de Campagne〉, 장 르누아르가 원작 시나리오를 손수 집필하고 르누아르의 영화 중 최고의 걸작으로 알려진 〈게임의 법칙La Règle du Jeu〉 등에서 조감독을 했다. 영화제작의 시작치곤 꽤 독특했다. 카르티에 브레송은 이것을 르네상스 시대의 도제 제도에 비유했다. 그는 영화의 거의 모든 분야를 조금씩 섭렵했다(촬영만 안 해봤는데 이 또한 특이하다). 촬영 전에 대사 연습 시키기, 영화를 찍기에 적당한 성 물색하기, 배우에게 총 쏘는 법 가르치기, 카메라 앞에서 젊은 신학생이나 영국인 집사 연기하기, 그리고 무엇보다 중요한 역할로 쉽게 의기소침해지는 르누아르 옆에서 수다를 떨고 보졸레 와인을 같이 마시며 르누아르가 창조적인 힘을 잃지 않도록 하기 등의 일을 했다. 수십 년 후에 발간된 르누아르의 서간집에서 카르티에 브레송은 르누아르의 천재성을 칭송하며 통찰력 있는 말로 끝맺었다. "[장은] 관대함이라는 분야를 제외하면 그 어느 쪽의 전문가도 아니었다. 그에게 삶은 언제나 최우선이었다. 나는 그에게 큰 은혜를 입었다."

그중에서 가장 특별한 것은 카르티에 브레송이 결코 장편 극영화 감독이 될 수 없을 거라는 진심 어린 충고였다. 르누아르는 물론 카르티에 브레송도 자신에게 문학적 상상력이 모자라다는 것을 알고 있었다. 카르티에 브레송이 시간을 이해하는 방식은 영화의 스토리텔링에 부적합했다. "위대한 감독이라면 모름지기 소설가가 이해하는 방식으로 시간을 대해야 하는데, 포토 저널리스트 일은 다큐멘터리 영화제작에 가까웠다"라고 카르티에 브레송은 썼다.

심지어 다큐멘터리에서조차 구조화에는 취약점을 보인 반면, 흡인력 있는 얼굴 표정의 디테일이나 행동과 성격 묘사 등에서는 사진만큼이나 강점을 드러냈다. 이런 다큐멘터리 영화 중 두 편이 1937~1938년에 만들어졌다. 스페인 내전에서 공화파를 지지하는 선전 영화였다. 세 번째 영화 〈귀환Le Retour〉은 1944~1945년에 전쟁 포로들이 독일에서 대량 귀국하는 것을 다큐멘터리로 만든 것이다. 반면에 나머지 두 편은 캘리포니아와 미국 남부의 삶을 인상주의 방식으로 스케치한 것인데, 1969~1970년에 CBS 뉴스의 위촉으로 만든 것이다. 지금의 시점에서 보면 이 영화들은 전부 구식이다. 물론 많은 부분 매력적이고 간혹 감동적인 면도 보여주지만 시대에 뒤떨어진 작품들이다. 특히 〈귀환〉이 그렇다. 이 영화는 포로 생활을 했던 자신의 전쟁 경험에서 촉발된 것이다. 이 모든 것들을 보고 있노라면 카르티에 브레송이 1930년대에 왜 영화제 작자의 길을 가지 않았던 게 옳은 결정이었는지 알 수 있다.

이 시기의 카르티에 브레송이 정적인 사진에 흥미를 잃었음을 보여주는 증거가 있다. 1936년 〈들놀이〉 촬영 현장에서 단 한 장의 사진도 찍지 않았다는 사실이 그것이다. 그런가 하면 스페인 내전 중 반파시스트 공화파를 진심으로 지지하고, 관련 다큐멘터리 영화를 두 편이나 제작했음에도 사진 한 장 없다는 사실로도 알 수 있다. 카르티에 브레송은 이 기회를 놓친 것을 곧 후회하게 된다. 친구 로버트 카파Robert Capa와 침 Chim(데이비드 시모어David Seymour) 등이 전쟁 포토 저널리스트로 명성을 얻었던 것이다. 이는 부분적으로나마 사진에 대한 카르티에 브레송의 흥미를 다시 자극하는 계기가 됐다. 그러나 이번에는 예술이 아닌 저널리즘 형식의 사진이었다. 게다가 1937년에 자바 출신의 무용수 라트나 모히니Ratna Mohini와 결혼해서 생활비를 마련해야 할 절실한 이유도 있었다.

중요하지만 성격이 매우 다른 두 개의 사진 중심 매체가 1937년 파리에서 나왔다. 둘 다 카르티에 브레송의 사진을 썼다. 하나는 『스 수아르 Ce Soir』로 루이 아라공이 편집을 맡은 석간지였다. 한때 초현실주의자였던 아라공은 브르통과 결별하고 열렬한 공산주의자가 되었다. 아라공의 청으로 카르티에 브레송은 1937~1938년에 이 매체의 전속 사진기자가 됐다. 카파, 침과 더불어 매일매일의 할당 사진을 찍었다. 그 촬영 대상들이 모두 그의 재능에 값하는 건 아니었다. "나는 차에 치인 개들chiens écrasé을 거의 매일 찍다시피 했다"라고 카르티에 브레송은 회상하는데, 다른 말로 하면 그만큼 현실에서 일어나는 사건과 뉴스를 많이 다뤘다는

뜻이리라. 또 하나의 매체는『베르브Verve』였다. 그것은 전자와는 대조적
으로 예술, 특히 전위예술 전문지로 세계에서 가장 아름다운 잡지가 되
자는 목표를 내세웠다. 편집자는 에프스트라티오스 엘레프테리아데스
Efstratios Eleftheriades, 보통은 테리아드Tériade로 불리는 인물이었다. 테
리아드는 프랑스에 푹 빠진 그리스인 사업가 출신이자 카르티에 브레송
의 친구였다. 자연스러운 수순으로 테리아드는 에디시옹 베르브Édition
Verve라는 출판사를 차렸고, 이내 프랑스의 예술 서적 전문 출판사로 발
돋움했다. 1952년에는 카르티에 브레송의『찰나의 이미지』(『결정적 순
간』)를 기획, 출간한다.

그러나 1930년대 카르티에 브레송의 르포르타주 작품들 중 가장 기념
비적인 것은 중도좌파 주간지인『르가르Regards』에 실린 사진들이었다.
1937년 5월, 카르티에 브레송은 런던에서 열린 조지 6세의 대관식을 촬
영해 이 신문의 표지로 장식한다. 그런데 당연히 포착했어야 할 왕과 왕
비, 행렬의 모습 대신 런던 군중의 얼굴과 행동에 초점을 맞추어 찍었다.
『결정적 순간』에 재수록된 최고의 사진은 트라팔가르 광장의 석단 위에
앉거나 서서 보이지도 않는 왕실 행사를 보고 있는 사람들의 무리를 찍
은 작품이다. 그들 아래로는 양복과 스카프를 걸친 남자가 버린 신문지
로 뒤덮인 보도 위에 누워 잠을 자고 있다. "밤새 철야를 하다가 다른 사
람들보다 더 녹초가 되어 막상 대관식은 보지도 못하고 잠든 남자"가 사
진 설명이다. 이 이미지는 분명 포토 저널리즘의 수작이었지만 '오늘' 사
람들의 입에 오르내리다가 '어제'가 된 신문과 함께 폐기될 수밖에 없
는 운명이었다. 하지만 이 작품은 인간 행동에 대한 정치한 관찰이 무엇
인지를 보여준, 시간을 초월한 걸작이었다. 카르티에 브레송은 하나의
이미지에서 두 가지 목표를 달성하는 보기 드문 능력의 소유자였으며,

1947년 이후에는 세상에 대고 이를 똑똑히 증명한다.

1939년 제2차 세계대전이 발발하자 카르티에 브레송은 군에 동원됐고, 1940년 6월 나치가 파리를 함락하면서 포로로 잡혔다. 그는 포로로 잡히기 얼마 전에 라이카 카메라를 보주 광장 주변의 밭에 묻고, 가장 중요한 네거티브필름들은 부모에게 보내 안전하게 보관해달라고 부탁했다. 그는 독일에서 3년의 포로 생활 동안 사진을 전혀 찍지 못했지만, 그림은 조금씩 그릴 수 있었다. 그러면서 전후에는 화가가 될 꿈을 꾼다. 그에게는 절망적인 시간이었던 터라 그 시절에 관해서는 별다른 언급도 없을뿐더러 눈에 띄는 감정 표현도 없었다. 하지만 훗날 그는 반세기 전의 이 일에 대해 다소 색다른 회고를 한다. 사진이 상당한 육체적 활동이며 몸과 마음의 합일을 요구하는 일이라는 관점에서 쓴 농담이었다. "불편한 건 사실이었지만 젊은 초현실주의자 부르주아에겐 꽤 유익한 경험이었다. 3년간 포로로 잡혀 있으면서 온갖 육체노동을 했다. 철도 침목을 고정하는 못 박기, 묘지와 자동차 공장 잡역, 엄청나게 큰 구리 솥 설거지, 건초 만들기 등등. 그러면서 늘 한 가지 생각만 했다. 탈출."

대략 160만 명의 프랑스 포로들이 전쟁 중에 독일로 후송됐다. 그중 7만 명이 탈출했다. 카르티에 브레송은 두 번 실패했다. 그러나 세 번째 시도에서 성공하여 1943년 2월 한 친구와 함께 자유를 얻는다. 알자스에서 나치 친위대원에게 위조 서류와 기차표를 얻은 그들은 프랑스의 앵드르에루아르에 있는 농장으로 갔다. 거기서 레지스탕스 대원, 유대인 등 다른 열 명과 함께 3개월을 숨어 지냈다. 카르티에 브레송이 은신처를 떠나자마자 누군가 게슈타포에 밀고했고 남아 있는 거주자들은 체포되어 농장주의 아내만 빼고 모조리 부헨발트 수용소로 끌려갔다.

전쟁은 카르티에 브레송의 사진을 바꿔놓았다. 1946년 그는 뉴욕의

한 신문과의 인터뷰에서 이렇게 말했다. "나는 '추상적'으로 사진에 접근하는 방식에 점점 흥미를 잃기 시작했다. 인간적이고 조형적인 가치에 점점 더 관심을 두게 되었을 뿐만 아니라, 전반적으로 사진가들 사이에서, 그들과 일반 사람들의 관계는 물론이고 그들 상호 간의 관계에서도 새로운 정신이 솟아오르고 있다고 믿게 됐다."

〈귀환〉은 1944~1945년에 포로들의 귀환을 주제로 만든 영화인데, 이런 변화가 잘 나타나 있는 작품이다. 일단의 프랑스 예술가, 작가, 지성들의 초상 사진 작업을 한 것도 바로 이때다. 예술사가인 곰브리치는 이를 "티치아노, 반다이크, 렘브란트, 벨라스케스Velázquez를 모델로 그림을 그린 것"에 비유했다. 피에르 보나르Pierre Bonnard, 장 폴 사르트르, 졸리오 퀴리 부부 등 한 시절을 풍미한 인물들을 사진으로 찍었다.

카르티에 브레송은 그중 특히 마티스의 모습을 우리 마음속에 영구히 각인시켜놓았다. 사진 속에서 마티스는 한 손에 흰 비둘기를 든 채 그림을 그리고 있거나, 가슴 풍만한 모델 앞에 이젤을 펼쳐놓고 앉아 있거나, 피카소의 관능적인 그림이 그려진 꽃병을 곁눈질하고 있다. 마티스는 심하게 병을 앓고 있는 데다 사진을 찍히고 싶은 마음이 조금도 없었던 까닭에 카르티에 브레송은 매우 참을성 있게 조용히 (결정적) 순간을 기다려야 했고, 그렇게 해서 촬영에 성공할 수 있었다. 그는 마티스의 집을 정기적으로 방문했는데, 화가가 카르티에 브레송이 그 자리에 있다는 사실을 잊어버릴 때까지 방 한쪽에서 조용히 몇 시간을 기다리곤 했다. 이 고전적인 초상 사진들을 보면서 우리는 카르티에 브레송이 어렵게 용기를 내어 자신의 수채화를 마티스에게 보여줬을 때, 이 화가가 내렸을 혹독한 평가를 쉽게 상상할 수 있다. 마티스는 호주머니에서 상자 하나를 꺼내더니 카르티에 브레송의 그림 위에 올려놓았다. 그러고는 무미건조한 목소리로 말했다. "내 성냥갑이 자네가 그린 그림보다도 내 눈을 덜 어지럽히는군."

카르티에 브레송이 전하는 또 다른 일화에 따르면, 보나르는 사진 찍는 것을 더더욱 싫어하는 사람이어서 계속 자신의 얼굴을 가리며 사진가에게 이런 질문을 했다. "왜 자네는 정확히 그 순간에 버튼을 눌렀나?" 카르티에 브레송은 이 화가가 아직 끝내지 않고 벽에 기대어 세워둔 그림의 한 지점을 손으로 가리키며 대답했다. "왜 당신은 여기에 노란색을 더 칠했나요?" 보나르는 웃음을 터뜨렸다. 말로 표현할 수 없는 창조의 진실을 인식한 것이리라.

물론 카르티에 브레송은 사진과 그림 작업이 매우 다르게 이뤄지는 것임을 잘 알고 있었다. 화가가 그림을 그리면서 끝없이 손질을 가해야 하는 것과 달리, 사진가는 밀착 인화지를 보고 단 하나의 이미지만 선택해서 사진으로 인화하면 된다. 사진가가 크롭(crop, 사진에서 필요한 부분만 확대 인화하고 나머지는 제거하는 작업—옮긴이)이나 리터치(retouch, 촬영되고 현상된 네거티브필름에 인위적인 조절을 가하는 작업—옮긴이)를 하지 않는다면 말이다. 사실 이 두 가지는 카르티에 브레송 자신이 엄격히 금기시하는 것들이다. 1991년에 쓴 글에서 그는 사진 선별에 관해 생생하게 기술하고 있다.

사진가가 손에 빨간 연필을 쥐고 밀착 인화지를 판독할 때, 작업실은 마치 높고 낮은 파동이 연이어 나타나는 지진계를 읽는 곳과 비슷하게 변한다. 별 재미없는 사진 앞에서는 파동선 없이 직선만 그려져 있을 것이다. 나를 강타하는 사진은 무엇인가? 좀 더 보자. 아! 약간 충격이 오는 사진이긴 한데, 구도가 엉터리군. 피사체에서 너무 멀거나 너무 가깝잖아. 다음 걸 볼까. 어, 피사체가 사라져버렸네, 이 사람의 웃음이 없어졌어. 사진가는 밀착 인화지에 뜬 36방의 사진들을 계속해서 읽어나간다. 사진의 미덕을 모두 갖춘 이미지를 발견하리라는 희망 속에 말이다. 형식과 감정이 모두 갖추어진. 하지만 그런 건 매우 드물다⋯⋯.

1945년 5월 유럽에서 전쟁이 끝났을 때, 동료 사진가인 침을 통해 카르티에 브레송에게 소식이 전해졌다. 뉴욕 현대미술관에서 언젠가 그의 '유작' 전시회를 기획했다는 내용이었다. 그들은 카르티에 브레송이 포로 생활을 하다 죽은 줄로만 알고 있었다. 그는 편지를 주고받으며 상당한 협상을 진행한 끝에, 그리고 영화 〈귀환〉을 완성한 후인 1946년 여름에 인화한 사진들을 가지고 뉴욕으로 갔다. 스크랩북을 구해 346장의 이미지들을 거기에 붙여서 갔다. 거기서 사진을 골라 쓰라고 전시회 담당 큐레이터에게 건네줬다.

이때의 사진들은 2006년에 앙리 카르티에 브레송 재단이 다시 정리해 사진집으로 출간됐다. 이 스크랩북을 쭉 훑어보면 1946년의 카르티에 브레송이 자신의 사진에 대해 '결정하지 못하는indecisive', 즉 우유부단했음을 알 수 있는데, 그가 『결정적 순간』으로 명성을 얻었다는 사실을 상기해보면 충격적인 일이다. 카르티에 브레송이라는 기준에서 보면 그저 그런 사진들도 많았을 뿐 아니라, 뛰어난 사진들이 놀랄 만큼 많이 있음에도 불구하고 그는 그보다 분명히 못한 것을, 그것도 여러 장을 전시용으로 추천했던 것이다.

예를 들어, 사르트르를 찍은 두 장의 사진을 놓고 보면 굳이 우열을 비교할 필요가 없다. 둘 다 사르트르의 얼굴에 나타난 똑같은 표정을 잡고 있지만, 둘 중 열등한 사진은 배경이 결여되어 있고 구도도 잘못 잡혀서 누가 봐도 어떤 걸 전시해야 할지 분명했다. 그런가 하면 마티스를 찍은 열여섯 장의 사진들은 비교해 봄직했다. 하지만 최소한 그중 절반은 복사한 거나 다름없는 것들이었다. 여러 사진들 중에서 가장 풍부한 의미를 담고 있는 것은 추방자 수용소에서 난민 행세를 하다가 1945년 독일에서 잡힌 여성 게슈타포 밀고자를 그야말로 우연히 찍은 세 장의 사진이었다. 영화 〈귀환〉에서도 촬영감독이 이 장면을 찍고 있는데, 진짜 난민이었던 또 다른 여성이 그 여자가 밀고자였음을 알아차리자마자 격분한 나머지 얼굴을 친다. 총감독이었던 카르티에 브레송은 항상 라이카를 소지하고 있었기 때문에 침착하게 이를 꺼내 그 순간을 포착했다. 그 사진은 그가 찍은 사진에서 가장 강력한 이미지 중의 하나가 됐으며, 별다른 특징 없는 단순 폭력 정도로 묘사된 영화보다 훨씬 인상적이다. 그러나 카르티에 브레송은 스크랩북에서 이 사진을 빼고 대신 다른 사진 두 장을 집어넣었는데, 구도도 그보다 못할뿐더러 앞의 사진이 드러내는 대립의 긴박감도 전혀 없다. 이 사진들에는 얻어맞아 머리가 흐트러진 채 휘청거리는 밀고자의 모습이 담겨 있다("날 죽이지 마요, 그들의 이름을 댈게요"라고 말하며 그녀가 울부짖었다고, 카르티에 브레송은 그 사진들 중 한 장의 뒷면에 적어놓았다). 이 두 장으로 말하자면 단편적인 사실 기록 이상이 될 수 없었다. 아마도 카르티에 브레송은 이것을 어떤 전체적인 이야기, 즉 르포르타주의 일부로 보았던 듯싶다. 하지만 아무리 그렇다 해도 이 사진들을 스크랩북에 집어넣었다는 것은, 1946년 당시 그가 완성도가 뛰어난 사진을 놓고도 제대로 결정을 내리지 못했음을 말해준다. 의외였다. 누가 봐도 그 사진은 다른 사진들보다 뛰어났다.

1947년 2월부터 4월까지 열렸던 뉴욕 현대미술관 전시는 성공적이었다. 카르티에 브레송의 말을 빌리면, 이 전시는 그에게 전업으로 사진에 매달릴 수 있는 자신감을 줬다. 당시 뉴욕의 주류 미술비평가였던 링컨 커스틴Lincoln Kirstein은 미술관 카탈로그에 실린 카르티에 브레송의 사진들을 보고 통찰력 넘치는 글을 썼다. "하지만 그가 스스로를 더 많이 지우면 지울수록, 그가 자신의 프랑스적인 특징과 당대성을 무시하면 할수록 그의 눈은 더 투명해지고, 그의 사진은 스스로를 더 많이 드러낸다." 그 카탈로그와 뉴욕 전시회는 카르티에 브레송의 사진가 인생에서 '결정적 순간'이었다. 『결정적 순간』도 알고 보면 1932년부터 1946년까지 스스로 사진에 대해 깨달았던 바를 책으로 펴낸 것이다.

동시에 카르티에 브레송은 1947년 뉴욕에서 자신과 침, 영국인 조지 로저George Roger, 미국인 윌리엄 밴디버트William Vandivert 등과 함께 매그넘 포토스를 공동으로 설립한 가까운 친구 카파로부터 실질적이고 귀중한 조언을 듣는다. 카르티에 브레송은 1947년 모마(MoMA, 뉴욕 현대미술관—옮긴이)의 사진 담당 큐레이터에게 쓴 편지에서 이렇게 말하고 있다.

로버트 카파가 내게 이렇게 경고했죠. "꼬리표를 조심하게. 그것들이 뭔가를 확실히 보장해주긴 하지. 그러나 사람들은 자네가 뗄 수 없는 꼬리표를 붙이기도 할 걸세. 이를테면 덜떨어진 초현실주의자 사진가 같은 딱지 말이지." (왜냐하면 내게 가장 큰 영향을 끼친 것은 결국 초현실주의 그림이 아닌 초현실주의자적인 삶의 방식이니까.) "자넨 대단히 보기 드물고 개성 강한 사진가가 될 거야. 자네 방식대로 계속하게나. 그러나 포토 저널리스트라는 꼬리표만 제외하고 나머지 꼬리표는 전부 자네의 가슴속 가장 깊은 곳에 숨기고 있어야 하네. 그래야만 자네는 이 세상에서 일어나는 일들과 직접 접촉할 수 있을 거네."

카르티에 브레송은 카파의 충고를 받아들였다. 1947년 그는 아내 라트나와 아시아 여행길에 올라 3년을 보낸다. 그는 『라이프』를 비롯한 많은 잡지와 계약을 맺고 포토 저널리스트로 일하는 동안 인도의 독립을 취재했고, 마하트마 간디Mahatma Gandhi가 암살당하기 한 시간 반 전에 간디의 사진을 찍었으며, 혼란스러웠던 장례식 모습도 카메라에 담을수 있었다. 그는 1949년 중국 혁명의 현장에도 있었다. 거기서 그는 국민당 최후의 며칠, 베이징과 상하이에 공산당이 진주하던 날을 찍었다. 또 자카르타에서는 독립 인도네시아의 탄생을 지켜보기도 했다. "카르티에 브레송 하면 사람들은 그가 카메라를 들고 세계의 거리들을 배회하다가 직관과 행운이 기막히게 맞아떨어져 피사체를 발견했다고 생각하지만, 매그넘 포토스에서 그가 활동한 방식은 정반대였다. 카르티에 브레송은 사전에 연구하고 계획을 세워 역사적 사건의 현장에 있으려고 만반의 준비를 했으며, 그토록 철저한 자세로 혼신의 힘을 다해 사진을 찍었다"라고, 저널리즘 교수로 연구를 하면서 카르티에 브레송의 도움을 받았던 클로드 쿡먼Claude Cookman은 썼다. 동시에 카르티에 브레송은 인도, 중국, 버마(지금의 미얀마―옮긴이), 인도네시아, 이집트 등지의 문화적·사회적·종교적 전통들을 포착했으며, 그 밖의 여러 나라에서 아름다움으로 충만한 사진을 찍었다. 이 대상들은 모두 이미지의 형태로 『결정적 순간』에 담겼다. 이 책에는 그것들과 함께 좀 더 많은 경험이 녹아 있지만 뉴스거리는 덜 되었던, 1930년대 유럽과 멕시코를 찍은 사진, 1946~1947년 미국적 삶의 모습을 담은 사진, 그리고 마티스, 사르트르, 윌리엄 포크너William Faulkner 같은 유명인들의 1940년대 초상 사진들이 수록되어 있다.

이 사진집의 빛나는 서문은, 사진에 관해 카르티에 브레송이 쓴 글 중 유일하게 남아 있는 것으로서 그는 쓰기 싫어했지만 이 책의 파리 출판 담당인 테리아드가 우겨서 쓰게 된 것이다. 영어판 제목은 뉴욕의 출판 담당인 리처드 사이먼Richard Simon이 달았는데 카르티에 브레송의 의중과는 다소 괴리가 있었던 것으로 보인다. 그것은 책머리에서 카르티에 브레송이 레츠(Retz, 17세기 프랑스 추기경—옮긴이)의 말을 인용해 쓴 제사題詞에서 따왔다. "결정적 순간이 없으면 이 세상에는 아무것도 없다." 서문 말미에 카르티에 브레송은 이런 생각과 사진을 연결시키고 있는 유명한 구절을 남겼다. "나에게 사진(찍기)은 몇 분의 1초 동안에 한 사건을 적절히 표현할 수 있는 정확한 형식을 채택함과 아울러 그 사건의 중요성도 동시에 인식해야 하는 어떤 일이다." 이는 말로 할 수 없는 것을 설명코자 하는 대담한 시도였다. 이 진술이 타당하다는 진정한 증거는 『결정적 순간』의 기적처럼 영원한 이미지들 안에 있다.

사티야지트 레이

레이

〈파테르 판찰리〉

관습적인 접근(미국과 영국 최고의 영화들에서 보이는)은 전부 그르다고 할 수 있습니다.
그 이유는 이런 관습적인 접근에선 이야기를 말하는 최선의 방식이 그 이야기와
직접 연관되는 것 외에는 모두 빼버리라고 가르치기 때문이죠.
그러나 거장의 작품을 보면 분명히 주제만 강렬하고 단순하다면 다소 관련 없어 보이는
수많은 디테일도 함께 담아낼 수 있다는 사실을 알 수 있습니다.
그것들은 주제를 흐리지 않으며 오히려 대조를 통해 그걸 강화하고,
거기에 더해 현실의 환영을 더 좋은 모습으로 창조해내는 데 도움을 줍니다.
—레이가 자기 영화의 미술감독인 반시 찬드라굽타에게 보낸 편지에서, 1950

사티야지트 레이가 자신의 첫 번째 영화 〈파테르 판찰리〉를 제작하느라
동분서주할 무렵인 1950년대, 전 세계 영화판은 서구의 영화제작자들이
지배하고 있었다. 최고의 흥행 성공작들은 할리우드에서 미국 감독이나
할리우드에 매혹된 유럽 감독, 즉 찰리 채플린, 앨프리드 히치콕, 프리츠
랑Fritz Lang, 에른스트 루비치Ernst Lubitch, 장 르누아르 같은 이들이 만
든 영화였다. 일본 영화는 탁월한 예술성을 인정받을 만한 작품들을 내
놓고 있었지만 그때까지도 일본 밖에서는 많이 알려져 있지 않았다. 인
도 영화는 1920년대 이래 다작을 내고 있었으나 인도 아대륙을 벗어나
면 그 존재가 미미했다. 지나치게 멜로드라마적이고 신화적인 경향, 노
래들, 지나치게 연극적인 대본과 기술적인 미비가 주원인이었다.

레이의 아푸 3부작, 즉 〈파테르 판찰리〉(작은 길의 노래), 〈아파라지토
Aparajito〉(정복되지 않은 사람들), 〈아푸르 산사르Apur Sansar〉(아푸의 세계)

는 20세기 전반 아푸가 어린아이에서 성인으로 성장해가는 이야기를 담은 작품으로, 인도 영화계의 상황을 재정립한 영화들이었다. 이 3부작은 스크린 위에서 인도 문명을 세계에 최초로 소개했을 뿐 아니라, 대단히 세련된 영화적 대안을 제시했다. 미국과 유럽 영화의 영향을 받았으나 모방하지 않은 영화. 이는 1950년대에서 1991년까지 레이가 30여 개의 작품을 통해 지속적으로 구현한 꿈이기도 했다. 영화감독 중에서 레이를 숭배하는 사람들을 꼽으라면 린지 앤더슨Lindsay Anderson, 제임스 아이보리James Ivory, 마틴 스코세이지Martin Scorsese와 르누아르 등에서 미켈란젤로 안토니오니Michelangelo Antonioni를 거쳐 구로사와 아키라黑澤明에 이르는 거장들을 거명할 수 있다. "어느 누구도 이런 영화를 스튜디오에서 만들 수 없을뿐더러, 돈을 벌 목적으로 만들 수도 없을 것이다"라고 앤더슨은 1956년 칸영화제에서 〈파테르 판찰리〉를 본 뒤에 썼다. "사티야지트 레이는 겸손하게, 그리고 온몸을 바쳐 영화를 만들었다. 그는 흙먼지 속에서 무릎을 꿇고 일했다. 이 때문에 그의 영화는 '친숙하면서도 잊을 수 없는 체험'(의 전달)이라는 장점을 갖추게 됐다." 1975년에 구로사와는 이런 말도 했다. "나는 그것을 보고 난 후에 내 마음에 생긴 흥분을 결코 잊지 못한다. 이후로 나는 여러 차례 그 영화를 볼 기회가 있었다. 보면 볼수록 압도되는 느낌이었다. 그건 대하처럼 조용하고 숭고하게 흘러가는 그런 종류의 영화였다." 1992년 죽기 바로 직전, 레이는 인도 감독으로서는 최초로 할리우드가 주는 오스카상을 받았다. 레이의 필생의 업적과 대안적인 관점, 특히 〈파테르 판찰리〉에서 보여준 미학에 대한 보답이었다.

레이와 그의 영화에서 나타난 특징 중에 아주 독특하지는 않지만, 그래도 특별히 주목할 만한 점이 두 가지 있다. 첫째, 다재다능함이다. 영

화제작과 별도로 레이는 베스트셀러 벵골어 소설가이자 삽화가로서도
명성을 떨쳤으며, 어린이 잡지 편집자였고, 대단한 인기를 모은 몇몇 영
화음악의 작곡가이기도 했다. 카메라 뒤에서 레이가 보여준 이런 다재다
능함은 서문에서도 언급한 바 있지만 어느 영화감독에게서도 찾아볼 수
없는 것이었다. 자기 영화의 대본을 손수 집필했고, 누구의 조력도 구하
지 않았으며 자주 그 대본의 원작 혹은 준원작이 되는 글을 썼다. 훈련받
은 삽화가이자 화가로서 세트와 의상을 아주 세세한 부분까지 직접 디자
인했다(심지어 광고 포스터까지 제작했다). 레이는 촬영 전 과정에서 카메
라를 자신이 조작했으며 영화의 모든 프레임을 혼자 편집했다. 1962년
부터는 서구와 인도의 악보들을 혼합해서 기보하고, 작곡하고, 녹음까지
했다. 또한 출연진 앞에서 완벽하게 감정이 실린 역할을 시연해 보였다.
이는 레이의 영화에 나온 배우들이라면 대부분 인정하는 사실이다. 카메
라 앞의 실연은 채플린만큼 안 됐지만(그래도 할리우드 제작자 데이비드 셀
즈닉David O. Selznick의 초청으로 연기를 한 적이 있다), 레이는 자신의 영화
에서는 모든 것을 직접 관장했다. 이른바 영화 작가film auteur의 전형이
라고 할 수 있다. 레이는 이런 방식으로 일하는 걸 좋아했다. 그것은 제
작 예산이 빠듯해서가 아니었다. 물론 벵골 지역의 잠재 관객 수가 그리
많지 않은 까닭에 항상 비용 문제에 신경을 쓰긴 했다. 하지만 돈이 문제
가 아니라 이렇게 해야만 자신의 창조물이 오롯이 자신의 것이 될 수 있
다고 생각했기 때문이다. 소설가나 화가 혹은 작곡가들이 스스로의 작품
을 대하는 태도와 비슷했다.

둘째, 레이는 처음부터 철저하게 독학했다. 이 점에서는 르누아르와
비슷했다. 〈파테르 판찰리〉를 만들기 전, 레이는 조감독을 비롯해 영화
제작 과정의 그 어떤 일도 맡아본 적이 없었다. 영화제작 현장에 가장 가

까이 가본 것은 르누아르가 촬영하는 모습을 지켜본 게 전부였다. 이 프랑스 감독은 1949~1950년에 벵골을 방문했다. "나는 영화감독이 될 거라고는 꿈에도 생각하지 못했다. 상황을 통제하며 사람들에게 이렇게 저렇게 하라고 시키는 일은 상상조차 못했다"라고 레이는 1980년대 중반에 말했다. "전혀 그런 생각을 못했다. 나는 학교 다닐 때 매우 말이 없고 수줍음을 타는 아이였다. 대학에 가서도 마찬가지였다. 상을 받을 때도 받는다는 사실만으로 소름이 쫙 끼쳤으니까. 그런데 〈파테르 판찰리〉를 만들 때부터 어떤 상황을 통제하고 다른 사람들에게 뭔가를 주장할 수 있는 능력이 나 자신에게 있음을 알았다. 그 이후 많이 달라졌다. 영화를 찍을수록 점점 더 자신감이 생겨났다."

레이는 1921년 캘커타에서 저명하지만 부유하지 않았던 가정의 독자로 태어났다. 레이의 집안은 음악, 문학, 미술과 학문에 대한 사랑으로 이름이 높았다. 할아버지 우펜드라키소레 레이Upendrakisore Ray는 1915년에 사망했는데, 그는 망판 인쇄술의 개척자이자 음악가로 노래와 종교용 찬미가를 작곡했으며 고전 아동문학 작가이자 삽화가였다. 아버지 수쿠마르Sukumar는 '난센스 문학' 작가이자 삽화가였다. 그런 점에선 루이스 캐럴이나 에드워드 리어(Edward Lear, 영국의 화가 겸 아동문학가, 대표작으로 『난센스 시집』이 있음 — 옮긴이)와 같았다. 레이가의 사람들은 자신들을 브라모스Brahmos로 여겼다. 그것은 기독교의 영향을 받은 힌두교도를 일컫는 말로, 이들은 카스트제도와 우상숭배, 힌두교 축제를 거부한다. 그러나 본래의 힌두교 경전 가르침은 받아들였다. 레이는 성인이 됐을 때 브라모이즘의 사회 개혁적 측면에 대해서는 존중할 만하다고 생각했지만, 교리는 별로 마음에 들어 하지 않았다(다른 종교의 교리에 대해서도 그런 자세를 취했다).

레이는 할아버지 우펜드라키소레의 작품 하나를 개작해서 흥행에 성공한 영화를 만들었다. 그는 자신의 할아버지에 대해 이렇게 썼다.

나의 할아버지는 보기 드물게 동서양이 융합된 인물이었다. 그는 바이올린뿐 아니라 파크와지(Pakhwaj, 북의 일종)를 연주할 줄 알았으며, 찬미가를 작곡하는 한편, 인쇄법에 대해 연구했다. 자신의 집 지붕에서 망원경으로 별들을 관찰하고, 아이들을 위해 옛 전설과 민담을 명징하고도 품위 있는 문체로 고쳐 썼으며, 확실한 유럽적 회화 기법을 사용해 책에 유화, 수채화, 펜화 그림을 그려 넣었다. 삽화가로서 그의 기량과 다재다능함은 인도에서 따를 자가 없었다.

아버지 수쿠마르는 사티야지트가 만든 한 다큐멘터리 영화의 주인공이기도 했는데, 레이는 "아버지의 글과 그림에 관한 한 최고의 작품들은 마지막 2년 반 동안 창작된 것들이었다"라고 말했다. 이 시기는 레이의 아버지가 칼라아자르(kala-azar, 흑열병, 장의 기생충이 원인이 되어 발병함)에 감염됐던 때다. 결국 아버지는 1923년에 겨우 35세의 나이로 사망한다.

그때 사티야지트는 두 살 반이었다. 아버지에 관해서는 단 한 가지 기억밖에 없었다. 그러나 캘커타 북쪽에 있던 집, 아버지 쪽 방계 가족들과 대여섯 살 때까지 함께 살았던 그 집에 대해서는 많은 기억들이 있었다. 그 집은 레이의 할아버지가 살림집 겸 인쇄소로 설계하고 지은 것이었다. 여기서는 집안사람들이 지은 책 말고도 『산데시Sandesh』(뉴스와 벵골 지방의 유명한 우유로 만든 단 먹거리를 함께 의미하는 벵골어 제목)가 인쇄되었는데, 『산데시』는 어린이용 월간지로 1913년 우펜드라키소레가 창간했다. 할아버지가 세상을 뜬 이후 아버지 수쿠마르가 편집 일을 이어받았다. 그리고 오랜 시간이 흐른 1961년 사티야지트와 다른 가족 구성원들이 힘을 합쳐 이 잡지를 다시 발간한다. 1981년 『산데시』에 게재된 유년 시절을 회고하는 글에서 레이는 이렇게 쓰고 있다. "심지어 지금도 테레빈유 냄새를 맡을 때면 할아버지와 아버지가 인쇄용 판목을 만들던 공방 모습이 눈에 선하게 떠오르곤 한다."

그런데 1927년 초에 이 회사는 파산한다. 가족 중에 이 일을 맡아 할 만한 사람이 아무도 없었기 때문이다. 이 대가족 구성원들은 별수 없이 그 집을 떠나 뿔뿔이 흩어졌다. 홀몸이 된 어머니와 사티야지트는 다행히 남캘커타에 살던 어머니 동생 집에 거처를 정했다. 레이는 자라면서 한 번도 돈을 풍족히 가져본 적이 없었다. 물론 그걸 아쉬워한 적도 없었다. 성인이 되어서도 비교적 검소했던 어린 시절의 습관을 그대로 유지했다.

형세가 급변했어도 사티야지트는 고통스럽게 여기지 않았다. 하지만 그로서는 자력갱생하지 않을 수 없는 처지에 놓인 것도 사실이었다. 그는 작가와 화가, 음악가의 세계, 서양과 동양, 과학과 예술이 생산적으로 결합된 그곳에서 번쩍 들려 변호사와 주식 중개인의 전형적인 중산층 세계로 내던져졌다. 이 새로운 환경에서 예외가 있다면 어머니, 타고르가 지은 노래를 불러 유명 가수가 된 친척 아주머니, 그리고 미래의 아내로서 음악을 좋아하고 연기에 흥미를 보였던 '사촌' 비조야Bijoya 정도였다. 새집에 또래의 아이는 없었다. 하지만 레이는 한 번도 자신의 유년기를 외롭다고 생각해본 적이 없었다. "외로움과 혼자인 것, 즉 또래의 친구가 될 만한 아이들이 주위에 없다는 것은 분명히 다르다. 나는 형제자매가 많은 아이들이 부럽지 않았다. 별문제 없었을 뿐 아니라 할 것도 많았다. 여러 가지 일들, 사소한 일들, 독서, 그냥 책 쳐다보기, 그림 쳐다보기, 스케치 같은 것들을 하다 보면 하루가 바쁘게 지나갔다. 그러고 보면 어린아이치곤 뭔가를 꽤 많이 그렸던 듯싶다."

훗날 자신이 만든 영화에서도 그랬지만, 사티야지트는 어렸을 때부터 소리와 빛에 매우 민감했다. 그는 반세기가 지난 시점에서도 이미 사라진 다양한 거리의 소음들을 떠올릴 수 있었으며, 그 시기에 집 안에서 경적 소리만 듣고도 각종 자동차 이름들, 이를테면 포드, 험버, 올즈모빌, 오팔 시트로엥, (보아뱀 모양의 경적이 달린) 라살 등을 알아맞힌 사실을 기억하고 있었다. 여름의 한낮, 밝은 태양 광선이 침실 창의 차양 틈새를 비집고 들어왔다. 그럴 때면 사티야지트는 홀로 누워 이 '핀홀카메라'(렌즈 없이 뚫려 있는 구멍을 통해 들어온 빛으로 필름에 상이 맺히는 카메라—옮긴이)가 벽면에 만들어내는 '공짜 영사'를 구경했다. 왁자지껄한 바깥 거리가 역전된 상으로 크게 맺혔다. 그는 그것을 보고 자동차, 인력거, 자전거, 보행자, 기타 거리를 지나는 것들을 구분해낼 수 있었다. 이 시절엔 입체경과 마술등magic lantern이 벵골 가정에서 인기 있던 장난감이다. 마술등은 일종의 상자로, 전면부에 렌즈가 들어 있는 관이 꽂혀 있고 상부에는 연통이 있으며 오른쪽 측면에는 핸들이 하나 달려 있었다. 필름이 두 개의 얼레 사이에서 움직였고 등유 램프를 광원으로 썼다. 레이는 회고록에 "누가 알았으리요? 이게 내가 영화를 만드는 단초가 되었을 줄은"이라고 썼다.

영화 보러 가기는 할아버지와 살 때부터 시작되어 외삼촌 집으로 옮겨와서도 계속되었다. 그러나 열다섯 살이 되어 행동의 자유가 생길 때까지 사티야지트는 자주 영화를 보진 못했으며 영화를 한 편 보고 나면 "몇 주 동안 그 경이감을 돌이켜보는" 시간을 견뎌야 했다. 그의 외삼촌들은 영화 관람을 즐기긴 했지만 그걸 무한정 수용하는 입장이 아니었으므로 수년 동안 어린 사티야지트가 볼 수 있는 외국 영화는 제한을 두었고, 벵골 영화라 해도 지나친 연애물은 보지 못하게 했다. 레이는 어쩌다 딱 한 번 본 벵골 영화가 마음에 들지 않았던 터라 이 조치를 큰 반감 없이 받아들였다.

캘커타의 극장가에 들어온 영화들은 무성영화, 부분 유성영화, 완전 유성영화 등 각양각색이었다. 채플린, 버스터 키튼Buster Keaton, 해럴드 로이드Harold Lloyd 등이 사티야지트에게 엄청나고도 잊을 수 없는 인상을 남겼다. 〈바그다드의 도둑 Thief of Baghdad〉이나 〈톰 아저씨의 오두막 Uncle Tom's Cabin〉 같은 영화들도 큰 감명을 줬다. 이 시절 접한 할리우드 영화들에 대해 그는 이렇게 기억하고 있다.

〈동쪽으로 가는 길 Way Down East〉에서 릴리언 기시Lillian Gish가 둥둥 떠 있는 유빙에서 다른 얼음덩이로 아슬아슬하게 발을 옮기는 동안, 악마 같은 블러드하운드가 코를 킁킁거리며 그녀를 추적하고 있었다. 몽테크리스토 백작으로 분한 존 길버트John Gilbert는 보물 상자에서 금을 보고 미친 듯이 기뻐했다. 꼽추로 나온 론 채니Lon Chaney는 죽어서도 노트르담 성당의 종치기 줄을 꼭 쥐고 있었다. 나를 가장 흥분시킨 것은 〈벤허〉의 전차 경주 장면이었다. 나중에 더 화려한 버전이 만들어졌지만, 그래도 나는 이때의 〈벤허〉가 더 뚜렷하게 기억에 남아 있다. 이유는 단순하다. 새로 메살라Messala 역을 맡은 배우는 이전 버전의 영화에서 같은 배역을 연기한 프랜시스 부시먼Francis X. Bushman의 진짜 악당 같은 모습에 조금도 미치지 못했기 때문이다.

언제나 봐도 좋다고 허락된 영화는 사티야지트나 가족들에게 별다른 느낌도 주지 못했는데, 바로 영국 영화였다. 기술적으로는 뛰어났음에도 불구하고 이 나라의 영화는 그가 조롱했던 전형적인 벵골 영화와 유사한 단점을 가지고 있었다. 무대적인 세팅, 연극적인 대사, 작위적인 상황과 연기.

1930년대를 거치면서 레이는 더 자주 영화를 접하게 됐는데 거기엔 벵골 영화도 있었다. 그는 보는 영화마다 별점을 매겨 노트에 적으면서, 할리우드의 유수한 스튜디오들이 저마다 가지고 있는 특징적인 영화 완성 기법을 구분할 수 있게 됐다. 그러나 정작 자신이 영화감독을 하리라 곤 전혀 생각하지 못했다. 대학을 졸업하고 한참 뒤인 20대 후반이 되어서야 그런 생각을 하게 된다.

한편, 이 시기에 사티야지트는 상당한 양의 독서를 했다. 그는 영화도 그랬지만 벵골어책보다 영어책에 빠져 있었다. 물론 고대 설화나 민담은 예외였는데, 어렸을 적에 그는 할아버지나 다른 아동 문학가들이 쓴 벵골어 작품을 즐겨 들었다. 사티야지트가 제일 좋아했던 책은 『지식의 책 *Book of Knowledge*』으로 삽화가 풍성하게 들어 있고 화려하게 장정된 열 권짜리 책이었다. 조금 시간이 흐른 뒤에는 『유명인들의 로맨스 *Romance of Famous Lives*』를 마음에 들어 했다. 어머니가 사준 이 책을 통해 그는 최초로 베토벤을 알게 됐으며, 깊이는 없었지만 르네상스에서 인상주의 초기까지 서구 미술에 대한 이해를 갖게 됐다. 또한 사티야지트는 만화와 탐정소설도 즐겨 읽었다. 『소년 신문 *Boy's Own Paper*』(1879년에서 1967년까지 영국에서 발간된, 소년 소녀를 위한 주간 신문으로 여러 가지 모험담을 게재했음―옮긴이), 셜록 홈스 이야기, 우드하우스(P. G. Wodehouse, 1881~1975. 영국 태생의 미국 소설가 겸 유머 작가―옮긴이)의 책을 읽었다. 어린 시절뿐만 아니라 성인이 되어서도 레이는 영어 소설을 좋아했는데, 고전보다는 가벼운 읽을거리를 선호했다.

10대 시절 사티야지트가 심취했던 또 다른 예술 분야는 당시 벵골 아이로는 보기 드물게 서양의 고전음악이었다. 그는 이미 다섯 살 때 선물로 받은, 손으로 돌리는 작은 축음기(Pigmyphone, 1920년대 독일 뉘른베르크에 본사가 있었던 빙Bing사에서 어린이용으로 만든 레코드 축음기—옮긴이)를 갖고 있었다. (어울리지 않게 〈파테르 판찰리〉에도 나왔던) 노래 〈티퍼러리Tipperary〉와 〈푸른 다뉴브The Blue Danube〉가 그가 맨 처음 이 축음기로 들은 작품이었다. 그러고 나서 다른 레코드를 듣기 시작했는데, 당시 우연히 집에 있던 베토벤의 작품이 주를 이루었다. 그의 반응은 관련된 책을 먼저 읽은 뒤여서 그랬는지는 몰라도 엄청난 흥분 그 자체였다. 그것은 전혀 새로운 음악이었으며, 할아버지가 작곡한 찬미가나 늘 별 감흥없이 듣던 타고르의 노래 혹은 인도 전통악기의 즉흥 연주곡들과는 전혀 다른 그 무엇이었다. 그는 돈이 별로 없었음에도 싼 레코드를 찾아 캘커타 시내의 음반가게를 뒤지고 다니기 시작했다. 또 캘커타 심포니 오케스트라의 연주회를 들으러 가기도 하고, 유럽인과 파시교도(Parsee, 이슬람의 박해를 피해 페르시아에서 인도로 피신한 조로아스터교도의 후예—옮긴이) 일색인 축음기 동호회에 가입하기도 했다. 꽤 시간이 지난 뒤에, 그는 봄베이(지금의 뭄바이—옮긴이)에서 축소본 악보를 대량으로 소장하고 있는 가게를 찾아내 그것을 사서 침대에 누워 읽었다. 그는 놀랍게도 자신이 머릿속에 기억하고 있는 선율과 악보를 대조해보는 방식으로 서양 음악 기보법을 익혔다. 그는 세 번만 들으면 교향곡 하나를 통째로 외울 수 있는 음악 기억력의 소유자였다. 이 시기에 모든 음악은 78회전 레코드(이른바 SP)에 녹음되어 있던 터라, 그는 "〔악보의〕 큰 줄기는 분명히 들을 수 있었지만, 악보로만 볼 수 있는 무수한 디테일은 녹음된 레코드를 통해서는 들을 수 없었다"라고 한다.

레이는 영화와 서양 고전음악이 이루는 대위법에 매료됐다. 이를테면, 세르게이 예이젠시테인의 영화는 그에게 바흐를 생각나게 했다. 브세볼로트 푸돕킨Vsevolod Pudovkin의 작품은 베토벤을 떠올리게 했다. 그는 자신의 서구 음악 애호 성향이 나중에 영화를 구성할 때 대단히 중요하게 기여했음을 말하고 있다. 예를 들어 모차르트의 음악은 1964년 걸작 〈차룰라타Charulata〉에 등장하는 협연 장면에 영감을 줬다. 하지만 그는 "내가 시나리오를 쓸 때마다 음악을 생각했다는 것은 전혀 아니다. 그저 음악적 습관이라고 할까. 이는 많은 감독들에게서도 찾아볼 수 있는 태도다. 오스트리아나 독일의 감독, 예를 들면 랑이나 루비치, 빌리 와일더Billy Wilder 같은 감독들이 그런 성향을 갖고 있었다고 생각한다"라고 주장했다.

사티야지트는 아홉 살에서 열다섯 살 때까지 학교에 다녔다. 그에게 학교생활은 큰 의미를 주지 못했다. 이는 당시 그가 행복하지 않았다거나 인기가 없었다는 뜻이 아니다. 캘커타 최고의 교육기관인 프레지던시 칼리지에 다녔던 대학 시절도 마찬가지였다. 레이는 60대 초반이 되어 유일하다고 할 만한 대형 강연회를 가졌는데, 거기서 이렇게 말했다. "박학이라는 면에선 나는 특히나 부족한 편입니다. 솔직히 말하면 학생 때도 그저 평균보다 조금 잘하는 정도였지요. 초급학교와 대학에서 배웠던 것들이 그 후 내 삶에 큰 도움을 주었다고 말할 순 없습니다…… 대학 시절 중 가장 뚜렷이 생각나는 건 매우 기이하고 독특한 몇몇 교수들밖엔 없군요." 이 기억은 레이가 두 번째 영화인 〈아파라지토〉에서 묘사한 아푸의 대학 생활에 정확히 반영되어 있다.

레이의 빛나는 시절은 캘커타에서 160킬로미터쯤 떨어진 뱅골의 가난한 농촌 지역에 있는, 타고르가 세운 대학인 산티니케탄Santiniketan에 다닐 때였다. 1940~1942년에 그는 거기서 인도와 극동 미술을 공부했다. 이는 그가 받은 정식교육 중에서 향후의 인생행로에 명실상부한 영향을 끼쳤다고 할 수 있다. 산티니케탄은 그를 서구 지향에서 동양 쪽으로 돌려 세웠다. 40년 후, 그는 캘커타 강연에서 이에 대해 멋지게 설명한다.

내가 산티니케탄과 맺고 있던 관계는 양면적이었습니다. 캘커타에서 나고 자란 나는 차우링히(이 도시에서 가장 유명한 통행로)의 군중들과 섞이는 걸 좋아했으며 대학가 노상 서점에 산더미처럼 쌓인 중고 서적을 뒤지는 일이 즐거웠으며, 음악회 할인 티켓을 찾아 초르 바자르의 누추한 뒷골목을 헤매고 다니기도 했습니다. 그런가 하면 영화를 보며 마음을 풀었고, 할리우드가 만들어낸 가공의 세계에 정신없이 빠져들기도 했습니다. 이 모든 것들이 산티니케탄에서 불가능했습니다. 그곳은 전혀 다른 세계였습니다. 티끌 한 점 없는 하늘 위로 광대하게 열린 궁륭穹隆의 공간이었습니다. 맑은 날 밤에는 도시 하늘에 없는 성좌들을 볼 수 있었습니다. 그런 하늘, 그런 맑은 밤도 어느 순간에는 노호하는 암흑의 무시무시한 공격을 불러들였고, 그럴 때면 거기에 온 우주가 빨려드는 듯했습니다. 그리고 거기 있던 코야이(Khoyai, 협곡) 주위에는 탈Tal 나무들이 줄지어 서 있었습니다. 코파이(Kopai, 강)는 거친 물결을 일으키며 뱀처럼 구불구불 흘러갔습니다. 산티니케탄은 나에게 별다른 것을 주지 않았습니다. 오로지 명상하고 경이를 느끼게 해주었습니다. 가장 황량하고 대지에 가까운 그곳에서 말입니다.

2년 반 동안 나는 사유하고 인식했습니다. 그러다 보니 나를 위해 창을 열어준 그 장소 자체에 대해서는 거의 잊고 지낼 정도였습니다. 무엇보다도 그곳은 내게 전통을 깨닫게 해준 공간입니다. 그 전통이 이후 나 자신이 추구할 예술 분야의 기초를 놓는 데 기여할 수 있다는 것을 알았습니다.

레이는 산티니케탄에서 화가 수업을 받았고, 1941~1942년에는 3등 열차를 타고 인도 전통 예술로 유명한 곳을 찾아다니면서 떨리는 경이감과 직접 조우한다. 이런 경험 끝에 그는 자신에게 화가의 자질이 없음을 확신하게 됐다. 1930년대의 사진을 통해 레이의 이성과 감성을 사로잡은 앙리 카르티에 브레송처럼, 그도 20대 초반에 그림 공부를 포기한다. 레이는 5년 과정을 다 마치지 않고 산티니케탄을 떠났다. 그로부터 몇 개월이 지난 1943년, 레이는 캘커타의 영국계 광고 회사에서 상업미술 일자리를 구했다.

레이는 하급 시각디자이너로 시작해 미술감독으로 고속 승진한다. 그가 10여 년 동안 인도의 광고 이미지 분야 발전에 기여한 바는 규정하기 어려울 만큼 대단한 것이었다. 모든 최고의 그래픽디자이너가 그렇듯이 레이도 시각적인 재능에 언어적 의미와 뉘앙스를 포착하는 감각을 결합시켰다. 레이는 벵골어와 영어 타이포그래피로 자신의 작품을 매혹적으로 만들었다. 이는 아버지와 할아버지도 가지고 있던 재능으로, 자기 영화의 출연진 자막이나 포스터에서도 자주 선보이곤 했다. 그는 광고에 캘리그래피를 누구보다 많이 도입했으며(그리고 예술 서체로 결혼 청첩장을 만들었다), 인도적인 요소들을 크게 가미했다. 일상에서 디테일을 얻고, 과거와 현재로부터 모티프를 채택했으며, 한때는 그 속에 담긴 '동양적 예술성'때문에 무척 싫어했던 힌두 신화에서 강력하고도 아름다운 단서를 끌어왔다. 그러나 작품이 널리 인정받고 있었음에도 그는 속물적인 고객들을 상대하는 일을 혐오하여 광고계를 하루빨리 떠나 홀로 일할 기회만을 갈구했다.

1944년 레이는 책의 삽화와 겉표지 디자인 일을 시작했다. 최초의 삽화는 단순하게 생명력을 표현한 목판화 그림으로『파테르 판찰리』축약본에 실렸다. 이 책은 비부티 부산 바네르지Bibhuti Bhusan Banerjee의 소설로 1920년대 후반에 첫 출간되었는데, 그 당시 이미 고전 대접을 받고 있었다. 몇몇 대목들이 삽화가인 레이의 심금을 울렸다. 이를테면 어린 아이인 아푸와 두르가Durga가 우기의 폭우 속에서 웅크린 채 서로 끌어안고 있는 장면인데, 10년 후 이 장면들은 셀룰로이드 필름에서 재현됐다. 책 디자인과 삽화 일은 그가 드로잉, 채색화, 활판술의 다양한 스타일과 기법을 경험할 수 있게 해주었을 뿐 아니라 10대 시절에 영어 소설에 치우쳤던 것을 만회할 만큼 벵골어 소설과 친해지는 계기가 되었다. 삽화를 그리면서 그는 점차 영화적인 관점에서 벵골 문학의 강점과 약점을 분별하는 능력을 갖추게 됐다. 레이는『파테르 판찰리』를 영화로 만들면 성공하리라는 것을 직감했다.

1946년경 레이는 취미 삼아 영화 대본을 썼다. 그는 르네 클레르René Clair 감독의 영화〈유령, 서부에 가다The Ghost Goes West〉의 출판본을 입수했고, 그 외에 1943년 존 개스너John Gassner와 더들리 니콜스Dudley Nichols가 펴낸 시나리오집『최고의 영화 시나리오 20Twenty Best Film Play』도 구입했다. 벵골 영화 한 편의 제작 계획이 잡히면 레이는 그 영화의 시나리오를 썼다. 그런데 자주 두 편을 동시에 썼다. 하나는 '그 자신의' 방식대로, 다른 하나는 '그들이 원하는' 방식대로. 이런 식으로 그

는 총 열 편에서 열두 편 정도의 시나리오를 썼지만 막상 자기 자신이 그
것들을 영화로 만들게 될 줄은 꿈에도 생각하지 못했다.

레이가 처음으로 발표한 영화 비평은 분석적이었다.「인도 영화는 무
엇이 잘못됐나?」는 1948년 한 캘커타 신문에 실린 글이었다. 1950년대
프랑스의 영화 전문 잡지 『카이에 뒤 시네마Cahiers du Cinéma』의 지면에
서 벌어졌던 것과 같은 논쟁을 기대하면서 영화라는 매체의 본질을 파악
하지 못하는 인도 영화감독의 오류를 낱낱이 파헤친 뒤, 다음과 같은 울
림 있는 선언으로 결론을 맺었다. "영화의 원재료는 삶 자체다. 미술과
음악, 시에 그토록 많은 영감을 준 나라가 영화제작자에게는 아무 자극도
제공하지 못한다는 사실을 믿을 수 없다. 영화를 만드는 사람이라면 눈을
크게 뜨고 귀를 더 기울여야 한다. 그가 그렇게 할 수 있도록 해주자."

레이는 1947년 후반에 소규모 그룹의 영화 팬들과 함께 캘커타영화협
회Calcutta Film Society를 세웠다. 이때는 인도가 독립한 시기였다. 레이
는 자신이 도안한 회보를 발간했다. 그들의 연구 대상은 주로 러시아와
유럽의 영화, 배우, 감독 그리고 강연자로 초청되어 캘커타를 방문한 푸
돕킨이나 르누아르 같은 영화인들이었다. 1948년에 회원 중 한 명이 할
리우드 스타일의 영화를 만들고자 타고르의 소설 『조국과 세계The Home
and the World』의 판권을 사들여 레이와 함께 영화화 작업에 착수했다. 레
이는 시나리오를 썼고, 미술감독은 반시 찬드라굽타Bansi Chandragupta
가 맡았다. 그들은 촬영 장소와 소품들, 원작에 나오는 여주인공 역을 맡
을 배우와 제작자를 찾았으나 몇 개월도 지나지 않아 그 계획은 틀어지
고 만다. 제작자가 될 사람의 시나리오 수정 요구를 레이가 거부했기 때
문이다. 그는 그때 "마치 가시에 찔린 풍선" 같은 느낌을 받았다고 했다.
그런데 훗날 1960년대 중반에 그 시나리오를 다시 읽어본 레이는 "그 영

화를 만들지 않은 게 얼마나 큰 행운이었는지" 확신하게 되었다고 한다. 그 초기 시나리오가 "처참하리만치 표피적이고 할리우드적"임을 절감했던 것이다.

다음 해, 레이는 르누아르에게 도움을 주는 입장이 된다. 르누아르는 할리우드에서 '추방'당한 후, 자신이 제작하는 인도 영화 〈강*The River*〉의 촬영지와 배우를 물색하고 있었다. 레이는 1950년대 초반 영국 영화 잡지 『시퀀스*Sequence*』에 기고한 글에서 그와의 만남을 묘사하고 있다. 이 만남은 그의 삶을 바꿔놓았다. 레이와 르누아르가 기질이 비슷해서가 아니었다. 그보다는 레이가 르누아르를 진정한 영화예술가로 보았기 때문이다. 르누아르는 레이가 사적으로 알았다는 최초의 영화예술가였다. 그런 사람이 존재한다는 것을 알았다는 사실 자체가 그에게는 큰힘이 됐다. "두말할 나위 없이, 내 마음속에 영화제작을 해보겠노라는 생각을 심어준 사람은 르누아르였다"라고 1991년 레이는 회상했다. "실제로 그는 내게 영화 만드는 일에 관심이 있는지를 물었고, 나는 '예'라고 대답했다." 두 사람은 『파테르 판찰리』의 줄거리를 놓고 이야기를 나누었는데, 르누아르는 레이에게 그것을 영화로 만들어보라며 따뜻한 격려를 해줬다. 그러면서 할리우드 영화에서는 아무것도 끌어오지 말 것을 당부했다. "만일 당신이 할리우드적인 것들을 자신의 시스템 밖으로 밀어낼 수 있다면 그리고 자신만의 고유한 스타일을 발전시킬 수 있다면, 당신은 여기서 위대한 영화를 만들 수 있을 거요." 1989년 캘커타에서 프랑스 레종 드뇌르 훈장을 받았는데, 그 자리에서 레이는 프랑스 대통령에게 자신의 '제1의 멘토'로 항상 르누아르를 꼽고 있다고 말했다.

〈강〉의 촬영은 1949년 후반에 시작해, 1950년 전반기까지 지속됐다. 반시 찬드라굽타는 르누아르의 미술감독인 외젠 루리에Eugene Lourié를 도왔다. 이후 여기서 레이의 조명 카메라맨이 된 수브라타 미트라Subrata Mitra가 스틸 사진을 찍었다. 레이 자신은 주말에만 두세 번 정도 참관했을 뿐, 그 이상 관여하기가 불가능했다. 광고 일 때문에 일주일 내내 바빴기 때문이다. 게다가 회사에서는 런던으로 일정 기간 연수를 보내주겠다는 솔깃한 제안까지 한 상태였다.

1950년 런던에서 4개월을 머무르며 레이는 100여 편의 영화를 봤다. 그에게 계시를 준 영화는 비토리오 데 시카Vittorio De Sica의 전후 빈곤을 다룬 네오리얼리즘 영화 〈자전거 도둑Ladri di Biciclette〉이었다. 이 영화는 1948년 로마에서 만들어진 작품으로 1949년 오스카상을 받았다. "그 영화는 나를 쿡 찔렀다"라고 레이는 말했다. 극장을 나오면서 그의 마음은 영화를 만들겠다는 결의로 충만했다. 캘커타로 돌아오자마자 레이는 영화제작 후원자를 찾아 〈파테르 판찰리〉를 만들 작정이었다. 광고계의 안정적인 직장은 그만둘 생각이었다. 할리우드 방식은 결코 취하고 싶지 않았다. "나는 데시카가 영화를 만든 방식 그대로 내 영화를 만들고 싶었다. 직업 배우를 쓰지 않고, 많지 않은 예산으로, (세트가 아닌) 실제 장소에서 촬영하겠다고 마음먹었다. 비부티 부산 바네르지가 그토록 멋지게 묘사한 바로 그 마을이 영화의 살아 있는 배경이 될 것이다. 로마의 변두리가 데시카 영화의 무대가 되었듯이 말이다." 1951년 캘커타영화협회보에 쓴 〈자전거 도둑〉 비평을 읽어보면, 그는 런던에서 본 다른 이탈리아 영화들에 대해서는 높은 점수를 주지 않았다. 거기엔 자신의 미래 영화 〈파테르 판찰리〉를 염두에 두고 쓴 듯한 구절도 보인다. "플롯은 단순하지만 영화는 그만큼 철저하게 다뤄지고 있다. 재미있고 사실적인 상황과 인물 성격들이 끝까지 그대로 유지됐다." 그는 다음과 같이 결론을 맺었다.

〈자전거 도둑〉은 영화의 기본을 재발견하도록 하는 개가를 올렸다. 그리고 데시카는 자신이 채플린에게 빚지고 있음을 공개적으로 시인했다. 주제의 단순한 보편성, 효과적인 영화적 처리, 저비용 제작 등으로 인해 이 영화는 모름지기 인도의 영화제작자라면 반드시 연구해야 할 이상적인 작품이 됐다. 테크닉에 대한 현행의 맹목적인 신봉 태도는 우리나라 감독들에게 진정한 상상력이 결핍되어 있음을 강조하는 것일 뿐이다. 영화가 대중적인 매체라면, 최고의 영감은 삶에서 나와야 하며, 그것에 뿌리를 두고 있어야 한다. 주제가 인위적이고, 눈속임에 급급한 수준의 영화 기법을 채택한다면 아무리 발전된 기술을 동원한다 해도 헛일이 되고 말 것이다. 인도의 영화인들은 삶과 현실에 눈을 돌려야 한다. 세실 데밀(Cecil B. Demille, 1881~1959, 〈삼손과 델릴라〉〈십계〉 등 대작 영화를 제작한 할리우드 감독—옮긴이)이 아닌 데시카가 우리의 전범이 되어야 한다.

런던에서 〈자전거 도둑〉을 관람한 경험은 레이에게 신의 강림이나 다름없었다. 그에게 영화를 통해 상상력을 펼칠 수 있다는 자신감을 불어넣은 일종의 '도약적' 순간이 됐다. 이 세계는 데시카가 그린 세계와는 다르게 나타나겠지만, 거기엔 공통된 확신 같은 게 있었다. 인간의 실제 행위라는 강력하고 단순한 주제는, 그 안의 세세한 것들을 끈질기게 이야기로 묶고 상호 대비만 잘 시킨다면, 작위적 행위를 그럴듯하게 연결한 플롯을 뒤틀고 꼬는 할리우드 방식보다 스크린에 훨씬 더 강렬하게 표현될 것이라는 믿음을 레이와 데시카는 공유하고 있었다. 레이가 만들 영화의 씨는, 수년 동안 서구와 인도의 문학, 미술, 음악에 노출된 그의 마음 밭에 이탈리아 영화라는 파종자가 뿌린 것이다. 5년간 이 씨들은 싹만 틔운 상태였다. 주로 경험보다는 자금 부족이 원인이었다. 그런 다음 의도적이고, 우연적인 배양 단계를 거쳐 1955년 영화 〈파테르 판찰리〉는 꽃을 피우게 된다.

바네르지의 원작 소설에는 인물들이 과도하게 넘쳐났다. 하지만 영화에서는 성장기의 소년 아푸와 누나 두르가, 남매의 어머니 사르바자야, 성직자인 아버지 하리하르 레이, 그의 손위 먼 친척인 인디르 타크룬으로 주인공들이 좁혀졌다. 인디르의 슬픈 개인사가 묘사된다. 인디르는 이야기가 본격화되는 시점에서 75세의 나이로 설정되어 있었고, 소설 초입부에서 사르바자야의 냉대를 받다 죽음을 맞는다. 사라바자야는 자신과 아이들을 위해 기를 써서 얻은 얼마 안 되는 양식을 인디르와 나누고 싶은 마음이 없다. 두르가가 이 늙은 여인을 좋아했지만 인디르를 구하지는 못한다. 소설의 상당 부분은 이 작은 가족이 마을에서 조상 대대로 물려받은 집에서 벌이는 생존 투쟁을 묘사하는 데 할애되었다. 두르가는 열병으로 죽고, 집은 수리가 불가능할 정도로 무너진다. 하리하르는 돈을 벌러 떠난다. 결국 가난이라는 힘은 마을에서 하리하르의 뿌리를 뽑아버린다. 하리하르와 아내, 아푸는 바라나시로 떠난다. 거기서 그들의 삶은 이어진다. 실제로 소설 내용 중 5분의 1이 바라나시에서 일어나는 일로 채워져 있다. 레이는 이 부분을 〈파테르 판찰리〉의 속편 〈아파라지토〉에 집어넣었다.

소설을 시나리오로 각색하면서 대대적인 축약과 삭제와 생략이 이루어졌고, 필요한 내용이 추가되기도 했다. 중요한 에피소드와 사소한 에피소드를 겉보기에 자의적으로 이어 붙인 듯한 시퀀스 속에서도 레이는 단일한 주제를 유지해야 했다. 그러면서도 원작이 풍기는 느슨한 느낌을 잃어버리면 안 됐다. "대본에는 정처 없이 흐르는 소설의 분위기가 있어야 했다. 왜냐하면 바로 거기에 우리가 진정성을 느낄 단서가 있었기 때문이다. 가난한 벵골 마을의 삶은 그렇게 여기저기 흘러 다니는 것이니까"라고 레이는 말했다. 이 영화가 가진 힘은 대부분 계산적인 대비를 통해 어떤 상황을 강화시킨 데 있었다. 예를 들면 두르가는 훔친 과일로 늙은 '친척 아줌마'를 기쁘게 하지만 어머니 사르바자야는 그녀를 나무라면서 과일을 빼앗는다. 인디르 타크룬은 숲을 배회하다가 죽지만 아푸와 두르가는 활달하게 살아간다. 하리하르는 마을로 돌아오지만 시간이 너무 지났다. 그러나 행복하다. 처자식에게 줄 선물을 짊어지고 있기 때문이다. 사르바자야는 자식 두르가 말고는 아무 생각도 할 수 없다. 남편이 집에 없을 때 딸이 저세상으로 갔기 때문이다.

각색한 대본을 영화화하면서 레이가 마주친 가장 근본적인 문제는 시골 생활에 대해 아무것도 모르는 자기 자신을 가르치는 일이었다. 이 영화에 쏟아진 찬사가 촌락의 삶을 여실히 보여주었기 때문이라는 점을 생각하면 아이러니하다. 타고르를 위시한 여러 벵골어권 작가들과 달리 레이는 대도시에서 나고 성장기의 거의 모든 시간을 거기서 보냈다. 벽촌 생활에 대한 직접적 지식은 매우 적었다. 미술 공부를 할 때 산티니케탄 주변에서 본 것이 전부였다. 그는 바네르지의 소설에 묘사된 환경과 분위기를 고스란히 스크린에 옮길 방법을 강구하지 않을 수 없었다. 그는 1982년 이 문제를 다음과 같이 '아름답게' 묘사하고 있다.

나는 한 벵골 마을의 고적한 황혼을 어떻게 표현해야 할지 방법을 찾아야 했다. 바람이 아래로 불어오면 연못 수면에 잔물결이 일어 여러 장의 유리판이 겹친 듯하고 살룩 나무와 사플라 나무의 잎사귀들이 점점이 그 위에 떨어진다. 화덕에서 나온 연기는 희미한 흔적을 남기며 풍경 속으로 스며든다. 가까이 혹은 멀리, 집들에서 들려오는 소라 껍데기 부는 구슬픈 소리에 초가을을 알리는 귀뚜라미의 합창이 섞여 든다. 그러고 나면 하늘에 별이 나타나고, 별은 잡목 숲 사이로 반짝이며 선회한다.

레이의 해법은 캘커타 인근 촬영지 마을로 가서 가능한 한 많은 시간을 보내면서 주민들(그들 중 일부는 〈파테르 판찰리〉에 카메오로 출연해 멋진 연기를 보여준다)과 대화하며 집에서 구운 과자와 차를 나누고, 감정을 이입하여 사람들과 그들이 사는 환경을 관찰하는 것, 그리고 거기서 들려오는 갖가지 자연 음과 인공 음에 주의 깊게 귀를 기울이는 것이었다. 특히 이 소리들은 나중에 영화의 사운드트랙에서 솜씨 좋고 아주 현실감 있게 살아났다. 예를 들면 아이들이 죽은 '친척 아주머니'를 발견하는 장면에서 키 큰 대나무 숲이 으스스하게 끼익거리는 소리를 낸다. 멀리서 밤 기차 소리가 어렴풋하게 어둠을 뚫고 가는데, 이는 긴장한 아푸(한 번도 기차를 본 적이 없는)에게 마을 너머로 더 넓은 세상이 있음을 암시한다. 레이의 아이디어 중 최고라고 할 만한 것들은 마을에서, 후원자로부터 제작비가 오거나 날씨가 영화에 적합하게 바뀌기만을 기다리는 중에 나왔다.

부분적으로 이러한 이유 때문인지 〈파테르 판찰리〉는 대본이라 할 만한 게 없다. 레이의 여느 영화와 달리, 이 영화를 제작할 때는 빨간 천으로 제본한 촬영 노트가 없었다. 급히 휘갈겨 그린 스케치와 촬영 시퀀스들로 가득 찬 노트 대신, 레이는 1950년 런던에서 인도로 오는 선상에서 처음 시작했으며 1952년 초부터 썼던 방식을 채택하고 있다. 낱장에 주요 촬영 장면을 검은 잉크로 스케치해서 이를 다발로 묶었다. 나중에 이

묶음 종이들은 파리의 시네마테크에 보관된다. 이 영화에 등장하는 대사의 대부분, 즉 4분의 3 정도가 원작 소설을 그대로 썼는데, 레이는 이 모든 대사를 외우고 있었다. 그는 제작자들에게 이 그림들을 보여주고 대사를 들려줬다. 그럼으로써 (최초로) 이 영화를 감독하게 된 자신과 영화 자체에 그들의 흥미를 불러일으키고자 했다.

〈파테르 판찰리〉 제작 과정의 재정적인 문제는 아주 유명한 것이고, 거의 전설이 되다시피 했다. 하지만 여기서 우리가 다룰 사항은 아니다. 제작자들에게 시연용 장면을 보여주고 싶어 안달이 난 레이는 1952년 10월의 어느 주말, 자기 돈을 들여 촬영을 시작한다. 그는 아푸가 키가 큰, 흰 카시(남미 팜파스의 풀과 비슷한) 초원에서 두르가를 찾는 모습과, 난생처음 증기기관차를 보는 장면이 제작자를 혹하게 할 수 있을 거라고 생각했다(이 영화에서 가장 유명한 장면이 됐다). 하지만 그때까지도 자신이 영화감독으로서 얼마나 어려운 목표를 설정하고 있는지 감도 잡지 못했다. 이 일로 그가 얻은 교훈 하나는 카메라와 렌즈의 올바른 사용이 얼마나 중요한가 하는 것이었다. 또 한 가지는 아푸의 연기에 관한 것이었다. 아푸 역을 맡은 소년은 연기 경험이 전혀 없었고, 그저 카시 초원에서 잃어버린 누이 두르가를 찾아 헤매는 것처럼 불안하게 걷기만 하면 됐다. "나는 이런 장면을 완벽하게 찍는 일이 돌격하는 기병대를 찍는 일보다 두 배나 어렵다는 사실을 전혀 몰랐다." 맨 처음 찍은 장면에는 아무런 생동감도 없었다. 그래서 레이는 소년이 가는 길에 잔가지를 드문드문 뿌려놓고 그걸 밟으며 걸어가게 했다. 그러곤 조수 여러 명을 시켜 카시 숲 여기저기에 숨어 있다가 정해진 시간에 소년을 부르도록 했다. 두 번째 촬영에서 소년은 자신의 이름이 들릴 때마다 이리저리 고개를 돌렸다. 그리고 잔가지들이 놓여 있는 길을 주저하는 자세로 걸으며 고개를 앞으로 했다. "그 장면은 완벽했고, 나는 내가 타고난 배우가 아닌 한 소년을 다루는 방식을 발견했다는 '유레카'를 외칠 수 있었다." 레이는 데 시카가 〈자전거 도둑〉에서 (소년보다는) 아버지를 다룬 방식을 알고 있었는데, 이는 자신의 소년 배우를 꼭두각시 인형처럼 다룰 자신감을 얻는 데 도움이 되었다.

〈파테르 판찰리〉의 모든 촬영 과정은 사전 계획에 따른 것과 즉흥적인 것이 섞여 있다. 촬영 순서로 봐서 후반에 찍은 것들이 전반의 것들보다 기술적으로 훨씬 안정되어 있다. 레이의 스케치 묶음들을 보면 그가 1952~1954년까지 2년이 넘는 시간 동안 촬영지에서 지내며 시나리오를 얼마나 많이 고쳐 썼는지 확연히 드러난다. 영화 도입부에 나오는 모든 장면들, 두르가가 떨어진 과일을 주워 집에 가져가지 않고 인디르 타크룬에게 주는 장면, 사르바자야가 맥없이 우물에서 물을 긷는 장면, 이웃이 의심스러운 눈초리로 두르가를 보다가 그녀가 과일을 훔쳤다고 야단치는 장면 등이 모두 레이의 1952년도 초기 스케치 묶음 종이에 들어 있다. 그런데 영화에서는 이 장면들의 상호 관련성이 더 뚜렷하게 나타나는 바, 그것은 (영화 속에서) 이웃이 두르가가 과일 집는 모습을 실제로 목격하는 게 보이고, 사르바자야에 대한 거친 비난 소리가 사운드트랙으로 들리기 때문이다.

미리 짜둔 시퀀스 중 하나는 인디르 타크룬의 사망 시퀀스였다. 인디르의 쓸쓸한 죽음과 아이들이 시신을 발견하는 장면이 이어지는 이 시퀀스는 전적으로 레이의 발상이었다. 두르가가 쭈그려 앉은 인디르의 몸을 장난스럽게 흔들자 인디르는 앞으로 엎어지면서 둔탁한 소리와 함께 머리를 땅에 찧는다. 이는 80세의 여배우 추니발라 데비Chunibala Devi가 이의를 제기한 유일한 장면이었다. 그것은 연기하다가 머리를 다칠지도 모른다는 염려 때문이 아니라 인디르의 죽음은 원작에 묘사된 대로 마을 사당에서 일어나는 게 더 적절하리라는 생각 때문이었다. 레이는 추니발라를 설득해 자신의 의도대로 촬영을 진행하면서, 또한 그녀를 다치지 않게 할 거라고 안심시켰다. 이 장면을 찍은 후에 추니발라의 얼굴에는 뭔가 해냈다는 표정과 기진맥진한 모습이 동시에 나타났다고 레이는 항상 말한다.

인디르의 장례식은 원작 소설에는 없던 것이지만 레이는 이를 영화에 집어넣었고, 그것도 흔히 하는 힌두교 영가를 빼고 비관습적인 장면으로 묘사하기로 마음먹었다. 자신의 경험상 인도 영화 관객 중에는 몰입되기를 원하는 사람들이 항상 있었다. 레이는 장례식 장면을 지겨운 것이 아니라 아름답고 비통한 것으로 만들기를 원했다. 그래서 인디르 타크룬의 시신을, 해가 떠오를 때 그녀가 늘 부르던 슬픈 노래를 들으며 들것에 실려 마을 길을 따라 내려가는 것으로 설정했다.

새벽 5시에 사람들이 촬영 준비를 갖추고 서 있었다. 추니발라가 택시를 타고 도착하자 레이는 용기를 내어 그녀에게 다음과 같이 이야기한다. "오늘 우리는 당신이 들것에 실려 가는 장면을 찍을 겁니다." 추니발라는 조금도 기분 나빠 하지 않았다. 대나무 들것 위에 깔개를 편 다음, 소설에서 인디르가 이웃에게 구걸한 숄로 인디르의 몸을 덮었다. 그리고 끈으로 단단히 온몸을 묶었다. 리허설을 한 번 하고 장례 행렬을 찍기 시작했다. 촬영이 끝나 들것이 내려지고 끈이 풀렸다. 그런데 추니발라는 미동도 하지 않았다. 촬영 팀은 서로의 얼굴을 쳐다봤다. 이게 무슨 일이야? 그들은 식은땀을 흘렸다. 그런데 갑자기 추니발라의 목소리가 들렸다. "촬영 끝났어? 왜 말을 안 해줘? 아직까지 죽은 채로 여기 누워 있었잖아!"

죽음과 관련된 또 다른 장면은 레이가 확신을 덜 가진 상태에서 촬영됐다. 그건 하리하르가 돌아와서 자신의 집이 무너지고 딸이 죽은 걸 알게 되는 장면이었다. 그리고 사르바자야가 쓰러지는 장면이 뒤따랐다. 사르바자야의 절통한 곡소리는 육성이 아니라 4현 타르세나이tarshehnai로 표현됐다. 이 악기는 라가(raga, 인도의 전통적인 선율 형식—옮긴이)인 파트뎁Patdeep의 고음부 악절을 연주했다(파트뎁은 작곡가 라비 샹카르Ravi Shankar가 〈파테르 판찰리〉를 위해 선곡한 음악 중에서도 가장 빈번하게 나오는 생동감 있는 작품이다). 이 음악 효과는 사르바자야의 슬픔을 더욱더 격렬한 것으로 만들었으며, 더 고상하고 보편적인 그 무엇으로 변형시켰다.

이런 식으로 대체하겠다는 생각은 촬영 당시 레이의 머릿속에는 없었다. 그 전날 레이는 사르바자야 역의 여배우 연기와 상황에 대해서만 적어놓았으며 당일에도 여배우에게 이렇게 말한 것으로만 알려져 있다. "얼굴이 일그러지는 걸 겁내지 말아요. 일그러지는 게 정상이니까 염려할 건 없어요." 그런데 막상 편집실에서 레이는 그 장면에 어떤 '특별하고도 고양된 격', 즉 일반적인 육성으로는 도달할 수 없는 어떤 것이 필요하다는 느낌을 갑자기 갖게 됐다. 음악을 입히면서 여배우의 실제 울음소리를 그대로 살려볼까 생각했다. 하지만 그것이 별 효과가 없다고 판단했다. 레이는 이 사실을 여배우에게 말하지 않았다. 영화 시사회에서 그 대목에 이르자 여배우는 놀라서 앞으로 고꾸라질 뻔했다. 비록 그 부분이 실망스러웠겠지만 여배우는 곧 레이의 생각이 대단한 것임을 알게 됐다. 이 장면은 확실히 이 영화에서 가장 가슴이 타는 듯한 고통을 표현하고 있다고 봐야 한다.

이 시퀀스에 들어 있는 다른 아주 작은 디테일 장면을 보아도 레이가 자신의 첫 번째 영화를 만들면서 얼마나 분명한 의도와 입장을 견지하고 있었는지가 확연히 드러난다. 사르바자야는 하리하르가 돌아온다는 소식을 듣고 아이들을 소리쳐 부를 때에도 멍하니 팔과 하얀 팔찌로 뺨을 누르며 쭈그리고 앉아 있다. 그러다가 남편의 목소리에 저절로 반응하며 팔을 움직인다. 그때 팔찌가 살짝 미끄러진다. 사르바자야의 몸짓에서 나타나는 무심함은 그녀가 세상에 대해 얼마나 무심한지를 보여준다. 레이는 정확히 자신이 의도한 위치에 팔찌가 미끄러질 때까지 무려 일곱 번을 찍었다.

또한 아푸와 두르가가 과자 행상을 따라다닐 때, 그 뒤를 시골 개 한 마리가 쫓도록 하기 위해 상당한 노력을 기울였다. 레이가 데려온 개는 리허설 때는 지시에 잘 따랐다. 그러나 막상 카메라가 돌아가자 전혀 연기에 흥미를 보이지 않았다. 이 때문에 무려 열두 번을 찍어야 했고 필름이 300여 미터나 소요됐다. 두르가가 등 뒤에 산데시 과자를 카메라에 잡히지 않게 들고 개를 유인해야 했다.

완전히 즉흥적으로 찍은 장면들 중에서는 세 장면이 뛰어나다. 첫 번째는 마을 이곳저곳을 돌아다니는 아푸처럼 앉을 나뭇가지를 찾아 이리저리 날고 있는 잠자리와 소금쟁이들이 나오는 장면이다. 여기에 뭔가를 알리는 듯한 라비 샹카르의 시타르(sitár, 인도 북부의 전통 현악기—옮긴이) 연주 소리가 사운드트랙을 타고 흐른다. 이 곤충들은 우기가 가까워졌음을 알리고 있다. 이처럼 영상과 음악을 농밀하고 서정적으로 결합시킬 생각은 음악이 먼저 작곡되고 나서 레이에게 문득 떠오른 것이다.

두 번째 장면은 기차가 덜컹거리며 아푸와 두르가가 있는 곳을 지나쳐 흰 카시 꽃 들판에 검은 연기의 띠를 남기며 멀리 사라지는 장면이다. 이 장면을 위해 다섯 번이나 찍었다. 네 번째 찍고 나서 연기가 대단히 멋진 모습으로 남아 있었다. "눈 깜짝할 사이에 카메라가 세워지고 빠르게 잦아드는 햇빛 속에 이걸 찍었다. 내 생각엔 이 마지막 순간의 즉흥 촬영이 이 시퀀스에 큰 아름다움을 더하지 않았을까 싶다."

세 번째는 영화 끝 부분에서 아푸가 우연히 목걸이를 발견하는 장면이다. 아푸는 그것이 죽은 누나가 오래전에 이웃집에서 훔친 것임을 즉각 알아차린다. 순간적으로 아푸는 비난받을 증거를 없애기 위해 그 물건을 연못에 던진다. 연못 더껑이에 살짝 틈이 생겨났다 다시 메워지고 목걸이가 떨어진 그곳으로, 두르가의 부끄러운 비밀을 영원히 은폐하게 된 그곳으로 카메라가 하나의 눈처럼 서서히 다가간다. 이 이미지는 원작에 묘사된 바를 매우 정교하게 시각적으로 재현한 것이다. 원래 소설에서는 아푸가 대숲에 목걸이를 던진다. 이것은 (역시 원작에는 없는) 뱀한 마리가 최근 시점에 버려진 집으로 미끄러져 들어오는 장면과 함께 레이가 이룩한 거장다운 해법이었다. 즉 하리하르와 가족들이 조상 대대로 살았던 집을 떠날 거라는 사실을 관객들이 알고 있는 상황에서 어떻게 관객들의 흥미를 끌고 갈 것인가라는 문제에 대한 해법인 것이다.

레이는 목걸이 장면을 어떻게 다룰지를 놓고 오랫동안 숙고했다. 소설의 묘사대로 찍는다면 충분히 전달할 수 없으리라는 것을 알고 있었다. 어느 날 문득 연못 더껑이를 이용해보자는 생각이 그의 머릿속에 떠올랐다. 레이와 미술감독, 조명 카메라맨은 궂은 날씨가 이어지면서 연못가로 억지 '소풍'을 가게 됐다. 잡담을 나누다가 레이는 무심코 조약돌을 연못에 던졌다. 그런 효과가 일 거라는 생각은 전혀 하지 않고 있었다. "갑자기 나는 이 현상을 '인식'하게 됐다." 조약돌이 아닌 목걸이를 던진다 해도 안 될 것은 없지 않은가. 레이는 자신의 이 극적인 발상에 흥분한 나머지 그 자리에서 뛰어오를 뻔했다.

운 좋게 생각이 떠오른 것인가, 창조적인 연상의 결과인가? 어느 쪽이라고 딱히 정하기는 어렵다. 확실한 것은 어떤 자연현상과 그것이 스크린에 나타날 수 있는 효과를 두루 아우를 준비가 레이의 마음속엔 확고하게 있었다는 사실이다. 이 순간이야말로 서문에서 우리가 인용한 바 있는 창조성에 관한 레이의 관점을 완벽하게 보여준다. "섬광처럼 다가오는 아이디어, 그리고 창조라는 세계는 과학으로는 설명할 수 없습니다. 절대 그럴 수 없습니다. 무엇으로 설명할 수 있을지는 모르겠습니다. 단지 내가 아는 바는 어떤 아이디어에 대해 생각조차 하지 않을 때 최고의 아이디어가 찾아온다는 겁니다. 이는 정말로 매우 사적인 경험입니다."

아푸 3부작의 제3편인 〈아푸르 산사르〉를 두고 한 명민한 비평가는 이 영화가 1960년 뉴욕에서 상연됐을 때 이렇게 쓰고 있다. "감식안이 있는 자라면 어떤 놀라운 열의, 그 작렬하는 빛이 레이가 보여주는 영화적 효과의 일관된 정확성 뒤에서 타오르고 있음을 느낄 수 있어야 한다. 처음엔 그런 탁월한 효과들이 그저 우연처럼 느껴지지만, 그것들이 계속 이어지는 걸 보면서 하나의 작품을 그토록 아름답게 제어하는 일에 '우연'이 기능할 부분은 없다는 걸 깨닫게 된다. 물론 제어라는 표현도 전혀 적절하지 않다. 차라리 모종의 끊임없는 영감의 소산이라고 해야 정확할 것이다." 〈파테르 판찰리〉 끝 부분의 목걸이 장면을 탄생시킨 머릿속의 섬광이 어떤 종류든 간에 분명한 것은, 레이의 첫 영화가 보여준 마법은 강력하고 단순한 주제를 중심에 두고 수백 가지의 번뜩이는 생각을 엮어낸 결과였으며, 그로써 영화 역사상 세기적인 명작 중 하나가 창조되었다는 사실이다.

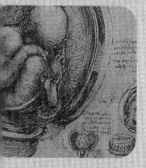

제3부

천재의 패턴

PATTERNS OF GENIUS

16

가족력

천재는 환경결정론자와 유전결정론자들 사이에서 항상 이해하기 어려운 문제였다.
물론 천재 집안이 있긴 하다. 베르누이Bernoulli, 바흐, 다윈, 헉슬리, 또 음악에서는
마살리스Marsalis 등의 집안이 그렇다. 하지만 우리가 이해하기 힘든 경우는 마치
덤불과 가시나무 숲 위로 솟아 있는 한 그루의 거대한 참나무 같은 '홀로' 천재들이다.
아르키메데스와 뉴턴에 견줄 수 있는 카를 프리드리히 가우스가 그러한데,
이 수학의 왕자를 낳은 부모는 교육을 못 받았으며 심지어 어머니는 문맹이었다.
그러나 소년은 세 살에 독학으로 읽기를 깨쳤고 간단한 산술을 할 수 있었다.
―데이비드 리켄David Lykken, 「천재의 유전자The genetics of genius」,
『천재와 마음: 창조성과 기질에 관한 연구Genius and the Mind: Studies of Creativity and Temperament』,
1998

우리가 아는 바에 의하면, 천재라고 반드시 천재 자식을 두지 않는다. 이와 관련된 연구의 효시라 할 수 있는 골턴의 『유전적 천재성』이 있음에도 불구하고 말이다. 셰익스피어, 베르니니, 뉴턴, 베토벤, 패러데이, 바이런, 가우스, 톨스토이, 세잔 같은 인물들은 한 가계의 유일무이한 천재들이었다. 심지어 천재 집안이라는 바흐, 베르누이, 다윈, 타고르가에서도 천재라 불리는 인물은 대체로 한 명이었다. 요한 제바스티안 바흐, 다니엘 베르누이, 찰스 다윈, 라빈드라나트 타고르만이 천재 칭호를 받고 있다. 제2부에서 다룬 열 명의 아주 창조적인 인물들 중에서 그 조상이나 후손에 천재가 있는 경우는 없었다.

대조적으로, 어떤 한 집안이 뛰어나게 창조적이면 거기에서는 천재가 나올 가능성이 높아진다. 가장 저명한 다윈/웨지우드 가계부터 무명의 샹폴리옹 조상들까지, 앞에서 언급한 열 명을 배출한 가계들은 그 뒤

어남의 정도가 다르다. 이 양극 사이에서 그 두드러짐이 덜한 순서대로 나열하면 레이, 울프, 모차르트, 퀴리, 카르티에 브레송, 렌, 아인슈타인, 레오나르도 다빈치 집안 순서가 된다. 마지막 두 집안은 미래에 천재 후손을 둘 그 어떤 조짐도 보이지 않는다. 만년의 아인슈타인은 솔직히 털어놓은 바 있다. "내 조상들의 여정은…… 흐지부지 끝날 것이다."

다윈은 18세기 과학계에서 저명했던 두 사람의 손자였다. 의사이자 박물학자인 이래즈머스 다윈이 친할아버지고, 도예가인 조사이어 웨지우드가 외할아버지였다. 이래즈머스 다윈은 영향력 있는 진화론자이자 유명한 물리학자의 아들이었다. 레이의 할아버지 우펜드라키소레 레이와 아버지 수쿠마르 레이는 둘 다 이름난 예술가이자 작가였으며, 캘커타에서 선구적인 인쇄술을 선보이며 출판업을 이끌었다. 이들 말고도 레이 가문에는 학문과 문학, 예술, 음악 분야에서 두각을 나타낸 사람들이 꽤 있었다. 버지니아 울프는 친가인 스티븐 집안 쪽으로 학자와 작가의 핏줄을 이어받았는데 그중 가장 돋보이는 사람은 아버지 레슬리 스티븐이었고, 외가 쪽 대고모인 줄리아 마거릿 캐머런Julia Margaret Cameron은 사진가였다. 모차르트의 아버지 레오폴트는 상당히 알아주는 연주가이자 작곡가요 교사였다. 모계 쪽으로도 음악적인 성취들이 보인다. 퀴리의 할아버지는 물리학·화학 교수였고, 부모 역시 과학 전공의 이름난 교육자들이었다. 그런가 하면 카르티에 브레송은 제조업자 집안 출신이며, 삼촌 루이를 제외하면 예술 계통에 종사한 이가 없었다. 루이는 화가로서 상도 받은 적이 있었다. 렌의 아버지와 삼촌은 지도적 위치에 있던 성직자들로서 수학이나 과학으로 유명하지는 않았다. 하지만 그들은 지적인 주제와 학문에 밝았으며, 특히 렌의 아버지는 과학 쪽에도 상당한 조예가 있었다. 아인슈타인 집안은 상인, 사업가들이 주종을 이루고 있는 바, 실용적인 차원에서라면 과학이나 기술에 관심이 있었다고 할 수 있다. 그러나 결코 선도하는 쪽은 아니었다. 아인슈타인의 아버지가 경영하던 전기 설비 회사는 신기술을 확보한 경쟁자들 때문에 망하고 있었다. 다빈치의 부계는 그리 대단치 않았지만 그런대로 성공적인 법률가, 지주 등이 줄을 이었다. 하지만 과학이나 예술에 흥미를 보였다는 어떤 기록도 남겨놓지 않았다. 다빈치의 어머니는 일자무식 농부의 딸이었다. 샹폴리옹의 아버지는 떠돌이 행상에서 서점 주인이 된 사람이고, 어머니는 문맹이었다. 종합해보면 열 명 중 대략 절반 정도, 즉 다윈, 레이, 울프, 모차르트, 퀴리는 그들의 천재성에 직결되는 재능을 가진 직계 조상이 있었다. 반면에 나머지 절반인 카르티에 브레송, 렌, 아인슈타인, 다빈치, 샹폴리옹은 그렇지 않았다. 이 때문에 유전과 특출한 천재성 간의 상관성은 문제가 된다. 물론 양자 간에 일부 관련성이 분명 존재한다. 환경의 영향 혹은 부모의 양육이 기여하는 부분은 어떨까? 우리는 이것과 천재들 사이에 연관성이 있을 것으로 예상한다.

천재들에게서 나타나는 가장 흥미로운 패턴은 한쪽 부모의 조기 사망 효과와의 관련이다. 우리의 열 명 중 다수인 무려 아홉 명이 부모 한쪽과 일찍 이별했다. 사생아였던 레오나르도는 어려서 부모를 여읜 것은 아니지만 아주 어린 시절에 조부모가 데려와서 키웠다. 생후에 아버지가 다른 여자와 결혼하고, 생모도 다른 남자와 결혼하는 바람에 그렇게 됐다. 레이의 아버지는 레이가 두 살 때 세상을 떴다. 다윈은 여덟 살에 어머니와 사별했다. 어머니가 사망할 당시 퀴리는 열 살이었다. 버지니아 울프의 어머니는 울프가 열세 살 때 죽었다. 샹폴리옹은 열일곱 살에, 렌도 10대일 때(정확한 나이 기록은 없음) 어머니를 잃었다. 모차르트의 어머니, 울프의 아버지, 아인슈타인의 아버지도 모두 자식들이 20대 초반일 때 사망했다. 이 열 명 가운데 유일하게 카르티에 브레송만 부모와의 조기 사별을 피했다.

이는 우연한 결과가 아니다. 1978년, 심리학자 아이젠스타트J. M. Eisenstadt가 역사적으로 유명한 699명의 인물을 조사한 결과, 그들 중 25 퍼센트는 열 살이 되기 전에 최소한 부모 중 한 사람을 잃은 것으로 나타 났다. 34.5퍼센트는 열다섯 살 이전에, 45퍼센트는 스무 살 이전에, 그리 고 52퍼센트, 즉 절반이 넘는 수의 명사들이 스물여섯 살 이전에 한쪽 부 모 혹은 양친과 사별했다. 여기에 해당하는 유명인들에는 바흐, 로버트 보일, 콜리지, 단테, 앙투안 라부아지에(Antoine Lavoisier, 1743~1794. 프 랑스의 화학자로 '근대 화학의 아버지'로 불린다—옮긴이), 미켈란젤로, 뉴턴, 루벤스, 톨스토이, 바그너 등이 있다. 이들은 생후 10년 안에 양쪽 부모 혹은 한쪽이 죽었다. 그리고 안데르센, 베토벤, 험프리 데이비, 에드가르 드가, 도스토옙스키, 헨델, 훅, 빅토르 위고, 타고르, 마크 트웨인 등은 스무 살이 되기 전에 그런 일을 겪었다. 확실한 것은 이런 사망률 수치가 당시 일반인들의 사망률과 비교되어야 한다는 점이다. 그렇지 않으면 고 아가 되는 것과 천재성의 연관성에 대해선 아무런 지표도 제공해줄 수 없다. 사실 최근까지도 그런 기대 수명 계산법은 무척 까다로운 것이었 다. 그러나 20세기 초반의 통계로도 뒷받침되는바, 앤 로Ann Roe가 1953 년에 저명한 미국 과학자들을 대상으로 조사한 결과, 열다섯 살이 되기 전에 그들의 어머니나 양친이 사망하는 비율은 26퍼센트로 일반인들의 8퍼센트보다 세 배나 높았다. 이는 일반인들에 비해 비행 범법자나 우울 증적 자살 충동에 시달리는 사람들이 보이는 부모의 높은 조기 사망률과 같은 정도다.

이 결과에서 자연스럽게 하나의 문제가 제기되는데, 똑같이 부모를 잃었음에도 왜 어떤 아이들은 강해지고 어떤 아이들은 약해지거나 파괴되는가 하는 것이다. 윈스턴 처칠(그의 아버지 랜돌프Randolph는 1895년 윈스턴이 스물한 살 때 비극적으로 생을 마쳤다)의 말을 빌리면 그 이유는 이렇다. "홀로 크는 나무들은 어려서 죽지 않고 크기만 한다면 대단히 강하게 자란다. 아버지의 보살핌을 받지 못한 아이도 위험한 유년기를 벗어나기만 한다면 독립성과 왕성한 사고력을 갖춘 어른으로 자랄 수 있다. 그리하여 어린 시절의 깊고 커다란 상실감을 커서 채워 넣을 수 있게 된다." 버지니아 울프는 아직 어리던 1895년에 어머니를 잃고 나서 첫 번째 신경쇠약을 앓았다. 그 후 오랜 시간을 홀아비가 된 아버지와 피 말리는 긴장 관계를 유지했다. 그 결과, 1904년에 아버지가 세상을 뜨자마자 또 한 번 신경쇠약을 겪게 된다. 울프를 회복시킨 요인은 자기 안에 있었다. 최소한 인격 형성기 중 어느 기간만큼은 그랬다. 울프가 절망과 창조적 불모, 혹은 그보다 더 나쁜 상태에 빠지지 않고 작가의 길을 갈 수 있게 된 것도 그런 요인에 힘입은 것이었다. 그 요인이란 과연 무엇이겠는가?

확실히 부모와의 사별은 간단치 않은 문제이며, 사별 시점의 나이, 성장, 환경에 따라 개인별로 제각각 다르다. 레이에게는 아버지와 관련해서 단 하나의 뚜렷하게 부각된 기억만 존재했다. 만년에 다윈은 자신이 너무 어려서 어머니의 죽음을 인식조차 못했노라고 말했다. 샹폴리옹은 어머니의 죽음에 무덤덤했던 것으로 보인다. 퀴리는 어머니가 세상을 뜨자 깊은 우울에 빠졌다. 아인슈타인은 아버지를 잃고 나서 막막함에 정신이 나갈 지경이었으며 죄의식을 느꼈고, 훗날 자신의 말을 빌리면 그때까지 경험했던 것 중 가장 통렬한 충격을 겪어야 했다. 모차르트는 어머니가 세상을 떴다는 소식을 듣고 슬픔이 복받친 나머지 파리의 어머니

곁에서 같이 죽고 싶었다고 말했다. 한 부모를 어린 시절에 잃은 아이들의 반응을 보면 모순된 감정과 동기들이 혼재된 형태로 나타남을 알 수 있다. 이는 불안에서 분노까지, 자기 보존과 보호 충동에서 자기선전과 자기애의 욕구까지 다양한 양상으로 나타난다. 그런데 어린 시절에 입은 이런 외상trauma들로부터 때때로 창조성이 나타나는 이유는 무엇일까?

심리학자들은 이에 대해 다양한 답을 내놓고 있다. 그중 한 가지 주장은 창조적인 성취나 비행, 자살 등은 모두 자신의 부모를 빼앗아간 사회에 대한 불만족 반응이라는 것이다. 사회적 믿음과 관행을 비판하거나 공격함으로써 창조적 성취는 한 개인으로 하여금 사회의 규칙이나 통제를 거부하고 독립적이고 비순응적인 길을 따라 성장하도록 할 수 있다. 또 다른 주장은, 창조적 생산이 세상을 뜬 부모에게 버림받았다는 데서 오는 고립감, 슬픔, 무가치함 같은 감정들을 처리하는 출구가 된다는 것이다. 만약 그렇게 되지 않을 경우 자기 파괴로 나아갈 수밖에 없다는 것이다. 세 번째 주장은, 창조적인 성취로 얻을 수 있는 존경, 위신, 힘 등을 통해 성취자는 자신을 둘러싼 상황을 조종하고 지배할 수 있으며, 스스로의 운명을 통제하고 있다고 느낌으로써 더 큰 충격의 가능성으로부터 자신을 보호할 수 있게 된다는 것이다. 정신과 의사이자 정신분석가인 카렌 호나이Karen Horney는 조기 사별에서 보이는 반응에는 세 개의 기본 목표가 있다고 말한다. "타인에게 다가감으로써" 아이는 그들에게서 사랑과 승인과 칭찬과 보호를 구한다. 다윈이 이런 경우에 해당한다. "타인에게서 떨어짐으로써" 아이는 독립심과 자부심, 스스로가 완전하며 공격당할 틈이 없다는 느낌을 얻는다. 아인슈타인이 이런 경우다. 마지막으로 "타인을 적대시함으로써" 아이는 힘과 위신, 지배력을 추구하거나 그것들을 이용한다. 이는 뉴턴과 레오나르도 다빈치가 보인 반응과 일치한다. 창조적인 성취를 통해 이 모든 목표를 한 개인 안에서 이룰 수 있다. 제2부의 인물들을 보면 호나이가 말하는 세 가지 반응이 다양한 비율로 섞여 나타나고 있다. 심리학자 미하이 칙센트미하이는 1990년대에 100여 명의 창조적 인물들(그중 12명이 노벨상 수상자였음)을 인터뷰한 뒤 이를 토대로 창조성을 연구하여, 다음과 같이 정리하고 있다.

창조적인 성인들이 고아가 된 충격을 극복한 경우가 많지만, 아버지가 아들에게 줄 수 있는 가장 큰 선물은 일찍 죽어주는 것이라는 장 폴 사르트르Jean Paul Sartre의 경구는 분명 과장된 것이다. 고난이나 갈등이 창조적 충동을 발현시키는 데 필수적이라는 주장을 무력화시킬 수도 있는, 화목하고 격려를 아끼지 않는 가정환경에서 창조적 인물이 나온 사례는 매우 많다. 실로 창조적인 사람들은 특별한 보살핌을 받은 어린 시절을 보냈거나 아니면 반대로 심한 박탈감을 유발하거나 적대적인 환경에서 성장한 것으로 나타났다. 이 양극단 사이의 광대한 중간 영역에서는 그런 인물들이 출현하지 않고 있다.

그럼에도 어떤 조사에서는 압도적인 다수의 창조적인 인물들이 보살핌보다는 박탈의 유년기를 보냈다는 결과도 나온다. 심리학자인 빅터 고어즐Victor Goertzel과 밀드레드 고어즐Mildred Goertzel은 400여 명의 저명한 역사적 인물들을 대상으로 연구한 결과를 1962년에 『탁월성의 요람Cradles of Eminence』이라는 책으로 펴냈다. 이를 보면 명사들 중 75퍼센트는 결손가정 출신이거나 부모에게 버림받은 사람들이었다. 네 명 중 한 명 이상이 육체적인 결함을 갖고 있었다. 고어즐 부부는 나중에 (서론에서도 언급한 바 있는) 20세기 인물들만을 대상으로 300여 명을 뽑아 조사했는데, 여기서는 그런 빈도가 더 높게 나왔다. 무려 85퍼센트가 문제가 매우 많은 가정 출신이었는데, 그중에서도 가장 높은 비율(89퍼센트)은 소설가와 극작가들에게서 나타났다. 가장 낮은 수치(56퍼센트)는 과학자들의 경우였다. 노벨상 수상자들을 조사해도 과학상 수상자들보다는 문학상 수상자들이 빈곤한 환경 출신일 가능성이 더 높고 신체적인 문제도 더 많은 것으로 드러났다. "증거로 보건대, 창조자들은 대체로 어느 정도의 박탈과 고통을 유년기에 겪고 있다 해도 지나치지 않다"라고 오크스는 쓰고 있다. "누구는 부모를 잃었고, 누구는 버림을 받았으며, 누구는 지나치게 엄한 훈육을 받았고, 누구는 감정적인 긴장이나 경제적 불안정, 육체적 고난을 겪었으며, 누구는 과잉보호를 받았거나 고립되었거나 방치되었다. 그런가 하면 또 누구는 보기 흉했거나 기형이었으며 육체적인 불구이기도 했다. 그리고 다수가 이 악재들 중 여러 가지를 한꺼번에 떠안고 있었다."

소설가들의 이야기를 들어보면 이런 사실들을 뒷받침할 수 있다. 예민한 작가들이어서 어린 시절의 기억을 다소 윤색했으리라는 점을 감안해도 그렇다. 찰스 디킨스가 경험했던 유년기의 비참은 이루 말할 수가 없을 정도였다. 버지니아 울프는 앞서 말한 대로 어머니 사후에 커다란 시련을 겪는다. 조지프 콘래드Joseph Conrad는 여덟 살과 열두 살 사이 자신의 유년기에 대해 다음과 같이 말한다. 그 시기에 어머니와 아버지가 각각 폐결핵으로 사망했다. "책을 읽는 것 외에 내가 할 수 있는 일이 뭐가 있는지 몰랐다. 마음의 준비는 끝났다. 나는 오도카니 앉아서 두려운 정적이 병실 문으로 빠져나와 겁에 질린 내 마음을 차갑게 둘둘 감싸는 걸 지켜봐야만 했다. 어린애처럼 굴었다면 아마도 나는 미쳐버렸으리라. 그러나 나는 늘 그런 것은 아니지만, 자주 한바탕 울어야 잠을 잘 수 있었다." 안톤 체호프는 농노로 태어나 어렵게 살아가는 채소 상인의 아들이었다. 체호프는 자신의 창조에 기여하긴 했지만 고통스러웠던 어린 시절을 이렇게 기억하고 있다. "억압과 거짓이 내 유년기를 일그러뜨렸다. 그 시절을 생각만 해도 구역질이 나고 겁에 질려버린다. 내 기억으로, 아버지는 내가 겨우 다섯 살 되었을 때부터 나를 가르치기 시작했다. 좀 더 쉽게 말하면, 매질하기 시작했다. 아버지는 채찍질을 했고, 뺨을 때렸고, 머리를 쳤다. 매일 아침 눈 뜨면서 맨 처음 하는 일이 스스로에게 '오늘도 난 맞을까?'라는 질문을 던지는 일이었다. 나는 놀 수도 장난을 칠 수도 없었다."

천재는 역경과 갈등이든 혹은 지지와 사랑이든, 극단적인 유년기 환경에서 양육된다는 주장은 확실히 솔깃한 데가 있다. 비범한 창조성은 비범한 감정의 산물이라고 믿기 쉽다. 그러나 제2부에서 다룬 열 명의 가정환경을 보면 이런 단순한 생각이 부분적으로만 옳다는 것을 보여준다. 오히려 그게 간단치만은 않다는 사실을 확인시켜준다.

한쪽 극단에는 레오나르도 다빈치가 있다. 다빈치는 의심의 여지 없이 부모의 극단적인 무관심 속에 자랐다. 갓난아기 때 생부와 생모로부터 버림받았다. 단 하나 다빈치의 아버지가 잘한 게 있다면 10대의 아들을 베로키오의 작업장으로 보낸 일일 것이다. 다른 한쪽의 극단에는 모차르트가 있다. 모차르트는 부모와 누이의 총애를 한 몸에 받았다. 요람에 있던 시절부터 20대 초반까지 쭉 그랬다. 아버지의 헌신적인 가르침과 지지가 있었고, 필요한 것들은 언제라도 주어졌기 때문에 모차르트의 음악적 창조는 빛을 발할 수 있었다. 직계가족에 관한 한 아인슈타인은 칙센트미하이의 말대로라면 이 양극단의 중간쯤에 있다. 지나친 방치도, 지나친 보살핌도 없었다. 10대 시절, 아인슈타인의 부모나 가까운 친척들 중에 어느 누구도 수학과 이론물리학에 대한 그의 흥미를 깨뜨리지 않았다. 하지만 어느 누구도 이를 열렬히 지지하지 않았다(그 예로 물리학과 관련해 아버지에게 보낸 편지는 한 통도 없다. 대신 가족 구성원이 아닌 사람들에게는 그런 편지들을 썼다). 다윈 역시 중간에 있다고 하겠다. 의사였던 다윈의 아버지는 어린 다윈이 자연물들을 마음껏 수집하도록 내버려두었지만, 의학을 전공하도록 강권했다. 하지만 에든버러 대학의 의학 공부가 중단되고, 케임브리지에서의 신학 공부도 유야무야되었다. 그럼에도 다윈이 케임브리지를 떠나 비글호 항해에 박물학자로 동참하자 아버지는 그를 후원했다. 카르티에 브레송도 이 경우에 해당한다. 브레송은 학교에서 두각을 나타내는 데 실패하고 가업을 잇는 일에도 열의를 보이지 않았지만, 부모는 브레송이 화가 수업을 받는 일에 도움을 주었다. 물론 크게 환영하는 기색도 없었다. 어쨌든 부모가 완전히 승낙한 건 아니지만, 이로 인해 브레송이 사진가로 성공하는 데 중요한 계기를 마련한 것도 사실이다.

이 열 명을 놓고 그들의 유년기가 '박탈당한' 것이었느냐 '보살핌을 받은' 것이었느냐로 구분하기보다는 각자의 성장기에 박탈과 보살핌이라는 양극단 사이에 그들의 창조성을 자극한 어떤 긴장이나 갈등이 있었는가라는 식으로 묻는 게 더 옳다.

다소 단순화시켜 말한다면, 어린 레오나르도에게는 부모의 애정과 지도가 결핍되어 있었다. 하지만 그 대가로 빈치 마을과 피렌체에서 마음껏 활개 칠 수 있었으며, 예술과 과학 활동의 자유를 만끽할 수 있었다. 렌의 경우는 집안이 찰스 1세 및 왕당파와 연루되어 영국 내전(청교도혁명)과 그 후의 혼란 속에서 유년기를 박탈당했다. 그러나 이는 렌이 훗날 왕실 건축가로 활약하고 세인트폴 대성당을 건축하도록 만들었다. 모차르트에 대한 아버지의 지나친 개입은 모차르트가 자율적인 개인으로 성장하는 데 방해가 됐다. 그러나 한편으로는 모차르트가 음악가와 연주가로 꽃피우는 요인이 되기도 했다. 20대 중반에 아버지와 절연하고 나서야 모차르트는 자신이 작곡가로서 완벽한 사람이 됐음을 깨달았다. 샹폴리옹은 부모의 충분한 지원을 받지 못했기 때문에 독립적인 인격체가 될 수 있었다. 샹폴리옹을 보살핀 사람은 형이었다. 덕분에 샹폴리옹은 고대 이집트에 관한 기존의 통설에 도전할 기회를 얻을 수 있었다.

청년 시절 다윈은 자신의 진로에 대해 아버지와 의견을 달리했고, 이는 샹폴리옹과 같은 결과를 가져왔다. 박물학자의 길을 걸으면서 강한 확신과 폭넓은 시야를 확보하게 된 것이다. 퀴리는 (다소 렌과 비슷한 데가 있는데) 러시아의 폴란드 침공에 저항했던 가족사 때문에 중요한 교육 기회를 박탈당했다. 그러나 이러한 역경과 아버지의 헌신적인 성원은 퀴리를 더욱 풍부한 지식을 지닌 결단력 있는 인물로 만들었고, 이를 통해 과학자로 성공할 수 있었다. 울프는 권위주의적인 아버지와 내면적인 투쟁을 벌였고, 남자 형제들과는 달리 가정교육만 받았다. 이 경험은 울프가 훗날 글쓰기를 할 때 필요했던 제재題材와 자기 규율의 바탕이 되었다. 아인슈타인은 부모에게 친밀감을 많이 느끼지 못했고, 부모가 자신을 위해 골라준 학교와 그들의 관습적인 가치관을 거부했다. 이런 태도를 가짐으로써 아인슈타인은 물리학의 혁명적인 변화를 가능케 한 인물이 될 수 있었다. 카르티에 브레송과 그가 일으킨 사진의 혁신 역시 같은 맥락에서 볼 수 있다. 물론 카르티에 브레송은 아인슈타인보다는 부모의 도움을 많이 받았다. 레이는 어떤가. 비록 예술적인 아버지로부터 직접적인 후원은 받지 못했지만(아주 어렸을 때 아버지가 사망했기 때문에), 결국에는 어머니나 외가 식구들의 관습적인 기대에 반기를 들고 미술학교를 떠나 상업미술가가 됐으며, 영화를 제작하게 됐다. 하지만 레이는 어머니가 살아 있는 동안 변함없는 지지를 받았다.

'지지'라는 것을 일종의 사회적 행위로 본다면 가족, 천재성과 관련해서 좀 더 커다란 문제를 제기할 수 있다. 그것은 창조성을 발휘하는 데 있어 '사회성'과 '고독' 중 어떤 것이 더 비중 있는 요인인가 하는 문제다. 역사가인 에드워드 기번Edward Gibbon은 회고록에서 이렇게 쓰고 있다. "대화는 정신을 풍요롭게 한다. 그러나 고독은 천재의 학교다." 대다수의 천재들이 이 주장에 동의하리라는 것은 분명하다. 타인들과 이야기를 나누는 것이 정신을 자극하는 데 얼마나 유용할지는 모르지만, 분명한 것은 홀로 있을 때 최고의 아이디어가 떠오르기도 한다는 사실이다. 워즈워스의 대작 『서곡Prelude』은 케임브리지의 트리니티 칼리지에 있는 뉴턴의 동상을 "홀로 사고의 낯선 바다를 영원히 항해하는 정신의 대리석 지표"라고 노래한다. 에디슨은 발명을 할 때 사회적 수요나 시장성도 아주 많이 의식했지만, "최고의 사고는 고독 속에서 이뤄진다"고 말했다. 피에르 퀴리는 젊은 시절의 일기장에 쓰기를(마리 퀴리에 의하면), "뭔가 내 머릿속에서 서서히 돌아가기 시작하고 내가 이를 가속시켜볼 양이면 그 어떤 것도, 즉 말도 이야기도 신문도 방문객도 나를 멈춰 세우지 못할뿐더러, 내가 어떤 회전체나 팽이가 되는 걸 막을 수도 없고, 충분히 속도가 붙으면 주위의 그 어떤 것도 나 자신에게 집중하는 순간을 지연시킬 수 없게 된다"고 했다. 바그너는 "격리와 완전한 고독만이 내 유일한 위안이자 구원이다"라고 썼으며, 바이런은 "사회는 정신이 어떤 성취를 이룩하는 데 유해한 것"이라고 부르짖었다. 또한 바이런의 친구인 콜리지는 꿈속에서 떠오른 시 「쿠블라 칸」을 완성하는 작업이 '폴록에서 온 사람'에 의해 방해받았다고 불평했다. 나이폴은 "쓴다는 일은 누가 가장 비밀스럽고도 외진 곳으로 물러나 있을 때 가능한데, 정작 쓰는 사람은 자신이 그런 상태에 있음을 모르니 일종의 마법이라고 할 수밖에 없다"라고 말한 바 있다. 타고르는 갠지스 강 위에 있는 자신의 외로운 선상 가옥에서 캘커타에 사는 조카딸에게 보낸 편지에서, 위대한 창조자들은 창조할 때 대개 홀로 있고 싶어 한다는 점을 피력했다. "사건들이 계속 이어져 흘러가는 바깥세상이 내 일상을 방해하지 않는 곳에서, 순간은 시간이 되고 시간은 순간이 된단다. 마치 꿈속에서 그러하듯이. 그리고 시간과 공간의 구획은 내 정신이 만들어낸 허구처럼 보이는구나. 모든 원자는 측정할 수 없는 것이며, 모든 순간은 무한하나니."

우리의 열 명과 그들이 이룬 창조적 도약은 이러한 '고독한 천재의 상'을 더욱 돋보이게 한다. 레오나르도는 〈최후의 만찬〉 작업을 홀로 했다. 레오나르도가 그림을 그리기 전에 작업용 받침대 위에 몇 시간씩, 심지어 하루 종일 생각에 잠겨 혼자 서 있었다는 한 동시대인의 말을 통해 이를 확인할 수 있다. 렌은 건축가였던지라 어쩔 수 없이 장인들과 의논해야 했다. 그러나 설계 자체는 오롯이 그만의 창조물이었으며 세인트폴 성당 돔의 설계 작업 거의 전부를 혼자서 해냈다. 모차르트는 매우 사교적인 모습을 보일 때가 많았으나, 〈피가로의 결혼〉 같은 주요 작품을 쓸 때는 리브레토 작가인 로렌초 다 폰테와 최소한의 연락 외에 집 안에 틀어박혀 외부와 스스로를 완전히 단절시켰다고 모차르트의 아내는 증언했다. 샹폴리옹은 이집트 상형문자 기록을 해독하면서 거의 모든 시간을 홀로 작업했다. 그리고 해독하는 데 성공한 후에 유일하게 사랑하는 형에게만 그 기쁜 소식을 알리고 기진맥진한 나머지 바로 실신했다. 다윈은 자연선택설에 대한 자신의 생각을 아내에게조차 비밀로 했다. 최초로 그걸 기술할 때까지 무려 5년간을 그랬다. 아인슈타인은 친구들과의 격

렬한 토론 끝에 특수상대성이론을 도출했다. 하지만 정작 핵심적인 사고
는 혼자 했다.

울프는 『댈러웨이 부인』 같은 작품을 쓸 때, 여느 작가들이 했던 것보
다 훨씬 긴 시간을 자신만의 생각과 더불어 홀로 지냈다. 남편 레너드에
게도 초고가 완성되어야만 보여주었다. 카르티에 브레송은 촬영할 때 항
상 혼자였고 마음에 안 드는 밀착 인화물은 가차 없이 버렸다. 그래야만
다른 사람들이 브레송 자신의 사진으로 전시회를 열거나 『결정적 순간』
같은 책에 본인 작품을 수록하는 일을 승낙할 수 있었다. 레이는 영화제
작자였기 때문에 기술 스태프나 배우들과 항상 상의할 필요가 있었다.
하지만 매번 그는 누구의 도움도 없이 시나리오를 직접 집필했으며 영화
제작과 관련한 주요 '창조적'인 결정들을 거의 전부 혼자 내렸다. 〈파테
르 판찰리〉를 만들 때도 그랬고, 모든 것이 개인 노트나 머릿속에 들어
있었다. 오직 퀴리만이 남편 피에르와 실질적인 협력 작업을 했다. 하지
만 새로운 방사능 원소인 폴로늄 발견은 혼자 한 것이었다(그래서 이름도
조국 폴란드를 따서 붙였다). 그 발견이 있고 나서야 피에르가 연구에 참여
해 라듐 분리 작업에 도움을 주었다.

천재들이 성인기에 그토록 고독했다면 어린 시절에도 그랬을까? 오크
스에 의하면, 천재들은 그랬을 것이다. 오크스는 "창조적인 성취를 보이
는 사람들의 유년기를 다룬 문헌에서 반복적으로 나타나는 사실은, 그들
이 사회적으로 고립되고 외로웠다는 점이다"라고 쓰고 있는바, "그런 인
물들 중 다수가 부모의 억압이나 질병, 잦은 이사, 형제의 부재, 천성적
인 수줍음 등으로 다른 아이들과 분리된 삶을 살았다. 그 이유가 무엇이
든 간에 창조적인 인물들은 어린 시절에도 혼자 행동하는 경향을 보였
다"는 것이다. 예를 들면 콘래드는 네 살 때 어머니와 조국 폴란드를 등

져야 했다. 애국자였던 콘래드의 아버지는 혹독한 기후의 러시아 북부로 추방됐다. 그리고 얼마 후 양친이 모두 사망하면서 콘래드는 고아가 되었다.

이런 상황들은 몇몇 예외를 제외하면 대체적으로 우리의 열 명에게서 드러나는 것이기도 하다. 유년기에 카르티에 브레송, 샹폴리옹, 퀴리, 다윈, 아인슈타인, 레이, 울프는 이따금씩 친구들과 같이하기도 했지만 상당히 긴 시간을 홀로 지냈다. 반면에 모차르트는 사람들과 어울리기를 좋아했고 악기 연습을 할 때만 빼고 실제로 그렇게 지냈다. 렌의 어린 시절에 대해서는 남아 있는 기록이 별로 없지만 때때로 사교적인 모습을 보여주었다. 열다섯 살 무렵 과학에 관심 있는 사람들의 주말 모임에 참여했다는 사실에서 알 수 있다. 레오나르도 다빈치 역시 유년기나 청소년기에 대해 거의 알려진 바가 없어 확실한 판단을 내리기는 불가능하다. 어쩌면 고독한 기질이 아니었을까 짐작할 수는 있는데, 그것은 스승 베로키오에 대한 언급이 레오나르도의 노트에서 전혀 발견되지 않았기 때문이다.

좀 더 세세한 이야기를 해보면, 어린 시절의 카르티에 브레송은 혼자 하는 행동들에 빠져 있었다. 그림 그리기, 독서, 무성영화 보기 등등. 브레송은 경쟁적인 운동경기엔 조금도 흥미가 없었다. 소년단 활동을 할 때도 브레송의 별명은 '미끄덩거리는 장어'였다. 항상 빠져나갈 궁리만 했기 때문이다. 홀로 읽기를 깨친 샹폴리옹은 아주 어려서부터 책에 빠졌고 고어들을 배울 때도 형과 소수 전문가들의 도움만 받았다. 책에 열광했던 샹폴리옹은 밤에 불이 꺼진 학교 기숙사에서 몰래 책을 읽느라 시력이 상할 정도였다. 퀴리는 가족들 중에서 제일 활달했고 학교에서도 스타였지만, 소녀 시절에 퀴리가 에너지를 쏟은 것은 혼자 하는 독서와 공부였다. 어린 다윈에게는 대가족이 있었고 학교 친구도 많았지만 고독한 성향도 있었다. 이는 다윈이 혼자 강가에서 몇 시간 동안 낚시를 했다거나 홀로 시골길 산책을 즐겼다는 사실에서 분명히 드러난다.

아인슈타인의 '개인 공부'에 대한 사랑은 어린 시절 내내 이어졌으며, 덕분에 시끄러운 사람들 속에서도 계산할 수 있는 능력을 갖추게 됐다. 일찍부터 아인슈타인은 공식적인 집단 행사에 참석하길 싫어했다. 레이는 또래 형제자매가 없었던지라 자신의 유년기를 드로잉, 독서, 그림 감상, 음악 감상, 눈앞의 풍경 관찰, 약간의 어리광 부리기 등으로 보냈다. 어른이 되어 레이는 어린 시절에 언제나 자신이 혼자였음을 시인했지만, 결코 외로움은 느끼지 않았다고 힘주어 말했다. 당연히 울프는 아이치곤 대단한 독서광이었으며, 끊임없이 런던 부모 집의 위아래층을 오르내리며 그 층간이 표상하는 단절된 지적 세계와 사교적 세계를 비교하며 지냈다. 심지어 모차르트도 연주를 사랑하는 아이였지만 홀로 지내는 것도 해낼 능력을 갖고 있었다. 모차르트가 아홉 살 때인 1765년의 한 연주 여행에서 생긴 일화다. 열병에 걸린 누이 나네를이 침대에 누워 사경을 헤매고 있었다. 딸의 곁을 부모가 근심스레 지키는 와중에도 "어린 볼프강은 옆방에서 혼자 연주를 즐기고 있었다"고 아버지 레오폴트는 썼다.

따라서 협동이나 팀워크는 비범한 천재들의 삶을 특징짓지 못한다. 영리 목적의 회사나 기타 기관에서 행하는 '브레인스토밍'이나 '집단 창조'를 옹호하는 사람들에게는 불편한 일일지라도 어쩔 수 없다. 천재들은 위원회 석상에서 견뎌내질 못한다. 시, 소설, 그림, 음악, 심지어 영화까지도 가장 위대한 작품들은 거의 한 사람의 상상에서 비롯되었다. 때문에 노벨 문학상 수상자는 항상 한 사람이다. 그러나 과학 분야나 노벨 과학상이라면 이야기가 또 달라진다. 과학은 본질적으로 협동을 요하는 분야다. 특히 최근 몇십 년간 더 그랬다. 그래서인지 몇몇 유명한 공동 연구 관계가 있다. 마리 퀴리와 남편 피에르 퀴리가 그랬고, 윌리엄 브래그와 아들 로런스 브래그(X선 결정학)의 공동 연구, 프랜시스 크릭Francis Crick과 제임스 왓슨의 협력(DNA 분자구조), 마이클 벤트리스와 존 채드윅John Chadwick이 도움을 주고받으며 선문자 B를 해독해낸 일 등을 들 수 있다. 하지만 최고로 숭앙받는 과학자들, 즉 갈릴레오, 뉴턴, 패러데이, 다윈, 아인슈타인 등은 자신들의 가장 중요한 연구 결과를 혼자 발표했다.

배우자와 자녀의 역할이라는 측면을 통해 가족과 천재성 간의 관계에 나타나는 최종 패턴을 확인할 수도 있다. 천재들이 어떤 재능을 보였든 간에 후대 사람들의 눈에는 그들의 아내와 남편, 자식들은 아무런 실체도 없는 사람들처럼 보인다. 그야말로 완전히 무시되고 있는 것이다. 백과사전이나 참고 문헌들을 보면, 가족들은 흔히 단 한 문장이나 한 구절 정도로만 처리되고 있다. 심지어 다윈의 경우도 그런데, 다윈의 자식들은 과학계에서 이름을 떨쳤음에도 그 정도의 대우밖엔 받지 못했다. 어쩌면 불가피한 일인지도 모른다. 특히 누구의 성취 영역이 배우자나 부모의 것과 겹칠 때는 더욱 그렇다. 소설 분야에서는 레너드 울프가 그랬고, (이름조차 아버지와 똑같은 볼프강 아마데우스인) 모차르트의 둘째 아들도 음악 연주에 관한 한 아버지의 위광에 철저히 가려졌다. 그래서 아인슈타인의 장남 한스 알베르트는 의도적으로 이론물리학을 피해 결국 수력공학자가 되었다. 우리 열 명의 천재도 완전히 그런 것은 아니지만 크게 보면 이런 상황에서 벗어나지 않는 듯하다.

레오나르도 다빈치는 처자식이 없었기 때문에 이에 해당되지 않지만, 어쨌든 자신의 분야와는 무관한 어린 남성과 살았던 것으로 전해진다. (첫 번째 아내와 일찍 사별한 뒤에 재혼한) 렌의 아내나 샹폴리옹의 아내는 이들이 업적을 이루는 과정에서 아무 역할도 하지 않았다. 하지만 렌의 아들 크리스토퍼는 세인트폴 대성당 건설 후반에 아버지를 도왔고, 『파렌탈리아Parentalia』라는 렌 가문의 회고록을 펴냈다. 샹폴리옹에게는 딸이 하나 있는데 전혀 유명하지 않았다.

카르티에 브레송과 다윈, 아인슈타인, 레이의 배우자들은 남편들의 창조 작업에 최소한의 기여를 했다. 이 중에 카르티에 브레송과 아인슈타인은 이혼으로 결혼 생활이 끝났음에도 그렇다. 카르티에 브레송의 첫 번째 아내였던 라트나 모히니는 자바 출신의 무용수로 브레송이 1947~1950년에 인도와 극동아시아를 여행할 때 동양 문화에 눈뜨도록 도와줌으로써 『결정적 순간』에 수록된 몇 점의 고전적 사진들이 탄생했다. 다윈의 충실한 아내 에마 웨지우드는 (재닛 브라운에 의하면) "완벽을 추구한 남편의 끝 모를 분투 뒤에서 유령처럼 참을성 있게 이를 지켜본 존재"였으며 자주 뒤엉키는 남편의 글을 조리 있게 정리해준 사람이었다. 거기엔 『종의 기원』도 포함되어 있다. 에마는 자신의 종교관과 어긋나긴 했지만 남편 다윈의 생각을 놓고 여러 차례 토론 상대가 되어주었다. 아인슈타인의 첫 번째 아내이자 물리학과 급우였던 밀레바 마리치는 특수상대성이론 연구 초기 단계에서 수학과 관련해 도움을 줬다. 모차르트의 아내 콘스탄체 베버는 가수로서 훈련받았고 재능도 타고난 여성으로 모차르트가 쓴 한 미사곡에서 독창부를 맡기도 했다. 또 작곡가는 아니었을지라도 모차르트의 작곡과 연주에 깊이 관여했으며 남편 사후에 악보 출간을 주관했다. 레이의 아내 비조야 다스Bijoya Das도 음악을 했으며 의상, 분장, 시나리오 초고 검토 등의 작업을 통해 남편을 도왔는데, 종종 레이가 수용하지 않을 수 없는 중요한 대본 수정도 했다. 여기에 아들 산딥 레이Sandip Ray는 유능한 카메라 촬영 보조였으며, 그 자신도 영화제작자가 되었다.

여기엔 명백하게 예외적인 두 가지 경우가 있다. 바로 마리 퀴리와 버지니아 울프다. 둘 다 상당히 창조적인 배우자들을 맞았다. 그 남편들도 천재의 짝으로서 유례없는 역할을 수행했다. 피에르 퀴리와 공동 연구를 함으로써 마리 퀴리는 최고의 결과물을 얻었다. 이는 마리 자신이 공공연히 인정한 사실이며, 스웨덴 한림원도 노벨상을 수여하면서 라듐 공동 발견의 공로를 명기하고 있다. 레너드 울프는 어떤 점에선 버지니아 울프에게 아주 중요한 의미를 지닌 인물이었다. 버지니아의 일기에 기록된 레너드에 관한 내용으로 보건대, 아내의 작품에 대한 예리하고도 정직한 비평가이자 편집자였던 그는 아내가 첫 번째 소설 『출항』을 쓰면서 자살을 기도했을 때 아내의 목숨을 구했다. 버지니아는 1941년 강에 투신하기 전에 쓴, 숱하게 인구에 회자된 마지막 편지에서 레너드에게 이렇게 말하고 있다.

말하고 싶은 것은 내가 살면서 느꼈던 행복이 전부 당신 덕분이라는 거예요. 당신은 나를 완벽하게 참아주었고 믿을 수 없을 만큼 친절했습니다. 세상이 이 사실을 다 알고 있다고 감히 말할 수 있어요. 만일 누군가 절 구해줄 수 있었다면, 그건 바로 당신이었겠죠. 모든 것이 내게서 떠났지만 당신의 선량함만은 분명 나와 함께 있답니다. 내가 더 이상 당신의 삶을 망칠 수는 없어요. 우리보다 행복했던 사람들은 없을 거라고 생각합니다.

버지니아가.

17

천재와 학교

학교교육, 심지어는 고등교육조차도 창조적인 사람들의 삶에
별다른 영향을 주지 못하는 것을 보고 있노라면 꽤나 기이하게 느껴진다.
오히려 학교는 아이들이 학교 담장 너머에서 찾아낸 흥미와 호기심의 싹을 문질러버릴 태세다.
아인슈타인이나 피카소, 엘리엇의 성취에 학교교육은 얼마나 기여했을까?
사실을 알고 나면 끔찍하게 느껴질 정도다. 특히 그토록 많은 수고와 막대한 재원,
숱한 희망들이 우리의 공식 교육 시스템에 퍼부어지는 것을 감안하면 말이다.
—미하이 칙센트미하이, 『창조성: 플로, 그리고 발견과 발명의 심리학*Creativity: Flow and the
  Psychology of Discovery and Invention*』, 1996

뛰어난 창조성과 도약은 오랫동안 공식 교육 시스템과 불편한 동거를 유
지해왔다. 재미있게 학교생활을 한 일부 비범한 창조자들도 있지만 대부
분은 그렇지 못했다. 창조적인 인물들 중에서 오직 소수만 고등교육을
이수하고 박사 학위를 받았다. 몇몇 중대한 도약들이 대학에서 이뤄졌
는데, 특히 과학 분야에서 그랬다. 하지만 그보다 훨씬 더 많은 도약들이
그렇게 탄생하지 않았다. 이 책에서 논한 열 개의 도약 사례들 중 그 어
떤 것도 기성의 주류 대학에서 연구된 결과가 아니다. 오직 세 개, 즉 상
폴리옹, 퀴리, 렌이 보여준 도약 정도가 학계, 그것도 공식·비공식을 포
함한 광의의 학계와 제한된 관계를 맺고 있을 뿐이다. 이런 점에서 마크
트웨인의 빈정거림은 적절하다. "나는 학교생활이 내 교육을 방해하도
록 절대 내버려둘 수 없었다." 앞서 언급한 바 있지만, 카르티에 브레송
도 한 대학의 명예박사 학위를 거부하면서 이렇게 말했다. "도대체 내가

무슨 과목 교수를 할 수 있을 거라 생각하십니까? 새끼손가락학 교수인
가요?" 토머스 영의 어조는 좀 더 무미건조하다. 3대 주요 대학(에든버러,
괴팅겐, 케임브리지)에서 공부한 뒤에 영은 "학위라는 것은 공부를 싫어하
거나 노력을 하지 않는 사람이 그걸 보완하는 데나 쓸모 있을 뿐이다. 비
범한 이들은 반드시 독학자들이다." 다윈과 아인슈타인 그리고 많은 천
재들이 이 말에 정확히 맞아떨어진다.

2000~2002년, 방송인이자 BBC 예술 관리 담당인 존 터사John Tusa
는 라디오방송에서 예술 분야의 잘 알려진 인물 십 수 명을 대상으로
그들의 창작 과정을 인터뷰했다. 이 대화 내용은 『창조성에 관하여On
Creativity』라는 책으로 출간됐다. 대상자들은 건축가 니컬러스 그림쇼
Nicholas Grimshaw, 화가 프랑크 아우어바흐Frank Auerbach, 앤서니 카로
Anthony Caro, 하워드 호지킨Howard Hodgkin, 폴라 레고Paula Lego, 사진
가 이브 아널드Eve Arnold와 영화감독 밀로스 포먼Milos Forman, 작곡가
해리슨 버트휘슬Harrison Birtwhistle, 엘리엇 카터Elliott Carter, 죄르지 리
게티György Ligeti, 작가 토니 해리슨, 뮤리엘 스파크Muriel Spark, 예술
비평가 겸 큐레이터인 데이비드 실베스터David Sylvester였다. 그들의 공
식 교육 이력은 매우 다양했다. 아널드와 실베스터처럼 일반 학교만 다
닌 경우가 있는가 하면 음악학 박사과정을 거쳐 학계에 자리를 잡은 카
터 같은 사람도 있었다. 그들이 자신의 직업적 삶에 대해 말하는 걸 들어
보면, 창조적인 인간이 되기 위해선 대학 교육까지 갈 것도 없고 기초 교
육조차도 반드시 필요한 게 아니라는 생각이 들었다고 터사는 말한다.

앞 장에서도 말한 바 있지만 심리학자 미하이 칙센트미하이는 훨씬
더 큰 표본을 대상으로 연구했다. 시카고 대학에 근거를 둔 칙센트미하
이는 100여 명이나 되는 뛰어나게 창조적인 인물들을 인터뷰했다. 터사

의 인터뷰 대상자들과는 다르게, 칙센트미하이는 인터뷰에 예술 분야의
저명한 인물뿐만 아니라 과학자들도 많이 포함시켰다. 이들은 주로 대학
에 있었는데 그중엔 노벨상 수상자들도 끼여 있었다. 그들 중 어느 누구
도 학창 시절이 자신들에게 영감의 샘이 되었다고 말하지 않았다. 과외
활동이 더 기억에 남는다고 말한 경우도 있었다. 예를 들어 작가 로버트
슨 데이비스Robertson Davies는 문학상 받은 일을, 물리학자 존 바딘은 수
학 경시대회에서 입상한 것을 가장 중요한 기억으로 떠올렸다. 다른 한
편, 자신에게 영향을 준 몇몇 선생들을 상기한 경우도 있었다. 이는 주로
과학자들 사이에서 그랬다. 하지만 대체로 상당수의 인터뷰 대상자들이
선생과의 어떤 특별한 관계도 기억하지 못했기 때문에 칙센트미하이는
놀라움을 금할 수 없었다.

　이런 상황은 우리가 제2부에서 다룬 뛰어나게 창조적인 열 명의 사례
에서 더욱 두드러진다. 그들 중에 학교교육을 기쁜 마음으로 받았다고
말한 사람은 아무도 없다. 훗날 이 천재들의 창조에 불을 지핀 불씨가 학
교 시절에 있었는지 없었는지를 알아내려면 그들의 회고나 기록을 아주
꼼꼼하게 들여다보아야 한다.

　어린 시절의 교육에 관한 한 레오나르도와 렌은 그 증거가 매우 빈약
하다. 우리는 레오나르도가 빈치 마을의 학교에 다녔는지 알 길이 없다.
물론 레오나르도가 가족이나 친척들이 아닌 다른 사람들로부터 기본적
인 가르침을 받았다는 것은 확실해 보인다. 증거의 부재가 부재의 증거
는 아니다. 하지만 상당한 분량의 글을 남긴 레오나르도가 정작 학교에
관해서는 아무것도 언급하지 않았다는 점은 기이하다. 그것이 진정 자신
에게 영감을 준 경험이었다면 그토록 아무 말도 하지는 않았으리라. 렌
은 아홉 살에서 열세 살까지 런던의 웨스트민스터 기숙학교에서 5년이

채 안 되는 교육을 받았다. 영국 내전 기간과 정확히 일치한다. 그 후 렌의 아버지가 렌을 퇴학시켰다. 1646년에 저명한 왕당파의 아들이 있기에는 수도가 너무 위험했기 때문이다. 이 학교의 교장이었던 리처드 버스비Richard Busby는 충성스러운 왕당파이자 엄격한 규율을 강조하는 사람이었던 터라 학생들이 조금만 기분 상하게 해도 매질을 했다. 특히 아이들이 의회주의를 지지하는 낌새만 보이면 참지 못했다. 이 시절 렌은 아버지에게 유일하게 편지 한 통을 썼는데, 열 살을 맞는 생일인데도 라틴어 공부를 해야 한다는 내용일 뿐, 학교에 대해서는 어떤 의견도 내비치지 않았다. 성인이 되어서도 렌은 학교 이야기를 한 번도 언급하지 않았다. 따라서 이 창조적인 인물의 학교생활이 결코 자신에게 깨달음의 경험을 주지 못했을 거라는 우리의 가정은 틀리지 않다.

주지하다시피 모차르트는 학교에 다닌 적이 없다. 모차르트는 전적으로 집에서 음악가 아버지의 지도를 받았다. 왕왕 모차르트는 가정 내 교육의 성공 사례로 거론되지만, 블레즈 파스칼Blaise Pascal이나 존 스튜어트 밀 같은 신동들은 그와 반대의 경우를 보여준다. 작곡가인 엑토르 베를리오즈Hector Berlioz는 나폴레옹 전쟁으로 혼란한 와중이라 교양 있는 물리학자였던 아버지가 집에서 가르쳤지만 음악을 배울 수 없어 실의에 빠졌고(아버지는 아들이 의사가 되길 바랐다), 결국 독학으로 음악을 공부했다. 버지니아 울프도 아버지 레슬리 스티븐의 교육과 독학에 의지했는데, 그래서인지 버지니아는 가정 내 교육에 관한 한 이중적인 입장을 견지했다. 이런 감정은 소설·비소설을 가리지 않고 버지니아의 글에 잘 나타나 있다. 따라서 만일 버지니아가 대학 교육을 받았더라면, 두 오빠가 그랬던 것처럼 전혀 유명해지지 않았을 것이고 작가적 개성이 약화되거나 심지어 파괴되었을지도 모른다는 추정도 가능하다. 한스 아이젱크는 『천재: 창조성의 자연사』에서 "천재들의 삶을 연구하다 보면 가정이라는 환경에서 이루어진 것만큼 적절하고 유효한 교육 방식은 없다는 사실을 발견한다"라고 썼다. 많은 부분이 분명 당사자에게 달려 있다.

상폴리옹은 독학과 학교교육 양쪽 모두 창조성의 발현에 도움을 준 특별한 경우다. 소읍인 피작에서 태어난 상폴리옹은 여덟 살이 될 때까지 주로 집에서 독학하는 방식으로 공부했다. 부분적으로 형이 가르치기도 했지만 부모가 가르친 것은 거의 없었다. 학교에 간 것은 1798년 프랑스혁명 기간 중 폐교됐던 초등학교가 다시 문을 열면서였다. 상폴리옹이 학교를 다닌 기간은 짧았는데, 기계적인 교육과 잘 맞지 않았음이 분명하다. 어떤 과목들은 무척 쉬웠지만 어떤 과목, 특히 수학 같은 것은 관심 밖이었다. 이는 많은 천재 아이들에게서 나타나는 태도이기도 하다. 형이 상폴리옹을 학교에서 빼내 개인 교사를 붙여줬다. 상폴리옹은 전직 베네딕트회 수도사였던 이 가정교사에게서 2년 동안 일대일로 배웠는데, 라틴어와 그리스어의 괄목할 만한 발전으로 언어와 언어학에 재능이 있음을 보여줬다.

그런가 하면 성년기에 본격적으로 나타나는, 기분에 쉽게 휘둘리는 성정도 드러냈다. 앞서 말한 바 있지만 "모든 걸 다 배우고 싶어 하는 날이 있는가 하면 아무것도 배우려 들지 않는 날도 있답니다"라고 가정교사는 상폴리옹의 형에게 말했다. 열한 살이 되던 1801년에 상폴리옹은 그르노블로 이주해 그곳의 기숙 국립 중등학교(리세)에 진학하지만 형이 학비를 감당하기가 어려웠다(이 때문에 상폴리옹은 늘 신발, 의류, 책 등의 부족에 시달렸다). 상폴리옹은 이 학교를 혐오하며 거기서 탈출하기를 갈망했다. 그럼에도 상폴리옹은 그 학교의 우등생이 됐다. 배우는 과목이나 선생 어느 것 하나 맘에 드는 게 없었다. 레슬리와 로이 애드킨스

Lesley and Roy Adkins 부부는 『이집트의 열쇠The Keys of Egypt』에서 "샹폴리옹의 독립적인 정신과 두드러진 능력 때문에 적대적인 일부 선생들은 샹폴리옹에게 게으르고 건방지고 반항적인 학생이라는 낙인을 찍었다"고 말했다(아인슈타인의 초중등 학교와 대학 시절 선생들도 이와 똑같은 딱지를 그에게 붙였다). 게다가 규칙상 샹폴리옹은 쉬는 시간에도 정규 과목 외에 다른 공부를 할 수 없었다. 그는 히브리어, 아랍어, 콥트어를 비롯한 여러 동방 언어들을 밤에 몰래 공부할 수밖에 없었다. 교재는 형이 엄선해서 보내줬다. 그럼에도 샹폴리옹은 학과 시험에서 아주 우수한 성적을 보였다. 아마 샹폴리옹의 가장 커다란 관심사가 운 좋게 학교 과목이 아니어서 그랬을 거라는 추측도 있다. 고대 이집트어 등의 동방 언어가 교과목에 포함되어 억지로 공부했다면 그것들을 배울 의욕을 느끼지 못했으리라는 의미다. 분명한 것은 그르노블의 공식 학교교육은 샹폴리옹의 미래 진로 설정에 거의 아무런 도움도 주지 못했다는 점이다. 샹폴리옹이 동방 언어를 공부하기 위한 곳으로 파리를 택한 것은 어쩌면 매우 당연한 수순이었다.

다윈 역시 "학교에서 과학을 배웠다면 자신이 혐오하는 강제적이고 경쟁 유발적인 학교 특성과 그 과목을 동일시함으로써, 결국 자연사에 대한 흥미는 애당초 사라졌을 것"이라는 게 마이클 하우의 생각이다. 아버지의 강권으로 에든버러 대학에서 전공하게 된 의학에 대해서도 바로 이런 반응을 보였다. 뿐만 아니라 슈루즈베리의 학교에서 과학 대신 공부한 고전에는 흥미를 잃고 진저리마저 쳤다. 과학은 오직 집에서만 공부했다. 주로 형이 도와주었는데 집 마당의 연장 창고에 실험실까지 차려줄 정도였다. 그리고 시골길을 산책하며 자연물을 수집하기 시작했다. 다윈은 학교에서도 자기 방에 있던 파이프와 가스등을 가져와서 몇 가지 실험을 하곤 했다. 급우들은 다윈에게 '가스'라는 별명을 붙여줬다. 하지만 교장의 공개적인 꾸지람을 듣고 더 이상 할 수 없게 됐다. 교장인 새뮤얼 버틀러는 다윈의 귀를 잡아당기며 '포코 쿠란테poco curante'라고 불렀는데, 이는 부주의한 게으름뱅이라는 뜻의 18세기 단어였다. 다윈은 "그가 하는 말을 알아듣진 못했지만, 뭔가 겁나는 책망처럼 느껴졌다"고 자서전에 썼다. 그 후 얼마 안 있어 아버지가 다윈을 이 학교에서 조기 퇴학시켰다. 그곳에 다니는 게 아들에게 그리 좋지 않은 일임을 깨달은 것이다. 주변의 모든 사람들, 다윈 자신까지도 스스로를 학교에서는 아무 의욕도 없는 학생, 미래에 천재가 될 가능성이 전혀 보이지 않는 소년으로 보았던 것이다.

퀴리의 학창 시절은 다윈보다는 샹폴리옹의 학창 시절을 생각나게 하는 구석이 있다. 학교를 싫어했지만 성적은 매우 뛰어났다. 샹폴리옹처럼 퀴리도 학급 수석이었고 졸업식에서 금메달을 받았다. 그러나 퀴리는 매우 특수한 경우다. 왜냐하면 외국의 통제를 받는 학교 시스템에서 교육을 받았고 아버지가 강제로 교직을 잃었기 때문이다. 퀴리가 학교를 싫어하게 된 것은 주로 러시아가 폴란드 교육을 지배하는 것에 대한 반발심에서 비롯되었다. 러시아는 폴란드 민족주의 징후가 보이는 것이면 무엇이든 탄압했다. 40여 년이 지나 폴란드가 러시아의 통치에서 벗어난 뒤 퀴리는 이 시절을 회고하면서 교사들은 "학생들을 적으로 대했으며", 자신이 배운 과목들은 "그 가치가 의심스러운 것들"이었고, "윤리적 환경은 정말 참을 수 없는 것"이어서 아이들은 "모든 삶의 기쁨을 잃어버렸고 때 이른 불신과 분노의 감정이 그들의 어린 시절을 짓눌렀다"고 썼다. 그 무렵, 열세 살 되던 해인 1881년 여름에 퀴리는 가장 친한 급우에게 이런 편지를 썼다. "나는 학교를 좋아해. 어쩌면 넌 나를 놀릴지도 몰

라. 하지만 그런다 해도 내가 학교를 좋아하는 건 사실이야. 심지어 사랑하기까지 하는걸. 난 그걸 이제야 알게 됐어. 그러나 내가 학교를 그리워할 거라고 상상할 것까진 없어! 아냐, 그건 절대 아니라고. 하지만 내가 거기서 보낸 지난 2년간의 시간이 예전에 그랬듯이 끔찍하고 괴롭고 길게만 느껴진 것은 아니었어." 퀴리의 이러한 회고는 남편의 갑작스러운 죽음을 겪으며 슬픔에 싸여 있던 시기에 이뤄졌기 때문에 지난날의 학교생활이 상대적으로 그리 고통스럽게 느껴지지 않았을 수도 있다.

아인슈타인의 경우는 더 복잡하다. 아인슈타인이 학교생활을 잘하지 못했다는 이야기는 거의 전설이 되다시피 했지만, 그럼에도 다윈처럼 의욕이 없는 학생은 아니었다. 샹폴리옹이나 퀴리처럼 우등생은 아니었지만 그래도 평균 이상의 괜찮은 성적을 보였다. 뮌헨의 억압이 심한 고등학교를 다니다가 아인슈타인은 "평생 아무것도 못할 녀석"이라는 악담을 퍼부은 담임선생과 불화를 겪으면서 중도에 학교를 그만둔다. 성적은 다소 들쭉날쭉했다. 수학과 과학은 최상위를 꾸준히 유지했고, 라틴어와 그리스어에서도 최고점 바로 아래 점수를 받았다. 좀 더 자유로운 분위기의 스위스 아라우 학교를 다니면서 아인슈타인은 1년 동안 취리히 연방공과대학 입시 준비를 했는데, 그는 잘해냈다. 물리학과 수학, 그리고 역사 과목에서 최고점을 받았다. 독일과 스위스에서 학교를 다니는 동안 아인슈타인은 개인적으로 몇몇 선생들을 좋아하기도 했다. 그러나 뮌헨 학교의 군대식 시스템을 혐오했고, 대체로 공식 교육 자체를 좋아하지 않았다. 하지만 아인슈타인의 입맛에 맞는 학교는 어디에도 없었다. 왜냐하면 "아인슈타인의 내면에는 조화로운 통합을 가로막는 강력한 요인"이 있었기 때문이라는 게 전기 작가 알브레히트 푈싱Albrecht Fölsing의 주장이다. 어린 아인슈타인은 교실 수업보다 개인 공부를 더 좋아했다. 어린 시절에 시작된 그런 성향은 10대에는 습관으로 굳어져, 성년기에는 대학 입학 자격시험이 철폐되어야 한다고 생각할 정도가 되었다. 아인슈타인은 결코 성적이 초라한 학생은 아니었지만, 그의 독창성은 학교교육과 관련이 없고 전적으로 어린 시절의 '개인 공부'와 관련 있다는 게 분명하다.

카르티에 브레송은 확실히 공부를 못하는 학생이었다. 브레송은 세 번이나 바칼로레아에 떨어졌는데, 끝내 대학 입학 자격을 얻지 못했다. 브레송의 전기 작가 아술린은 "브레송은 성적이 나빴다. 그것은 지적 능력이 부족해서라기보다 단지 가톨릭 학교 규율과 잘 맞지 않았기 때문이었다"라고 썼다. "전통 형식의 사진 속에 무리와 동떨어진 한 젊은이가 있다. 그는 카메라가 아닌 다른 곳을 쳐다보고 있다. 그런가 하면 도전적으로 팔짱을 낀 모습이 반항적으로도 보인다." 브레송은 조직화된 종교에 순응하지 않았고 고루한 상부르주아 파리지앵 가족 구성원들의 기대에 부응할 수도 없었다. 오히려 이런 요인들은 불에 기름을 부은 격이 됐다. 학교 시절 유일한 구원자는 한 선생이었다. 그 선생은 지도 주임 선생이자 가톨릭 평신도였는데, 교실에서 몰래 아르튀르 랭보의 시를 읽고 있는 브레송을 훈계했지만, 개인적으로는 자신의 집무실에서 교과목 외의 시집과 소설을 읽도록 해줬다. 아이러니하게도 이 우연한 기회를 통해 브레송은 평생에 걸친 독서열을 가지게 되었으며, 이는 훗날 사진가의 길을 가도록 한 호기심의 원천이 됐다.

끝으로 레이는 캘커타 학생 시절에 카르티에 브레송만큼이나 학교에 별 흥미를 느끼지 못했지만, 성적은 아인슈타인과 비슷하게 평균 이상이었다. 하지만 레이는 예술 분야, 특히 드로잉에서만 그랬고, 그것도 아주 탁월하다거나 어떤 학문적인 지향을 보인 것은 아니었다. 레이도 스스로의 모든 영감을 독학에서 얻었으며, 책과 그림과 음악이 교과서가 되었다. 또한 군대식 편제나 집단 활동을 싫어했지만, 아인슈타인처럼 학교 권위에 대드는 행동은 하지 않았다. 그 대신 레이는 무미건조했던 학교 시절의 경험을 영화와 글과 그림에, 특히 아푸 3부작에 많이 녹여냈다. 이 작품을 통해 일반 학교와 대학을 막론하고 인도의 공식 교육이 어떻게 학생들의 감각을 마비시키는지 있는 그대로 그려냈다. 유년기에 대한 회고에서 레이는 학교와 그 외의 생활이 완전히 분리되어 있었다고 말한다. 이는 자신의 창조 활동도 학교교육과는 무관한 것임을 암시한 것이다. 회고록에서 레이는 학교 다닐 때 접했던 많은 선생들의 모습을 언급하며 그들 중 단 한 사람도 자신에게 감동을 주지 못했다고 했다. 그렇다고 해서 선생들의 성격이 나빴다거나 비열했다는 것은 아니다. 그저 선생들의 말, 약점, 의상 따위를 가벼운 조롱거리로 삼았을 뿐이다. 레이가 만났던 교장들 중 한 사람은 유난히 펑퍼짐한 바지를 즐겨 입었다. 그 교장이 레이의 반에서 「립 밴 윙클Rip Van Winkle」을 읽어줄 때, 교장의 바지 모양과 책 내용이 우스운 조화를 이루었다. 소설 속 주인공이 교장의 바지를 연상케 하는 갈리가스킨즈(galligaskins, 16~17세기에 유럽 남성들이 주로 입었던 무릎 길이의 헐렁한 바지—옮긴이)라는 통 넓은 바지를 입고 있었기 때문이다.

창조적 인물들이 초급학교를 떠나 상급 교육기관에 진학하고 전문적인 길을 갈 때까지 보여주는 패턴이 명확한 것은 아니다. 몇몇 비범한 창조자들은 기초 교육을 받은 후에는 전혀 공식 교육을 받지 않았지만, 최근 몇십 년 동안 그런 인물들이 상대적으로 드물었다. 그것은 고등교육기관이 전 세계적으로 많이 생겨났기 때문이다. 이 책에 나오는 열 명의 천재 중 여섯 명, 즉 카르티에 브레송, 레오나르도 다빈치, 모차르트, 레이, 울프, 렌은 자신의 분야에 관한 한 어떤 제도적 교육도 받은 일이 없다(레오나르도가 베로키오의 작업장에서 한 도제 생활을 현대 미술학교 교육과 같은 것으로 치지 않는다면). 그러나 샹폴리옹, 퀴리, 다윈, 아인슈타인, 레이, 렌은 대학을 졸업했으며 퀴리와 아인슈타인은 박사 학위가 있었다. 그리고 샹폴리옹, 퀴리, 아인슈타인, 렌은 전업 교수가 됐다(샹폴리옹은 교수직에 있던 기간이 길지 않았지만). 카르티에 브레송과 레이는 미술학교에 다녔지만 졸업하지는 못했다. 터사가 인터뷰한 20세기의 창조적 인물들(과학자는 제외) 중에서는 아널드, 스파크, 실베스터 세 명이 자신의 분야와 관련된 제도 교육을 받지 못한 것으로 나타났다. 그렇다고 해서 다른 공식 고등교육을 받은 것도 아니다. 그들 중에서는 오직 카터, 카로, 해리슨만 학사 과정을 마쳤다. 카터는 박사 학위까지 받았다. 아우어, 바흐, 그림쇼, 호지킨, 레고는 미술학교에 다녔고, 버트휘슬과 리게티는 음악 아카데미에서 수업을 들었다. 포먼은 영화학교 출신이다.

아인슈타인이 물리학 박사 학위를 받은 이야기는 교육과 창조성에 관해 많은 것을 알려준다. 1900년 여름에 아인슈타인은 취리히 연방공과대학을 졸업했다. 하지만 물리학부의 조교 자리를 얻을 수 없었다. 결강이 많았던 데다 교수에 대한 비판적인 태도가 문제였다. 이로 인해 아인슈타인은 재정적으로 불안정하고 직업적 미래도 불투명해졌다. 1901년 내내 연구직 일자리를 구했지만, 그 어떤 대학의 교수도 잘 알지 못하는 아인슈타인을 쓸 리 만무했다. 결국 아인슈타인은 학계에서 진로를 뚫으려면 박사 학위가 필요하겠다는 생각을 하게 된다. 그리고 연방공과대학에 논문을 제출했지만, 낙심천만하게도 거부됐다. 1902년 여름, 아인슈타인은 드디어 최초의 전업 직장을 구한다. 베른에 있는 스위스 특허청 직원이 된 것이다. 박사 학위를 따야겠다는 생각은 유보됐다. 1903년 초 아인슈타인은 친구인 미셸 베소에게 박사 학위 취득 계획을 포기했음을 밝힌다. "그게 나한텐 그리 도움이 될 것 같지 않네. 이제 그 우스운 것이 지겨워지기 시작했네." 그런데 1905년 여름, '기적의 해'에 특수상대성이론을 완성한 아인슈타인은 전과 같은 이유로 박사 학위 계획을 다시 추진한다. 특허청을 그만두고 대학으로 진출하기 위해서는 여전히 박사 학위가 필요했기 때문이다.

두 번째 시도에서는 특수상대성이론에 관한 논문을 연방공과대학에 제출했지만 이 또한 거부되고 말았다! 이것은 아인슈타인과 가깝게 지냈던 여동생 마야의 말에 따르면 최소한 사실이다. 마야는 "상대성이론은 의사 결정권을 쥐고 있는 교수들이 보기에는 다소 이상했다"고 썼다. 아인슈타인이 그 논문을 택한 것도, 교수들이 회의적 반응을 보인 것도 다 그럴 법하다. 증명되지 않은 이론이었기 때문이다. 특수상대성이론은 하나의 논문 주제로서 충분히 중요했지만 기존 과학계에서는 어떤 검증도 받지 않았을뿐더러 공개적으로 발표된 것도 아니었다(실은 발표 후에도 계속 과학계의 논쟁거리가 되었다). 이유야 어떻든 간에 아인슈타인은 덜 도발적이지만 나름 중요한 연구 결과를 비장의 카드로 내밀 수밖에 없었다. 그것은 특수상대성이론의 완성 직전인 1905년 4월에 끝낸 논문으로 부유 중인 분자의 실제 크기를 어떻게 정할까 하는 문제를 다룬 것이다. '훌륭하게도' 이 논문은 상대성이론처럼 순수한 이론적 논증이 아닌 실험을 통해 도출한 데이터를 근거로 삼았다. 아인슈타인은 이것을 박사 학위 논문으로 다시 제출했다. 아인슈타인에 따르면, 아마도 반쯤은 비아냥거리는 투였지만, 이번에는 교수들이 원고가 너무 짧다는 지적을 했다는 것이다. 아인슈타인은 한 문장을 더 첨가했다. 며칠 후, 이 정통 논문은 통과됐다. 그리고 1905년 7월에 드디어 '아인슈타인 박사님'

소리를 듣게 됐다. 나중에 한 가지 작지만 중요한 실수가 그 논문에서 발견됐고, 아인슈타인은 1906년에 이를 고쳐 출간한다. 1910년에는 좀 더 정확한 실험 데이터를 확보한 뒤 이를 다듬어 다시 펴낸다.

이 이야기의 요지는 물론 매우 독창적인 연구가 기존의 패러다임과 맞지 않을 때 학계는 이를 무시하거나 거부하는 근본적 한계를 보인다는 것이다. 1905년의 아인슈타인은 박사 학위가 없었음에도 박사일 때와 다름없이 명백히 독창적이고 창조적이었다. 박사가 되기 위해 아인슈타인은 오히려 '더' 독창적인 쪽이 아닌 '덜' 독창적인 쪽을 택해야 했다. 그렇다면 많은 교육을 받고 수업을 듣는 일은 정말 창조적인 길에 방해가 되는 것일까? 1984년 딘 키스 사이먼턴은 1450년부터 1850년 사이에 태어난 비범하게 창조적인 인물 300여 명의 교육 수준을 연구했다. 사이먼턴의 연구 시기는 제대로 된 대학 시스템이 도입되기 전으로, 말하자면 다윈 이후 아인슈타인 이전 시기가 될 것이다. 사이먼턴이 알아낸 사실은 최고의 창조자들, 즉 베토벤, 갈릴레오, 레오나르도 다빈치, 모차르트, 렘브란트 등은 현대의 대학 기준으로 볼 때 대략 중퇴자 수준의 교육을 받았다는 것이다. 그보다 더 높거나 반대로 낮은 고등교육을 받은 사람들의 창조적 성취 수준은 이들보다 전반적으로 낮았다.

비범하게 창조적이었던 역사적 인물들의 교육 수준을 측정하는 일이 쉽지 않고, 각기 다른 시대 다른 사회의 교육 수준을 비교하는 일이 녹록지 않음을 생각하면 사이먼턴의 연구 결과에 큰 의미를 부여할 필요는 없다. 그럼에도 이 연구 결과는 충분한 증거 사례를 보여준다. 특출한 창조자들은 요즘으로 치면 학부 과정에선 학문에 흥미를 잃었지만, 대신 자신들을 매혹시키는 주제에는 열정적으로 몰두했음이 규칙적으로 나타난다. 일부는 대학을 중퇴하고 자신의 직관이 인도하는 길을 따라갔다. 그것은 컴퓨터 과학자인 빌 게이츠가 1970년대에 하버드 대학을 그만둔 것과 비슷하다. 이는 또한 레이의 경험이기도 하다. 레이는 1936~1939년에 캘커타 프레지던시 칼리지에서 학사 과정을 공부했으나, 그 후 고작 18세의 나이에 상업미술가의 길을 가기로 결심한다. 하지만 어머니의 설득에 못 이겨 산티니케탄에 타고르가 세운 시골 미술학교로 옮겨 5년 동안 공부했다. 레이는 그마저도 1942년에 중도 포기했다. 원래 자신은 위대한 화가가 될 수 없으리라는 것을 직감했기 때문이다. 게다가 대도시가 내민 영화의 유혹이 너무나 강렬했다. "작열하는 여름 태양 아래 서서 산티니케탄 들판에 만개한 시뮬Simul과 팔라시Palash 꽃을 스케치하며 나는 끊임없이 후회했습니다. 그때 〈시민 케인Citizen Kane〉이 나타났다 사라졌습니다. 캘커타에 있는 최신 극장에서 3일 동안 상연되었던 것이죠." 50대 중반에 레이는 이렇게 회고했다. 이는 사이먼턴이 최고 등급의 창조자들로 언급한 사람들의 교육 수준과 대충 일치한다. 레이는 스스로 창조적인 일이라고 생각한 것을 추구하기 위해 공식 교육을 포기했던 것이다.

사이먼턴의 연구 결과는 전후에 박사 학위 소지자가 증가했음에도 더 많은 창조적 결과물들이 나오지 않는 이유를 밝히는 단서를 제공할지도 모른다. 사이먼턴의 주장이 옳다면 뛰어난 창조성을 발휘하도록 하는 적절한 교육은 박사 학위 취득 여부와는 상관없다. 과학계의 경우, 20세기 들어 박사과정 수준의 고등교육 기회가 확대되면서 새로운 전공 연구 분야가 생겨났고, 이런 연구 결과를 게재할 수 있는 저널들의 수도 대폭 늘어났다. 과학 사회학자 로저스 홀링워스J. Rogers Hollingworth는 2008년 『네이처』에 "1945년 이후로 선진 산업 국가들, 특히 미국의 연구 개발 인력이 국민총생산에서 차지하는 비율은 다소 완만한 증가세를 보인 반면,

과학 논문과 저널은 기하급수적으로 늘어났다"고 썼다. 홀링워스에 따르면, 수십 년에 걸쳐 다양한 사회에서 학습 개혁이 이루어졌지만 "진정 창조적인 연구가 출현하는 비율은 상대적으로 변하지 않고 있다. 굵직한 과학 연구를 위해 들이는 노력의 양을 생각하면 오히려 감소세를 보인다고 할 수 있다".

그러나 이런 사실에 대한 좀 더 정확한 설명은, 현대사회에서 비범하게 창조적인 과학자와 예술가들에게 필요한 교육 기간은 제각각 다르다는 것이다. 19세기 혹은 그 이전과는 과학의 지형이 달라졌기 때문이다. 창조적인 예술가들은 이제 예전만큼 박사 학위가 필요 없다. 하지만 과학계는 이야기가 다르다. 과학자들은 더욱 방대한 지식과 기술에 통달해야 한다. 그래야만 과학의 미개척지에서 새로운 것을 발견할 수 있기 때문이다.

과학자들은 예술가들보다 학교와 대학 시험에서 훨씬 뛰어나야 한다. 사이먼턴은 "과학자들과 예술가들 사이에 나타나는 학문적 수행 능력의 차이는 상대적인 강제, 즉 과학과 예술 분야를 막론하고 그 창조 과정에 반드시 가해지는 압박의 차이를 드러내는 것이다"라고 썼다. 이런 사실이, 현 교육 시스템에선 생산성 높은 과학자가 유리하고 잠재적인 다윈이나 아인슈타인은 축출될 가능성이 높다는 걸 의미하느냐의 문제는 끝없는 논쟁거리로 남아 있다. 아직도 만족스러운 결론이 나오지 않고 있다. 단지 일반적으로 인정되는 사실은, 20세기 후반에 고등교육의 기회와 경쟁력의 측면에서 커다란 진보가 있었지만, 이로 인해 뛰어나게 창조적인 과학자의 수가 늘어나진 않았다는 것 정도다. 교육에 관심 있는 미국의 노벨상 수상자이자 1995년 보스-아인슈타인 응축Bose-Einstein condensate을 만든 칼 와이먼Carl Wieman에 따르면, 물리학 교육은 철저한 재점검이 필요하다. 이 주장은 아인슈타인이 강조한 '독학'과 수업에서 비공식적 토론의 중요성을 상기시킨다. 학교 다닐 때 와이먼은 공부를 잘하긴 했어도 학급에서 1등을 한 적은 없었고, 매사추세츠 공과대학 MIT 시절에도 필수 강의를 듣거나 수업을 받기보다는 혼자 책을 읽고 실험실에서 다른 학생들과 가벼운 실험을 하며 지낸 시간이 더 많았다고 한다. 물리학을 가르치는 입장에서 와이먼은 칠판에 지겹도록 방정식을 써나가는 식의 강의는 지양되어야 한다고 주장한다. 이는 단지 학생의 암기력과 인내력만을 시험할 뿐이라는 것이다. 와이먼은 "우리가 수업을 하면서 학생들에게 개념을 가지고 추론할 것을 요구하고 자신의 관점에서 토론하게 한다면, 사뭇 다른 결과를 얻을 것이다"라고 2007년『물리학 세계*Physics World*』라는 잡지에서 말했다.

서문에서도 언급한 바 있는, 1952년 마이클 벤트리스가 선문자 B 해독에 성공한 것은 예술과 과학의 경계를 가로지르는 도약이었으며, 우리가 이 장에서 누누이 논의한 많은 부분을 명쾌하게 설명하는 사건이었다. 벤트리스의 도약은 학문적인 연마와 비범한 창조성을 동시에 요구했다. 그러나 학사나 박사 학위를 필요로 하지는 않았다. 이 사례를 자세히 살펴보자.

1900년 아서 에번스Arthur Evans 경이 크노소스Knossos에서 발굴한 고대 미노아 문명의 기록물 해독에 20세기 전반 내내 여러 학자들이 도전했지만, 결과적으로 그 주인공은 에멧 베넷 주니어Emmett Bennett Jr., 앨리스 코버Alice Kober, 존 마이어스John Myres, 존 채드윅, 그리고 벤트리스가 됐다. 금석문 학자였던 베넷은 전시에는 암호 해독을 했으며, 1940년대 후반 신시내티 대학에서 고고학자인 칼 블레겐Carl Blegen 교수의 지도하에 선문자 B를 주제로 박사 논문을 썼다. 얼마 후 베넷은 예일대로 옮겼다. 코버는 컬럼비아 대학에서 그리스 문학으로 박사 학위를 받은 고전학자였는데, 1930년대 중반부터 선문자 B를 읽고 싶은 간절한 소망을 불태우고 있었다. 노년기에 접어든 마이어스는 1939년까지 옥스퍼드 대학의 고대사 교수이자 고대 그리스의 권위자로 널리 인정받고 있었다. 게다가 1941년에 친구인 에번스 사후에 선문자 B 석판의 보관인 겸 책임자를 맡았다. 채드윅은 케임브리지 대학에서 고전학 학부를 다녔으나 박사 학위는 없었다. 전시에 암호 해독가로 군 복무를 한 후, 옥스퍼드 대학에 근무하면서 『옥스퍼드 라틴어 사전 *Oxford Latin Dictionary*』의 편집자로 있었다. 채드윅은 1952년 케임브리지 대학의 고전학 강사가 됐고, 바로 그해에 벤트리스와 공동 연구를 시작했다. 이들 네 명과 달리 벤트리스는 대학에 다닌 적이 없고 고전학에 관한 학문적 경험도 전무했다. 선문자 B에 대한 벤트리스의 열정은 학교가 아닌 다른 곳에서 열네 살 때 싹텄다. 벤트리스는 1940년대 런던의 건축협회학교 Architectural Association School에서 건축가 수업을 받았다. 전쟁이 터지자 학업을 중단했다가 직업적 건축을 다시 공부했다.

베닛, 코버, 마이어스, 채드윅은 모두 벤트리스보다 나이가 많았다. 또한 고전학 분야에서 벤트리스보다 더 많이 공부했고, 선문자 B의 해독이라는 문제에 매달릴 기회도 많았다. 하지만 그들 모두가 실패한 지점에서 벤트리스는 성공했다. '왜'라고 묻지 않을 수 없다.

졸저 『선문자 B를 해독한 사람』에서 벤트리스를 다루며 논한 바 있지만, 많은 이유가 있다. 그러나 가장 중요한 요인은, 첫째 벤트리스가 세 개의 매우 상이한 영역(고전학, 현대 언어, 건축학)에 밝았다는 사실이다. 그리고 둘째, 벤트리스는 선문자 B에 대해 전문 학자들처럼 '정통파'적 사고를 하려고 애쓰지 않았다. 예를 들면, 마이어스는 에번스가 주창한 부정확한 이론에 극단적으로 경도되어 제 능력을 발휘할 수 없었다. 코버는 명민하고 논리적인 사람이었지만, 기질적으로 무모한 추측은 피하는 경향이 있었다. 코버는 1948년에 선문자 B에 대해 이렇게 썼다. "우리가 사실들을 확보해야만 특정한 결론을 자연스럽게 내릴 수 있을 것이다. 사실을 수집하기 전까지는 어떤 결론도 불가능하다." 베닛은 매우 지적인 인물이었지만 학자적인 신중함이 지나쳤다. 해독이 성공했다는 소식이 발표되자 베닛은 '조심스럽고도 애매하지만 세련된 글'을 써서 이를 환영했다(베닛은 벤트리스에게 자신이 그랬음을 인정하고 있다). 벤트리스가 성공한 것은 어떤 점에서 그가 고전 학사나 박사 학위가 없었기 때문이라고 말할 수 있다. 벤트리스는 이 분야에서 충분한 공부를 했다. 하지만 자신의 호기심과 독창성을 질식시킬 정도로 많이 하지는 않았다. 벤트리스의 공동 연구자였던 채드윅은 『선문자 B의 해독*The Decipherment of Linear B*』에서 이에 대한 훌륭한 해석을 하고 있다.

건물을 볼 때, 건축가는 전면 혹은 복잡한 장식이나 구조적 외양만을 응시하지 않는다. 건축가의 눈은 표면 아래를 파고들어 그 건물에서 가장 중요한 부분들을 찾아낸다. 벤트리스도 이처럼 겉에 어지럽게 널려 있는 수수께끼 기호, 패턴, 규칙성 들을 뚫고 들어가 그 아래의 구조를 찾아냈다. 이러한 자질, 즉 눈에 보이는 혼란 속에서 질서를 보는 능력이야말로 모든 위대한 이들의 업적을 특징짓는 것이다.

뿐만 아니라 벤트리스도 대체로 천재들이 학창 시절에 보였던 양태를 그대로 보여주었다. 스토 학교에서 벤트리스의 성적은 평균보다 높았다. 하지만 뛰어나지는 않았다. 실제로 벤트리스는 중도에 학교를 그만두었다. 선생들의 수업에서는 거의 아무런 영감을 받지 못했지만, 한 선생에 대해서는 호감을 가졌다. 그 선생은 패트릭 헌터Patrick Hunter로, 벤트리스에게 고전문학을 가르쳤으며, 런던에서 열린 미노아 문명전을 보러 가는 수학여행 길에 우연히 선문자 B의 존재를 소개해주었다. 벤트리스는 집단 활동, 예를 들면 조를 이루어 하는 운동 같은 것에는 관심이 없었고, 따로 떨어져 나와 있는 편을 좋아했다. 고대 문자 해독의 위대한 선배인 샹폴리옹처럼 벤트리스도 밤에 몰래 공부했다. 벤트리스의 기숙사 친구가 재미있게 회고한 바에 따르면, 공식적으로 '소등'이 된 뒤에도 침대보를 뒤집어쓴 채 손전등에 의지해 책을 읽었다.

공식 교육이 이런 유의 빼어난 창조성을 학생들에게 주입시킨 적이 있던가? 과거 천재들의 경우에는 없다. 아이젱크 교수는 자신의 연구서인 『천재: 창조성의 자연사』에서 학습 시스템에 관해 다음과 같은 맺음말을 남겼다. "우리가 창조성에 바칠 수 있는 최고의 기여는 그것이 방해받지 않고 개화하도록 내버려두는 것이다. 이를 위해 모든 장애물을 제거하고, 언제 어디서 창조성을 만나든 매우 귀하게 대해야 한다. 아마도 우리는 창조성을 가르칠 순 없을 것이다. 그러나 규칙과 통제, 열등감의 질시 같은 것에 숨 막히지 않도록 보호할 수는 있다." 불행하게도 많은 교육기관과 국가, 정부가 탁월성과 혁신을 키우고 장려해야 한다고 끊임없이 외치지만, 정작 학교나 대학이 이런 교훈을 깊이 새겨 실행에 옮기는 경우는 거의 없다.

18

창조적 과학과
예술적 창조

예술과 과학이 창조 과정에서 공유하는 한 가지 특질이 있으니,
그것은 양 분야에서 진보가 시간을 따라 선형적으로 이루어지지 않는다는 사실이다.
시간을 얼마나 쏟든 간에 아무 결과도 못 얻을 때가 많다.
그러다 갑자기 도약과 번뜩이는 영감이 찾아오고 비교적 짧은 시간 안에 문제가 풀린다……
(그러나) 과학은 자연을 아는 일이다. 이는 만인이 다 알고 싶어 하는 고정된 사실들이
실재하고 있음을 암시한다…… 경쟁하는 두 과학자가 두 개의 다른 결과를 도출했고
제각각 다른 결론에 도달했다면 이 불일치가 해소될 때까지,
그리고 어떻게 해서 이렇게 상이한 답들이 나오게 됐는지 납득할 수 있을 때까지
과학계는 마음이 편할 수 없다. 이와 대조적으로 예술가들은 공통점을 찾기 위해 애쓰기보다
자신들의 작품을 형식이나 내용에서 독특한 것으로 만들기 위해 노력한다.
—토머스 체크Thomas Cech, 노벨 화학상 수상자, 『창조성의 기원*The Origins of Creativity*』, 2001

과학과 예술을 한데 묶어보려는 목적의 수많은 프로젝트가 있었지만, 그
중 가장 생산적이고 사람들의 호기심을 자극한 것은 페스티벌 패턴 그
룹Festival Pattern Group이었다. 1951년 영국 페스티벌에서 제조업자들
은 수산화아연에서 헤모글로빈에 이르는 다양한 물질의 분자를 X선 회
절 이미지로 찍은 다음, 이를 바탕으로 실크, 레이스, 양모, 면, 종이, 플
라스틱, 유리를 비롯한 여러 소재를 동원해 미래 디자인을 선보였다. 이
디자인 작품들은 현재 런던의 빅토리아 앨버트 박물관에 소장되어 있고,
2008년 '원자에서 패턴까지From Atoms to Patterns'라는 제목으로 열린
웰컴 재단 주최의 전시회에서 다시 한 번 모습을 드러냈다.

 세 명의 X선 결정학자인 도러시 호지킨Dorothy Hodgkin, 존 켄드루
John Kendrew, 맥스 퍼루츠Max Perutz가 1960년대에 과학 분야에서 노벨
상을 받았다. 그런데 한 사람만 제외하고 X선 결정학자들은 그 디자인

작업에 개인적으로 관여하지 않았다. 이 작품 제작자 명단에서 그들의 이름도 빠져 있다. 이는 과학자로서 자신들의 평판을 보호하기 위해서였다. 하지만 막상 결과물을 본 결정학자들은 충분히 참여할 만한 가치가 있는 일이라는 반응을 보였다. 결정학의 선구자라 할 수 있는 로런스 브래그는 프랜시스 크릭과 제임스 왓슨이 DNA 구조를 연구했던 케임브리지의 캐번디시 연구소장이었다. 로런스 브래그는 1951년 산업 디자인 위원회의 수석 산업관이자 건축 전문가였던 마크 하틀랜드 토머스Mark Hartland Thomas에게 다음과 같이 말했다. "1922년, 내가 아라고나이트aragonite로 추정되는 어떤 복잡한 결정체를 연구할 때였습니다. 거기에 나타난 패턴을 보고 아내가 어찌나 감탄하던지 지금도 기억이 생생하네요. 내가 그것을 자수 작품의 모티프로 활용하라고 아내에게 보여주었거든요." 브래그는 말을 이어갔다. "그때부터 나는 산업계에 있는 친구들에게 이런 패턴을 보면서 영감을 얻으라고 권하지요. 2년 전 메고Megaw 양의 말이…… 내가 자신을 그런 쪽으로 흥미를 갖게끔 했다고 그러더군요. 그 말을 듣고 무척 기뻤습니다. 그리고 어제 메고 양이 내게 몇 개의 패턴들을 보여주었는데 오랫동안 보고 싶었던 것이었습니다."

헬렌 메고는 디자인 작업에 참여한 유일한 결정학자로 캐번디시 연구소에서 근무했으며 1951년 전시회를 뒤에서 지휘한 과학자였다. 하틀랜드 토머스는 주최자였다. 예술 감각이 뛰어났던 메고는 1946년에 이 아이디어를 냈다. 그러나 1949년 하틀랜드 토머스가 관심을 가질 때까지 구체화되지는 않았다. 메고가 그린 결정 구조 도형들을 소개한 강연을 보고 나서 하틀랜드 토머스는 흥미를 느껴 전시회 작업에 착수했다. 그는 이 도형들이 새롭고 낯선 종류의 디자인이라고 생각했다. "그것들은 본질적으로 현대적이다. 그것을 구현한 테크닉이 최근 것이기 때문이다.

그러나 유명한 과거의 장식들이 모두 그렇듯이, 그것들 역시 자연에서 온 것이다."

디자인 작품 중 몇 가지는 보기 흉했고 페스티벌이 막을 내린 후에 실제 상품으로 생산된 작품은 극소수였다. 하지만 그중에서 몇 종의 직물은 지금 봐도 놀랄 정도로 매력적이었다. 메고의 아프윌라이트afwillite 광물 결정 구조 도형은 당시 섬유 디자이너의 거물이었던 메리앤 스트라우브Marianne Straub에게 영감을 주었고, 스트라우브의 손에서 '서리 Surrey'라고 부르는 복식용 직물로 태어난다. 이는 자카드Jacquard 직조기에 양모와 면, 끊어지지 않는 인조견사 등을 걸어 짠 아름다운 태피스트리였다. 아프윌라이트는 자연 발생하는 수산화칼슘 네소 규산염이며, 인공적으로는 시멘트가 콘크리트로 굳기 시작할 때 형성된다. 아프윌라이트의 전자 밀도 지도를 보면 칼슘 원자에는 예닐곱 개의 등고선, 규소에는 다섯 개, 수산기水酸基 그룹과 물에는 그보다 적은 등고선을 거느린 '봉우리'들이 나타난다. 스트라우브는 등고선의 수와 그것의 상대적인 위치를 다소 창조적으로 조정했다. 기본적으로 스트라우브의 디자인은 메고가 지켜보았기 때문이지만, 과학적으로 그려낸 이미지에 충실했다. 서리는 영국 페스티벌 당시 런던 사우스뱅크의 레가타 레스토랑에 커튼 삼아 걸렸는데, 암녹색 바탕에 황금색 등고선을 배치해 넣은 것이었다. 하지만 생산 비용이 말도 안 되게 높았던 까닭에 상업적으로는 양산되지 못했다.

모든 결정학자들은 자신들이 그려낸 결정 구조 도형의 권리를 포기했다. 메고의 친구인 호지킨만이 유일하게 자신의 발견물인 인슐린 구조 도형을 사용해도 된다는 허가서에 서명을 거부했다. 그러고는 편안한 어조로 다음과 같은 말을 덧붙였다. "자연이 만들어낸 패턴에 대해 내가 과연 저작권을 가지고 있는지 확신할 수 없습니다. 그런데 내가 그것을 가지고 있는 게 확실하다면 5파운드에 팔 순 없죠. 하지만 그런 발상 자체가 재미있군요."

대부분의 예술·과학 연계 프로젝트는 페스티벌 패턴 그룹에 비하면 성과가 적었다. 과학적 개념, 과학적 발견 과정, 과학자들의 작업과 삶을 구현할 수 있는 예술가는 극히 드물었다. 최고의 화가나 조각가들은 이런 주제에 관심이 없었다. 거장 영화감독들도 마찬가지였다. 거장들이 흥미를 갖지 않아 과학에 관한 영화제작은 재능이 좀 떨어져 보이는 감독들이 맡았다. 이들은 〈퀴리 부인〉, 〈뷰티풀 마인드〉(수학자 존 내시에 관한 영화), 〈플래시 오브 지니어스Flash of Genius〉(일정한 간격으로 움직이는 자동차 와이퍼의 발명자 로버트 키언스Robert Kearns의 이야기) 같은 영화를 제작했는데 꽤 볼 만하고 배우들의 연기도 좋았다. 하지만 이런 영화들은 일관되게 과학보다는 주인공들의 성격에 초점을 맞추고 있다. 과학을 주제로 한 연극 작품은 과학적 아이디어나 윤리 논쟁 등을 다루었기 때문에 예술·과학 주제보다 성공적인 사례가 될 가능성이 높다. 예를 들어 연극 〈코펜하겐〉은 전쟁 기간 중 닐스 보어Niels Bohr와 베르너 하이젠베르크Werner Heisenberg의 만남을 주제로 하고 있으며, 부족한 과학성을 감추기 위해 강렬한 무대효과와 자극적인 음악으로 관객의 정신을 흩뜨리는 기법을 동원한 연극과는 대척점에 있는 작품이다. 후자에 해당하는 작품들에는 〈사라지는 숫자A Disappearing Number〉(수학자 스리니바사 라마누잔Srinivasa Ramanujan에 관한 연극), 오페라 〈닥터 오토믹Doctor Atomic〉(로버트 오펜하이머Robert Oppenheimer와 맨해튼 프로젝트에 관한 내용)이나 〈해변의 아인슈타인Einstein on the Beach〉 등이 있다. 아마도 가장 좋은 결과는 과학자 출신 작가들의 소설이 제공하고 있을 것이다. 아서 클라크Arthur C. Clarke와 프레드 호일Fred Hoyle이 대표적인 예이고, 그런 이력 없이 나중에 소설의 소재로 과학을 차용한 마틴 에이미스Matin Amis나 이언 매큐언Ian McEwan의 작품들은 그에 미치지 못한다. 하지만 현재 과학을 주제로 한 소설들을 '위대한 문학작품'으로 부르기엔 다소 무리가 있다.

이렇게 된 이유 중 하나는, 중심적 위치에 있는 예술가들이 대체로 과학에 흥미를 보이지 않는다는 데 있다. 주요 과학자들이 예술에 대해 갖고 있는 관심에 비하면 그 역은 확실히 많이 부족하다. 두 문화, 즉 인문학과 과학이 서로 소통하지 못한다는, 1959년에 과학자 이력을 가진 소설가 스노C. P. Snow가 최초로 언급한 저 악명 높은 분리 장벽이 예전보다는 낮아졌지만 여전히 아직도 존재한다. 한때 양쪽 진영에 팽배했던 자부심과 오만은 점점 약화되고 있다. 그럼에도 불구하고 두 분야의 간극을 메우고자 하는 열정이 크게 일어나고 있지는 않다.

작지만 중요한 사례 하나를 들어보자. 런던 시내 건물에 자신을 기념하는 공식적인 '청색 명판blue plaque'이 붙어 있는 800여 명의 저명인사들 중에서 194명이 문학계 인물들이다(거기에 화가나 작곡가 같은 다른 분야 예술가들을 합치면 예술계 인사들의 명판 수는 더 늘어난다). 반면에 과학자들의 명판은 의학, 공학, 산업, 발명계 인물들을 모두 합쳐도 고작 134개에 불과하다. 그뿐만이 아니다. 2000~2003년에 존 터사가 BBC 방송 제작을 위해 인터뷰한 사람들도(명단은 앞 장에 있음) 예술가들이 대부분을 차지하고 있다. 반면에 과학자들은 거의 없다. 인터뷰 대상자 중 겨우 두 명 정도가 그나마 과학과 관련이 있다. 그중 한 명은 건축가인데 공학에 깊이 빠져 있었다. 터사는 당연히 과학에 대한 어떤 질문도 하지 않았다. 물론 그렇다고 해서 인터뷰 대상자들이 과학에 대해 침묵하는 이유가 완전히 설명되는 것은 아니다. 그들 중 어느 누구도 지나가는 말로라도 다윈이나 아인슈타인, 프로이트 같은 인물을 거론하지 않았다. 책으로 250여 페이지에 달하는 인터뷰 내용 처음부터 끝까지 말이다. 그러니 다른 과학자나 심리학자들에 대해서는 말할 것도 없다. 터사의 『창조성에 관하여』에서는 예술가와 과학자가 완전히 분리된 세계에 거주하고 있다.

제2부에 나오는 비범하게 창조적인 열 명의 인물들은 그나마 폭넓은 시야를 보여주고 있다. 하지만 대체적으로 예술가들이 과학에 대해 갖는 관심은 과학자들이 예술에 대해 느끼는 흥미보다 덜하다.

먼저 예술가의 경우, 레오나르도 다빈치는 훌륭한 예외라고 할 수 있다. 해부학에 매료되어 있을 뿐만 아니라 공학과 발명에도 몰두했다. 다빈치의 드로잉 중에서 가장 유명한 몇 점은 인체를 그리거나 비행 기계나 '탱크' 같은 군용 장비의 설계도, 물의 움직임을 묘사하고 있다. 다빈치의 위대한 예술가적 재능 덕분에 기계적인 혹은 광학적인 개념을 구체화하는 일이 가능했다.

모차르트의 경우는 그가 남긴 편지나 곡들로 보건대, 과학에 별다른 눈길을 주지 않았던 듯싶다. 실제로 모차르트 연구서의 대부분은 이 주제에 관해 언급하지 않고 있다. 모차르트가 유일하게 친분 관계를 맺고 있던 과학자는, 과학자라고 하기엔 논란의 여지가 있는 '물리학자' 프란츠 안톤 메스머Franz Anton Mesmer였다. 메스머는 최면술의 발명자로 '메스머리즘(mesmerism, 최면술)'이라는 말이 그의 이름에서 왔다. 최면술은 원래 '애니멀 매그너티즘animal magnetism'이라고도 불렸는데, 이는 메스머가 자석을 사용해 치료 목적의 황홀 상태를 이끌어냈기 때문이다. 1784년까지 수년간 메스머리즘은 컬트적인 숭배 대상이 됐다. 그 후 앙투안 라부아지에, 벤저민 프랭클린 같은 과학자들이 회원이던 프랑스 왕립위원회가 메스머의 과학자 지위를 박탈함으로써 더 이상 활동할 수 없게 된다. 모차르트와 리브레토 작가 로렌초 다 폰테의 1789년 오페라 〈코시 판 투테Cosi fan tutte〉를 보면 최면술을 조롱하는 대목이 나온다. 이는 모차르트가 최면술을 반박하는 과학적 증거를 수용하고 있음을 의미한다. 이런 태도는 프리메이슨 가입과 관련해서도 나타난다. 모차르트는 거기서도 '장미십자회'나 '아시아 형제단'과 연루되지 않았다. 모차르트는 합리주의자, 계몽주의자 지부에 가입했다. 그와 가장 가까웠던 프리메이슨 단원도 반反성직자 성향의 자연법 신봉자였다. "그가 비교秘敎나 사이비 과학 유행에 조금이라도 공감을 표했다는 증거는 없다"고 모차르트의 전기 작가인 메이너드 솔로몬은 말했다.

버지니아 울프는 1959년 스노가 한탄해 마지않던 '두 문화'까지는 아니어도 '1.5문화'적인 인물은 된다고 말할 수 있다. 버지니아 울프는 평생 과학이나 과학자와는 아무 관계도 맺지 않았던 것으로 보인다. 그러나 올라프 스테이플던Olaf Stapledon의 미래주의적 소설에 감탄했고, 제2차 세계대전 기간 중에는 프로이트를 읽었을 뿐 아니라(프로이트의 책을 울프 부부가 세운 호가스 출판사에서 펴냈음) 실제로 프로이트를 만나기도 했다. "1939년, 그들의 유일한 만남에서 프로이트는 아무것도 하지 않은 게 아니다. 버지니아에게 수선화 한 송이를 주었기 때문이다"라고 허마이오니 리는 자신이 쓴 버지니아 울프의 전기에서 말했다. 울프의 독자라면 잘 알겠지만 울프도 프로이트처럼 의식적·무의식적 사고에 깊이 빠졌다. 1925년 『댈러웨이 부인』과 같은 해에 펴낸 평론 『현대 소설론Modern fiction』에서 버지니아는 자신의 마음 흐름을 아래와 같이 쓰고 있다.

마음은 수많은 인상을 받아들인다. 그것은 마치 무수한 원자들의 세례처럼 사방에서 끊임없이 쏟아진다. 그것은 (마음에) 착지하여 월요일 혹은 화요일의 삶으로 성형成形된다…… 우리(현대 소설가들)는 마음에 낙하한 이 원자들을 떨어진 순서대로 기록해야 하고 그 패턴을 추적해야 한다. 외견상 불연속적이고 왠지 아귀가 안 맞는 것처럼 보여도 개별적인 광경과 사건 하나하나가 의식에 기보되어 만들어지는 패턴을 찾아야 한다.

버지니아가 쓴 이런 내면의 성찰 기록은 꽤 읽을 만한 것이지만, 결코 과학적이라고는 할 수 없다. 왜냐하면 이 글은 자신과 소설에만 국한된 것이기 때문이다. 버지니아는 뇌에 관한 물질 이론에는 전혀 끌리지 않았다. 조나 레러Jonah Lehrer가 『프루스트는 신경과학자였다Proust Was a Neuroscientist』라는 자신의 책에서 버지니아에 대해 뭐라고 했든 간에 버지니아는 철학자도 신경과학자도 아니었다. 버지니아 울프에게 실험과학이란 그저 '덮은 책'과 같은 것이다.

카르티에 브레송과 레이는 친구였고 서로를 존경하는 사이였음에도 불구하고 과학에 대해서는 태도가 달랐다. 카르티에 브레송은 울프만큼이나 과학에 무관심했을 뿐 아니라 테크놀로지에는 적대감까지 보였다. 반면에 레이는 레오나르도 식의 르네상스 상상력에 공감했다. 하지만 레이가 실제 자연 탐구 활동을 한 일은 없다.

카르티에 브레송이 과학을 대하는 태도는 브레송이 내게 보낸 편지에서도 잘 나타난다. 브레송은 글쓰기와 고대 기록물을 주제로 쓴 내 글을 읽고 독후감을 보냈는데, 항상 그렇듯이 만년필 손 글씨로 이렇게 썼다. "나는 필적학에 무지합니다. 하지만 우리의 눈, 마음과 작은 필기구를 다루는 손가락 사이에 그런 연계성이 있다니 참 재미있군요. 전자 시스템 때문에 의사소통이 비인간화되는 현실에서 말입니다." 사진가로서 테크놀로지에 의지하지 않을 수 없는 처지였지만 브레송은 평생 사진의 기술적 측면을 거침없이 무시했다. 브레송은 셔터 뒤의 마음과 눈을 강조했다. 소형 라이카 카메라의 작동법이 간단했기 때문에 거기에 빠졌던 것이다. 그것을 들고 있는 한 번거로운 신기술에 신경 쓰는 일 없이 피사체의 핵심으로 눈에 띄지 않게 재빨리 파고드는 일이 그에겐 가능했다. 브레송이 찍은 기계나 기술 관련 사진들도 인간적인 측면에 초점을 맞춘 것들이었다. 그래서 제방처럼 줄지어 있는, 아무것도 나타나지 않는 컴퓨터 모니터 앞에서 흰 셔츠를 입은 미국 항공우주국 엔지니어들이 늘어서 있는 모습이라든가 텅 빈 케이프커내버럴 케네디 우주 센터의 광경들이 브레송의 사진에 담겨 있는 것이다. 또한 남인도에서 두어 명의 기술자들이 원추형 로켓 머리를 튼튼해 보이는 자전거 안장 위에 아슬아슬하게 올려놓은 채 운반하는 사진도 있고, 캘리포니아의 한 심리 실험실에서 슬픈 표정의 원숭이 한 마리가 전자 실험 기구에 매여 있는 모습을 담은 사진도 있다. 사진집 『미국, 스쳐 지나다 America in Passing』에도 테크놀로지를 찬탄의 눈길로 바라보는 듯한 사진은 불과 두세 점밖에 되지 않는다. 심지어 브레송이 찍은 초상 사진에도 과학자는 몇 명 등장하지 않을뿐더러 이렌과 프레데리크 졸리오 퀴리 부부, 오펜하이머는 무척 힘들고 지친 모습으로 표현되고 있다.

그런가 하면 레이는 과학을 접해본 경험이 있는 예술가의 아들이자 손자였다. 레이의 할아버지는 선구적인 인쇄소 경영을 했고, 아버지는 과학 고등교육을 통해 과학 공부를 했다. 레이 자신도 특별히 친하지는 않았지만 과학자 친구들을 두었다. 레이는 어린이용 과학 논픽션 책을 꽤 썼고, 아서 코넌 도일의 셜록 홈스와 왓슨을 연상시키는 2인조 벵골 탐정의 활약상을 그린 중편소설을 썼으며 거기에 삽화까지 그렸다. 그리 성공적이진 못했지만, 코넌 도일의 작품에 나오는 악당 교수와 성격이 유사한 인도 과학자 겸 발명가를 주인공으로 내세운 연작소설을 펴내기도 했다. 레이의 영화들도 과학과 연관된 것들이 많다. 아푸 3부작에서 레이는 과학을 정통 힌두교 신앙의 합리적인 대안으로 제시하고 있으며, 헨리크 입센Henrik Ibsen의 희곡『민중의 적An Enemy of the People』을 개작한 영화의 중심 주제로 삼기도 했다. 이 영화에서 레이는 반反계몽주의와 편견에 맞서 싸우다 박해받는 의사를 굳건히 편들고 있다. 1983년에 레이는 이렇게 말했다. "언젠가는 인간의 정신이 창조와 생명을 둘러싼 모든 수수께끼를, 원자의 정체를 밝혀냈던 것과 같은 방식으로 풀 때가 올 것입니다." 그러나 서문에서도 말했지만, 레이는 과학이 창조성을 규명할 수 있다고 생각지는 않았다. 결론적으로 레이는 과학자라기보다 휴머니스트였다. 레이보다 앞선 시대의 인물인 타고르가 그랬던 것처럼. 1995년에 천체물리학자이며 노벨상 수상자인 수브라마니안 찬드라세카르는 "이 두 사람은 20세기 인도 문화계의 위대한 보루였다"라고 레이와 타고르를 칭송했다. 찬드라세카르도 예술에 깊은 관심을 보인 과학자였다.

이제 제2부에 등장했던 과학자들 쪽으로 화제를 돌려보자. 다윈의 자서전에는 학창 시절을 회고하는 부분에서 많은 의미가 담긴 대목이 나온다. "나는 늘 학교의 두꺼운 벽에 나 있는 오래된 창가에 몇 시간씩 앉아서 셰익스피어의 희곡을 읽곤 했다." 다윈의 말을 계속 들어보자. "또한 여러 편의 시를 읽었다. 예를 들면, 톰슨Thompson의 「계절들Seasons」이나 바이런과 스콧이 근래에 발표한 시편들이었다. 지금 이것을 언급하는 이유는, 대단히 유감스럽게도 훗날의 삶에서 나는 시에서, 셰익스피어에서 얻은 기쁨을 완전히 잃어버렸기 때문이다." 딱딱하고, 게다가 일부는 독일어로 된 과학 연구서를 읽느라 피곤해진 마음을 달래고자 다윈은 소설에 맛을 들인다. 다윈은 아내나 가족이 소설을 읽어주는 것을 좋아했다. "월터 스콧, 오스틴 양, 개스켈 부인의 책을 더 이상 읽을 수 없을 때까지 거듭해서 읽었다"라고 다윈의 아들 프랜시스는 회고했다. 하지만 정작 다윈이 즐겨 읽었던 것은 무디의 순회도서관에서 빌린 가벼운 연애소설 종류였다. 그것은 "버림받은 연인들, 비밀 결혼, 사악한 사촌들, 뒤바뀐 정체, 그리고 일생을 건 사랑과 열정이 천의무봉하게 짜인 이야기들"이었다고 다윈의 전기 작가 재닛 브라운은 썼다. 이런 소설들을 읽으면서 다윈은 과학 연구를 하느라 날카롭게 버려진 자신의 정신을 다독였다. "분석을 위한 과학적 사고를 할 때 그의 정신이 긴장되고 명징하고 정치해졌다면, 소설 속의 인물들을 상대할 때는 완전히 이완됐다"는게 브라운의 주장이다. 다윈의 그림 취향은 정밀하게 묘사된 것을 선호하는 쪽이었다. 예를 들면, 다윈은 존 러스킨John Ruskin이 보여준 자기와 비슷한 시대의 화가 터너J. M. W. Turner의 풍경화를 이해하지 못했으며, 초상화보다는 초상 사진을 더 좋아했다. 음악에서는 바흐, 베토벤, 헨델을 조금씩 좋아했지만, 음악을 듣는 '귀'는 없었다. 똑같은 곡을 다시 들어도 그것이 같은 곡인지 알아차리지 못했다.

예술에 관한 마리 퀴리의 취향은 주로 문학, 그중에서도 시에 집중되어 있었다. 어린 시절 그녀는 아버지가 폴란드어로 읽어주는 시를 들으며 자랐다. 아버지는 이따금 다른 나라 언어로 된 작품, 이를테면 찰스 디킨스의 『데이비드 코퍼필드David Copperfield』를 번역해서 읽어주기도 했다. "나는 우리나라의 위대한 시인들, 특히 내가 제일 좋아했던 미츠

키에비치Mickiewicz, 크라신스키Krasinski, 스워바츠키Słowacki의 긴 시구들을 열정적으로 외웠다"라고 자서전에 적혀 있다. "이런 취향은 외국 문학작품을 접하면서 더욱 발전해갔다. 어린 시절에 나는 프랑스, 독일, 러시아어로 된 지식을 습득했고, 이들 언어로 된 문학작품에 친숙해졌다. 후에 나는 영어를 알 필요가 있다고 느꼈다. 마침내 영어를 배워, 영어로 된 문학작품을 읽게 됐다." 러디어드 키플링Rudyard Kipling의 『정글북The Jungle Book』, 『킴Kim』과 콜레트Collette의 『하루의 탄생Naissance du Jour』, 『시도Sido』 등을 제일 좋아했는데, 어른이 된 딸 이브도 마찬가지였다. 이브는 피아노 연주자이자 작가가 됐다. 그런데 이브 퀴리가 쓴 어머니의 전기 『퀴리 부인』을 보면, 마리 퀴리도 다윈과 마찬가지로 나이가 들면서 진지한 문학에 대한 취향이 약화되고 있다. 서른아홉의 나이에 문학적 감수성의 소유자였던 남편 피에르 퀴리를 잃는 비극을 겪었고, 연구실에서 홀로 과학 연구에만 쉼 없이 매진한 탓이었다. 퀴리의 연구에 기여할 만한 역할이 문학에는 없었던 것이다.

1913년, 아인슈타인은 퀴리와 함께 알프스에서 휴가를 보내며 퀴리의 딱딱함과 무딘 감성을 슬쩍 비판했다. 아인슈타인은 나중에 "퀴리 부인은 새의 노랫소리를 전혀 듣지 않고 있었어!"라고 말했다. 또한 사촌이자 두 번째 부인이 된 엘자에게 아인슈타인은 그 당시 퀴리가 "매우 지적이었지만 영혼은 청어의 그것만 했지. 그것은 예술에서 느끼는 기쁨과 고통이라는 측면에서 아주 커다란 무엇이 그녀에게 결여되어 있었다는 뜻이오"라고 이야기했다. 어쩌면 아인슈타인이 퀴리를 인간적으로 신뢰하고 있던 터라 엘자에게 과장된 표현을 했을 수도 있다. 꽤 오랜 시간이 흐른 뒤인 1934년 퀴리의 사후에 아인슈타인은 그녀에게 공개적인 찬사를 바쳤다. 퀴리의 "강인한 성품과 헌신" 그리고 "그 어떤 예술적 기질로도 누그러뜨릴 수 없는 엄청난 엄격함"을 높이 평가했다.

아인슈타인이 관심을 쏟은 예술 분야는 당연히 음악이었다. 최근의 연구자들이 아인슈타인을 당대의 입체주의 운동에 영감을 준 인물 중 하나로 거론하지만, 그는 그림에는 별다른 흥미가 없었다(아인슈타인과 피카소가 상대성이론이나 입체주의에 서로 관심을 갖고 있었다는 기록은 없다). 아인슈타인은 시나 소설도 좋아하지 않았다. 하지만 철학에는 큰 관심을 보였다. 어린 시절에 아인슈타인은 바이올린과 피아노를 배웠고, 모차르트의 소나타를 즐겨 연주했다. 성인이 되어서는 몇 차례 바이올린 공개 연주회를 갖기도 했다. 그러다가 만년에는 바이올린을 집어치우고 주로 가벼운 피아노곡을 쳤다. 집 안에서 악기를 연주하면 물리학을 연구하면서 생겨나는 긴장을 완화시킬 수 있었다. 1928년에 아인슈타인은 "음악이 연구 작업에 직접 영향을 주지는 않았다"라고 말했다. "그러나 두 가지 모두 같은 종류의 열망을 필요로 하는 것들이었으며 상호 보완적인 역할을 했다." 그가 일관되게 존경한 작곡가는 바흐와 모차르트였고, 그 다음이 슈베르트였다. 또한 베토벤이나 브람스, 헨델, 멘델스존, 리하르트 슈트라우스Richard Strauss의 음악도 사랑했다. 그러나 현대 작곡가들의 작품은 좋아하지 않았다. 바그너의 음악에서 아인슈타인은 말로 표현할 수 없는 불쾌감을 느꼈다. 1939년에 아인슈타인은 "구역질을 하지 않고서는 그의 음악을 들을 수 없다"고 토로했다. 그때는 나치가 바그너를 받들던 시기였다.

상폴리옹과 렌의 삶과 작품에서 예술성과 과학성을 의미 있게 나누기는 어렵다. 언어학과 건축학에 내재된 고유의 속성 때문이다. 상폴리옹은 고대 이집트와 그 기록물에 열광했던 터라 그 문화의 모든 분야에 빠져 있었다. 자연사, 역사, 언어, 문학, 그림, 조각, 종교, 수학, 그리고 '과학'에 이르기까지. 렌으로 말하자면 과학도인 까닭에 건축의 수학적·공학적 면에 정통했는가 하면 건물의 미학과 장식 스타일에 몰두한 뛰어난 설계사이기도 했으니, 고대 그리스와 로마의 건축물에서부터 베르니니 같은 당대 건축가의 작품을 두루 섭렵하고 있었다. 렌은 과학이나 예술 어느 한 가지만으로 자신의 필요를 충족시킬 수 없었다. 건축은 "렌의 모든 능력을 흡수"했으며, 존 서머슨John Summerson 식으로 말하자면 렌의 "완벽한 답안"이었다.

만일 우리가 레오나르도나 렌 같은 천재들, 즉 과학과 예술에 모두 조예 깊었던 소수의 천재들을 제외하면 실제적으로 과학 참고 서적에 이름을 올릴 만한 예술가는 희귀하다고 봐야 한다. 그런가 하면 예술에 큰 기여를 하고 있는 과학자도 드물다. 아마도 요한 볼프강 폰 괴테Johann Wolfgang von Goethe가 전자의 경우를 대표한다고 할 수 있는 것이 1810년에 그가 쓴 색채 이론 때문이다. 프로이트는 후자의 범주에서 눈에 띄는 과학자다. 1899년에 프로이트가 발표한 꿈과 무의식 이론을 보면 그렇다. 양자의 이론들이 아직까지 논쟁의 대상이 되고 있음에도 말이다. 1945년, 아서 클라크는 잡지 『와이어리스 월드Wireless World』에 위성통신이라는 개념을 소개하고 있는데 프로이트의 경쟁자가 될 만하다. 이후 아서 클라크는 과학소설가의 길을 걷는다. 그런가 하면 눈길을 끄는 또 한 사람은 톰 레러다. 레러는 하버드 대학의 수학 강사이자 20세기에 가장 많이 연주된 풍자 노래를 만든 작곡가였다. 물론 레러가 과연 주요 수학자로 불릴 만한 사람인가에 대해선 의심의 여지가 있다.

그러나 레러는 자신의 수학 공부와 음악 작곡 사이에 연관성이 있음을 확실히 깨달았다. 2000년, 어느 인터뷰에서 레러는 "노래를 쓸 때 그 시작은 어렵지 않아요. 어려운 건 그걸 끝낼 때입니다. 마지막에 뭔가 한 방이 있어야 하거든요"라고 말했다. "수학이나 노래 가사나 똑같이 논리적이고 정확한 것을 요구합니다. 나는 음악도 그러리라 봅니다…… 노래를 쓴다는 건 마치 퍼즐 맞추기 같아요. 모든 조각들을 아우르는 생각이 정확해야 해요. 이를테면 문장의 끝에는 어떤 말이 들어가야 제대로 되는지, 운을 맞출 곳과 맞추지 않을 곳은 어디인지를 머릿속에 쫙 그리고 있어야 하죠."

수학자들은 자연과학자들과 달리 우아함에 쉽게 매혹된다고 레러는 힘주어 말한다. "수학을 하다 보면 매번 듣는 말이 그거예요. '이 증명은 우아해!' 실제로 무엇을 증명했느냐가 중요한 게 아니죠. '이걸 봐, 놀랍지 않아!' 끝에 가서 이런 말을 듣는다면 깔끔하게 증명된겁니다. 단지 증명을 해냈다는 문제가 아닙니다. 틀린 증명은 아니지만 재미없고 지루한 증명도 수없이 많거든요. 그런데 가끔씩 진짜 우아한 증명이 있다니까요." 레러는 자신의 작곡에서 예를 들었다. 그전에 레러는 유명한 수학자인 스타니슬라프 울람(Stanislaw Ulam, 원자폭탄 제조에 기여한 수학자였다)의 자서전에서 압운에 관한 한 구절을 인용했다. "운을 맞추다 보면 기발한 연상이 이루어진다…… 이는 일종의 독창성을 만들어내는 자동 메커니즘이라고 할 수 있다." 레러의 〈베르너 폰 브라운Wernher von Braun〉은 무윤리적amoral인 독일의 로켓 엔지니어에 관한 노래다. 베르너는 나치 정권을 위해 최초로 V2로켓을 제작했고, 미국의 아폴로 계획에 참여하여 새턴 V로켓을 만들기도 했다. 그 노래에는 다음과 같이 각운을 맞춘 구절이 있다. "'일단 로켓이 발사되면 알 게 뭐야. 그게 어디로 떨어질지 / 내 일도 아닌걸.' 베르너 폰 브라운은 이렇게 말하지."(원문은 이렇다. "'Once the rocket goes up who cares where it come down?'/ That's not my department,' says Wernher von Braun." 'down'과 'Braun'의 공통된 발음인 '아운'에 각운이 있다. 우리말로는 이 압운법을 표시할 수가 없어서 '지'에 운을 맞춰 옮겼다—옮긴이) 레러는 "만일 '폰 브라운'이 '다운'(그리고 다른 몇몇 단어들)과 각운이 맞지 않았으면 이 노래에서 가장 유명한 대구는 만들어지지 않았을 것이고, 어쩌면 노래 자체도 탄생하지 못했을 것"이라고 한다.

레러의 주장은, 수학적 발견과 예술적 창조 사이에는 보기와 달리 많은 공통점이 있다는 것이다. 숫자는 법칙을 따른다. 덧셈, 곱셈, 교환의 법칙 등등. 이것들이 수학을 만든다. 단어들도 의미 있는 산문이나 운문을 생성하려면 마찬가지일 것이다. 물론 수학 법칙과 언어 법칙에는 중대한 차이가 있다. 수학 법칙은 자연적이고 영구히 유효한 반면에, 문법, 통사론, 구어의 발음 법칙은 인위적인 것이며 시간이 지나면 변한다. 수학적 진리는 인류와 상관없이 존재한다. 우리는 그렇다고 생각한다. 반면에 언어적 의미는 인간을 떠나선 존재할 수 없다. 1930년에 있었던 한 대담에서 아인슈타인은 "인간성과는 별개로 진리가 존재한다는 우리의 자연관은 설명되거나 증명될 수 있는 게 아닙니다. 그것은 누구나, 원시인조차 가지고 있었을 믿음이라는 거죠"라고 타고르(그는 이 주장에 동의하지 않았다)에게 말했다. "우리는 진리가 인간 위에 있는 객관적 실체라고 생각합니다. 우리의 존재와 경험, 정신과 무관한 이 실체(진리)가 비록 무엇인지 설명할 수 없다 해도 그것은 우리에게 없어서는 안 될 것이죠."

이 말은 우리가 왜 항상 수학적·과학적 진리는 '발견'한다고 하고, 예술 작품은 '창조'한다고 하는지에 대한 설명이 될 것이다. 자연선택 이론은 1830년대에 다윈이 발견했다. 하지만 그것은 지구 상에 생명이 출현한 이래 자연에 존재해온 것이며, 다윈이 못했다면 다른 누군가 발견했을 것이다. 실제로, 이는 1858년 앨프리드 러셀 월리스가 다윈과 무관하

게 발견하기도 했다. 이 때문에 다윈은 서둘러 자신의 이론을 발표해야
했다. 그렇지 않았으면 선수를 빼앗겼을 것이다. 특수상대성이론도 아
인슈타인이 아니라 앙리 푸앵카레가 이미 거의 대부분 발견했다. DNA
구조도 크릭과 왓슨 이전에 라이너스 폴링, 그리고 로절린드 프랭클린
Rosalind Franklin에 의해 대부분 간파된 상태였다. "과학에서는 오늘 X
가 놓친 것을 내일(혹은 모레) Y가 확실히 잡아낸다. 그래서 어떤 과학자
의 자부심이나 성취감은 많은 부분에서 어떤 것을 '처음으로 해냈다'는
데에서 비롯된다." 1964년 노벨상을 받은 피터 메더워의 말을 들어보자.
메더워는 일반적으로 널리 공유하는 관점을 적절히 요약하고 있다. "예
술가들은 누가 먼저인가 하는 문제로 골치를 썩지 않는다. 그러나 분명
한 것은 만일 누가 선수를 쳐서 '신들의 황혼Götterdämmerung'(〈니벨룽겐
의 반지〉 중 제4부—옮긴이)을 자신보다 한발 앞서 발표하리라는 것을 알
게 됐다면, 바그너가 〈니벨룽겐의 반지〉를 20년 동안 붙들고 있진 않았
을 거라는 말이다." 〈최후의 만찬〉은 1490년대에 레오나르도 다빈치의
특출한 정신과 상상력이 빚어낸 산물이었다. 확실히 이 작품은 다른 어
느 누구도 그려낼 수 없는 작품이다. 1950~1955년에 레이 말고는 아무
도 〈파테르 판찰리〉를 창조할 수 없었다.

　과학과 예술이 구분되어 있다는 말은 당연한 것처럼 들린다. 그러나
좀 더 자세히 들여다볼수록 그 경계는 보이지 않게 된다. 최소한 어느 정
도까지는 그렇다. 과학적 도약은 시간이 흐르다 보니 그냥 이루어진 게
아니다. 거기에는 역사적 맥락이 있다. 예술적 도약도 무에서 갑자기 솟
구치는 게 아니다. 거기에는 반드시 선례가 되는 작품이 있다. 과학적 발
견이나 예술적 창조는 반드시 개인적 사고와 공동적 사고의 결합을 요구
한다. 다윈은 자신보다 앞서 진화론을 생각한 사람들로부터 영감을 받았

다. 아인슈타인의 상대성이론과 양자 이론 연구도 그런 것이었다. 르네
상스 시대에 여러 화가들이 그린 〈최후의 만찬〉 작품들은 레오나르도 다
빈치의 〈최후의 만찬〉에 영향을 줬다. 그런가 하면 모차르트의 〈피가로
의 결혼〉은 동시대 이탈리아 오페라의 입김에서 자유로울 수 없었다. 이
런 식이다. 그래서 혹자는 예술적 창조성과 과학적 창조성이 이론적으
로 분리된 것이 아니라 연속된 것이라고 생각한다. 예를 들어 심리학자
로버트 와이즈버그가 상상해낸 연속체를 보면 왼쪽 극단에는 무에서 유
를 만들어낸 신의 창조를, 오른쪽 극단에는 거리에서 10달러짜리 지폐
를 주운 사람의 발견을 설정해놓았다. 여기서 예술적 창조는 왼쪽 끝에
서 중간까지 이어지는 연속체로, 과학적 창조는 중간에서 예술적 창조와
겹치며 오른쪽 끝까지 이어지는 연속체다. 와이즈버그는 이렇게 주장한
다. "이런 관점에서는 왓슨과 크릭이 이중나선을 창조했다고 해도 크게
틀린 말은 아니다. 그렇다 해도 피카소가 〈게르니카〉를 발견했다고 하면
다소 설득력이 떨어지겠지만."

　이런 관점을 오랫동안 강력하게 피력한 사람은 분자생물학자이자 과
학철학자인 군터 스텐트Gunther Stent다. 군터 스텐트의 주장은 1968년
왓슨의 회고록 『이중나선』이 출간되면서부터 시작되었는데, 이 책은 과
학적 발견에 관해서는 기본적으로 메더워와 같은 입장을 취하고 있다.
2001년 발표한 논문 「예술과 과학의 의미」에서 스텐트는 다음과 같은 주
장을 폈다.

　DNA 분자구조는 왓슨과 크릭이 그것을 규명하기 전에 있었던 어
떤 것과 동일한 게 아니다. 무엇이 있긴 있었다. 그러나 자연 상태에
서 DNA 분자 같은 것은 존재하지 않았다. DNA 분자는 하나의 추상

이며, 많은 생화학자들이 대를 이어 바친 노력의 결과로 얻은 것이다. 그들 모두가 온갖 주의를 기울여 어떤 자연 현상을 추려냈다. 따라서 DNA 이중나선은 발견된 것이기도 하지만 창조된 것이기도 하다. 이 중나선 구조의 DNA 분자가 존재하는 영역은 과학자의 마음과 과학 문헌 속에 있다. 자연 세계에 있는 게 아니다(물론 자연 세계에 과학자의 마음과 책이란 것을 포함시킨다면 이야기는 달라진다). 따라서 이런 관점을 예술과 과학에 적용한다면, 발견 대 창조를 이율배반으로 보는 태도는 철학적 가치가 별로 없다.

스텐트는 제대로 짚고 있다. DNA는 왓슨과 크릭이 '발견'한 걸로 되어 있다. 심지어 전문가들도 그렇게 말한다. 실제로 그것은 1869년에 발견됐다. 유전적 대물림에서 DNA가 하는 역할은 1943년에 발견됐다. 그 DNA의 이중나선 구조는 1953년에 발견됐다. 따라서 DNA의 과학적 개념은 이 시기에 급격히 바뀌었다. 비록 자연 상태의 DNA 기능은 달라진 게 없지만 말이다.

그러나 스텐트나 와이즈버그 같은 사람들이 DNA 구조의 '창조'와 예술 작품 창조가 유사하다고 주장할 때 제시하는 근거는 다소 설득력이 떨어진다. 와이즈버그는 1953년의 DNA 이중나선 구조 발견과 1937년의 피카소 작품 〈게르니카〉를 비교하고 있다. 피카소는 이 그림과 관련된 여러 세부 기록들과 날짜가 적힌 스케치들을 계속 보존했다. 이런 것도 그렇고 왓슨의 회고록 『이중나선』도 그렇고, 피카소나 왓슨과 크릭 모두 체계적으로 자신의 작업에 임했음을 분명히 알 수 있다. 또한 이 화가나 두 과학자들이 앞서 존재했던 작품이나 연구 결과에 영향을 받고 있었음도 명백히 드러난다. 하지만 DNA의 경우는 그런 영향을 준 주체가 라이너스 폴링과 로절린드 프랭클린이라는 것, 그리고 그들이 어떤 연구를 했다는 것까지 쉽게 알 수 있다. 반면에 피카소는 누구에게 영향을 받았는지 언급하지 않아서 와이즈버그는 그에 대해 억측을 할 수밖에 없었다.

와이즈버그는 아주 적절하게 피카소의 1935년 동판화 작품인 〈미노타우로마키*Minotauromachy*〉에 주목하는데, 이 작품과 〈게르니카〉에는 공통점이 많다. 그중 가장 두드러진 것이 황소와 머리를 쳐든 말의 모습이다. 여기에 더해 와이즈버그는 피카소가 숭배하던 화가 프란시스코 데 고야 Francisco de Goya의 동판화 작품 〈전쟁의 참화*Disasters of War*〉에도 주목한다. 와이즈버그는 고야의 판화에 나오는 한 어머니의 자세와 피카소의 〈게르니카〉에 묘사된, 죽은 아이를 안고 있는 여성이 다소 비슷한 데가 있다고 생각했다. 또한 피카소가 고야의 동판화 작품에 나오는, 손을 뻗은 채 쓰러지는 남성을 〈게르니카〉에서 쓰러지는 여성의 모습으로 환치시켰다고 주장한다. 왜냐하면 "그 여성의 옆모습이 고야 그림 속 남자의 모습과 닮았기 때문이고, 큰 동작으로 뻗은 그 여성의 손에서 고야 인물의 손이 연상되기 때문이다". 이는 그럴 수도 있고 그렇지 않을 수도 있다. 어쨌든 피카소는 가타부타 말이 없으니까. 와이즈버그는 그런 유사성이 "〈게르니카〉에는 이전 시대의 작품이라는 초벌 칠이 존재했다는 증거"로 봤다. DNA 구조의 발견이 그랬던 것처럼. 그런데 피카소는 〈게르니카〉를 그리면서 이전 시대의 그림들을 생각하고 있었을까? 설혹 피카소가 그것을 의식하고 있었다 해도, 그의 작품을 형성한 것은 차용한 '요소들'이 아니라 화가가 그걸 변형시켜 온전히 자신의 것으로 이루어낸 '방식'이다. 고야가 피카소에게 영향을 끼친 것은 분명하다. 그러나 만일 피카소가 진정 영감을 받고 있는 부분이 고야의 정신이라면, 〈게르니카〉

에 고야의 그림을 차용한 사실은 와이즈버그가 제기하는 연관성 이상으로 복잡 미묘한 성격이 될 것이다. 만약 사실에만 충실한 와이즈버거의 분석이 맞다면, 이는 피카소 그림의 가치를 올려주는 게 아니라 떨어뜨리는 요인이 될 것이다.

이런 이유에서, 1951년 페스티벌 패턴 그룹이 직물 디자인으로 변형시킨 X선 결정학 도형들은 예술 작품이 아니다. 디자이너들은 변형을 가하는 것에 대해 과학자들로부터 충분한 동의를 얻지 못했다. 따라서 변형작과 원작은 별개의 것이다. 창조적 과학과 예술적 창조는 가장 높은 수준에서는 유사하다기보다 구별되는 행위라고 할 수 있다.

19

창조적인
성격은
따로 있을까?

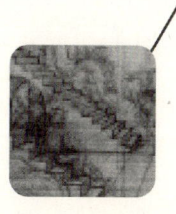

창조적인 사람들의 성격은 아마도 그들만큼 다양하지는 않을 것이다.
그것은 창조적인 사람들이 모두 제각각 유별난 성격을 보이진 않는다는 의미다.
하지만 창조적인 성격 유형이 단 몇 개로 정리되지 않는 이유가 있다.
그리고 예술이나 과학의 동일한 하위 분야에서 창조 작업을 한다고 해도
사람들은 각자 다른 관점에서 접근하므로, 이런 경우라면 성격이 다르다고 볼 수 있다.
결국 성격 유형과 창조적인 성취 간에 딱 떨어지는 관계를 찾는다면
별다른 소득을 거두지 못할 수도 있다.
—로버트 와이즈버그, 『창조성: 문제 해결, 과학, 발명, 예술의 혁신을
　이해하는 일Creativity: Understanding in Problem Solving, Science, Invention, and the Arts』, 2006

내가 개인적으로 만나본 다양한 영역의 창조적인 예술가들과 과학자들, 즉 린지 앤더슨, 필립 앤더슨, 앙리 카르티에 브레송, 수브라마니안 찬드라세카르, 아서 클라크, 나이폴, 나라얀R. K. Narayan, 사티야지트 레이 등을 떠올릴 때마다 가장 흥미로운 점은 그들 사이엔 성격적으로 공통의 특징이 없다는 것이다. 두 명의 영화감독, 린지 앤더슨과 레이는 〈파테르 판찰리〉 제작 이전부터 친구였지만 성격은 정반대다. 영국인 앤더슨은 작은 키에 까칠까칠하고 연극적으로 과장하는 성격인 반면, 벵골 출신의 레이는 키가 크고 조심스러운 성격에 말수가 적었다. 심지어 20세기 인도 출신 소설가로 가장 위대한 작가라는 나라얀과 나이폴도 성격은 판이했다. 마치 그레이엄 그린이 영국의 동시대 소설가 에벌린 워Evelyn Waugh와 딴판이었던 것처럼 말이다. 나라얀은 행동거지가 부드러웠고, 나이폴은 신랄했다. 이들 여덟 명 사이의 유일한 공통점을 찾으려면 자

기 일에서 보여준 자신감이라고 할 수 있다. 물리학이든 사진이든 문학이든 영화제작이든 그들은 모두 자신이 하는 창조의 가치를 분명히 인식하고 있었다.

성격에 대한 과학적 연구는 심리학에선 수십 년 동안 그리 많이 이루어지지 않았다. 프로이트는 이드id, 에고ego, 심리 분석 등의 개념을 한 세기 전에 주장했다. 하지만 프로이트는 심리 분석이 과학은 아니라고 공개적으로 천명하면서 이렇게 말했다. "나는 과학자가 아니다. 관찰자도 아니요 실험가도 아니요 과학적 사고를 하지도 않는다. 기질적으로 나는 정복자다. 좀 더 알아듣기 쉽게 말하자면 모험가다. 호기심, 대담, 집요한 성격으로 요약될 수 있는 부류의 인간이다." 오늘날 성격 연구에서 기본 용어로 쓰이는 외향성, 내향성은 카를 융Carl Jung이 이미 1921년에 내놓은 것이다. 하지만 어떤 성격 측정 방식도 지능지수 측정법(논란의 여지는 있지만)처럼 폭넓은 일반적인 동의를 얻지는 못했다.

대신에 이 주제를 연구하는 심리학자들의 수만큼이나 많은 성격 측정법 관련 이론이 출현했다. 그중 하나인 대니얼 네틀이 2007년에 자신의 저서 『성격Personality』에서, 상황이 그렇다 보니 "어떤 심리학자는 '보상 의존과 위험 회피'라는 틀에서 사람들을 들여다보고, 또 어떤 학자는 사람을 '사고형, 감정형, 지각형, 직관형' 등으로 분류하기도 한다. 그 결과 체계적인 방식으로는 전혀 연결될 수 없는 상이한 개념을 재는 상이한 연구들이 당혹스러울 정도로 넘쳐나게 됐다"라고 썼다. 성격심리학이 학문의 한 분야가 되고자 한다면, 대중잡지에 심심풀이용으로 실리는 성격 측정 설문을 만드는 수준이 아니라 누구에게나 적용 가능한 항구적인 성격 유형을 먼저 세워야 한다. 즉 매일매일의 삶과 사회적 만남이 일어나는 가운데서도 동일성이 유지되고 몇 년 몇십 년이 흘러도 안정성을 잃지 않는 틀을 내놓아야 한다. 하지만 이런 주장은 결코 명확하지 않다. 만일 그렇다면 과연 어떤 범주에서 항구적 성격 유형을 측정하고 정의해야 할까? 심리학자들은 어떻게 항구적인 것과 그렇지 않은 것을 가려낼 수 있을까? 그리고 그 범주의 어떤 부분이 창조성과 관계가 있는지 어떻게 알아낼 수 있을까? 그런데 최근 이런 질문에 대한 대답과 관련해 얼마간의 진척이 이루어졌다. 최소한 비범하게 창조적인 사람들이 아니라 평균적인 사람들에게 적용될 만한 것이 나오고 있다. 그 결과, 성격 연구에 관해 전보다 합의할 수 있는 부분이 넓어졌다.

이 같은 진보가 이루어진 첫 번째 이유는, 이른바 성격의 5요인 모델 five-factor model이 개인과 집단 연구를 통해 나타난 증거와 부합했기 때문이다. 성격은 이제 다섯 가지 차원에서 광범위하게 측정, 고려되고 있다. 그 다섯 가지 차원이란 외향성, 신경성, 의식성, 동의성, 개방성의 기질적 특성을 말한다(이는 네틀이 채택한 범주이지만, 크게 보면 다른 심리학자들도 비슷한 범주를 사용하고 있다). 네틀에 따르면, 외향성에서 '개방적이고 열정적인' 성격에 높은 점수가 매겨지는 반면에 '초연하고 조용한' 성격은 낮은 점수를 받는다. 신경성 범주에서 '스트레스를 쉽게 받고 걱정을 잘하는' 성격이 고득점을 얻는 반면, '정서적으로 안정된' 성격들에는 낮은 점수가 매겨진다. 의식성에서는 '조직적이고 자기통제력이 강한' 사람들이 높은 점수를, '자유분방하고 무사태평한' 성격의 소유자들이 낮은 점수를 받는다. 동의성에서는 '신뢰와 감정이입을 잘하는' 성격이 고득점을 받고, '비협력적이고 적대적인' 성격이 낮은 점수를 받는다. 마지막으로 창조성과 가장 관련 깊을 것으로 추측되는 범주가 개방성이다. 여기서는 '창조적이고 상상력이 풍부하며 기발한' 성격에 높은 점수가, '현실적이고 관습적인' 성격에 낮은 점수가 매겨진다. 보통 사람들을 대상으로 이 5요인 모델 검사를 하면, 일주일에 걸쳐 측정한 것과 10년 동안 잰 결과 사이에 큰 차이가 없다.

이외에도 신경과학, 유전학, 진화심리학 등에 합의를 진척시킨 또 다른 이유들이 있다. 뇌 영상 스캔은 1990년대부터 시작됐는데, 이로 인해 뇌 구조와 기능에 나타나는 개인별 차이를 5요인 모델의 범주들과 연결 짓는 일이 가능해졌다. 달리 말해 "X라는 인물이 외향성에서 높은 점수를 받았다면" 그의 뇌 내부, 추측건대 중뇌 도파민 보상계에 생물학적 상관물이 존재하리라는 것이다. 그게 정확히 어느 지점인지는 아직 밝혀지지 않고 있다. 그 후 2001년에 완료된 인간 게놈 배열에서 이를 뒷받침하는 증거가 또 나왔다. 성격은 부분적으로 각 개인의 유전자적 변이에 따라 결정된다는 것이다. 예를 들어 뉴질랜드 성인들을 대상으로 한 연구에서 우울증에 가장 걸리기 쉬운 사람들, 말하자면 신경성에서 높은 점수를 받은 사람들은 짧은 형태의 세로토닌 전달 유전자의 복제 유전자를 가지고 있었다. 다른 사람들이 하나는 짧고 하나는 긴 복제 유전자나 둘 다 긴 복제 유전자를 부모에게 물려받은 것과 대조적이었다.

마지막으로 거론할 수 있는 합의 이유는, 1980년대 이후 진화론적 사고가 심리학에 유입된 데서 찾을 수 있다. 어떻게 자연선택이 인간의 성격 특질을 만들어낼 수 있는가? 높은 신경성 성향을 가진 사람들의 생존 이유를 진화론적으로 설명하면, 이들이 위험(이를테면 큰 포식자의 공격 같은)을 감지하는 데 있어 신경성 점수가 낮은 사람들보다 유리했으리라는 것이다. 물론 그들이 남들보다 더 불안감에 시달려야 했고 우울증에 걸릴 위험성도 높았지만 말이다. 개방성 부분의 고득점자들도 적응을 잘 했을 것이라는 추정이 가능하다. 생소한 문제를 놓고도 새롭고 창조적인 해법을 찾아낼 수 있었다는 것인데, 그런 장점이 있는 반면에 기이한 생각에 빠지거나 정신이상에 걸릴 확률도 높았다(영화 〈뷰티풀 마인드〉에 나오는 편집증적 정신분열증을 앓고 있는 수학자 존 내시처럼).

'창조적인 성격'이 무엇인지 추정하고 이해하는 일에서 불운한 것은 5요인 기질 중에서 개방성이 가장 분석이 안 된 범주라는 점이다. 네틀은 이 다섯 번째 기질이 "꼭 집어 말하기 어렵고 불가해한" 것이라고 토로한다. 이 점에 관해서 다른 심리학자들도 표현상의 차이는 있지만 동의한다. "이는 '문화' 혹은 '지성'으로, 나 같은 경우에는 '경험에 대한 개방성'이라는 이름으로 부르는, 다양하게 명명할 수 있는 차원이다"라고 와이즈버그는 말했다. 그는 성격과 창조성의 관련성을 확고하게 결론짓는 것을 매우 조심스러워했는데, 짧은 한 문장 안에서 '아마도'라는 말을 네 번이나 썼을 정도다. 와이즈버그는 성격적 특질과 창조적 능력 사이의 관련성 여부를 알아내기 위한 가장 확실한 방법은, 그게 무엇이든 간에 어떤 탁월성의 조짐도 아직 보이지 않는 아주 어린 아이들을 대상으로 조사를 시작해서 평생 동안 성격과 창조성 간의 관계를 추적하는 것이라고 주장했다. 마치 루이스 터먼이 1920년대에 재능 있는 아이들을 선발해서 지능을 측정한 후 연구를 지속했던 것과 같은 방식이어야 한다.

와이즈버그가 제시한 조건은 보통의 창조성 연구에 관해서는 옳다. 그러나 비범한 창조성에는 다른 조건이 적용되어야 한다. 프로이트에 따르면, "창조성 앞에서 정신분석학자들은 속수무책일 수밖에 없다". 그리고 "예술적 성취의 본질은 정신분석학적으로 접근할 수 있는 성질의 것이 아니다". 현재까지 성격 심리는 천재성을 재는 데 그다지 유용한 도구가 아니다. 창조적인 사람들의 성격에 관한 경험적 연구는 1920년대에 터먼의 제자였던 캐서린 콕스가 비범하게 창조적이었던 인물들의 비교를 통해 역사적 방식으로 행한 천재 연구가 유일하다. 이는 앞서 이 책의

제2장에서 논의했으며 그 방법론적 결함에 대해서도 이미 말한 바 있다. 하지만 캐서린 콕스의 연구는 오늘날 5요인 모델의 선구가 됐다. 모차르트나 다윈처럼 오래전에 사망한 천재의 성격 자료들을 모은다는 것은 과학적 가치가 별로 없는 임시방편적 방식이 될 위험을 안고 있다. 콕스가 개괄한 300여 명의 천재들 가운데 오직 100여 명만이 성격 특질이 측정되고 분류될 수 있었다. 충분한 증거 부족이 원인이다.

그런데 정작 가장 어려운 점은 증거 부족에 있지 않다. 내 견해로는, 정말 어려운 점은 뛰어나게 창조적인 사람들은 5요인 모델을 올려놓을 수 있을 만큼 지속적이고 항구적인 성격을 갖고 있지 않다는 (거의 확실한) 사실이다. 개인적으로 추측건대, 이 책에서 거론하고 있는 특출한 창조자들의 삶에 근거해서 말하면 누군가 창조적일수록 그의 성격은 더욱 복잡다기해진다. 따라서 비범하게 창조적인 사람에게서 한 가지의 단일한 성격만 찾아내고자 한다면 이는 무용한 노력이 되고 말 것이다. 왜냐하면 그런 것은 존재하지 않기 때문이다. 비범하게 창조적이라는 말은 카멜레온 같은 성격을 가지고 있다는 뜻이다. 뛰어나게 창조적이었던 사람들은 자신들이 처한 환경에 맞추어 스스로의 성격을 변형시켰다.

이런 변화무쌍한 성향과 관련해서 한 천재가 다른 천재를 두고 통찰력 있는 한마디를 했다. 1991년 모차르트 사망 200주기에, 모차르트 음악을 숭배했고 영화를 만들 때 모차르트를 영감의 원천으로 삼았다는 사티야지트 레이가 '모차르트는 내게 무엇인가'라는 한 캘커타 라디오 방송 특집 프로그램에 출연해 다음과 같은 말을 남긴 것이다. 레이의 언급에는 밀로스 포먼이 피터 셰이퍼의 연극 〈아마데우스〉를 바탕으로 만든 모차르트에 관한 논쟁적인 영화의 평도 있다.

밀로스 포먼의 〈아마데우스〉를 보면 음악이 풍부한 상상력 속에서 잘 처리되고 있음을 알 수 있다. 하지만 이 영화에서 모차르트를 묘사하는 방식에 대해서는 결코 말하고 싶지 않다. 모차르트가 모순 덩어리의 인물이었다는 점은 사실이다. 신동이었음에도 불구하고 그에게는 경박한 면이 있었다. 그는 시시한 농담이 섞인 편지들을 자주 썼고, 실제로 추잡하다고 해도 할 말이 없는 내용도 있었다. 그러나 또 다른 사실이 남아 있는데, 그것은 모차르트가 자신의 '위대한' 작품을 쓰는 일에서는 더할 나위 없이 진지했다는 것이고, 그 순간의 모차르트는 다른 성격의 사람이었다는 점이다. 그런 점이 이 영화에서는 보이지 않는다.

〈아마데우스〉를 본 사람이라면 누구나 레이의 말이 맞다고 생각할 것이다. 그 영화에서 모차르트는 사교적인 기질을 가진 시시한 인간으로, 심오한 음악성은 어쩌다 보니 갖게 된 것이고 반쯤은 신들린 상태에서 작곡하는 작자에 불과한 사람으로 그려지고 있다. 레이는 존 터사에게 자부했듯이, 밀로스 포먼과 달리 자신은 음악적으로 재능 있는 인물이고 영화 음악과 노래까지 직접 작사·작곡했던 터라 〈아마데우스〉에서 묘사된 불멸의 음악 창조자는 참모습이 아니라고 자신 있게 말할 수 있었다. 여기서 모차르트가 작곡하는 과정에서 보여주었던 엇갈리는 행동들에 대한 콘스탄체 모차르트의 매혹적인 회고를 다시 한 번 들어볼 필요가 있다. "뭔가 커다란 생각이 머릿속에서 움직이면 그 사람은 완전히 넋이 나간 듯했어요. 집 주위를 산책할 때도 뭐가 지나갔는지 모를 지경이었죠. 그러나 마음속에서 정리가 끝나면 피아노 앞에 앉을 필요도 없이 오선지를 집어 들고 써나가면서 이렇게 말하곤 했죠. '사랑하는 아내여, 그러니까 뭐라고 했는지 다시 한 번 말해주겠소?' 내가 아무리 말을 해도 그는 전혀 방해받지 않았죠."

천재(어쨌든 모차르트는 천재이니까)에 관한 레이의 관점, 즉 천재는 '모순 덩어리'이지만 일에 빠질 때는 '성격적으로 전혀 다른' 존재가 된다는 말을 옹호해줄 증거가 있다. 위대한 과학자 아인슈타인도 매우 변화무쌍한 성격이었다는 사실이 바로 그것이다. 아인슈타인은 성인기 내내 친구들과의 왕성한 토론을 주저하지 않았다. 예를 들어 상대성이론을 발표하기 전인 '올림피아 아카데미' 시절의 논쟁뿐만 아니라 동료 과학자들과의 논쟁도 피해가지 않았다(양자 이론에 관해 닐스 보어, 막스 보른과 벌인 논쟁). 언론과의 인터뷰에서 보여준 신랄하면서도 재치 있는 말솜씨나 그 밖에 유명한 일화들을 봐도 외향성이 분명히 드러난다. 이런 성격은 평생 아인슈타인을 따라다닌 독특한 명성의 원천이 됐다. 그러나 아인슈타인의 가장 창조적인 과학 연구는 내밀하게 비교적 고립된 환경에서 이루어졌다. 다음은 1930년대 후반 아인슈타인과 공동 연구를 했던 두 명의 물리학자 바네시 호프만Banesh Hoffmann과 레오폴트 인펠트Leopold Infeld 사이에 있었던 일에 대한 호프만의 생생한 기억이다.

연구가 막다른 길에 봉착할 때마다 우리 셋은 열띤 토론을 벌였다. 내 독일어가 그리 유창하지 않아서 주로 영어로 했는데 나한테는 그게 유리했다. 그러나 논쟁이 정말 복잡하게 얽히면 아인슈타인은 자신도 모르게 독일어를 썼다. 그는 모국어로 말할 때 머리가 원활하게 돌아갔다. 인펠트도 아인슈타인의 모국어에 가세했다. 그러면 나는 그들이 하는 말을 듣기에 급급할 뿐 열기가 가라앉을 때까지 한마디도 하지 못했다.

독일어까지 동원해도 문제가 풀리지 않는다는 게 확실해지면 우리는 모두 말을 멈추었다. 그러면 아인슈타인은 조용히 일어나서 이상한 영어로 말했다. "생칵 촘 해포켔네." 그렇게 말하고는 방 안에서 왔다 갔다 하거나 빙빙 돌았다. 그럴 때마다 집게손가락으로 자신의 긴 잿빛 머리카락을 둘둘 말았다. 이런 극적인 순간에 인펠트와 나는 꼼짝도 하지 않았다. 움직이거나 소리를 낼 엄두도 나지 않았다. 아인슈타인의 사고가 진행되는 것을 방해하지 않으려고 말이다. 이런 식으로 1분, 또 1분이 흘러갔다. 인펠트와 나는 서로 조용히 바라보았다. 그동안 아인슈타인은 머리카락을 꼬며 계속 왔다 갔다 했다. 아인슈타인의 얼굴에는 꿈을 꾸는 듯한, 뭐랄까 저 멀리 가 있는 듯한 표정이 떠올랐다. 무엇에 강하게 집중하고 있다는 인상은 느껴지지 않았다. 그런 식으로 다시 몇 분이 흐르고 나면 갑자기 아인슈타인의 낯빛이 편안해지면서 미소가 떠올랐다. 더 이상 아인슈타인은 머리를 말며 왔다 갔다 하지 않았다. 자신이 있던 곳으로 돌아와 우리를 알아보는 듯했다. 그런 다음 우리에게 문제의 해법을 제시했는데, 그 해법은 대부분 정확했다.

일은 그렇게 해결됐다. 마법이 효력을 발휘한 것이다. 해법이 너무도 간단한 것이었을 때 나나 인펠트는 그런 것도 찾아내지 못한 자신을 책망하곤 했다. 하지만 그 마법은 우리가 깊이를 가늠할 수조차 없는 아인슈타인의 마음 깊숙한 곳에서 작동하고 있었다. 이런 관점에서 보면 나로서는 좌절할 수밖에 없었다. 그러나 좀 더 실용적인 관점에서 보면 그 반대이기도 했다. 어쨌든 그런 식으로 전진의 통로를 열게 됐으니 말이다. 그렇게 하지 않고서는 우리가 성공적인 결론에 도달할 길이 없었기 때문이다.

변화무쌍한 성격의 세 번째 사례는 바로 레이 자신이다. 1982년, 나는 런던에서 그를 처음 만났다. 그 자리에서 나는 큰 충격을 받았다. 나보다 먼저 그를 만난 사람들 역시 그랬을 것이다. 레이는 뭔가 삼가는 태도나 내밀한 성격과는 대조적으로 영화제작이나 명성에 대해서는 매우 적극적이었다. 영화 촬영에 들어가기 직전에 대대적으로 심리적 조정을 하는지를 물어보자 그는 이렇게 대답했다. "나는 양쪽 심리에 모두 익숙합니다. 몇 시간씩 앉아서 한마디도 안 하고 계속 일만 할 수 있습니다. 한 번에 열일곱 시간에서 열여덟 시간까지 그럴 수 있답니다. 그런데 영화제작은 스무 명에서 스물다섯 명 정도의 사람들과 같이하게 되지요. 그럴 때 난 아주 다른 사람이 됩니다. 나는 둘 다 될 수 있어요. 내 촬영 작업은 대단히 역동적입니다. 다들 일을 매우 빨리, 원기 왕성하게 하죠." 레이의 설명을 더 들어보자.

일을 빨리 안 끝내면 비용이 더 들어서 그런 게 아닙니다. 그런 문제가 아니에요. 자신을 열광시키는 일을 하면 힘이 더 난다, 추가로 에너지가 생겨난다는 그런 이야깁니다. 일을 빨리 마칠 수 있는 건 다른 사람들이 최선을 다해 도왔기 때문이라는 뜻입니다. 어떻게 표현해야 할지 모르겠는데…… 어쨌든 사람들은 무엇에 감염된 것처럼 행동합니다…… 배우들은 즉시 제작 팀의 일부가 되지요. 빈둥거리는 사람은 아무도 없고, 각자가 가능한 한 최선의 방식으로 시간을 씁니다.

한번은 크게 웃으며 이런 말을 한 적도 있었다(영화감독에 덧씌워진 전형적인 독재자 이미지를 자신은 타파하려고 한다면서). "일을 할 때 나는 완전히 민주적으로 됩니다. 독재자가 되는 건 집에 혼자 앉아서 아무

것도 하지 않을 때지요. 영화제작은 민주적인 일입니다. 내 생각엔 그
렇습니다."

　모차르트와 아인슈타인, 레이도 이 장에서 말하는 5요인 모델의 틀 안
에서는 분류가 쉬울 것 같지 않다. 외향성을 생각해보자. 모차르트는 외
향성에서 높은 점수를 얻을 수 있다('개방적이고 열정적인'). 그가 청중 앞
에서 연주를 하거나 〈피가로의 결혼〉 같은 오페라 공연을 지휘할 때는
그렇다. 하지만 집에서 작곡할 때의 그라면 외향성 점수가 높지 않을 것
이다('초연하고 조용한'). 그것은 아인슈타인도 마찬가지다. 1920년에 세
계 여행 중인 그와, 집에서 혼자 특수상대성이론을 연구할 때의 그는 전
혀 다른 사람이다. 레이도 캘커타 외곽 동네에서 기술 스태프, 배우, 마
을 주민들을 거느리고 〈파테르 판찰리〉를 찍을 때와 며칠씩 집 안에 홀
로 들어앉아 시나리오를 쓸 때는 완전히 대조적인 모습이다. 실로 '초연
한' 심지어 '거만한'이라는 형용사는 레이의 지인들이 그를 말할 때 자주
사용하는 단어다. 어떤 가감 없이 글자 그대로의 의미다. 그런가 하면 아
인슈타인은, 특히 스스로 그런 말을 많이 했지만, 세상으로부터 '멀리 떨
어져' 있는 것 같다는 말을 종종 들었다. "나는 진정 '외로운 여행자'로
내 나라에, 내 집안에, 내 친구들에게, 심지어 내 직계가족들에게조차도
마음을 송두리째 줘본 적이 한 번도 없었다." 이는 일종의 신조로서, 아
인슈타인이 50세 무렵에 펴낸 『내가 바라본 세계The world as I see it』에 진
술되어 있다. 결국 모차르트, 아인슈타인, 레이는 외향성 인물 혹은 내향
성 인물이 될 수도 있다. 그들의 외향성 정도를 재려고 할 때는 고정된
성격이 아닌 뭔가 가변적인 것을 염두에 두고 측정에 임할 수밖에 없다.

　5요인 모델 중 나머지 네 가지 기질에 관해서도 이 세 사람이 보이는
양상은 매우 다양하게 나타날 것이다. 이는 곧 '창조적인 성격' 같은 것

은 없음을 암시한다. 의식성('조직적이고 자기통제력이 강한' 대 '자유분방하고 무사태평한')과 경험 개방성('창조적이고 상상력이 풍부하며 기발한' 대 '현실적이고 관습적인')에서 모차르트, 아인슈타인, 레이는 대부분 고득점을 얻을 것이다. 그러나 모차르트가 연주할 때는 자유분방한 즉흥성을 표출했다는 사실에 주목할 필요가 있다. 모차르트의 아버지 레오폴트는 아들이 조직적이지 못하다고 자주 심하게 질책했다. 그런가 하면 아인슈타인은 여행할 때면 자신이 '유명 인사'라는 사실을 즐겼으며 다양하고 폭넓은 의외의 경험들에 대해 개방적인 태도를 취했다. 레이는 상대적으로 여행이나 명성에 관심이 덜했고, 여행 중에는 주로 일과 관련된 것들에 신경을 썼다. 세간에서 흔히 괴짜라고 부르는 인물은 이 셋 중에서는 아인슈타인이 유일하다.

신경성에 관해서라면 세 사람 모두 점수가 낮을 것이다('정서적으로 안정된'). 이들 중 누구도 우울증이나 발작을 겪지 않았으며, 걱정이 많은 천성을 타고난 사람도 없다. 그랬다면 독립적이고 창조적인 인물로 살아남지 못했을 것이다. 특히 모차르트는 더욱더 그런 것이 궁정 작곡가로서 자리가 항상 위태로웠기 때문이다. 이들은 모두 자신들의 재능에 엄청난 자신감을 가지고 있었고, 그로 인해 자신감이 덜한 사람이라면 질려버릴 과감한 도전을 할 수 있었다. 그럼에도 레이는 촬영할 때면 불안감에 손수건을 잘근잘근 씹는 행동을 보였으며, 아인슈타인은 일반상대성이론을 연구할 때 다음과 같은 말을 했다. "어둠 속에서 수년 동안 강렬한 열망으로 무언가를 추구하다 보면 자신감과 탈진이 번갈아 나타난다. 그러다가 끝에 가서 빛이 보이는데, 오직 경험한 자만이 이를 이해한다."

동의성 범주에서는 다소 복잡한 그림이 나온다. 모차르트의 점수는 상대적으로 높을 것이다('신뢰와 감정이입을 잘하는'). 이는 사람을 싫어했던 아버지 레오폴트의 견해이지만 어쨌든 그렇다. 하지만 잘츠부르크에서 모차르트를 고용했다가 불명예스럽게 해고한 콜로레도 대주교에 대해서만큼은 누그러지지 않는 격렬한 혐오의 태도를 계속 취했다. 이와 대조적으로 아인슈타인과 레이는 아마 최저점에 가까운 점수를 받을 것이다('비협력적이고 적대적인'). 이 둘은 대체로 예의 바른 사람들이었지만, 개인적인 처신에서 자신에게만 몰두하는 경향이 있어 처음에는 친한 사람들을 내치는 일이 자주 일어났다. 아인슈타인은 이런 성향 때문에 밀레바 마리치와의 첫 번째 결혼이 파경으로 끝났고, 두 아들과도 불편한 관계를 유지해야 했으며, 두 번째 결혼도 거의 끝장날 지경까지 이르게 되었다. 아인슈타인의 두 번째 아내인 엘자는 첫 번째 결혼에서 얻은 딸을 병으로 잃는 깊은 상처를 입은 후, 친구에게 이렇게 털어놓았다. "그 사람에게 진짜 슬픈 일은 일어날 수가 없어. 그는 항상 안 좋은 일은 남에게 미뤄버려. 그렇게 함으로써 자신은 행복하게 사는 거지. 그가 일을 그토록 잘해낼 수 있는 것도 그런 이유 때문이야." 레이는 과도한 자기 몰입 성향 때문에 가장 유능한 협력자들과 배우들, 특히 오랫동안 같이했던 미술 감독 반시 찬드라굽타, 조명 카메라맨 수브라타 미트라(둘 다 〈파테르 판찰리〉의 탄생에 큰 기여를 했다)와 결별한다. 그 결과, 레이의 주위에는 친한 친구가 거의 남지 않았고, 만년으로 갈수록 더욱 심했다. 낮은 동의성은 비범하게 창조적인 인물들 사이에선 흔한 성격이라고 할 수 있다. 네틀은 위대한 창조자들의 동의성과 관련해 "누군가 성공하길 원한다면 그는 무자비해져야 하고 자신과 자신의 발전을 가장 우선시해야 한다"라고 요약했다. 네틀은 오스카 와일드가 『옥중기 *De Profundis*』에서 한 말도 덧붙였다. "삶의 어떤 시기에도 예술 외에 내게 최소한으로라도 중요한 것은 아무것도 없었다."

아인슈타인은 과학에 관해서는 확실히 동의성이 높았을 것이다. 물리학에 대해 그가 가졌던 강고한 동기는 결코 약해진 적이 없었다. 수십 년간 아인슈타인은 중력과 전자기력의 통일 이론을 연구했는데, 죽기 바로 전날 병원에 누워서도 그와 관련된 수학 계산을 하고 있을 정도였다. 실제로 제2부에서 거론한 열 명의 비범하게 창조적인 인물들은 최소한 개인적으로는 오스카 와일드와 같은 견해를 가졌던 것으로 보인다. 샹폴리옹은 고대 이집트에 열정을 너무 쏟은 나머지 이른 나이에 무덤으로 갔다. 퀴리는 보호 장비 없이 강한 방사성 원소를 연구하다 죽음에 이르렀다. 방사능이 자신의 눈과 피부에 얼마나 심대한 손상을 입히는지 잘 알고 있었음에도 말이다. 퀴리는 주기적으로 엄지손가락을 다른 손가락 끝에 대고 문질렀다고 한다. 오래전에 방사능에 노출되어 손의 감각이 마비되었던 것이다. 다윈은 자신의 과학 연구를 "삶의 유일한 기쁨"으로 여겼으며, "연구할 때 말고는 결코 행복하지 않았다"고 말했다. 그 연구로 인해 불안에 시달려야 했고 건강까지 상실했음에도 말이다. 모차르트는 임종 자리에서도 숨이 붙어 있는 그 순간까지 레퀴엠(K626)을 작곡했다. 레이 역시 죽어가면서도 다음 영화의 시나리오를 썼다. 레이는 자신이 그것을 감독하지 못할 것을 알고 있었다(레이의 사후에 아들이 감독했다). 버지니아 울프는 스스로 목숨을 끊었다. 정신병의 재발로 읽거나 쓰기가 불가능할 거라는 사실을 알게 된 순간에 그랬다. 레오나르도 다빈치, 렌, 카르티에 브레송 모두 자신들이 할 수 있을 때까지 일을 했다. 마지막 두 사람은 각각 80대와 90대까지 활동했다.

다윈의 삶을 통해 우리가 다시 한 번 알게 된 것은, 뛰어나게 창조적인 사람들의 성격이 얼마나 변화무쌍하고, 천재마다 그 성격이 얼마나 다양한가다. 1830년대에 『비글호의 항해』라는 낭만적인 모험을 하고 그 이야기를 책으로 쓴 사람과 1840년대에 다운하우스에서 은둔한 사람, 그리고 1859년에 누가 봐도 낭만적이라 할 수 없는 『종의 기원』을 쓴 사람이 동일인이라는 사실을 믿기는 쉽지 않다. 『비글호의 항해』의 1835년 5월 기록을 보자. 다윈은 여기서 말과 노새를 타고 안데스 지역을 여행한 일을 기술하고 있다.

저녁에 피츠로이 선장과 나는 에드워드 씨와 함께 식사를 했다. 에드워드 씨는 코킴보(칠레 북부의 코킴보 주의 주도─옮긴이)를 방문하는 사람이면 누구나 환대하는 걸로 평판 높은 영국인 거주자였다. 그때 심한 지진이 발생했다. 나는 우르르 울리는 소리를 들었다. 숙녀들의 비명 소리, 하인들이 달리는 소리, 몇 명의 신사들이 문으로 쇄도하는 소리였다. 나는 막상 진동을 감지하지 못했다. 몇몇 여성들은 공포에 질려 울음을 터뜨렸고, 어떤 신사 한 사람은 밤새 잠을 못 잘 것이라고 했다. 잠을 잔다 해도 집이 무너지는 꿈만 꿀 거라는 것이다. 1822년, 이 남자의 아버지는 탈카우아노에서 전 재산을 잃었고, 자신도 발파라이소의 집이 무너졌을 때 겨우 목숨만 건졌다는 것이다. 남자는 그 순간에 일어났던 기이한 경험을 얘기했다. 당시 그 남자는 카드놀이를 하고 있었는데, 함께 동석한 독일인이 일어나 이 나라에서는 문을 닫고 방 안에 있으면 안 된다고 말했다는 것이다. 그렇게 있다가 코피아포에서 거의 죽을 뻔했다는 것이었다. 독일인은 그렇게 말하면서 문을 열자마자 비명을 질렀다. "또 지진이야!" 무서운 충격파가 몰려왔고 방에 있던 사람들은 모두 피했다. 사실, 지진이 날 때 위험한 것은 문을 열 시간이 없어서가 아니라 벽이 흔들리면서 문이 비틀려 열리지 않기 때문이다.

이로부터 10년도 안 되어 다운하우스의 다윈은 저녁의 지진 소동과는 전혀 어울릴 것 같지 않은 사람이 되었다. 다윈은 30대에 자신의 서재에서 규칙적으로 장시간 홀로 연구하는 인물로 변했다. 그의 방에 가족들은 접근할 수 없었다. 정원에서는 식사와 가벼운 독서를 하고 혼자만의 오랜 산책을 했으며 간헐적으로 손님을 맞았고, 이따금 런던과 영국 내 다른 곳들을 여행하곤 했다. 거기에는 자신이 태어난 슈루즈베리의 집과 메어Maer의 웨지우드 집도 있었다. 알려진 바로는, 다윈이 이렇듯 시계추처럼 정확한 생활을 하게 된 이유는 부분적으로 자신의 만성 질환을 관리하기 위한 점도 있었다고 한다. 이 지병은 대략 1840년경에 발병한 것으로 보인다. 그런데 이로 인해 다윈의 생활 방식은 연구 시간을 가능한 한 많이 확보할 수 있는 방향으로 바뀐다. 비글호 항해 기간 중에 다윈은 의도적으로 될 수 있는 한 많은 사람들을 만나고 많은 경험을 하는 쪽으로, 즉 자신의 여행길에 수많은 과학적·인류학적·인간적 조우가 이루어지도록 스스로를 개방했다. 이와 대조적으로, 다운하우스 시절 다윈의 창조성은 그런 경험에 대한 개방성이 '결핍'된 환경에서 꽃피고 있었다. 다윈은 은둔자 비슷한 인물이 되었다. 물론 다윈은 방대한 독서와 편지 교환을 통해 다른 과학자들의 연구 결과와 견해를 접할 수 있는 문은 열어놓았다. 그러나 대학 시절이나 비글호 항해 때처럼 우연히 사람을 만나고 관계하는 일은 의도적으로 피했다.

게다가 다윈의 신경계에도 변화가 일어났다. 자서전과 『비글호의 항해』를 보면 젊은 시절의 다윈은 매우 무신경하고 걱정 따위는 하지 않으며 감정도 좀처럼 분출하지 않는 성격이었던 것 같다(여기서 앞서 인용한 바도 있지만, 다윈의 아버지가 분통을 터뜨리며 책망했던 말을 상기할 필요가 있다. "너는 총 쏘기, 개, 쥐잡기 외에 어떤 것에도 관심이 없구나. 네놈은 너 자신과 가족에게 수치스러운 녀석이 될 거다"). 그러나 30대 중반으로 접어들면서 다윈은 극단적인 불안증에 시달린다. 심지어 기차를 잡는 일상적인 일을 하면서도 걱정이 많았다. 병을 앓는 아이들과 그중 두 명이 일찍 죽게 된 비극이 유력한 원인 중 하나일 것이다. 다윈의 수중에 개인적 수입이 적지 않았던 터라 조금 의아하지만, 돈 문제도 있었다. 또한 진화론을 발표했을 때 받게 될 사회의 따가운 시선도 지나치게 염려했으며 그를 절망에 빠뜨린, 불치의 지병인 신경쇠약도 불안감의 근원이 됐다. 다윈이 1844년에 진화론을 쓰고 나서 그것을 아내 에마에게 주면서 자신이 일찍 죽거든 출판해달라고 말한 이유가 여기에 있었다. 그 후 1859년까지 다윈이 논쟁적인 이론을 뒷받침할 과학적 증거를 찾는 일에 끈질기게 매달릴 수 있었던 원동력은 바로 이런 '신경성'이었다.

버지니아 울프는 다윈이 세상을 뜬 바로 그해, 빅토리아 왕조의 전성기에 태어났다. 버지니아 울프도 '신경성'을 가진 인물이었지만, 높은 경험 개방성과 강한 내밀성 추구 성향이 뒤섞여 있었다. 타인에 대한 호기심과 유아적 태도가 울프의 내부에서 치열하게 경합했다. 자신이 창조한 클라리사 댈러웨이처럼 울프에게도 어울릴 수 있는 동료들과 사교 생활이 필요했다. 그러나 한편으로는 다른 사람들 때문에 동요하기도 했고, 그들로부터 떨어져 있다는 느낌도 갖고 있었다. 최소한 두 개의 상충하는 성격이 울프의 정신 안에 공존해 있었고, 이 모순 속에서 그녀의 창조성은 자극받았다. 자신의 정신이 언제 붕괴될지 몰라 떨고 있는 신경과민의 인간과, 자신만만하고 냉혹하며 때때로 속물근성을 드러내는 관찰자가 동시에 일기와 소설을 쓰고 있었다.

울프의 성격은 작가였던 아버지 레슬리 스티븐의 영향을 많이 받았던 것으로 보인다. 레슬리 스티븐의 개인적이고 가정 지향적인 성향은, 한

편으로 그가 보여주었던 공적이고 문학적인 인간의 모습과는 분명 다른 것이었다. 그도 매우 신경증적이었는데, 그것은 집에서 폭압적인 기질을 분출하는 형태로 나타났다. 어린 시절부터 그랬다. "이는 스스로 통제할 수 없는 기질이었다…… 아버지가 극단적으로 이성을 존중하고 과장된 감정의 표출을 혐오하는 인물임을 생각하면 이는 전혀 어울리지 않는다. 어린 시절에 버릇을 잘못 들인 결과로 보는 게 맞을 것이다"라고 울프는 자신의 자서전 『과거의 스케치』에서 말하고 있다.

그러나 한편으로 그것은 당대의 위대한 인물들, 칼라일이나 테니슨 같은 사람들에게서 전형적으로 나타나는 모습이라고 나는 생각한다. 천재적인 사람들은 통제되지 않는 기질을 가지고 태어나는 것이다. 내 아버지의 젊은 시절, 그의 천재성이 만개했다…… 빅토리아 왕조의 천재들은 마치 예언자들 같았다. 무언가 완전히 다른 별종이었다. 그들은 복장부터 달랐다. 머리를 길게 길렀으며 커다란 검은 모자를 쓰고 소매 없는 망토를 걸쳤다. 그들은 확실히 '아픔과 더불어 살기 위해 아팠다'. 내 아버지도 그런 삶의 태도가 결코 유해한 것이라곤 생각하지 않았던 듯싶다. 내 생각에 아버지는 이러한 폭력적 분출을 할 때마다 무의식적으로 이렇게 말하지 않았을까. "이게 내 천재성의 표지야." 아버지는 이를 확인하기 위해 칼라일을 들먹였다. 그러고 나면 마음이 풀어졌다. 분출 뒤에 따르는 일종의 관례 같은 것이었다. 천재적인 인간은 '감동적으로 사과'를 해야 한다나. 아버지는 아내나 누이가 당연히 자신의 사과를 받아야 한다고 생각했다. 그렇게 함으로써 자신은 세상에 반하는 잘못을 저지른 일이 없다고 믿었다. 왜냐하면 자기는 천재이니까.

레슬리 스티븐은 결코 테니슨 같은 천재가 아니었다. 스티븐 자신도 그런 사실을 알고 한탄했으며, 딸에게도 털어놓은 적이 있었다. 그의 신경증은 비범한 창조성과는 전혀 관련이 없는 것이었다. 그 점에서 자신의 딸과 달랐다. 실제로, 제2부에서 말한 천재들 가운데 높은 신경성 성향을 보이는 사람들은 절반이 되지 않는다. 다윈, 울프, 카르티에 브레송과 샹폴리옹 정도다. 뒤의 두 사람은 화를 잘 냈고 변덕이 심했다. 퀴리, 아인슈타인, 모차르트, 레이, 렌은 안정된 기질이었다. 레오나르도의 경우에도 남아 있는 증거는 많지 않지만 이 범주에 속한다고 볼 수 있다. 그럼에도 불구하고 제3장에서 살펴본 바 있지만, 우울증과 신경성 경향은 작가, 시인, 화가 들에게서 공통적으로 두드러지게 나타난다. 네틀이 말했듯이 "높은 성취도를 보이는 인물들 중에 기분 장애를 겪고 있는 경우가 이상할 정도로 많다. 그렇다면 최소한 매우 신경증적인 사람들 중 일부는 그런 기질 때문에 일을 잘할 수 있다"고 볼 수 있다.

종합하면, 빼어난 창조성의 저변에는 어떤 특정한 기질이 특정한 비율로 자리 잡고 있지 않다. 다시 말해 '창조적인 성격'은 존재하지 않는다. 모든 천재들은 자신의 분야에서 일을 추진하는 동기와 성공을 뒷받침하는 결단력을 성격 안에 가지고 있을 뿐이다. 하지만 이런 동기와 결단력은 어떤 단일한 모델로 분석되는 게 아니다. 천재에게는 어느 정도의 외향성, 신경성, 의식성, 동의성, 개방성이 모두 요구된다. 더불어 다른 요인도 필수적이다. 이를테면 지적 능력 같은 것. 그러나 이런 요인들이 특정한 환경에 있는 특정한 개인의 내부에서 상호작용을 하면서 천재를 만들어내는 방식은 저마다 다르다.

20

평판, 명성
그리고 천재성

호메로스에서 사뮈엘 베케트Samuel Backett에 이르는 인물들을 두루 살펴보면,
이들을 통해 내리는 천재성의 정의나 이를 뒷받침하는 자질에는
별다른 차이와 변화가 없음을 알게 될 것이다……
모든 시대에는, 그 시대가 칭송하는 작품이었지만 몇 세대 지나지 않아
'당대의' 작품으로 끝나버린 것들이 있다. 언어의 천재에 대한 아주 실용적인 정의를 내리자면,
"당대에 국한된 작품을 만들지 않은 자"라고 말할 수 있다.
두 움큼 혹은 세 움큼 정도의 예외를 제외하면,
지금 우리가 갈채를 보내는 모든 새로운 작품들은 잠재적 골동품들, 언어로 만든 골동품들이며
급기야는 경매장이나 박물관이 아닌 쓰레기통으로 가버릴 것이다.
―해럴드 블룸Harold Bloom, 『천재: 모범이 될 만한 100가지 창조 정신으로 이루어진 모자이크
 Genius: A Mosaic of One Hundred Exemplary Creative Minds』, 2002

10대가 지나면 누구나 유행은 변덕스러운 것이고, 명성은 무상하며, 평
판에는 부침이 있다는 것을 알게 된다. 이는 특히 예술가에게 맞는 말이
지만, 어느 정도는 과학자에게도 적용된다. 19세기 초반, 아산화질소(웃
음가스)를 비롯하여 나트륨, 칼륨 같은 다수의 화학원소를 발견했고 광
부용 안전등을 발명한 화학자 험프리 데이비 경은, 인기 많은 열정적인
강연자요 권력층의 친구이자 1820~1827년에 왕립 학회 회장을 지낸 인
물로 당대 영국에 생존하는 가장 유명한 화학자였다. 왕립 과학 연구소
시절, 험프리의 조수는 당시엔 눈에 띄지도 않았던 젊은 마이클 패러데
이였다. 그런데 정작 오늘날 유명한 인물은 험프리 데이비가 아니라 마
이클 패러데이다. 비록 당시는 데이비의 연구가 중요했겠지만, 그것은
'당대의 연구'가 되고 말았다. 이제는 과학사가들이나 관심을 가지고 있
을 뿐이다. 험프리의 이전 시대 과학자인 뉴턴이나 그 계승자인 다윈은

말할 것도 없고, 심지어는 비교할 수 없을 정도로 무명이었던 동시대인 토머스 영에도 한참 못 미친다.

시각예술에서 평판의 덧없음은 더욱더 분명하게 나타난다. 문학이나 음악과 비교해도 그렇다. 예를 들면, 옛 거장들 중에서 티치아노Tiziano 는 엄청나게 빠른 속도로 명성을 얻었다가 상실한 경우다. 1771년의 한 강연과 그 이후에도, 화가이자 왕립 미술 아카데미 회장이었던 조슈아 레이놀즈Joshua Reynolds는 티치아노나 베로네세Veronese, 틴토레토 Tintoretto 같은 이탈리아 화가들이 "형식을 무시하고 색채에만 집착한 장식 화가들일 뿐"이라고 평가절하했다. 물론 이는 고의적인 선동이었 다. 즉 16세기 베네치아 화단 화가들의 그림 시장이 19세기까지 계속 유 지될 전망이 보이자 이를 방해하고, 자신의 후원자가 소장하고 있던 17 세기 이탈리아 대가들의 작품 가격을 올리기 위한 의도였다.

현대의 거장들 중에서는 피카소가 대단히 높은 평판을 얻고 있다. 그 러나 얼마나 지속될지 의문을 가질 만한 합당한 이유가 있다. 피카소도 자신의 작품 가치에 대해 의심을 내비친 적이 있었다. 자신은 단지 그림 거래상들과 대중들의 요구에 맞춰 그렸을 뿐이라는 식으로 말이다. 피카 소가 살아 있을 때에도 높은 가격을 받은 작품은 좀 더 사실적인 작품들 이었고, 가장 비싼 작품은 20대에 그린 것들이었다. 이런 경향은 경제학 자 데이비드 갈렌슨David Galenson이 『늙은 거장과 젊은 천재Old Masters and Young Geniuses』에서 분석했듯이, 1973년 피카소가 92세를 일기로 사망 한 이후 더욱 뚜렷해지고 있다. 그런데 폴 세잔은 피카소와 반대의 경우 다. "경매시장에서는 세잔의 후기 작품이 가장 높은 가격에 팔린다…… 나이·가격 분석을 해보면 세잔은 67세에 최고가의 작품을 그렸다. 같은 크기라면 26세 때보다 67세에 그린 작품이 대략 열다섯 배 정도 비싸다."

갈렌슨의 말을 더 들어보자. "이와는 반대로, 피카소는 26세의 작품들이 가장 높은 가격을 형성한다. 이때가 1907년으로 〈아비뇽의 처녀들〉을 그린 해다. 그해에 피카소가 그린 작품은 67세에 그린 같은 크기의 작품보다 네 배 이상의 값이 나간다." 이런 이유로 갈렌슨은 책의 제목을 그렇게 붙인 것이다. 즉 세잔에게는 나이가 들면서 원숙해졌으므로 '늙은 거장' 칭호를 붙였고, 피카소는 청년기에 최고 작품을 선보였으므로 '젊은 천재'라고 명명했다. 이런 분석이 맞다면 좀 더 장기적인 관점에서는 피카소에 대한 평판을 낙관할 수만 없다. 미술비평가인 데이비드 실베스터 David Sylvester는 자신이 20세기 미술에 깊은 관심을 가지고 있었음에도 불구하고 이 시기의 주요 미술가들, 특히 피카소, 마티스, 피터 몬드리안 Pieter Mondriaan 등을 '위대한 늙은 거장'의 반열에 올려놓을 수 없다고 말했다. 세잔이 '거장들의 전당'에 입성한 마지막 화가라는 것이다. 심리학자 콜린 마틴데일Colin Martindale은 수 세기 동안의 창작 경향을 연구함으로써 미술계의 '법칙'을 발견하려고 시도했다. 『시계태엽 뮤즈: 미술적 변화의 예측 가능성Clockwork Muse: The Predictability of Artistic Change』에서 마틴데일은 과거가 하나의 지침이 된다면, 피카소의 그림들은 "미래의 어느 시점에 가서는⋯⋯ 매우 추한 것이 될 것이며, 그 가치는 바닥을 칠 것"이라고 말했다. 이런 도발적 관점을 수용하기엔 무리가 있지만, 현재 올림포스 정상에 우뚝 자리 잡고 있는 피카소 그림들이 그의 사후 1세기 안에 미학적 가치가 절하될 가능성은 충분히 있다.

불과 사반세기 전에 소더비와 크리스티 미술품 경매장의 카탈로그에 등재되었던 당대의 현대 미술가 중 지금까지 주요 경매장에 이름이 올라 있는 사람은 절반도 안 된다는 사실을 알면 정신이 들지도 모른다. 예를 들면, 현재 체코 출신의 독일 화가 지리 게오르게 도쿠필Jiri George

Dokoupil의 이름을 기억하는 사람은 그리 많지 않다. 도쿠필은 1988년 쿤스트 콤파스(Kunst Kompass, 독일의 경제지 『카피탈*Capital*』이 해마다 선정하는 100대 미술가 명단─옮긴이)의 정상급 국제 미술가 순위에서 30위에 올랐던 예술가였다. 주요 전시장의 전시 기록이나 미술 잡지의 평가 자료 등을 취합해서 순위를 매긴다. 런던의 왕립 아카데미에서 매년 열리는 하계 전시회는 18세기 중반에 시작되었는데, 여기서 높은 평가를 받았던 화가들의 다수가 10년 혹은 20년 안에 종적을 감추거나 새로운 작품을 내놓지 못하고 사망하는 일이 매년 화제가 되고 있을 정도다.

어떤 화가들은 평판이 높아졌다가 떨어지고 다시 올라가기도 한다. 렘브란트도 티치아노와 같은 예라고 할 수 있다. 현재와 같은 높은 평판을 얻기까지 렘브란트의 인기 곡선은 세 차례의 파동을 그렸다. 나폴레옹 전쟁 동안 영국에서, 두 번째는 1870~1880년대 독일과 미국에서, 그리고 20세기 초 30년 동안 전 세계에서 최고의 인기를 얻었다. 네덜란드 출신으로 빅토리아 시대에 최고로 성공한 화가라고 할 수 있는 로런스 앨머 태디마Lawrence Alma Tadema에 대한 평판도 상승, 하강, 재상승의 모습을 보여 흥미롭다. 1870년 런던에 정착하면서 그는 한 라파엘전파(Pre-Raphael, 1848년 라파엘전파 형제회라는 예술가 그룹을 중심으로 런던에서 결성된 유파. 당시 최고 존경의 대상이었던 라파엘로와 미켈란젤로의 이상화된 미술을 비판하고, 그 이전 자연 관찰과 세부 묘사에 충실한 중세 고딕 및 초기 르네상스 미술로 돌아갈 것을 주창함─옮긴이) 화가의 친구가 되었고, 거주지 겸 스튜디오를 세웠는데, 곧 사람들의 입에 많이 오르내리는 호사스러운 미술의 전당이 됐다. 1899년, 그곳을 방문 취재했던 『스트랜드 매거진*Strand Magazine*』은 "이곳이 로마 시대 호라티우스나 키케로가 알았을 법한 예술적으로 아름다운 주거 공간이며, 그런 점에서 런던 시내의

어떤 집보다 뛰어나다"고 평했다. 로런스 앨머 태디마는 고대를 주제로
화려한 역사 그림을 주로 그렸다. 이런 그림들은 매우 정밀성을 요하는
것으로, 세밀한 고고학적·건축학적 연구가 바탕이 됐다. 앨머 태디마는
곧 왕립 아카데미 회원이 됐고, 당연한 수순으로 기사 작위를 받았을 뿐
만 아니라 1902년 에드워드 7세가 제정한 메리트 훈장Order of Merit 수
훈자가 되는 특권을 누렸다. 그러나 존 러스킨 같은 비평가는 그를 19세
기 최악의 화가로 부르며 조소하기도 했다. 1912년에 앨머 태디마가 죽
던 해, 왕립 아카데미에서는 그의 전 작품을 내건 어마어마한 추모전이
열렸다.

1888년, 앨머 태디마는 자신의 가장 유명한 작품들 중 하나가 될 그림
을 시작한다. 〈헬리오가발루스의 장미The Roses of Heliogabalus〉로, 로마 황
제 헬리오가발루스의 악명 높은 삶을 묘사한 작품이다. 이 그림 속에서
황제는 가짜 천장에서 장미 꽃잎들을 쏟아지게 함으로써 영문도 모르는
손님들을 향기로 질식사시키려 하고 있다. 1888년 겨울의 4개월 동안,
매일 장미들이 프랑스 리비에라에서 런던 앨머 태디마의 스튜디오로 운
반되었다. 작품에 그려질 장미 꽃잎 하나하나를 정확히 묘사하기 위해서
였다. 앨머 태디마는 이 그림을 4000파운드(1888년 가치)라는 터무니없
이 엄청난 가격에 주문받았다. 앨머 태디마의 또 다른 유명한 작품 〈모세
의 발견The Finding of Moses〉은 성서의 주제를 다룬 것으로 1904년에 5240
파운드를 받고 그리기 시작했다. 그런데 1960년 크리스티 경매장에서
〈헬리오가발루스의 장미〉는 단돈 105파운드에 팔렸고, 〈모세의 발견〉은
252파운드를 받았다. 20세기 중반, 앨머 태디마의 사후 반세기에 여느
라파엘전파 화가들과 달리 그의 이름은 곰브리치의 『서양 미술사』 같은
일반 미술사 책에서도 언급되지 않는 처지가 됐다. 게다가 제임스 펜턴

James Fenton이 쓴 오늘날의 왕립 아카데미 역사를 다룬 『천재 학교School of Genius』에서도 눈에 띄지 않는다.

앞의 수치들은 요동치는 예술품 가격을 주제로 제럴드 라이틀링어 Gerald Reitlinger가 쓴 기념비적인 역사서 『취향의 경제학The Economics of Taste』 3권과 마지막 권에서 인용한 것이다. 이 책은 1970년에 출간됐다. 그런데 바로 그 무렵 앨머 태디마의 그림 가격이 회복될 조짐을 보였다. 당황한 라이틀링어는 "추락에 추락을 거듭하여 맨 밑바닥에 떨어진 이 화가가 다시 인기를 얻고 있다고 말하기는 아직 이르다"라고 말했다. "앨머 태디마가 다시 부상하는 일은 없을 것이다. 왜냐하면 모두 똑같이 머리 위 조명을 받으며 토가(고대 로마 시민의 겉옷—옮긴이)와 치톤(가운의 일종—옮긴이)을 두르고 실내 사진 포즈를 취하고 있는 그림 속 모델들은 이 화가가 살았던 시대정신만을 구현하고 있기 때문이다." 하지만 그런 주장 자체가 1960년대 후반 시대정신의 발로였다.

그 뒤에 앨머 태디마를 떠받드는 기운이 다시 피어난 것은 당연한 수순이었다. 그로부터 사반세기가 지난 1995년에 〈모세의 발견〉은 뉴욕 크리스티 경매장에서 280만 달러라는 새로운 낙찰 기록을 세운다. 아마도 앨머 태디마 그림이 생동감 없이 고대의 소재를 재현한 것에 불과하다 해도 묘사의 세밀함과 화려함이 할리우드 영화제작자들의 눈길을 끌었기 때문일 것이다. 똑같은 이유로 빅토리아 시대 부자들의 주목도 받았을 것이다. 고대 세계를 다룬 그리퍼스의 서사시적 초기 영화들인 〈인톨러런스〉, 〈벤허〉, 〈클레오파트라〉 등은 앨머 태디마 그림의 영향을 받았다. 세실 데밀 감독의 1956년 리메이크 작 〈십계〉도 그런 영화였다. 세실 데밀은 앨머 태디마 그림의 인쇄본을 보여주며 무대 제작자에게 지침을 내렸다. 그리고 꽤 오랜 시간이 흐른 후인 2000년에 오스카상을 받은 대작 영화 〈글래디에이터〉의 리들리 스콧Ridley Scott 감독도 앨머 태디마의 그림에서 영감을 얻었다고 한다. 우리 중 다수는 러스킨이 그랬던 것처럼, 앨머 태디마의 작품을 조롱하고 싶을지도 모른다. 그의 작품들에 나타나는 감상주의, 약간의 포르노그래피적 요소, 빅토리아 시대 인물들이 고대 그리스·로마의 옷을 걸치고 있는 느낌 때문에 그럴 수 있다. 하지만 앨머 태디마의 그림에는 전적으로 무시될 수 없는 부분이 있다. 실제로, 이 축복받은 19세기의 고전풍 화가는 21세기에 들어 일종의 키치 미술 대가로 대접받고 있는 것이다.

과거의 인기, 명성, 평판, 그리고 전문가의 칭찬이나 무시 등 이 모든 것이 오늘날의 인기, 명성, 평판을 미리 보여주지만, 항상 예측 가능한 방식으로 나타나진 않는다. 전혀 예측할 수 없는 결과가 나올 때도 있다. 그렇다면 천재는 어떤가? 천재에 대한 평가도 시간과 취향의 변덕에 따라 달라질 수 있을까? 1997년, 아서 클라크가 1960년대에 영화 〈2001 : 스페이스 오디세이〉에서 상상했던 대로 월드 와이드 웹이 퍼져 나갈 무렵 그는 나와 했던 한 인터뷰에서 천재의 미래에 대해 의미심장한 말을 던졌다.

그것은 프랙털(fractal, 원래 의미는 일부의 작은 조각들이 그것을 포함하고 있는 전체와 모습이 비슷해지는 것, 이른바 부분이 항상 전체를 닮는 자기 유사성으로 번역할 수 있지만, 아서 클라크는 이를 단지 '파편화된' '조각난' 이라는 의미로 쓰고 있다—옮긴이) 미래라고 할 수 있습니다. 비록 모든 사람들이 궁극적으로 다른 모든 사람들과 연결되지만, 프랙털 우주에서 모든 부분들, 국소들(사람들)은 그 이상으로 서로 멀리 떨어져 있기도 합니다. 이는 어느 누구도 다른 어느 누구를 전혀 알지 못하게 된다는 말이죠. 그렇게 되면 우리는 공론의 우주common universe of discourse 를 갖지 못할 것입니다. 당신과 나는 서로 이야기를 나눌 수 있습니다. 그것은 내가 어떤 시인들에 대해, 그들이 누구인지 등을 말할 때 우리 둘은 그게 뭔지를 압니다. 그러나 세대가 달라지면, 이런 대화는 불가능해질 거예요. 왜냐하면 사람들 각자의 경험치는 엄청나게 넓어지겠지만, 깊이는 얕아질 것이고 서로 겹치는 부분도 아주 적을 테니까요. 시간이 갈수록 모든 고전들은 어찌 될까요? 그게 뭔지 누가 알기나 할까요? 1000년이 지나면 셰익스피어가 어떤 사람인지 누가 알까요? 그야말로 끔찍한 비극 아닌가요? 나는 어찌 대답해야 할지 모르겠습니다.

앞으로 1000년이 지나면 셰익스피어의 명성이 지금과 같지 않으리라는 아서 클라크의 말이 옳든 그르든 간에(누가 알 것인가?), 그리고 인터넷이 개인들을 통합해줄지 갈라놓을지 알 수 없지만, 지금으로선 그가 주장하는 요지는 타당하다. '공론의 우주'를 공유하는 전문가 집단을 제외하면 '비범한 창조성'이니 '천재성'이니 하는 말이 의미를 가질 수 있는 곳은 어디에도 없다. 셰익스피어, 레오나르도 다빈치, 뉴턴 혹은 바흐 같은 인물들은 문학이나 미술, 수학, 음악의 다른 전문가들이 그들을 알아주고, 그들 업적의 독창성을 이해해주기 전까지는 천재가 아니었다. 모차르트가 천재였던 것은 어떤 면에서 그의 라이벌이자 동시대 빈 사람이었던 안토니오 살리에리라는 비교 대상이 있었기 때문이다.

요지는 분명하지만, 그럼에도 이는 우리의 소중한 믿음, 즉 "개개인, 혹은 나 자신에게도 깃들어 있을지 모르는 창조성과 천재성이 인정받지 못한 채 간과될 순 없다"는 신념과 배치된다. 심리학자 칙센트미하이는 이 충돌 지점을 아주 정확히 짚고 있다.

이런 문제에 대한 흔한 사고방식은, 고흐 같은 사람은 위대하고 창조적인 천재였지만 동시대인들이 몰라줬다는 식의 생각이다. 다행히 지금 우리는 고흐가 어쨌든 훌륭한 화가였다는 사실을 알게 됐고, 그럼으로써 그의 창조성도 인정받게 됐다. 즉, 우리 자신이 고흐의 동시대인들, 그 부르주아 속물들보다는 위대한 예술에 대해 훨씬 더 많이 알고 있다는 의미다. 무의식적인 자부심 말고, 무엇이 이런 믿음을 보증해주겠는가? 반 고흐의 업적에 대해 객관적으로 설명해보자. 고흐의 창조성은 충분한 수의 전문가들이 미술 분야의 중요한 그 무엇에 고흐의 그림들이 기여하고 있다고 느꼈기 때문에 비로소 세상에 알려졌다. 그런 게 없었다면, 반 고흐는 그 시절의 그런 인간으로 계속 남아 있었을 것이다. 이상한 그림이나 그려대는 정신 나간 남자로.

칙센트미하이가 제기한 창조성의 영역domain · 분야field · 인물person 모델에 따르면, 창조성은 한 인물 안에 태생적으로 존재하는 게 아니라 한 영역에서 한 개인의 창작물이 전문가들의 분야와 상호작용하며 나타나는 것이다. 칙센트미하이는 우리가 '창조성은 무엇인가?'가 아니라 '창조성은 어디에 있는가?'라고 물어야 한다고 주장한다. 더 나아가 칙센트미하이의 모델에 따르면, 누구도 체계적인 훈육이나 자가 교육을 통해 어떤 영역에 노출되지 않는다면 그 영역에서 창조적이 될 수 없다. 게다가 창조성은 이미 존재하고 있는 영역에서만 발현된다.

이 모델에는 장점이 있다. 특히 창조성이라는 말의 뜻을 '한 개인의 상상력 넘치는 표현'에 국한시킴으로써 나타나는 의미의 저하를 교정할 수 있다. 하지만 비범한 창조성을 아우르기에는 너무 경직된 것이기도 하다. 이 모델은 어떻게 수학에 대해서는 조금밖에 몰랐던 패러데이가 물리학에 그토록 독창적인 기여를 할 수 있었는지, 어떻게 미술 공부를 하지 않았던 시인 타고르가 인도의 주요 모더니스트 화가가 될 수 있었는지, 어떻게 건축가였던 벤트리스가 선문자 B를 해독할 수 있었는지를 설명할 수 없다. 특히 선문자 B는 '해독'이라는 영역도, '선문자 B의 연구'라는 영역도 없었지 않은가(해독 학과가 있는 대학은 아직 없다). 누군가 학문 간의 경계를 넘어 새로운 도약을 이루고, 이를 통해 새로운 영역을 만들어냈다고 하자. 다윈이 생물학, 고생물학, 지질학, 경제학이라는 학문 위에서 자연선택 이론을 창조해낸 것처럼 말이다. 칙센트미하이 모델의 관점에서 보면 이런 경우는 창조적이라고 할 수 없다.

이 모델의 더욱 값진 측면은 천재라는 호칭이 전문가들의 견해에 따라 붙기도 하고 떨어지기도 한다는 점을 언급한 데 있다. 달리 말하면, 천재는 오랜 시간에 걸쳐 만들어질 수도 있고 만들어지지 않을 수도 있다. 천재의 모든 속성은 가변적인 것이다. 이는 평판의 속성과도 일치한다. 제1장에서 우리는 바흐가 지난 수십 년 동안 음악 천재 중에서도 1위를 유지하고 있었지만, 20세기 초반에는 순위가 조금 떨어졌고 베토벤이 가장 위대한 작곡가 자리를 차지하고 있음을 알게 됐다. 그러나 18세기에 이는 진실이 아니었다. 1750년 바흐 사후에 그의 음악은 무시되었다. 몇몇 작곡가들만 그를 인정했다. 그중에 모차르트, 하이든, 베토벤이 있었다. 바흐의 평판은 1800년 이후에 달라지기 시작하여, 1829년이 되면 본격적으로 상승한다. 바흐의 〈마태수난곡〉이 탄생 100주년 되는 때였다. 불과 스무 살의 젊은 작곡가 멘델스존이 베를린의 한 음악회에서 바흐 사후 최초로 이 위대한 합창곡을 지휘한 게 시발점이 됐다. 부활한 바흐의 인기는 19~20세기까지 유지됐으며 옛 음악을 의도적이고 성공적으로 다시 발굴한 첫 번째 사례가 됐다. 거기에는 전기적·비평적 연구가 수반됐고, 이는 그 후 다른 작곡가들도 학문적으로 재검토하게 된 계기가 됐다.

1809년에 멘델스존이 태어난 지 2세기가 흐른 지금, 바흐에게 일어났던 것과 비슷한 일이 멘델스존과 그의 음악에 일어나고 있다. 바흐의 음악이 고리타분하고 교회용이라는 평가를 들은 때가 있었다면, 멘델스존의 음악은 쉽고 낭만적인 것에 불과하다는 말을 들어야 했다. 20세기에 행한 조사들을 보면 멘델스존은 작곡가 순위에서 중간쯤에 위치해 있다. 노련한 지휘자이자 음악학자인 크리스토퍼 호그우드Christopher Hogwood는 "멘델스존이 '쉬운' 작곡가에서 '문제시되는 작곡가'로 위상의 변화가 온 것은 최근의 일"이라고 말했다. 호그우드는 2008년에 '멘델스존의 성과Mendelssohn in Performance'라는 제목으로 학자 일곱 명의 논문을 엮어 펴낸 책의 서문에서 멘델스존과 모차르트를 비교하며 이렇게 설명한다.

멘델스존의 일생을 보면 모차르트가 그랬듯이 그도 신동이라는 평판을 듣는 데서 멈추지 않고 계속 발전해나갔다. 모차르트가 음악적 이력을 쌓아가자, 대중들은 그의 작품을 환호할 만큼 웅장한 것으로 인정하고, 후기 음악에 대해서도 그저 어렵다는 정도로만 봐주었다. 그에 비해 멘델스존은 (지금 우리도 그렇게 생각하지만) 평탄하고 파란 없는 삶을 타고나 우아한 가톨릭 환경에서 자란 사람으로만 인식되고 있다. 그래서인지 멘델스존의 음악에 대해서도 유려하고 예쁘기만 하다는 평가가 지배적이며 별로 힘들이지 않고 쓴 곡들이라는 인식이 팽배해 있다. 심지어 그 곡들에 나타나는 수채화적인 아름다움도 '넘치는 재능'의 결과로만 폄하되고 있다.

1990년 이후의 멘델스존 연구는 편지, 전기, 주요 작품에 대한 꼼꼼한 비평서 등을 더욱 많이 활용하고 있다. 호그우드는 "멘델스존이 쳤던 피아노가 모차르트가 쳤던 피아노만큼이나 귀한 대접을 받는다면 분명 기분 좋은 일이지만, 이는 고전 시대 악기 문제에만 한정될 일이 아니다. 다른 유형의 시도나 실험도 분명 가치 있을 것이다"라고 생각한다. 그의 생각을 더 들어보자. "자주적인 정신을 가진 어떤 바이올린 연주자(고전 시대 악기를 쓰든 현대 악기를 쓰든)가 멘델스존의 옛 피아노 반주가 들어간 바흐의 '독주곡' 연주 프로그램을 짠다고 해도 그것이 그의 연주가로서의 종말을 의미하지는 않을 것이다." 호그우드의 관점은 "천재로 태어나 천재로 양육된 어떤 작곡가를 제대로 연구하려면 가능한 모든 도움을 받을 필요가 있다"는 것이다. 멘델스존이라는 '영역'에서 이루어지는 전문가들의 이 모든 노력이 어떤 결과로 나타날지는 아직 불확실하다. 그러나 결국 멘델스존의 평판은 바흐나 모차르트, 베토벤 같은 천재의 수준에 이를 것이라고 예상할 수 있다. 호그우드는 그것이 멘델스존이 차지해야 할 정당한 자리라고 생각한다.

　제2부에서 다룬 열 명의 인물 중에서는 오직 두 명만 생존했을 때나 죽은 후에도 천재의 지위를 누리고 있다. 바로 레오나르도 다빈치와 아인슈타인이다. 1519년 레오나르도가 사망했을 때 다수의 작품을 미완성으로 끝냈음에도 불구하고, 어떤 이탈리아 화가나 후원자도 그의 독보적인 위치에 심각한 의문을 제기하지 않았다. 바사리는 16세기 중반에 펴낸 『예술가 열전』에서 빛나는 필치로 레오나르도 다빈치에 대해 기술하고 있는데, 이게 그 분명한 증거가 될 것이다. 막스 플랑크는 아인슈타인의 상대성이론이 발표되고 몇 년도 지나지 않아 그것을 코페르니쿠스 혁명에 비교했다. 물론 그 이론이 물리학계에서 수용되기까지 20~30년이

더 걸렸지만 말이다(그럼에도 물리학자들은 아인슈타인이 생애 마지막 30년 동안에 한 연구들은 받아들이지 않았다). 이와 대조적으로 샹폴리옹, 퀴리, 다윈, 모차르트, 렌의 천재성에 대한 평판은 지금은 논란의 여지 없이 확실해졌지만, 이렇게 되기 위해서는 수십 년이 걸렸을 뿐 아니라 그 과정도 순탄치 않았다. 카르티에 브레송, 레이, 울프의 경우는 아직도 평판이 형성되는 중이라고 할 수 있다. 사진이나 영화제작이 아직까지 문학이나 음악, 미술, 과학이 누리는 존경을 받지 못한다는 이유도 있고, 카르티에 브레송, 레이, 울프가 보여준 최고의 성취가 비교적 최근인 지난 몇 세대 사이에 이루어진 것이라는 이유도 있다. 반면에 아인슈타인(1905), 퀴리(1898), 다윈(1859), 모차르트(1780년대), 렌(17세기 후반), 레오나르도 다빈치(1500년경)의 도약은 한 세기 이전에 일어났다.

각 개인들의 평판이 그리는 궤적을 보면 제각각 다른데, 이는 놀라운 일이 아니다. 그런데 모든 경우에서 그들의 도약과는 무관한 두 개의 외부 요인이 그들을 천재로 인정하는 일반의 생각에 영향을 끼쳤다.

먼저, 개인적으로 겪었던 사고나 남다른 삶이 천재의 평판을 얻는 데 기여했다. 이는 서론에서도 언급한 바 있다. 이를테면 음악적 최전성기에 맞은 모차르트의 요절, 헌신적이지만 비극적인 퀴리의 결혼 생활과 과학의 결합, 정신병에 무너지는 것을 피하려고 행한 울프의 투신자살 등이 그런 예다. 하지만 이 유명한 세 가지 사실은 우리에게 잘못된 근거에 기초한 뿌리 깊은 믿음을 심어준다. 신이 사랑하는 사람은 일찍 죽는다든가(모차르트), 진정한 과학자는 낭만적인 삶을 살 수 없다든가(퀴리의 결혼), 위대한 예술가는 약간 정신이상이어야 한다든가(울프의 자살) 하는 따위의 믿음 말이다.

둘째, 역사적인 사건도 주요인이 된다. 1781년, 모차르트는 운 좋게도 가장 중요한 후원자이자 이탈리아 오페라 부파의 열렬한 애호가였던 요제프 2세 황제가 모차르트를 불신했던 어머니 사후에 빈의 유일한 권력자로 부상한 바로 그 시점에 작곡가로서 완성된 면모를 보였다. 다윈이 자연선택 이론을 발표한 1859년은 우연히도 정통 기독교에 대해 강력한 의문들이 제기되던 시기였다. 일식 관측으로 일반상대성이론을 입증한 1919년은 제1차 세계대전의 대량 살상으로 온 세상이 황폐화된 시기와 겹친다. 또 일반상대성이론의 입증은 초월적인 우주 진리에 대한 열망에 화답했다. 게다가 이 이론이 평화주의자 독일인(아인슈타인)의 것이고, 천체 관측은 역시 평화주의자인 영국인(아서 에딩턴Arthur Eddington)이 했다는 사실이 우연히 일치함으로써 더욱더 극적인 것이 되었다. 그러나 전후의 시대정신만으로 상대성이론이 일으킨 열광을 설명할 순 없다. 아인슈타인은 1942년 자서전 서문에서 "내가 정말로 이해할 수 없는 일은 상대성이론의 개념이나 거기서 제기되는 문제들이 실생활과는 어마어마하게 떨어져 있음에도 불구하고, 대중들 사이에서 광범위하고 생생하게 열렬한 반응을 불러일으키고 있다는 점이다"라고 썼다. "나는 이 의문에 대해 진정 설득력 있는 대답을 한 번도 들어본 적이 없다." 아인슈타인 사후 몇 년이 지나, 그의 전기 작가 중 한 사람이 이런 말을 했다. "아인슈타인의 명성이 세상에 퍼져 지식인층을 뚫고 거리의 행인에게까지 다다른 속도, 그가 불러일으킨 반¤종교적인 경외감과 히스테리에 가까운 열광은 완벽한 설명이 절대 불가능한 놀라운 현상이다."

칙센트미하이의 창조성 모델에 따르면, 천재를 '만들어내는' 일에는 전문가의 역할도 당연히 중요하다. 하지만 그들의 평가 결과가 항상 예측 가능한 것은 아니다. 전문가들은 가끔 어떤 업적에 대해 만장일치로 갈채를 보낸다. 레오나르도의 〈최후의 만찬〉이나 퀴리의 라듐 발견이 그 예다. 하지만 그보다 더 많은 경우에 전문가들의 의견은 엇갈린다. 전문가들의 비판이나 심지어는 적의가 도약을 이룬 예술가와 과학자들의 평판을 장기적으로 드높이는 데 일조하기도 한다. 전문가들의 반대가 심하면 심할수록 그 도약은 더욱 독창적일 가능성이 높다.

제2부에 등장한 다른 여덟 개의 도약 사례에는 약간의 논란이 있다. 샹폴리옹, 다윈, 아인슈타인, 레이, 그리고 울프의 도약은 매우 심한 논쟁에 휩싸였다. 세인트폴 성당의 책임자는 렌과 의견 마찰을 빚었고, 결국 성당의 모든 장식을 렌의 의도와는 반대로 작업했다. 그로 인해 렌은 1710년대에 그 일에서 손을 떼게 된다. 모차르트의 오페라 〈피가로의 결혼〉은 1786년 빈의 청중을 양분시켰으며, 이탈리아에서는 무시당했고, 영국에선 수년 동안 일부 내용이 삭제당하는 비운을 겪었다. 1947년 카르티에 브레송의 뉴욕 전시회는 찬사를 받았지만, 가장 가까운 동료 사진가이자 전쟁 사진가인 로버트 카파에게 얼치기 초현실주의자 흉내를 내지 말라는 경고를 받았다. 1823년 샹폴리옹은 상형문자 해독에 성공했지만 1832년 그의 사후에도 19세기 전반까지 수십 년 동안 학자들로부터 공격과 옹호를 번갈아 받았다. 샹폴리옹을 가장 혹독하게 몰아친 사람들은 같은 프랑스 학자들이었다. 울프의 소설에 대해 다른 소설가들이나 문학가들은 대체로 후한 칭찬과 평가절하를 동시에 보냈다. 울프가 페미니스트 작가로서 지위를 얻자 작품에 쏟아지는 시선도 그런 관점에서 더 굴절되었다. 2002년에 전기 작가 허마이오니 리는 "이 나라(영국)에서 울프의 평판은 극단적으로 엇갈리고 있다"고 인정했다.

다윈의 평판에 대해서는 그의 이론을 둘러싼 불꽃 튀는 논쟁이 독특한 복잡성을 띠고 나타난다는 점을 염두에 두어야 한다. 우리가 알고 있는 바와 같이, 당시 과학계의 신예였던 앨프리드 러셀 월리스가 다윈과는 전혀 관계없는 자신만의 자연선택 이론을 내놓았고, 둘의 이론은 1858년 같은 저널에 공동으로 발표됐다. 다윈의 전문가 친구인 조지프 후커와 찰스 라이엘의 권유에 따른 것이었다. 이 학설은 공평하게 후대에 다윈·월리스의 자연선택 이론으로 알려진다. 그러나 과학자들 사이에서는 이 공동 이름이 채택되지 않았다. 월리스는 이에 대해 전혀 이의를 제기하지 않았다. 왜냐하면 월리스는 다윈과 『종의 기원』에 엄청난 존경심을 품고 있었기 때문이다. 중요도 면에서 뉴턴의 『프린키피아』에 비견될 만하다고 생각할 정도였다. 심지어 월리스는 자연선택 이론에 다위니즘이라는 이름을 붙여 쓰기도 했다.

다윈의 입장에서 이 문제는 제3자들이 결정하도록 내버려두는 편이 나았다. 그럼에도 다윈은 자연선택 이론 발표 후에 즉시 월리스에게 편지를 써서 실토했다. "당신은 너무 점잖게 말씀하시는군요. 당신이 나만큼의 여유가 있었다면 나 못지않게, 어쩌면 그 이상으로 좋은 연구 결과를 냈을 것입니다." 추측건대, 다윈은 자신이 이미 크나큰 과학적 명성을 얻고 있다는 것을 알았고, 사회적 지위도 월리스보다 월등하다는 것을 인식하고 있었다. 게다가 주류 과학계에 있던 친구들의 적극적인 도움으로 공식적으로는 다윈이 그 이론의 유일한 주창자로 인정받게 되었다. 오래 살았던 월리스도 마침내 주류 과학계에 진입했다. 1913년 월리스는 사후에 메리트 훈장을 받았다. 하지만 오늘날 다윈의 평판은 과학계나 일반 대중 사이에서 난공불락이 됐다. 반면에 월리스의 평판은 어떤가. 최근 들어, 2009년 다윈 탄생 200주년을 맞아 월리스의 모호한 위상을 복원시키려는 시도가 있었지만, 그의 이름은 박물학자나 진화론의 역사가들 사이에서만 알려져 있는 정도다.

레이의 처녀작인 문제의 영화 〈파테르 판찰리〉는 평판이 꽤나 복잡한 것임을 잘 보여주는 사례다. 특히 전문가 대 일반 대중의 역할이라는 점에서 눈여겨볼 만하다. 〈파테르 판찰리〉는 인도 국내 시사회를 1955년에 캘커타 광고 클럽의 특별 영사실에서 가졌다. 레이는 끔찍한 반응이 나왔다고 기억한다. 관객으로 온 벵골의 상류층 인사들 중 어느 누구도 칭찬하지 않았다. 거기 참석했던 영국인들만 찬사를 보냈다. 캘커타 지식인 사회에서도 별다른 호응이 없었다. 그러나 이 영화는 곧 벵골의 보통 영화 관객들을 사로잡았고 대대적인 성공을 거두었다. 그럼에도 서벵골 지방 정부 내에서는 (자신들이 제작자였음에도) 이 영화에 반대하는 기류가 있었고, 뉴델리의 인도 정부도 마찬가지였다. 두 정부는 〈파테르 판찰리〉를 1956년 칸영화제에 인도를 대표하는 영화로 출품하겠다는 생각에 반대했다. 자국의 빈곤을 지나치게 묘사하고 있어 외국인들에게 독립국가 인도의 잘못된 이미지를 심어줄 수 있다는 이유에서였다. 자와할랄 네루Jawaharlal Nehru 총리가 개인적으로 나서서 정부의 반대 입장을 꺾었다.

칸에서는 미지의 감독이 만든 미지의 이 영화가 아무런 주목도 받지 못했다. 그런데 운명의 장난이라고 할까, 이 영화의 상영장과 구로사와 아키라 감독의 영화를 출품한 일본 대표단의 파티 장소가 겹쳤다. 〈파테르 판찰리〉를 이미 보았거나 이 영화의 장점을 개인적으로 알고 있던 린지 앤더슨(영국), 앙드레 바쟁(프랑스), 진 모스코위츠(미국) 같은 비중 있는 영화 비평가들이 격분했다. 부랴부랴 재상영이 이루어졌고, 영화제 심사위원회의 영국 측 위원이며 브리티시 필름 인스티튜트를 대표하는 제임스 퀸James Quinn이 레이의 영화가 수상할 자격이 있다고 주장했다. 1985년에 퀸은 "이 영화를 봤던 사람들이 처음 보인 반응은 충격 자체였다. 경악이라고 해도 할 말이 없을 정도였다"라고 회상했다. "특히 프랑스의 시나리오 작가 앙리 쟁송Henry Jaenson이 〈파테르 판찰리〉를 보고 나서 "이런 쓰레기 같으니라고"라고 내뱉었던 것을 나는 똑똑히 기억한다. 레이의 영화에 대한 그런 유의 경멸은 비록 장 르누아르는 그렇지 않았지만, 프랑스 누벨바그 감독인 프랑수아 트뤼포François Truffaut나 장 뤼크 고다르Jean-Luc Godard 등에게서도 나왔다. 그러나 〈파테르 판찰리〉는 오만한 프랑스인들이 보기에도 그냥 내던지기엔 너무 아까운 작품이었다. 이 영화는 칸영화제 특별상을 수상했고, '최고의 휴먼 다큐멘트'라는 칭호를 얻었다.

1958년 이 영화가 뉴욕에 상륙했을 때 비평가들의 견해가 엇갈렸다. 레이 자신도 5번가 플레이하우스에서 있었던 미국 첫 회 상영을 지켜봤다. 1982년에 레이는 그때의 광경을 이렇게 썼다.

나는 관객들이 멍한 눈길로, 흔들리는 표정이 역력한 채 극장 밖으로 쏟아져 나오는 걸 봤다. 한 시간, 아니 그보다 더 시간이 지났을까, 하여튼 몇 시간이 지나 『뉴욕 타임스』 아침 판이 배달됐다. 보슬리 크로더Bosley Crowther가 내 영화에 대해 쓴 비평이 실려 있었다. 그는 뉴욕 영화 비평계의 우두머리 격인 인물로, 한 영화의 상업적 성패를 좌지우지할 힘이 있었다. 크로더는 〈파테르 판찰리〉에 대해 별다른 느낌을 받지 않았던 게 분명했다. 그의 말에 의하면, 이 영화는 너무 아마추어적이어서 "할리우드 극장가에 제대로 걸리기나 할지 모르겠다"는 것이었다.

일주일쯤 지난 뒤, 크로더는 『뉴욕 타임스』에 후속 비평을 실어 자신이 전에 한 말을 취소해야만 했다. 최소한 어느 정도까지는 그래야 했다.

영화에 대한 관객의 반응이 달랐기 때문이다. 게다가 미국 내 거의 모든 영화 비평가들, 거기에는 『뉴요커』의 영화 비평가도 있었는데, 이들은 크로더와 견해를 달리했다. 〈파테르 판찰리〉는 이례적으로 8개월 동안 뉴욕 극장에서 상영됐다.

그 후 반세기 동안, 이 영화를 두고 수많은 입장과 의견이 분분했다. 따라서 레이의 장기적인 평판은 아직 안정되지 않았다고 봐야 한다. 레이는 1992년 미국 영화예술과학아카데미가 수여하는 오스카상 평생 공로상을 받았다. 이는 레이가 제작한 30여 편의 극영화 전체에 대해서가 아니라 〈파테르 판찰리〉 한 작품을 보고 주었을 가능성이 크다. 영국의 노장 영화 비평가이자 오랫동안 레이 영화의 숭배자를 자처해왔던 『가디언』의 데릭 맬컴Derek Malcolm이 정곡을 찌르는 한마디를 던졌다. "아카데미 인사들 중 절반은 아마 〈파테르 판찰리〉를 카레 같은 것으로 여기는 듯싶다."

실제 20세기 예술계에서, 레이는 권위를 가지고 동서양 문화를 똑같은 잣대로 그려낸 독보적인 존재다. 그래서 양쪽 문화에 대한 비교 감식안이 부족한 전문가와 관객들은 레이의 명성에 흠집을 냈고, 앞으로도 그럴 것이다. 21세기 들어 다문화 세계라는 말이 공공연히 나돌고 있지만 그것이 문화를 이해하는 일에 따르는 이런 역사적인 간극을 좁혀줄지는 미지수다. 이 책을 한참 쓰고 있을 무렵, 레이의 영화에서 보이는 지성과 깊이, 섬세함 대신 발리우드(Bollywood, 봄베이와 할리우드의 합성어로, 인도 영화 산업을 통칭하는 말—옮긴이) 영화의 공허함이 인도 사람이나 전 세계에 인도 영화를 대표하는 존재로 부각되고 있었다. 조만간 이 유행은 지나갈 것이다. 그런데 레이의 생각은 좀 다르다. 레이는 이렇게 묻는다. "왜 서구에서 이것을 신경 쓰는가? 동서양의 문화적 간극은 너무 넓어서 영화 몇 편으로는 그것을 좁힐 수 없다. 비평가들이 다른 차원의 영화들도 연구해서 결과물을 내놓아야만 그게 가능해진다. 하지만 그럴 시간이 어디 있는가? 여러 나라에서 이토록 많은 영화들이 쏟아져 나오는 마당에. 그렇다고 연구라는 게 의무적으로 할 수 있는 것인가?"

물론 의무적으로 할 수는 없다. 천재들의 작품을 제외하곤 말이다. 그러나 뭔가 들여다보지 않고는 배길 수 없을 정도의 창조적인 과학 이론이나 예술 작품이라면 새로운 세대의 관심을 지속적으로 끌게 될 것이고, 이게 바로 우리가 말하는 '천재성'의 정의다. 자연선택적 진화론이나 상대성이론은 생물학자들과 물리학자들이라면 아직도 반드시 읽어야 할 것들이다. 전 세계인들은 그것들을 통해 끊임없이 참신한 사고와 실험을 한다. 모차르트의 선율과 화음, 카르티에 브레송의 사진에는 사람들이 듣지 않고 보지 않을 수 없는 힘이 깃들어 있다. 심지어 이 인물들을 잘 모르는 사람들도 그렇게 된다. 천재들은 우리 곁을 찾아왔다가 떠난다. 그러나 '천재가 한 생각'은 쉽게 사라지지 않는다. 천재성은 유행과 명성, 평판을 뛰어넘는 특별한 덕목을 가진 업적에 우리가 부여하는 이름이다. 이는 당대에 국한된 작품a period piece이라는 말과는 반대의 의미다. 천재는 자신이 태어난 때와 장소를 지워버린다.

21

10년 법칙

탁월함에 이르는 문 앞에는 높은 신들이 땀을 가져다 놓았다
—플라톤 이전에 살았던 무명의 고대 그리스 시인

이 책은 창조적 아이디어는 어디에서 오는가라는 오래된 질문으로 시작
했다. 제1부에서 우리는 심리학자의 관점에서 창조성의 몇 가지 요소를
생각해봤다. 이를테면 지성, 무의식 과정, 정신 질환 등이다. 제2부에선
이런 요소들이 어떻게 비범하게 창조적인 열 명의 인물들 정신 안에서
상호작용하며 예술과 과학에서 도약을 이루어냈는지 살펴봤다. 이 책의
마지막 제3부에서는 앞서 다룬 열 명과 다른 천재들의 특별한 천재성에
어떤 패턴이 나타나는지를 알아내고자 했다. 예를 들면 부모의 양육, 공
식 교육, 성격 등에 있는 일정한 패턴을 발견하고자 했다. 마지막 장에서
우리는 처음의 질문으로 돌아가 '뛰어난 창조성'에 관해 대체로 어떤 일
반화와 이론이 가능한지 생각해볼 것이다. 합리적으로 그게 가능하다면
말이다.

　　첫째, 창조적 도약은 '돌연한 천재성'에 의한 것이라고 생각하기 쉽지

만 사실은 언제나 점진적인 지식과 경험 축적의 결과라는 것이다. 제2부에서도 보았지만, 열 명의 인물과 그들이 이룩한 도약도 마찬가지였다. 레오나르도 다빈치의 경우 〈최후의 만찬〉은 1498년경에 완성되었지만 그 출발점을 찾아 시간을 거슬러 올라가보면 1481년경 그가 그렸던 몇몇 작품에 다다르게 된다. 아인슈타인과 특수상대성이론도 마찬가지다. 이 이론은 1905년에 발표됐다. 하지만 그것은 1895~1896년 빛에 대한 아인슈타인의 사고실험이 기원이 되었다. 레이는 영화 〈파테르 판찰리〉를 1955년에 만들었지만, 1944년에 원작 소설용으로 자신이 그린 삽화가 영화의 씨앗이 됐다. 열 가지 사례 중 우연한 결과에 의해 도약이 성취된 경우는 없었다. 모든 것이 오랜 준비 기간을 거쳐 나타났다.

둘째, 모두 그런 것은 아니지만 도약에는 유레카 체험이 수반되는 경우가 있다. 이는 말하자면 중심축을 이루는 계시적인 사건을 말한다. 좋은 예로 아인슈타인이 밤을 새운 끝에 특수상대성이론을 만들어낸 일을 들 수 있다. 아인슈타인은 친구 베소와 오랫동안 대화를 나누고 나서 베른의 아파트에서 그 이론을 창조했다. 이탈리아 영화 〈자전거 도둑〉이 런던에서 상영되고 있을 때, 우연히 런던에 있던 레이가 그것을 보고 미래에 자기가 만들 영화의 중핵으로 처음 머릿속에 심게 되었다. 1822년 9월의 샹폴리옹, 1898년 2월의 퀴리, 1838년 9~10월의 다윈, 1905년 5월의 아인슈타인, 1950년 5월의 레이 모두가 영감이 현현하는 경험을 했고, 이는 앞서 말한 도약으로 이어졌다. 그리고 약간 덜 실감나긴 하지만, 카르티에 브레송은 1932년 초 라이카 카메라를 통해 사진과 인연을 맺을 무렵 이런 체험을 했을 것이고, 울프는 1922년 10월 『댈러웨이 부인』을 구상하는 동안 그랬을 것이다. 유레카 체험은 모차르트에게도 온 것 같다. 1785년의 마지막 6주간(모차르트의 오페라 리브레토 작가 로렌초

다 폰테에 따르면) 모차르트는 〈피가로의 결혼〉 전체 악보의 초고를 썼다고 한다. 레오나르도와 렌은 영감이 현현했다는 증거도, 그렇지 않았다는 증거도 없다.

셋째, 집념 어린 노력이 창조적 도약으로 이어지는 게 일반화된 진실이라는 것이다. 1903년경 에디슨이 말했다는 유명한 경구가 이를 잘 요약한다. "천재는 1퍼센트의 영감과 99퍼센트의 땀으로 만들어진다." 조지 버나드 쇼도 이와 비슷한 말을 한 것으로 알려졌다. 그는 땀과 영감의 비율을 조정했다, "90퍼센트의 땀과 10퍼센트의 영감"으로. 최근 『뉴 사이언티스트*New Scientist*』에 실린 칼럼에는 에디슨의 경구가 아인슈타인이 말한 것으로 되어 있다. 그렇다고 해도 사실처럼 느껴진다.

만년에 다윈도 비슷한 요지의, (땀 이야기를 하진 않았지만) 심오한 통찰을 담고 있는 편지를 아들 호러스에게 보냈다.

아직 발견되지 않은 것을 누가 발견하도록 도와주는 게 무엇일까 하고 나는 간밤에 많은 생각을 했다. 정말 까다로운 문제였단다. 그런 발견자들보다 훨씬 똑똑한 아주 영민한 사람들이 많지만, 그들은 어떤 것을 창조하진 못한다. 짐작건대, 예술은 지금 일어나는 모든 것의 원인과 의미를 습관적으로 찾아보는 태도에 있다. 이는 예리한 관찰과, 연구 대상에 대한 풍부한 지식이 많이 필요하다는 말이다.

천재들이 습관적으로 끊임없이 일한다는 것은 의심할 여지 없는 사실이다. 에디슨은 1093건의 특허권을 소유했는데, 이는 성인 기간 내내 평균 2주에 한 번꼴로 특허를 냈다는 말이다. 바흐는 매일 평균 20페이지의 완성된 악보를 썼다. 필경사 한 명이 손으로 베낀다면 매일 법정 노동

시간 내내 이 일에만 매달려 평생을 보내야 했을 것이다. 피카소는 2만 점 이상의 작품을 그렸다. 푸앵카레는 500개의 논문과 30권의 책을 발표했다. 아인슈타인은 240건, 프로이트는 330건의 출판물을 냈다. "이 숫자를 접하다 보면 매우 중요한 한 가지 사실을 알게 된다. 이 사람들은 깨어 있는 시간과 에너지의 대부분을 자신의 일에 쏟았다는 점이다." 이는 오크스가 『탁월함에 이르는 문 앞에서: 창조적 천재를 결정하는 것들 *Before the Gates of Excellence: The Determinants of Creative Genius*』에서 한 말이다.

열 명의 천재들도 한 사람 예외 없이 여기에 딱 들어맞는다. 각자의 동시대인들에 비하면 모두 다산의 창작과 연구 결과를 보여주면서 사망 직전까지 일을 했다. 비록 젊은 나이에 죽은 모차르트나 샹폴리옹을 제외하면 도약이라고 할 만한 것들이 그들 인생의 전반부에 나타났지만 창조의 노력은 일생 동안 계속되었다. 여기서 나는 샹폴리옹의 라이벌이자 지칠 줄 모르는 토머스 영을 떠올리게 된다. 영은 50대 중반이던 1829년 임종 자리에서도 자신의 저서 『고대 이집트어 사전 초고 *Rudiments of an Egyptian Dictionary*』 작업을 계속했다. 항상 잡고 일하던 펜 대신 연필을 겨우 쥔 채 말이다. 전문 내과 의사였던 영은 자신의 상태를 어느 누구보다 잘 알고 있었다. 그런 영도 절친한 친구가 글쓰기를 하면 기력이 쇠진해진다고 충고하자 이렇게 대꾸했다. "그 일은 말이지, 내가 살아 있는 한 끝장을 봐야만 만족을 주는 그런 종류의 일이라네. 그런데 그럴 가능성이 없다면, 지금은 그게 거의 확실하지만, 어찌해야 되겠나? 나는 일을 더 빨리하라는 내 안의 소리를 무시할 수 없네. 내 일생 동안 단 하루도 게을리 보내지 않았다는 사실도 커다란 만족이 된다네."

비범한 창조성에 관한 더 이상의 확고한 일반화는 힘들다. 영감이 땀과 별개의 것인가 아닌가 하는 문제에 대해서는 창조자들 사이에서 합의가 이루어지지 않았다. 영감은 나타나되 분명한 것은 "그 주인에게조차 불청객으로 불가해한 것"으로 나타난다고 심리학자 크리스 맥매너스 Chris McManus는 말했다. 누가 어떤 문제에 집중해서 일을 할 때든, 그 문제와 명백히 상관없는 일을 할 때든 가리지 않고 찾아온다는 것이다. 가장 그럴듯하게 들리는 말은 영감과 땀은 쌍둥이 같다는 주장이다. "영감이란 게 있다면 그것은 곡을 쓰기 시작할 때가 아니라, 곡을 쓰는 도중에 찾아온다"는 게 작곡가 엘리엇 카터Elliott Carter의 생각이다. "어떤 작품에 더 깊이 빠져들수록 더 많은 영감이 떠오른다. 영감이 정확히 무엇인지 잘 모르지만, 어쨌든 나는 좀 더 분명하게 열광적으로 흥미진진하게 어떤 새로운 것을 보게 된다. 내가 하고 싶지 않다는 이유로 새로운 많은 (새로운) 것을 버리는 일을 하지 않게 된다." 또 다른 작곡가인 애런 코플런드Aron Copland는 이렇게 말했다. "우리는 아이디어를 얻는 순간을 선택할 수 없습니다. 그 순간이 우리를 선택하죠. 그다음에야 우리는 그걸 바탕으로 창작에 몰입할 수 있게 됩니다…… 내 생각에는, 많은 작곡가들이 정작 아이디어 자체에 골몰하고 있을 때는 그것을 얻지 못하는 것 같습니다. 뭔가 아이디어가 필요하다는 생각이 날 때, 그것을 어디쯤에서 발견할 수 있을지 짐작만 할 뿐이죠. 아이디어는 쉽게 오지 않습니다."

아이디어가 어디서 오는지에 대해서는 창조자 개인에 따라 의견이 다양하다. 조각가 앤서니 카로는 이렇게 말한다.

그것이 오는 경로는 대단히 많다. 예술에 관해 생각할 때 오기도 하고, 예술 작품을 바라볼 때 오기도 하며, 대화를 나누는 중에 오기도 한다. 작업의 맨 마지막 과정에서 오기도 하며, 건축가가 일하는 중에 오기도 하고, 내가 보는 그림에서 오기도 한다. 그런가 하면 땅바닥에 나란히 놓인 두 개의 쇳조각을 볼 때 오기도 하고, 어떤 것을 우연히 발견하고 이렇게 말하는 순간 오기도 한다. "이건 시작일 뿐이야, 뭐 가 더 필요한지 1분만 더 기다려보자고."

아서 케스틀러, 데이비드 퍼킨스, 딘 키스 사이먼턴 같은 몇몇 심리학 자들은 창조성에 관한 일반 이론을 도출하려고 했다. 그러나 이들 중 어느 누구도 설득력 있는 결과를 보여주지는 못했다. 그게 지금까지 이 책에서 그들의 연구를 거론하지 않았던 이유다. 단, 예외적으로 월리스의 준비·배양·계시·증명 모델(제3장)과 칙센트미하이의 영역·분야·인물 모델(제20장)은 다루었다. 사이먼턴의 이론이 좀 더 유용한데, 그는 『과학과 창조성』이라는 자신의 책에서 창조성은 "논리, 우연, 천재, 그리고 시대정신의 합작물이며, 그중에서 우연이 제1의 지위primus inter pares를 점하고 있다"고 말한다. 앞의 세 요소들인 논리, 우연, 천재는 바로 파악되며 그 중요성도 자명하게 다가온다. 이에 반해 시대정신은 이해하기에 다소 복잡하고 그 타당성도 불확실한 개념이다. 시대정신의 역할과 관련해선 사이먼턴이 제시하는 증거들을 검토해보는 게 좋다. 사이먼턴은 비범한 창조성의 구성 요소들을 분리해내는 일의 어려움을 토로한다.

시대정신은 독일어 'Zeitgeist'를 옮긴 것으로 어떤 한 시대를 관통하는 사고와 정서의 경향을 의미한다. 그것은 사회 문화적 시스템의 산물이다. 이 때문에 역사는 사회 문화의 외곽에 우뚝 서 있는 위인들과 천재들의 생각과 행동으로 만들어진다는 관념의 반명제antithesis라고 할 수있다. 시대정신의 좋은 예로는 19세기의 낭만주의와 20세기 전반의 반제국주의를 들 수 있다. 과학사에 이 용어를 적용시켜본다면 어떤 발견이나 발명, 이를테면 DNA 구조의 발견이나 월드와이드웹의 발명은 개별 과학자들에 의해 결정된 것이 아니라, 사회적 요구나 특정 과학 분야의 내부적 진보에 따라 나타난 것이다. 달리 말하면, 발견과 발명은 인간 지식의 수준이 어떤 지점에 도달하고, 충분한 수의 과학자들이 어떤 문제 해결에 집중할 때 반드시 출현한다. 그래서 전혀 관계없는 둘 혹은 그 이상의 연구자들이 비슷한 발견이나 발명을 하는 현상도 알고 보면 시대 정신이 그 배후에 있었기 때문에 가능하다는 것이다.

비슷한 시기에 이루어진 동시 발견의 사례는 다음과 같다. 1610년 갈릴레오가 태양의 흑점을 발견했는데, 이와는 별도로 1611년에 서로 모르는 세 사람이 각각 동일한 발견을 했다. 1671년에 뉴턴의 미적분 발견이 있었는데, 이와 관계없이 1676년에 라이프니츠도 미적분학을 발표했다. 루이 다게르Louis Daguerre와 윌리엄 헨리 폭스 탤벗William Henry Fox Talbot은 1839년에 각각 독자적으로 사진술을 발명했다. 1842년 크로퍼드 롱Crawford Long이 외과 수술용 에테르 마취제를 발견했고, 1843년에 윌리엄 모턴William Morton도 독자적으로 똑같은 것을 찾아냈다. 에너지 보존의 법칙은 1843년에 줄리어스 로버트 마이어Julius Robert Mayer가, 1847년에는 헤르만 헬름홀츠Hermann Helmholtz가 각각 찾아냈다. 자연 선택에 의한 진화론은 1838년 다윈이, 1858년에는 월리스가 내놓았다. 화학원소 주기율표의 발견자들을 살펴보자. 1862년 베기에 드 샹쿠투아Béguyer de Chancoutois, 1864년 존 뉴랜드John Newland, 같은 해에 율리우스 로타르 마이어Julius Lothar Meyer, 1869년에는 드미트리 멘델레예프가 각각 이름을 올렸다. 1876년에 전화를 발명한 사람은 알렉산더 그레이엄 벨Alexander Graham Bell과 엘리샤 그레이Elisha Gray다. 탄소 필라멘트 백열등은 1878년에 에디슨과 조지프 스원Joseph Swan이 동시에 발명했다. 20세기에 들어오면서 동시 발견과 발명 사례는 확연히 줄어들었다. 과학계 내부의 소식 교류가 빨라졌기 때문이다. 예를 들면, 왓슨과 크릭이 1953년 『네이처』에 DNA 구조를 발표하자마자 동일한 연구를 하던 라이너스 폴링 등의 학자들은 일제히 거기서 손을 뗐다. 1979년에 사이먼턴은 동시 발견 사례들을 아주 상세히 조사 분석했다. 압도적인 다수의 사례가 이중 발견(발명), 즉 두 명이 서로 자기가 발견자라고 주장하는 경우였다. 449건의 이중 발견이 있었고 3중 발견은 104건, 4중 발견은 18건, 5중 발견은 7건, 그리고 1건의 8중 발견이 있었다. 표면상 이런 목록은 발견과 발명에서 시대정신이 중요하다는 좋은 증거가 되고 있다. '훌륭한' 아이디어들이 허공에 떠 있고, 이를 감지한 사람은 누구라도 잡을 수 있다는 것이다. 그러나 좀 더 깊이 파고들면 이 증거는 약한 구석이 있다. 그 점은 사이먼턴도 시인한다.

우선, 동시 발견 사례 중 4분의 3 이상, 즉 579건 중 449건이 이중 발견이다. 만일 사회 문화적 흐름이 비범한 창조성에서 정말 중요한 결정 요인이라면 더 높은 비율로 3중, 4중, 5중까지 실제보다 훨씬 많이 겹치는 다중 발견 사례가 나타나야 한다. 시대정신을 타고 떠도는 위대한 생각들이라면 두 사람보다 여러 사람들에게 포착될 가능성이 높기 때문이다.

둘째, 동시 발견의 대부분은 별개의 사건들이지만 엄밀히 말하면 동시에 일어난 게 아니다. 1년 이내의 간격을 두고 발견이 이루어진 경우는 전체 건수의 5분의 1에 불과했다. 독립적인 발견들이 일어난 날짜의 간격이 넓을수록 시대정신이 배후에 있다는 주장은 설득력이 약해진다. 미적분 발견의 경우 뉴턴과 라이프니츠 사이에는 5년의 시간차가 있다 (이 때문에 뉴턴은 라이프니츠가 자신을 표절했다고 비난했다). 심지어 20년 정도의 간격도 있다. 이 정도면 거의 한 세대 차가 나는 셈인데, 다윈이 최초로 자연선택 이론을 생각해낸 때와 월리스가 거의 같은 학설을 내놓은 때가 그 정도의 선후 관계에 놓여 있다. 이보다 더 긴 시간 간격도 존재한다. 멘델이 유전법칙을 발견한 것은 1865년이고(다윈은 1882년 사망할 때까지도 이에 대해 전혀 알지 못했다), 휘호 더프리스Hugo de Vries와 카를 코렌스Karl Correns, 에리히 폰 체르마크Erich von Tschermak가 일제히 제각각 이 법칙을 발표한 게 1900년이다. 그럼 멘델은 '자신의 시대를 앞서갔는가?' 하는 질문은 의미 없다. 시대정신이 발견 날짜를 지정해준다 해도 그렇다. 좀 더 유용한 질문은 '1865년에 유전법칙의 발견이 절대적으로 불가피했다면, 왜 그것들은 1900년에 다시 발견되었나?' 하는 것이라고 사이먼턴은 말한다.

셋째, 어떤 과학자들은 한 건 이상의 동시 발견에 참여한다. 상식적으로, 과학자의 연구 능력이 뛰어나면 뛰어날수록 그가 참여하는 동시 발견(발명) 건수도 많아질 것이다. 그런데 우리가 알고 있기로는, 한 개인의 뛰어난 연구 능력은 천재의 표지일 뿐 시대정신과는 무관하다. 그렇다면 천재가 동시 발견에서 중요한 역할을 하고 있다고 보아야 한다.

마지막으로, 동시 발견이라는 것도 알고 보면 그게 아닌 경우가 있다. 그래서 동시 발견이 빈번히 일어났다는 주장이 전체적으로 의심을 받게 된다. 이중 발견에서 발견 전체 요소 중 한두 개만 '동일'하고 나머지는 그렇지 않은 경우가 있다. 게다가 동일한 발견에 이르는 두 개의 과정이 전적으로 다른 경우도 있다. 이런 사실들이 특허권 신청을 둘러싸고 극명하게 밝혀진다. 왜냐하면 변호사들은 새로 특허 신청하는 발견물의 내용이 기존의 특허권 내용을 침해하지 않는지 검토하지 않을 수 없기 때문이다. 사이먼턴은 "대체로 특성이 중복되는 경우는 100가지 중 하나 정도이며, 이는 특허를 신청할 수 있다. 특성이 두 개나 겹치는 경우는 지극히 희박하고 실제로 거의 똑같은 경우는 절대 일어날 수 없다"라고 썼다. 이와 비교될 만한 것으로, 과학에서는 어떤 단일한 발견을 놓고 세 명이 노벨상 공동 수상자가 되는 경우가 자주 일어난다. 각각의 학자들이 서로 다른 관점에서 동일한 문제를 파고들어 다른 방식으로 그 발견에 기여한 것이다. 대표적인 것이 DNA 구조 발견 사례로, 1962년 노벨상을 왓슨과 크릭, 모리스 윌킨스Maurice Wilkins가 공동 수상했다. 핵자기공명은 별도로 연구하던 두 그룹의 미국 과학자들이 1946년에 발견했다. 한 그룹은 하버드 대학, 또 다른 그룹은 스탠퍼드 대학 소속이었다. 그런데 한 그룹은 다른 그룹이 하는 말을 한마디도 이해하지 못했다. 왜냐하면 물리학적 현상에 대한 두 그룹의 접근 방식이 본질적으로 완전히 달랐기 때문이다. 가장 보기 드문 경우가 다윈과 월리스의 저작에 나타나는 유사성이다. 그 당시 다윈이 라이엘에게 쓴 절망에 찬 편지를 보자. "나는 이보다 더 충격적인 우연의 일치를 본 적이 없네. 만일 월리스가 1842년에 내가 쓴 초고를 갖고 있었다 해도 이보다 더 훌륭한 논문 초록을 작성할 수는 없었을 거야. 심지어 월리스의 용어는 내 논문의 소제목과 일치하기도 한다네…… 내 독창성이라는 것은 그게 뭐든 간에 모두 박살 날 걸세."

종합하면, 시대정신이 창조적 도약에 기여한다는 생각을 진지하게 받아들이기에는 약점이 너무나 많다. 동시 발견이라는 사례가 아무리 매혹적인 것이라 해도. 창조성 모델을 고안하려는 다른 모든 시도들과 마찬가지로 시대정신론도 그것이 이론화하려는 대상이 워낙 다양해 그 속에서 길을 잃어버렸다.

유일하게 남은 존중할 만한 창조성의 '법칙'은 이른바 10년 법칙이다.

이에 대해서는 서론에서 간략히 소개한 바 있다. 심리학자 존 헤이스는 1980년대에 이것을 최초로 주장한 사람인데, 그는 작곡가들이 최초의 걸작을 쓰는 데 걸린 시간이 대략 10년 전후라는 점을 들어 10년 법칙을 내놓았다. 하워드 가드너는 1990년대에 『열정과 기질』에서 이를 인정했으며, 일곱 명의 주요 현대 인물들이 이룬 도약이 이를 증명한다고 주장했다. 프로이트, 아인슈타인, 피카소, 스트라빈스키, 엘리엇, 마사 그레이엄Martha Graham, 간디가 이 법칙을 뒷받침한다는 것이다. 가드너에 따르면 "심지어 이 법칙의 예외라고 하는 모차르트조차 이 법칙의 유효성을 증명한다. 모차르트는 10년 동안 작곡한 끝에 비로소 연주 목록에 들어갈 만한 가치가 있는 음악을 규칙적으로 쓸 수 있게 되었다"는 것이다. 좀 더 최근에 들어서는 로버트 와이즈버그가 이에 대해 언급했다. "10년 법칙은 많은 영역, 이를테면 고전음악의 작곡이나 그림, 시작 등에서 뛰어나게 창조적인 성취와 관련이 있다." 그리고 칙센트미하이의 제자이자 공동 연구자인 심리학자 키스 소여Keith Sawyer도 이렇게 말한다. "창조성 연구를 통해 나타난 것 중 가장 견고한 결과물이 바로 10년 법칙이다. 그것은 위대한 창조를 할 수 있는 높은 수준의 능력치에 도달하기 위해서는 10년간의 고된 노력과 연습이 필요하다는 말이다."

비범한 창조성에 10년 법칙을 적용하는 입장을 모든 심리학자들이 적극적으로 수용하는 것은 아니다. 그러나 최소한 심리학자들은 이를 진지한 눈길로 살펴보고 있다. 그럼에도 불구하고 이 법칙의 유효성을 보장하는 증거를 검토하기 전에 대니얼 네틀의 충고를 귀담아들을 필요가 있다. "심리학은 물리학과 다르다…… 어떤 종류의 연구든 간에 심리학이 희망하는 최선은 그저 일부 사람을 대상으로 한 통계 수준에서 어느 정도의 예측성을 갖게 되는 정도다. 우리는 개개인들이 언제 무엇을 할지 정확히 예측할 수 있는 단계까지는 절대 다다를 수 없다."

내 생각에 10년 법칙은 세 가지 버전으로 나누어 생각할 때 최선의 결과를 도출할 수 있을 듯싶다. 약한 버전, 중간 버전, 강한 버전(심지어 물리학자들도 때때로 이런 강약의 구분법을 사용한다). 약한 버전은 앞에서 소여가 말한 것과 비슷하다. 도약을 이루려면 관련 분야에서 최소한 10년의 힘든 노력과 연습을 해야 한다. 그리고 그 기간은 더 길어질 수도 있다. 중간 버전은 좀 더 한정적이다. 도약을 이루려면 풀고자 하는 특정 문제에 집중해서 최소한 10년간 힘들여 노력하고 연습해야 한다. 강한 버전은 이보다 더욱 한정적이다. 도약을 이루려면 풀고자 하는 특정 문제에 집중해서 길지도 짧지도 않게 약 10년간의 힘든 노력과 연습을 해야 한다. 10년 법칙을 세 가지 버전으로까지 나누어 말하는 게 쓸데없이 학자연하는 것처럼 보일지 몰라도, 실제 상황에서 이 법칙을 적용할 때 나타나는 유효성과 허점 등을 잘 들여다볼 수 있게 한다.

우리가 제2부의 열 명에게 이 법칙을 적용한다면, 매우 흥미롭고 유의미한 결과가 나타날 것이다. 열 명의 천재들 모두 10년 법칙의 약한 버전에 포함된다. 그중에서 카르티에 브레송, 샹폴리옹, 다윈, 아인슈타인, 모차르트, 레이, 렌까지 여덟 명은 중간 버전으로도 규정할 수 있다. 또 이중에서 카르티에 브레송, 다윈, 아인슈타인, 레이, 렌 등 다섯 명은 강한 버전까지 적용해도 문제가 없다. 울프는 아슬아슬한데, 잘하면 강한 버전에 포함될 수도 있다. 그럼 이들 각자가 이룬 도약의 세부 내용을 살펴봄으로써 어떻게 이런 분석이 나왔는지 알아보자.

카르티에 브레송은 소년 시절인 1929~1930년에 박스형 브라우니 카메라를 들고 이것저것 찍기 시작하면서 사진에 눈을 떴고, 1932년에 라이카 카메라를 구입한다. 그러고 나서 사진가로서 전문적 경로를 밟는다

(중간에 영화감독을 하느라 사진가의 길에서 잠깐 벗어난 적도 있지만). 1933년부터 1940년에 독일군에 포로로 잡힐 때까지 그랬다. 포로 시절 동안 브레송의 라이카는 땅속에 묻혀 있었다. 그리고 다시 1944~1946년까지 전문 사진가 생활을 했다. 이는 1947년 초반 뉴욕 현대미술관의 '도약'적인 전시회로 이어진다. 그리고 사진집 『결정적 순간』을 출간한다. 이렇게 보면 카르티에 브레송은 도약을 이룰 때까지 약 10년 정도 사진 일을 집중적으로 했다.

상폴리옹이 고대 이집트를 처음 접한 것은 1802년으로, 그때 나이가 열한 살이었다. 이는 상폴리옹이 상형문자의 부분 해독에 성공했다고 발표한 1822년보다 20년 전의 일이다. 완전 해독은 1824년에 이루어졌다. 그러나 상폴리옹은 1807년 학생 신분으로 파리에 오기 전까지 이 주제에 대해 전혀 공부하지 않았다. 파리에 와서 1808년에야 비로소 로제타석 비문을 해독하려는 마음을 먹게 되었다. 하지만 아무런 진척도 이루지 못하고 이 일을 잠시 제쳐둔 채 고대 이집트의 다른 쪽을 파고들었다. 거기에는 콥트어 공부도 포함되었다. 그러나 상폴리옹의 진술에 따르면, 그는 이 기간에도 계속 로제타석 생각을 했다고 한다. 이는 사실로 보인다. 하지만 1814년이 되어서야 열의를 가지고 다시 이 일에 매달린다. 그때 상폴리옹은 토머스 영의 도움을 약간 받았다. 그 후 1816년에서 1818년까지 2년 정도 어려운 개인 사정 때문에 중단한 것을 빼고 계속 해독 작업에 매진했다. 이 휴지기도 '집중 기간'에 포함시킬 수 있다면 상폴리옹은 도약을 이룰 때까지 로제타석과 상형문자라는 문제에 12~13년을 바친 것이다.

퀴리는 초급학교에서 받은 과학 수업을 제외하면, 1886년경부터 진지하게 물리학과 화학을 공부하기 시작했다. 이때는 퀴리가 아직 폴란드에서 가정교사를 할 때였는데, 1898년 파리에서 폴로늄과 라듐을 발견하는 도약을 이루기 11~12년 전이었다. 1890~1891년에 퀴리는 바르샤바에 있는 한 물리화학 연구소에 출입할 수 있게 됐고, 거기서 몇 가지 간단한 실험을 했다. 그러나 퀴리가 제대로 과학교육을 받은 것은 1891년이 지나고 소르본에서였다. 1896~1897년까지는 방사능 연구에 집중하지 않았다. 퀴리의 아주 빠른 발전 속도는 10년 법칙에 배치되는 것처럼 보인다. 하지만 퀴리는 1895년부터 경험 많은 과학자인 남편 피에르와 동고동락하며 공동 연구를 했다. 이는 더할 수 없는 이점이 되었다. 피에르는 압전기 수정 저울을 만들어 아내의 실험에 대단히 중요한 기여를 했다. 이런 예외적인 환경에서는 10년 법칙이 제대로 적용될 수 없다. 설령 된다 하더라도 약한 버전이 적용될 수밖에 없다.

다윈과 아인슈타인은 명명백백히 강한 버전 사례다. 다윈이 자연계를 공부하기 시작한 것은 어린 시절에 주변의 흥미로운 것들을 수집하면서부터였다. 이 취미는 1826~1827년 에든버러 대학에 다닐 때 플리니언 학회 활동을 통해 더욱 발전하였고, 1828년 케임브리지 재학 시절에는 존 스티븐스 헨슬로를 위시한 여러 과학자들과의 교유 속에서 상당히 진지한 활동으로 자리 잡게 됐다. 그때부터 대략 10년 후가 되는 1838년, 즉 도약을 이룬 시기까지 다윈은 자연사와 종의 문제에 몰두했다. 아인슈타인은 독일에서 학교를 다닐 때 물리학을 조금 공부하긴 했다. 그러나 제대로 이 주제에 달려든 것은 1894년 퇴학하고 나서였다. 1895년 밀라노의 집에서 몇 달 동안 지내며 아인슈타인은 빛을 가지고 사고실험을 했다. 그 이후 대부분의 시간과 에너지를 수학과 물리학에 관한 책을 읽고 사고실험을 하거나 대화하는 일로 보냈다. 특수상대성이론이라는 아인슈타인의 도약은 10년 후인 1905년에 찾아온다.

레오나르도는 분석하기가 좀 더 까다롭다. 초기 삶의 기록이 별로 남아 있지 않기 때문이다. 레오나르도가 아버지에게 만들어준 무서운 방패 일화를 통해 추측건대, 그는 어린 시절부터 예술적 재능을 드러냈다. 레오나르도는 1469년에서 1472년 사이에 베로키오의 작업장에서 도제 노릇을 했고, 그 뒤에도 거기서 1477~1478년경까지 작품 활동을 했다. 레오나르도가 그린 최초의 대작 〈동방박사의 경배〉는 1481년 무렵의 작품으로 짐작된다. 이는 레오나르도가 베로키오 문하에서 배운 지 10년이 지난 때의 일이었다. 같은 해, 그는 어렴풋하게나마 '최후의 만찬'이라는 주제를 머릿속에 품었던 듯하다. 그것은 펜과 잉크로만 그린 스케치와 〈동방박사의 경배〉에 그려진 인물들의 얼굴에서 판단할 수 있다. 그러나 밀라노에서는 10년이 넘도록 〈최후의 만찬〉을 손도 대지 않았고, 대략 1494년경에 시작해 1498년에 끝냈다. 이렇게 보면 레오나르도는 약한 버전의 10년 법칙에 지배받았음이 확실하다. 어쩌면 중간 버전을 적용하는 것도 가능할지 모르겠다. 1481년의 작품을 〈최후의 만찬〉의 배아로 보느냐 안 보느냐에 따라 달라질 수 있다.

모차르트는 아버지의 손에 이끌려 네 살부터 작곡을 했다고 알려졌다. 그러나 공식적으로 작곡을 시작한 시기는 1764년 여덟 살 때부터다. 이토록 조기 재능을 보였음에도 그로부터 12년이 흐른 1777년 1월에 스물한 살로 접어드는 무렵에야 모차르트는 첫 번째 걸작인 〈피아노 협주곡 9번〉(K271) 일명 '죄놈Jeunehomme' 협주곡을 작곡한다. 『케임브리지 모차르트 백과사전』에 따르면, 이것은 "모차르트 피아노 협주곡의 랜드마크가 되는 작품"이다. 많은 다른 음악 비평가들도 이 관점에 동의한다. 다소 주관적이라 할 수 있는 이 견해를 존 헤이스는 객관적 연구를 통해 증명하고 있다. 헤이스는 '걸작'이란 주요 음악 지침용 레코드에서 다섯 가지의 다른 방식으로 녹음된 것을 들을 수 있는 곡이라고 정의했다. 헤이스는 "이 정의에 따르면 모차르트 최초의 걸작이 되는 K271은 그가 작곡을 시작한 지 12년이 되는 해에 만들었다"고 썼다. 오페라 작곡과 관련해서는 1768년에 첫 번째 오페라인 〈바보 행세 아가씨〉를 발표하고 12년이 흐른 뒤에 모차르트 최초의 오페라 걸작인 〈이도메네오〉를 내놓았다. 이는 1780~1781년에 작곡한 것이다. 그리고 5, 6년이 더 지나 〈피가로의 결혼〉을 쓴다. 『뉴욕 타임스』의 음악 비평가였던 해럴드 숀버그Harold Schonberg는 1970년에 "여섯 살에 곡을 쓰기 시작해 서른여섯 살에 세상을 뜬 이 작곡가가 그토록 뒤늦게 꽃을 피우다니 참 이상한 일이다. 하지만 그것은 사실이다"라고 썼다. "모차르트의 초기 작들 중에는 1781년 이후 그의 음악에 포함된 개성, 집중력, 풍부함을 지닌 작품이 거의 없다."

레이는 또 다른 측면에서 강한 버전의 10년 법칙을 증명한다. 아이들이 다 그렇듯 레이도 영화관에 가는 걸 좋아했다. 하지만 예술 매체로서 영화에 대한 관심은 1940년대 초반 미술학교 학생이 될 때까지 그리 지대한 편이 아니었다. 삽화가가 되어 1944년 소설 『파테르 판찰리』의 요약본용 목판화 작업을 위탁받았을 때, 레이는 그 소설을 영화화하면 좋겠다는 생각을 하게 된다. 1940년대 전반 내내 레이는 시나리오를 썼고 (이때 쓴 것 중 영화로 만들어진 것은 없다), 캘커타영화협회를 만들었으며, 장 르누아르의 조수가 되어 벵골에서 촬영 장소를 찾는 일을 도왔다. 자신의 영화 〈파테르 판찰리〉는 1950년 제작에 들어가 1955년에 완료됐다. 소설을 각색해서 영화로 만들면 어떨까하고 생각한 지 약 10년이 지난 때였다.

이와는 대조적으로 울프의 경우는, 1925년 『댈러웨이 부인』이라는 '도약적'인 창작물을 내놓을 때까지 10년이 훌쩍 넘는 시간이 걸렸다. 그때까지 20여 년 동안 계속 글을 발표하기는 했다. 울프의 첫 번째 글은 1904년 부친 사망 직후에 책으로 나왔다. 1907년 울프는 첫 번째 소설 집필을 시작했지만, 1913년까지 완결짓지 못했다. 이 작품은 1915년 '출항'이라는 제목으로 출간됐다. 그리고 훗날 댈러웨이 부부의 성격 확장 설정에 밑그림이 됐다. 그런고로 울프는 10년 법칙의 강한 버전 지배를 받고 있다고 말할 수 있다. 왜냐하면 울프가 처음 댈러웨이 부인을 소설에 등장시킨 때가 1913년이고, 댈러웨이 부인에게 중심적인 역할을 부여한 작품이 완료된 때는 1923~1924년이어서 그 사이에 약 10년의 간극이 존재하기 때문이다.

마지막으로, 렌은 1650년대 옥스퍼드 대학 재학 시절에 건축에 관심을 가졌던 것 같다. 그러나 이에 대한 증거는 미약하다. 1663년부터 그의 관심이 본격화된다. 그해에 렌은 백부의 명으로 케임브리지의 펨브로크 대학 교회를 설계했다. 더 의미 있는 일은 옥스퍼드의 셸도니언 극장 설계도를 내놓은 것이다. 이 건물은 렌의 손으로 1669년에 완성됐다. 그러는 한편, 렌은 세인트폴 대성당의 재건축 자문을 요청받는다. 1660년대 말에 렌은 공식 왕실 건축가로 임명됐고, 건축은 그의 모든 정신을 쏟는 대상이 되었다. 렌의 위대한 세인트폴 성당 모형은 1673~1674년에 제작됐다. 비록 성당 자체는 건축 과정에서 크게 변형을 겪지만, 그 모형은 언제나 렌의 머릿속에 자리하고 있었다. 따라서 우리는 렌도 강한 버전의 10년 법칙 사례가 된다고 말할 수 있다.

열 명의 천재들과 10년 법칙 사이에는 분명한 연관이 있는 것으로 드러나는데, 이는 많은 것을 시사한다. 서론에서 언급한 대로 비범하게 창조적인 여러 인물들과 그들이 이룬 도약은 다양한 양상으로 나타나지만,

대체로 이 법칙을 따르고 있다. 패러데이나 케쿨레 같은 과학자부터 헤밍웨이와 피카소 같은 예술가에 이르기까지 그런 모습을 보여준다. 물론 강한 버전은 예외가 많다. 하지만 약한 버전의 10년 법칙 예외, 즉 과학자나 예술가들이 해당 영역에서 10년이 안 되는 기간 동안 노력하고 연습해서 도약을 이룬 사례는 극히 드물다. 이 정도 조건은 아인슈타인이나 모차르트 같은 신동들도 충족시킬 수 없다.

앞서 '걸작'의 기준을 정의한 바 있는 헤이스는 고전음악 작곡가들 중엔 단 세 명의 예외가 있음을 발견했다. 그들 중 최고의 작곡가는 없었다. 에릭 사티Erik Satie는 작곡의 길로 들어선 지 8년 만에 걸작이라 할 만한 곡을 썼다. 니콜로 파가니니Niccolò Paganini와 드미트리 쇼스타코비치Dmitry Shostakovich도 작곡을 시작한 지 9년 만에 각각 최고의 작품을 내놓았다. 시각예술 쪽에서는 반 고흐가 1888년에 유명한 작품들을 그려냈는데, 그림을 그린 지 8년밖에 되지 않은 때였다. 하지만 고흐는 그전에 6, 7년간 런던과 파리의 화상 밑에서 일했다. 고흐는 거기서 매일 걸작들을 접함으로써 눈을 정련시키고 감수성을 키울 수 있었으니, 1880년에 맨땅에서부터 그림을 시작했다고는 말할 수 없다. 과학 쪽에서는 이론물리학자이며 양자 이론의 선구자 중 하나인 베르너 하이젠베르크가 있다. 그는 1925년 스물세 살의 나이에 행렬역학matrix mechanics을 창안했다. 대학에서 물리학 공부를 시작한 지 겨우 5년이 지난 때였다. 그러나 이때 하이젠베르크에겐 막스 보른과 닐스 보어라는 당대 물리학계의 두 거두가 아주 가까운 스승으로 있었다. 한편, 위대한 이론물리학자인 폴 디랙Paul Dirac도 또 다른 예외가 되었다. 1928년에 디랙은 전자 상대 이론을 정립했고 이를 바탕으로 양전자positron의 존재를 예측했다. 그의 나이 스물다섯이었고, 대학에서 응용수학 수업을 들은 지 약 6년이 지나서였다. 그러나 디랙은 그전에 전기공학부에서 3년 과정을 이수했다. 10년의 법칙을 완전히 무시하는 경우는 아마도 뉴턴이 유일할 것이다. 뉴턴의 '기적의 해'인 1665~1666년은 케임브리지에서 공부한 지 5년도 안 되는 때였고, 나이는 고작 스물두어 살에 불과했다.

몇 안 되는 예외적 사례에서 이론물리학이 강세를 보이는 사실은 어쩌면 비범한 창조성에서 10년 법칙의 역할을 밝혀주는 작은 단서가 될지도 모르겠다. 이론물리학은 장기간의 힘든 실험실 연구를 요구하지 않으며 다른 과학 분야, 예를 들면 공학이나 화학, 지질학, 생물학 등에서 반드시 활용되고 흡수되어야 하는 자연적 사실의 집적체도 아니다. 이 때문에 이론물리학자는 도약이 가능한 학문의 첨단에 이르기 위해 다른 분야의 과학자들이 흘리는 땀에 비해 적은 양을 흘려도 되는 것이다. 실로, 나에게 이 10년 법칙은 에디슨이 주창한 '땀과 영감'론의 근거와 그 비율까지도 경험적으로 증명하고 있는 것처럼 보인다. 99퍼센트의 땀과 1퍼센트의 영감이라는 에디슨의 말 대신, 10년(120개월) 동안 노력한 사람에게는 한두 달(1퍼센트) 동안 '천재로 도약'할 수 있는 절호의 기회가 주어진다고 말해도 좋으리라. 어떤 점에서는 기운을 빼앗는 말이 될지 모르겠지만, 역사상 그 어떤 천재에게도, 심지어 다윈, 아인슈타인, 레오나르도, 모차르트 같은 천재에게조차도 창조적 도약으로 가는 멀고 더딘 여정에서 지름길은 허용되지 않았다.

후
기

천재와 우리

지금, 21세기 초반에 재능 있는 사람들은 늘지만 천재는 줄어들고 있다. 많은 과학자, 작가, 작곡가, 화가 들이 그 어느 때보다 더 많이 자신들의 창조적 결과물을 팔아 생활하고 있다. 20세기 동안 모든 분야에서, 음악과 노래, 체스와 스포츠에 이르는 전 영역에서 능력치와 기록이 끊임없이 향상됐다. 그러나 오늘날 다윈이나 아인슈타인, 모차르트나 베토벤, 체호프나 쇼, 세잔, 피카소, 카르티에 브레송 같은 사람들은 어디 있는가? 가장 젊은 예술이라 할 수 있는 영화 쪽에서는 채플린, 구로사와, 레이, 르누아르, 웰스 같은 거장들이 떠난 뒤에 고만고만한 재능인들만 남았다는 목소리가 커지고 있다. 심지어 대중음악계에서도 루이 암스트롱이나 비틀스, 지미 헨드릭스 같은 음악가들이 보여주었던 천재성은 과거의 것이 되고 말았다. 물론 우리 시대의 천재들 중에는 아직 알려지지 않은 사람도 있을 것이다. 주지하다시피 그들이 죽고 나서 몇십 년 후에는 알려질지도 모르겠다. 하지만 슬프게도 그럴 가망이 적어 보인다. 최소한 내가 볼 때는 그렇다. 바로 다음과 같은 이유 때문이다.

첫 번째이자 가장 중요한 이유는 각 영역에서 전문화와 특수화가 가속화되고 있기 때문이다. 특히 과학 분야에서 그렇다. 오늘날의 천재는 18세기와 19세기의 천재들보다 숨쉬기가 훨씬 어렵다. 비록 불가능한 것은 아니지만 다윈이 삿갓조개 박사 학위를 따야 했다면, 그래서 대학의 생명과학부에 입학했다면, 다윈을 도약으로 이끈 그토록 다양한 경험과 여러 학문에 대한 접근은 생각조차 할 수 없었을 것이다. 레이가 대학을 나와 미술학교 학생, 상업화가, 책 삽화가 경험을 모두 건너뛰고 바로 영화 학교로 갔다면, 우리는 〈파테르 판찰리〉를 만날 수 있었을까?

두 번째 이유는 예술 분야에서 상업화가 가속화된다는 데서 찾을 수 있다. 진정한 독창성을 갖기 위해서는 시간이 필요하다. 그 결실을 맺는 데는 최소한 10년의 시간이 걸려야 한다. 그리고 도약의 결과를 누군가 알아보고 그것이 시장에서 인정받기 위해서는 더 많은 시간이 요구된다. 이제 막 첫발을 내딛는 예술가나 과학자 중에 그토록 오랜 기간 동안 재정적 지원을 받을 수 있는 사람은 거의 없다. 그래서 덜 도전적이고 더 수지타산에 맞는 경로를 택하게 된다. 모방적이고 센세이셔널하고 반복되는 작품들을 만드는 쪽으로 나아가는 것이다. 앤디 워홀Andy Warhol이나 앨머 태디마처럼 말이다.

세 번째 이유는 다소 덜 드러나는 것이긴 하지만 우리의 천재관이 19세기 낭만주의 운동 시대 이후 더 얄팍해지고 더 까다로워지고 있다는 점이다. 부분적으로는 심리학과 정신의학이 20세기에 이룬 진보 때문이기도 하다. 버지니아 울프는 비꼬는 투로 말했지만, 진짜 빅토리아 왕조 시대의 영웅처럼 "머리를 길게 기르고 커다란 검은 모자를 쓰고 소매 없는 망토"를 걸친 풍모는 이제 구시대의 패션으로 천재성이 아닌 콤플렉스의 상징일 뿐이다.

또한 반엘리트주의적 시대정신에 대해서도 생각해보아야 한다. 천재성은 이제 과학적 회의론자들이나 문화적 평등론자의 공격을 부르는 생각이 되었다. 1986년에 로버트 와이즈버그는 짧지만 읽을 만한 가치가 있는 책을 한 권 펴냈다. 『창조성: 천재의 신화를 넘어: 우리와 모차르트, 아인슈타인, 피카소가 공유하고 있는 것 *Creativity: Beyond the Myth of Genius: What You, Mozart, Einstein, and Picasso Have in Common*』이다. 두 번째 부제는 아마도 저자가 아닌 1993년에 이 책을 재출간한 출판사의 기대가 반영된 것으로 보인다. 어쨌든 이 책은 천재를 보통 인간으로 격하하려는 보편화된 욕망의 정체를 잘 드러내고 있다.

이 책 『천재의 탄생』이 보여주었듯이, 그리고 나 개인적으로도 그렇게 믿지만 천재는 신화가 아니다. 유감스럽게도, 우리 대부분은 제2부에서 거론한 열 명의 인물과 거의 아무런 공통점이 없다. 하지만 '돌연한 천재 sudden genius'는 신화다. 앞의 인물들이 이룩한 열 개의 도약에는 마법도 기적도 따르지 않았다. 그것은 인간의 근성이 만들어낸 결과이지, 초인적인 은총의 산물은 아니다. 이런 진실을 통해 우리는 삶과 일에 힘이 되고 자극이 되는 그 무엇을 확실히 끌어낼 수 있다. 레이, 카르티에 브레송, 아서 클라크, 그 밖의 비범한 창조자들을 '개인적'으로 알고 있다는 사실이 내 삶을 변화시켰다. 이에 대해 나는 언제나 감사함을 느낀다.

우리가 '천재란 무엇인가?'라는 질문을 받는다면 한 문장으로 명쾌하게 정의 내리기는 어려울 것이다. 그러나 '천재란 누구인가?' 혹은 '누가 천재인가?'라는 물음에는 비교적 쉽게 답할 수 있다. 코페르니쿠스, 레오나르도 다빈치, 아인슈타인, 모차르트, 피카소 같은 천재들, 이름만 들으면 누구나 수긍할 만한 노벨상 수상자들, 현대 예술가들, 심지어는 스포츠 스타들이나 기업가들까지도 거명할 것이다. 때로는 주변에서 특출한 학업 능력을 보이거나 특정 분야에서 조기 재능을 발휘하고 있는 신동에게도 망설임 없이 천재라는 호칭을 부여한다.

천재 혹은 천재성이라는 말은 이처럼 모호하지만 보통 사람들과는 분명히 구별되는 '비범함'을 포괄적으로 지시하는 기표가 되고 있다. 물론 이는 '천재란 무엇인가'라는 질문의 답변은 되지 못한다. 허나 어쨌든 우리가 천재라고 통칭하는 인물들과 우리 사이엔 뛰어넘기 힘든 간극이 있음을 스스로 인정하고 있다는 점은 분명하다.

이 책의 저자인 앤드루 로빈슨에 따르면, 천재와 천재 아닌 자들 사이에 놓인 이러한 일종의 '지적 단층'이 천재의 정의와 기준을 밝혀 줄 단서가 된다. 그 단층의 정체는 창조적 재능의 유무다. 즉 창조적 재능을 가진 인간이 천재라는 것이다. 하지만 이것 또한 애매하기 그지없다. 창조적 재능과 누가 봐도 뛰어나지만 비창조적인 재능을 어떻게 구분한단 말인가. 로빈슨은 여기서 도약breakthrough이라는 개념을 제시한다. 창조성을 가지고 인류 역사에서 도약이라고 할 만한 성취를 보여준 자만이 천재의 반열에 오를 수 있다고 주장한다. 그리하여 저자는 자신이 천재로 보는 열 명의 인물을 골라 그들의 창조성과 도약을 근거로 천재의 정의을 귀납하고 있다. 레오나르도 다빈치, 크리스토퍼 렌, 볼프강 아마데우스 모차르트, 장 프랑수아 샹폴리옹, 찰스 다윈, 마리 퀴리, 알베르트 아인슈타인, 버지니아 울프, 앙리 카르티에 브레송, 사티야지트 레이가 그들이다. 유명한 인물도 있지만 독자에 따라서는 익숙하지 않은 이름도 있을 것이다. 허나 지명도에 상관없이 요건을 갖추고 있는 한 그들은 천재라고 로빈슨은 말한다.

그 요건은 첫째, 앞서 말한 대로 창조성과 이를 바탕으로 한 어떤 도약이 있었는가. 둘째, 그 도약을 이루기 위한 장기간(이 책에선 10년가량)의 집중적인 노력이 있었는지의 여부다. 저자는 어떤 분야에서 단순히 남들보다 뛰어난 재능은 유전될 수 있지만 창조성은 유전되지 않음을 여러 사례를 들어 증명하고 있다. 물려받은 재능과 노력의 결합이 있어야만 창조적인 도약이 가능하다는 점을 역설한다. 사실 두꺼운 이 책의 대부분은 그 주장을 증명하기 위한 것이라고 해도 과언이 아니다. 그리고 셋째, 그러한 노력의 배후에 '자발적 열정'이 있어야 한다. 누가 시키거나 어떤 유무형의 이익을 바라고 하는 노동이 아니라 좋아서, 하고 싶기 때문에 하는 순도 높은 노력이어야 한다.

마지막으로 천재는 이 열정의 점화 불꽃이 될 '경이감'을 품고 있는 사람이어야 한다. 즉 자신과 자신이 바라보는 것에 대한 무궁한 호기심을 갖지 못한 자는 아무리 재능이 뛰어나도 천재가 될 수 없다. 찰스 다윈의 사촌이자 우생학자였던 프랜시스 골턴은 현대의 지능검사법으로 추산하면 지능지수 200이 넘는 비범한 지력을 가진 인물이었지만, 상대적으로 평범한 지능을 가진 다윈에게 부여된 천재라는 지위를 누리지 못하고 있다. 다윈이 다음과 같은 글에서 서술하고 있는 어떤 것이 골턴에게는 없었기 때문이다. "……내 취향은 강렬하면서도 다양했다. 흥미를 끄는 것이면 열정적으로 매달렸으며 그 경우 아무리 복잡한 주제나 사물이라도 그것을 이해하는 일이 내겐 큰 기쁨이었다……"(본문 중에서)

저자 앤드루 로빈슨의 일관된 논지는 간단하다. 타고난 천재나 가만히 있다가 갑자기 뭔가를 알아내는 '돌연한 천재sudden genius'는 있을 수 없다는 것이다. 천재 혹은 천재성은 타고난 재능에 노력, 그 배양을 위한 환경이 적절히 결합되었을 때 나타나는 결과물이다. 최근 몇 년간 창조성에 대한 관심이 높아지면서 우리 교육 현장에서 이를 길러내기 위한 여러 주장, 이론, 실험들이 나타나고 있다. 대단히 바람직한 현상이다. 그러나 그 근저에는 여러 가지 다른 수준의 생각들이 자리하고 있다. 그중에서, 특히 한 명의 천재가 수많은 사람을 먹여 살리고 미래를 책임진다는 유물적, 상업적 메시아니즘에 대해서는 석연치 않은 느낌을 갖게 된다. 더욱이 이 책을 읽고 난 후라면, 천재는 아무 맥락 없이 등장하지 않으며 천재성을 추동하는 힘은 어떤 실용적 목적이나 속화된 의도가 아니라 열정과 경이에 있다는 저자의 견해에 공감한 후라면 더욱 그럴 것이다. 요컨대, 요즘 유행하는 여러 '창조성 배양 프로그램'은 그것이 아무리 대단한 것이라 해도 한 개인의 내부에서 창조를 위한 최초의 자발성을 이끌어내는 데 기여하지 못한다면 창조(혹은 그것을 기르기 위한 교육)와는 전혀 무관한 것이 될 터이다.

천재가 위대하다면 그가 태어날 때부터 도달 불가능한 성단에 자리한 신적인 존재이기 때문이 아니다. 스스로 부여한 동기를 발화시켜 한 인간이 낼 수 있는 지적 출력의 최대치를 실현했기 때문이다. 우리를 감동시키고 세상의 지표가 되어주는 것은 천재의 땀이다. 천재의 영감은 땀과 분리되지 않는다. 이런 각성의 계기를 마련해 준 저자에게 감사드린다.

2012년 여름
박종성

Adkin, Lesley and Roy, *The Keys of Egypt: The Race to Read the Hieroglyphs*, London: HarperCollins, 2000

Andreasen, Nancy C., *The Creating Brain: The Neuroscience of Genius*, New York: Dana Press, 2005

Andrews, Carol, *The Rosetta Stone*, London: British Museum Publications, 1981.

Assouline, Pierre, *Henri Cartier-Bresson: A Biography*, London: Thames & Hudson, 2005

Barcilon, Pinin Brambilla and Pietro C. Marani, *Lenardo: The Last Supper*, Chicago(IL): University of Chicago Press, 2001

Baron-Cohen, 'Is Asperger syndrome necessarily viewed as a disability?', *Focus on Autism and Other Developmental Disabilities*, 17(2002): 186-91

Beaumarchais, Pierre-Augustin Caron de, *The Figaro Trilogy*, (David Coward, trans.), Oxford: Oxford University Press, 2003

Bell, E. T., *Men of Mathematics*, London: Victor Gollancz, 1937

Bell, Quentin, *Virginia Woolf: A biography*, 2 vols, London: Hogarth Press, 1972

Bennett, J.A., *The Mathematical Science of Christopher Wren*, Cambridge: Cambridge University Press, 1982

Berlin, Richard M., ed., *Poets on Prozac: Mental Illness, Treatment and the Creative Process*, Baltomore: Johns Hopkins University Press, 2008

Bernstein, Jeremy, *Einstein*, 2nd edn, London: Fontana, 1991

Bloom, Harold, *Genius: A Mosaic of One Hundred Exemplary Creative Minds*, London: Fourth Estate, 2002

Boas, George, *The Hieroglyphics of Horapollo*, Princeton (NJ): Princeton University Press, 1993

Born, Max and Albert Einstein, *The Born-Einstein Letters*, 2nd edn, London: Macmillan, 2005

Bramly, Serge, *Leonardo: The Artist and the Man*, London: Michael Joseph, 1992

Brook, Stephen, ed., *The Oxford Book of Dreams*, Oxford: Oxford University Press, 1983

Browne, Janet:

_____*Charles Darwin: Voyaging*, Vol.1, London: Pimlico, 2003

_____*Charles Darwin: The Power of Place*, Vol.2, London: Pimlico, 2003

Campbell, James W.P., *Building St Paul's*, London: Thames & Hudson, 2007

Carr, Edward, 'The last days of the polymath', *Intelligent Life*, autumn 2009: 109-14

Carter, Tim, *Le Nozze di Figaro*, Cambridge: Cambridge University Press, 1987

Cartier-Bresson, Henri:

_____*The Photographs of Henri Cartier-Bresson*, New York: Museum of Modern Art, 1947

_____*The Decisive Moment*, New York: Simon and Schuster, 1952

_____*Photoportraits*, London: Thames & Hudson, 1985

_____*Henri Cartier-Bresson in India*, London: Thames & Hudson, 1987

_____*Line by Line: The Drawings of Henri Cartier-Bresson*, London: Thames & Hudson, 1989

_____*Mexican Notebook*, London: Thames & Hudson, 1995

_____*The Tête à Tête: Portraits*, London: Thames & Hudson, 1998

_____*The Mind's Eye: Writings on Photography and Photographers*, New York: Aperture, 1999

_____*The Man, the Image and the World: A Retrospective*, London: Thames & Hudson, 2003

_____*Les Choix d'Henri Cartier-Bresson*, Paris: Fondation Cartier-Bresson, 2003

_____*Scrapbook: Photographs 1932-1946*, London: Thames & Hudson, 2006

_____*Henri Cartier-Bresson*, Paris: Foundation Cartier-Bresson/mk2, 2006(DVD including all films made by Cartier-Bresson and some films about him, with booklet)

Chadwick, John, *The Decipherment of Linear B*, rev. edn, Cambridge: Cambridge University Press, 1960

Champollion, Jean-François:

_____*Lettre à M. Dacier, relative à l'alphabet des hiéroglyphes phonétiques*, Paris: Firmin-Didot, 1882

_____*Précis du systéme hiéroglyphique des ancient Égyptiens*, Paris: Treuttel & Würtz, 1824

_____*Précis du systéme hiéroglyphique des ancient Égyptiens*, 2nd edn, Paris: Imprimerie royale, 1828

_____*Egyptian Diaries: How one Man Solved the Mysteries of the Nile*, (Martin Rynja, trans.), London: Gibson Square Books, 2001

Chéroux, Clément, *Henri Cartier-Bresson*, London: Thames & Hudson, 2008

Clark, Kenneth, *Lenardo da Vinci*, rev. edn. London: Penguin, 1989

Colburn, Zerah, *A Memoir of Zerah Colburn*, Springfield (MA): G. and C. Merriam, 1833

Cole, Emily, ed., *Lived in London: Blue Plaques and the Stories Behind Them*, London: Yale University Press, 2009

Coleridge, Samuel Taylor, *The Major Works*, (H. J. Jackson, ed.), Oxford: Oxford University Press, 2000

Colvin, Geoff, *Talent is Overrated*, London: Nicholas Brearley, 2008

Cox, Catharine M., *The Early Mental Traits of Three Hundred Geniuses*, (Vol. 2 of L. M. Terman, ed., Genetic Studies of Genius), Stanford (CA): Stanford University Press, 1926

Coyle, Daniel, *The Talent Code*, London: Random House, 2009

Csikszentmihalyi, Mihaly, *Creativity: Flow and the Psychology of Discovery and Invention*, New York: HarperCollins, 1996

Curie, Eve, *Madame Curie: A Biography*, New York: Da Capo Press, 2001(first pubd 1937)

Curie, Marie [Sklodowska]:

_____'Rays emitted by compounds of uranium and of thorium', *Comptes Rendus*, 126(1898): 1101-3

_____'Radium and radioactivity', *Century Magazine*, Jan. 1904: 461-6

_____*Pierre Curie, With Autobiographical Notes*, New York: Macmillan, 1923

Curie, Pierre, 'Radioactive substances, especially radium' (Nobel lecture, 6 June 1905): 73-8 at http://nobelprize.org/nobel_prizes/physics/laureates/1903/pierre-curie-lecture.html

_____and Marie Sklodowska Curie, 'On a new radioactive substance contained in pitchblende', *Comptes Rendus*, 127(1898):175-8

_____Mme P. Curie and G, Bémont, 'On a new, strongly radioactive substance contained in pitchblende', *Comptes Rendus*, 127(1898):1215-17

Cytowic, Richard E., *The Man Who Tasted Shapes*, Cambridge (MA): MIT Press, 2003

Da Ponte, Lorenzo, *Memoirs*, (Arthur Livingston, ed.; Elisabeth Abbott, trans.,), New York: J. B. Lippincott, 1929

Darwin, Charles:

_____*The Voyage of the Beagle*, (Janet Browne and Michael Neve, eds), London:

Penguin, 1989 (first pubd 1839)

_____*The Origin of Species*, (J. W. Burrow, ed), London: Penguin, 1968 (first pubd 1859)

_____*The Autobiography of Chales Dawin and Selected Letters*, (Francis Darwin, ed.), New York: Dover, 1958 (first pubd 1892)

_____*The Autobiography of Chales Dawin, 1809-1882: with Original Omissions Restored*, (Nora Barlow, ed.,), London: Collins, 1958

Desmond, *Adrian and James Moore*, Darwin, London: Michael Joseph, 1991

Deutsch, Otto Erich, *Mozart: A Documentary Biography*, (Eric Blom, Peter Branscombe and Jeremy Noble, trans), London: A & C Black, 1965

Downes, Kerry:

_____*Sir Christopher Wren*, London: Whitechapel Art Gallery, 1982

_____*Sir Christopher Wren: The Design of St Paul's Cathedral*, London: Trefoil Publications, 1988

Edison, Thomas Alva, *The Diary and Sundry Observations of Thomas Alva Edison*, (D. D. Runes, ed.), New York: Greenwood Press, 1968

Einstein, Albert:

_____*Relativity: The Special and the General Theory*, London: Routledge, 2001(first pubd 1917)

_____'Autobiographical Notes', in Paul Arthur Schilpp, ed., *Albert Einstein: Philosopher- Scientist*, Evanston (IL): The Library of living Philosophers, 1949

_____*Ideas and Opinions*, (Carl Seeling ed.), New York: Three Rivers Press, 1982

_____*The Collected Papers of Albert Einstein*. Vols 1-12, (various editors), Princeton (NJ): Princeton University Press, 1987

_____*The New Quotable Einstein*, (Alice Calarice, ed.), Princeton (NJ): Princeton University Press: 2005

_____*The Persistent Illusion of Transience*, (Albert Einstein Archives, Ze'ev Rosenkranz, and Barbara Wolff, eds), Jerusalem: The Hebrew University Magnes Press, 2007

_____and Leopold Infeld, *The Evolution of Physics: The Growth of Ideas from the Early Concepts to Relativity and Quanta*, Cambridge: Cambridge University Press, 1938

_____and Mileva Marić, *Albert Einstein/Mileva Marić: The Love Letters*, (Jürgen Renn and Robert Schulmann, eds), Princeton (NJ): Princeton University Press, 1992

Eisen, Cliff and Simon P. Keefe, eds, *The Cambridge Mozart Encyclopedia*, Cambridge: Cambridge University Press, 2006

El Daly, Okasha, *Egytology: The Missing Millennium: Ancient Egypt in Medieval Arabic*

Writings, London: UCL Press, 2005

Eldredge, Niles, *Darwin: Discovering the Tree of Life*, New York: W. W. Norton, 2005

Evans, Peter and Geoff Deehan, *The Keys to Creativity*, London: Grafton, 1990

Eysenck, H. J., *Genius: The Natural History of Creativity*, Cambridge: Cambridge Univeresity Press, 1995

Faure, Alain, *Champollion: le savant déchiffré*, Paris: Fayard, 2004

Fields, R. Douglas, 'White matter matters', *Scientific American*, March 2008: 42-9

Findlen, Paula, ed., *Athanasius Kircher: The Last Man Who Knew Everything*, London: Routledge, 2004

Fitzgerald, Michael and loan James, *The Mind of the Mathematician*, Baltimore (MD): John Hopkins University Press, 2007

Flynn, James R., *What is Intelligence?: Beyond the Flynn Effect*, Cambridge: Cambridge University Press, 2007

Fölsing, Albrecha, *Albert Einstein: A Biography*, London: Viking, 1997

Frith, Uta, *Autism: Explaining the Enigma*, 2nd edn, Oxford: Blackwell, 2003

Galassi, Peter, *Henri Cartier-Bresson: The Early Work*, New York: Museum of Modern Art, 1987

Galenson, David W., *Old Masters and Young Geniuses: The Two Life Cycles of Artistic Creativity*, Princeton (NJ): Princeton University Press, 2006

Galison, Peter, *Einsterin's Clocks, Poincaré's Maps: Empores of Time*, London: Hodder and Stoughton, 2003

Galton, Francis, *Hereditary Genius: An Inquiry into Its Laws and Consequences*, Amherst (NY): Prometheus, 2006 (first pubd 1869)

Gardner, Howard, *Creating Minds: An Anatomy of Creativity Seen Thought The Lives of Freud, Einstein, Picasso, Stravinsky, Eliot, Graham, and Gandhi*, New York: Basic Books, 1993

George, Andrew, *The Epic of Gilgamesh*, (Andrew George, trans.), London: Allen Lane, 1999

Giulini, Demenico, *Special Relativity: A First Encounter*, Oxford: Oxford University Press, 2005

Gleick, James:

_____*Genius: Richard Feynman and Modern Physics*, London: Little, Brown, 1992

_____*Isaac Newton*, London: Fourth Estate, 2003

Glover, Jane, *Mozart's Women: His Family, His Friends, His Music*, London: Macmillan, 2005

Goertzel, Victor and Mildred Goerzel, *Cradles of Eminence*, London: Constable, 1962

Goldsmith, Barbara, *Obsessive Genius: The Inner World of Marie Curie*, London: Phoenix, 2005

Gombrich, E.H., *The Story of Art*, 15th edn, London: Phaidon, 1989

Gould, Stephard Jay, *The Mismeasure of Man*, rev. edn, New York: Norton, 1996

Gregory, Richard L., ed., *The Oxford Companion to the Mind*, Oxford: Oxford University Press, 1987

Gruber, Howard E., *Darwin on Man: A Psychological Study of Scientific Creativity*, London: Willwood House, 1974

Hager, Thomas, *Force of Nature: The Life of Linus Pauling*, New York: Simon & Schuster, 1995

Halberstadt, Ilona, ed., *Pix 2*, London: British Film Institute, 1997: 5-72 (on Henri Cartier-Bresson)

Happé, Francesca and Pedro Vital, 'What aspects of autism predispose to talent?', *Philosophical Transactions of the Royal Society B*, 364(2009): 1369-75

Hart, Vaughan, *St Paul's Cathedral*, London: Phaidon, 1995

Hermelin, Beate, *Bright Splinters of the Mind: A Personal Story of Research with Autistic Savants*, London: Jessica Kingsley, 2001

Highfield, Roger and Paul Carter, *The Private Lives of Albert Einstein*, London: Faber and Faber, 1993

Hoddeson, Lillian and Vicki Daitch, *True Genius: The Life and Science of John Bardeen*, Washington DC: Joseph Henry Press, 2002

Hoffmann, Banesh, *Albert Einstein: Creator and Rebel*, New York: Viking, 1972

Hofstadter, Dan, 'Stealing a march on the world' (Profile of Henri Cartier-Bresson), *New Yorker*, 23 Oct. 1989: 59-93(pt I), and 30 Oct. 1989: 49-73(pt II)

Holden, Amanda, ed., *The New Penguin Opera Guide*, London: Penguin, 2001

Holden, Anthony, *The Man Who Wrote Mozart: The Extraordinary Life of Lerenzo da Ponte*, London: Weidenfeld & Nicolson, 2006

Hollingsworth, J. Rogers, Karl H. Müller, and Ellen Jane Hollingsworth, 'The end of the science superpowers', *Nature*, 454(2008): 412-13

Holmes, Frederic Lawrence, *Investigative Pathways: Patterns and Sates in the Careers of Experimental Scientists*, New Haven (CT): Yale University Press, 2004

Holmes, Richard, *Coleridge*, Oxford: Oxford University Press, 1982

Holton, Gerald, *Thematic Origins of Scientific Thought: Kepler to Einstein*, 2nd edn, Cambridge: Harvard University Press, 1988

Horney, Karen, *Neurotic Personality of Our Times*, New York: Norton, 1937

Housman, A. E., *The Name and Nature of Poetry*, Cambridge: Cambridge University Press, 1933

Howard, Jonathan, *Darwin*, Oxford: Oxford University Press, 1982

Howe, M. J. A., W. Davison, and J. A. Sloboda, 'Innate talnets: reality or myth?', *Behavioral and Brain Sciences*, 21 (1998): 399-442

Hughes, James, *Altered States: Creativity under the Influence*, New York: Waston-Guptill Publications, 1999

Illingworth, R. S. and C. M. Illingworth, *Lessons from Children: Some Aspects of Early Life of Unusual Men and Women*, Edinburgh: Livingstone, 1969

Isaacson, Walter, *Einstein: His Life and Universe*, New York: Simon and Schuster, 2007

Jackson, Lesley, *From Atoms to Patterns: Crystal Structure Designs from the 1951 Restival of Britain*, Shepton Beauchamp (UK): Richard Dennis Publications, 2008

Jamison, Kay Redfield, *Touched with Fire: Manic-Depressive Illness and the Artistic Temperament*, New York: Free Press, 1994

Jardine, Lisa, *On a Grander Scale: The Outstanding Life and Tumultuous Times of Sir Chistopher Wren*, New York: Perennial, 2004

Kaku, Michil, *Einstein's Cosmos: How Albert Einstein's Vision Transformed Our Understanding of Space and Time*, London: Weidenfeld & Nicolson, 2004

Kandel, Eric R., *In Search of Memory: The Emergence of a New Science of Mind*, New York: Norton, 2006

Keene, Derek, Arthur Burns and Andrew Saint, eds, *St Paul's: The Cathedral Church of London, 604-2004*, London: Yale University Press, 2004

Kemp, Martin:

_____*Leonardo da Vinci: Experience, Experiment and Design*, London: V&A Publications, 2006

_____*Leonardo da Vinci: The Marvellous Works of Nature and Man*, Oxford: Oxford University Press, 2006

Klingberg, Torkel, *The Overflowing Brain: Information Overload and the Limits of Working Memory*, New York: Oxford University Press, 2009

Koestler, Arthur, *The Act of Creation*, London: Hutchinson, 1964

Landon, H. C. Robbins, *Mozart: The Golden Years*, London: Thames & Hudson, 2006

Lederman, Leon and Dick Teresi, *The God Particle: If the Universe is the Answer, What is the Question?*, New York: Houghton Mifflin, 1993

Lee, Hermione, *Virginia Woolf*, London: Chatto & Windus, 1996

Lehmann, Andrea C., John A. Sloboda and Robert H. Woody, *Psychology for Musicians: Understanding and Acquiring the Skills*, Oxford: Oxford University Press, 2007

Lehrer, Jonah, *Proust Was a Neuroscientist*, New York: Houghton Mifflin, 2007

Leonardo da Vinci, *Notebooks* (Selected by Irma A. Richter; Thereaza Wells, ed.), Oxford: Oxford University Press, 2008

Levitin, Daniel J., *This is Your Brain on Music: The Science of a Human Obsession*, New York: Dutton, 2006

Lyell, Charles, *Principles of Geology*, (James A. Secord, ed.), London: Penguin, 1997 (first pubd 1830-33)

McManus, Chris, *Right Hand, Left Hand: The Origins of Asymmetry in Brains, Bodies, Atoms and Cultures*, London: Weidenfeld & Nicolson, 2002

Martindale, Colin, *The Clock Muse: The Predictability of Artistic Changes*, New York: Basic Books, 1990

Medawar, Peter, *Pluto's Republic*, Oxford: Oxford University Press, 1982

Montier, Jean-Pierre, *Henri Cartier-Bresson and the Artless Art*, London: Thames & Hudson, 1996

Moszkowski, Alexander, *Conversations with Einstein*, London: Sidgwick and Jackson, 1972 (first pubd 1921)

Mould, R. F. 'The discovery of radium in 1898 by Maria Sklodowska-Curie (1867-1934) and Pierre Curie (1859-1906) with commentary on their life and times', *British Journal of Radiology*, 71 (1998): 1229-54

Mozart, Wolfgang Amadeus:

_____*The Marriage of Figaro*, London: John Calder, in association with English National Opera and the Royal Opera, 1983

_____*Mozart's Letters, Mozart's Life: Selected Letters*, (Robert Spaethling, trans.), London: Faber and Faber, 2000

_____*A Life in Letters* (Cliff Eisen, ed.; Stewart Spencer, trans.), London: Penguin, 2006

Murdoch, Stephen, *IQ: The Brilliant Idea That Failed*, London: Duckworth, 2007

Nasar, Sylvia, *A Beautiful Mind: A Biography of John Forbes Nash, Jr.*, London: Faber and Faber, 1998

Nettle, Daniel:

_____*Strong Imagination: Madness, Creativity and Human Nature*, Oxford: Oxford University Press, 2001

_____*Personality: What Makes You the Way You Are*, Oxford: Oxford University Press, 2007

Newton, Isaac:

_____*Sir Isaac Newton's Mathematical Principles of Natural Philosophy and His System of* *the World*, (Andrew Motte, trnas [1729], revised by Florian Cajori), Berkeley: University of California Press, 1947

_____*The Principia: Mathematical Principles of Natural Philosophy*, (I. Bernard Cohen and Anne Whitman, trans), Berkeley (CA): University of California Press, 1999

Ochse, R., *Before the Gates of Excellence*: The Determinants of Creative Genius, Cambridge: Cambridge University Press, 1990

Olby, Robert, *Francis Crick: Hunter of Life's Secrets*, Cold Spring Harbor: Cold Spring Harbor Laboratory Press, 2009

Paris, Abraham, *'Subtle is the Lord': The Science and Life of Albert Einstein*, New York: Oxford University Press, 1983

Parkinson, Richard:

_____*Cracking Codes: The Rosetta Stone and Decipherment*, London: British Museum Press, 1999

_____*The Rosetta Stone*, London: British Museum Press, 2005

Peacock, George, *Life of Thomas Young, M. D., F.R.S.*, London: John Murry, 1855 (facsimile reprint edn, British Museum Press, 2005)

Pearson, Karl, *The Life, Letters and Labours of Francis Galton*, Vol. 1, Cambridge: Cambridge University Press, 1914

Perkins, David, *The Eureka Effect: The Art and Logic of Breakthrough Thinking*, New York: Norton, 2000

Pfenninger, Karl, H. and Valerie R. Shubik, eds, *The Origins of Creativity*, New York: Oxford University Press, 2001

Planck, Max, *Scientific Autobiography, and Other Papers*, London: Williams and Norgate, 1950

Pope, Maurice, *The Story of Decipherment: From Egyptian Hieroglyphic to Maya Script*, rev. edn, London: Thames & Hudson, 1999

Post, Felix, 'Creativity and psychopathology: a study of 291 world-famous men', *British Journal of Psychiatry*, 165 (1994): 22-34

Quinn, Susan, *Marie Curie: A Life*, London: Heinemann, 1995

Ramachandran, V. S., *A Brief Tour of Human Consciousness*, New York: Pi Press, 2004

Ray, John, *The Rosetta Stone and the Rebirth of Ancient Egypt*, London: Profile, 2007

Ray, Satuajit:

_____*Our Films Their Films.*, New Delhi: Orient Longman, 1976

_____'My life, my work', *Telegraph*, Calcutta, 27 Sep.-1 Oct. 1982 (republished in Tarapada Banerjee, *Satyajit Ray: A Portrait in Black and White*, New Delhi:

Penguin, 1993:15-28)

_____*The Apu Trilogy*, (Shampa Banerjee, ed.), Calcutta: Seagull Books, 1985 (translation of screenplay)

_____*My Years with Apu*, London: Faber and Faber, 1997

Reichwald, Siegwart, ed., *Mendelssohn in Performance*, Bloomington: Indiana University Press, 2008

Reitlinger, Gerald, *The Economics of Taste*, Vols 1-3, London: Barrie and Rockliff, Marrie and Jenkins, 1961-70

Renoir, Jean, *Letters*, (David Thompson and Lorraine Lobianco, eds), London: Faber and Faber, 1994

Richards, Robert J., *The Tragic Sense of Life: Ernst Haeckel and the Struggle over Evolutionary Thought*, Chicago (IL): University of Chicago Press, 2008

Rigden, John S., *Einstein 1905: The Standard of Greatness*, Cambridge (MA): Harvard University Press, 2005

Robinson, Andrew:

_____*The Man Who Deciphered Linear B: The Story of Michael Ventris*, London: Thames & Hudson, 2002

_____*Satyajit Ray: The Inner Eye*, 2nd edn, London: I. B. Tauris, 2004

_____*Satyajit Ray: A Vision of Cinema*, London: I. B. Tauris, 2005 (with Photographs by Nemai Ghosh)

_____*The Last Who Knew Everthing: Thomas Young*, Oxford: Onewolrd, 2006

_____*Einstein: A Hundred Years of Relativity*, rev. edn, Bath (Uk): Palazzo, 2010

_____*The Apu Trilogy: Satyajit Ray and the Making of an Epic*, London: I. B. Tauris, 2010

Rocke, Alan J., 'Hypothesis and experiment in the ealry development of Kekulé's benzene theory', *Annals of Science*, 42 (1985): 355-81

Romer, Alfred, ed., *The Discovery of Radioactivity and Transmutation*, New York: Dover, 1964

Ruelle, David, *The Mathematician's Brain: A Personal Tour through the Essentials of Mathematics and some of the Great Minds behind them*, Princeton (NJ): Princeton University Press, 2007

Sacks, Oliver, *An Anthropologist on Mars: Seven Paradoxical Tales*, London: Picador, 1995

Sawyer, Keith, *Group Genius: The Creative Power of Collaboration*, New York: Basic Books, 2007

Sayen, Jamie, *Einstein in America: The Scientist's Conscience in the Age of Hitler and*

Hiroshima, New York: Crown, 1985

Seabrook, John, *Flash of Genius: And Other True Stories of Invention*, New York: St Martin's Press, 2008

Seelig, Carl, ed., *Helle Zeit, Dunkle Zeit: In Memoriam Albert Einstein*, Zurich: Europa Verlag, 1956

Seton, Marie, *Satyajit Ray: Portrait of a Director*, 2nd edn, London: Dennis Dobson, 1978

Shurkin, Joel:

_____*Terman's Kids: The Groundbreaking Study of How The Gifted Grow Up*, New York: Little, Brown, 1992

_____*Broken Genius: The Rise and Fall of William Shockley, Creator of the Electronic Age*, London: Macmillan, 2006

Simonton, Dean Keith:

_____*Genius, Creativity and Leadership: Historimonetric Inquires*, Cambridge (MA): Harvard University Press, 1984

_____*Creativity in Science: Chance Logic, Genius, and Zeitgeist*, Cambridge: Cambridge University Press, 2004

Smith, C. U. M. and Robert Armott, eds, *The Genius of Erasmus Darwin*, Aldershot: Ashgate, 2005

Solé, Robert and Dominique Vallbelle, *The Rosetta Stone: The Story of the Decoding of Hierglyphics*, London: Profile, 2001

Solomen, Maynard, *Mozart: A Life*, New York: HarperCollins, 1995

Soo, Lydia M., *Wren's Tracts's on Architecture and Other Writings*, Cambridge: Cambridge University Press, 1998

Stephen, Sir James. Letters with Biographical Noets, (Caroline Emelia Stephen, ed.), [London: privately circulated]. 1906

Steptoe, Andrew, *The Mozart-Da Ponte Operas: The Cultural and Musical Background to Le Nozze di Figaro, Don Giovanni, and Così Fan Tutte*, Oxford: Clarendon Press, 1988

_____ed., *Genius and the Mind: Studies of Creativity and Temperament*, Oxford: Oxford University Press, 1998

Sternberge, Robert J. and Janet E. Davidson, eds, *The Nature of Insight*, Cambridge (MA), MIT Press, 1995

Stott, Rebecca, *Darwin and the Barnacle: The Story of One Tiny Creature and History's Most Spectacular Scientific Breakthrough*, London: Faber and Faber, 2004

Summerson, John, *Sir Christopher Wren*, London: Collins, 1953

Tagore, Rabindranath, *Selected Letters of Rabindranath Tagore*, (Krishna Dutta and Andrew Robinson, eds), Cambridge: Cambridge University Press, 1997

Tallis, Raymond, *The Kingdom of Infinite Space: A Fantastical Journey around Your Head*, London: Atlantic, 2008

Tammet, Daniel, *Born on a Blue Day: A Memoir of Asperger's and an Extraordinary Mind*, London: Hodder & Stoughton, 2006

Thruelsen, Richard and John Kobler, eds, *Adventures of the Mind*, London: Vitor Gollancz, 1960

Tinniswood, Adrian, *His Invention So Fertile: A Life of Christopher Wren*, London: Pimlico, 2002

Treffert, Darold A., *Extraordinary People: Understanding Savant Syndrome*, New York: Bantam, 1989

Tusa, John, *On Creativity: Interviews Exploring the Process*, London: Methuen, 2003
Ulam, Stanislaw, *Adventrues of a Mathematician*, New York: Scribner's, 1983

Usick, Patricia, *Adventures in Egypt and Nubia: The Travels of William John Bankes (1786-1855)*, London: British Museum Press, 2002

Van Campen, Cretien, *The Hidden Sense: Synaesthesia in Art and Science*, Cambridge (MA): MIT Press, 2008

Vasari, Giorgio, *The Lives of the Aritist*, (Julia Conaway Bondanella and Peter Bondanella, eds), Oxford: Oxford University Press, 1991(first pubd 1568)

Vornon, P.E., ed., *Creativity: Selected Readings*, London: Penguin, 1970

Watson, James D., *The Double Helix: A Personal Account of the Discovery of the Structure of DNA*, London: Weidenfeld & Nicolson, 1997

Weisberg, Robert W., *Creativity: Understanding Innovation in Problem Solving, Science, Invention, and the Arts*, Hoboken (NJ): John Wiley, 2006

Wellcome Trust, ed., *Sleeping and Dreaming*, London: Black Dog Publishing, 2007
Whinney, Margaret, *Wren*, London: Thames & Hudson, 1971

Whitrow, G. J., ed., *Einstein: The Man and His Achievement*, New York: Dover, 1967

Whyte, Lancelot Law, *The Unconscious before Freud*, London: Tavistock Publications, 1962

Winner, Ellen, *Gifted Children: Myths and Realities*, New York: Basic Books, 1996

Woolf, Leonard, *Downhill All the Way: An Autobiography of the Years 1919-1939*, London: Hogarth Press, 1967

Woolf, Virginia:

_____*Jacob's Room*, (Kate Flint, ed.), Oxford: Oxford University Press, 1992 (first pubd 1922)

_____*Mrs Dalloway*, (Claire Tomalin, ed.), Oxford: Oxford University Press, 1992 (first pubd 1925)

_____*The Letters of Virginia Woolf*, Vols 1-6, (Nigel Nicolson and Joanne Trautmann, eds), London: Hogarth Press, 1975-80

_____*The Diary of Virginia Woolf*, Vol 1-5, (Anne Olivier Bell and Andrew McNeillie, eds), London: Hogarth Press, 1977-84

_____*The Essays of Virginia Woolf*, Vol. 3, (Andrew Mcneillie, ed.), London: Hogarth Press, 1988

_____*Moments of Being: Autobiographical Writings*, (Jeanne Schulkind, ed., rev. by Hermione Lee), London: Pimlico, 2002

Wren, Christopher, *Life and Works of Sir Christopher Wren. From the Parentalia or Memoris by His Son*, (E. J. Enthoven, ed.,), London: Edward Arnold, 1903 (extracted from *Parentalia, or Memoirs of the Family of the Wrens*, pubd 1750)

Young, Thomas, *Miscellaneous Wokrs*, Vol. 3, (John Leitch, ed.), London: John Murray, 1855 (facsimile reprint edn, Bristol: Thoemmes Press, 2003)

본문 도판 출처

The Cheat with the Ace of Diamonds, painting by Georges da la Tour, c. 1635. © Louvre, Paris/Giraudon/The Bridgeman Art Library.   121

Warrant design of St Paul's Cathedral by Christopher Wren, 1675. The Warden and Fellows of All Souls College, Oxford.   212

Plan of the Great Model of St Paul's Cathedral.   214

Section through St Paul's Cathedral drawn by Samuel Swayle and John Gwynn, 1755. St. Paul's Cathedral Library, London/The Bridgeman Art Library.   216

Diagram of an electromagnetic wave.   362

찾아보기

ㄱ

가드너, 하워드 86, 590
가족력 475~494
갈라파고스 제도 302
개방성 540, 542
개인 공부 348
건축 191
〈게르니카〉 40, 533, 535
『결정적 순간』 413~442
고독 487
고어츨, 밀드레드 482
고어츨, 빅터 482
골턴, 프랜시스 28
공감각 33, 132~135
공론의 우주 565
『과거의 스케치』 386
광기 138~157, 385
구텐베르크, 요하네스 16
굴드, 스티븐 제이 75
〈귀환〉 432, 436
그로스만, 마르셀 50, 365
그루버, 하워드 305
글로버, 제인 232
기능적 자기공명영상 32
기번, 에드워드 487
기억력 127, 129
기적의 해 369
꿈 16, 17, 20, 21, 106, 107

ㄴ

나네를 61, 129
나보코프, 니콜라스 430
나보코프, 블라디미르 33
나이폴 7, 8
내시, 존 152, 519
네틀, 대니얼 34, 138, 539
뇌 스캔 33, 135
뉴턴, 아이작 16, 18, 34, 42, 45, 96

ㄷ

다 폰테, 로렌초 223~225, 241~251, 488
다빈치, 레오나르도 161~187, 484, 490, 521
다빈치, 세르 피에로 165
다스, 비조야 493
다윈, 이래즈머스 52, 288, 289, 477
다윈, 찰스 6, 52, 68, 285~313, 476
〈다이아몬드 에이스 카드를 가진 사기꾼〉 121
『댈러웨이 부인』 6, 383~412, 489
데 시카, 비토리오 460
델 베로키오, 안드레아 164
『동물 생리』 288~290, 304
〈동방박사의 경배〉 173~176, 181
동시 발견(발명) 586~589
동의성 40, 540, 549~551
드 라투르, 조르주 121
드 보마르셰, 피에르 오귀스탱 카롱 223
드 사시, 실베스트르 268, 284
『등대로』 385, 394
〈디 아워스〉 385, 407, 408
디본도네, 조토 168
디킨슨, 에밀리 35, 154~156

ㄹ

라듐 6, 315~342, 380, 489

라이엘, 찰스 79

랜든, 로빈스 228

러스킨, 존 526, 562

레러, 톰 42, 86, 529

레비, 줄리엔 422

레비틴, 대니얼 63

레이, 사티야지트 6, 443~471

레이, 우펜드라키소레 447, 448, 477

렌, 매슈 192, 193, 202

로빈슨, 마이클 233

로슈미트, 요제프 21

로제타석 9, 10, 254, 266, 276

로트, 앙드레 로트 420

뢰비, 오토 32, 110

루이스, 귀네스 153

르누아르, 장 416, 431, 444, 575

리, 허마이오니 386, 522, 572

리프만, 가브리엘 325

ㅁ

마라니, 피에트로 182

마리치, 밀레바 352, 362, 493, 550

마사초 144, 168, 169

마흐, 에른스트 366, 370

망델브로, 브누아 27

매그넘 포토스 415, 440, 441

맥스웰, 제임스 클라크 79, 353, 361, 362, 363

맥퍼슨, 게리 63, 64

메시앙, 올리비에 33, 134

멘델레예프, 드미트리 17, 79, 322, 341, 586

명성 558, 559, 564, 577

모차르트, 레오폴트 60, 68, 226, 236, 238, 244, 249

모차르트, 볼프강 아마데우스 6, 221~251

무의식 23, 28, 31, 32, 94~113

문카치, 마틴 17, 426

밀러, 조너선 151

ㅂ

바네르지, 비부티 부산 457, 460, 463

바딘, 존 50, 498

바레스코, 잔바티스타 236

바르칠론, 피닌 브람빌라 163

바르텔레미 265, 266

〈바보 행세 아가씨〉 230, 231, 595

바사리, 조르조 35, 141

반 캄펜, 크레티엔 133

반델로, 마테오 185

발레리아누스, 피에리우스 263

뱅크스, 윌리엄 275~277

버로, 존 295

베르니니, 조반니 로렌초 79, 205, 264, 476, 529

베소, 미셸 371, 372, 376, 377, 507, 581

베이컨, 프랜시스 195

베크렐, 앙리 329~339, 341

벤젠 고리 구조 22

벤트리스, 마이클 9, 35, 492, 511~514, 567

보노, 에드워드 30

보른, 막스 348, 545, 597

뵘, 요한 하인리히 235

브라운, 재닛 306, 526

브루넬레스코, 필리포 140, 144, 167, 177

브르통, 앙드레 421, 422~424, 433

『비글호의 항해』 288, 299, 301, 552

ㅅ

사고실험 345, 351, 354, 593
사진 6, 17, 415, 420
사이먼턴, 딘 키스 50, 104, 508~510
산티니케탄 455, 456
살리에리, 안토니오 242, 565
색스, 올리버 127
샹폴리옹, 장 프랑수아 6, 253~284, 478
서번트 증후군 28, 116, 117, 127
서킨, 조엘 51, 72
선문자 B 9, 10, 492, 511~514
세인트폴 대성당 6, 189~219, 596
세지윅, 애덤 295, 298, 312
셉티머스 스미스 392, 398, 402~411
셰이퍼, 피터 239, 543
셸도니언 극장 190, 203~205, 596
셸리, 퍼시 비시 44, 79, 145, 147
속용문자 265, 267~275
솔로몬, 메이너드 229, 241, 249, 522
솔로빈, 모리스 366
쇼클리, 윌리엄 51, 73, 84
수렴적 사고 85
숨은 벽돌 원추 219
슈만 35, 139, 154~156
스카버러, 찰스 194
스콧, 월터 78
스크워도프스카, 마니아 316~335
스턴버그, 로버트 88
스텝토, 앤드루 61, 62, 141, 142, 144
스트랜드, 폴 430
스티븐, 레슬리 385, 389
스티븐, 줄리아 385, 390
스포르차, 루도비코 177, 180, 186
스포르차, 잔 갈레아초 180

시대정신 26, 563, 571, 585~587, 601
시카네더, 에마누엘 235, 247
시쿨루스, 디오도루스 261
신경성 40, 540, 541, 549, 554, 556
신관문자 267, 272~273, 279
실베스터, 데이비드 497, 506, 560
10년 법칙 43, 44~46, 579~598

ㅇ

아라공, 루이 422, 433
〈아마데우스〉 543, 544
아이오와 작가 워크숍 36, 148
아이젱크, 한스 56, 58, 75, 81, 94, 514
아인슈타인, 알베르트 6, 27~45, 342~382
아푸 3부작 8, 45, 429, 444, 505
앤드리슨, 낸시 34, 36, 148~150
에른스트, 막스 422, 427
에테르 360, 361, 363, 370, 371, 375, 378, 381
X선 결정학 492, 516, 536
엘리엇 152, 384, 404
영, 토머스 9, 54, 256, 289, 359, 559, 583
예술 9, 515~536
오케르블라드, 요한 268
올림피아 아카데미 41, 366, 367, 371
와이즈버그, 로버트 40, 533, 538, 590, 601
왓슨, 제임스 17, 492, 517
외향성 40, 539~ 541, 545, 548, 556
요제프 2세 222, 230, 237, 241, 245, 247, 571
우울증 139, 144, 146~156, 388, 541
울프, 레너드 385, 386
울프, 버지니아 6, 383~412, 477~480
워버턴, 윌리엄 265
원형 도약 24

월러스, 그레이엄 104

월리스, 앨프리드 러셀 35, 311, 531

월리스, 존 204

월시, 피터 387, 392, 399, 400, 408

웨지우드, 에마 286, 493

월트셔, 스티븐 127

유레카 체험 16, 18, 23, 336, 581

『유전적 천재성』 28, 36, 76, 476

의식성 40, 540, 549

〈이도메네오〉 224

『이중나선』 17, 533

이집트 상형문자 24, 25, 253~284

일반상대성이론 353, 365, 369, 549

ㅈ

자딘, 리사 195

자연선택적 진화론 6, 285~313

〈자전거 도둑〉 460

자폐 스펙트럼 상태(자폐증) 120

재능 28~31, 49~69

재미슨, 케이 레드필드 34

전자기파 345, 361, 362

정신 질환 28, 33~35, 145

정신맹 123

『제이컵의 방』 385

조울증 35, 145~149, 153

졸리오퀴리, 이렌 60, 328

『종의 기원』 52

죄가, 게오르크 266

중력 이론 355

지능 72~91

지능지수 30

지랄디, 조반니 바티스타 186

ㅊ

찬드라세카르, 수브라마니안 7, 525

『찰니의 이미지』 414

창조성 6~11

창조성 검사법 31, 86

창조적 도약 16, 23, 32, 40, 45, 488, 580

창조적인 성격 537~556

천재성 6, 11, 28, 29, 35, 49~69

초현실주의 운동 421

〈최후의 만찬〉 6, 161~187

『출항』 384, 385

취리히 연방공과대학 37, 352, 363~368

칙센트미하이, 미하이 42

ㅋ

카르투슈 264

카르티에 브레송, 앙리 6, 17, 413~442, 456, 477, 485, 504

카우프만, 발터 380

카파, 로버트 433

캐럴, 루이스 7, 25, 447

캠벨, 제임스 211

케스틀러, 아서 39, 585

케이스, 재닛 394

케쿨레, 아우구스트 18~23, 32, 44, 79, 103

켐프, 마틴 174

코발스키, 요제프 325

콕스, 캐서린 74, 542, 543

콘스탄체 239, 240, 249

콜리지, 새뮤얼 테일러 16

콥트어 260, 264, 265, 281~283, 501

「쿠블라 칸」 16

쿠퍼, 아치볼드 21

퀴리, 피에르 316~342

크로스비, 해리 422

크르벨, 르네 420, 421

클라리사 댈러웨이 385

클라크, 케네스 169

클링베르그, 토르켈 90

키르허, 아타나시우스 263

ㅌ

타고르, 라빈드라나트 9, 455, 458, 476

타멧, 대니얼 32, 130

『타임스 하이어 에듀케이션 서플리먼트』 7

터먼, 루이스 30

트레퍼트, 대럴드 131

특수상대성이론 6, 44, 98, 342~382

티니스우드, 에이드리언 205

ㅍ

파인먼, 리처드 33, 84

파치올리, 루카 179, 180

〈파테르 판찰리〉 6, 444~471

패러데이, 마이클 21, 361, 558

페일리, 윌리엄 294

평판 557~577

포먼, 밀로스 239

폭스, 윌리엄 다윈 295

폰 하르트만, 에두아르트 96

폴링, 라이너스 5, 532, 535, 587

푸앵카레, 앙리 97, 325, 366, 532

프랭클린, 로절린드 532

프리스, 우타 119

『프린키피아』 196, 355, 356, 358, 573

플린, 제임스 88

〈피가로의 결혼〉 6, 221~251

피어슨, 칼 76

피츠로이, 로버트 295

ㅎ

하르틀레벤, 헤르미네 255

하비히트, 콘라트 366, 367

학교교육 496, 498, 500~505

허멀린, 비트 116, 117

헨슬로, 존 스티븐스 38, 294, 593

형태 계측적 자기공명영상 65

호나이, 카렌 481

호라폴로 261, 269

호킹, 스티븐 371

화이트, 랜슬롯 로 96

확산적 사고 85

휴얼, 윌리엄 294

『히에로글리피카』 261, 262, 269

옮긴이 박종성

번역가. 연세대학교 정치외교학과를 졸업했다. KBS 라디오 방송국의 PD로 일하면서 틈틈이 번역 작업을 통해 다양한 분야의 좋은 책을 소개하려고 애쓰고 있다. 옮긴 책으로는 『생각의 탄생』, 『진화 경제학』, 『인간 생태 보고서』, 『감각의 매혹』, 『마케팅의 교묘한 심리학』, 『안녕하세요, 기억력』 등이 있다.

천재의 탄생 세상을 놀라게 한 창조적 도약의 비밀
ⓒ 앤드루 로빈슨, 2012

2012년 9월 10일 초판 1쇄 발행
2012년 9월 25일 초판 2쇄 발행

지은이 앤드루 로빈슨
옮긴이 박종성
펴낸이 우찬규
펴낸곳 도서출판 학고재

주소 서울시 종로구 계동 101-12번지 신영빌딩 1층
전화 편집 (02)745-1722 영업 (02)745-1770
팩스 (02)764-8592
홈페이지 www.hakgojae.com

ISBN 978-89-5625-185-1 03180